HISTÓRIA DO DIREITO

www.editorasaraiva.com.br/direito
Visite nossa página

Rodrigo Freitas Palma

HISTÓRIA DO DIREITO

9ª edição
2022

DADOS INTERNACIONAIS DE CATALOGAÇÃO NA PUBLICAÇÃO (CIP)
VAGNER RODOLFO DA SILVA – CRB-8/9410

Av. Paulista, 901, 3º andar
Bela Vista – São Paulo – SP – CEP: 01311-100

P171h   Palma, Rodrigo Freitas
       História do Direito / Rodrigo Freitas Palma. – 9. ed. – São Paulo : SaraivaJur, 2022.
       576 p.
       ISBN 978-65-5362-121-3 (Impresso)
       1. Direito. 2. História do Direito. I. Título.

2021-4435   CDD 340.01
                                             CDU 340.12

 sac.sets@saraivaeducacao.com.br

Índices para catálogo sistemático:
1. História do Direito   340.01
2. História do Direito   340.12

Diretoria executiva	Flávia Alves Bravin
Diretoria editorial	Ana Paula Santos Matos
Gerência editorial e de projetos	Fernando Penteado
Novos projetos	Aline Darcy Flôr de Souza
	Dalila Costa de Oliveira
Gerência editorial	Isabella Sánchez de Souza
Edição	Marisa Amaro dos Reis
Produção editorial	Daniele Debora de Souza (coord.)
	Cintia Aparecida dos Santos
	Carolina Mihoko Massanhi
Arte e digital	Mônica Landi (coord.)
	Camilla Felix Cianelli Chaves
	Claudirene de Moura Santos Silva
	Deborah Mattos
	Guilherme H. M. Salvador
	Tiago Dela Rosa
Projetos e serviços editoriais	Daniela Maria Chaves Carvalho
	Emily Larissa Ferreira da Silva
	Kelli Priscila Pinto
	Klariene Andrielly Giraldi
Diagramação	Fabricando Ideias Design Editorial
Revisão	Celia Regina Souza de Araujo
Capa	Idée arte e comunicação
Produção gráfica	Marli Rampim
	Sergio Luiz Pereira Lopes
Impressão e acabamento	Bartira

Data de fechamento da edição: 9-12-2021

Dúvidas? Acesse www.editorasaraiva.com.br/direito

Nenhuma parte desta publicação poderá ser reproduzida por qualquer meio ou forma sem a prévia autorização da Saraiva Educação. A violação dos direitos autorais é crime estabelecido na Lei n. 9.610/98 e punido pelo art. 184 do Código Penal.

CL 607678   CAE 791642

Rodrigo Freitas Palma

HISTÓRIA DO DIREITO

9ª edição
2022

DADOS INTERNACIONAIS DE CATALOGAÇÃO NA PUBLICAÇÃO (CIP)
VAGNER RODOLFO DA SILVA – CRB-8/9410

Av. Paulista, 901, 3º andar
Bela Vista – São Paulo – SP – CEP: 01311-100

P171h Palma, Rodrigo Freitas
         História do Direito / Rodrigo Freitas Palma. – 9. ed. – São Paulo : SaraivaJur, 2022.
         576 p.
         ISBN 978-65-5362-121-3 (Impresso)
         1. Direito. 2. História do Direito. I. Título.

 sac.sets@saraivaeducacao.com.br

2021-4435

CDD 340.01
CDU 340.12

Índices para catálogo sistemático:
1. História do Direito   340.01
2. História do Direito   340.12

Diretoria executiva	Flávia Alves Bravin
Diretoria editorial	Ana Paula Santos Matos
Gerência editorial e de projetos	Fernando Penteado
Novos projetos	Aline Darcy Flôr de Souza Dalila Costa de Oliveira
Gerência editorial	Isabella Sánchez de Souza
Edição	Marisa Amaro dos Reis
Produção editorial	Daniele Debora de Souza (coord.) Cintia Aparecida dos Santos Carolina Mihoko Massanhi
Arte e digital	Mônica Landi (coord.) Camilla Felix Cianelli Chaves Claudirene de Moura Santos Silva Deborah Mattos Guilherme H. M. Salvador Tiago Dela Rosa
Projetos e serviços editoriais	Daniela Maria Chaves Carvalho Emily Larissa Ferreira da Silva Kelli Priscila Pinto Klariene Andrielly Giraldi
Diagramação	Fabricando Ideias Design Editorial
Revisão	Celia Regina Souza de Araujo
Capa	Idée arte e comunicação
Produção gráfica	Marli Rampim Sergio Luiz Pereira Lopes
Impressão e acabamento	Bartira

Data de fechamento da edição: 9-12-2021

Dúvidas? Acesse www.editorasaraiva.com.br/direito

Nenhuma parte desta publicação poderá ser reproduzida por qualquer meio ou forma sem a prévia autorização da Saraiva Educação. A violação dos direitos autorais é crime estabelecido na Lei n. 9.610/98 e punido pelo art. 184 do Código Penal.

CL 607678   CAE 791642

Ao D'us de Abraão, Isaac e Jacob...
D'us de Moisés...
D'us de meus pais...
D'us da aliança firmada por meio de Jesus...
Que os povos celebrem a tua bondade; que as gerações
vindouras aclamem perpetuamente a tua infinita grandeza...

"Identifico, no momento presente, o historiador do direito
com a imagem do marinheiro, cismando na proa do seu navio
acerca do rumo a tomar, quando, em plena imensidão oceâni-
ca, ninguém o olha, mas ele domina perfeitamente a linha do
horizonte" (Rui Manuel de Figueiredo Marcos. *A História do
Direito e o seu ensino na Escola de Coimbra*, p. 9).

Agradecimentos

No que tange à gratidão, este é um sentimento perene em relação a Deus, pois tudo aquilo que no labor diário faço só se torna possível porque D'Ele extraio forças que muitas vezes já deixei de encontrar em mim. Às mulheres de minha vida, Sílvia e Hadassah. Palavras nunca serão suficientes para expressar o significado de vocês em minha existência. Nesse sentido, creio que jamais terei condições de externar este sentimento de forma conveniente.

Aos meus pais, Ivo e Vera, que muito já fizeram, e ainda fazem, por mim e pelas minhas duas irmãs. Que Cristo possa abençoá-los eternamente. Árdua tarefa consiste em retribuí-los consoante o devido.

Ofereço também este livro aos alunos das instituições de ensino superior de Brasília nas quais estou à frente desta disciplina, lecionando há mais de uma década, quais sejam elas o Centro Universitário Euro-Americano (Unieuro) e a Faculdade Processus. Sinto-me honrado de ser mais uma peça nesta engrenagem.

No Instituto Processus, de maneira particular, devo especial agradecimento aos Professores Jaci Fernandes de Araújo, Claudine Fernandes de Araújo e Gustavo Javier Castro Silva, por todo o incentivo à pesquisa e o celebrado comprometimento com a educação jurídica em Brasília e no Distrito Federal como um todo, permitindo que incontáveis jovens realizem sonhos e construam pontes para o amanhã.

Meus agradecimentos também à Universidade Católica de Brasília, que tão bem me recebeu por meio do Diretor do Curso de Direito, o ilustre Desembargador Diaulas Costa Ribeiro, festejado professor de renomadas universidades internacionais. Vale notar, sob este aspecto, a relevância que esta instituição credita ao ensino das disci-

HISTÓRIA DO DIREITO

plinas propedêuticas (dentre as quais destaco as cátedras de "História do Direito" e "Direito Romano"), como meio de proporcionar aos bacharelandos uma sólida formação teórico-prática.

Aos meus inumeráveis leitores Brasil afora, que prestigiam meus escritos e que têm me inspirado a continuar.

Aos colegas e amigos chegados que fiz em Brasília, e, com os quais, a rotina avassaladora que se assenhoreia de nós me impede de conviver de modo mais estreito.

Por fim, dedico esta edição, de modo muito especial, àqueles que conseguem perceber a relevância assumida pelos legados que transcendem os valores mensurados por mera pecúnia. Esta obra é dirigida a todos vocês que, revestidos de sensibilidade peculiar, são capazes de reconhecer em cada página escrita o espírito de abnegação que nos move e a consciência do valioso tempo de uma vida empregado na ministração do conhecimento e na produção científica.

Prof. Rodrigo Freitas Palma

Sumário

Agradecimentos		7
Nota à nona edição		17
Nota à oitava edição		19
Nota à sétima edição		21
Nota à sexta edição		23
Nota à quinta edição		25

PARTE I – INTRODUÇÃO À HISTÓRIA DO DIREITO

Capítulo I – A História do Direito

1.1	O ensino e a relevância da cátedra	29
1.2	Conceito e justificabilidade do estudo da História do Direito	32
1.3	Os historiadores do Direito	32
1.4	Relação da História do Direito com as demais disciplinas jurídicas	33
1.5	O objeto de estudo da História do Direito	34
1.6	Fontes históricas da cultura jurídica ocidental	35

PARTE II – O DIREITO NAS SOCIEDADES ÁGRAFAS

Capítulo II – Os Direitos ágrafos

2.1	Os Direitos ágrafos	39
2.2	A Antropologia Legal e o estudo dos Direitos ágrafos: as Escolas Europeias	41
2.3	A Escola de Antropologia Legal Norte-americana	43
2.4	A Antropologia Legal na América Latina	44

PARTE III – O DIREITO NA ANTIGUIDADE ORIENTAL

Capítulo III – Os Direitos cuneiformes e o Direito fenício

3.1	O Direito na Antiguidade Oriental: breve introdução aos Direitos cuneiformes	49

9

HISTÓRIA DO DIREITO

3.2 O Direito mesopotâmio: a gênese do Direito escrito 52
3.3 O Direito babilônico: o Código de Hamurábi 56
3.4 O Direito assírio: a mais absoluta legalização do terror 64
3.5 O Direito horrita: negócios jurídicos no contexto bíblico 70
3.6 O Direito fenício: os primeiros contornos de direito comercial 71

Capítulo IV – O Direito no Egito Antigo

4.1 O Reino do Egito Antigo: no alvorecer das civilizações 75
4.2 O Direito no Egito Antigo e o princípio filosófico do Maat 76
4.3 Um Direito Criminal consubstanciado por penas bizarras 82
4.4 O Direito Civil no Egito Antigo 83

Capítulo V – O Direito hitita

5.1 As origens dos hititas 85
5.2 O Direito hitita e a predileção pela aplicação de penas pecuniárias.... 86
5.3 O tratado internacional celebrado entre Hatti e o Egito 87

Capítulo VI – O Direito persa

6.1 O dualismo caracterizador da religião persa e sua pseudoforma de
    monoteísmo 89
6.2 O Direito no Império persa 90
6.3 Terminologias 91
6.4 As fontes do Direito persa: as coleções legais 92
6.5 Os Reis persas e o Direito 94
6.6 Organização Judiciária da Pérsia Antiga 95
6.7 Direito de Família persa 96
6.8 Leis de Pureza Ritual 97

Capítulo VII – O Direito na Índia Antiga

7.1 O Código de Manu e o sistema de castas indiano 99
7.2 O Direito na Índia Antiga e a formação de um sistema jurídico autô-
    nomo de tradições milenares 101

Capítulo VIII – O Direito hebraico

8.1 O Direito hebraico e suas fontes 111
8.2 O monoteísmo ético e sua projeção no orbe jurídico 113
8.3 A Justiça segundo a percepção cultural hebraica 115
8.4 Leis de caráter civilista entre os hebreus 116

Sumário

8.5	O Decálogo: as Leis de Ouro da Torah	120
8.6	Leis humanísticas na Torah	121
8.7	O Direito Penal israelita	122
8.8	O Direito Processual israelita	125
8.9	Leis ambientais na Bíblia	127
8.10	Leis de caráter internacionalista na Bíblia	130
8.11	O Direito talmúdico e o monumental processo de consolidação da tradição oral	132

PARTE IV – O DIREITO NO EXTREMO ORIENTE

Capítulo IX – O Direito no Extremo Oriente

9.1	O Direito chinês: impérios e dinastias milenares	141
9.2	O Direito japonês: Shotoku, o príncipe legislador	149
9.3	O Direito tibetano: a ordem jurídica no teto do mundo	154
9.4	O Direito mongol: O *Grande Yasa* – O Sistema Legal de um Vasto Império	157

PARTE V – O DIREITO NA ANTIGUIDADE CLÁSSICA

Capítulo X – O Direito cartaginês

10.1	Fenícia: o berço de Cartago	163
10.2	O Direito cartaginês	168

Capítulo XI – O Direito na Grécia Antiga

11.1	A Grécia Antiga: o berço da filosofia	173
11.2	O problema da exiguidade das fontes: as dificuldades para o conhecimento do Direito helênico	174
11.3	A percepção do fenômeno jurídico entre os gregos	175
11.4	A ativa práxis legislativa na Grécia Antiga	177
11.5	O Direito ateniense: o ideal democrático no âmago da lei	178
11.6	O Direito espartano: o militarismo na Constituição de Licurgo	185
11.7	O desenvolvimento do Direito Internacional na Grécia Antiga	190

Capítulo XII – O Direito romano

12.1	A notável contribuição romana ao desenvolvimento do Direito	193
12.2	A evolução histórica do Direito romano	195

11

HISTÓRIA DO DIREITO

12.3 O Direito romano: eventuais influências externas 196

12.4 A fundação da cidade e a povoação do Lácio: os contratos do universo
etrusco 198

12.5 Os sete reis de Roma: mitos e antigas tradições 201

12.6 *Fas* – o Direito Sagrado 203

12.7 Rei e Senado: as instituições políticas da Realeza (753-510 a.C.) 205

12.8 Patrícios, clientes, plebeus e escravos: o contexto social 208

12.9 Sexto Papírio e o *Ius papirianum* 210

12.10 O *paterfamilias* 211

12.11 O Direito quiritário (*Ius quiritium*) 213

12.12 O Direito romano na Realeza (753-510 a.C.) 213

12.13 O Direito romano na República (510-27 a.C.) 217

12.13.1 A Lei das Doze Tábuas (451-450 a.C.) 220

12.13.2 Outras leis do Período Republicano e a atividade dos jurisconsultos 222

12.14 O Direito romano no Alto Império (27 a.C.-284) 225

12.14.1 O declínio da República e seus personagens 225

12.14.2 Reformas de Júlio César no campo jurídico que pavimentaram o caminho para a instauração do Império 227

12.14.3 Otaviano César e as questões legais inerentes à estruturação
do Império: das disputas com Marco Antônio à gênese de
um novo período na longa história de Roma 229

12.15 O Direito romano no Baixo Império (284-565) 234

12.15.1 Período Histórico 234

12.15.2 Justiniano e seu monumental legado jurídico: o *Corpus Iuris
Civilis* 234

12.16 O Direito Romano no Período Bizantino (565-1453) 237

12.16.1 As coleções legislativas dos Imperadores Bizantinos 238

12.16.2 A *Egloga Legum* (740) 238

12.16.3 O *Prochiron* (870-879) 240

12.16.4 A *Epanagoge* (884-886) 242

12.16.5 As *Basílicas* (867-912) 242

12.17 A redescoberta do Direito Romano na Europa Ocidental (1116-
1400) 243

12.17.1 Os glosadores e a Universidade de Bolonha 244

12.17.2 Os Pós-Glosadores e desenvolvimento do Direito Comum
(*Ius Commune*) 246

12

Sumário

PARTE VI – O DIREITO MEDIEVAL

Capítulo XIII – O Direito na Idade Média

13.1 As diferentes percepções jurídicas da Idade Média 249

13.2 Os Direitos germânicos: do Direito consuetudinário às leis escritas segundo o estilo romano 251

13.3 O Direito celta: a lei oral entre o povo das brumas 255

13.4 O Direito feudal: os contratos de homenagem 259

13.5 O Direito canônico medieval 262

Capítulo XIV – O Direito inglês

14.1 O Direito na Inglaterra sob o domínio romano (55 a.C.-410 d.C.) 275

14.2 A Era do Direito Anglo-Saxão (561-1066) 277

14.3 A Era do Direito Normando (1066-1485) 284

    14.3.1 Os Estatutos de Guilherme, o "Conquistador" (1066) 285

    14.3.2 A Carta das Liberdades (1100) de Henrique I e outros regulamentos 288

    14.3.3 Henrique II e a compilação de costumes de Glanvill 292

    14.3.4 Ricardo, Coração de Leão, e as leis relativas aos cruzados (1189) 292

    14.3.5 João Sem Terra e a Carta Magna (1215) 294

14.4 A formação da *Common Law*: o nascimento de um sistema legal original 298

Capítulo XV – O Direito islâmico

15.1 Maomé e as origens da religião islâmica 305

15.2 O Direito islâmico – conceito e terminologias 307

15.3 As fontes do Direito islâmico 308

15.4 As cinco regras fundamentais do Direito islâmico 310

15.5 O Direito Civil islâmico 313

15.6 O Direito Penal islâmico 317

PARTE VII – O DIREITO NA IDADE MODERNA (1453-1789)

Capítulo XVI – O Direito na Idade Moderna (1453-1789)

16.1 As transformações sociais na Idade Moderna e seu impacto no direito . 323

16.2 O Direito Espanhol na Era das Navegações e Descobertas Marítimas 326

13

HISTÓRIA DO DIREITO

16.3 Portugal – a construção de uma potência ultramarina...................... 329
16.3.1 O Direito Português e o Iluminismo – o papel do Marquês de
Pombal 333
16.3.2 O processo dos Távoras (1755-1756) 334
16.3.3 A condenação do padre Gabriel Malagrida (1761) 336
16.3.4 A Lei da Boa Razão (1769) 336
16.4 A Inglaterra e o *Bill of Rights* (1689) 337
16.5 As codificações civilistas na Europa Iluminista 339

**Capítulo XVII – O Direito nos Estados Unidos da América:
O Papel da Nação na Gênese do Moderno Constitucionalismo**

17.1 O terreno fértil para a Guerra de Independência (1776-1783) 345
17.2 Os memoráveis diplomas legais no campo do Direito Público Norte-
-Americano 348

**Capítulo XVIII – O Direito na França Revolucionária:
os ideais de Liberdade, Igualdade e Fraternidade**

18.1 "Liberdade, Igualdade e Fraternidade" – o tom do ardor revolucionário 355
18.2 A França e a Declaração dos Direitos do Homem e do Cidadão (1789) 358

PARTE VIII – O DIREITO NA IDADE CONTEMPORÂNEA

Capítulo XIX – O Direito Russo: Do *Russkaia Pravda* ao Direito Soviético

19.1 Breve Apresentação... 367
19.2 O *Russkaia Pravda*: A Mais Antiga Compilação Jurídica da História
da Rússia 368
19.3 O Direito Bizantino: O Elemento Modelador do Direito Russo Me-
dieval 370
19.4 O Domínio Mongol: O Pálido Lastro do *Yasa* no Direito Público
Russo 372
19.5 O Direito na Rússia Medieval 374
19.6 A Revolução de 1917 e a Gênese do Direito Soviético 376

**Capítulo XX – O Direito na Primeira Metade do Século XX:
O Universo Jurídico em Meio às Duas Grandes Guerras Mundiais**

20.1 Os Direitos de Haia e de Genebra: Disposições Legais sobre os Conflitos Armados 383
20.2 Os "Quatorze Pontos" de Wilson e as Bases Modernas para o Direito
Internacional.. 386

14

Sumário

20.3	O Tratado de Versalhes (1919)	389
20.4	A Criação da Liga das Nações (1919)	391
20.5	Da Constituição de Weimer às Leis de Nuremberg (1919-1935)	393
20.6	O Tribunal de Nuremberg (1945-1946)	395
20.7	A Carta de San Francisco e a Criação da ONU (1945)	397
20.8	O Crime de Genocídio Tipificado (1948)	398

PARTE IX – HISTÓRIA DO DIREITO NACIONAL

Capítulo XXI – História do Direito no Brasil Colônia (1500-1815)

21.1	Os direitos indígenas na "Terra de Santa Cruz"	405
21.2	O Direito no Brasil Colonial (1500-1815)	413
	21.2.1 O sistema das capitanias hereditárias e suas implicações jurídicas	414
	21.2.2 Leis para reger as relações dos colonizadores com os povos indígenas	417
	21.2.3 As Ordenações do Reino	421
	21.2.3.1 Ordenações Afonsinas (1446)	422
	21.2.3.2 Ordenações Manuelinas (1521)	423
	21.2.3.3 Ordenações Filipinas (1603)	424
	a) Crimes contra os dogmas e a fé	425
	b) As discriminações impostas aos judeus e mouros	426
	c) Os crimes de lesa-majestade e delitos correlatos: os casos Távora e Tiradentes	429
	d) Da inviolabilidade de correspondência e dos segredos	431
	e) Dos que fazem moeda falsa	432
	f) A preservação ambiental nas Ordenações Filipinas	433
	g) Dos crimes de natureza sexual	434

Capítulo XXII – História do Direito no Brasil-Reino (1815-1822)

22.1	A introdução do Direito Penal francês num Portugal ocupado pelos exércitos de Napoleão e a chegada de D. João VI ao Brasil	435
22.2	A Carta Régia relativa à abertura dos portos de 1808	439
22.3	A Carta de Lei de 1815 e a elevação do Brasil à condição de "Reino Unido"	442

Capítulo XXIII – História do Direito no Brasil Império (1822-1889)

23.1	A gênese do direito pátrio: as primeiras codificações	445
	23.1.1 A Constituição Imperial de 1824	446

HISTÓRIA DO DIREITO

23.1.2 A criação das escolas de Direito no Brasil 453
23.1.3 O Código Criminal do Império de 1830 454
23.1.4 O Código de Processo Criminal de 1832 458
23.1.5 O Código Comercial de 1850 459
23.2 Teixeira de Freitas e o Esboço de Código Civil 462
23.3 Outras tentativas frustradas no trajeto da elaboração do Código
Civil 466
23.4 As leis abolicionistas 469
23.4.1 Lei Euzébio de Queirós (1850) 471
23.4.2 Lei do Ventre Livre (1871) 473
23.4.3 Lei dos Sexagenários ou Saraiva-Cotegipe (1885) 474
23.4.4 Lei Áurea (1888) 477

Capítulo XXIV – História do Direito brasileiro
na República Velha (1889-1930)

24.1 O criticado Código Penal de 1890 de Batista Pereira 481
24.2 O ativo papel de Rui Barbosa na concepção da Constituição de 1891 483
24.3 Clóvis Beviláqua e o esperado Código Civil de 1916 487

Capítulo XXV – História do Direito brasileiro na República:
da Revolução de 1930 ao fim do Estado Novo (1930-1945)

25.1 As revoluções que pavimentaram o caminho para a Constituição de
1934 493
25.2 O Estado Novo de Getúlio Vargas e a Constituição de 1937 502
25.3 O Código de Processo Civil de 1939 506
25.4 O Código de Processo Penal de 1941 509
25.5 O Projeto de Alcântara Machado e o Código Penal de 1940 510
25.6 Antecedentes ao Direito do Trabalho brasileiro e a CLT de 1943 513

Capítulo XXVI – História do Direito brasileiro na República:
do fim do Estado Novo ao processo de redemocratização (1945-1988)

26.1 A Constituição de 1946 e o fim do Estado Novo 521
26.2 A ditadura militar, os atos institucionais e a Constituição de 1967 526
26.3 O Código de Nelson Hungria de 1969 e a Reforma Penal de 1984 531
26.4 Da notável influência de Liebman ao Código de Processo Civil de 1973. 532
26.5 A Constituição de 1988 e a instauração do Estado Democrático de
Direito 533

Referências 543

16

Nota à nona edição

A presente edição traz uma seção nova, qual seja, aquela do Direito na Era Contemporânea. Assim, começamos a abordagem pelo trato do Direito Russo, dando ênfase maior na abordagem destinada ao estudo da Revolução de 1917 e suas implicações no universo da legalidade. Entretanto, optei por oferecer também ao leitor uma visão panorâmica das principais influências que permearam o universo da construção da mentalidade jurídica daquele povo. Visitei, assim, os tempos medievos, portanto, anteriores ao período delimitado pela contemporaneidade propriamente dita. Mas o fiz porque julguei absolutamente necessário, conforme ver-se-á a partir da leitura do texto.

Num segundo momento, fizemos uma incursão no âmbito das principais manifestações jurídicas da primeira metade do século XX, período este marcado pelas duas Grandes Guerras Mundiais. Assuntos como Tratado de Versalhes, Tribunal de Nuremberg, Genocídio, Organização das Nações Unidas, entre outros mais, foram trabalhados nesta ocasião. No futuro, poderemos ir até além disso, todavia, deixemos isso para uma outra oportunidade, se assim for o caso.

Do mesmo modo, fizemos ligeiras alterações no conteúdo dos Direitos dos Estados Unidos e da França, que agora ganharam capítulos à parte no contexto geral dos Direitos da Idade Moderna.

Meus agradecimentos desta feita ficam reservados à colega advogada Marisa Amaro dos Reis, que tanto suporte nos oferece no seio da Editora Saraiva. Desejo-te sucesso hoje e sempre.

Aos meus alunos, aos quais cuido de destinar horas incontáveis de meu labor diário. Que as lições aqui aprendidas possam lhes ser de utilidade.

Ao meu Deus, que muitas vezes me faz levantar os olhos aos céus para contemplá-lo na beleza de um fim de tarde na capital do Brasil...

Aos meus leitores espalhados por este país continental... Aos familiares queridos e, em especial, aos que acompanham minha trajetória há mais de duas décadas. Meus agradecimentos.

Por hora é isto.

Boa leitura.

Brasília, primavera de 2021.

O Autor

Nota à oitava edição

Agradecemos desde pronto a todos os nossos estimados leitores pelo lançamento de mais uma edição da presente obra de *História do Direito*. Este livro é dedicado a todos vocês que sempre me ofereceram apoio e suporte à conclusão de mais uma importante etapa em minha vida.

Na edição anterior havíamos feito, de forma mais ampla, uma necessária atualização na seção dos *Direitos da Antiguidade Oriental* (Parte III, capítulo III). Agora, mantendo o mesmo propósito, seguimos renovando os conteúdos pertinentes aos *Direitos babilônio, assírio* e *fenício*.

Desta feita, fizemos uma breve reestruturação interna no capítulo XII, que trata do *Direito romano*. Em primeiro plano, vale notar que abrimos um tópico que versa exclusivamente sobre a figura do *paterfamilias*, elemento central na compreensão da tessitura social e da forma de organização familiar dos povos que se aglomeraram na região do Lácio. O tópico subsequente, acerca do Direito Papiriano, também foi devidamente atualizado.

Ainda sobre o mesmo tema, ressaltamos que objetivamos lançar luz de forma mais especificada às reformas jurídicas levadas a cabo por Júlio César, quando a República dava seus últimos suspiros como regime político. Sabe-se que esse período de transição, que antecede a instauração do Principado, é deveras importante do ponto de vista histórico e as profundas transformações ocorridas no seio do Estado, do mesmo modo, perpassam também a realidade jurídica interposta por eventos marcantes.

Ressaltamos ainda, no que concerne à Idade Moderna (Parte VII, capítulo XVI), que cuidamos de ampliar o conteúdo do *Direito Norte-americano*.

Por hora é isto.
Boa leitura.
Brasília, inverno de 2018.

O Autor

Nota à sétima edição

Nesta sétima edição buscamos inicialmente revisitar os Direitos da Antiguidade Oriental. Assim, foram promovidas algumas inserções importantes no capítulo III, que trata especificamente do assunto em questão. A razão para tanto é que renovamos alguns desses tópicos, visto que as descobertas arqueológicas e pesquisas científicas não cessam, trazendo nova luz sobre a temática.

Do mesmo modo, ampliamos consideravelmente o capítulo VI, que versa sobre as interessantes características do Direito Persa, o antigo Direito Masdeísta, que compartilha verossimilhança a alguns pressupostos teológicos próprios ao Judaísmo e Cristianismo.

No que concerne ao Direito dos povos do Extremo Oriente (Parte IV) fizemos complementações importantes ao Direito Chinês, delimitando melhor a influência de filósofos como Lao-Tsé e Confúcio na construção da mentalidade jurídica oriental.

Realizamos também uma nova e necessária incursão ao capítulo XII, sobre o Direito Romano, incluindo no contexto em questão alguns tópicos exclusivos referentes ao Direito Bizantino e à retomada dos estudos do *Corpus Iuris Civilis* a partir dos mestres de Bolonha.

Brasília, inverno de 2017.

O Autor

Nota à sexta edição

Nesta sexta edição realizamos algumas atualizações pontuais no conteúdo do capítulo XII, que versa sobre o Direito romano. Do mesmo modo, recebeu o Direito canônico medieval (tópico 13.5) algumas ligeiras inserções e novos comentários. Todavia, em síntese, a obra cuidou de conservar a mesma estrutura organizacional da edição passada, apesar de que os assuntos em tela foram bastante aprofundados.

Aproveito o ensejo para agradecer a Deus por ter me concedido ânimo e o tempo necessário à conclusão deste trabalho; à minha esposa, Sílvia, pelo apoio e incentivo usual, e a ti, Hadassah, filha amada que cresce em graça e beleza diante dos olhos de todos aqueles que a rodeiam.

Brasília, inverno de 2016.

O Autor

Nota à quinta edição

Decorridos três anos após o lançamento desta obra por esta prestigiosa Casa Editorial brasileira e, desde então, a realização de sucessivas tiragens, anunciamos com grata satisfação a publicação desta quinta edição. A presente versão recebeu significativas inserções. A mais extensa delas refere-se à trajetória histórica do Direito Nacional. Para tanto, foram preparados seis capítulos: História do Direito no Brasil Colônia (1500-1815); História do Direito no Brasil-Reino (1815-1822); História do Direito no Brasil Imperial (1822-1889); História do Direito Brasileiro na República Velha (1889-1930); História do Direito Brasileiro: da Revolução de 1930 ao Fim do Estado Novo (1930-1945) e História do Direito Brasileiro na República: do Fim do Estado Novo ao Processo de Redemocratização (1945-1988).

Igualmente cumpre dizer que, em diversos momentos, mantivemos literalmente a grafia da legislação portuguesa citada (especialmente durante o período colonial), ou seja, do mesmo modo em que ela se apresenta na sua forma original. A iniciativa decorre da necessidade de sermos fiéis às fontes consultadas.

Completando a parte relativa ao Direito na Idade Média, cuidamos de introduzir uma abordagem específica sobre o "Direito inglês". A iniciativa se justifica pela importância da experiência jurídica anglo-saxã no processo de formação de um dos mais conhecidos sistemas legais do mundo contemporâneo – a *Common Law*.

No que concerne ao Direito na Idade Moderna, concedemos maior ênfase à chamada "Era das Luzes" nos movimentos sociais que tiveram como palco os Estados Unidos da América e a França, considerando a inequívoca relevância destes dois países para a construção dos alicerces do moderno constitucionalismo.

Vale dizer que alguns outros capítulos receberam atualizações pontuais.

Boa leitura!

O Autor

PARTE I

Introdução
À HISTÓRIA DO DIREITO

I. A História do Direito

A História do Direito

1.1 O ensino e a relevância da cátedra

Os conteúdos abrangidos pela História do Direito representam um fascinante universo a ser descoberto pelo leitor. O olhar crítico de qualquer pesquisador dedicado a desbravar os muitos caminhos que delimitam a trajetória histórica das civilizações tem encontrado no Direito o ferramental necessário que revela o verdadeiro ambiente no qual se desenvolveram as sociedades ainda em tempos mui distantes.

Nesse contexto, a História e o Direito se entrelaçam definitivamente numa dança capaz de reproduzir uma conjugação deveras interessante. Sob tal aspecto, tornou-se praticamente impossível mensurar as infinitas possibilidades de estudo incluídas nessa órbita, assim como, determinar com a devida exatidão, toda a relevância que as pesquisas nesse profícuo campo sempre haverão de representar para a comunidade acadêmica em geral.

Apesar dessa constatação, é preciso que se diga que as faculdades de Direito no Brasil, em grande parte, têm sido inexplicavelmente relutantes quanto à inserção da referida disciplina no rol maior das cátedras tidas como basilares à formação jurídica de seus bacharéis. Os centros de ensino superior que, acertadamente, cuidaram de contrariar essa tendência ainda são aquelas raras exceções à regra que mormente se localizam nos grandes eixos.

O resultado paulatino dessa atitude impensada e até mesmo inconsequente resumir-se-á no anacronismo e na incapacidade institucional de conferir a formação adequada aos operadores do Direito.

É fato que a História do Direito foi uma disciplina desprestigiada por grande parte das academias brasileiras, apesar de seu papel primordial na construção do saber jurídico de nossos bacharéis.

Tornou-se necessário que a afortunada Resolução n. 9, do Conselho Nacional de Educação, datada de setembro de 2004, viesse, formalmente, a ensejar a inclusão de temas relacionados, agora não somente à Introdução do Direito, Filosofia, Sociologia e Ciência Política, mas também à Antropologia, Psicologia e História.

A tradicional desconsideração ao estudo de assuntos histórico-jurídicos em nosso país se projetou entre nós através da dificuldade de se encontrar uma bibliografia mínima que contemplasse os conteúdos básicos abrangidos pela cátedra.

Assim, nas décadas passadas, o interessado em levar adiante pesquisas nessa área não possuía muitas fontes de consulta na doutrina pátria. Elas se resumiam, mormente, aos clássicos de Jayme de Altavilla (*Origem dos direitos dos povos*); Haroldo Valladão (*História do Direito, especialmente do Direito brasileiro*); Walter Vieira do Nascimento (*Lições de História do Direito*) e Ralph Lopez Pinheiro (*História resumida do Direito*) – quatro formidáveis nomes que se inserem entre os pioneiros. Não por acaso, a partir dessa realidade fática, já lamentava o mestre R. L. Pinheiro em meados dos anos setenta:

| No início de 1976, convidado pela Direção do Curso de Direito das Faculdades Integradas Estácio de Sá, transformada hoje em Universidade, a lecionar a História do Direito, vi-me em dificuldades com

CAPÍTULO I ● A História do Direito

MEUS ALUNOS, AO FAZER A NECESSÁRIA INDICAÇÃO BIBLIOGRÁFICA SOBRE A MATÉRIA[1].

| É QUE, EM VERDADE QUASE NADA EXISTIA SOBRE O ASSUNTO, PELO MENOS TRATANDO DA MATÉRIA DE UMA FORMA GLOBAL, COMO ASSIM EXIGIA O PROGRAMA DA DISCIPLINA[2].

Destarte, o prejuízo intelectual acarretado pela privação do conhecimento histórico-jurídico imposta a muitos de nossos estudantes, os quais se mostram sempre cheios de expectativas que deveriam ser nutridas e jamais desestimuladas por atos de negligência, só pode ser, por hora, profundamente lamentado.

Todavia, em determinados momentos, certas vozes corajosas se levantaram, aqui e acolá, a fim de denunciar todo este estado de coisas. Sob tal prisma, oportuna traduz-se a colocação do célebre mestre francês Michel Villey: "Alguns acham que falta ao nosso ensino algo de fundamental. Não sabemos bem o que encontraremos, nem em que se fundam nossos conhecimentos; para onde vamos e de onde partimos. Faltam o fim e os princípios. É como se nos explicassem o guia das estradas de ferro sem nada nos dizer do destino da viagem, nem da estação de partida"[3].

Os europeus, por outro lado, concedem redobrada atenção à cátedra em questão. Alhures, a matéria não somente é prevista em praticamente todas as ementas de curso como também é geralmente ministrada ladeada ao Direito Romano, ao Direito Canônico e, quase sempre, complementada por uma quarta disciplina que versa sobre a evolução histórica dos direitos nacionais.

Essa, pelo menos, é a realidade vislumbrada em países como Portugal, Espanha, Itália, França e Inglaterra. Seria oportuno ressaltar que na Bélgica, bem como na Alemanha, só para citar mais dois exemplos, existem grandes especialistas dedicados a investigar tópicos

---

[1] PINHEIRO, Ralph Lopez. *História Resumida do Direito*. Rio de Janeiro: Thex Editora, 2004, p. 15.

[2] PINHEIRO, Ralph Lopez. *História Resumida do Direito*, cit., p. 15.

[3] VILLEY, Michel. *Filosofia do Direito: definição e fins do Direito*, p. 14.

extremamente específicos da História do Direito, tais como o "Direito Arcaico" e os chamados "Direitos cuneiformes".

O mesmo pode-se dizer das universidades norte-americanas, sempre dedicadas a premiar e incentivar quaisquer estudos desenvolvidos no terreno da História Geral ou Universal do Direito, bem como no campo da História do Direito norte-americano.

Na América Latina, sobressaem, nessa mesma ordem, apenas o México, a Argentina e o Chile com estudos relativos aos direitos indígenas.

1.2 Conceito e justificabilidade do estudo da História do Direito

História do Direito é a disciplina jurídica autônoma que se destina a estudar as diferentes dimensões culturais assumidas pelo fenômeno jurídico através dos tempos, investigando, para tanto, o significado da gênese e do ocaso das instituições jurídicas fundamentais entre os seus inúmeros artífices.

Assim, o grande desafio do profissional versado na matéria talvez seja explicar as múltiplas conexões estabelecidas sob o império da legalidade, temporalmente buscando o seu lastro na ascensão e decadência das civilizações no decurso dos séculos.

Destarte, creio que o desconhecimento da percepção jurídica historicamente desenvolvida entre os diversos povos e nações do globo acarretaria uma verdadeira lacuna no processo metodológico de avaliação científica que se pretende imprimir ao objeto da pesquisa.

1.3 Os historiadores do Direito

O descrédito imputado à matéria no Brasil não nos impede de elencar vários nomes de vulto que se dedicaram a esta área das Ciências Jurídicas. É evidente, pois, que existem expoentes dignos de nota, apesar de que esta mesma listagem, assim como os trabalhos no âmbito da História do Direito em nosso país, parecem ser, de certa forma, ainda escassos.

Entre aqueles que produziram excelentes obras referentes ao tema em questão encontram-se os nomes de Jayme de Alltavila, Amilcare

CAPÍTULO I ● A História do Direito

Carletti, Mário Curtis Giordani, Walter Vieira do Nascimento, Haroldo Valladão, Miguel Reale, Emanuel Bouzon, José Isidoro Martins Júnior, César Trípoli e Antônio Carlos Wolkmer.

Mais recentemente, para nossa fortuna, começam a despontar outros autores que também desenvolveram estudos de grande valia, dos quais se destacam Aluízio Gavazzoni, Flávia Lages de Castro, Vera de Arruda Rozo Cury, José Reinaldo de Lima Lopes, Cristiano Paixão Araújo Pinto, Ralph Lopes Pinheiro, Sílvio de Macedo, J. B. de Souza Lima e Celso Celidônio.

Entre os historiadores do Direito de outros países, internacionalmente reconhecidos, mencionam-se os seguintes nomes: John Gilissen, R. C. Van Caenegem, Henry Sumner Maine, Norbert Rouland, René David, A. Castaldo, Brigitte Basdevant-Gaudemet, Jean Gaudemet, J. M. Carbasse, Fustel de Coulanges, Paul Vinogradoff, Ricardo David Rabinovich-Berkman, Ze'ev W. Falk, Henrique Ahrens e Nuno J. E. G. Silva.

1.4 Relação da História do Direito com as demais disciplinas jurídicas

A História do Direito mantém estreita vinculação com outras disciplinas básicas do curso de Ciências Jurídicas, tais como a Filosofia do Direito, a Sociologia Jurídica, a Introdução ao Estudo do Direito, o Direito Romano, o Direito Canônico, o Direito Comparado e a Antropologia Jurídica, matérias estas, normalmente, ministradas logo nos dois primeiros semestres.

Em linhas gerais, pode-se dizer que a Filosofia do Direito, a Introdução ao Estudo do Direito e a Sociologia Jurídica possuem correlação direta com os pressupostos oferecidos pela História do Direito. As duas primeiras pelo fato de que se propõem a investigar a própria razão de ser do fenômeno jurídico e a essência teórica do universo normativo. A terceira, pela tentativa de adequar o papel exercido pelas regras de conduta no contexto social e sua utilidade nesse mesmo ambiente. Sabe-se que sob esse tripé se assenta grande parcela do ensino jurídico inicial. A ausência de alguma delas no programa de disciplinas ensejará a apresentação de um conteúdo teórico cuja proposição ficará seriamente comprometida. Destarte, muitíssimo bem-vinda é a admoestação de Benedito Hespanha: "O Direito, além de filosófico e sociológico, é também histórico"[4].

Quanto ao Direito Romano e ao Direito Canônico, deve-se salientar que as duas disciplinas se caracterizam por serem eminentemente históricas. Tanto uma quanto a outra não passam de capítulos ampliados da História do Direito. A razão se explica na relevância delas para a formação do Pensamento Ocidental.

A Antropologia Jurídica também é matéria intimamente relacionada à História do Direito, pois cuida, em sua essência, de investigar as mais remotas manifestações do fenômeno jurídico. Os chamados "direitos primitivos" perfazem a evidência maior da profunda conexão existente entre ambas as disciplinas. Apesar de negligenciada no Brasil, a Antropologia Jurídica revela-se de capital importância para o conhecimento da chamada "gênese" do Direito. Tanto é verdade que Robert Weaver Shirley tratou de publicar um dos raros estudos sobre a matéria no Brasil[5].

1.5 O objeto de estudo da História do Direito

Sob a ótica terminológica, a História do Direito pode receber as nomenclaturas "História do Pensamento Jurídico", "Evolução Histórica do Direito" e, em menor escala, "Introdução Histórica ao Direito". A primeira, sem dúvida, é a mais corrente na maioria dos países do globo.

Quanto ao seu objeto, em síntese, cuida a referida disciplina de avaliar as muitas transformações ocorridas no seio das sociedades segundo o viés do Direito. Para tanto, utiliza-se, comparativamente, do estudo do desenvolvimento das mais diferentes instituições jurídicas e sua consequente projeção nas legislações modernas. Assim,

---

[4] HESPANHA, Benedito. *História da lei e da codificação do Direito*, p. 23-78.

[5] Cf. a obra de SHIRLEY, Robert Weaver. *Antropologia Jurídica*. São Paulo: Saraiva, 1987.

CAPÍTULO I ● A História do Direito

busca-se determinar, nos limites da ciência, a correta extensão da influência das fórmulas jurídicas de outrora, quando colocadas face a face com as soluções normativas ou proposições legais adotadas hodiernamente.

Na didática lição de Gilissen, "a história do direito visa fazer compreender como é que o direito actual se formou e desenvolveu, bem como de que maneira evoluiu no decurso dos séculos"[6].

Sobre o assunto, muito bem ratificou Luiz Carlos Azevedo ao inferir que, "... se alguém aspira a empenhar-se com afinco ao estudo do Direito, empregando-o e utilizando-o para o exercício de sua atividade profissional, não pode reduzir-se a leitura sistemática dos textos legais vigentes, aplicando-os mecanicamente na medida em que possam se ajustar aos casos concretos; a tarefa é sobremaneira ingente: compreensão e explicação; sugestões e ideias; experiência e interpretação, são qualidades que se integram a este trabalho; e no qual se insere, por sua vez, a História do Direito, pois ela ensina que o Direito não surgiu espontaneamente *ex nihilo*, mas sempre esteve condicionado a incontáveis ordens da realidade, nunca estáticas, mas dinâmicas, e que se alternam conforme igualmente se modificam outros inumeráveis fatores que a vida continuamente proporciona"[7].

1.6 Fontes históricas da cultura jurídica ocidental

O edifício onde foi erigida a cultura ocidental assenta seus alicerces sob inúmeras influências. Seus fundamentos mais remotos encontram nas movimentadas ruelas de Atenas seu berço primeiro. Sabe-se que o legado filosófico desenvolvido na Hélade redimensionou por completo a forma de o homem buscar, perquirir o conhecimento e conceber as coisas. Entre os pensadores mais célebres, tais como Sócrates, Platão e Aristóteles, o campo de discussão era extremamente vasto. Suas lições proporcionaram discussões sobre assuntos diversos, que envolviam desde a Política até o Direito.

---

[6] GILISSEN, John. *Introdução Histórica ao Direito*, p. 13.

[7] AZEVEDO, Luiz Carlos de. História do Direito, Ciência e Disciplina, p. 136-137.

Outra importante contribuição para a formação do Pensamento Ocidental diz respeito ao aporte significativo herdado das tradições judaico-cristãs, principalmente, após Constantino, no ano de 313, através do Edito de Milão, quando se pavimentou o caminho para o Cristianismo tornar-se, *a posteriori*, a religião oficial do Império Romano. A projeção definitiva dos preceitos teológicos arvorados pelos apóstolos de Jesus e pelos chamados "Pais da Igreja" alcança o universo jurídico, especialmente por intermédio do Direito Canônico.

Os romanos, por sua vez, incluem-se nesta lista como os artífices da sistematização do Direito Privado que nos serviria de modelo. Sabe-se que o Direito Romano era fruto de sérios estudos levados a cabo, em grande parte, por dedicados pretores e jurisconsultos imbuídos desse ofício. Foram as gentes do Lácio que originalmente criaram o culto à lei e à ordem garantidas pelos intentos propugnados pela *Pax Romana*. Esse processo se consolida no ano de 529, com a iniciativa de Justiniano de compilar todo o direito até então produzido, tarefa essa que se torna realidade com o chamado *Corpus Juris Civilis*, concluído em 534. Em se tratando dos costumes germânicos, eles seriam largamente difundidos na mesma medida em que ocorriam as imigrações dos povos arianos pelo continente europeu. A fusão destes com o legalismo romano originou a chamada *Civil Law*, ou, como melhor conhecemos, o "Sistema Romano-Germânico de Direito".

Hodiernamente, no Ocidente, tem havido a nítida tendência a admitir que as legislações venham a se adequar firmemente aos propósitos emanados da Declaração Universal dos Direitos do Homem de 1948 e de outros diplomas legais pertinentes à mesma matéria, dentre os quais se evidenciam o Pacto dos Direitos Civis e Políticos e o Pacto dos Direitos Econômicos, Sociais e Culturais, ambos do ano de 1966.

Estas foram as principais influências a compor o quadro geral das fontes históricas da cultura jurídica ocidental.

PARTE II

O Direito nas
SOCIEDADES ÁGRAFAS

II. Os Direitos ágrafos

Os Direitos ágrafos

2.1 Os Direitos ágrafos

O homem é um ser gregário por natureza, premissa esta que justifica sua tendência a buscar consolidar uma associação direta com seus semelhantes. Assim, não restam dúvidas de que toda e qualquer sociedade se obriga a estabelecer um corpo de regras com a finalidade maior de reger as relações que naturalmente se processam em seu seio. Essa realidade fática já havia sido bem percebida pelos romanos, quando vieram a esboçar a máxima latina *ubi societas, ibi ius*. Nesse sentido, deve-se admitir que aquelas formas de organização social próprias das sociedades simples, isto é, anteriores ao surgimento do Estado, tais como as tribos e os clãs, já possuíam um conjunto de normas não escritas, notadamente de natureza consuetudinária, que orientava a conduta dos seus indivíduos. Portanto, torna-se imperioso assumir a existência do Direito mesmo na ausência de codificações. Destarte, se é possível conhecer o local e a datação que assinalam a gênese do Direito escrito, o mesmo não se pode dizer do "nascimento das regras em si", isso porque o Direito é um dos mais formidáveis e necessários produtos da cultura humana.

Sabe-se, hodiernamente, que as aspirações mais íntimas dos grupos sociais humanos refletem diretamente na órbita do Direito. Dessa forma, as terminologias "Direito primitivo" ou "Direito arcaico" – aqui e acolá utilizadas nos clássicos de Antropologia Jurídica – devem ser entendidas como aquele conjunto de regras estabelecidas no âmbito das sociedades ágrafas.

Vale ressaltar que estes mesmos Direitos ágrafos não podem, obrigatoriamente, ser qualificados como "antigos". A razão para tanto é deveras simples: muitas sociedades, até hoje, organizam-se longe dos auspícios do Estado, ainda que, oficialmente, estejam submetidas ao seu império. É o caso dos povos indígenas, que normalmente se encontram protegidos em reservas legais, ali observando, em maior ou menor grau, um Direito ancestral.

Igualmente, convém ressaltar que muitas civilizações do passado não desenvolveram a escrita, o que contribuiu para as exíguas informações de caráter legal sobre elas existentes. É o caso dos celtas, incas, maias, astecas, entre outras tantas gentes que poderiam ser citadas.

Como se viu, o fenômeno jurídico, pois, é inerente a todas as épocas e lugares. É bem verdade que as regras estão sempre condicionadas ao contexto cultural de cada povo ou às nuances de determinado período histórico. Norbert Rouland, entretanto, observa que "é no paleolítico que se deve procurar a origem de relações de parentesco que constatamos no limiar da História: a invenção dessas relações supõe o emprego de raciocínios e de mecanismos que hoje qualificamos de jurídicos"[1].

Gilissen refere-se a esse período em que ainda não havia codificações como a "Pré-História do Direito", diferenciando-o, especificamente, da "História do Direito" propriamente dita. De acordo

---

[1] ROULAND, Norbert. *Nos Confins do Direito*, p. 41.

CAPÍTULO II • Os Direitos ágrafos

com o professor belga, o Direito, nessa época, encontra-se ainda em estágio embrionário, "em nascimento", para ser mais exato[2]. Na aurora dos tempos, o Direito era um "hábito" presente no "ar", sendo pertinente, como bem asseverou Sumner Maine, à "infância do gênero humano"[3].

Os Direitos primitivos possuem algumas características essenciais, todas elas devidamente apontadas por Gilissen. A primeira delas é a ausência da escrita. As demais incluem o caráter consuetudinário das normas e o seu inequívoco teor sagrado. São também numerosos e diversificados quanto ao conteúdo[4].

Quanto às fontes, tem-se, em primeiro plano, os costumes e as leis não escritas, logo seguidas pelos adágios e provérbios populares, bem como as decisões tomadas por força da tradição[5].

2.2 A Antropologia Legal e o estudo dos Direitos ágrafos: as Escolas Europeias

Dentre todas as disciplinas a compor os galhos da frondosa árvore do Direito, cabe justamente à Antropologia Legal o papel de delimitar os conhecimentos relativos ao estudo dos Direitos arcaicos.

Adianta-se, desde pronto, que foram os especialistas nesta área das Ciências Sociais, Culturais e Biológicas (síntese dos propósitos da Antropologia) – e não especificamente os historiadores do Direito – quem mais se debruçou sobre o tema. Nesse sentido, muitos nomes poderiam ser listados. Comecemos o elenco por Sir Henry Sumner Maine (1822-1888), considerado o "Pai da Antropologia Legal". No ano de 1861, Sumner Maine lança O *Direito Antigo*, livro pioneiro que serviu de referência para o estudo dos Direitos primitivos e que Gumercindo Azcárate, logo em seu prefácio, consideraria um trabalho intelectual da relevância científica de *A origem das espécies*, obra

---

[2] GILISSEN, John. *Introdução Histórica ao Direito*, p. 31.

[3] MAINE, Henry James Sumner Maine. *El Derecho Antiguo*, p. 17.

[4] GILISSEN, John. *Introdução Histórica ao Direito*, p. 35-38.

[5] GILISSEN, John. *Introdução Histórica ao Direito*, p. 35-38.

que consagrou o compatriota de Maine – Charles Darwin – e que fora publicada apenas quinze meses antes[6].

Fustel de Coulanges (1830-1889), autor do clássico *A cidade antiga* (1864), é o segundo a merecer menção. O destacado professor de Sorbonne decidiu investigar a percepção do fenômeno jurídico entre gregos e romanos ainda em tempos distantes. Logo notou que a religião era o elemento catalisador, o eixo-motriz que determinava as relações em sociedade. Tanto é verdade que em sua obra máxima, antes de investigar quaisquer outras questões de ordem legal, optou Coulanges por percorrer os caminhos dos cultos e ritos das sociedades do Mediterrâneo Central. O emérito professor francês desvendaria, como consequência de tanta dedicação, os elementos sociológicos que incidiram na delimitação dos Direitos helênico e romano.

Entretanto, seria Bronislaw Malinovski (1884-1942), polonês naturalizado britânico, o pesquisador europeu a galgar os passos da consolidação da moderna Antropologia. Nos estudos realizados entre os nativos das Ilhas Trobriand, sob o título "Crime e costume na sociedade selvagem" (1926), o antropólogo quebrou importantes paradigmas no plano teórico. O primeiro deles era o de que as sociedades simples viviam segundo uma espécie de "comunismo primitivo", o que Malinovski provou ser mera ilusão: existiam indivíduos que possuíam *status* social mais elevado e maiores privilégios em detrimento daqueles reservados aos seus pares[7]. O segundo deles restringia-se à ideia disseminada de que as sociedades primitivas desenvolviam, tão somente, regras de caráter criminal. Ora, mais uma vez sobressai o gênio do professor, que constata ser o Direito Civil tão ou mais elaborado que o Direito Penal[8].

Como se viu, o desenvolvimento dos estudos relativos à Antropologia ganhou força, não por acaso, em países como Inglaterra, França e Holanda. Sabe-se que essas eram as potências coloniais do

---

[6] MAINE, Henry James Sumner. *El Derecho Antiguo*, p. 8.

[7] MALINOVSKI, Bronislaw. *Crime e Costume na Sociedade Selvagem*, p. 22.

[8] MALINOVSKI, Bronislaw. *Crime e Costume na Sociedade Selvagem*, p. 30-31.

CAPÍTULO II ● Os Direitos ágrafos

século XIX e que tinham interesse em financiar pesquisas que versassem sobre as culturas que a elas estavam submetidas pelos laços imperialistas. Todavia, como era de esperar, desenvolveu-se a Antropologia como ciência autônoma e descompromissada de interesses hegemônicos.

2.3 A Escola de Antropologia Legal Norte-americana

Nas duas primeiras décadas do século XX cresce sobremaneira o interesse acadêmico nos Estados Unidos da América pela disciplina em questão. Isso se deve, basicamente, a dois grandes nomes: Adamson Hoebel (1906-1993) e Karl Llewellyn (1893-1962). De suas penas nasce o excelente trabalho assinado conjuntamente que se intitulou *The Cheyenne Way* (1941), obra obrigatória na historiografia de Antropologia Legal.

Llewellyn foi um notório advogado estudioso do sistema jurídico de seu país, tendo ficado profundamente impressionado com o apurado mecanismo de solução de controvérsias adotado pelos Cheyenne. Também foi o maior representante de sua geração na difusão de um movimento que ficou conhecido pelos sociólogos como *American Legal Realism*. Essa ideologia asseverava, em linhas gerais, a tese da subjetividade das decisões que emanavam das sentenças dos juízes de seu país[9].

Hoebel, a seu turno, foi um grande antropólogo que não hesitou em continuar a pesquisar outras nações indígenas, como a dos Comanche[10] e a dos Pueblos, além, é claro, de sua importante experiência entre as gentes do Paquistão. Sua maior contribuição à Antropologia Legal foi a obra *The Law of primitive man* (1954), apesar de que muitas de suas outras publicações alcançaram o êxito devido nos meios acadêmicos.

---

[9] Cf. a esse respeito HULL, N. H. E. *Roscoe Pound and Karl Llewellyn:* Searching for an American Jurisprudence. Chicago: University of Chicago Press.

[10] Para saber mais sobre o Sistema Legal Comanche, cf. HOEBEL, Adamson; FROST, Everett. *Antropologia Cultural e Social*, p. 314.

Na atualidade, a Escola de Antropologia Legal Norte-americana é uma das mais respeitadas do mundo, havendo efetivo interesse em conhecer e preservar, no âmbito das reservas indígenas, até onde for possível, os traços principais dos Direitos consuetudinários da antiga população autóctone das terras da América. Prova disso é que nos Estados Unidos se destacam estudos interessantes como aquele desenvolvido sobre o *Diné Beehaz'áanii*, ou "Direito Navajo", onde se ressalta o profícuo processo de codificação dos costumes ancestrais dos navajos, os quais, em boa hora, puderam conquistar, alhures, o pleno direito de serem educados segundo o conhecimento de suas próprias leis e tradições[11]. No âmbito de outras pesquisas igualmente importantes sobre as nações indígenas do país está a obra de John Phillip Reid[12] – *A Law of Blood"* (2006) – que traça um quadro sobre as percepções jurídicas e da cultura da grande nação Cherokee.

2.4 A Antropologia Legal na América Latina

Nenhum outro país da América Latina se destaca tanto quanto o México no campo da Antropologia Legal, sendo possível até mesmo falar de uma "Escola Mexicana de Antropologia do Direito".

Na Argentina, imprescindível papel é aquele cumprido pelo Centro de Estudios de Antropología y Derecho. Dentre os excelentes trabalhos que tomam corpo no âmbito dessa instituição, menciono aquele do magistrado Manuel A. J. Moreira – La cultura jurídica Guaraní. O autor se propôs, com muito sucesso, a estudar, na Província de Misiones (Argentina), a percepção jurídica dos Mbya-Guarani. Não é preciso dizer da relevância dessa pesquisa acadêmica para as universidades de países limítrofes como o próprio Brasil; juntamente com o

---

[11] BOBROFF, Keneth. *Diné Bi Beenahaz'áanii*: codifying indigenous consuetudinary law in 21st Century. Mexico City: University of Mexico School of Law: *Tribal Law Journal*, v. 7, 2006-2007.

[12] REID, John Phillip. *A Law of Blood*: The Primitive Law of the Cherokee Nation. DeKalb, Illinois: Northern Illinois University Press, 2006.

CAPÍTULO II ● Os Direitos ágrafos

Paraguai e o Uruguai (entre outros), também serve ou serviu de lar para a imensa nação Guarani[13].

Dos direitos das nações indígenas brasileiras, todavia, ainda pouco se sabe. As práticas jurídicas vigentes entre os nativos das antigas possessões do Império lusitano foram sufocadas pela força e supremacia imposta à população pelo ímpeto do colonizador d'além-mar. Dos costumes da inumerável população autóctone à época do descobrimento, irremediavelmente resignada ao ardor do impacto devastador da conquista ibérica, muito pouco ou quase nada pode ser dito. É notório que a assimilação foi demasiado brutal para ser reconstituída. Ademais, raros foram aqueles que se preocuparam em juntar os pedaços desse imenso quebra-cabeça. Desse modo, sabe-se que o assunto acabou por não suscitar entre nossos juristas, ao contrário do que se verificou em outros países latino-americanos, o mesmo interesse. O resultado é que são praticamente inexistentes as obras de Antropologia Legal no mercado editorial brasileiro. Durante muito tempo, o único manual disponível sobre a matéria foi aquele de Robert Weaver Shirley, fruto do rol de palestras proferidas em 1977 na Universidade de São Paulo, apesar deste contexto estar se alterando progressivamente com o surgimento de novos estudos[14].

A inclusão da Antropologia no Eixo de Formação Fundamental das Disciplinas dos cursos de Direito pela Resolução n. 9/2004 do Conselho Nacional de Educação certamente foi uma iniciativa que contribuirá para uma mudança de perspectiva. Espera-se que sim, pois a lacuna acadêmica nesse campo é de difícil mensuração.

---

[13] MOREIRA, Manuel. *La Cultura Jurídica Guaraní*: Aproximación Etnográfica a la Justicia Mbya-Guaraní. Buenos Aires: Centro de Estudios de Antropología e Derecho, 2005.

[14] Veja PALMA, Rodrigo Freitas. *Antropologia Jurídica*. São Paulo: Saraiva, 2019.

O Direito na
ANTIGUIDADE ORIENTAL

III. Os Direitos cuneiformes e o Direito fenício
IV. O Direito no Egito Antigo
V. O Direito hitita
VI. O Direito persa
VII. O Direito na Índia Antiga
VIII. O Direito hebraico

Os Direitos cuneiformes e o Direito fenício

3.1 O Direito na Antiguidade Oriental: breve introdução aos Direitos cuneiformes

O presente capítulo tem por objetivo oferecer um panorama geral do surgimento das mais antigas codificações desenvolvidas na trajetória histórica da humanidade. Inicialmente, elas têm sua origem circunscrita à bacia da Mesopotâmia, região extremamente fértil situada entre os rios Tigre e Eufrates, atual território do Iraque. Por essa razão, trata-se de um local onde muitos povos tentaram exercer seu domínio ao longo dos séculos de história. É notório o fato de que foi exatamente ali o contexto assinalado pelo nascimento e declínio de alguns dos maiores impérios que o mundo já conheceu. Nesse mesmo lugar o Direito escrito encontra sua primeira forma de expressão, através de codificações como o Código de Ur-Nammu, as Leis de Eshnunna, as de Lipit-Ishtar e aquela de Hamurábi[1].

---

[1] Os nomes dos códices legais cuneiformes, ora atribuídos a monarcas, ora a localida-

O Direito na Antiguidade Oriental

Ainda no bojo em questão, falar-se-á também dos Direitos de povos indo-europeus, como os persas e os hititas. Por essa razão, neste capítulo, tratar-se-á de apresentar a percepção jurídica desenvolvida pelas gentes da Ásia que, durante a Antiguidade, serviram-se da escrita cuneiforme – designativa esta que nomeou seus direitos.

Sabe-se, entretanto, que do ponto de vista didático-pedagógico é possível fazer uma incursão aos Direitos produzidos no Oriente Antigo como um todo, independentemente das muitas culturas lá existentes. Afinal, são muitos os traços característicos que unem os direitos na Antiguidade Oriental. Assim, o Direito hebraico, em razão de sua escrita alfabética – o hebraico –, não pode ser rotulado propriamente como "Direito cuneiforme". Apesar disso, em alguns aspectos, as leis mosaicas apresentam visíveis afinidades com as demais codificações orientais aqui mencionadas. Maior prova disso é que em 2014 foi descoberta pelas escavações realizadas no sítio arqueológico de Tel Hazor, em Israel, uma tábua em caracteres cuneiformes contendo algumas leis similares àquelas encontradas no Código de Hamurábi e nas demais codificações acima listadas. O valioso achado é fruto das pesquisas encabeçadas por Amnon Ben-Tor e Sharon Zuckerman, da Universidade Hebraica de Jerusalém. A inscrição utiliza o idioma acadiano (a língua diplomática do Oriente Próximo no II milênio antes de Cristo) e, apesar de ainda não ser possível determinar com exatidão sua datação, pode-se dizer que ela possivelmente corresponda ao mesmo período das demais codificações da Mesopotâmia. Vale dizer que Hazor foi um antigo reino cananeu. Graças à importância do Direito hebraico na formação do Pensamento Ocidental, optamos por reservar-lhe aqui capítulo à parte.

Tracemos agora um perfil geral dos Direitos no mundo antigo. Ora, é sabido que o Direito Penal foi o ramo por excelência a se materializar com maior evidência entre os povos do passado, uma vez que regras criminais eram ferramentas primordiais à coesão do grupo

---

des da Antiguidade, permitem a utilização de várias grafias pelo simples fato de não serem palavras de nosso idioma. Nos casos das citações literais, optamos por manter a maneira exata utilizada pelo autor no texto original.

CAPÍTULO III ● Os Direitos cuneiformes e o Direito fenício

social. A título ilustrativo, pode-se dizer que as penas eram bastante cruéis. Só para citar alguns exemplos, era comum inserir nesse vasto rol a mutilação, a decapitação, a empalação, a crucificação, a flagelação, a morte na fogueira ou na forca, a impressão de marcas a fogo na pele das vítimas, o apedrejamento, o banimento, assim como a aplicação de uma série de "ordálios" ou "juízos divinos", que consistiam em práticas adivinhatórias para verificar a culpabilidade ou a inocência do réu. Não raro, havia, como se sabe, a aplicação do princípio ou lei de talião e de penas pecuniárias das mais diversas. A vingança privada, pois, era a tônica do sentido punitivo nessas sociedades.

No que se refere ao campo do Direito Civil, a seu turno, foram descobertos, nos sítios arqueológicos pesquisados, inúmeros contratos das mais variadas naturezas e objetos. Os antigos chegaram a desenvolver pactos que versavam sobre a locação, o empréstimo, a doação, a compra e venda, o arrendamento, o penhor, entre outros tantos negócios jurídicos realizados. São numerosos os contratos da época de Rïm-Sîn (1822-1763 a.C.), soberano de Larsa[2]. Mas, a bem da verdade, os contratos são peças jurídicas amplamente utilizadas na Antiguidade Oriental. Informa Bouzon que há uma grande quantidade de acordos de compra e venda do período que vai do declínio de Ur (2003 a.C.) ao reinado de Hamurábi. Neste último estágio torna-se "documento muito comum" o contrato de arrendamento[3]. A exemplo de Israel (com pacto nupcial chamado de *ketubah*), no reino de Eshnunna celebrava-se um contrato de casamento típico chamado de *riksatum*. Essa era a condição *sine qua non* para que a mulher fosse formalmente considerada esposa[4].

Porém, jamais se pode perder de vista que os Direitos cuneiformes eram eminentemente ligados à noção de sagrado, dentre os quais o ritual servia-se de veículo imediato, como se fora o fio condutor da sentença a ser aplicada.

---

[2] Cf. a esse respeito os estudos de BOUZON, Emanuel. *Ensaios Babilônicos*, p. 63.

[3] Note que a data fornecida por Bouzon para Hamurábi diverge daquela apresentada por Gilissen.

[4] BOUZON, Emanuel. *Uma Coleção de Direito Babilônico Pré-Hammurabiano*, p. 45.

O Direito na Antiguidade Oriental

A regra processual era muito pouco desenvolvida, o que dificulta, sem dúvida, uma pesquisa conclusiva a respeito. Quanto aos procedimentos, ao que parece, imperava a absoluta improvisação, apesar de ser lícito cogitar também, aqui e acolá, da existência de normas dessa natureza. Sob o aspecto formal, a estrutura dos Direitos cuneiformes, em geral, é composta por um prólogo, o corpo de leis e o epílogo[5]. É justamente esse o caso de Ur-Nammu, Lipit-Ishtar e Hamurábi. De acordo com a análise sempre abalizada de Bouzon, excetuam-se desses três elencados as leis de Eshnunna, as "leis médio-assírias" e as leis hititas[6].

Finalmente, deve-se atestar que esses Direitos cuneiformes não são, propriamente, direitos na perfeita acepção moderna do termo, pois se encontram num estágio inicial de desenvolvimento, levando em conta que não foram devidamente sistematizados. Todavia, mesmo assim, merecem ser estudados, uma vez que representam um capítulo interessante do caminho percorrido pela humanidade na sua vivência prática e percepção do fenômeno jurídico.

3.2 O Direito mesopotâmio: a gênese do Direito escrito

Os sumérios, já há milênios, habitavam as margens dos rios Tigre e Eufrates, onde deixaram inúmeros vestígios de uma adiantada civilização. De seu âmago sairiam, posteriormente, grandes impérios que dominariam toda a Ásia Menor. No entanto, é preciso recorrer à Arqueologia para conhecer a sua mais distante origem. Nesse sentido,

---

[5] "O estudioso da legislação do Antigo Oriente constata imediatamente a existência de dois tipos de coleções de leis. As que foram enquadradas em um prólogo e um epílogo, e as coleções transmitidas sem essa moldura. Uma análise atenta do prólogo e do epílogo dos 'códigos' de Ur-Namma, de Lipit-Ishtar e de Hammurábi parece permitir a conclusão de que o motivo principal que levou esses reis a proclamar e publicar seus 'códigos legais' foi, sem dúvida, a intenção de apresentar o monarca como um rei justo, o garante da justiça no país. Mas não eram, certamente, meros instrumentos de propaganda. As coleções do direito vigente incluídas nessas estelas reais visavam, também, proteger os cidadãos dos abusos e opressões dos mais fortes." BOUZON, Emanuel. *Uma Coleção de Direito Babilônico Pré-Hammurabiano*, p. 28-29.

[6] BOUZON, Emanuel. *Ensaios Babilônicos*, p. 101.

CAPÍTULO III ● Os Direitos cuneiformes e o Direito fenício

Merril Unger presta-nos um valioso auxílio ao afirmar que, em tempos mui longínquos, os sumérios, inicialmente, penetraram na Planície do Sinear, localizada mais ao sul da Babilônia. Unger acredita que o progressivo ingresso sumério na Mesopotâmia se deu por volta de 4000 a.C., sendo eles os responsáveis pelo desenvolvimento da escrita cuneiforme, a qual seria, posteriormente, aprimorada pela utilização de sinais pictográficos[7].

Até onde sabemos, foram os sumérios os primeiros a terem a preocupação de registrar, por intermédio da escrita, as normas consuetudinárias que os regiam. Assim, é muito provável que o alvorecer das codificações tenha se dado entre eles. Até onde é possível descerrar as cortinas do tempo, é proveniente da Suméria uma das mais remotas manifestações de direito escrito de que se tem notícia. Estamos nos referindo ao Código de Ur-Nammu, importante achado histórico datado de, aproximadamente, 2040 a.C. A legislação em questão, como de costume, foi registrada num maciço de pedra chamado de "estela", que continha inscrições reais; depois disso, essa legislação foi exaustivamente copiada em tabuinhas de barro. Do Código de Ur-Nammu tem-se conhecimento do prólogo e de 32 artigos[8]. Vale dizer, no entanto, que Federico Lara Peinado e Federico Lara Gonzalez são partidários da tese dos estudiosos F. Yldiz e S. N. Kramer, que supõem que a referida codificação não teria sido obra do soberano Ur-Nammu, mas, antes, de seu filho Shulgi[9]. Sem querer nos aprofundar na controvérsia, julgamos mais útil no momento apresentar um de seus dispositivos, caracterizado pela redação prolixa peculiar ao gênero cuneiforme:

| COL. VI. SE UM CIDADÃO FRACTUROU UM PÉ OU UMA MÃO A OUTRO CIDADÃO DURANTE UMA RIXA PELO QUE PAGARÁ 10 SICLOS DE PRATA. SE UM CIDADÃO ATINGIU OUTRO COM UMA ARMA E LHE FRACTUROU UM OSSO, PAGARÁ UMA

---

[7] UNGER, Merril. *Arqueologia do Velho Testamento*, p. 11.

[8] Cf. LARA PEINADO, Federico; LARA GONZALEZ, Federico. *Los Primeros Códigos de la Humanidad*, p. XXVI.

[9] LARA PEINADO, Federico; LARA GONZALEZ, Federico. *Los Primeros Códigos de la Humanidad*, p. XXVIII.

<<MINA>> DE PRATA. SE UM CIDADÃO CORTOU O NARIZ A OUTRO CIDADÃO COM UM OBJECTO PESADO PAGARÁ DOIS TERÇOS DE <<MINA>>[10].

Da Bacia da Mesopotâmia, no entanto, podem ser contabilizadas outras codificações que antecederam a redação do famoso Código de Hamurábi, tais como o Código de Urukagina de Lagash (dos arredores de 2350 a.C.); as Leis de Eshnunna, de cerca de 1930 a.c. e o Código de Lipit-Ishtar, de aproximadamente 1880 a.C. Gilissen, porém, remete a outros textos, redigidos, provavelmente, num período ainda muito anterior a estes, dentre os quais o Código de Urukagina constitui um exemplo manifesto[11]. Emanuel Bouzon achou por bem designar "Direito babilônico pré-hammurabiano" a todas essas primeiras incursões da humanidade no universo jurídico[12].

As Leis de Eshnunna são um achado credenciado às escavações realizadas no sítio de Tell Harmal, inicialmente traduzidas e identificadas entre os anos de 1945 e 1947 por A. Goetz, ilustre assiriólogo alemão. Eshnunna, *in casu*, não é exatamente o nome de algum monarca em específico, mas o de uma cidade-estado que espraiou sua influência na região. Segundo Bouzon, as leis são o produto do reinado de Naransin ou de seu irmão Dadusha[13].

Contudo, não se espere dessa coleção de leis o oferecimento de uma visão completa do Direito vigente à época. Sobre o assunto, importante consideração é feita por Bouzon, o único e maior especialista brasileiro a ter estudado o Direito de Eshnunna: "Uma simples leitura das tábuas IM 51.059 e IM 52.614 mostra-nos, claramente, que o material legal aqui reunido não forma um código de leis no sentido moderno do termo. Muitos pontos da vida jurídica e social da cidade não são tratados nesta coleção de leis. Faltam, por exemplo, prescri-

---

[10] Extraído de GILISSEN, John. *Introdução Histórica ao Direito*, p. 64. Preservamos a obra na íntegra, segundo a qual nos foi apresentada com a grafia própria utilizada em Portugal.

[11] GILISSEN, John. *Introdução Histórica ao Direito*, p. 61.

[12] Cf. a obra de BOUZON, Emanuel. *Uma Coleção de Direito Babilônico Pré-Hammurabiano*, 2001.

[13] BOUZON, Emanuel. *Ensaios Babilônicos*, p. 94.

CAPÍTULO III • Os Direitos cuneiformes e o Direito fenício

ções que regulem o direito de herança. Na parte do direito penal faltam as sanções aplicadas aos crimes de morte, roubo etc.; mesmo o direito de propriedade é tratado de uma maneira bastante sucinta. Tudo isto leva-nos a concluir que os tribunais de Eshnunna conheciam, certamente, em seu funcionamento cotidiano, outras leis e prescrições que não foram registradas nas tábuas fixadas em Tell Harmal. Aliás, a preocupação de reunir todas as leis vigentes em um código, que realmente mereça esse nome, é relativamente moderna"[14].

Não obstante essas importantes considerações, vejamos alguns de seus dispositivos jurídicos, por meio dos quais é possível saber que em Eshnunna havia um conhecimento rudimentar de responsabilidade civil e da prática de celebração de contratos de casamento:

| 5. SE UM BARQUEIRO É NEGLIGENTE E DEIXA AFUNDAR O BARCO, ELE RESPONDERÁ POR TUDO AQUILO QUE DEIXOU AFUNDAR[15].

| 56. SE UM CÃO É CONHECIDO COMO PERIGOSO, E SE AS AUTORIDADES DA PORTA PREVENIRAM O SEU PROPRIETÁRIO (E ESTE) NÃO VIGIA O SEU CÃO, E O (CÃO) MORDE UM CIDADÃO E CAUSA A SUA MORTE, O PROPRIETÁRIO DO CÃO DEVE PAGAR DOIS TERÇOS DE UMA <<MINA DE PRATA>>[16].

| 27. SE UM CIDADÃO TOMA POR <<MULHER>> A FILHA DE UM CIDADÃO SEM PEDIR (O CONSENTIMENTO) DO SEU PAI E DA SUA MÃE E NÃO CONCLUI UM CONTRATO DE <<COMUNHÃO E CASAMENTO>> COM O SEU PAI E A SUA MÃE, ELA NÃO É (SUA) ESPOSA (LEGÍTIMA), MESMO QUE ELA HABITE UM ANO NA SUA CASA[17].

O Código de Lipit-Ishtar também foi redigido em língua suméria pelo rei que concedeu seu nome à legislação – o quinto soberano da dinastia de Isin. Os tais achados arqueológicos foram particularmente estudados por H. F. Lutz (1919), H. de Genouillac (1930) e F. R. Steele (1948)[18]. Particularmente, não temos dúvidas de que Hamurábi

---

[14] BOUZON, Emanuel. *Uma Coleção de Direito Babilônico Pré-Hammurabiano*, p. 27.

[15] Segundo a tradução de GILISSEN, John. *Introdução Histórica ao Direito*, p. 64.

[16] Segundo a tradução de GILISSEN, John. *Introdução Histórica ao Direito*, p. 65.

[17] Segundo a tradução de GILISSEN, John. *Introdução Histórica ao Direito*, p. 64.

[18] Cf. LARA PEINADO, Federico; LARA GONZALEZ, Federico. *Los Primeros Códigos de la Humanidad*, p. XXVI.

se serviria também dessa codificação para elaborar os dizeres que eternizou no bloco de pedra diorita em exposição no Louvre. Vejamos as palavras de Federico Lara Peinado e Federico Lara Gonzalez: "O Código se inicia com um prólogo, de tipo hínico, no qual Lipit--Ishtar aparece designado pela vontade dos deuses para exercer a monarquia em Isin e para fazer reinar a equidade e a ordem em todo seu Estado. Na continuação, o próprio rei recorda que restabeleceu a salvaguarda geral dos direitos dos mais pobres, liberando a muitos cidadãos da opressão dos poderosos, e propõe a solidariedade familiar, base, segundo o tradicional Direito Sumério, das relações jurídicas da sociedade"[19].

A "desagregação política e militar" suméria – ensina Bouzon – ocorre quando as forças procedentes do Elam, posteriormente denominada "Pérsia", impõem uma derrocada ao rei Ibbi-Sîn (2027-2003 a.C.) e destroem, por conseguinte, a cidade de Ur. Nas próprias palavras do autor, este evento significou "o fim da renascença suméria", mas também possibilitou o surgimento de diversas "dinastias locais" de origem semita – "Isin", "Larsa", "Babel" e "Eshnunna"[20].

3.3 O Direito babilônico: o Código de Hamurábi

A mais célebre dentre todas as codificações da Antiga Mesopotâmia veio a lume com as escavações realizadas pelo arqueólogo francês Jacques de Morgan, em 1902, na fortaleza elamita de Susan. Escrito em caracteres cuneiformes justapostos num grande maciço de pedra diorita, estava registrado o famoso "Código de Hamurábi".

Durante muitas décadas, foi equivocadamente alardeado que esta se configurava na mais antiga manifestação de Direito escrito em todos os tempos. Apenas cinco anos depois, o estudioso F. Thureau Danguin apresentava ao mundo uma nova publicação de textos que continham certas leis de autoria de Urukagina ou Uruinimgina – so-

---

[19] Cf. LARA PEINADO, Federico; LARA GONZALEZ, Federico. *Los Primeros Códigos de la Humanidad*, p. XXIX e XXVIII. [Nossa tradução.]

[20] BOUZON, Emanuel. *Uma Coleção de Direito Babilônico Pré-Hammurabiano*, p. 16.

CAPÍTULO III ● Os Direitos cuneiformes e o Direito fenício

berano de Lagash. A datação da referida coleção legal não pôde ser precisamente determinada, apesar de que o rei em questão teria exercido seu governo, segundo Bouzon, entre 2351 e 2242 a.c. De qualquer modo, é patente serem estas bem mais antigas em relação àquelas famosas leis de Hamurábi, assim como as outras já mencionadas aqui: o Código de Ur-Nammu (aprox. 2040 a.C.; as Leis de Eshnunna (aprox. 1930 a.C.) e; o Código de Lipit-Ishtar (aprox. 1880 a.C.)[21].

Hamurábi (1726-1686 a.c.) foi o responsável direto por todo o esplendor alcançado pela Babilônia, principalmente após tê-la transformado num grandioso império. Ao conseguir consolidar a união dos elementos conformadores de sua cultura, tais como os sumérios, os acadianos e outros povos de origem semita, Hamurábi não hesita em se declarar o supremo governante de seu país.

Por conseguinte, muito da personalidade desse rei pode ser conhecido já por meio de uma breve leitura do preâmbulo do referido achado arqueológico. Nele, o monarca se apresenta como arquétipo de "protetor da nação", uma espécie de executor da "justiça" e do "Direito", que teria vindo para "proporcionar" uma paz duradoura ao seu povo. Utilizando-se de toda a sua excentricidade em busca de afirmação política, Hamurábi declara que suas palavras são "ponderadas" e que "sua sabedoria é incomparável". As alusões às divindades criadas por sua gente percorrem toda a parte preambular do texto. O intuito, como era de esperar, é não deixar dúvidas acerca da "escolha divina" que paira sobre o seu cetro. Assim, quando os "aflitos" de seu povo tivessem alguma dúvida quanto ao teor do Direito vigente, deveriam se dedicar à leitura das leis de Hamurábi para constatar que este é como "um pai para os seus súditos". Logo em seguida, o rei pede que nem suas palavras, tampouco seu nome e o Direito por ele pronunciado, sejam, no futuro, apagados da inscrição e da memória de seus súditos. Isso demonstra que o soberano considerava sua iniciativa jurídica uma verdadeira "obra-prima", um empreendimento digno de apreciação póstuma[22].

---

[21] BOUZON, Emanuel. *Ensaios Babilônicos*, p. 92.

[22] Confira o prólogo em CARLETTI, Amílcare. *Brocardos Jurídicos*, p. 59-62.

Contudo, a bem da verdade, seu Direito não foi um trabalho essencialmente original. Há certa convergência de opiniões no sentido de estabelecer que o Código de Hamurábi retomou leis sumerianas anteriores e que, à sua maneira, tratou de condensá-las a costumes semitas antiquíssimos. Nesse sentido, cai em definitivo o mito de Hamurábi como um autêntico "rei legislador", como muitos foram tentados a imaginar[23]. A maior fonte, no dizer de Federico Lara Peinado e Federico Lara Gonzalez, era diretamente proveniente do Código de Shulgi, legislação esta tratada no tópico anterior[24].

Assim, parece ser consenso entre os historiadores do Direito a opinião de que Hamurábi não passou de um mero compilador de leis que já eram conhecidas entre os babilônios, ainda que tenha criado algumas poucas. De qualquer maneira, a influência suméria nesse sentido é marcante e incontestável[25].

O Código de Hamurábi encontra-se em bom estado de conservação, exceto por algumas colunas que não podem ser lidas em razão de terem sido intencionalmente apagadas por alguém a quem Morris Jastrow[26] chama de "vândalo elamita" (provavelmente Sutruk-Nahunte), que nos arredores do ano 1100 a.C. levou a famosa pedra diorita (símbolo maior da conquista do adversário) como uma espécie de troféu até as fortalezas de Susan. Ao que parece, segundo a tese do mesmo autor, o objetivo do rei persa era o de glorificar a si próprio na parte por ele mesmo danificada.

Quanto às características de sua codificação, esta segue o mesmo padrão das coleções jurídicas típicas da Antiguidade Oriental. As penas

---

[23] Cf. a opinião de HALL: "Devemos porém lembrar-nos de que, embora haja nelas um elemento original devido sem dúvida ao próprio rei, o essencial de seu código é apenas a reedição das antigas leis sumerianas e ele tem pouco direito de ser considerado pessoalmente como um grande legislador". HALL, H. R. *História Antiga do Oriente Próximo – desde os tempos mais remotos até a Batalha de Salamina*, p. 191.

[24] LARA PEINADO, Federico; LARA GONZALEZ, Federico. *Los Primeros Códigos de la Humanidad*, p. XXVII.

[25] JOHNS, Claude Hermann Walter. *Babylonian and Assyrian Laws, Contracts and Letters*, p. 39.

[26] JASTROW, Morris Jr. "An Assyrian Code", p. 1. In: *Journal of the American Oriental Society*. Vol. 41 (1921), p. 1-2.

CAPÍTULO III ● Os Direitos cuneiformes e o Direito fenício

são igualmente severas e envolvem, não raro, mutilações, como se pode constatar a seguir:

| 195. SE UM FILHO BATEU EM SEU PAI, DEVERÃO AMPUTAR SUAS MÃOS[27].

| 194. SE ALGUÉM CONFIA O PRÓPRIO FILHO A UMA AMA, E O MENINO MORRE NAS MÃOS DESTA, E A AMA, SEM CONHECIMENTO DO PAI E DA MÃE, AMAMENTA (SUBSTITUI) UM OUTRO MENINO, DEVERÁ SER PROVADO QUE AMAMENTOU UM OUTRO MENINO SEM O CONHECIMENTO DO PAI E DA MÃE; DEVERÃO SER CORTADAS SUAS MAMAS[28].

| 205. SE O ESCRAVO DE UM HOMEM LIVRE AGREDIR O CORPO DE UM HOMEM LIVRE, DEVER-SE-ÃO CORTAR SUAS ORELHAS[29].

O incesto, por vezes, acarretava ora o banimento, ora a morte na fogueira ou por afogamento. Note-se que as relações sexuais entre mãe e filho eram consideradas mais graves que aquelas mantidas entre pai e filha:

| 158. SE ALGUÉM, DEPOIS 'DA MORTE' DE SEU PAI, É SURPREENDIDO COM A MULHER DELE, A QUAL TENHA GERADO FILHOS: DEVERÁ SER EXPULSO DA CASA PATERNA[30].

| 154. SE ALGUÉM CONHECE A PRÓPRIA FILHA (FAZ AMOR COM A PRÓPRIA FILHA) DEVERÁ SER EXPULSO DA CIDADE[31].

| 157. SE ALGUÉM DEPOIS DA MORTE DE SEU PAI, DEITA COM A PRÓPRIA MÃE, AMBOS DEVERÃO SER QUEIMADOS[32].

| 155. SE ALGUÉM DER UMA NOIVA AO PRÓPRIO FILHO E ESTE TEM RELAÇÃO COM ELA E DEPOIS AQUELE (O PAI) DEITA COM ELA E É SURPREENDIDO, DEVERÁ SER AMARRADO E JOGADO NA ÁGUA[33].

---

[27] CARLETTI, Amílcare. *Brocardos Jurídicos*, v. III, p. 34.

[28] CARLETTI, Amílcare. *Brocardos Jurídicos*, v. III, p. 34.

[29] CARLETTI, Amílcare. *Brocardos Jurídicos*, v. III, p. 35.

[30] CARLETTI, Amílcare. *Brocardos Jurídicos*, v. III, p. 32.

[31] CARLETTI, Amílcare. *Brocardos Jurídicos*, v. III, p. 31.

[32] CARLETTI, Amílcare. *Brocardos Jurídicos*, v. III, p. 32.

[33] CARLETTI, Amílcare. *Brocardos Jurídicos*, v. III, p. 31.

No Código de Hamurábi, não há distinção entre roubo e furto. Portanto, presume-se que a morte era a pena aplicada na maioria dos casos. Digo isso porque parece haver um escalonamento que define as categorias de conduta mais graves para um mesmo delito, bem como a diferenciação natural das pessoas segundo a pirâmide social. Logicamente, deve-se ter a consciência de que esses fatores influenciarão a sentença do infrator:

| 6. SE ALGUÉM ROUBA O QUE PERTENCE AO DEUS (TEMPLO) OU À CORTE (RÉGIA), DEVERÁ SER MORTO; TAMBÉM AQUELE QUE RECEBEU A COISA ROUBADA DEVERÁ SER MORTO[34].

| 8. SE ALGUÉM ROUBA UM BOI OU UMA OVELHA OU UM ASNO OU UM PORCO OU UMA BARCA, SE ISSO PERTENCE A DEUS OU À CORTE, DEVERÁ RESTITUÍ-LO TRINTA VEZES; SE ISSO PERTENCE A UM LIBERADO (MUSKÊNUM), O RESTITUIRÁ DEZ VEZES MAIS; E SE O LADRÃO NÃO TEM NADA PARA DAR, DEVERÁ SER MORTO[35].

| 22. SE ALGUÉM COMETE UM ASSALTO E É PRESO, SERÁ MORTO[36].

A conhecida "pena de talião" (olho por olho, dente por dente)[37] é, aqui, recorrentemente adotada e parece ter sido transposta com a finalidade exclusiva de pôr termo a eventuais vinganças extremadas. Mas ela não se constitui na única alternativa a ser considerada. As variações de cada enunciado são devidas ao casuísmo que caracteriza os direitos cuneiformes:

---

[34] CARLETTI, Amílcare. *Brocardos Jurídicos*, v. III, p. 24.

[35] CARLETTI, Amílcare. *Brocardos Jurídicos*, v. III, p. 24.

[36] CARLETTI, Amílcare. *Brocardos Jurídicos*, v. III, p. 26.

[37] A expressão "talião" deriva do latim *talis*, que significa "tal e qual". A lei ou pena de talião quer passar, num sentido geral, a noção de proporcionalidade. Em relação às suas origens mais remotas, ainda não se sabe muito. Ela aparece no Código de Hamurábi por diversas vezes e também no contexto da *Torah*. Celso Bubeneck a credencia aos amorreus. Cf. BUBENECK, Celso. "Do Delito das Penas ou... Summum Jus, Summa Injuria", p. 60-61. Nós, porém, pensamos se tratar de um costume típico das sociedades tribais que foi, em algum momento, simplesmente transposto para o seio das codificações cuneiformes.

CAPÍTULO III ● Os Direitos cuneiformes e o Direito fenício

| 196. Se alguém faz perder um olho a um outro, perca ele o próprio olho[38].

| 197. Se alguém quebra um osso a outrem, quebra-se (também) a ele um osso[39].

| 200. Se alguém quebra os dentes a um seu igual, quebre-se também a ele os dentes[40].

O Código de Hamurábi prevê em seu bojo também as chamadas "penas pecuniárias", que determinam o pagamento de certas quantias, variáveis em razão da gravidade do delito praticado e da condição social do indivíduo na sociedade:

| 209. Se alguém bate em uma mulher nascida livre, de maneira que ela perde o seu feto, deverá pagar seis ciclos de prata pelo feto[41].

| 260. Se alguém rouba um grande balde ou arado, deverá pagar três ciclos de prata[42].

Também poderiam ser aplicados, segundo critérios ainda pouco claros, os chamados "ordálios". Tratava-se, conforme já dissemos, de uma infinidade de práticas adivinhatórias que tinham por objetivo verificar a inocência ou culpabilidade do indivíduo. Eis dois exemplos típicos presentes no Código de Hamurábi:

| 2. Se alguém imputou a um homem actos de feitiçaria, mas ele não pôde convencê-lo disso, aquele a quem foram imputadas as actividades de feitiçaria, irá ao Rio; mergulhará no Rio. Se o Rio o dominar, o acusador ficará com a sua casa. Se este homem for purificado pelo Rio, e se sair são e salvo, aquele que lhe tinha imputado actos de

---

[38] Eis o famoso talião na tradução que aparece na obra de CARLETTI, Amílcare. *Brocardos Jurídicos*, v. III, p. 34. O número que antecede a inscrição é referente ao parágrafo ou "artigo" do dispositivo jurídico da codificação.

[39] Outra expressão do talião. CARLETTI, Amílcare. *Brocardos Jurídicos*, v. III, p. 34.

[40] CARLETTI, Amílcare. *Brocardos Jurídicos*, v. III, p. 35.

[41] CARLETTI, Amílcare. *Brocardos Jurídicos*, v. III, p. 36.

[42] CARLETTI, Amílcare. *Brocardos Jurídicos*, v. III, p. 38.

FEITIÇARIA SERÁ MORTO, AQUELE QUE MERGULHOU NO RIO FICARÁ COM A CASA DO SEU ACUSADOR[43].

| 132. SE CONTRA UMA ESPOSA É ESTENDIDO O DEDO POR CAUSA DE UM 'OUTRO HOMEM', MAS NÃO É SURPREENDIDA DEITADA COM OUTREM, DEVERÁ ELA PULAR NA ÁGUA (ORDÁLIA) PARA SEU MARIDO[44].

De qualquer modo, é mister concluir que as Leis de Hamurábi demonstram ser bem mais abrangentes que as suas antecessoras. A amplitude e a gama de situações abarcadas pelo código em questão são absolutamente incontestáveis. Prova disso pode ser percebida nos estudos desenvolvidos por Giordani[45], que, a seu turno, achou por bem dividir os crimes previstos por aquela codificação em categorias distintas:

1) Crimes contra a reputação alheia e crime de falso testemunho.
2) Crimes contra a família.
3) Crimes contra os costumes.
4) Crimes contra o patrimônio.
5) Lesões corporais.
6) Desonestidade, imperícia ou negligência no exercício da profissão.
7) Crimes contra a segurança pública.

No que concerne ao orbe do Direito Civil, o código do monarca da Babilônia novamente se destaca. O texto dá ciência de algumas modalidades bem variadas de contratos e transações celebrados por todo o império. "O código de Hamurábi e os numerosos atos da prática do mesmo período dão-nos conhecer um sistema jurídico muito desenvolvido, sobretudo no domínio do direito privado, principalmente os contratos. Os Mesopotâmios praticaram a venda (mesmo a venda a crédito), o arrendamento (arrendamentos de instalações agrícolas, de casas, arrendamento de serviços), o depósito, o empréstimo a juros, o

---

[43] Segundo a tradução de GILISSEN, John. *Introdução Histórica ao Direito*, p. 65.

[44] CARLETTI, Amílcare. *Brocardos Jurídicos*, v. III, p. 31.

[45] GIORDANI, Mário Curtis. *O Direito Penal entre os Povos Antigos do Oriente Próximo*, p. 664-681.

CAPÍTULO III ● Os Direitos cuneiformes e o Direito fenício

título de crédito à ordem (com a cláusula de reembolso ao portador), o contrato social. Eles faziam operações bancárias e financeiras em grande escala e tinham já comandita de comerciantes. Graças ao desenvolvimento da economia de trocas e das relações comerciais, o direito da época de Hamurábi criou a técnica dos contratos, ainda que os juristas não tivessem chegado a construir uma teoria abstrata do direito das obrigações; da Babilônia, esta técnica de contratos espalhou-se por toda a bacia do Mediterrâneo; os Romanos herdaram-na finalmente e conseguiram sistematizá-la"[46].

Para que se verifique o quão profícua e sofisticada se mostrou a prática de celebração de pactos por todo o Oriente Próximo durante a Antiguidade, há um contrato de dissolução de sociedade ocorrido no reinado de Hamurábi, na cidade de Sippar, e cujas características principais, muito bem aduz a professora Karen Radner em comentário específico[47]. As partes são nomeadas como Erib-Sin e Nur-Šamaš. Conforme praxe à época, os principais deuses do panteão babilônico – Shamash, Aya e Marduk – são invocados como as testemunhas do acordo, do qual cada um ficaria com uma cópia, bem como os "filhos de Milki-itti-ilya" – que deveria ser alguma pessoa ilustre naqueles dias.

Do mesmo modo, há que se fazer menção a um contrato de casamento datado de 1820 a.C., do reino de Apil-sin (ao norte da Babilônia) – um dos mais antigos da história da humanidade –, provando que a união entre as famílias e o clã era selada e devidamente documentada. Aqui, o marido, chamado Warad Samas, filho de Ili-Ennam, casa-se com Taram-Sagila. Há definição de deveres desta para com o marido. Somente o esposo poderia tomar iniciativa visando requerer o divórcio, desde que, sob essa hipótese, cedesse em partilha a casa e os móveis ou, como bem observa Karen Radner, com "elevado custo financeiro". Ora, talvez isso significasse um claro indicativo de que os

---

[46] GILISSEN, John. *Introdução Histórica ao Direito*, p. 63.

[47] RADNER, Karen. *BM 092618: Contract for Dissolving a Trading Partenership, from Sippar*. Knowedge and Power. (Higher Education Academy, 2017). Disponível em: <http://oracc.museum.upenn.edu/saao/knpp/cuneiformrevealed/tabletgallery/bm0926/8/>. Acesso em: 19-5-2018.

antigos pretendiam com isso evitar até onde fosse possível a ocorrência de tal situação. Tanto é verdade que, se a mulher porventura intentasse deixar seu cônjuge, seria cruelmente punida com a morte. O tablete em questão, como tantos outros, encontra-se sob a guarda do Museu Britânico e foi encontrado pela quarta missão arqueológica enviada ao Egito e Mesopotâmia, no biênio de 1890-1891, chefiada por Sir Ernest A. T. Wallis Budge (1857-1934).

3.4 O Direito assírio: a mais absoluta legalização do terror

O antigo reino da Assíria estava localizado ao norte da Babilônia, situado às margens do rio Tigre, mais precisamente no território compreendido entre as cidades de Nínive (próxima a Mosul), Arbela (ao derredor de Erbil, atualmente região curda) e Assur (hoje em ruínas nas imediações de Qalat Sherkat) e limitado pelas montanhas Zagro, na Pérsia.

Posteriormente, em 879 a.C., outra localidade alcança proeminência na história assíria, quando a capital do império então é transferida para Kalhu[48] por ordem de Assurnasipal II (cujo reinado se deu entre os anos de 883 e 855 a.C.), distante cerca de setenta quilômetros da antiga Assur, o centro do poder imperial de outrora.

As fontes para o conhecimento da Assíria são abundantes, bem documentadas e, basicamente, de duas espécies: a primeira e mais importante é a escrita cuneiforme, cujos registros são em acadiano[49], idioma pertencente ao grande tronco semítico, do qual se sobressaem também as línguas árabe e hebraica. Além dessa, sabe-se que, no âmbito do im-

---

[48] Para saber mais sobre o assunto indico uma obra de valor fundamental, que se faz leitura obrigatória. Trata-se das narrativas sobre a missão arqueológica levada a cabo no antigo território assírio entre os anos 1849 e 1851 por Austin H. Layard (1817-1894), famoso arqueólogo britânico de origem francesa. Confira a esse respeito, pois, LAYARD, Austin Henry. *A Narrative of a Second Expedition to Assyria: During the years 1849, 1850 e 1851*, p. 67-80.

[49] Sobre as características gramaticais e fonéticas do idioma acadiano veja CAPLICE, Richard. *Introduction to Akkadian*. 4. ed. Roma: Pontifício Instituto Bíblico, 2002. (Studia Pohl Series Major, n. 9.)

CAPÍTULO III ● Os Direitos cuneiformes e o Direito fenício

pério, era utilizada escrita aramaica, derivada do alfabeto fenício. Nesse caso, os escribas recorriam ao uso de uma tinta específica e caneta rudimentar para gravar suas palavras em pele de carneiro. Entretanto foi justamente a laboriosa e complexa escrita cuneiforme que conseguiu sobreviver pelos séculos de história, porquanto os assírios utilizaram material bem mais durável, os famosos tabletes de argila encontrados em grande número pelas missões arqueológicas do século XIX. Em todo caso, a escrita cuneiforme prevalecia nos textos oficiais de Estado. Dela se serviram os escribas para expressar o domínio exercido por uma elite aristocrática culta, influente e zelosa de suas tradições.

Muitos tabletes assírios encontram-se hoje expostos no Museu Britânico, o que se justifica muito em razão da maciça presença de arqueólogos a serviço do Reino Unido nas escavações que, desde o século XIX, pontilharam as terras onde surgiram as hegemonias da antiga Mesopotâmia. Não obstante, os Estados Unidos da América e, igualmente, a Alemanha foram os dois outros países que desenvolveram importantes estudos acadêmicos sobre o assunto.

Sob uma perspectiva política, sabe-se que os assírios, assim como os israelitas, credenciavam os títulos de "rei" somente à divindade maior de seu panteão, *in casu*, Assur. Com o tempo, porém, seu império vai deixando de ser uma espécie de monarquia parlamentarista para se transformar numa forma de monarquia absoluta, a contar, agora, com uma duradoura dinastia no poder.

Os assírios, assim como outros povos ao derredor das terras da Mesopotâmia, se dedicaram à prática de celebração de contratos. Entre os muitos tabletes encontrados, há um específico sobre a transação de uma mulher escrava chamada Arbail-Šarrat[50], da cidade de Nínive, de aproximadamente 636 a.C., do reinado de Assurbanipal, e que serve para demonstrar o destino de muitos habitantes do império que eram submetidos a esse tipo de infortúnio.

---

[50] Como fonte indico consulta a RADNER, Karen. *K 309: Sale Contract for a Slave Woman, from Nineveh*. Knowedge and Power. (Higher Education Academy, 2017.) Disponível em: <http://oracc.museum.upenn.edu/saao/knpp/cuneiformrevealed/ tabletgallery/k309/a/>. Acesso em: 19-5-2018.

A palavra "assírio" – termo de origem semita – deriva de Assur, divindade da guerra que emprestou seu nome à primeira capital do império. Entretanto, a ascensão dos assírios como a maior hegemonia do Oriente Próximo ocorre somente a partir do reinado de Tiglath--Pileser III (745-727 a.c.), não obstante o fato de esse país famoso pela belicosidade ter sido considerado por todos os seus vizinhos no Tigre, pelo menos desde o início do século XII a.c., uma proeminente potência militar no contexto político da Mesopotâmia.

No entanto, o foco na Antiguidade se volta para o poderio assírio quando o monarca em questão conquista, no ano de 729 a.c., a grande cidade da Babilônia. Foi justamente Tiglath-Pileser III quem pacificou os revoltosos de seu reino, tendo ainda montado uma estrutura administrativa dinâmica e eficaz, o que propiciou o delineamento daquele que seria um dos mais temíveis impérios que o mundo já conheceu. Para tanto, contavam com forças armadas extremamente aparelhadas para enfrentar qualquer confronto. Também utilizavam carros de combate guiados por soldados bem treinados nas táticas de assalto e na promoção do terror que, não raro, precediam à tomada de despojos e à prática das habituais atrocidades contra os vencidos.

Os assírios, assim como os demais povos do Oriente Próximo, também se dedicaram ao Direito. No entanto, convém ressaltar que as leis assírias foram cuidadosamente imaginadas visando atender a um único propósito: autorizar a mais vil subjugação do gênero humano por intermédio da legalização absoluta do terror e da truculência. Não por acaso, admitiu Fuhrer que esse povo de índole belicosa foi o responsável por um verdadeiro "... recuo na marcha do direito penal"[51].

Mayrink da Costa, por sua vez, informa que o antigo Direito assírio está condensado em quatorze tabletes, os quais foram encontrados por pesquisadores alemães em Assur. Foram datados entre os séculos XV e XIV a.C. e poderiam ter sido, ressalta o autor, obra de Assurbanipal (1362-1327)[52].

---

[51] FÜHRER, Maximiliano Roberto Ernesto. *História do Direito Penal:* Crime Natural e Crime de Plástico, p. 32.

[52] MAYRINK DA COSTA, Álvaro. *Direito Penal:* Parte Geral, v. I, t. I, p. 103.

CAPÍTULO III ● Os Direitos cuneiformes e o Direito fenício

Outrossim, torna-se bem possível imaginar entre essa gente alguma atividade de caráter jurídico. Em matéria penal, através da doutrina, já se sabe alguma coisa. Os assírios consideravam delitos o furto, o aborto, o adultério, a bruxaria, a sodomia etc.[53].

Dentre os direitos da Antiguidade Oriental, o Assírio foi aquele que se tornou menos sujeito a mudanças e influências externas, permanecendo com poucas modificações através dos tempos[54]. Ao contrário de outros povos como os persas, não havia uma palavra específica neste sistema legal para definir o que temos por "lei". É corrente a utilização de termos mais simplistas do ponto de vista da forma jurídica, tais como "certo e errado" ou "julgamentos"[55]. As descobertas jurídicas de maior relevo são fruto da expedição alemã que esteve baseada em Kaleh-Shergat (entre os anos de 1903 e 1914), uma das mais recentes capitais da Assíria. Segundo a lição de Jastrow[56], se as legislações assírias e a de Hamurábi fossem comparadas, perceber ia--se que esta última é o reflexo imediato de uma cultura bem "mais antiga" e "refinada", enquanto que as primeiras eram o retrato de uma civilização militarista, e, portanto, mais "áspera".

De qualquer modo, no contexto da Antiguidade Oriental, em termos de importância e do influxo gerado a outras culturas, pode-se dizer que o Direito Assírio assumiu o mesmo significado para os povos e cidades localizadas ao norte que a legislação da Babilônia teve nas regiões situadas mais ao sul[57]. As normas de conduta eram bem

---

[53] Para saber mais, consulte MAYRINK DA COSTA, Álvaro. *Direito Penal*: Parte Geral, v. I, t. I, p. 103-104.

[54] GRAYSON, A. K. Assyrian Civilization, p. 212. In: BOARDMAN, John; EDWARDS, I.E.S ; HAMMOND, N.G.L. *The Cambridge History: The Assyrian and Babylonian Empires and Other States of the Near East, From the Eighth Centuries B. C.* (Volume III, Part 2). 2. ed. Cambridge, UK: Press Syndicate of the University of Cambridge, 1991.

[55] JOHNS, Claude Hermann Walter. *Babylonian and Assyrian Laws, Contracts and Letters*, p. 39.

[56] JASTROW, Morris Jr. "An Assyrian Code", p. 1. In: *Journal of the American Oriental Society*. Vol. 41 (1921), p. 1-59.

[57] JASTROW, Morris Jr. "An Assyrian Code", p. 2. In: *Journal of the American Oriental Society*. Vol. 41 (1921), p. 1-59.

severas em se tratando de adultério, como o eram as leis da Babilônia e do Israel Antigo, e previam a morte da esposa implicada no cometimento deste crime, não obstante considerasse a possibilidade de perdão por parte do marido.

Mas, igualmente, as mutilações eram determinadas para delitos como o roubo, em que o infrator tinha uma de suas orelhas decepadas. Contudo, há aqui também uma correlação com as leis hebraicas de cunho mais humanista que preconizavam o amparo às viúvas e aos órfãos, apesar de ser esta quase uma exceção em se tratando dos Assírios[58].

Grayson, oportunamente, ensina que as diversas práticas judiciais na Assíria parecem menos desenvolvidas e elaboradas que aquelas outras tantas existentes nas fronteiras do império. Ao que conta, não existiam tribunais ou cortes no país. A composição dos litígios ficava a cargo das próprias partes. Se estes não chegassem a um acordo, então, havia a possibilidade de levar-se o pleito à apreciação de uma espécie de "alto funcionário da administração pública local". Na eventualidade de "recurso", a querela poderia ser resolvida por um "prefeito" (*hazannu*), um "chefe da justiça" (*sartennu*) ou um vizir (*sukallu*). Existem certas hipóteses em que alguém, gozando de altas prerrogativas funcionais (*abarakllu*), deveria ser consultado em questões judiciais. O elemento sagrado está sempre presente nestas circunstâncias, através dos juramentos proferidos pelas partes, que se comprometem solenemente diante da imagem dos deuses a não cometer perjúrio, e também nas decisões tomadas, que são, de qualquer modo, atribuídas aos desígnios divinos[59].

Em síntese, como se pôde notar, a administração da justiça era bastante simplória e rudimentar entre os assírios, e os ritos processuais seguem nesta mesma perspectiva. As eventuais influências jurídi-

---

[58] JASTROW, Morris Jr. "An Assyrian Code", p. 1. In: *Journal of the American Oriental Society*. Vol. 41 (1921), p. 8-9.

[59] GRAYSON, A. K. Assyrian Civilization, p. 212. In: BOARDMAN, John; EDWARDS, I. E. S.; HAMMOND, N. G. L. *The Cambridge History: The Assyrian and Babylonian Empires and Other States of the Near East, From the Eighth Centuries B. C.* (Volume III, Part 2). 2. ed. Cambridge, UK: Press Syndicate of the University of Cambridge, 1991.

CAPÍTULO III ● Os Direitos cuneiformes e o Direito fenício

cas deixadas por estes nos arredores estão mais em consonância com sua impressionante capacidade militar, que os conduziu a sobrepujar seus vizinhos, do que com alguma prática ou legislação inovadoras.

Todas as decisões poderiam ser tomadas em colegiado, não havendo regra adjetiva que delimitasse os contornos exatos dos ritos processuais, os quais, como se pode notar, eram, na Assíria, bastante incipientes e rudimentares quando comparados àqueles do Egito, Babilônia, Pérsia, Israel ou outros tantos recantos do Oriente Próximo no II milênio antes da Era Comum. Sem embargo, os procedimentos adotados ensejavam a necessidade de que fossem estabelecidos arquivos para conservar as sentenças através dos tempos, que deveriam conter os nomes dos litigantes, das testemunhas e do teor das decisões. Sobre a questão em específico, Graysson nos chama a atenção para um fato curioso; enquanto havia provas de que as disputas eram morosas na Babilônia, na Assíria, a solução das lides era bastante célere, ainda que não se olvide da precariedade do sistema legal[60].

No que concerne à política externa, autores como Félix Garcia Lopez[61] chegam até mesmo a falar acerca da existência de tratados aramaicos e também assírios que remontam aos séculos VIII e VII a.C.

Parece óbvio perceber, contudo, que a tentativa de buscar consolidar a justiça e a igualdade com outros povos não se traduziu jamais na linha mestra dos intentos políticos perquiridos pelo mais temido império da Antiguidade Oriental.

Sabe-se também que os assírios foram responsáveis por inúmeras deportações em massa. Aliás, a promoção do degredo era parte de uma política externa criteriosamente forjada com o intuito de evitar possíveis sedições. Nesse sentido, importante observação é a de Adam Watson: "Os assírios consideravam que o nacionalismo e a tendência para rebelar-se estavam enraizados no solo da pátria e que, se as

---

[60] GRAYSON, A. K. Assyrian Civilization, p. 212. In: BOARDMAN, John; EDWARDS, I.E.S.; HAMMOND, N. G. L. *The Cambridge History: The Assyrian and Babylonian Empires and Other States of the Near East, From the Eighth Centuries B. C.* (Volume III, Part 2). 2. ed. Cambridge, UK: Press Syndicate of the University of Cambridge, 1991.

[61] LOPEZ, Félix Garcia. O *Deuteronômio:* Uma Lei Pregada, p. 22.

pessoas fossem mudadas de sua terra nativa e para longe de seus deuses nativos, haveria mais paz e mais produtividade no império"[62].

A respeito da barbárie e intempestividade assíria declarou, oportunamente, o historiador A. Souto Maior: "A crueldade dos assírios era proporcional à eficiência de seus exércitos. Arrancavam os olhos aos vencidos e cortavam-lhes as línguas. Muitos eram empalados, outros eram esfolados vivos. A violência dos dominadores assírios estimulou a união de babilônios e medos. Nabopalassar, rei caldeu da Babilônia, e Ciaxares, rei dos medos e persas, unidos, atacaram Nínive, que foi totalmente destruída. Muitos povos exultaram com a destruição do poderio assírio. Com certa razão, teria dito um profeta hebreu daquela época, referindo-se à queda da antiga capital assíria: 'Todo aquele que soube de tua queda alegrou-se; pois quem não sofreu o efeito de tua maldade?'"[63].

3.5 O Direito horrita: negócios jurídicos no contexto bíblico

Antes de tudo, necessário se faz esboçar uma breve introdução a este povo da Antiguidade, o qual não recebeu muita atenção por parte de grande parcela dos historiadores. Os horritas, também conhecidos por "horreus", incluem-se em qualquer listagem que trate dos mais antigos habitantes da chamada "Grande Canaã", região histórica que envolve os atuais territórios de Israel, do Líbano, da Síria e da Jordânia. Não se pode esquecer, vale dizer, que a importância dos horritas cresce ao considerarmos o fato de que, geograficamente, este é exatamente o palco onde surgem famosos personagens das Sagradas Escrituras, objeto de interesse de todo e qualquer pesquisador da Antiguidade Oriental.

Os horritas, porém, ao contrário de seus vizinhos, não alcançaram a mesma projeção política no âmbito histórico. Talvez isso se deva ao fato de terem sido descobertos pela Arqueologia tão somente recentemente, como atesta Unger. Apesar disso, os horritas foram os responsáveis, como ratificou o autor em questão, por terem

---

[62] WATSON, Adam. *A Evolução da Sociedade Internacional*, p. 55.

[63] SOUTO MAIOR, Armando. *História Geral*, p. 41.

CAPÍTULO III ● Os Direitos cuneiformes e o Direito fenício

"desempenhado papel decisivo como intermediários de culturas entre os babilônios ao leste e os hititas e cananitas a oeste"[64].

O Direito horrita pode ser conhecido por meio das "Tabuinhas de Nuzi", descoberta esta composta por cerca de vinte mil "tabuinhas" achadas em Mari, ao norte do rio Eufrates. Remontam, segundo as conclusões de Gilissen, à primeira metade do século XVIII a.C. Além de tratarem de questões econômicas e administrativas, como bem ressaltou o renomado professor belga, os documentos enveredam igualmente para o campo jurídico[65]. Na opinião de Giordani, parece ser nítida a influência do Código de Hamurábi, apesar de que, certamente, parecem existir elementos inovadores nessa espécie de codificação: "O direito penal que nos revelam as tabuinhas de Nuzi era bem mais humano que o da Babilônia e da Assíria. Assim, por exemplo, o roubo era punido por meio de compensações que chegavam, em alguns casos, a vinte vezes o valor do objeto roubado. Não se encontrou a cominação da pena capital para esse crime"[66].

Finalmente, há quem busque no Direito horrita uma explicação para determinadas passagens bíblicas, tal qual expôs W. Keller: "Raquel, esposa de Jacó, furtou os ídolos da casa de seu pai (Gênese 31.19), e Labão, o pai, fez de tudo para recuperá-los. As tabuinhas de Nuzi informam que Labão se empenhou tanto naquela recuperação, pois com a posse de tais ídolos (Teraphim) a pessoa se tornava herdeira legítima da casa"[67].

3.6 O Direito fenício: os primeiros contornos de Direito comercial

Os fenícios são os ancestrais diretos dos libaneses. Este país de território extremamente exíguo constituiu-se, no passado, num dos

---

[64] UNGER, Merril. *Arqueologia do Velho Testamento*, p. 11.

[65] GILISSEN, John. *Introdução Histórica ao Direito*, p. 62.

[66] GIORDANI, Mário Curtis. *História da Antiguidade Oriental*, p. 221.

[67] KELLER, Werner. *E a Bíblia tinha razão:* Pesquisas Arqueológicas Demonstram a Verdade Histórica dos Livros Sagrados, p. 62.

recantos de maior prosperidade em todo o Oriente. Nesse ínterim, a própria Bíblia Sagrada cuida de tecer referências elogiosas a uma terra famosa por seus imponentes cedros, e que, apesar de possuir extensões diminutas, sempre se mostrou tão aprazível aos olhos estrangeiros.

Etimologicamente, o nome "Líbano" significa "branco como o leite" e deriva, segundo Salvatore Garófalo, de "um antiquíssimo nome semítico"[68]. Protegido, no interior, por uma cadeia de montanhas enevoadas e, no litoral, por um conjunto de rochedos escarpados que dificultam o acesso a eventuais conquistadores, o País, por vezes, conseguiu em tempos distantes manter-se livre de invasores cobiçosos.

Nos séculos X e IX a.C., a Fenícia vivia em absoluto estado de esplendor graças ao intenso comércio e à dedicação às navegações marítimas, que legaram à sua gente uma sólida reputação nesse campo. Com muita habilidade e coragem ímpar, os fenícios ousaram singrar os oceanos a bordo de embarcações bem construídas. Fundaram colônias no Norte da África, dentre as quais Cartago se evidencia, e conseguiram atingir, segundo a confirmação do historiador Souto Maior, a costa da distante Inglaterra[69]. O objetivo primeiro era, sem dúvida, abastecer o mundo com o formidável rol de produtos oriundos de suas ricas cidades-estado, tais como Tiro, Sidon e Biblos.

Sabe-se que, por praticamente dois séculos de história, as cidades-estados fenícias alcançaram, além da já aludida prosperidade, um invejável desenvolvimento tecnológico. Os fenícios, com toda a sua engenhosidade, tiveram *know-how* suficiente para se certificar das linhas mestras que traduzem as leis náuticas. Nesse contexto, vale lembrar que Tiro e Sidon sobressaíam como os grandes centros cosmopolitas do Oriente Próximo.

Unger nos fala que, na época de Hirão I (969-936 a.C.), os marujos tírios, além de terem ajudado o famoso Rei Salomão a formar a sua frota, trataram de prover a perícia necessária para operá-la[70]. Quando

---

[68] GARÓFALO, Salvatore. *São Charbel: O Perfume do Líbano*, p. 18.

[69] SOUTO MAIOR, Armando. *História Geral*, p. 60.

[70] UNGER, Merril. *Arqueologia do Velho Testamento*, p. 115. Sobre o Tratado Tiro-Israelita veja PALMA, Rodrigo Freitas. *Direito Hebraico*. 2. ed. Curitiba: Juruá, 2020, p. 98-103.

CAPÍTULO III ● Os Direitos cuneiformes e o Direito fenício

se considera que, há apenas cinco séculos portugueses, espanhóis e outras nações que se lançaram ao mar criam piamente na existência de "monstros marinhos" a aterrorizar o cotidiano dos marinheiros, os fenícios, com mais de dois milênios de antecedência, já haviam granjeado com êxito as vastidões oceânicas.

Os fenícios, desse modo, souberam, com maestria, angariar os benefícios de suas atividades mercantis. Segundo Martinez, a prática monetária que tiveram de desenvolver contribuiu diretamente para as vantagens econômicas auferidas e, por conseguinte, por promover a proteção da nação[71]. Autores como H. Cazelles chegam a falar que o comércio mantido com Israel era tão intenso que favoreceu a criação de "companhias para a navegação no Mar Vermelho"[72]. Keller, por sua vez, destaca que a sede de uma dessas empresas comerciais foi Asiongaber[73].

Desse modo, convém ressaltar que o povo fenício tanto concorreu para o desenvolvimento e divulgação das técnicas comerciais que são raros os manuais de Direito Comercial a se olvidar de mencioná-lo. Não por acaso, ressaltou o professor A. D. Martinez: "Es decir que en materia de Derecho Comercial, buena parte de los basamentos jurídicos de nuestros dias, tienen algo que ver con los lineamientos jurídico-políticos y monopolistas transacionales que le fueran propios a la cultura dos fenicios"[74].

Todos os achados arqueológicos até aqui, ainda que existam dificuldades para avançar nesse sentido, confirmam a elevada dedicação dessa gente ao comércio e o aprimoramento de suas técnicas por intermédio, inclusive, da utilização de diversos títulos de crédito escritos segundo os rudimentos de um alfabeto. Até o presente momento,

---

[71] MARTINEZ, Antolín Diaz. *Manual de Derecho Internacional Público, Privado y Humanitario*, p. 18.

[72] CAZELLES, Henri. *História política de Israel:* desde as origens até Alexandre Magno, p. 149.

[73] KELLER, Werner. *E a Bíblia tinha razão:* Pesquisas Arqueológicas Demonstram a Verdade Histórica dos Livros Sagrados, p. 222.

[74] MARTINEZ, Antolín Diaz. *Manual de Derecho Internacional Público, Privado y Humanitario*, p. 19.

O Direito na Antiguidade Oriental

todavia, não se tem notícia de qualquer codificação produzida por alguma cidade-estado da Antiga Fenícia.

Sem embargo às grandes realizações do povo fenício no âmbito do comércio, carreando para todos os confins do Mediterrâneo um sem--número de mercadorias e, certamente, aprimorando as práticas mercantilistas no Oriente Próximo, restaram-nos raras fontes acerca de suas práticas jurídicas. Ao contrário do que ocorreu na Mesopotâmia, entre assírios e babilônios principalmente, onde são abundantes os tabletes de argila tratando de questões legais, pouco ou quase nada sabe-se sobre as características dos contratos fenícios.

Do mesmo modo, apesar das ricas e prósperas cidades costeiras que pontilhavam a costa do Líbano, até o presente momento ainda não foi encontrada nenhuma coleção legislativa capaz de elucidar as nuances do antigo Direito fenício, o que não quer dizer que elas não tenham existido. Sobre a percepção legal daquelas gentes, hoje, graças aos textos dos autores clássicos, melhor conhecemos o Direito cartaginês, ao qual dedicamos um capítulo exclusivo no interior desta obra.

Igualmente pela carência de fontes, não se pode precisar ao certo a extensão da provável influência da cultura jurídica hebraica em sua vizinhança, da qual a Antiga Fenícia, considerando a evidente proximidade às terras da Galileia e da Judeia, pode ter sido a receptora imediata.

Essa carência de fontes para o conhecimento da prodigiosa cultura fenícia é bem explicada por Bondi[75], que aponta duas importantes razões para tanto: a primeira delas reside no fato de que muito da literatura fenícia se perdeu completamente; num segundo momento, observa o mesmo autor que as escavações não raro se deparam com construções modernas justamente localizadas na maioria daqueles lugares que possuem vocação natural para serem pesquisados.

---

[75] BONDI, Sandro Filippo. The Course od History, p. 30-47. In: MOSCATI, Sabatino. *The Phoenicians*. London; New York: I. B. Tauris, 2001.

O Direito no Egito Antigo

4.1 O Reino do Egito Antigo: no alvorecer das civilizações

O Egito dos faraós foi, senão o reino de maior projeção política na longa trajetória histórica do Oriente Próximo, pelo menos, um dos mais influentes durante toda a Antiguidade. Para tanto, concorreram alguns fatores geográficos, além, é claro, da habilidade peculiar creditada àquela gente. Sabe-se que a terra foi descrita por Heródoto como verdadeira "dádiva", graças à fecundidade do solo proporcionada por um rio – o Nilo –, que significava a diferença entre vida e morte para as populações ribeirinhas.

Do ponto de vista político, o País estava organizado em diversas províncias, chamadas de *nomos*[1]. A monarquia encontrava-se alta-

---

[1] Sobre o termo em questão, assim dispõe Desplancques: "Quando o Egito foi unificado, o governo real dividiu o "duplo país" em províncias ou *sépat*. Os historiadores

75

mente centralizada na figura do rei – o faraó –, considerado pelo sistema de crenças egípcio uma espécie de divindade. As dinastias se alternaram desde tempos muitíssimo remotos na história do Egito. Pode-se circunscrevê-las ao quarto milênio antes de Cristo.

Os egípcios se projetaram com muita destreza em praticamente todos os campos do conhecimento humano. Souberam desenvolver técnicas agrícolas eficazes visando aumentar a produtividade do solo; eram matemáticos por excelência; curiosos pela medicina; preocuparam-se em estudar o clima e as estações do ano, a astronomia e, sobretudo, deixaram para a posteridade sua marca indelével na arquitetura e engenharia.

Entretanto, apesar de toda a grandeza a eles atribuída por gerações de estudiosos, é fato que sua contribuição no âmbito jurídico se traduz como deveras exígua. Destarte, investigaremos, logo a seguir, as principais características do Direito no Egito Antigo, sob a ótica das descobertas que por agora já foram realizadas.

4.2 O Direito no Egito Antigo e o princípio filosófico do *Maat*

Sabe-se, afinal, que os povos circunvizinhos do Egito Antigo muito se dedicaram ao universo das questões legais. Os casos mais evidentes são as inúmeras codificações encontradas na Mesopotâmia e nas cercanias do Oriente Próximo. Era de esperar que o Egito, dada a sua histórica condição hegemônica e o altíssimo grau de evolução intelectual experimentado durante gerações, também tivesse se dedicado à necessidade de se aprimorar no orbe jurídico, exigência administrativa própria da sua condição de império.

Grimberg foi o primeiro a tentar lançar luz à problemática. De acordo com suas conclusões, a insuficiência de material jurídico dis-

---

modernos as chamam de *nomos*, termo tomado da língua grega e utilizado pela primeira vez sob a dinastia dos lágidas (cerca de 330 a 30 a.C.). O número desses *nomos* variou ao longo do tempo de 38 a 39, durante o Antigo Império, até 42, no Novo Império. As origens dessas unidades administrativas com vocação econômica e fiscal são imprecisas. Algumas tinham uma realidade econômica ou cultural antiga, sendo herdeiras diretas dos pequenos principados existentes no Egito pré-dinástico". DESPLANCQUES, Sophie. *Egito Antigo*, p. 16.

CAPÍTULO IV ● O Direito no Egito Antigo

ponível se deve ao fato de que só se possui uma coletânea de leis (ainda assim incompletas). Ademais, árdua tarefa seria reconstruir o Direito daquele país em razão de que os textos encontram-se em péssimo estado de conservação[2]. Giordani, a seu turno, arremata: "Não é fácil sintetizar a história do direito no Egito Antigo por duas razões: a longa duração da história do país, que assistiu a inúmeras transformações das instituições políticas e sociais e a carência de coleções legislativas, tais como as que encontramos referentes à vida jurídica dos povos da Antiga Mesopotâmia"[3].

Objetivando dar prosseguimento a tais discussões, cuidaremos de esboçar mais uma razão que tem impedido o conhecimento do Direito no Egito Antigo. Ela se resume na consideração de que a monarquia no país do Nilo, dentre todas as outras do Oriente Próximo na Antiguidade, foi a mais absoluta. Como vimos, o faraó se pronunciava constantemente sobre o Direito ou o *Maat*. Isso quer dizer que ele mesmo julgava em última instância. Assim sendo, o proferir de seus lábios, pelo menos para os egípcios, exalava a justiça e a lei. Não significa dizer, porém, que as leis fossem registradas a todo momento, ou que os escribas se imbuíssem, a cada novo parecer, de reduzir à minuta o que era dito pelo rei. E não se pode esquecer que foram vários os monarcas a subir no trono no decurso de uma longa história, cada qual, certamente, com suas convicções particulares sobre a melhor forma de conduzir o cotidiano de seus súditos.

Nesse ínterim, veja aqui interessante inscrição relacionada ao Direito dirigida à rainha Hatchepsut, da décima oitava dinastia, que também é bastante ilustrativa acerca das funções inerentes aos membros da realeza egípcia:

| "TU ESTABELECES AS LEIS, TU REPRIMES AS DESORDENS, TU VENCES O ESTADO DE GUERRA CIVIL"[4].

Sem embargo às já aludidas dificuldades para o conhecimento do Direito no Egito Antigo, o professor Pierre Grandnet foi capaz de

---

[2] GRIMBERG, Carl. *O império das pirâmides*, p. 28.

[3] GIORDANI, Mário Curtis. *História da Antiguidade Oriental*, p. 95.

[4] DESPLANCQUES, Sophie. *Egito Antigo*, p. 28.

identificar três categorias distintas de normas jurídicas existentes naquele país desde remota Antiguidade: a) as leis; b) os decretos; e c) as regulamentações[5]. Todas elas possuem aproximações terminológicas às adotadas por nós hodiernamente.

Vale dizer que entre os egípcios pairava a crença, reforçada obviamente pelos ditames da religião oficial, de que certa divindade de nome "Thoth", equivalente ao "Mercúrio" latino ou ao "Hermes" helênico, teria legado ao povo não somente as leis do País, mas também a arte da escrita[6].

É de conhecimento dos especialistas que os egípcios, assim como os gregos, valorizavam sobremaneira o exercício da retórica[7]. Não obstante isso, Gilissen não tem dúvidas de que as leis no Egito Antigo realmente foram escritas, uma vez que certos achados arqueológicos se referem diretamente à existência delas. Suas conclusões são reforçadas pelo conhecimento de contratos, decisões judiciárias, atos administrativos, dentre outras peças que foram encontradas no País[8].

Nesse sentido, um bom exemplo da preocupação egípcia com o Direito é aquela "instrução" encaminhada a um vizir chamado Rekmara, durante a 19ª Dinastia:

> QUANDO UM QUEIXOSO VEM DO ALTO OU DO BAIXO EGIPTO, ... É A TI QUE CUMPRE CUIDAR QUE TUDO SEJA FEITO SEGUNDO A LEI, QUE TUDO SEJA FEITO SEGUNDO OS REGULAMENTOS QUE LHE DIZEM RESPEITO, FAZENDO COM QUE CADA UM TENHA O SEU DIREITO. UM VIZIR DEVE (VIVER) COM O ROSTO DESTAPADO. A ÁGUA E O VENTO TRAZEM-ME TUDO O QUE ELE FAZ. NADA DO QUE ELE FAZ É DESCONHECIDO... PARA O VIZIR A SEGURANÇA É AGIR SEGUNDO A REGRA, DANDO RESPOSTA AO QUEIXOSO. AQUELE QUE É JULGADO NÃO DEVE DIZER: <<NÃO ME FOI DADO MEU DIREITO>>[9].

---

[5] GRANDNET, Pierre. The Ramesside State, p. 858-861. In: GARCÍA, Juan Carlos Moreno. *Ancient Egyptian Administration*. Leiden; Boston: Brill, 2013.

[6] IVERSEN, Erik. A Tradição Hieroglífica, p. 184; 190-193.

[7] POSENER, Georges. *Literatura*, p. 240.

[8] GILISSEN, John. *Introdução Histórica ao Direito*, p. 53.

[9] Trecho do texto original egípcio transcrito na obra máxima de GILISSEN, John. *Introdução Histórica ao Direito*, p. 56.

CAPÍTULO IV ● O Direito no Egito Antigo

| Não afastes nenhum queixoso, sem ter acolhido a sua palavra. Quando um queixoso vem queixar-se a ti, não recuses uma única palavra do que ele diz; mas se o deves mandar embora, deves fazê-lo de modo que ele entenda por que o mandas embora. Atenta no que se diz: <<O queixoso gosta ainda mais que se preste atenção ao que ele diz do que ver a sua queixa atendida>>[10].

O sentido do vocábulo *Maat* – no idioma copta – já nos permite saber que os egípcios criaram uma espécie de filosofia em torno de uma consciência subliminar do Direito, principalmente quando se leva em consideração que o termo pode estar evocando a noção de "verdade", "ordem" ou, ainda, "justiça". Pelo menos este é o princípio geral que deveria nortear até mesmo o faraó na aplicação de suas sentenças[11].

Diversos autores como Gabra Gawdat, Gertrud J. M. van Loon, Stefan Reif e Tarek Swelim[12] trazem em sua obra uma interessante constatação: de que a famosa "regra de ouro", aquele princípio tão conhecido do universo judaico-cristão, qual seja *"Faça aos outros aquilo que tu queres que sejas feito para ti"* (aqui como uma regra apodítica positiva[13]), seja antes de mais nada, originalmente, parte da filosofia da *Maat* egípcia, sendo um provérbio já conhecido às margens do Nilo antes mesmo de ser incorporado ao apanágio das três grandes religiões monoteístas do mundo.

Mas, se cabe ao faraó decidir finalmente sobre os litígios que lhe são trazidos no decurso de sua existência, naturalmente, permeia o imaginário popular e a devoção que orienta o monarca em questão, a

---

[10] Tradução do trecho do texto original egípcio transcrito na obra máxima de GILISSEN, John. *Introdução Histórica ao Direito*, p. 56.

[11] GILISSEN, John. *Introdução Histórica ao Direito*, p. 53.

[12] Confira a obra de GAWDAT, Gabra; LOON, Gertrud J. M. van; REIF, Stefan; SWELIM, Tarek. *The History and Religious Heritage of Old Cairo: It's Fortress, Churches, Synagogue and Mosque*. New York; Cairo: The American University in Cairo Press, 2013.

[13] No contexto judaico-cristão, a mesma máxima em tela assume outro formato na condição de regra apodítica negativa, ainda que a ideia seja absolutamente a mesma: *Não faça aos outros aquilo que tu não queres que sejas feito contra ti".*

firme crença de que seu próprio julgamento, uma constante no pensamento egípcio, terá lugar no mundo dos mortos[14].

De todo modo, sabe-se que havia uma ampla delegação de poderes na corte real egípcia. A figura do vizir não raro cumpria a função de julgar conforme a "lei" e "regulamentos" que se perderam[15]. Todavia, existiram, sem dúvida, outros servos reais com incumbências similares, como bem ratificou Carlet Coon: "Logo depois do rei, em posição, vinha o chefe de justiça, homem de nobre nascimento e posição principesca, que chefiava os monarcas e os juízes designados para ter assento nos 'nomes', dirigindo o serviço e fazendo leis"[16].

Outra fonte para o conhecimento do Direito no país do Nilo seguramente tem sido a rica literatura. Os papiros que conservaram as "Lamentações do Camponês" (2070 a.C.) servem indiretamente como fonte de pesquisa, na medida em que retomam temas relacionados à ideia de justiça[17].

Quanto às outras características importantes sobre o Direito no Egito Antigo, as quais foram apontadas na obra máxima de Gilissen, dizem respeito à estrutura da administração da justiça no País. Assim, é possível que se fale de "tribunais organizados pelo rei" onde o "processo é escrito"; da lei como a mais importante fonte do Direito; de um certo "Conselho de Legislação" e de um "Direito dos contratos muito desenvolvido"[18].

Dessa forma, jamais se pode dizer que os egípcios viveram alheios a noções procedimentais e à lei. Eles até cuidaram de desenvolver e conservar um rico manancial de fontes jurisprudenciais, como se percebe a partir da leitura de outro fragmento das orientações ao vizir Rekmara:

---

[14] POSENER, Georges. Literatura, p. 240.

[15] Cf. o documento encaminhado ao Vizir Rekmara, durante a XIX Dinastia na obra de MORET, A. *Le Nil et la Civilization Égyptienne*, p. 331-332.

[16] COON, Carlet A. *A História do Homem – Dos Primeiros Humanos aos que Podem ser os últimos*, p. 244.

[17] POSENER, Georges. Literatura, p. 239-240.

[18] GILISSEN, John. *Introdução Histórica ao Direito*, p. 54-55.

CAPÍTULO IV ● O Direito no Egito Antigo

| Não se zangue com um homem sem justificação; zangue-se apenas por causa daquilo que dá motivo para zangar-se. Inspire medo, para que seja temido, pois é (verdadeiro) magistrado aquele que é temido. Mas o renome de um magistrado reside na prática da justiça; e se um homem se faz excessivamente temer, há algo de injusto nele na opinião das pessoas que dele não podem dizer: "Ele é um homem" (no mais inteiro sentido da palavra)... Quanto ao lugar que você preside audiência, inclui ele um aposento amplo que contém (as atas) de (todos) os julgamentos, porque é o vizir aquele que deve praticar justiça diante de todos os homens... Não vai agir como lhe apraz em casos em que é conhecida a lei a ser aplicada[19].

Entretanto, informações seguras sobre o processo no Egito Antigo ainda são parcas. Raros foram os autores que se interessaram sobre o assunto. Mas os que o fizeram merecem, além do crédito, uma menção honrosa. Aquelas que mais nos chamaram a atenção no desenrolar deste trabalho foram as de H. R. Hall[20], especialmente ao ensinar que no Egito Antigo havia uma espécie de "grande tribunal" chamado de *Kenbet'aat*, e, também, aquela enunciada por Sidou, no ótimo *Os Recursos Processuais na História do Direito*: "Até quando é possível descerrar as cortinas da história, encontramos no Egito uma justiça densamente teocrática e escalonada em instâncias. Já esta afirmativa permite racionar que se os egípcios adotavam hierarquia judicial, aplicavam, por óbvio, os recursos de um juízo inferior para um superior, ainda mais porque, embora constituíssem uma casta poderosa, nada na história diz que os sacerdotes detivessem o monopólio da magistratura"[21].

Para tornar-se membro do *Kenbet'aat*, alude o Professor Grandnet[22] era necessário serem cumpridos alguns requisitos básicos (pelo menos quatro por ele aqui enumerados). Estes se resumiam nos seguintes:

---

[19] THÉODORIDÈS, Aristides. O Conceito de Direito no Antigo Egito, p. 319-320.

[20] HALL, H. R. *História Antiga do Oriente Próximo – desde os tempos mais remotos até a Batalha de Salamina*, p. 278.

[21] SIDOU, J. M. Othon. *Os Recursos Processuais na História do Direito*, p. 13.

[22] GRANDNET, Pierre. The Ramesside State, p. 858-861. In: GARCÍA, Juan Carlos Moreno. *Ancient Egyptian Administration*. Leiden; Boston: Brill, 2013, p. 858-861.

1) Ser íntegro. 2) Ser imparcial. 3) Julgar conforme a lei. 4) Dar espaço à benevolência sempre que possível, abrandando os rigores das próprias sentenças quando necessário. Do mesmo modo, ensina o autor, os arquivos dos vizires deveriam conservar cópias de todos os julgamentos. Todos os acórdãos do *Kenbet'aat* careciam da homologação destes últimos para serem confirmados e daí alcançarem a devida validade. Ora, tal condição determinada pelos ritos processuais existentes no Egito Antigo dá suficiente mostra da extensão do poder dos vizires, homens da mais absoluta confiança dos faraós, que os nomeavam segundo sua mercê. Não por acaso, os vizires assumiam *status* especial de "juízes administrativos supremos", sendo também considerados "intérpretes da vontade dos deuses"[23].

4.3 Um Direito Criminal consubstanciado por penas bizarras

Não cremos, todavia, que o "Direito Penal egípcio" durante o Antigo Império não seja severo, como defendeu Gilissen. O Direito Penal naquele país, até onde se pode dizer, foi consubstanciado por penas muito curiosas, as quais não deixam de ser bárbaras[24]. Algumas delas conferem um perfil lamentavelmente sádico a seus artífices.

Diversos procedimentos eram adotados pelas autoridades no caso da aplicação da flagelação. Esse recurso punitivo acabou por se tornar muito popularizado. Pierre Montet fala de três gêneros de bastonada comumente aplicados naquele país[25]. Grimberg, por sua vez, completa esse quadro lembrando que os egípcios recorriam frequentemente à tortura, com o uso de varas como meio de "arrancar confissões"[26].

No que concerne à pena de morte, os estudos de Giordani salientam que as execuções podiam incluir "o abandono do condenado à voracidade

---

[23] GRANDNET, Pierre. The Ramesside State, p. 858-861. In: GARCÍA, Juan Carlos Moreno. *Ancient Egyptian Administration*. Leiden; Boston: Brill, 2013, p. 858-861.

[24] GILISSEN, John. *Introdução Histórica ao Direito*, p. 54-55.

[25] MONTET, Pierre apud GIORDANI, Mário Curtis. *História do Direito Penal*, p. 8.

[26] GRIMBERG, Carl. *O império das pirâmides*, p. 28.

dos crocodilos", o "estrangulamento", a "decapitação", a "fogueira", o "embalsamamento em vida" e, até mesmo, a "empalação"[27].

O adultério era execrado na sociedade egípcia, sendo severamente punido. Guillemette Andreu, ao interpretar o "papiro de *Westcar*", ensina que, para o adúltero, neste conto literário, é consignada a pecha de "homem vil". A mulher, por sua vez, recebia uma atroz pena do cetro faraônico. Eis o trecho do texto oportunamente traduzido pelo autor:

| Ela foi levada para um terreno a norte da Residência Real. Mandou--a queimar e as suas cinzas foram espalhadas pelo Nilo[28].

Tendo como base o "Papiro de Berlim 9010", Aristides Théodoridès admite ainda a possibilidade de haver uma espécie de "investigação preliminar do litígio", existindo até mesmo um "inquérito" – "na forma de convocar testemunhas, sendo a convocação da responsabilidade do queixoso"[29].

4.4 O Direito Civil no Egito Antigo

Quanto ao Direito Civil no Antigo Egito, ainda são escassas as informações. No entanto, graças às incessantes descobertas arqueológicas, já se tornou possível estabelecer os contornos gerais deste imenso quebra-cabeça.

Guillemette Andreu ressalta que no antigo idioma dos faraós não há palavra própria para designar "casamento" ou "esponsais". Inclusive, não se sabe, até o presente momento, se havia "uma cerimônia civil ou religiosa que consagrasse a união do casal"[30]. Os contratos de casamento, tão comuns entre os povos orientais, também são aqui inexistentes.

---

[27] GIORDANI, Mário Curtis. *História da Antiguidade Oriental*, p. 96.

[28] ANDREU, Guillemette. *A Vida Quotidiana no Egipto no Tempo das Pirâmides*, p. 84.

[29] THÉODORIDÈS, Aristides. *O Conceito de Direito no Antigo Egito*, p. 310.

[30] ANDREU, Guillemette. *A Vida Quotidiana no Egipto no Tempo das Pirâmides*, p. 82.

O DIREITO NA ANTIGUIDADE ORIENTAL

A expressão que normalmente baliza os achados é "fundação da casa". A conclusão a que chegou o autor é que o casamento no Egito Antigo não se revestia de legalidade alguma, sendo meramente "um ato privado", portanto, incapaz de gerar qualquer "quadro jurídico" notoriamente definido, apesar de que os textos "... distinguem a esposa da concubina e insistem no estatuto privilegiado da mulher legítima"[31].

Vale ressaltar também que não há qualquer vedação legal à poligamia, apesar de que a referida prática, conforme anota Andreu, encontrava pouco alento no meio social[32]. Evidentemente, excetua-se, nesse esquema, o monarca, considerando o fato de que "o harém é uma instituição real que envolve um grupo de mulheres regidas por uma hierarquia codificada"[33].

Se não há juridicidade para o ato do casamento, igualmente não haverá em se tratando de divórcio. Aliás, de acordo com Andreu, aqui há que se falar, tão somente, em "repúdio puro e simples", podendo-se prescindir automaticamente "da intervenção de qualquer instância jurídica ou religiosa". O autor esclarece que "nenhum texto rege as convenções do divórcio", sem embargo de ele ser admitido em três circunstâncias específicas: nos casos de "adultério", "infidelidade" e "esterilidade da mulher"[34].

O Direito contratual, conforme dito anteriormente, era diversificado e desenvolvido. A título ilustrativo, têm-se os vários contatos firmados entre Hapidjefai com os "sacerdotes do templo de Siut"[35].

---

[31] ANDREU, Guillemette. *A Vida Quotidiana no Egipto no Tempo das Pirâmides*, p. 82-83.

[32] ANDREU, Guillemette. *A Vida Quotidiana no Egipto no Tempo das Pirâmides*, p. 83.

[33] ANDREU, Guillemette. *A Vida Quotidiana no Egipto no Tempo das Pirâmides*, p. 84.

[34] ANDREU, Guillemette. *A Vida Quotidiana no Egipto no Tempo das Pirâmides*, p. 84.

[35] THÉODORIDÈS, Aristides. O *Conceito de Direito no Antigo Egito*, p. 314.

O Direito hitita

5.1 As origens dos hititas

De certo modo, as descobertas arqueológicas sobre este povo são ainda muito recentes. Elas remontam àquelas pesquisas inicialmente efetuadas por William Wright e A. H. Sayce. Somente com os trabalhos executados por Hugh Wincler, entre 1906 e 1912, foi possível conhecer melhor todas as nuances dessa cultura. Na ocasião, o pesquisador alemão encontrou cerca de dez mil placas de barro em Boghaz-Köei, local da antiga capital hitita – Hatuxach[1].

Destarte, com as escavações sendo levadas a bom termo no Oriente Médio, conseguiu-se dimensionar com maior exatidão a importância representada pela presença dessa gente naquela região,

---

[1] Conforme informação de UNGER, Merril. *Arqueologia do Velho Testamento*, p. 47.

especialmente no que se refere ao período compreendido entre 1500 e 1200 a.C.

Descobriu-se, afinal, que os hititas habitaram territórios muito vastos incluídos num raio de circunferência compreendido pela Anatólia e Síria.

Há entre os especialistas certa convergência de opiniões no sentido de admitir que os hititas são os antepassados diretos dos chamados "turcos otomanos". Johannes Lehman, a propósito, considera-os "indo-europeus" ou "indo-germânicos", para ser mais específico. O estudioso argumenta que algumas palavras escritas em cuneiforme são, até hoje, curiosamente correntes no idioma alemão[2].

5.2 O Direito hitita e a predileção pela aplicação de penas pecuniárias

Como todas as nações orientais circunvizinhas, os hititas também demonstraram ter a preocupação de tomar iniciativas de cunho jurídico. Suas leis, graças a algumas características distintivas, merecem destaque. Uma delas se refere ao fato de que se pode perceber nas codificações hititas uma nítida tentativa de abrandamento dos rigores das penas geralmente presentes nas demais legislações do mundo antigo. Isso explica a sua inequívoca predileção pela composição pecuniária em detrimento dos arroubos proporcionados pela vingança privada. Gusmão, a respeito, observa que "o Direito hitita era mais evoluído, a multa e a indenização eram preferidas à Lei de Talião, dente por dente, olho por olho"[3]. Nesse mesmo sentido, confirmou Giordani: "De um modo geral, as punições previstas no Código hitita são bem mais moderadas do que as encontradas entre os babilônios e assírios. A pena de morte e as cruéis mutilações são mais raras, em vez de castigos corporais encontramos, com bastante frequência, as multas"[4].

---

[2] LEHMAN, Johannes. *Os Hititas*, p. 1.

[3] GUSMÃO, Paulo Dourado de. *Introdução ao Estudo do Direito*, p. 276.

[4] GIORDANI, Mário Curtis. *História da Antiguidade Oriental*, p. 213.

CAPÍTULO V • O Direito hitita

No campo da política, outra curiosidade enseja registro. C. W. Ceram noticia a instauração de uma espécie de "monarquia constitucional", iniciativa esta credenciada a um certo legislador hitita chamado Telepinus. Esse sistema, em síntese, conferia a um herdeiro varão a prerrogativa de tomar assento no trono e de suceder o monarca. No entanto, havia também uma instituição estatal chamada de *Pankus* – um tipo de "concílio de nobres" –, investido da plena autoridade necessária para julgar o rei e condená-lo, se assim aprouvessem, até mesmo à pena de morte[5].

Desse modo, a mera previsão de medidas drásticas como esta parece indicar que os hititas mantinham-se convictos de que o absolutismo monárquico, regime tão a gosto nos Estados teocráticos orientais, deveria ser a todo custo evitado. Isso não quer dizer que as dinastias do Reino de Hatti estavam desamparadas pela lei local. Giordani ensina que "os crimes contra a segurança pública eram severamente punidos: o culpado de rebelião contra o rei era massacrado com sua família e sua casa destruída"[6].

5.3 O tratado internacional celebrado entre Hatti e o Egito

Em face das novas descobertas arqueológicas, sabe-se que Hatti, pelo menos em certo momento da longa Idade do Bronze, assumiu tamanha projeção hegemônica no mundo antigo que chegou a fazer frente ao poderio do Egito dos faraós.

As intrigas entre as duas potências rivais culminaram na assinatura de um célebre tratado de paz entre Hatusilis III e Ramsés II, em aproximadamente 1258 a.C., um dos primeiros, aliás, da História do Direito.

É curioso notar que a criação da referida peça jurídica ocorreu em virtude de uma circunstância específica do contexto mundial daquela época. Os dois reinos conflitavam-se com todo empenho pelo domínio

---

[5] CERAM, C. W. O *Segredo dos Hititas*, p. 122.

[6] GIORDANI, Mário Curtis. *História da Antiguidade Oriental*, p. 214.

O Direito na Antiguidade Oriental

do globo. O típico clima de instabilidade que lembra uma verdadeira "guerra fria" culminou na Batalha de Kadesh (1274 a.C.), evento no qual as forças armadas dos dois países tiveram de enfrentar a realidade ocasionada por pesadas baixas. Na ocasião, nenhum dos reinos em questão conseguia, por mais que tentasse com ardor político, submeter com efetividade o seu oponente. Ademais, a progressiva incursão na Ásia Menor dos chamados "povos vindos do mar" representava uma ameaça insurgente, tanto aos intentos de Hatti, quanto aos do Egito. A solução encontrada não poderia ser diferente daquela mencionada: a conclusão de um acordo de paz.

Quanto aos aspectos formais, vale dizer que o texto foi originalmente escrito em acadiano, utilizando, como bem observou John Wilson, caracteres cuneiformes, por se tratar do idioma corrente das relações internacionais no período em questão[7].

Posteriormente, os hititas continuaram sua política de dominação por meio da celebração de acordos internacionais com os reinos vizinhos. Tratava-se, não raro, de nações de menor expressão. Ceresko nota que os tais pactos passaram a comportar duas modalidades distintas: "o tratado entre iguais" e o "tratado de suserania"[8].

Apesar da relevância de tantos achados históricos em Boghaz-Köei, muitas são as dúvidas que ainda pairam sobre a civilização de Hatti. Não foi possível, pois, remontar, com a devida precisão, o cotidiano desse povo. Contudo, sua dedicação ao labor jurídico parece ser cada vez mais incontestável: "Dentro de seus muros foram descobertos mais de 20.000 documentos e fragmentos, sendo a grande parte constituída aparentemente de leis e decretos"[9].

---

[7] WILSON, John. *La Cultura Egípcia*, p. 354.

[8] CERESKO, Anthony. *Introdução ao Antigo Testamento numa Perspectiva Libertadora*, p. 91.

[9] BURNS, Edward McNalls et al. *História da Civilização Ocidental – Do Homem das cavernas às Naves Espaciais*, p. 74.

O Direito persa

6.1 O dualismo caracterizador da religião persa e sua pseudoforma de monoteísmo

Os persas, assim como os hititas, são de origem indo-europeia. Sua cultura, por assim ser, apresenta traços étnico-linguísticos bem distintos dos demais povos orientais. Eles desenvolveram-se no planalto do atual Irã e chegaram a constituir um poderoso e vasto império, o qual sobrepujou a hegemonia da Babilônia ao espraiar seus domínios por todos os confins da Ásia Menor.

No passado, penetraram progressivamente na região da Elam numerosas gentes provenientes do Cáucaso e de outros lugares da Rússia, tais como os medos e os persas, presentes naquele território pelo menos desde o século IX a.C. Estes utilizaram, inicialmente, uma escrita cuneiforme derivada da Suméria, porém adaptada aos

89

idiomas locais. Através dela foram registrados os escritos literários essencialmente religiosos, bem como as próprias leis a reger o império. A religião, diga-se de passagem, apresentava alguns traços distintivos que, em determinados momentos, aproximam-na do credo hebraico. O sistema de crenças difundido pelo livro denominado *Zend-Avesta* balizava a ideia de um dualismo bem característico. Sabe-se que os persas acreditavam numa divindade representante do bem supremo e da justiça, *Ahura-Masda*, que se contrapunha a um ser que personificava o mal, *Arinã*. Os persas criam também, na figura de um homem salvífico, uma espécie de "messias", que nasceria de uma virgem, e também num juízo final, evento este que anunciaria a derradeira vitória do bem.

6.2 O Direito no Império persa

O historiador A. Souto Maior ensina que "os juízes eram considerados e respeitados e as leis muito severas. O Direito persa admitia três espécies de crimes: contra Masda, quando o homem se afastava do culto religioso; contra o rei, em caso de revolta, fuga ou traição diante do inimigo; contra o próximo, quando prejudicava a terceiros. Apesar da severidade de sua legislação penal, o roubo era muito frequente"[1].

Na órbita do Direito Civil, é possível cogitar de um desenvolvimento maior na esfera do Direito de Família e na de Sucessões. Segundo Huart e Delaport, os persas já regulavam o matrimônio, a adoção, a antecipação na herança e a participação nos bens[2].

Quanto à sua experiência jurídica no âmbito criminal, pode-se dizer que esta segue na esteira das demais codificações da Antiguidade Oriental. Existem, sem dúvida, pontos de similaridade que aproximam as penalidades admitidas na Pérsia às outras tantas aplicadas nos arredores do Oriente Próximo. Giordani falará da utilização de vene-

---

[1] SOUTO MAIOR, Armando. *História Geral*, p. 49.

[2] HUART, Clemente; DELAPORT, Louis. *El Iran Antíguo (Elam y Persia) y la Civilización Iraniana*, p. 99 e s.

CAPÍTULO VI ● O Direito persa

no, da empalação, da crucificação, do enforcamento, da lapidação, entre outras mais que poderiam ser consideradas[3].

Entretanto, em alguns períodos específicos da história da Pérsia, percebe-se certa tendência à benevolência no campo jurídico. Isso se dá, especialmente, por ocasião da ascensão de Ciro, o grande (560-529 a.c.) – primeiro soberano da dinastia Aquemênida. Esse monarca tratou de repatriar os exilados e caiu nas graças de todos aqueles que se encontravam sob o jugo da Babilônia. Sob sua égide foram respeitadas não somente as tradições religiosas de cada nação que havia sido conquistada, mas também lhes foi permitido conservar seus direitos locais, desde que os tais não conflitassem com a ordem estabelecida por intermédio dos editos reais.

6.3 Terminologias

Aos que se interessarem em enveredar pelas trilhas do Direito Persa, convém aqui registrar uma prevenção: muitas são as terminologias utilizadas nos livros pelos doutrinadores que investigam o assunto.

Assim, a expressão "Direito Persa", a nossa preferida por aludir genericamente a "nação persa" (hoje iraniana) e mais usual nos manuais de História do Direito, não é sempre a mais adotada pelos autores.

Há que se falar também no uso de "Direito Zoroastrista"[4], relativo a Zoroastro (século VII a.C.), o fundador desta antiga religião oriental; e "Direito Masdeísta", que, por sua vez, diz respeito à divindade Ahura-Masda, ou, ainda, "Direito Sassânida"[5], pertinente àquela célebre dinastia persa que governou o país entre os anos de 224 a.C. a 651 d.C.

Enfim, como se pode perceber, são muitas possibilidades, cada qual aplicada a seu contexto próprio.

---

[3] GIORDANI, Mário Curtis. *História da Antiguidade Oriental*, p. 159.

[4] SHARAFI, Mitra. *Law and Identity in Colonial South Asia: Parsi Legal Culture, 1772-1947*, p. 136. Hodiernamente, sabe-se que o antigo Direito Persa se desvaneceu em meio à islamização do país e pode-se dizer que pouco ou acidental é sua influência no Direito Iraniano moderno.

[5] WIESENHÖFER, Josef. *Ancient Persia: From 550 B.C. to 650 A.D.*, p. 182.

6.4 As fontes do Direito persa: as coleções legais

Sohrab Jamshedji Bulsara[6] foi, talvez, o mais importante tradutor do Direito Persa. Ele é o responsável por divulgar o conhecimento das antigas leis do Irã nas academias europeias, que, por sua vez, traduziram seus escritos. De qualquer modo, seu nome é sempre uma referência obrigatória no que concerne ao assunto. Seria ele o primeiro estudioso (1937) a oferecer ao Ocidente uma confiável interpretação do *Matikan-E-Hazar-Datastan*, ou seja, a grande coleção de textos legais da dinastia Sassânida (224 a.C.-651 d.C.), uma vez que estes reis persas jamais possuíram, propriamente, uma "codificação" na perfeita acepção do termo[7] (pelo menos segundo as características daquelas outras tantas encontradas na Mesopotâmia).

Há também uma outra fonte legal importante, oriunda de um período bem mais recente, composta por um homem chamado Farrokhmard, de Firusbad, distrito de Ardakhshir-Khvarrah, na província de Fars. O texto remonta à invasão árabe ao Irã, ocorrida entre os anos de 590 e 642 d.C. Trata-se do "Livro dos Mil Julgamentos" ou "das Mil Decisões Legais" (*Madayan-I-Hazar-Dadestan*). Sua relevância para aquela nação é bastante extensa, a ponto de Jenny Rose[8] equipará-la ao significado que o *Corpus Iuris Civilis* do imperador Justiniano exerceu para o mundo ocidental. O escopo desta coletânea escrita no idioma farsi medieval destina-se a servir de uma espécie de manual, de orientação a guiar os juristas (*Macuch*). A referida compilação utiliza-se com frequência de terminologias técnicas e precisas, contendo opiniões próprias de um especialista em questões legais. A obra representa um resgate da cultura jurídica persa ao interpretar o *Avesta*. Além disso, traz uma série de decisões, informações sobre proce-

---

[6] BULSARA, Sohrab Jamshedji. *Laws of Ancient Persians as Found in Matikan E Hazar Datastan*. Trad. Sohrab Jamshedji Bulsara. Sem Local: Editora Hoshang T. Anklesaria, 1937.

[7] Veja a esse respeito a obra de WIESEHÖFER, Josef. *Ancient Persia: From 550 B.C. to 650 A.D.*, p. 179.

[8] ROSE, Jenny. *Zoroastrianism: Introduction*, p. 118.

CAPÍTULO VI ● O Direito persa

dimentos e ritos, bem como a prática de diversos atos administrativos realizados por servidores da justiça[9].

Não se pode esquecer de uma outra interessante fonte legal mencionada por Wiesehöfer, também produzida nos últimos dias dos reis Sassânidas (século VIII), antes da conversão do país ao islamismo. Apesar de julgá-la "menos importante" quando comparada as demais, o *Mar Isho-bukht*, que se destinava à comunidade cristã local, é um apanhado de pareceres doutrinários sobre o "Direito Zoroastrista" (daí ter sido comparado pelo autor ao *Corpus Iuris*) da cidade de Persis. A única versão restante foi redigida em siríaco nos arredores do ano 800 d.C. Nesse mesmo sentido e, do mesmo modo, fazendo uso do siríaco há o *Mar Simeon*, que é igualmente um texto a reger o cotidiano dos seguidores de Cristo no Irã medieval. No caso em questão a datação pode ser mais precisa. A feitura desta obra poderia ser situada no reino de Khorow I (501-579 d.C.). Ela teria sido escrita entre 540 e 552 d.C. pelo próprio Mar Aba I, o patriarca nestoriano da Igreja Oriental, que havia se convertido ao Catolicismo, abandonando, assim, a religião Zoroastrista ou Masdeísta de seus antepassados. As instruções versam sobre algumas questões legais relativas ao matrimônio[10].

Entretanto, não seriam os cristãos da Pérsia os únicos a terem contato com a cultura filosófico-jurídica masdeísta. O Direito Persa exerceu alguma influência até mesmo no território da Índia. Mitra Sharafi[11], a esse respeito, explica que muito deste antigo conhecimento legal se perdeu, principalmente, considerando-se a invasão árabe ao Irã. Segundo a Professora da Universidade de Wisconsin, o "Direito Zoroastrista" foi um abrangente corpo de conhecimento que englobava tudo, desde fidúcias até contratos, de direito criminal ao direito de família". Ocorre que este "ciclo constante de invasões" causou o desva-

---

[9] WIESEHÖFER, Josef. *Ancient Persia: From 550 B.C. to 650 A.D.*, p. 179.

[10] WIESEHÖFER, Josef. *Ancient Persia: From 550 B.C. to 650 A.D.*, p. 179.

[11] SHARAFI, Mitra. *Law and Identity in Colonial South Asia: Parsi Legal Culture, 1772-1947*, p. 136.

O Direito na Antiguidade Oriental

necimento disto tudo na Índia, o que não impediu que um manuscrito do século XVII, de valor fundamental, tivesse chegado até nós: trata-se de uma tradução do *Matikan-E-Hazar-Datastan*, do qual já falamos aqui anteriormente, e que se constitui no único texto da Era Pré-islâmica, que sobreviveu em função dos esforços em preservá-lo de um acadêmico chamado Manekji Limji Hataria (1813-1890), que o adquiriu de alguma forma junto a diversos outros materiais de caráter jurídico[12].

Na atualidade, sabe-se que a projeção do Direito Masdeísta no Direito Iraniano durante a colonização britânica é "meramente acidental", como bem previne Sharafi[13], salvo no que concerne a realização de eventuais consultas a alguns modos de solução de controvérsias em matérias civil ou criminal do *Vendidad*, seção legal do *Avesta*.

6.5 Os Reis persas e o Direito

Farhang Mehr ensina que até mesmo os reis se encontravam sujeitos ao império da lei. Entretanto, como bem leciona, isto não impedia que governantes despóticos encontrassem diversos mecanismos para subvertê-la em algumas situações, ou de vir a se colocar acima da ordem jurídica local. Para chegar a esta conclusão, o autor menciona passagem específica da obra de Heródoto (II, 31) em que o rei Cambises teria desconsiderado leis e costumes vigentes entre os persas ao autorizar a realização de um casamento incestuoso entre um irmão e sua irmã. Apesar disso, salienta o autor, durante a administração dos monarcas da dinastia Aquemênida (550 a.C.-330 a.C.) este tipo de situação era raro, constituindo-se em exceção à regra geral prevalecente no país[14].

---

[12] SHARAFI, Mitra. *Law and Identity in Colonial South Asia: Parsi Legal Culture*, 1772-1947, p. 136.

[13] SHARAFI, Mitra. *Law and Identity in Colonial South Asia: Parsi Legal Culture*, 1772-1947, p. 136.

[14] MEHR, Farhang. "Social Justice in Ancient Iran", p. 79-80. In: IRANI, K. D. e SILVER, Morris. *Social Justice in the Ancient World*, p. 75-89.

CAPÍTULO VI ● O Direito persa

6.6 Organização Judiciária da Pérsia Antiga

A Pérsia foi um vasto e influente império no contexto do Oriente Próximo. Assim, apesar de as fontes que chegaram aos nossos dias serem ainda insuficientes para retratar com o devido zelo todos os aspectos do modelo de organização judiciária entre eles, muito já pode ser dito. Mehr, a esse respeito, a tem como bastante "sofisticada" e escalonada em diferentes instâncias. Além disso, existiam regras relativas aos procedimentos especialmente criadas como garantia maior a julgamentos justos. Nesse mesmo contexto, havia também uma espécie de "defensor público"[15]. Durante o reinado dos Sassânidas (224 a.C.- 651 d.C.), este sistema alcança seu apogeu. Consoante a lição do Professor Sohrab Bulsara, as assim chamadas "Cortes Eclesiásticas" (*Dahyopatan*), a exemplo das jurisdições canônicas medievais, tratavam de crimes contra a instituição religiosa e a fé, tais como "heresia", "apostasia", "ateísmo" e outros delitos análogos a estes. As "Cortes Seculares" (*Dat-gehan)* se ocupavam dos crimes contra o Estado Persa e de litígios na esfera civil. O rei era, teoricamente, a mais alta autoridade do império, sendo ele a decidir em último grau de recurso, apesar de a influência do clero não poder ser de modo algum desconsiderada sob este aspecto. Deste modo, quando o assunto era de natureza estritamente religiosa era vedado ao rei promover qualquer forma de intervenção na decisão. O veredicto final caberia, pois, ao "Grande Mestre da Divindade" (*Magopatan Magopat*)[16].

As limitações legais frequentemente impostas à ação do monarca nos assuntos de natureza religiosa servem para demonstrar que o clero possuía enormes prerrogativas no seio da estrutura social persa. Mas a distinção no trato legal destes assuntos, com a existência de cortes especializadas para cuidar de cada matéria jurídica, nos leva a presumir

---

[15] MEHR, Farhang. "Social Justice in Ancient Iran", p. 79. In: IRANI, K. D. e SILVER, Morris. *Social Justice in the Ancient World*, p. 75-89.

[16] BULSARA, Sohrab Jamshedjee. *Laws of Ancient Persians as Found in Matikan E Hazar Datastan*, capítulo XLII, p. 22 e 47 e XL, p. 10-11. Veja também MEHR, Farhang. "Social Justice in Ancient Iran", p. 80. In: IRANI, K. D. e SILVER, Morris. *Social Justice in the Ancient World*, p. 75-89.

que o direito público foi capaz de se desenvolver de uma forma um tanto que elaborada, e, do mesmo modo, de maneira mais comprometida com os reais interesses da coletividade.

6.7 Direito de Família persa

Conforme vimos, existiram no Irã, desde tempos remotos, algumas regras específicas para regulamentar certas questões relacionadas ao casamento. É o que se percebe já na obra de Mar Aba I, o patriarca da Igreja Oriental do qual falamos anteriormente[17].

No contexto geral em questão, sabe-se que a mulher era considerada e tratada de modo mais benevolente entre os antigos povos medos e persas do que em meio aos mesopotâmios. Farhang Mehr, a despeito de suas conclusões nesse sentido, chega a supor a possibilidade de haver uma noção incipiente entre os tais de "igualdade" de gêneros originada justamente da religião masdeísta, pois no *Gathas*, Zaratustra, simbolicamente, retrata o homem (*nar*) e a mulher (*nairi*) desta forma, como se ambos estivessem situados num mesmo patamar de existência cósmica[18]. O mesmo pode-se dizer dos escravos que deveriam, conforme preconizava a lei, ser tratados com "humanidade", proibindo-se a prática de atos de "violência" e "tirania" contra suas vidas[19]. Mas sob outros aspectos, o Direito de Família muito pouco ou nada inovou, transparecendo semelhança às demais percepções jurídicas desenvolvidas no seio da Antiguidade Oriental. A prova disso era a prática da poligamia, marca característica da legislação persa e, em especial, do cotidiano dos reis. Wiesehöfer nota que os filhos resultantes

---

[17] WIESEHÖFER, Josef. *Ancient Persia: From 550 B.C. to 650 A.D.*, p. 179.

[18] MEHR, Farhang. "Social Justice in Ancient Iran", p. 79. In: IRANI, K.D. e SILVER, Morris. *Social Justice in the Ancient World*, p. 88.

[19] Veja a esse respeito a obra de BULSARA, Sohrab Jamshedjee. *Laws of Ancient Persians as Found in Matikan E Hazar Datastan*. Trad. Sohrab Jamshedjee Bulsara. Sem Local: Editora Hoshang T. Anklesaria, 1937, capítulo IV e MEHR, Farhang. "Social Justice in Ancient Iran", p. 79. In: IRANI, K.D. e SILVER, Morris. *Social Justice in the Ancient World*, p. 80.

CAPÍTULO VI ● O Direito persa

destas uniões permitiam a manutenção das alianças de determinada dinastia com a aristocracia[20].

Por fim, pode-se notar que as leis persas em defesa dos direitos dos escravos e outras tantas nuances em que se apresenta o Direito Masdeísta demonstram uma certa preocupação filosófico-axiológica com as minorias e os chamados "grupos vulneráveis". Sob esse aspecto, e considerando-se o contexto da Antiguidade Oriental, existem paralelos que podem ser traçados entre o antigo Direito Persa e o senso de justiça presente na *Maat* egípcia ou na *Tsedeka* judaica.

6.8 Leis de Pureza Ritual

Os antigos israelitas não foram os únicos a elaborar leis relativas a pureza ritual. Por isso mesmo, há quem cogite (e não são poucos e nem destituídos de senso os que assim o fazem), ver nas religiões judaica e masdeísta diversos pontos de similaridade. Alguns deles, os mais importantes, foram identificados por Mitra Sharafi, tais como as concepções de *"Juízo Final"*; *"Céu e Inferno"*; *"Anjos e demônios"*; *"a Ressurreição dos mortos"*; o *"Apocalipse"* e, finalmente, a dicotomia *"Luz e Trevas"*. Algumas regras sob este aspecto alcançam pontos de contato bastante evidentes com as leis hebraicas, tais como, aquelas relativas às interdições impostas às mulheres na participação da vida social por ocasião do ciclo menstrual e outras tantas referentes aos juramentos, bem como, a ingestão de certos alimentos (como parte de um conjunto de leis dietéticas)[21]. Do mesmo modo, as pessoas eram ensinadas a evitar todas as substâncias poluidoras que se encontravam associadas à morte, pois na crença masdeísta estas eram responsáveis por atrair espíritos malignos[22].

---

[20] WIESEHÖFER, Josef. *Ancient Persia: From 550 B.C. to 650 A.D.*, p. 85.

[21] Sobre as leis dietéticas judaicas, veja PALMA, Rodrigo Freitas. *Direito Hebraico*. 2. ed. Curitiba: Juruá, 2020, p. 141-145.

[22] SHARAFI, Mitra. *Law and Identity in Colonial South Asia: Parsi Legal Culture*, 1772-1947, p. 14-15 e 311.

CAPÍTULO VII

O Direito na Índia Antiga

7.1 O Código de Manu e o sistema de castas indiano

A civilização que se desenvolveu às margens dos rios Indo e Ganges está entre as mais antigas da história da humanidade. Com efeito, na atualidade, o cidadão indiano atesta, etnicamente, a real incursão de uma grande diversidade de povos naquele vastíssimo território. Prova disso são as particularidades culturais do país, em especial no que concerne à manifestação dos incontáveis dialetos falados nas muitas regiões.

Igualmente, deve-se destacar, como importante episódio na longa trajetória histórica da Índia, uma ostensiva penetração ariana nas proximidades do século XVI a.C. Esse acontecimento provocou o gradual deslocamento dos drávidas mais para o sul. O inevitável choque de culturas acarretou o surgimento de um complexo sistema de castas que insere o indivíduo, de forma permanente (de acordo com a hereditariedade), em determinada classe que não contempla a possibilidade de qualquer forma de mobilidade social.

As mais remotas manifestações jurídicas na Índia foram os *smirits*, escritos literários que significam "aquilo que deve ser relembrado"[1]. Porém, tornou-se mais famoso o Código de Manu (*Manusmriti*), apesar de ser fato que a data desse conjunto de leis ainda não foi definitivamente precisada. Todavia, acredita-se que sua redação tenha ocorrido no século II a.c., sendo, portanto, bem ulterior àquelas produzidas no contexto do Antigo Oriente Próximo. As Leis de Manu, escritas originalmente em sânscrito, fazem parte de uma coleção literária em que se reúnem filosofia, religiosidade e os usos e costumes da sociedade hindu num passado longínquo. O idioma escolhido para enunciar tal registro legal, segundo a descoberta das pesquisas mais recentes, possui automática interligação com diversas outras línguas europeias.

Do mesmo modo cumpre ressaltar que, apesar de a designativa "código" ser comumente empregada pelos historiadores do Direito, não se pode perder de vista que esta é apenas uma categoria científica, mero recurso de linguagem por nós tão utilizado hodiernamente. Sabe-se que o objetivo maior daquela sociedade não se resumia na apresentação de um "texto jurídico", na perfeita acepção do termo, mas na sistematização enciclopédica da cultura hindu como um todo compacto e definitivamente consolidado.

Os indianos, como outros tantos povos, valeram-se de lendas, da tradição e cosmogonia para explicar as origens de suas leis. Assim, o personagem Manu não é propriamente um legislador, a quem devamos aferir alguma historicidade, mas uma espécie de ser mitológico. O Direito, desse modo, assume ares sagrados, sendo os brâmanes, a casta composta por sacerdotes, os intermediários diretos dessa revelação.

A codificação, à sua época, refletia de forma inequívoca o modo de organização da sociedade hindu. As Leis de Manu deixavam cristali-

---

[1] Para saber mais veja ZWEIGERT, K.; KÖTZ, H. *An Introduction to Comparative Law*, p. 315.

namente assentado o extenso rol de privilégios gozados por uma casta dominante e influente – os brâmanes –, a elite sacerdotal do País. Nesse sistema de exploração alcança primazia o lugar de cada indivíduo na pirâmide social. Seguem-se a estes as demais castas: a dos *ksatryas* (composta pelos guerreiros) e os *vaisyas* (comerciantes).

Os sudras encontravam-se em último lugar nesta escala. Eram tratados pelas demais castas de forma excludente. Indesejados e maltratados, os sudras estavam quase sempre à margem dos benefícios da lei, bem como à mercê dos membros das castas ditas "superiores".

7.2 O Direito na Índia Antiga e a formação de um sistema jurídico autônomo de tradições milenares

O Código de Manu, por sua vez, encontra-se organizado numa coleção de doze livros que tratam das mais diferentes matérias. Os assuntos não possuem, necessariamente, imediato teor jurídico, pois a noção de legalidade na Índia Antiga está circunscrita ao sentido alcançado pela palavra *dharma*, que, de acordo com a lição de Menski, deve ser entendida como "a correta ou boa ação de todos os indivíduos em qualquer momento de suas vidas"[2].

Por isso mesmo, não se pode esperar do legislador hindu a criação de algum método próprio de sistematização que caracterize um conjunto maior de suas regras. No Direito da Índia Antiga, jurídico e sagrado estão entrelaçados de forma tão íntima que somente o olhar acurado do especialista estaria apto a distingui-los. Tais possibilidades acadêmicas, como bem preveniram Masson-Oursel, Grabowska e Stern, só são justificáveis segundo a ótica europeia de mundo[3]. Mas *dharma* não é a única palavra relacionada ao universo jurídico. Há também *vyavahara*, que pode ser en-

---

[2] MENSKI, Werner. *Comparative Law in a Global Context*, p. 209. [Nossa tradução.]

[3] MASSON-OURSEL, P.; GRABOUWSKA, Willman H.; STERN, Phillipe. *La India Antigua y su civilización*, p. 62.

tendida como "o Direito positivo"[4] ou "o Direito como é, sobretudo na prática dos tribunais"[5].

Os dois primeiros artigos do Livro VIII revelam que havia na Índia Antiga um senso de administração da justiça ainda embrionário, com contornos mais ou menos definidos. Ao que parece havia uma instância superior – "A Corte da Justiça" –, onde o rei julgava. O referido dispositivo nos permite saber também que o rei, vindo da casta dos *ksatryas*, não era o detentor de um poder absoluto. A instrução brâmane era no sentido de que o monarca, quando viesse julgar, comparecesse trajado de forma simples e acompanhado de assessores especiais:

> UM REI, DESEJOSO DE EXAMINAR OS NEGÓCIOS JUDICIAIS, DEVE COMPARECER À CORTE DE JUSTIÇA EM UM PORTE HUMILDE, SENDO ACOMPANHADO DE BRÂMANE E DE CONSELHEIROS EXPERIMENTADOS (ART. 1)[6].

> ALI, SENTADO OU DE (SIC) PÉ, LEVANTANDO A MÃO DIREITA, MODESTO EM SEUS TRAJES E EM SEUS ORNAMENTOS, QUE ELE EXAMINE OS NEGÓCIOS DAS PARTES CONTESTANTES (ART. 2)[7].

Também cuidaram os hindus de definir as fontes do Direito:

> QUE CADA DIA ELE DECIDA, UMA DEPOIS DA OUTRA, PELAS RAZÕES TIRADAS DOS COSTUMES PARTICULARES LOCAIS À CLASSE E À FAMÍLIA E DOS CÓDIGOS DE LEIS... (ART. 3)[8].

O interesse em regulamentar os meios de prova é bem evidente no Código de Manu, e podem ser notados através de diversos artigos específicos. Ei-los a seguir:

> DEVEM SE ESCOLHER COMO TESTEMUNHAS, PARA AS CAUSAS, EM TODAS AS CLASSES, HOMENS DIGNOS DE CONFIANÇA, CONHECENDO TODOS OS SEUS

---

4 LOSANO, Mario G. *Os Grandes Sistemas Jurídicos*, p. 475.

5 LOSANO, Mario G. *Os Grandes Sistemas Jurídicos*, p. 472.

6 CARLETTI, Amílcare. *Brocardos Jurídicos*, v. III, p. 247.

7 CARLETTI, Amílcare. *Brocardos Jurídicos*, v. III, p. 247.

8 CARLETTI, Amílcare. *Brocardos Jurídicos*, v. III, p. 247.

CAPÍTULO VII ● O Direito na Índia Antiga

DEVERES, ISENTOS DE COBIÇA, E REJEITAR AQUELES CUJO CARÁTER É O OPOSTO
A ISSO (ART. 49)[9].

| NÃO SE DEVEM ADMITIR NEM AQUELES QUE UM INTERESSE PECUNIÁRIO DO-
MINA, NEM AMIGOS, NEM CRIADOS, NEM INIMIGOS, NEM HOMENS CUJA MÁ
FÉ SEJA CONHECIDA, NEM DOENTES, NEM HOMENS CULPADOS DE UM CRIME
(ART. 50)[10].

| NÃO SE PODE TOMAR PARA TESTEMUNHA NEM O REI, NEM UM ARTISTA DE BAI-
XA CLASSE, COMO UM COZINHEIRO, NEM UM ATOR, NEM UM HÁBIL TEÓLOGO,
NEM UM ESTUDANTE, NEM UM ASCÉTICO AFASTADO DE TODAS AS RELAÇÕES
MUNDANAS (ART. 51)[11].

| NEM UM HOMEM INTEIRAMENTE DEPENDENTE, NEM UM HOMEM MAL AFA-
MADO, NEM O QUE EXERCE UM OFÍCIO CRUEL, NEM O QUE SE ENTREGA A
OCUPAÇÕES PROIBIDAS, NEM UM VELHO, NEM UMA CRIANÇA, NEM UM HOMEM
SÓ, NEM UM HOMEM PERTENCENDO A UMA CLASSE MISTURADA, NEM AQUELE
CUJOS ÓRGÃOS ESTÃO ENFRAQUECIDOS (ART. 52)[12].

| NEM UM INFELIZ DESANIMADO PELO PESAR, NEM UM ÉBRIO, NEM UM LOU-
CO, NEM UM SOFRENDO FOME OU SEDE, NEM UM FATIGADO EM EXCESSO,
NEM O QUE ESTÁ APAIXONADO DE AMOR, OU EM CÓLERA OU UM LADRÃO[13]
(ART. 53).

Outra característica do Código de Manu é que, em geral, as penas
previstas em seu bojo são cruéis e degradantes, o que não é de todo
raro no contexto da Antiguidade Oriental ou Clássica. Vejamos a seguir alguns exemplos dos tormentos impostos aos condenados:

| QUE O REI LHE FAÇA DERRAMAR ÓLEO FERVENDO NA BOCA E NA ORELHA SE
ELE TIVER A IMPRUDÊNCIA DE DAR CONSELHOS AOS BRÂMANES RELATIVAMEN-
TE AO SEU DEVER (ART. 269)[14].

---

[9] CARLETTI, Amílcare. *Brocardos Jurídicos*, v. III, p. 255.

[10] CARLETTI, Amílcare. *Brocardos Jurídicos*, v. III, p. 255.

[11] CARLETTI, Amílcare. *Brocardos Jurídicos*, v. III, p. 255.

[12] CARLETTI, Amílcare. *Brocardos Jurídicos*, v. III, p. 255.

[13] CARLETTI, Amílcare. *Brocardos Jurídicos*, v. III, p. 256.

[14] CARLETTI, Amílcare. *Brocardos Jurídicos*, v. III, p. 299.

O Direito na Antiguidade Oriental

| Se ele levantou a mão ou um bastão sobre o superior, deve ter a mão cortada; se em um movimento de cólera lhe deu um pontapé, que seu pé seja cortado (art. 277)[15].

| Um homem de baixa classe que resolve tomar o lugar ao lado de um de classe mais elevada, deve ser marcado abaixo do quadril e banido ou, então, deve ordenar o rei que lhe façam um talho sobre as nádegas (art. 278)[16].

| Para reprimir o homem perverso, que o rei empregue com perseverança três meios: a detenção, os ferros e as diversas penas corporais (art. 307)[17].

O instituto do levirato, de modo semelhante ao Direito hebraico, alcançava previsão no Direito da Índia Antiga:

| Todavia, quando o marido de uma rapariga vem a falecer, após os esponsais, que o próprio irmão do marido a tome por mulher, segundo a regra seguinte (art. 486)[18].

| Depois de haver desposado, segundo o rito essa rapariga, que deva ser vestida de uma roupa branca e pura em seus costumes, que sempre ele se aproxime dela uma vez na estação favorável até que ela tenha concebido (art. 487)[19].

As mulheres eram condicionadas pela sociedade hindu a se casarem muito cedo, muitas vezes ainda na infância. Essa prática ocorre ainda hoje, principalmente no interior do País, não obstante a interdição legal (*Child Marriage Restraint Act*, 1929) quanto ao feito:

| Um homem de trinta anos deve desposar uma rapariga de doze que lhe agrade; um de vinte e quatro, uma de oito; se ele acabou antes

---

[15] CARLETTI, Amílcare. *Brocardos Jurídicos*, v. III, p. 301.

[16] CARLETTI, Amílcare. *Brocardos Jurídicos*, v. III, p. 301.

[17] CARLETTI, Amílcare. *Brocardos Jurídicos*, v. III, p. 301.

[18] CARLETTI, Amílcare. *Brocardos Jurídicos*, v. III, p. 331.

[19] CARLETTI, Amílcare. *Brocardos Jurídicos*, v. III, p. 331.

CAPÍTULO VII ● O Direito na Índia Antiga

SEU NOIVADO, PARA QUE O CUMPRIMENTO DE SEUS DEVERES DE DONO DA CASA NÃO SEJA RETARDADO, QUE ELE SE CASE LOGO (ART. 511)[20].

No entanto, já há algum tempo, o sistema de castas recebeu um grande golpe com a entrada em vigor do *Hindu Marriage Validity Act* (1949). Zweigert retoma o assunto ao salientar que os casamentos entre os cidadãos indianos não mais podem estar calcados nas eventuais "diferenças" entre as "castas", "subcastas" ou "religiões"[21]. Apesar disso, constata o autor, casamentos entre castas mistas ainda não são de todo comuns, particularmente se a noiva pertence a uma casta tida como superior à de seu noivo[22]. Da mesma forma, as viúvas dificilmente contraem novas núpcias[23].

Zweigert acredita que a tendência natural da Índia é continuar na crescente rota de modernização que tomou conta do País nas últimas décadas. No horizonte que desde logo se anuncia, as antigas tradições devem ceder às transformações exigidas pelos novos tempos[24].

No passado, a Lei de Manu só amparava a mulher em situações extraordinárias. Na maioria das vezes, ela se sujeitava totalmente aos desmandos emanados de qualquer figura masculina dentre os membros de sua parentela:

| QUANDO UM MARIDO TEM NEGÓCIO EM PAÍS ESTRANGEIRO, QUE ELE SÓ SE AUSENTE, DEPOIS DE TER ASSEGURADO À SUA MULHER MEIOS DE SUBSISTÊNCIA; PORQUE UMA MULHER, AINDA QUE VIRTUOSA, ATORMENTADA PELA MISÉRIA, PODE COMETER UMA FALTA (ART. 491)[25].

| DIA E NOITE, AS MULHERES DEVEM SER MANTIDAS NUM ESTADO DE DEPENDÊNCIA POR SEUS PROTETORES; E MESMO QUANDO ELAS TÊM DEMASIADA INCLINAÇÃO PELOS PRAZERES INOCENTES E LEGÍTIMOS, DEVEM SER SUBMETIDAS POR AQUELES QUE DEPENDEM À SUA AUTORIDADE (ART. 419)[26].

---

[20] CARLETTI, Amílcare. *Brocardos Jurídicos*, v. III, p. 334.

[21] ZWEIGERT, K.; KÖTZ, H. *An Introduction to Comparative Law*, p. 315.

[22] ZWEIGERT, K.; KÖTZ, H. *An Introduction to Comparative Law*, p. 315.

[23] ZWEIGERT, K.; KÖTZ, H. *An Introduction to Comparative Law*, p. 315.

[24] ZWEIGERT, K.; KÖTZ, H. *An Introduction to Comparative Law*, p. 315.

[25] CARLETTI, Amílcare. *Brocardos Jurídicos*, v. III, p. 332.

[26] CARLETTI, Amílcare. *Brocardos Jurídicos*, v. III, p. 323.

UMA MULHER ESTÁ SOB A GUARDA DE SEU PAI, DURANTE A INFÂNCIA, SOB A GUARDA DE SEU MARIDO DURANTE A JUVENTUDE, SOB A GUARDA DE SEUS FILHOS EM SUA VELHICE; ELA NÃO DEVE JAMAIS SE CONDUZIR À SUA VONTADE (ART. 420)[27].

QUE OS MARIDOS, POR MAIS FRACOS QUE SEJAM, CONSIDERANDO QUE É UMA LEI SUPREMA PARA TODAS AS CLASSES, TENHAM GRANDE CUIDADO DE VELAR PELA CONDUTA DE SUAS MULHERES (ART. 423)[28].

COM EFEITO, UM MARIDO PRESERVA SUA LINHAGEM, SEUS COSTUMES, SUA FAMÍLIA, A SI PRÓPRIO E SEU DEVER, PRESERVANDO SUA ESPOSA (ART. 424)[29].

De modo interessante, é mister considerar o fato de que os antigos hindus talvez tenham sido os primeiros a coibir a prática de jogos:

O JOGO E AS APOSTAS DEVEM SER PROSCRITOS PELO REI EM SEU REINO; POR-QUE ESSAS DUAS PRÁTICAS CRIMINOSAS CAUSAM AOS PRÍNCIPES A PERDA DOS REINOS (ART. 637)[30].

Não há notícia, igualmente, de que alguma codificação da Antiguidade tenha oferecido uma clara e inequívoca tipificação de furto e roubo. Nesse sentido, creio que os hindus foram pioneiros:

A AÇÃO DE TIRAR UMA COISA COM VIOLÊNCIA À VISTA DO PROPRIETÁRIO, É UM ROUBO; EM SUA AUSÊNCIA É FURTO... (ART. 329)[31].

Enquanto o legislador hebreu cuida de impedir que o devedor fosse humilhado, os hindus parecem salvaguardar o recebimento da dívida a todo custo, autorizando o credor a se utilizar de todos os meios possíveis para lograr seu intento:

UM CREDOR, PARA FORÇAR SEU DEVEDOR A SATISFAZÊ-LO, PODE RECORRER AOS DIFERENTES MEIOS EM USO NA COBRANÇA DE UMA DÍVIDA (ART. 124)[32].

---

[27] CARLETTI, Amílcare. *Brocardos Jurídicos*, v. III, p. 323.

[28] CARLETTI, Amílcare. *Brocardos Jurídicos*, v. III, p. 323.

[29] CARLETTI, Amílcare. *Brocardos Jurídicos*, v. III, p. 324.

[30] CARLETTI, Amílcare. *Brocardos Jurídicos*, v. III, p. 353.

[31] CARLETTI, Amílcare. *Brocardos Jurídicos*, v. III, p. 307.

[32] CARLETTI, Amílcare. *Brocardos Jurídicos*, v. III, p. 269.

CAPÍTULO VII ● O Direito na Índia Antiga

| Por meios conforme ao dever moral, por demanda, pela astúcia, pela ameaça e, em fim, pelas medidas violentas, pode um credor se fazer pagar da soma que lhe devem (art. 125)[33].

Vale dizer que a preocupação com o deslinde do processo é maior na Índia do que em outros recantos do Mundo Antigo. A seguir pode-se ver um artigo prevendo a nulidade do processo:

| Todo processo no qual um falso testemunho foi prestado, deve ser recomeçado pelo juiz e, o que foi feito, deve ser considerado como não feito (art. 101)[34].

Não se deve nunca perder de vista que o Direito hindu ou bramânico, como prefere Losano[35], é parte de um sistema legal religioso que se mostra complexo aos olhos ocidentais. Isto porque a noção de sagrado que permeia o imaginário de nossas sociedades se estriba na crença judaico-cristã monoteísta. O panteão hindu, ao contrário, é extenso e regionalmente diversificado. Em razão desse seu teor, não é de surpreender que diversas formas de ordálios fossem comumente empregadas no processo de resolução de uma lide:

| Que o juiz faça jurar um Brâmane por sua veracidade; um Ksatrya, por seus cavalos, seus elefantes ou suas armas; um Vaisya, por suas vacas, seu trigo, seu ouro; um Sudra, por todos os crimes (art. 97)[36].

| Ou, então, segundo a gravidade do caso, que ele faça tomar o fogo com a mão àquele que ele quer experimentar ou que ele mande mergulhá-lo na água ou lhe faça tocar separadamente a cabeça de cada um de seus filhos e de sua mulher (art. 98)[37].

| A quem a chama não queima, a quem a água não faz sobrenadar, ao qual não sobrevém desgraça posteriormente, deve ser considerado como verídico em seu juramento (art. 99)[38].

---

[33] CARLETTI, Amílcare. *Brocardos Jurídicos*, v. III, p. 269.

[34] CARLETTI, Amílcare. *Brocardos Jurídicos*, v. III, p. 264.

[35] LOSANO, Mario G. *Os Grandes Sistemas Jurídicos*, p. 469.

[36] CARLETTI, Amílcare. *Brocardos Jurídicos*, v. III, p. 264.

[37] CARLETTI, Amílcare. *Brocardos Jurídicos*, v. III, p. 264.

[38] CARLETTI, Amílcare. *Brocardos Jurídicos*, v. III, p. 264.

Os hindus dedicaram cerca de sessenta e oito artigos para tratar exclusivamente do adultério. O receio quanto à eventual possibilidade de mistura de castas é uma das razões que conferem plausibilidade aos termos manifestados pelo legislador da Índia Antiga. Há que salientar, nesse ínterim, que a tipificação do delito em questão não necessariamente corresponde em todos os aspectos à noção hodierna do crime que ainda pode ser vislumbrada em algumas codificações do mundo. Novamente, as penas mostram-se demasiado cruéis. Vejamos o disposto sobre a matéria nos artigos das Leis de Manu a seguir transcritos:

| QUE O REI BANA, DEPOIS DE HAVÊ-LOS PUNIDO COM MUTILAÇÕES INFAMANTES, AQUELES QUE SE APRAZEM EM SEDUZIR AS MULHERES DOS OUTROS (ART. 349)[39].

| PORQUE É DO ADULTÉRIO QUE NASCE NO MUNDO A MISTURA DE CLASSES, PROVÉM A VIOLAÇÃO DOS DEVERES DESTRUIDORA DA RAÇA HUMANA, QUE CAUSA A PERDA DO UNIVERSO (ART. 350)[40].

| O HOMEM QUE SE ENTRETÉM EM SEGREDO COM A MULHER DO OUTRO, E QUE JÁ FOI ACUSADO DE TER MAUS COSTUMES, DEVE SER CONDENADO À PRIMEIRA MULTA (ART. 351)[41].

| SE UMA MULHER, ORGULHOSA DE SUA FAMÍLIA E DE SUAS QUALIDADES, É INFIEL A SEU ESPOSO, QUE O REI A FAÇA DEVORAR POR CÃES NUM LUGAR BASTANTE FREQUENTADO (ART. 368)[42].

| QUE ELE CONDENE O ADÚLTERO SEU CÚMPLICE A SER QUEIMADO SOBRE UM LEITO DE FERRO AQUECIDO AO RUBRO E QUE OS EXECUTORES ALIMENTEM INCESSANTEMENTE O FOGO COM LENHA ATÉ QUE O PERVERSO SEJA CARBONIZADO (ART. 369)[43].

| TER PEQUENOS CUIDADOS COM UMA MULHER, MANDAR-LHE FLORES E PERFUMES, GRACEJAR COM ELA, TOCAR NOS SEUS ENFEITES OU NAS SUAS VESTES,

---

[39] CARLETTI, Amílcare. *Brocardos Jurídicos*, v. III, p. 355.

[40] CARLETTI, Amílcare. *Brocardos Jurídicos*, v. III, p. 355.

[41] CARLETTI, Amílcare. *Brocardos Jurídicos*, v. III, p. 355.

[42] CARLETTI, Amílcare. *Brocardos Jurídicos*, v. III, p. 315.

[43] CARLETTI, Amílcare. *Brocardos Jurídicos*, v. III, p. 315.

CAPÍTULO VII ● O Direito na Índia Antiga

SENTAR-SE COM ELA NO MESMO LEITO, SÃO CONSIDERADOS PELOS SÁBIOS, COMO PROVAS DE UM AMOR ADÚLTERO (ART. 354)[44].

| TOCAR O SEIO DE UMA MULHER CASADA OU OUTRAS PARTES DO SEU CORPO DE MANEIRA INDECENTE, DEIXAR-SE TOCAR ASSIM POR ELA, SÃO AÇÕES RESULTANTES DO ADULTÉRIO, COM CONSENTIMENTO MUTUO (ART. 355)[45].

Por fim, vale dizer que o Direito hindu sofreu alterações consideráveis durante o período da ocupação britânica. Zweigert observa que as mudanças em questão tiveram lugar especialmente no campo do direito de propriedade e no terreno das obrigações. As leis tradicionais, assim, foram suplantadas pela *Common Law*[46]. Losano, a seu turno, arremata: "Consequentemente, na sua forma atual, o Direito indiano mostra-se semelhante a um Direito anglo-saxão: costumes que remontam a tempos imemoriais e acompanhados de normas escritas fundamentam e acompanham uma prática judiciária caracterizada pelo princípio do precedente obrigatório. O conteúdo dessas normas, dessas sentenças e desses usos é obviamente diferente do anglo-saxão, mas é correto afirmar que o Direito inglês conferiu a forma definitiva ao Direito indiano vigente"[47].

---

[44] CARLETTI, Amílcare. *Brocardos Jurídicos*, v. III, p. 355.

[45] CARLETTI, Amílcare. *Brocardos Jurídicos*, v. III, p. 355.

[46] ZWEIGERT, K.; KÖTZ, H. *An Introduction to Comparative Law*, p. 317.

[47] LOSANO, Mario G. *Os Grandes Sistemas Jurídicos*, p. 492.

O Direito hebraico

8.1 O Direito hebraico e suas fontes

O Direito hebraico[1] (*Mischpat Ibri*) é o conjunto de regras e preceitos religiosos que se alicerça no dogma monoteísta arvorado pelos antigos israelitas, povo de origem semita que outrora habitou a terra bíblica de Canaã. Trata-se de um Direito profundamente vinculado ao sagrado, pois credencia sua primeira fonte de inspiração a uma revelação divina.

O *Tanak* (Antigo Testamento) é o eixo motriz que inicialmente condicionou o desenvolvimento filosófico-doutrinário da cultura hebraica. É constituído pela *Torah* (Pentateuco), pelos *Neebin* (Profetas) e *Ketubin* (Escritos).

---

[1] Para saber mais confira obra de PALMA, Rodrigo Freitas. *Direito Hebraico*. 2. ed. Curitiba: Juruá, 2010.

Dentre todas essas seções é a *Torah* que conserva a essência da legislação do Israel Antigo. Compõe-se por cinco livros: Gênesis (*Bereshit*), Êxodo (*Shemot*), Levítico (*Va-yikra*), Números (*Ba-midbar*) e Deuteronômio (*Debarin*). No âmbito dessa estrutura, podem ser categorizadas certas coleções de leis facilmente percebidas no universo da *Torah*. As subdivisões às quais se refere são tradicionalmente conhecidas como "Código da Aliança" (Ex 20, 22-23, 33) e "Código da Santidade ou Sacerdotal" (Lv 17-26)[2].

No total são exatamente 613 as leis que compõem a *Torah*: 365 preceitos são negativos e os outros 248 positivos. No entanto, o Direito hebraico manifesta todo o seu resplendor através do Decálogo – os famosos "Dez Mandamentos". A ética hebraica ali começa a se delinear por intermédio de leis apodíticas positivas e negativas. Graças à singeleza de seus propósitos, elas alcançaram a devida perpetuidade e aceitação geral nas comunidades judaica e cristã.

No contexto da tradição religiosa, Moisés personifica o arauto disposto a cumprir a missão de intermediar o contato entre seu povo e Deus, afinal era a nação israelita a destinatária maior das ordenanças prescritas nas tábuas da lei. Elas foram acondicionadas na Arca da Aliança (*Aron Ha Kodesh*) e permaneceram incólumes ao despojo até, pelo menos, a destruição do primeiro Templo, em 587 a.C., quando os babilônios invadiram o Reino de Israel e levaram as pessoas cativas para o exílio.

Todavia, tarefa muito árdua seria delimitar cronologicamente a gênese do processo legislativo entre os hebreus, uma vez que, entre os próprios especialistas não existe consenso a respeito.

Por certo, cremos que o cerne das leis foi transmitido ainda num período muito remoto, no final da Idade do Bronze Oriental (século XII a.C.). No entanto, outras leis vieram a ser produzidas com a instauração da monarquia (por volta de 1020 a.C.), especialmente

---

[2] Muitas palavras, como se pode deduzir a partir da leitura dos parênteses, são mera transliteração das palavras originais escritas em hebraico. Assim, elas podem assumir diferentes formas. As eventuais variações no corpo do texto ocorrerão em função do respeito a alguma citação literal de determinado autor.

CAPÍTULO VIII ● O Direito hebraico

com a sagração dos reis David e Salomão, da dinastia de Judah. Nessa época foram encomendadas junto aos escribas cópias e mais cópias dos livros sacros, e a Legislação Mosaica se consolidou num país cujas tribos estavam unificadas.

Há que considerar, igualmente, o profícuo processo de criação de leis por todo o século VIII a.c., quando teve início a "Era dos Profetas" de Israel. No ano 622 a.C., sob o reinado de Josias, acontece um curioso fato: foi encontrada uma cópia do que deve ter sido o livro de Deuteronômio numa das frestas das paredes do templo que passava, à época, por reformas. O evento em si sugere que o apego do povo ao seu direito divino havia sido, pelo menos naquele momento, abandonado.

De qualquer modo, sabe-se que as iniciativas em torno do complexo processo de compilação e sistematização dos textos sagrados somente alcançaram termo nas proximidades do século IV, quando o cânon do *Tanak* estava praticamente concluído.

8.2 O monoteísmo ético e sua projeção no orbe jurídico

Quando se propõe a estudar leis antigas como aquelas de Israel, não se deve jamais perder de vista que elas somente poderão ser compreendidas se forem levadas em consideração as características especiais da religião hebraica. Dizemos isso porque tribos seminômades, em tempos imemoriais, erigiram um sistema de crenças pautado no culto ao Deus Único, a quem se referiam por meio de um misterioso tetragrama escrito sem vogais e cujo equivalente seria "Y-H-W-H". O objetivo central era evitar que O NOME (*Ha Shem*) fosse pronunciado de modo despropositado, o que levaria alguém a incorrer num ato de irreverência. A tradição hebraica, por sua vez, assevera que a revelação divina teve lugar entre os patriarcas da nação, Abraão, Isaac e Jacob, que teriam firmado uma aliança eterna com Deus, pacto este que deveria ser observado por todos os seus descendentes. Assim, as gerações vindouras carregariam no corpo um sinal evocativo dessa celebração, o que resultou na instauração do rito judaico da circuncisão (*b'rit milah*).

Ora, os livros sagrados do *Tanak* falam de um Deus libertador que se comove profundamente com as vicissitudes de seu povo, tornado escravo no Egito dos faraós, e da realização da promessa de concessão de uma "terra de fartura", na qual "jorram o leite e o mel".

Como é próprio dos Direitos sagrados, o elemento religioso se projeta indefinidamente no conteúdo jurídico do chamado "Antigo Testamento". Antes de tudo, o Judaísmo assume que Deus é o Grande Legislador, o Supremo Juiz da Terra e o Senhor do Universo. Assim, os textos sagrados ora fazem referência direta a Deus, como o autor da Lei Maior, ora a Moisés, como espécie de guia que comunica ao povo o caminho a seguir. Sob todos os ângulos possíveis, Direito e sagrado se fundem como um todo.

A *Torah*, pois, retrata Moisés como um homem de fortes convicções religiosas, que se reveste de enorme determinação pessoal e coragem, atuando de forma resoluta e definitiva como líder maior de uma nação. Seria Moisés o responsável pelo delineamento do conceito que a nação faria acerca de si própria[3]. Talvez a melhor definição sobre esse personagem seja a de Paul Johnson: "Moisés é a figura central na história judaica, o eixo em torno do qual tudo roda. Se Abraão era o antepassado da raça, Moisés foi a força essencialmente criativa, o modelador do povo; sob ele e por meio dele, eles se tornaram um povo distinto, com um futuro como uma nação. Ele era um arquétipo judeu como José, mas bem diferente e muito mais formidável. Ele foi um profeta e um líder, um homem de ações decisivas e presença elétrica, capaz de grande raiva e de resolução implacável; mas também um homem de intensa espiritualidade, amante da comunhão solitária com ele e o próprio Deus, vendo visões, epifanias e apocalipses, e, contudo, não um eremita ou ancoreta, mas uma força espiritual ativa no mundo, detestando a injustiça, buscando fervorosamente criar uma utopia; um homem que não apenas atuava como intermediário entre Deus e o homem, mas buscou traduzir o mais intenso idealismo na prática da arte de governar, e conceitos nobres nos pormenores da vida quotidiana. Acima de tudo, ele era um legislador e um juiz, o

---

[3] PALMA, Rodrigo Freitas. O *Direito Antes de Roma*, p. 27-28.

CAPÍTULO VIII ● O Direito hebraico

construtor de uma moldura poderosa para encerrar numa estrutura de retidão todos os aspectos de comportamento público e privado – um totalitário do espírito"[4].

8.3 A Justiça segundo a percepção cultural hebraica

Na cultura judaica, somente Deus, em sua grandeza infinita, representa a plenitude da ideia de "justiça" (*tsedaká*), o que significa dizer que somente Ele é, na perfeita acepção do termo, justo. Destarte, a própria noção de "justiça absoluta" está muito além da capacidade de compreensão humana.

Mas, se essa é uma virtude divina e nossos atos refletem, no plano real, uma pálida sombra da benevolência de Deus, como poderia o homem alcançá-la? Deve-se almejá-la? É evidente que sim. De acordo com os preceitos religiosos hebraicos, é preciso persegui-la com todo o fervor, segundo os limites do entendimento de cada um. O roteiro a ser observado para a prática do bem era, no Israel Antigo, a *Torah* e seus Mandamentos (*mitzvot*).

A tendência assumida por certos círculos ou partidos políticos do Judaísmo Tardio como aquele dos fariseus da Escola de Shammai foi observar a Lei em todas as suas minudências.

Já a Escola de Hillel, mais complacente e menos ortodoxa, acreditava que as regras, por si sós, não eram ilustrativas da justiça. A *Torah*, para estes, deveria ser observada de forma holística. Muito antes disso, no século VIII a.C., os profetas de Israel acusavam os juízes de não praticar a justiça, principalmente ao se esquivar de atentar para o pleito e as necessidades das viúvas, órfãos, estrangeiros e pessoas menos favorecidas.

De qualquer modo, a noção hebraica de justiça esteve sempre associada à caridade e amor ao próximo (*hessed*). Nesse ínterim, "ser justo" é dar o melhor de si para o progresso da humanidade; agir em conformidade com os mandamentos e, principalmente, não se descuidar jamais do clamor dos pequenos; tomar a iniciativa de ir ao seu socorro; prover ao seu sustento; defendê-los com nobreza de caráter

---

[4] JOHNSON, Paul. *História dos Judeus*, p. 38.

e manter uma atitude sóbria e de respeito para com o próximo e o mundo que nos rodeia.

8.4 Leis de caráter civilista entre os hebreus

Os hebreus, a exemplo de outros povos da Antiguidade Oriental, desenvolveram diversas leis de caráter civilista. Sabe-se que os negócios jurídicos entre os particulares eram uma constante desde o segundo milênio antes de Cristo. Prova disso são os incontáveis contratos encontrados na Mesopotâmia e nos seus arredores. Assim, é possível falar de uma espécie de "Direito Civil israelita", ainda que não houvesse entre o povo judeu o objetivo de estabelecer categorias de leis aos moldes romanos.

Não raro o penhor era utilizado como garantia do débito existente. Apenas não era permitido que o credor se estribasse nesse expediente para oprimir o próximo. Portanto, alguns bens imprescindíveis à sobrevivência, especialmente aqueles utilizados na agricultura, foram considerados impenhoráveis, e a inviolabilidade do domicílio, plenamente assegurada. As dívidas não poderiam, assim, ser cobradas no ambiente do lar. A família, acima de tudo, não podia ser humilhada em tal recinto:

> Não tomarás em penhor ambas as mós, nem mesmo a mó de cima, pois se penhoraria assim a vida (Dt 24:6).

> Se emprestares alguma coisa a teu próximo não invadirás a casa para te garantires com algum penhor. Ficarás do lado de fora, e o homem, a quem emprestaste, te trará fora o penhor (Dt 24:10-11).

Certas pessoas, dada a sua condição de extrema penúria, possuíam apenas uma "capa" que lhes servia de cobertor a lhes proteger da inconstância do clima e da conhecida friagem das noites no deserto. A estes esquecidos e miseráveis determinava a *Torah* o perdão imediato da dívida:

> Porém se ele for pobre, não te deitarás com o seu penhor. Em se pondo o sol, restituir-lhe-ás sem falta o penhor, para que possa deitar-se no seu manto. Então ele te abençoará, e isto será para ti justiça diante do Senhor teu Deus (Dt 24:12-13).

CAPÍTULO VIII ● O Direito hebraico

Os hebreus, por certo, recorriam ao instituto da fiança, embora esse recurso fosse reiteradamente desaconselhado, apesar de não ser proibido pela lei. Não existem dúvidas de que o ato em questão exigia o mínimo de formalidade:

| Quem fica por fiador certamente sofrerá, mas o que aborrece a fiança está seguro (Pr 11:15).

| Tira a roupa aquele que fica por fiador de estranho; toma-a por penhor aquele que se obriga pela mulher adúltera (Pr 20:16).

| Não esteja entre os que se comprometem, que ficam por fiadores de dívidas (Pr 22:26).

A herança já era regulada pelo Direito mosaico. A regra geral determinava que o primogênito fosse o virtual herdeiro dos bens de sua casa. A mãe e os demais irmãos, consequentemente, de modo geral, viviam sob os auspícios do senhorio do filho mais velho após a morte do patriarca. Porém, a ele incumbiam o sustento, a provisão e a manutenção de seus familiares, conforme determinavam antigas leis clânicas, oriundas de tempos imemoriais. Essas regras ancestrais de origem consuetudinária podem ser percebidas até hoje entre as tribos dos desertos do Oriente Próximo.

As filhas, ao menos numa situação específica, não ficavam destituídas de seu quinhão, o que não ocorria com a viúva, totalmente à mercê de seu destino. A *Torah* relata que um certo homem chamado Zelofeade veio a falecer sem deixar varões e que suas filhas foram reivindicar a herança perante o próprio Moisés, que assim estabeleceu:

| Quando alguém morrer e não tiver filho, transmitireis a sua herança à sua filha (Nm 26:8).

| Se não tiver filha, então dareis a sua herança aos irmãos de seu pai (Nm 26:9).

As viúvas, ao que tudo consta, não tinham porção na herança, o que não significa dizer que estas estavam completamente desamparadas pela lei. Não somente os filhos, filhas (herdeiras) ou outros parentes se obrigavam a assisti-la em todas as suas necessidades como a própria comunidade de Israel como um todo. A *Torah* era enfática no sentido de reclamar da comunidade o amparo às viúvas, aos órfãos e estrangeiros (Dt 10:18).

O casamento, desde épocas imemoriais, era celebrado mediante a assinatura de um contrato conhecido por *ketubah*. A cerimônia é, ainda hoje, repleta de ricos significados. O casal se une debaixo de uma *huppá*, um tipo de tenda aberta. Com isso se pretende dizer aos convidados presentes na cerimônia que os cônjuges manterão as portas de sua casa aberta às visitações. Desse modo, o homem adentra o recinto sagrado da sinagoga, como habitual, usando um *kippá*, símbolo da reverência e temor a D'us (que está acima de sua cabeça)[5]. No decurso do ritual, o futuro esposo quebra o cálice com o qual ele e sua esposa, de braços entrelaçados, partilharam o vinho. Trata-se de um rito de memória. Assim, os nubentes querem dizer à congregação que, mesmo num dia alegre e festivo como esse, eles se recordam que os estrangeiros adentraram o templo de Jerusalém e o destruíram[6]. O ato pode querer dizer ainda que o casal dividirá as alegrias (vinho) e os destroços (cacos de vidro do cálice quebrado) que a vida trouxer. As obrigações básicas constantes nos antigos modelos encontrados falam da necessidade de o marido prover a habitação, o alimento e o vestuário à sua esposa. Esta, por sua vez, deverá tratá-lo com absoluto respeito e dedicação; cuidar do bom andamento do lar, da criação dos filhos e preparar aos seus, tão somente, aqueles alimentos determinados pela dieta *kasher*[7].

O divórcio, por outro lado, também é contemplado pela *Torah*, sendo admitido, na Antiguidade, no caso de a noiva não ser mais virgem e por outras motivações não esclarecidas à época pelo legislador.

---

[5] Na filosofia judaica, o homem é mero passageiro deste mundo: veio do pó e voltará ao pó. D'us, ao contrário, é imutável e permanece para todo o sempre. Os convidados a assistir à cerimônia, independentemente de serem judeus ou não, costumam usar o *kippá* no interior das sinagogas.

[6] Trata-se de uma reminiscência à destruição do templo de Salomão pelos romanos, no ano 70 da Era Comum.

[7] Alimentos cujo consumo é permitido aos judeus.

CAPÍTULO VIII ● O Direito hebraico

> Se um homem tomar uma mulher, casar-se com ela, e esta depois deixar de lhe agradar por ter ele achado nela qualquer coisa indecente, escrever-lhe-á uma carta de divórcio, e lha dará na mão, e a despedirá da sua casa (Dt 24:1).

Outro costume bem presente entre os povos do Oriente Próximo consiste no pagamento de um dote aos pais da noiva. A quantia era estipulada pelas famílias segundo as posses do noivo. Quando este não podia fazê-lo, era possível que viesse a dar, em razão do dote, sua força de trabalho. É o caso do patriarca Jacob, que, não tendo como oferecer qualquer outra coisa ao pai da noiva – Labão –, promete-lhe laborar durante sete anos, até que pudesse vir a desposar Raquel. Nessa situação específica, o trato não foi cumprido, e Jacob, tendo se casado enganado com Leia, obriga-se a trabalhar outros sete anos por sua amada[8].

Interessante ressaltar que a Lei hebraica já se preocupava com a defesa dos consumidores, proibindo que comerciantes ávidos pela rapina utilizassem meios vis para amealhar lucros indevidos:

> Não terás dois pesos na tua bolsa, um grande e um pequeno. Não terás duas medidas em tua casa, uma grande e uma pequena. Terás somente pesos exatos e justos, e medidas exatas e justas, para que se prolonguem os teus dias na terra que o Senhor teu Deus te dá (Dt 25:13-16).

Igualmente, estava prevista uma interdição à prática da usura:

> De teu irmão não exigirás juro algum, quer se trate de dinheiro, quer se trate de víveres, ou de qualquer coisa que se empresta a juros. Ao estranho poderás emprestar com juros, porém não ao teu irmão, para que o Senhor teu Deus te abençoe em tudo o que puseres a tua mão, na terra a qual passa a possuir (Dt 23:19-20).

Há também entre os hebreus certa noção incipiente de responsabilidade civil. Aconselhava-se, inclusive, que fossem construídos parapeitos nas sacadas a fim de evitar acidentes como a queda de alguém.

---

[8] Como dissemos, essa é uma lei consuetudinária, portanto anterior a Moisés. Cf. Gn 29, Raquel e Leia (ou Lia) são duas das mais festejadas matriarcas de Israel.

| Quando construíres uma casa nova, farás um parapeito ao redor do terraço, para que não tragas sangue sobre a tua casa, se alguém cair dela (Dt 22:8).

Passemos agora ao trato do Decálogo, as dez mais importantes leis do universo hebraico.

8.5 O Decálogo: as Leis de Ouro da Torah

Os hebreus não distinguiram a lei e a religião e também não trataram o Direito de maneira científica como fizeram os romanos, com muita maestria. Todavia, é integralmente reconhecido o fato de que em nenhum outro lugar da Antiguidade foram reunidos ou justapostos preceitos éticos tão universalmente aceitos como os seus. Eles representam, pelo menos para judeus e cristãos, a essência dos ideais proclamados por suas crenças. Trata-se de dez enunciados jurídicos simplificados pela transmissão (Decálogo), e mais popularizados pelos fiéis nas sinagogas e igrejas como "Os Dez Mandamentos". A tradição judaica assevera que os enunciados foram escritos "pelo próprio dedo de D'us em duas tábuas – 'As Tábuas da Lei'". O conjunto do capítulo 5 do livro de Deuteronômio apresenta um prólogo, antes de enumerar os preceitos. Ei-los a seguir na versão bíblica:

| I – "Não terás outros deuses diante de mim" (Dt 5:7).

| II – "Não farás para ti imagem de escultura, nem semelhança alguma do que há em cima no céu, nem embaixo da terra, nem nas águas, nem debaixo da terra. Não te encurvarás a elas, nem as servirás; pois eu, o Senhor teu Deus, sou Deus zeloso, que visito a maldade dos pais nos filhos até a terceira geração daqueles que me aborrecem, mas faço misericórdia até mil gerações daqueles que me amam, e guardam os meus mandamentos" (Dt 5:8-10).

| III – "Não tomarás o nome do Senhor teu Deus em vão, pois o Senhor não terá por inocente ao que tomar o seu nome em vão" (Dt 5:11).

| IV – "Guarda o dia de sábado para o santificar, como te ordenou o Senhor teu Deus. Seis dias trabalharás, e farás toda a tua obra, mas o sétimo dia é o sábado do Senhor teu Deus. Não farás nenhuma obra

CAPÍTULO VIII ● O Direito hebraico

NELE, NEM TU, NEM O TEU FILHO, NEM A TUA FILHA, NEM O TEU SERVO, NEM A TUA SERVA, NEM O TEU BOI, NEM O TEU JUMENTO, NEM ANIMAL ALGUM TEU, NEM O ESTRANGEIRO QUE ESTÁ NA TUA CIDADE, PARA QUE O TEU SERVO E A TUA SERVA DESCANSEM COMO TU. LEMBRA-TE QUE FOSTE SERVO NA TERRA DO EGITO, E QUE O SENHOR TEU DEUS TE TIROU DALI COM MÃO FORTE E BRAÇO ESTENDIDO. PELO QUE O SENHOR TEU DEUS TE ORDENOU QUE GUARDASSES O SÁBADO" (DT 5:12-15).

| V – "HONRA A TEU PAI E A TUA MÃE, COMO O SENHOR TEU DEUS TE ORDE-NOU, PARA QUE SE PROLONGUEM OS TEUS DIAS, E PARA QUE VÁ BEM NA TERRA QUE O SENHOR TEU DEUS TE DÁ" (DT 5:15).

| VI – "NÃO MATARÁS" (DT 5:17).

| VII – "NÃO ADULTERARÁS" (DT 5:18).

| VIII – "NÃO FURTARÁS" (DT 5:19).

| IX – "NÃO DIRÁS FALSO TESTEMUNHO CONTRA O TEU PRÓXIMO" (DT 5:20).

| X – "NÃO COBIÇARÁS A MULHER DO TEU PRÓXIMO. NÃO DESEJARÁS A CASA DO TEU PRÓXIMO, NEM O SEU CAMPO, NEM O SEU SERVO, NEM A SUA SERVA, NEM O SEU BOI, NEM O SEU JUMENTO, NEM COISA ALGUMA DO TEU PRÓXIMO" (DT 5:21).

Existem, além destas, outras leis que evidenciam o sentido humanístico das leis hebraicas. É o que veremos a seguir.

8.6 Leis humanísticas na Torah

A *Torah* busca, com muito zelo, arrefecer as mazelas sofridas pelos menos favorecidos. São basicamente quatro as categorias de pessoas amparadas por lei: as viúvas, os órfãos, os estrangeiros e os pobres:

| ELE FAZ JUSTIÇA AO ÓRFÃO E À VIÚVA, E AMA O ESTRANGEIRO, DANDO-LHE ALIMENTO E VESTES. AMAI O ESTRANGEIRO, POIS FOSTES ESTRANGEIROS NA TERRA DO EGITO (DT 10:18-19).

| O ESTRANGEIRO NÃO AFLIGIRÁS, NEM OPRIMIRÁS, POIS ESTRANGEIROS FOSTES NA TERRA DO EGITO. A NENHUMA VIÚVA NEM ÓRFÃO AFLIGIREIS. SE DE ALGUMA MANEIRA OS AFLIGIRDES, E ELES CLAMAREM A MIM, EU CERTAMENTE OUVIREI O SEU CLAMOR (EX 22:21-23).

| Quando fizeres a colheita da tua terra, não a segarás totalmente, nem colherás as espigas caídas da tua messe. Semelhantemente não rabiscarás a tua vinha, nem colherás os bagos caídos da tua vinha. Deixá-los-ás para o pobre e para o estrangeiro. Eu sou o Senhor vosso Deus (Lv 19:9-10).

As leis em questão buscam equilibrar as relações sociais, minimizando as agruras daqueles que se encontravam naturalmente destituídos dos bens de primeira necessidade. Isso porque as viúvas, como se viu, não eram automaticamente privilegiadas pelo Direito Sucessório israelita.

Os órfãos, principalmente quando menores, ficavam à mercê da boa vontade de seus parentes mais próximos. Nos tempos em que os israelitas viviam em tribos, as crianças eram sempre cuidadas pelo espírito de solidariedade que permeia as sociedades clânicas. Com o início do processo de sedentarização, porém, os laços de consanguinidade se tornaram menos evidentes no dia a dia de uma nação que conseguiu conquistar sua terra prometida.

Os estrangeiros, por sua vez, eram quase sempre hostilizados no mundo antigo. Eram comumente feitos escravos, roubados ou dizimados pela ignorância de alguns. Mas os judeus conheceram dolorosamente os infortúnios da vida de servidão no Egito. A *Torah* apela para essa consciência latente no itinerário de uma nação, a fim de que não se pague na mesma moeda o mal que outrora lhes fora infringido.

Os pobres, por sua própria situação, viam jazer na caridade alheia as condições fundamentais para sua própria sobrevivência. Ao agricultor incumbia não os esquecer nas suas adversidades, deixando parte do fruto da terra para seu sustento.

8.7 O Direito Penal israelita

As leis de caráter criminal são imprescindíveis para a manutenção ou coesão de qualquer grupo social, pois seu fim primeiro é conferir estabilidade ao cotidiano de qualquer comunidade. Igualmente, os hebreus, como povo originalmente ligado ao seminomadismo, buscaram criar algumas leis que podem ser incluídas no bojo do Direito

CAPÍTULO VIII ● O Direito hebraico

criminal[9]. Não se pode esperar, contudo, que a tipificação do crime venha acompanhada pela pena, conforme estão organizados os modernos Códigos Penais mundo afora.

Pelo menos cinco dessas regras criminais podem ser notadas desde logo no corpo do Decálogo. São, em primeiro plano, os delitos contra D'us (blasfêmia, heresia), e, numa segunda instância, aqueles contra o próximo: homicídio, roubo, adultério e falso testemunho.

Assim, trataremos inicialmente desses crimes, pois são, na perspectiva hebraica, aqueles considerados de maior gravidade. Desse modo, basicamente são três os delitos contra a Divindade. O mais grave deles, segundo a ordem exposta no Decálogo, consistia no abandono da fé monoteísta e na autoentrega ao paganismo. A crença e a adoração do D'us único eram a verdadeira razão de ser da nação (Dt 5:7). O segundo, nesse mesmo contexto, tem que ver com a prática da idolatria, o culto a outros deuses. Tal atitude devia ser drasticamente execrada pela comunidade (Dt 5:8). O terceiro diz respeito à reverência que se deve prestar ao Nome de D'us (*Ha Shem*), evitando-se pronunciá-lo de maneira torpe ou despropositada. Por isso, os judeus não inferem vogais ao acrônimo que o representa.

Duas formas distintas de homicídio já foram claramente percebidas pelo legislador israelita. O homicídio doloso e, também, o culposo, tratado pelas Escrituras Sagradas como "homicídio involuntário". Sob tal aspecto, a legislação mosaica era exclusiva. Era a única no contexto da Antiguidade Oriental a possibilitar àquele que involuntariamente cometeu um assassinato a chance de vir a se refugiar numa das cidades de asilo previamente designada por lei. Num desses locais, desde que o criminoso contasse com o prévio conhecimento das autoridades sobre o caso, podia viver em segurança e não mais à mercê do "vingador de sangue", um dos familiares da vítima dispostos a executar a vendeta. O homicida não poderia deixar os limites de uma das cidades – Quedes, Siquém, Quiriate-Arba, Bezer, Ramote e Golan (Js 20:7-8) – para se estabelecer noutro lugar, salvo após a

---

[9] PALMA, Rodrigo Freitas. *Manual Elementar de Direito Hebraico*, p. 61-68.

morte do Sumo Sacerdote da cidade na qual se encontrava refugiado. O dolo e a culpa, assim, foram bem distinguidos:

> Se alguém empurrar a outrem com ódio, ou intencionalmente lançar contra ele alguma coisa, ele morrer, ou por inimizade o ferir com a sua mão, e ele morrer, aquele que o feriu será morto; é homicida. O vingador do sangue, encontrando o homicida, matá-lo-á. Mas se o empurrar subitamente sem inimizade, ou contra ele lançar algum projétil, sem intenção de atingi-lo, ou sem o ver, deixar cair sobre ele alguma pedra, que possa matar, e ele morrer, não sendo ele seu inimigo, nem o tendo procurado para o mal, então a congregação julgará entre ele e o vingador de sangue, segundo estas leis. A congregação livrará o homicida da mão do vingador de sangue, e o enviará de volta à cidade do seu refúgio, onde se tinha acolhido; ali ficará até a morte do Sumo Sacerdote, que foi ungido com santo óleo (Nm 35:20-25).

O maior desenvolvimento do Direito Penal israelita, no entanto, repousava no princípio da individualidade da pena, o que sem dúvida significava uma vantagem para a época na qual o presente conjunto de leis encontrava-se inserido:

> Os pais não serão mortos pela culpa dos filhos, nem os filhos pela culpa dos pais. Cada qual morrerá pelo seu pecado (Dt 24:16).

Todavia, os israelitas não estabeleceram uma distinção formal entre o roubo e o furto, como aconteceu com muita evidência entre os hindus. De qualquer forma, é certo que o legislador visava coibir as duas condutas delituosas. Geralmente eram furtados ou roubados animais, objetos pessoais ou ferramentas utilizadas na agricultura. As penas pecuniárias eram quase sempre preferidas nestas situações:

> Se alguém furtar boi ou ovelha, e o abater ou vender, pagará cinco bois, e pela ovelha, quatro ovelhas. Se um ladrão for achado arrombando uma casa, e for ferido de modo que morra, o que o feriu não será culpado do seu sangue. Se, porém, já havia sol quando tal se deu, quem o feriu será culpado do sangue. O ladrão fará restituição total, mas se não tiver com que pagar, será vendido por seu furto. Se

CAPÍTULO VIII • O Direito hebraico

O FURTO FOR ACHADO VIVO NA SUA MÃO, SEJA BOI OU JUMENTO, OU OVELHA PAGARÁ EM DOBRO (Ex 22:1-4).

O Direito israelita, como se pode notar, era casuístico. Ocorre que os povos da Antiguidade Oriental achavam necessário enumerar, uma a uma, as situações que contemplam eventuais delitos. Por essa razão, os animais são categorizados em seu contexto específico segundo o seu valor de mercado.

O Decálogo condenava também a prática do adultério (Dt 5:18). Nesse quesito em particular, a lapidação era usualmente a pena aplicada a ambos os infratores. O Código de Hamurábi previa uma outra pena – o afogamento –, e permitia a revogação da sentença se houvesse perdão por parte do marido traído (confira o artigo 129 do Código de Hamurábi). A Lei Mosaica, nesta situação, apresenta-se de modo bem mais severo, pois aqui não se vislumbra qualquer forma de remissão.

A lista das primeiras e mais importantes leis do Israel Antigo se completa com a previsão do crime de falso testemunho (Dt 5:20). A pena aplicada quando se verificava o cometimento de tal crime, fruto de falsa imputação, era exatamente proporcional àquela que o réu receberia em caso de condenação.

Alguns outros crimes previstos na *Torah* eram o incesto (Lv 20: 11-12 e 14); a bestialidade (Ex 22:19; Lv 18:23; 20:15-16), a feitiçaria (Ex 22:18) e o rapto (Ex 21:16).

A forma de pena de morte mais utilizada no contexto da Antiguidade Oriental era por meio da lapidação, ou seja, o apedrejamento até a morte. Além desta, há pelo menos um caso em que se prevê a morte na fogueira para uma forma de incesto (Lv 20:14) e a flagelação por meio de aplicação de açoites (Dt 25:1-3). No mais, vigora, na Legislação Mosaica, o "Princípio, Pena ou Lei de Talião" (Dt 19:21; Ex 21:22-27).

8.8 O Direito Processual israelita

Sabe-se que normas de caráter processual não foram muito desenvolvidas em nenhum lugar da Antiguidade Oriental. Entretanto, é possível encontrar, aqui e acolá, certas regras básicas que apresentam algum teor processual no Direito mosaico. Uma delas refere-se à necessidade de promover a adequada apuração dos fatos antes de sentenciar:

| ... ENTÃO INQUIRIRÁS E INFORMAR-TE-ÁS, E COM DILIGÊNCIA PERGUNTARÁS... (DT 13:13-15).

Todavia, tendo por base esse único versículo, seria temerário imaginar que os israelitas tivessem a noção de contraditório e da ampla defesa.

Outra regra processual é aquela que determina a existência de pelo menos duas testemunhas para a apuração de determinado fato:

| UMA SÓ TESTEMUNHA NÃO SERÁ SUFICIENTE CONTRA UMA PESSOA, SEJA QUAL FOR SEU DELITO, OU O SEU PECADO. SÓ PELO DEPOIMENTO DE DUAS OU TRÊS TESTEMUNHAS SE ESTABELECERÁ O FATO. QUANDO SE LEVANTAR UMA TESTEMUNHA FALSA CONTRA UMA PESSOA, ACUSANDO-A DE ALGUM DELITO, ENTÃO AS DUAS PESSOAS QUE TIVEREM A DEMANDA SE APRESENTARÃO PERANTE O SENHOR, DIANTE DOS SACERDOTES E JUÍZES EM EXERCÍCIO NAQUELES DIAS. SE OS JUÍZES, DEPOIS DE DILIGENTE INVESTIGAÇÃO, CONSTATAREM QUE A TESTEMUNHA É FALSA, QUE LEVANTOU FALSO TESTEMUNHO CONTRA SEU IRMÃO, FAR-LHE-ÁS COMO ELA PRETENDIA FAZER A SEU IRMÃO. ASSIM ELIMINARÁS O MAL NO MEIO DE TI, PARA OS QUE FICAREM O OUÇAM E TEMAM, E NUNCA MAIS TORNEM A FAZER MAL NO MEIO DE TI (DT 19:15).

Quanto à organização judiciária, a tendência admitida no contexto orientalista era a de que o rei, pelo menos ocasionalmente, julgasse, ou "dissesse o direito", conforme faziam os jurisconsultos e imperadores romanos no exercício de sua competência em matéria consultiva. Para ilustrar, os textos bíblicos apresentam Salomão se pronunciando sobre as causas que lhe eram trazidas por cidadãos comuns. A mais célebre delas é aquela que versa sobre o caso de duas mulheres que litigam por um bebê (I Rs 3:16-28).

Crê-se que todas essas inovações tiveram início ainda com Davi, pai de Salomão. Este, por sua vez, tratou de promover uma reforma judiciária no Reino de Israel, instituindo, para tanto, uma espécie de "Suprema Corte", chamada de "Tribunal do Rei" (2 Sm 15:3). Sabe-se que Davi, a exemplo do que ocorreria com seu sucessor, Salomão,

CAPÍTULO VIII ● O Direito hebraico

também aparece nas Escrituras Sagradas como alguém disposto a ouvir e julgar os casos apresentados por seus súditos (2 Sm 14:4-24). A verdade é que o rei exercia, politicamente, ampla jurisdição sobre uma variedade enorme de situações, e esta era justamente uma das atribuições pleiteadas pelo jovem Abshalom, um dos muitos filhos de Davi, que outrora fora banido de sua terra natal em virtude do assassinato de seu irmão (2 Sm 15:1-6).

J. M. Othon Sidou menciona, nesse mesmo contexto, a existência de mais dois tribunais no Antigo Israel, tais como o *Din Mischpat* – composto por 23 anciãos – e o *Din Mammona*, uma corte inferior que contava com três juízes[10].

O grande tribunal de Israel, no entanto, era o *Sanhedrin*, localizado em Jerusalém. É sabido que 71 anciãos tinham assento permanente no conselho presidido pelo Sumo Sacerdote (*Ha Nasi*) e o Pai da Corte (*Av Bet Din*), uma espécie de vice-presidente do órgão em questão.

8.9 Leis ambientais na Bíblia

O Direito ambiental, como o conhecemos, é um ramo recente a brotar na frondosa árvore das ciências jurídicas. Torna-se evidente, pois, que as palavras "ecologia" e "meio ambiente" não aparecem nos textos sagrados. Mas existem, certamente, algumas leis ambientais na Bíblia[11].

Apesar de essas regras estarem devidamente elencadas no corpo da *Torah*, não se pode presumir que se encontrem organizadas sob a égide de um "código ambiental específico", ou seja, que estejam estruturadas segundo um processo de ordenação lógica que qualifica a sistematização. Há que recordar que as referidas leis permanecem imersas no universo sagrado, seguindo o típico padrão das demais codificações da Antiguidade Oriental. Talvez esse seja o fator que impeça o leigo de correlacionar as Escrituras Sagradas à temática ecológica. Entretanto, as leis de cunho ambiental aparecem de forma muito clara na *Torah* em, pelo menos, cinco momentos distintos:

---

[10] SIDOU, J. M. Othon. *Os Recursos Processuais na História do Direito*, p. 11.

[11] PALMA, Rodrigo Freitas. *Leis Ambientais na Bíblia*, p. 88-106.

127

O Direito na Antiguidade Oriental

a) *A Lei sobre o Descanso Sabático da Terra* – A ideia de descanso está profundamente arraigada ao âmago da cultura hebraica. Se o homem deve trabalhar em seis dias e no sétimo descansar, a exemplo de seu Criador, também a terra, vista como sujeito de direitos, deve ser cultivada nos seis primeiros anos e no sétimo deve "descansar". É o *shabat* da terra[12]. Nesse ano proibia-se qualquer atividade agrícola. A finalidade dessa lei era evitar que o homem se entregasse à ganância desmedida, laborando ininterruptamente durante toda a semana, sem conceder atenção a D'us, aos seus familiares e ao próximo. O legislador hebreu também pretendia com isso prover os víveres necessários à manutenção dos mais carentes. A lei do descanso sabático aparece nos livros do Êxodo 23:10-11 e Levítico 25:1-7:

| Seis anos semearás a tua terra, e recolherás os seus frutos, mas no sétimo ano a deixarás descansar, para que possam comer os pobres do teu povo, e da sobra, comam os animais do campo. Assim farás com a tua vinha e com o teu olival (Ex 23:10-11).

| Disse o Senhor a Moisés no Monte Sinai: Fala aos filhos de Israel, e dize-lhes: Quando tiverdes entrado na terra que eu vos dou, a terra guardará um sábado ao Senhor. Seis anos semearás a tua terra, e seis anos podarás a tua vinha, e colherás os seus frutos. Porém no sétimo ano a terra terá o seu sábado de descanso, um sábado ao Senhor. O que nascer de si mesmo da tua seara não podada não colherás. Ano de descanso solene para a terra. Mas os frutos da terra no seu descanso vos serão por alimento, a ti, ao teu servo, a tua serva, ao teu empregado, e ao estrangeiro que peregrina contigo, como também ao teu gado e aos animais que estão na tua terra, todos os seus produtos servirão de alimento (Lv 25:1-7).

b) *A Proibição do Desmatamento Indiscriminado* – Esta interessante regra visa coibir os eventuais desatinos durante as guerras de cerco. Ora, se o homem é naturalmente belicoso e se o conflito se mostra inevitável no seu horizonte, ratifica a lei hebraica que a na-

---

[12] Expressão utilizada por REIMER, Haroldo; RICHTER REIMER, Ivoni. *Tempos de Graça*, p. 61.

CAPÍTULO VIII ● O Direito hebraico

tureza deve ser preservada a todo custo. O legislador deixa muito claro que o desmatamento indiscriminado é uma prática atroz, despropositada e tola, afinal as árvores estão completamente indefesas, não podem sequer se locomover. Permitia-se, à época, o corte daquelas que não dessem fruto, tendo por único objetivo a construção de paliçadas.

> Quando sitiares uma cidade por muitos dias, combatendo contra ela para a tomar, não destruas as suas árvores, metendo nelas o machado, porque de seu fruto comerás. Não as cortarás. São as árvores do campo pessoas para que sejam sitiadas por ti? Somente as árvores que souberes não serem frutíferas poderás destruir e cortar, a fim de edificares baluartes contra a cidade que está em guerra contra ti, até que seja derrubada (Dt 20:19-20).

c) *Os Cuidados para com o Entorno* – Eis aqui uma nítida preocupação com a limpeza do arraial. Torna-se evidente que uma nação ainda organizada em tribos, vivendo de modo seminômade, necessita ter os mínimos cuidados com a manutenção da higiene do acampamento. A ferramenta utilizada no caso em tela chamava-se *yared* – uma pá comumente utilizada para enterrar os excrementos fora dos limites do acampamento.

> Também terás um lugar fora do acampamento para as tuas necessidades. Entre as tuas armas terás alguma coisa com que cavar, e quando defecares, cavarás e cobrirás os teus excrementos (Dt 23:13-14).

d) *A Preocupação com a Vida e a Perpetuação das Espécies* – Entre os israelitas já havia uma consciência do quão desumano era o ato de promover a erradicação de qualquer espécie, pois na visão judaica todas as criaturas foram feitas por D'us. A *Torah* nem mesmo previa a destruição dos animais considerados impuros. A lógica aqui é que a ave mãe poderá procriar novamente. Recolhê-la junto com os ovos ou filhotes significava pôr a espécie em risco.

> Se encontrares no caminho um ninho de ave, numa árvore ou no chão, com passarinhos, ou ovos, e a mãe posta sobre os passarinhos, ou sobre os ovos, não tomarás a mãe com os filhos. Deixarás ir livremente a mãe, para que te vá bem e prolongues os teus dias (Dt 22:7-8).

129

e) *A Obrigação de Preservar a Vida dos Animais* – A obrigação do homem é amparar qualquer ser vivo. O legislador hebreu não leva em consideração a propriedade do animal que se encontra estendido à beira do caminho. Pouco importa a quem ele pertence. A única coisa a ser demonstrada pelo transeunte é a benevolência para com os animais e, por conseguinte, para com o seu próximo.

| Se vires o jumento, ou boi, que pertencem a teu irmão, caídos no caminho, deles não te desviarás, mas sem falta os levantarás (Dt 22:4).

Por fim, vale ressaltar que leis de caráter ambiental não são nada comuns entre os povos da Antiguidade. Se for levado em conta quão recente tem sido o desenvolvimento do Direito Ambiental – um fruto da pós-modernidade –, logo se perceberá o avanço que essas poucas leis significaram para a sua época.

8.10 Leis de caráter internacionalista na Bíblia

São provenientes da Antiguidade Oriental os primeiros tratados internacionais da história da humanidade. Tornou-se célebre aquele acordo firmado entre Ramsés II e Hattusilis III, em aproximadamente 1272 a.C.[13]. Não se olvide que outros povos orientais, como os medos e persas, que mantinham estreito contato com os judeus, já conheciam o instituto da arbitragem, consoante o que alega Ruiz Moreno. Stadtmüller, a seu turno, confirma a tese ao dizer que "Israel se serviu daquelas formas jurídicas de intercâmbio internacional que estavam em uso nos países vizinhos"[14].

---

[13] É corrente a crença de que o Tratado Egipto-Hitita acima mencionado é o acordo internacional mais antigo de que se tem notícia. Deve-se ter em mente, todavia, que os arqueólogos já encontraram textos anteriores, que remontam ao terceiro milênio antes de Cristo. Dois deles, inclusive, foram traduzidos para o português. A inscrição mais remota é um pacto firmado em aproximadamente 2400 entre os reinos de Lagash e Uruk. O outro diz respeito a um tratado celebrado entre um rei elamita cujo nome se desconhece e o príncipe Naram-sin (2291-2255), de Akkad. Em vista disso, aconselho uma leitura da obra de BRIEND, Jacques; LEBRUN, René; PUECH, Émile. *Tratados e Juramentos no Antigo Oriente Próximo*. São Paulo: Paulus, 1988.

[14] STADTMÜLLER, Georg. *Historia del Derecho Internacional Público*, t. I, p. 15.

CAPÍTULO VIII • O Direito hebraico

Ora, essa consciência universalista está presente desde logo nos capítulos iniciais da Bíblia, pois é sabido que os dogmas religiosos hebraicos falam de um D'us Criador (Gn 1:2). Isso explica o interesse dos juristas sobre o tema. Autores como Luiz Ivani Amorim de Araújo chegaram a cogitar, no passado, a existência de um "Direito Internacional Público Judaico"[15]. Todavia, o primeiro a cunhar a nomenclatura "Direito Internacional dos Judeus" foi Pasquale Fiori, que, em 1885, com base na leitura das Escrituras Sagradas, propôs a nova terminologia[16].

Muito provavelmente, em nenhum outro momento da história de Israel a noção de internacionalismo esteve mais em evidência como por ocasião do reinado de Salomão (século X a.C.). Esse monarca é tradicionalmente lembrado por sua habilidade no campo da diplomacia e disposição a celebrar a paz com os vizinhos, o que lhe permitiu colher as benesses do estabelecimento de um bem composto sistema ou rede de alianças estratégicas.

As leis de caráter internacionalista hebraicas determinavam, amiúde, a necessidade do amparo aos estrangeiros, em função de a nação ter passado por terríveis vicissitudes no período da escravidão no Egito Antigo (Dt 23:7; 24:17).

Além disso, foi desenvolvida também uma lei regulamentando a guerra, apesar de os israelitas verem a beligerância como parte do processo de cumprimento de uma promessa celestial que lhes legaria uma terra de bonança e fartura. De qualquer modo, pensou-se em minimizar a degradação ambiental que o conflito por si só traz (Dt 20:19).

Poucos conseguiram avaliar a extensão da influência do Judaísmo no Direito Internacional como Prosper Weil. Foi ele quem rastreou os elementos filosóficos coincidentes entre uma religião milenar e um ramo das ciências jurídicas. Sobre o assunto em tela, assim se pronunciou o estudioso: "Tudo o que constitui o internacionalismo moderno certamente encontra uma de suas fontes mais importantes nas aspirações

---

[15] ARAÚJO, Luiz Ivani de Amorim. *Da Globalização do Direito Internacional Público*, p. 15.

[16] FIORI, Pasquale. *Nouveau Droit International Public*, p. 10.

messiânicas judaicas, transmitidas através de diversos canais – muito particularmente pelo cristianismo às civilizações modernas. As palavras progresso, paz, acordos pacíficos, de tanto serem aviltadas, acabaram por desvalorizadas: não se deve, por esse fato, subestimar a importância que tais conceitos tiveram – e ainda têm – na medida em que constituem pedras angulares do Direito Internacional. Ora, esses valores-chave do mundo atual – apesar de frequentemente lhes rendermos homenagens mais através de palavras do que pela ação – são em grande parte valores judaicos. O que não quer dizer – daí surgiu a dificuldade – que outras influências à exceção da judaica tenham agido no mesmo sentido: o judaísmo evidentemente não tem o monopólio dos ideais de paz e justiça e outras correntes do pensamento contribuíram juntamente com ele para a criação do internacionalismo contemporâneo"[17].

8.11 O Direito talmúdico e o monumental processo de consolidação da tradição oral

Passemos agora ao trato da questão terminológica. Antes de qualquer coisa, deve-se antecipar que pelo menos cinco terminologias distintas aparecem transcritas com frequência nos manuais jurídicos: "Direito hebraico", "Direito israelita", "Direito mosaico", "Direito judaico" e "Direito talmúdico". Advertimos desde já o estimado leitor de que cuidaremos de apresentar o nosso ponto de vista doutrinário sobre o assunto, sem, todavia, ter a menor pretensão de esgotar o tema. Sob esse viés, consideramos as três primeiras acepções acima mencionadas como sinônimas. Elas devem ser utilizadas quando se tem por objeto fazer menção àquelas leis desenvolvidas e em voga entre os antigos israelitas desde os tempos de Moisés à fatídica queda do Templo, no ano 70 d.C.[18].

Todavia, sabe-se que, paralelamente às três acepções em foco, outras tantas nomenclaturas foram sendo incorporadas ao dia a dia da religião judaica, na mesma medida em que seus dogmas se esta-

---

[17] WEIL, Prosper. O *Direito Internacional no Pensamento Judaico*, p. 90-91.

[18] PALMA, Rodrigo Freitas. *Manual Elementar de Direito Hebraico*, p. 25-27.

CAPÍTULO VIII • O Direito hebraico

beleciam doutrinariamente nas incontáveis comunidades pós-dispersão. A principal delas é "Direito talmúdico". O uso dessa expressão se justifica, como observam Wilhelm Bacher e Ludwig Blau, pelo fato de que o Talmude (consolidação literária judaica das leis, costumes, tradições e filosofia) deve ser compreendido como estrutura independente[19].

Tudo começou no exílio babilônico, em 587 a.c. (ainda em tempos bíblicos), quando os rabinos já haviam contribuído para o desenvolvimento de um profícuo método de transmissão oral dos conhecimentos erigidos por uma cultura milenar. Foi a grande época em que ascendeu a pregação de homens da estirpe de Esdras e Neemias.

Entretanto, seria somente na Era Comum que esse conhecimento tomaria corpo definitivo. Depois da conquista romana de Jerusalém e da destruição do Templo (ano 70 d.C.), fazia-se absolutamente necessário que as comunidades judaicas se organizassem novamente em terras estrangeiras. O receio de que a cultura, os costumes, a língua desaparecessem completamente e, por fim, o temor de que a própria nação fosse assimilada entre as gentes dos seus locais de destino traduzia-se como uma preocupação constante entre os sábios judeus.

O Talmude (Estudo/Aprendizado), pois, é fruto dessa vigorosa tradição oral judaica e surgiu em razão da aludida realidade. O grande propósito de seus artífices foi o de adequar, sistematizar, conciliar, explicar, complementar e suprir as lacunas da *Torah*. Isso porque creem os judeus que a *Torah*, por não ser autoexplicativa, necessita, como substrato ao seu conteúdo, do Talmude, cujos ensinamentos rabínicos fornecem com maior precisão os subsídios teológicos que permitem o cumprimento dos mandamentos divinos.

Historicamente, foram preparados dois Talmudes distintos, quais sejam, o da Babilônia e aquele de Jerusalém, tendo prevalecido o primeiro em função das maiores possibilidades e abertura concedidas aos judeus radicados nas terras da Mesopotâmia. Desde a época de Herodes, o Grande, duas eram as escolas judaicas que disputavam a primazia

---

[19] BACHER, Wilhelm; BLAU, Ludwig. *Three Historical Periods of Jewish Law*. Disponível em: <http://www.Jewishencyclopedia.com>. Acesso em: 29-10-2004.

sobre o ensino da Lei – a de Shammai e a de Hillel, tendo progressivamente prevalecido a segunda, bem menos ortodoxa que a primeira[20].

Auro de Giglio informa que as providências tomadas a fim de empreender o registro escrito da tradição oral começaram com o célebre
rabino Akiva (em torno de 110 d.c.) e foram completadas por outro
mestre, Meir, em aproximadamente 135 d.C.[21].

Porém, foi Judah Ha Nasi (170-200 d.C.) quem iniciou o processo
de redação da *Mishnah* – a primeira parte do Talmude – e completou
a lista da geração dos *tanaítas* (professores).

Acredita-se, pois, que a Lei Oral, e aqui me refiro em específico à
Mishnah, foi transmitida de forma ininterrupta por quarenta gerações
de sábios, as quais se iniciaram com Moisés e foram terminadas com
Rav Achi.

Mas como se deu essa longa e complexa tarefa? O notável filósofo
Maimônides, assim explica: "Desde a época de Moisés até o Rabenu
Hacadoshe, não se havia composto nenhum trabalho através do qual
se tivesse ensinado publicamente a Lei Oral. Mas, em cada geração, o
líder do tribunal ou profeta daquela época anotara para o seu uso particular um memorando das tradições que aprendera de seus Mestres,
as quais ensinava oralmente em público. Da mesma forma, cada discípulo anotava, segundo a sua habilidade, a exposição da Torá e suas
jurisprudências, conforme as ouvira, como também os novos assuntos
que iam aparecendo em cada geração, mas deduzidos pela aplicação
das treze regras hermenêuticas, e que foram adotados pelo Supremo
Tribunal. Este era o método utilizado até a época do Rabenu
Hacadoshe"[22]. E o filósofo sefardita ainda continua a respeito de Rabenu Hacadoshe[23]: "Ele fez a consolidação de todas as tradições, esta-

---

[20] Para saber mais confira PALMA, Rodrigo Freitas. O *Julgamento de Jesus Cristo:*
Aspectos Histórico-Jurídicos, p. 28-30.

[21] GIGLIO, Auro de. *Iniciação ao Talmud*, p. 23-24.

[22] MAIMÔNIDES (MOSHE BEN MAIMON) – RAMBAM. *Mishné Torá:* O Livro da
Sabedoria, p. 24.

[23] A palavra "sefardita" deriva de *"Sefara"*, maneira pela qual os judeus ibéricos se
referiam à sua amada Espanha.

CAPÍTULO VIII ● O Direito hebraico

tutos, jurisprudências e exposições de cada parte da Torá, transmitidas de Moisés, Nosso Mestre, ou deduzidas pelos tribunais através de
gerações sucessivas. Todo esse material foi por ele redigido na Mishná,
que foi assiduamente ensinada em público, tornando-se, assim, conhecida universalmente entre os judeus. Suas cópias foram feitas e
amplamente disseminadas, para que a Lei Oral não fosse esquecida
pelo povo de Israel. Por que o Rabenu Hacadoshe agiu desta forma,
ao invés de deixar as coisas como estavam? Porque ele observou que
o número de discípulos estava diminuindo, catástrofes aconteciam
continuamente, o cruel governo (romano) estendia o seu domínio,
seu poder aumentava e os judeus vagavam e emigravam para os países
distantes. Portanto, ele compôs uma obra para servir de manual para
todos, e o teor de tal obra seria rapidamente estudado e não seria esquecido. Durante toda a sua vida, ele e seus confrades se dedicaram a
dar instrução pública sobre a Mishná"[24].

A *Mishnah*, pois, se encontra organizada em seis "Ordens" ou
"Tratados" específicos. Tentarei explicá-las da forma mais breve e sucinta possível, sem querer adentrar os pormenores que cada uma dessas seções naturalmente exigiria. Ei-las a seguir dispostas:

1. *Zeraim* (Sementes) – Trata das diversas categorias e espécies de
   dízimos e ofertas religiosas.
2. *Moed* (Festas) – Como o próprio título indica, nesta seção são
   abordadas as diversas festas judaicas tradicionais. Aqui se busca
   direcionar teologicamente a comunidade segundo a forma mais
   adequada de celebrá-las.
3. *Nashim* (Mulheres) – Este tratado traz um formidável conteú
   do de caráter jurídico, cuidando de questões relacionadas ao
   Direito de Família em geral, tais como o noivado, o casamento
   e o divórcio.
4. *Nezekin* (Danos) – Os temas de Nezekim são variados. Incluem
   o funcionamento e a estrutura do Sinédrio, além de questões de
   ordem ética, como aquelas no Pirket Abot.

---

[24] MAIMÔNIDES (MOSHE BEM MAIMON) – RAMBAM. *Mishné Torá:* O Livro da
Sabedoria, p. 24.

O DIREITO NA ANTIGUIDADE ORIENTAL

5. *Kodashim* (Coisas Santas) – Explicam-se nesta seção as ofertas de animais e manjares descritas no *Tanak*.
6. *Tohoroth* (Limpeza) – Questões sobre diversos tipos de impureza ritual.

Os debates entre os sábios judeus desta nova geração – chamados de amoraítas (intérpretes) – seguiram normalmente seu curso nos séculos subsequentes à composição final da Mishnah[25]. Assim, tendo em vista reordenar novamente o extenso material que se acumulava mais uma vez e, agora acrescido pela continuidade das discussões referentes à lei oral (*halacká*) e pela "*agadá*" (contos, fábulas, histórias etc.), compôs-se a Guemarah (complemento). Portanto, juntas, a *Mishnah* e a *Guemarah* formam o Talmude, que ficou pronto por volta do século VI da Era Comum. Redigido originalmente em hebraico e aramaico, hoje o Talmude já foi traduzido para os mais diversos idiomas.

Vale dizer que o Direito talmúdico, durante todo o período da dispersão nacional, contribuiu largamente para a coesão das comunidades judaicas espalhadas por praticamente todos os recantos do mundo. No que concerne à sua difusão, muito se deve a um rabino de origem espanhola chamado Moshe Ben Maimon (1135-1204), ou Maimônides[26], segundo a corrente forma latinizada, de quem já temos falado. O grande mérito desse filósofo medieval judeu foi ter decidido oferecer às inúmeras comunidades judaicas da diáspora uma síntese em língua hebraica do imenso conteúdo literário do Talmude. O Rambam[27], assim, levou aproximadamente vinte anos para terminá-lo. O resultado final intitulou-se *Mishné Torah*, obra fundamental

---

[25] O rabino Yaacov Israel Blumenfeld, em nota, assim conceitua *Mishná*: "Conjunto dos Tratados do Direito Consuetudinário Judaico, o Direito Costumeiro, transmitido de geração a geração pela tradição oral, daí ser chamado de Lei Oral". MAIMÔNIDES (MOSHE BEN MAIMON) – RAMBAM. *Mishné Torá*: O Livro da Sabedoria, p. 104.

[26] Maimônides é a versão grega para o nome próprio hebraico Moshe Ben Maimon.

[27] Os judeus costumam fazer acrônimos. No caso de Maimônides, o nome "Rambam" se estabeleceu em função da colocação de algumas das iniciais em hebraico que compõem o nome próprio do pensador. Veja-se no exemplo a seguir: Rabi Moshe Ben Maimon.

136

CAPÍTULO VIII • O Direito hebraico

para os estudiosos do Talmude e, não poderia ser diferente, do Direito talmúdico. Outros escritos foram produzidos pelo pensador judeu, tais como Guia dos Perplexos (*Moreh Nechuvin*) e o Livro dos Mandamentos (*Sefer Ha Mitzvot*)[28]. Ele próprio, após ter concluído satisfatoriamente a redação da *Mishné Torah*, parece ter visualizado o impacto que seus estudos trariam: "Objetivei, com este livro, que todas as normas sejam acessíveis a jovens e velhos, quer pertençam aos preceitos toraicos[29] ou às ordenações estabelecidas pelos sábios profetas, de modo que nenhuma outra obra seja necessária para definir qualquer uma das Leis do Povo de Israel, e que este livro possa servir de compêndio da Lei Oral em sua íntegra, incluindo as ordenações, costumes e decretos instituídos desde os dias de Moshé Rabenu[30] até a compilação do Talmude, conforme nos foi explicado pelos gueonim[31] em todas as obras por eles compostas desde a compilação do Talmude. Portanto, eu dei a esta obra o título de MISHNÉ TORÁ (Torá), pela razão de que uma pessoa que leia a Lei Escrita, e depois esta recompilação, saberá dela a íntegra da Lei Oral, sem precisar consultar ou estudar outro livro qualquer"[32].

Na atualidade, o Talmude assume uma importância que extrapola o universo cultural e histórico. Sob o prisma jurídico, a notória obra produzida pelo esmero, dedicação e esforço de uma nação serve, em muitos casos, de fonte para o conhecimento do Direito. É o que acontece em Israel, onde o casamento, só para citar um exemplo, é regido pelo Direito talmúdico, como bem lembrou Moacir Amâncio[33]. Não obstante isso, como previne Hanina Ben Menahem,

---

[28] Cf. a obra de MAIMÔNIDES, Moisés Ben Maimôn. *O Livro dos Mandamentos (Sefer Há Mitzvot): 248 Preceitos Positivos*. Trad. Giuseppe Nahaïssi. São Paulo: Hedra, 2007.

[29] Relativo à *Torah*.

[30] Moshe Rabenu significa, em hebraico, "Nosso Mestre Moisés".

[31] *Gueonin* é a forma plural da palavra hebraica *gaon*, que significa "sábio".

[32] MAIMÔNIDES (MOSHE BEN MAIMON) – RAMBAM. *Mishné Torá*: O Livro da Sabedoria, p. 30.

[33] AMANCIO, Moacir. *O Talmud*, p. 12.

137

mais do que um ramo das ciências jurídicas, está-se diante de um verdadeiro "sistema legal unificado"[34].

No entanto, é preciso deixar o leitor ciente de que o estudo e a pesquisa do Direito talmúdico no Brasil ainda são muito incipientes. Pouquíssimos trabalhos doutrinais foram realizados nesse campo. Ao que consta, Ze'ev Falk, festejado professor da Universidade Hebraica de Jerusalém, ministrou um curso de extensão na Universidade de São Paulo, no ano de 1984, evento este que propiciou a publicação de interessante obra em língua portuguesa[35]. O professor Hanina Ben--Menahen igualmente contribuiu para a instrução dos brasileiros interessados no assunto ao proferir cursos e palestras em nosso País.

Já em outros países a realidade é bem diferente. No estrangeiro diversas instituições preveem a cátedra no quadro geral das disciplinas oferecidas pelos cursos jurídicos. Nos Estados Unidos, graças à marcante presença da comunidade judaica, a matéria é oferecida pelas faculdades de Direito de Harvard e Nova York. Miami, inclusive, é sede da Universidade Talmúdica da Flórida, que programa cursos de mestrado e doutorado na área. Ademais, na Universidade de Paris funciona o Instituto de Lei Hebraica e, em Oxford, o Instituto de Estudos Hebraicos Avançados.

---

[34] BEN MENAHEM, Hanina. El Proceso Judicial y la Naturaleza del Derecho Hebreo. In: SKORKA, Abraham. *Introducción al Derecho Hebreo*. Buenos Aires: Editorial Universitaria de Buenos Aires, 2001, p. 129. [Nossa tradução.]

[35] Confira a obra de FALK, Ze'ev. *O Direito Talmúdico*. São Paulo: Perspectiva, 1988.

PARTE IV

O Direito
NO EXTREMO ORIENTE

IX. O Direito no Extremo Oriente

O Direito no Extremo Oriente

9.1 O Direito chinês: impérios e dinastias milenares

Do mesmo modo que as outras civilizações tratadas neste estudo, encontra-se também a chinesa entre aquelas cuja história se perde na espessa cortina dos séculos. Estamos a falar de uma cultura até hoje complexa aos olhos do Ocidente, que não raro primou pela originalidade, apegando-se a tradições milenares que se conservam em larga medida nos dias atuais, tendo sido, ainda, capaz de realizar importantes descobertas e invenções, como a criação da pólvora e da bússola.

Outro monumento da capacidade de realização atribuído ao gênio dessa gente é a "Grande Muralha", cuja construção se iniciou em 213 a.C.

No campo da filosofia, destacaram-se os nomes de dois pensadores sempre lembrados: Confúcio (551-479 a.C.) e Lao-Tsé (604 a.C.-531 a.C.).

141

Avaliemos, inicialmente, a filosofia de Lao-Tsé (604 a.C.-531 a.C.). A este festejado pensador chinês atribui-se a elaboração dos 81 poemas que compõem o chamado *"Tao Te Ching"*, obra de inestimável valor literário por todo o Extremo Oriente. A ideia do *"Tao"* (caminho), no mandarim, assume um significado próximo ao objeto perquirido pelo *dharma* indiano. Todavia, não se pode correlacionar esta concepção filosófica chinesa de outras gestadas em credos específicos da Ásia, como aquelas gestadas no seio do politeísmo hinduísta, ou mesmo em meio a outras tantas de cunho monoteísta, sejam elas oriundas do judaísmo, cristianismo ou islamismo. Ocorre que as cosmovisões produzidas na China são dotadas de certas particularidades doutrinárias que a diferenciam-na das demais e que lhes conferem um perfil bastante diverso das tradicionais culturas religiosas acima listadas. O *"Tao"*, assim, traduz a essência cósmica do universo como um todo e com ele se funde irrestritamente. Nas concepções metafísicas que revelam o pensamento de Confúcio ou Lao-Tsé, o sagrado não é acessível ao homem como se este precisasse de interlocutores para ser conhecido. O "sagrado" (se é assim que podemos chamá-lo) mostra-se impessoal, absoluto, imortal e, acima de tudo, destituído de qualquer forma ou personificação. Ele não pode ser perscrutado e nem tampouco se interessa em revelar aos mortais seus desígnios. Ele pode ser apenas contemplado em sua profundidade e infinita grandeza, através do silêncio e da introspecção, apesar de que sua essência não poderá ser desvendada nem mesmo pelo ato do muito meditar.

As dicotomias inerentes à existência são partes de uma coisa só, unificadas em suas eventuais contradições por uma imperiosa e irresistível força que emana do insondável, e que atrai as diferenças para enfim considerá-las como parte de um todo maior, fundindo seus antagonismos (*yin e yang*). A unicidade e a totalidade do *Tao* traduzem-se na linha mestra do universo e de suas leis, representando uma visão holística acerca de tudo. Num sentido puramente ético, esta filosofia se projeta no meio social, aconselhando as pessoas a manterem uma postura equilibrada diante das realidades mundanas e fatos da vida, abstendo-se do cultivo de vaidades e ambições pessoais que maculam a personalidade. O caminho da plenitude, pois, consiste em

CAPÍTULO IX ● O Direito no Extremo Oriente

se libertar do que Lao-Tsé considerou como a "idolatria do ego"[1] (Poemas 12 e 13).

Na obra *"Tao Te Ching"*[2], aqui e acolá, são expostos e reproduzidos diversos adágios e provérbios típicos da cultura e sabedoria popular. Deste modo, no Poema 63 tem-se: "Quem facilmente promete não merece confiança" ou, ainda, outras tantas máximas respectivas à contemplação da natureza, tais como "a árvore mais gigantesca nasceu de uma raizinha fina como o cabelo" (Poema 64) ou "árvores que parecem possantes sempre se aproximam do fim" (Poema 76).

O pensamento de Lao-Tsé mostra todo o seu resplendor também no terreno da Política e do Direito. O combate à tirania e ao culto à personalidade é uma constante nesta percepção. Ao soberano de uma nação qualquer incumbe a "renúncia ao ego", para que o povo não se sinta "humilhado" e, assim, possa consentir em ser regido, obedecendo "de boa mente"[3]. Aquele que detém o poder não deve governar mediante o emprego de violência (Poemas 17, 24, 30 e 36)[4]. Aliás, a rejeição à litigância direciona a retórica deste filósofo, assim como seria na obra de seu contemporâneo Confúcio. Triste, pois, é a condição de um governo que necessita se apoiar em "leis" e "decretos" para exercer a autoridade sobre seus súditos: "um governo que tudo quer determinar faz o povo infeliz"[5] (conforme os Poemas 57 e 58). Há, inclusive, um trecho do *"Tao Te Ching"*[6] bastante peculiar, que aborda com especificidade única a missão do Estado ideal imaginado pelo gênio de Lao-Tsé. Este, independentemente de suas extensões territoriais ou eventual exiguidade, deve assentar suas bases diante de outras potências estrangeiras sob certos princípios, qual sejam eles, a "receptividade" (atitude caracterizadora da "suavidade"), bem como a cooperação

---

[1] LAO-TSÉ. *Tao Te Ching: O Livro que Revela Deus*, p. 38-39.

[2] LAO-TSÉ. *Tao Te Ching: O Livro que Revela Deus*, p. 123-124 e 141.

[3] LAO-TSÉ. *Tao Te Ching: O Livro que Revela Deus*, p. 128.

[4] LAO-TSÉ. *Tao Te Ching: O Livro que Revela Deus*, p. 47, 60, 69 e 79.

[5] LAO-TSÉ. *Tao Te Ching: O Livro que Revela Deus*, p. 113-115.

[6] LAO-TSÉ. *Tao Te Ching: O Livro que Revela Deus*, p. 119.

mútua. Aqui, o desejo do filósofo parece ser o de que o respeito no universo das relações interacionais é o berço da paz, que evita possíveis inimizades entre os governantes e a desnecessária beligerância.

Para Lao-Tsé, a necessidade de uma "ordem jurídica" (que por si só não garante qualquer estabilidade) e a própria construção de um senso de "moralidade" são o reflexo imediato da perda da inocência humana, que exigiu que fossem estabelecidos novos fundamentos para o funcionamento da sociedade. Deste estado de coisas nasceu a ideia de hierarquia, pois as peças na imensa engrenagem do cosmos deixaram de se ajustar com a naturalidade e conveniência devidas.

À luz da axiologia, nem o Direito nem tampouco a Moralidade, sempre construídos de forma artificial e, portanto, orientados por interesses escusos, poderão ser considerados referenciais de justiça. Bom mesmo é se estes pudessem ser deixar de ser "prescritos". O agir correto não consiste em se declarar "virtuoso" ou "santo", mas em deixar fluir a "reverência" e o "amor sincero" no trato diário com o semelhante (Poemas 18, 19 e 47)[7].

Não por acaso, a "erudição" jamais se confundirá com "sabedoria". Por isso mesmo, assume Lao-Tsé em seu vigoroso Poema de número 31[8], "em tempos bons, apreciamos a justiça" e "em tempos maus recorremos ao Direito", porquanto este é o fruto amargo de uma "ilusão", aquela proveniente do "ego", da "violência"; já a primeira, em sua sublimidade, está, de modo estreito, perenemente associada à ideia de "verdade" e com ela atua de forma conjugada, para gerar "benevolência".

No contexto em questão, pode-se inferir que, em essência, as leis derivadas da voluntariedade humana traduzem a imposição da força, a expressão maior e mais absoluta do caráter coercitivo e coativo do Estado e de seus governantes.

A "Justiça", doutra sorte, resigna-se à singeleza própria a sua natureza imutável, uma virtude ligada à generosidade no agir e no falar, na modéstia e simplicidade no parecer, no desapego àquilo que é perecível, na condenação às ambições causadoras de diversos males que ator-

---

[7] LAO-TSÉ. *Tao Te Ching: O Livro que Revela Deus*, p. 48-50 e 98.

[8] LAO-TSÉ. *Tao Te Ching: O Livro que Revela Deus*, p. 71.

CAPÍTULO IX ● O Direito no Extremo Oriente

mentam a sociedade, no rechaço à busca desenfreada e egoística pelo acúmulo de bens materiais, e, também, de tudo o que pode ser considerado supérfluo.

Entretanto, nenhuma outra corrente de pensamento filosófico obteve tanto sucesso ou gerou tamanho impacto na China como os ensinamentos deixados por Confúcio (551 a.C.-479 a.C.). Sabe-se que seus dedicados discípulos reuniram muito de seus dizeres e lições numa obra clássica intitulada "Os Analectos". Vale notar que em muitos aspectos a doutrina deste famoso pensador se aproxima à de Lao-Tsé. Podemos deduzir a partir de então que ambos ícones deste país desenvolveram seus apontamentos tendo por matriz uma cultura comum. Sob este prisma, foram os dois seus maiores e mais bem-sucedidos expoentes. Pois bem, os enunciados de Confúcio no aludido compêndio estão distribuídos em vinte diferentes livros.

Do mesmo modo que Lao-Tsé, também Confúcio parece estar menos inclinado a tratar de questões transcendentais, ainda que não ignore os dilemas mais corriqueiros a atormentar a alma do cidadão comum. Fato é que, se compararmos a relevância que ele concede a assuntos de cunho espiritual com outros como a Política, chegaremos facilmente à constatação de que este último possui evidente primazia sobre o primeiro.

No Livro VI temos um substrato bem claro sobre esta posição do mestre chinês: "Trabalhar pelas coisas às quais o povo tem direito e manter-se a distância dos deuses e dos espíritos enquanto lhes mostra reverência pode ser chamado de sabedoria"[9]. Noutra circunstância, um de seus alunos, de nome Chi-lu, indagou-lhe como deveriam ser prestadas as oferendas aos "espíritos dos mortos" e aos "deuses". Confúcio replicou-lhe que aquele homem não estava sendo bem-sucedido no serviço aos vivos, assim, como poderia ele melhor servir aqueles que vivem num outro plano. Não obtendo satisfação com a resposta de seu mestre, continuou inquirindo-lhe sobre a morte. Por fim disse-lhe: "Você sequer entende a vida. Como poderia entender a morte"?[10].

---

[9] CONFÚCIO. Os Analectos (Livro VI, 22), p. 87.

[10] CONFÚCIO. Os Analectos (Livro XI, 22), p. 110.

145

No campo da moralidade, o *Tao* (caminho) não poderia ser alcançado sem o exercício constante e perene na prática da benevolência (*jen*) com o semelhante, a virtude cardeal no discurso do mais reputado filósofo chinês. O respeito aos pais e aos superiores é parte deste conjunto de atitudes que um homem de bem deve assumir no meio social, uma responsabilidade advinda do senso de obediência.

Destarte, e talvez em razão de sua experiência de vida a frente de cargos, foram justamente os assuntos relacionados à gestão da coisa pública os que pareciam melhor cativar sua atenção e interesse pessoal. Sob tal aspecto, o filósofo chinês ressaltava a responsabilidade que recai naturalmente sobre os ombros de todos aqueles que se encontram na dianteira do poder. Nesse sentido, os dirigentes do povo deveriam ser os primeiros a demonstrar seu comprometimento com o bem-estar da população, afinal, se "você der exemplo ao ser correto, quem ousaria continuar sendo incorreto"[11]. Como alguém que aconselha o "príncipe", Confúcio igualmente não se furta a prestar uma séria admoestação ao soberano: "Ao governar um reino com mil carruagens, trate dos negócios com reverência e seja coerente com aquilo que fala; evite gastos excessivos e ame seus semelhantes; empregue o trabalho do povo apenas em épocas certas"[12].

No âmbito legal, a inconformidade com a eclosão do conflito era bastante evidente nas palavras do mestre chinês. Não raro, o próprio Confúcio era convocado a solucionar lides em meio ao populacho a fim de promover o esperado ajuste entre os querelantes. Contudo, antes de mais nada, tentava ele dissuadi-los a abandonar o litígio[13]. Ora, esta tendência irradiou-se pelos séculos afora nas vastidões deste extenso império. Em virtude disto, o homem comum no âmbito desta cultura milenar tradicionalmente se mostrou alheio pelo menos àquela justiça formal, a que emana dos tribunais, tratando-a com desconfiança e desdém. Ganha ênfase nesta mesma perspectiva as atitudes conciliatórias que devem nortear as relações entre as pessoas.

---

[11] CONFÚCIO. *Os Analectos* (Livro XII, 118 e Livro XIII, 1), p. 110 e 120.

[12] CONFÚCIO. *Os Analectos* (Livro I, 5), p. 63.

[13] CONFÚCIO. *Os Analectos* (Livro XII, 13), p. 118.

CAPÍTULO IX ● O Direito no Extremo Oriente

Abrem-se outras possibilidades inerentes aos processos espontâneos de composição.

A China também foi o país onde dinastias duradouras se alternaram no poder. Controlar suas imensidões significava deter o domínio sobre disputadas rotas de comércio. Os pressupostos de cunho político-social que propugnaram pelo isolamento chinês também lhes conferiram um caráter ímpar.

No entanto, a tarefa de conhecer o Direito desse país num passado longínquo tem sido um verdadeiro desafio. As fontes de que se dispõe ainda são muito escassas. Não por acaso, advertiu Marcel Granet, conceituado estudioso dessa nação, que ainda não é possível elaborar uma espécie de manual histórico da China Antiga[14].

Desafio também é esboçar com exatidão cronológica o momento em que se dá a efetiva transição dos costumes para a norma escrita. É evidente, no entanto, que o País pôde contar, desde épocas remotas, com seus legisladores, mesmo que estes sejam, do ponto de vista cronológico, posteriores a Hamurábi e Moisés. Tanto é verdade que Granet, na obra O *pensamento chinês*, fala da existência de uma "Escola de Leis". O autor ratifica, logo em seguida, que "não há nenhum meio de indicar o progresso histórico das ideias no campo dos juristas"[15]. A explicação pode ser encontrada nas palavras de Losano: "Na China, o direito tinha uma posição subsidiária em relação à ética confuciana, que via nas leis um sinal de corrupção moral, porque elas obrigavam o homem a comportamentos que este deveria ter por convicção interna.

Por volta do século III a.C. a Escola confuciana se contrapôs a dos legistas, assim chamados por considerarem que nas leis claras e nas punições severas estava o fundamento de uma ordenada continuidade do império. Depois da alternância no predomínio de uma escola e de outra, o Direito chinês inspirou-se numa posição conciliatória, destinada a perdurar até a introdução do Direito ocidental no século XIX"[16].

---

[14] GRANET, Marcel. *La Civilización China: La Vida Pública y la Vida Privada*, p. 3.

[15] GRANET, Marcel. *El Pensamiento Chino*, p. 317-318.

[16] LOSANO, Mario G. *Os Grandes Sistemas Jurídicos*, p. 500-501.

Todavia, os especialistas são sempre unânimes em apontar os séculos VI e VII de nossa era como o momento em que se podem datar as fontes legais chinesas mais remotas que se têm na atualidade. Werner Menski, tomando por base os estudos realizados anteriormente por Derek Bodde e Clarence Morris, ensina que o chamado *Livro das Punições* (*hsing shu*) constitui-se no material legal mais antigo de que se dispõe, pois, as outras legislações que estiveram em vigor em 501 e 513 d.C., acabaram por se perder. A codificação em tela, pois, foi escrita no ano de 536 d.C., por ordem de Tzu-chu'an, primeiro-ministro do Estado de Cheng[17].

Daniel Chow, por sua vez, não duvida de que outros Códigos legais foram produzidos pelas dinastias Qin (221-206 a.C.) e Han (206 a.C.-20 d.C.), portanto, em períodos mui distantes no tempo e bem anteriores àqueles sugeridos por Menski, mas ressalta que o Código da Dinastia Tang (618-907 d.C.), que remonta ao século VII d.C., pode ser reputado como o mais antigo deles[18]. A datação proposta por Chow (séc. VII) está em consonância com a opinião de outra renomada acadêmica. De acordo com Danielle Elisseeff, somente se teria uma legislação mais abrangente na China por ocasião da ascensão da Dinastia Tang, fundada por Li Yuan em 618. Trata-se, mais especificamente, do *Tanglü shuyi*, mais conhecido, segundo Elisseeff, como o "Código dos Tang"[19]. A autora em questão ainda confirma que esse diploma legal foi exatamente promulgado no ano de 624[20].

Interessante notar, segundo ensinou Klabin, que os chineses, progressivamente, adotaram a "concepção do direito sem caráter divino". Quanto ao seu Direito Penal, este previa penas bastante desumanas, tais como a empalação, as marcas a ferro em brasa, os açoites e até mesmo a castração[21].

---

[17] WERNER, Menski. *Regional Comparisons in a Global Context*, p. 522.

[18] CHOW, Daniel C. K. *The Legal System of the People's Republic of China*, p. 42.

[19] ELISSEEFF, Danielle. China Medieval, a idade do ouro, p. 32.

[20] ELISSEEFF, Danielle. China Medieval, a idade do ouro, p. 32.

[21] KLABIN, Aracy Augusta Leme. *História Geral do Direito*, p. 158-161.

CAPÍTULO IX ● O Direito no Extremo Oriente

Por outro lado, o pai da advocacia chinesa propriamente dita foi um contemporâneo de Confúcio, Deng Xi (545-501 a.c.). Tanto Deng Xi quanto Confúcio, e seu discípulo Meng Tsu (371-289 a.c.), promoveram a necessidade da prevalência da bondade humana e o direito de rebelião contra os governantes abusivos. Deng Xi fundou a primeira faculdade de direito na China, por volta de 510 a.c., onde se propôs a ensinar ao povo chinês os seus direitos, iniciativa que não foi bem recebida pela aristocracia local, que o assassinou, afirma Durval de Noronha Goyos[22].

A influência da filosofia de Confúcio nos direitos orientais antigos é de difícil mensuração. É o que veremos a seguir, quando tratarmos do Direito japonês.

9.2 O Direito japonês: Shotoku, o príncipe legislador

A ocupação do Japão teve início ainda em tempos muitíssimos distantes. O idioma do País e sua forma de escrita laboriosa revelam uma marcante influência de agrupamentos humanos originários da Coreia e da China.

Essas primeiras comunidades, desde a Idade do Bronze, já se dedicaram a cultivar arroz naquelas terras. Teve início, logo a partir do desenvolvimento da agricultura de subsistência e da pesca, uma forma arraigada de feudalismo. O sistema condicionava praticamente todas as relações em sociedade. No contexto em questão, conforme anotou René David em seu clássico, "desenvolveu-se todo um conjunto de regras que dizem respeito às conveniências tanto ou mais que a moral, e que regulam em todas as ocasiões da vida a conduta dos indivíduos nas suas relações. Estas regras de comportamento, análogas aos ritos chineses, são chamadas *giri*: há o *giri* do pai e do filho, o do marido e da mulher, o do tio e do sobrinho, o dos irmãos entre si, e, fora da família, o do proprietário e do rendeiro, do credor e do devedor, do

---

[22] GOYOS, Durval de Noronha. A Advocacia na China. *Carta Forense*, ano IV, n. 33, fevereiro de 2006, p. 26-27.

149

comerciante e do cliente, do patrão e do empregado, do empregado mais antigo e do empregado menos antigo, etc."[23].

Apesar da existência de traços de originalidade na cultura nipônica, sabe-se que o Direito japonês foi marcado, até o século XVIII, por uma larga influência chinesa. Ela pode ser percebida, claramente, por intermédio da filosofia de Confúcio. Não restam dúvidas de que a presença da ideologia desse pensador no cotidiano das aldeias e vilas do País foi decisiva. Na atualidade, pode-se admitir que o tom conciliatório que marca a personalidade das gentes do Extremo Oriente é devido a esse legado.

Outrossim, haveria a possibilidade de falar de um Direito japonês autóctone, ou seja, anterior ao contato com as milenares tradições da China? Na hipótese de resposta afirmativa, quais seriam as fontes para o seu conhecimento? Noel Williams[24] lança luz à questão ao dividir a história do Direito japonês em três períodos básicos, sendo o primeiro deles realmente constituído por uma espécie de "direito nativo". As fontes imediatas são dois livros antigos sobre a história do Japão – o *Koiji* (680 a.C.) e o *Nihonshoki* (720 a.C.). Ambas as obras utilizam caracteres chineses. É bem verdade que esses textos, dentre outros mais, como o *Engishik* (907-949 d.C.) e o *Kunitsutsumi* (séc. VIII em diante), estão envoltos num universo de lendas, fábulas e contos. Entretanto, aqui e acolá, sem embargo aos elementos mitológicos frequentemente presentes, é possível extrair de seu conteúdo sagrado certas informações de caráter jurídico.

De acordo com os estudos realizados por Margdant Guillermo, a primeira manifestação escrita de direito no "País do Sol Nascente" remonta ao ano de 603 da Era Comum, tendo sido produzida durante o reinado da imperatriz Suiko (592-628). A referida codificação se deve ao labor do célebre príncipe Shotoku (574-622), a quem foram credenciados títulos honoríficos como "Príncipe da Moral Santa" (*Shotoku Taishi*) ou "Preceptor do Direito" (*Togoto Mimi*). Essas leis

---

[23] DAVID, René. *Os Grandes Sistemas do Direito Contemporâneo*, p. 488.

[24] WILLIAMS, Noel. *The Right to Life in Japan*, p. 6.

CAPÍTULO IX ● O Direito no Extremo Oriente

ficaram conhecidas como "As Dezessete Máximas", ou *Jushichi Kempo*[25]. A obra de Shotoku, conforme anotou Guillermo, é como "um código de ética profissional para altos funcionários e sugere a existência, já, de todo um corpo organizado de administradores imperiais". Interessante notar no estudo em questão que Shotoku previa em sua legislação "penas reeducativas para os delitos leves", apesar de que àqueles que cometem os chamados "delitos graves" estavam reservadas punições extremamente rigorosas, a fim de que tal severidade contribuísse para "educar os demais"[26].

No ano de 646 buscou o Japão se espelhar no modelo estatal chinês. A monumental reforma administrativa recebeu o nome de *Taika*. Oportunamente, observa Margdant, entre 701 e 702, elaborou-se no País uma legislação mais "detalhada" – o *Taiho* –, que esteve em vigor até 1190, apesar de seu conteúdo ser ainda desconhecido para nós, o que torna o assunto, em "grande parte", mera "matéria de especulação". O *Taiho* fundamentava-se no ordenamento jurídico pronunciado pela dinastia chinesa Tang e estava dividido, notadamente, em duas seções: o *Ryo* (11 artigos) e o *Ritsu* (seis artigos). O Ryo continha mormente regras jurídicas civis e administrativas, enquanto o *Ritsu* trazia em seu cômputo toda a matéria criminal. Posteriormente, as duas seções foram uniformizadas pela imperatriz Genshö (724-748), que as definiu com dez artigos cada[27].

Durante a Era Meiji[28] (1868-1912) o Japão experimentou um intenso processo de modernização. O País queria redimensionar por completo sua política externa. Para isso, havia a necessidade de romper definitivamente com a estagnação e o arcaísmo próprios das insti-

---

[25] GUILLERMO, Margdant F. *Evolución del Derecho Japonés*: Introducción Histórico-Sociológica al Sistema Jurídico del Japón actual. México, DF: UNAM, 2005, p. 33 (Instituto de Investigaciones Jurídicas).

[26] GUILLERMO, Margdant F. *Evolución del Derecho Japonés*: Introducción Histórico-Sociológica al Sistema Jurídico del Japón Actual, cit., p. 33. [Nossa tradução.]

[27] GUILLERMO, Margdant F. *Evolución del Derecho Japonés:* Introducción Histórico-Sociológica al Sistema Jurídico del Japón actual, cit., p. 33. [Nossa tradução.]

[28] Período marcado pelo reinado do imperador Mutsuhito.

O Direito no Extremo Oriente

tuições feudais que determinavam os vínculos em sociedade. O governo japonês, assim, prontamente cuidou de estreitar seus laços com o Ocidente. É notório o quanto esse célebre imperador foi determinante no processo de desmantelamento do regime feudal no Japão.

Vale dizer que tal medida viria a gerar diversas implicações imediatas no universo jurídico. A primeira delas consistiu no fato de que o Estado nipônico precisava definir os contornos reais de um ordenamento jurídico moderno e, ao mesmo tempo, eficaz. Ora, a preocupação japonesa com a produção normativa, como se viu, era historicamente ocasional, secundária e, até mesmo, em alguns momentos, quase inexistente. Destarte, não parecia de modo algum conveniente para o País assumir exclusivamente o Sistema de Direito Consuetudinário – a *Common Law* –, pois essa estrutura requer algumas décadas para se consolidar através do precedente judiciário. A saída foi procurar adotar, de imediato, o mesmo estilo daquelas codificações em voga noutros países europeus, como a França e a Alemanha, iniciativa esta que acabou por filiar o Japão ao Sistema Romano-Germânico de Direito.

Assim, o expressivo processo de codificação do Direito passou a ser apenas uma consequência do programa de desenvolvimento acelerado que se fazia mister cumprir. À altura dos acontecimentos em questão, era natural pressupor que a curiosidade ocidental pelo Japão se estendesse também às questões legais igualmente inerentes ao processo de crescimento econômico, uma vez que os investimentos financeiros, de parte a parte, exigiriam conhecimentos específicos nesse campo. Ocorre que os japoneses estudavam os Direitos europeus havia cerca de cem anos, tendo sido alguns professores enviados ao Velho Mundo para aprender as linhas mestras de tais legislações, especialmente as que se vinculavam automaticamente ao Sistema Romano-Germânico de Direito[29]. À época, o Código Civil alemão fazia muito sucesso, inspirando a composição de inúmeros códices legais mundo afora[30]. Pois bem, esse diploma legal serviu de base para a

---

[29] Veja a esse respeito ODA, Hiroshi. *Japanese Law*, p. 1-2.

[30] Cf. a observação de ROBERTO, Giordano Bruno Soares. *Introdução à História do Direito Privado e da Codificação*, p. 50-51.

152

CAPÍTULO IX ● O Direito no Extremo Oriente

construção do Direito privado japonês. Na atualidade, como bem asseverou Taku Okabe, o Direito japonês muito se assemelha ao Direito mexicano[31].

Se os japoneses se interessavam pelas legislações ocidentais, o contrário não pode ser dito. Os juristas europeus que demonstraram algum interesse pelas leis japonesas foram poucos e constituíam, certamente, a exceção à regra. Destacou-se, nesse contexto, Otto Rudolf, que em 1889 traduziu as codificações do período do Shogunato da família Tokugawa. Há que mencionar, igualmente, os nomes de J. H. Wigmore e Becker, que desenvolveram importantes trabalhos científicos relativos ao Código Civil japonês.

A prosperidade econômica experimentada pelo Japão na década de 1980 tem sido responsável pelo súbito interesse que essa cultura oriental vem despertando no Ocidente. Sabe-se que desde os episódios de Pearl Harbour e o lançamento das bombas nas cidades de Hiroshima e Nagasaki a civilização nipônica não havia sido objeto de tanta especulação nas mídias europeia e norte-americana. Nesse ínterim, tornava-se evidente que o estreitamento de laços com os orientais deveria ocorrer em função da própria dinâmica das relações internacionais, afinal de contas o insurgente e belicoso Japão dos anos quarenta, que havia estarrecido os aliados com suas patrióticas investidas *kamikazes*, simplesmente não mais existia. Em seu lugar ascendeu, vigorosamente, uma nação consciente e orgulhosa de seu rico passado envolto por tradições milenares, mas que por outro lado não apresentava qualquer descompasso com o célere ritmo imprimido pela modernidade. Tanto é verdade que a própria Constituição de 1946 o assinalava com muita ênfase. Ora, o texto da Carta Magna, em seu discutido artigo nono, não somente consagra a renúncia formal do Estado a qualquer forma de beligerância, mas também expressa o impedimento jurídico ao País de militarizar-se. Assim, as dolorosas chagas trazidas pelas guerras não impediram que o Japão, finalmente, alçasse voo rumo ao ideal de desenvolvimento perquirido com tanto relevo e dedicação desde a Era Meiji.

---

[31] OKABE, Taku. Posibilidad de negocio en Japón: A Partir de las reformas del derecho mercantil. In: México y la Cuenca del Pacífico, p. 57-64.

153

Com o País inclinado à modernidade, acontece a progressiva supressão de alguns costumes locais em função da absorção de padrões de conduta estrangeiros. Esse estreitamento de laços com o Ocidente se caracterizou pela instauração de uma cooperação em todos os níveis. A necessidade do governo nipônico de ter ao seu dispor uma legislação dinâmica que acompanhasse o avançado processo de desenvolvimento foi significativa para uma tomada de decisões. Destarte, em tempos de mudanças tão radicais, e após serem pesados os prós e os contras, voltaram-se os japoneses à implantação do Sistema Romano-Germânico.

Assim, uma vez superadas as diferenças e animosidades alimentadas durante a Segunda Grande Guerra, o Japão muito se aproximou dos Estados Unidos da América. A restauração da diplomacia entre os dois países fez com que o sistema jurídico japonês se amoldasse à praticidade inerente ao espírito norte-americano. É bem verdade que a fonte primária do Direito nipônico continua sendo a lei. Mas as regras de Direito no Japão, como bem dispôs J. O. Haley, são "meras palavras no papel até serem interpretadas e aplicadas no contexto dos casos atuais e das situações da vida real"[32].

9.3 O Direito tibetano: a ordem jurídica no teto do mundo

O Tibete localiza-se numa das mais altas regiões do planeta. Uma cadeia de portentosas e enevoadas montanhas forma a célebre Cordilheira do Himalaia. Ali se desenvolveu uma religião originada a partir do budismo: o lamaísmo.

A China jamais reconheceu a independência desse país, apesar de ela ter ocorrido em 1912. Sob protestos do mundo todo, o regime comunista de Pequim determinou, em 1950, uma invasão às terras tibetanas, que culminou com sua definitiva anexação.

Desde então, diversos movimentos ligados à defesa dos Direitos Humanos muito se empenham em fazer com que a China reconheça a soberania dessa província.

---

[32] HALEY, John Owen. *The Spirit of Japanese Law*, p. 2.

CAPÍTULO IX ● O Direito no Extremo Oriente

Cumpre esclarecer que o interesse pelo sistema jurídico vigente no Tibete no período anterior à incorporação do país ao território chinês permanece ainda exíguo. Na atualidade, poucos trabalhos acadêmicos dão conta de suas características principais. Nesse ínterim, o estudo que alcançou maior destaque foi, sem dúvida, aquele desenvolvido por Rebecca French – *The Golden Yoke: The Legal Cosmology of Buddhist Tibet*. Na esteira de seu pensamento surgiu outro que merece aqui alusão. Refiro-me a *The Legal System on the Roof of the World*, da professora Melanie Shaffer.

O Direito no Tibete, anterior à fatídica ocupação orientada pelo governo comunista de Pequim, encontrava-se profundamente alicerçado em práticas religiosas imemoriais e aos princípios filosóficos emanados do ambiente monástico budista, um local a servir de referência de integridade moral para os antigos habitantes do País.

Segundo Shaffer, o sistema jurídico particular do Tibete vigeu de 1642, quando o Quinto Dalai-Lama tornou-se a maior autoridade espiritual de sua gente, até o ano de 1950, época da invasão chinesa[33].

Sob alguns aspectos – ao que tudo indica –, a aplicação da lei era discricionária, pois se considerava, acima de tudo, a posição ocupada pelo indivíduo na sociedade. É o que ocorria, no relato de Shaffer, quando se tratava de punir os casos de homicídio. Nessa situação, determinava-se um valor a ser pago, uma espécie de compensação pecuniária em razão do assassinato de algum membro da comunidade. A maior pessoa nessa escala era o Dalai-Lama, apesar de não ter sido estipulado, em qualquer documento, nenhuma quantia que pudesse indenizar a sociedade por tal perda[34].

No âmbito deste mesmo modelo de organização social, também havia categorias de pessoas consideradas impuras (açougueiros, pescadores, carrascos, carregadores de cadáveres etc.), muito provavel-

---

[33] SHAFFER, Melanie. The Legal System on the Roof of the World, p. 1-2.

[34] SHAFFER, Melanie. The Legal System on the Roof of the World, p. 2-5.

155

mente, em razão de sua atividade, considerada uma violação aos preceitos budistas que prescrevem a sacralidade da vida[35].

Shaffer ensina que as formas de união matrimonial entre os tibetanos eram diversificadas e incluíam, além da monogamia, a poligamia e a poliandria, se bem que parcela considerável da população adulta optava pelo celibato nos monastérios[36]. Entre os casados, a promiscuidade era comum entre os homens, porém, das mulheres, esperava-se fidelidade[37]. O casamento era selado com a assinatura de um contrato em que os nubentes e seus pais eram as partes. Não havia qualquer sanção moral contra o divórcio, e este poderia se consumar a partir do mero consentimento mútuo. Na maioria dos casos, esclarece a autora em questão, os filhos ficavam diretamente sob a guarda da mãe[38].

Ao tratar do sistema jurídico, Shaffer conclui que, no Tibete, o conflito era entendido como o retrato de uma "visão incorreta", condição esta resultante da ação nociva de uma ou mais aflições que normalmente acometem os seres humanos. Elencavam o rol de aflições o desejo, a raiva, o orgulho, a ignorância e a dúvida. Por conseguinte, do ponto de vista religioso tibetano, a litigância nos tribunais era encarada como fruto de uma dessas aflições mentais acima expostas[39]. Por essas razões, os tibetanos, a exemplo dos chineses, achavam por bem se esquivar de querelas judiciais[40].

---

[35] SHAFFER, Melanie. The Legal System on the Roof of the World, p. 3-5.

[36] SHAFFER, Melanie. The Legal System on the Roof of the World, p. 3-5.

[37] SHAFFER, Melanie. The Legal System on the Roof of the World, p. 4-6.

[38] SHAFFER, Melanie. The Legal System on the Roof of the World, p. 4-6.

[39] SHAFFER, Melanie. The Legal System on the Roof of the World, p. 6-8.

[40] SHAFFER, Melanie. The Legal System on the Roof of the World, p. 6-8. Veja-se também o que René David diz a respeito: "Este modo de encarar as coisas leva os chineses a considerar com uma extrema reserva a nossa ideia de direito, com tudo o que ela tem de rigoroso e de abstrato. Os homens não devem afirmar direitos, visto que o dever de cada um é o de prestar-se à conciliação e apagar-se, se houver lugar a isso, no interesse de todos. Desconfia-se muito dos juristas. Estes arriscam-se bastante, referindo-se a regras abstratas, a suscitar obstáculos a soluções necessárias de compromisso; quer queiram ou não, eles encorajam, deste modo, comportamentos censuráveis, contrários ao interesse da sociedade. A solução dada deve, em qualquer

CAPÍTULO IX ● O Direito no Extremo Oriente

Trata-se, sem dúvida alguma, de um universo distinto do qual estamos acostumados aqui no Ocidente. É fácil constatar que os aspectos religiosos e filosóficos dessa cultura, inevitavelmente, adentram o orbe jurídico, conferindo-lhe um perfil um tanto quanto diferenciado.

Portanto, nem sempre se torna possível buscar entre os orientais os mesmos esquemas e parâmetros jurídicos que herdamos de Roma, bem como, dos costumes germânicos. Prova disso é que palavras como "justiça" – observa Winston King – são raras na literatura canônica budista[41]. A noção no budismo daquilo que é "correto", portanto "justo", está intimamente relacionada à ideia de *karma*[42].

9.4 O Direito mongol: O *Grande Yasa* – O Sistema Legal de um Vasto Império

O Império mongol foi, geograficamente, o mais extenso da História da humanidade, apesar de não ter sido aquele que mais durou. De fato, a trajetória do povo mongol pode ser definida em antes e depois do aparecimento de Gêngis Khan (1168-1227), notável líder militar responsável pela deflagração do processo de guerras de conquista que levou à constituição de um Estado poderoso, cujas dimensões territoriais alcançariam em seu apogeu as portas da atual Áustria. "Khan", diga-se de passagem, significa "oceânico", "perfeito" ou "supremo rei guerreiro"[43]. Trata-se de um título honorífico assumido por Tedjumin, o célebre "Genghis Khan".

É certo que estes já seriam fatores suficientes a reclamar o estudo das leis mongóis. Todavia, existem outras tantas razões que nos levam a fazê-lo, ainda que *en passant*. Mais que um "direito", estamos dian-

---

ocasião, ser conforme, independentemente de um esquema jurídico, à equidade e ao sentimento de humanidade: as perdas e danos, deste modo, devem ser tais que o seu pagamento não prejudique o autor do fato danoso e não o reduza, e à sua família, à miséria". DAVID, René. *Os Grandes Sistemas do Direito Contemporâneo*, p. 472-473.

[41] KING, Winston L. Judeo-Christian and Buddhist Justice, p. 73.

[42] Cf., a respeito, KING, Winston L. Judeo-Christian and Buddhist Justice, p. 75.

[43] LANGE, Brenda. *Genghis Khan*. New York: Chelsea House Publishers, 2003, p. 53.

O Direito no Extremo Oriente

te de um verdadeiro "sistema legal" completamente autônomo, que, aliás, como bem observa Riasanovsky[44], é o segundo maior do Extremo Oriente, somente perdendo para o chinês. Esse sistema de direito chamava-se *Ikh Yasag* ou *Grande Yasa* e tinha como base um livro cuja autoria era credenciada ao próprio Gêngis Khan, sendo utilizado nos limites do império desde o início do século XIII[45].

Todavia, ainda que as notícias sobre o antigo sistema legal mongol sejam bastante escassas, parece ser consenso a tese de que a tolerância religiosa e cultural era uma das marcas mais distintivas do *Grande Yasa*. Tanto é verdade que George Lane[46], um dos maiores especialistas sobre o assunto, ensina que não somente os sacerdotes (tidos em alta consideração) mas também as instituições religiosas como um todo gozavam da isenção de tributação. Interessante notar que havia uma preocupação digna de nota desses guerreiros orientais que dizia respeito à preservação das nascentes dos rios e córregos por onde passavam seus exércitos. A cultura mongol advogava que os recursos hídricos deveriam ser protegidos por serem partes componentes de uma "entidade viva". Do mesmo modo, salienta o autor em questão, crimes militares como a "espionagem", "traição", 'deserção", além de outros mais, tais como o adultério e o roubo, eram puníveis drasticamente, com a morte daquele que cometeu o ato ilícito.

Mas essa não era a única fonte para o conhecimento do Direito mongol. Bolt ensina que as *Novas Ordenanças do Governo de Zhi Yuan* proporcionaram um interessante paralelo entre as tradições e leis mongóis e chinesas[47] – tipificando-se como uma espécie de estudo de Direito Comparado.

Disputas dinásticas continuaram a ocorrer nos séculos seguintes. Da aliança firmada entre príncipes no ano de 1640 outorgaram-se as *Regu-*

---

[44] RIASANOVSKY, V. A. *Fundamental Principles of Mongol Law*, p. 5.

[45] BOLD, Bat-Ochir. *Mongolian Nomadic Society:* A Reconstruction of the Medieval History of Mongolia, p. 5.

[46] LANE, George. *Genghis Khan and Mongol Rule*, p. 37.

[47] BOLD, Bat-Ochir. *Mongolian Nomadic Society:* A Reconstruction of the medieval history of Mongolia, p. 5.

CAPÍTULO IX ● O Direito no Extremo Oriente

lamentações Mongol-Oirat, que trouxeram algumas inovações ao direito nacional. Nesse sentido, estas se mostraram bem menos tolerantes que o *Grande Yasa*, especialmente no que concerne à liberdade religiosa, rompendo assim com uma antiga tradição[48].

O grande desafio para o conhecimento das antigas leis que remontam aos dias em que os exércitos de Genghis Khan se espraiavam pelo mundo, oriundos das estepes da Mongólia e buscando alcançar as mais longínquas vastidões da Ásia Central, consiste na absoluta carência de fontes a esse respeito. Assim, muito do conteúdo do *Grande Yasa* se perdeu com o tempo, ou se diluiu em meio a outras culturas sujeitas ao domínio destes célebres guerreiros nômades.

Porém, a memória entre os conquistados de que os mongóis se serviam de uma coleção de regras, costumes, princípios ou até mesmo alguns provérbios e dizeres proferidos pelo próprio Genghis Khan é algo ainda muito difícil de ser contestado.

Entretanto, não obstante as dúvidas e controvérsias que pairam acerca do assunto, vale notar que praticamente todos os historiadores que trataram da trajetória deste povo sempre escolheram se referir ao *Grande Yasa*.

É bem provável que as leis de Gêngis Khan não tenham sido particularmente criadas, como se estivéssemos diante de um grande legislador. As regras sociais estavam calcadas no estilo de vida nômade e pastoril adotado pelos mongóis. Forçado às constantes mudanças em virtude da busca de novas pastagens, desenvolveu-se entre este povo uma sólida consciência de hospitalidade, que se projetaria também no âmbito jurídico, o que o fazia benevolente com estrangeiros.

Difícil tarefa, todavia, seria esmiuçar os pormenores do referido conjunto de leis, pois, como inferimos anteriormente, muito se perdeu com o passar do tempo. Na atualidade, sabe-se que o Direito mongol exerceu considerável influência sobre o Direito chinês e este, consequentemente, sobre o antigo Direito japonês.

---

[48] BUTLER, William E. *The Mongolian Legal System:* Contemporary Legislation and Documentation, p. 3-4.

PARTE V

O Direito na
ANTIGUIDADE CLÁSSICA

X. O Direito cartaginês
XI. O Direito na Grécia Antiga
XII. O Direito romano

O Direito cartaginês

10.1 Fenícia: o berço de Cartago

Protegida por uma cadeia de montanhas enevoadas que constituem o atual território do Líbano, a Fenícia foi um dos mais prósperos centros comerciais da Antiguidade Oriental, apesar de nunca ter vislumbrado uma efetiva unidade política. As ricas cidades-estado de Tiro, Sidon, Biblos e Berytus (atual Beirute) tornaram-se notórias exportadoras de produtos e especiarias.

Diversos documentos antigos e a própria Bíblia Sagrada descrevem esta pequena faixa litorânea de terra, situada no epicentro do Oriente Médio, como um local pujante e extremamente aprazível. Vale dizer que essa aventureira gente de origem semita e espírito cosmopolita encontrava-se estabelecida no território da Grande Canaã desde tempos imemoriais.

O DIREITO NA ANTIGUIDADE CLÁSSICA

Os fenícios também foram grandes colonizadores. A bordo de ágeis embarcações, esses intrépidos marinheiros cruzaram os oceanos a fim de fundar novas cidades capazes de espelhar o cotidiano efervescente de sua terra de origem. Os destinos finais eram, quase sempre, a costa norte da África e o sul da Península Ibérica. Todavia, há quem diga que chegaram a atingir a longínqua Inglaterra[1]. De qualquer modo, tem sido possível atestar a presença fenícia nas proximidades de Huelva, na Espanha, já no século IX a.C., sítio arqueológico onde foram encontradas inscrições que utilizam o alfabeto tartéssico[2].

Todavia, a mais esplendorosa de todas as colônias fenícias foi a grande cidade de Cartago (*Qarthardascht*), localizada no Golfo de Túnis, hoje no território da Tunísia. Fundada no século VIII a.C. por navegadores vindos de Tiro, seu nome deriva de dialetos semíticos ocidentais e significa "Nova Cidade"[3].

Durante a Era Clássica da Grécia Antiga, Cartago já era uma potência naval respeitável, não tendo passado despercebida aos comentários tecidos por Aristóteles[4]. Possuía colônias na Sicília, Sardenha, Córsega, nas ilhas Baleares, na Sardenha, em Cádiz e vários outros lugares. A vigorosa expansão marítima progressivamente passou a conflitar com os interesses de Roma, outra latente hegemonia no Mediterrâneo.

A decadência do mundo helênico e a constante presença púnica no sul da Itália cada vez mais contrariavam os interesses do Senado Romano. O resultado de tantas dissensões políticas contribuiu para a eclosão de um conjunto de longas batalhas chamadas de "Guerras Púnicas" (264-146 a.C.).

A lembrança das boas relações mantidas no passado, quando ainda os fenícios negociavam a partir do norte da África com os etruscos[5],

---

[1] SOUTO MAIOR, Armando. *História Geral*, p. 60.

[2] BLÁSQUÉZ, Jose María. *Fenicios, griegos e cartagineses en Occidente*, p. 463.

[3] BARCELÓ, Pedro. *Aníbal de Cartago*: Um Proyecto Alternativo a la formación del Imperio Romano, p. 23.

[4] Cf. a obra *A Política*.

[5] Os etruscos estão entre os primeiros habitantes de Roma. Trata-se de um povo cujas

CAPÍTULO X • O Direito cartaginês

um dos primeiros povos a habitar a Península Itálica, agora havia se perdido no tempo. O mesmo se pode dizer da cooperação bélica pactuada entre as duas cidades para refrear os ímpetos de Pirro, no ano de 280 a.c. Diante de um contexto de disputas regionais, a luta pelo controle do mundo antigo era praticamente inevitável. Roma passou rapidamente a ter a capacidade de enfrentar Cartago pelo mar, elemento este no qual os descendentes dos antigos fenícios não podiam ser tão facilmente sobrepujados.

Como isso teria acontecido, então, de modo tão rápido? Os romanos, ao que parece, conseguiram se apropriar da avançadíssima tecnologia náutica púnica quando capturaram uma embarcação cartaginesa. Desse modo, todo o segredo de uma tradição milenar se revelou diante dos intentos dos senhores do Tibre. Na verdade, Cartago subestimou Roma, do contrário não teria permitido sua vertiginosa ascensão.

No decorrer das Guerras Púnicas ganha projeção uma família aristocrática cartaginesa de incomum vocação militarista: os Barcas. Após as derrotas sofridas na Sicília, quando interveio Roma a favor das cidades gregas, Cartago perdeu uma parcela considerável de seu tradicional domínio sobre o Mediterrâneo. Era preciso, a todo custo, redimensionar por completo a economia exportadora da cidade, buscando, para tanto, explorar novas rotas comerciais. O governo entendeu que o mais viável seria imprimir ao sul da Península Ibérica, especialmente à Espanha, um maciço processo de colonização. Nessa região, Cartago se beneficiou sobremaneira de minérios valiosos como a prata, o ouro, o cobre, o estanho e o chumbo. Destarte, para lá se dirigiu Amílcar Barca, seu filho pequeno (Aníbal) e seu genro Asdrúbal. As atividades púnicas na região não tardariam a levantar as suspeitas dos romanos, os quais inclusive chegaram a encaminhar embaixadores para inspecioná-las em 231 a.C. Vale dizer que as gentes do Lácio haviam imposto

---

origens permanecem envoltas em mistério. Provavelmente eram indo-europeus. Deles se sabe apenas que eram muito adiantados na agricultura e que legaram à "cidade das sete colinas" alguns de seus primeiros reis.

um tratado de paz julgado pelos cartagineses como verdadeira afronta à sua existência: o Acordo de Lutácio[6]. Eis aqui um de seus trechos transcrito por Políbios:

> Haverá amizade entre os cartagineses e os romanos nas seguintes condições, se aprovadas pelo povo romano: os cartagineses evacuarão toda a Sicília e não farão guerra contra Hiêron nem empunharão armas contra os siracusanos ou contra os aliados dos siracusanos; os cartagineses entregarão aos romanos todos os prisioneiros sem exigir resgate; os cartagineses pagarão aos romanos em parcelas, no prazo de vinte anos, dois mil e duzentos talentos emboicos[7].

Políbios ainda relata que o povo romano, antes de ratificar o acordo, insistiu em revesti-lo de maior "severidade em relação à Cartago", impondo-lhe novas obrigações[8].

Enquanto isso, para minimizar os desapontamentos sofridos pela Metrópole, os Barca passam a fomentar maciçamente o desenvolvimento da metalurgia na cidade de Cádiz, bem como por todos os seus arredores. Segundo Barceló esta cidade "... era o núcleo urbano mais antigo e importante da Península Ibérica"[9].

Amílcar, a seu turno, tentava incisivamente recuperar o orgulho nacional, uma vez que os cartagineses se viram obrigados, por força do referido ajuste, a deixar definitivamente a Sicília. Além disso, como vimos, foram instados a pagar uma polpuda indenização de guerra a Roma. "A derrota de Cartago é um golpe duro que comove a sociedade púnica, pouco acostumada a sofrer reveses de tal magnitude"[10], ensina Barceló.

---

[6] Devido a Quinto Lutácio Cátulo, nome do cônsul romano que conduziu as negociações.

[7] POLÍBIOS. *História*, Livro I, 62, p. 93.

[8] POLÍBIOS. *História*, Livro I, 63, p. 93.

[9] BARCELÓ, Pedro. *Aníbal de Cartago:* Un Proyecto Alternativo a la Formación del Imperio Romano, p. 49. [Nossa tradução.]

[10] BARCELÓ, Pedro. *Aníbal de Cartago:* Un Proyecto Alternativo a la Formación del Imperio Romano, p. 33. [Nossa tradução.]

CAPÍTULO X ● O Direito cartaginês

O trauma do revés sofrido na Primeira Guerra Púnica e a desmesurada avidez romana pelas riquezas da grande cidade alimentou um ódio profundo que logo se enraizou no seio da sociedade cartaginesa. Aníbal tornou-se o maior símbolo na animosidade contra os italianos. É bem verdade que ele havia passado a maior parte de sua vida na Espanha, quando, ainda em tenra idade, havia acompanhado a seu pai naquela empreita. O garoto que partiu com Amílcar rumo a Cádiz agora havia crescido e se tornado um temível general. Extremamente patriota, Aníbal infligiu a Roma as maiores derrotas de sua história no período que antecedeu o império. Estrategista habilidoso, Aníbal ousou utilizar elefantes na beligerância, do mesmo modo como Alexandre Magno fizera anteriormente. Todavia, apesar de ter conseguido imprimir aos seus inimigos a genialidade de seus êxitos em batalhas memoráveis como aquela de Canas, acaba sucumbindo em Zama. Logo em seguida, Aníbal comete suicídio para não cair nas mãos de seus adversários.

Após a morte de seu mais famoso comandante, Cartago consegue, em breve tempo, saldar uma altíssima dívida de guerra com Roma. O Senado Romano fica totalmente surpreso com a extraordinária capacidade de recuperação econômica da cidade púnica. É nesse contexto que Catão, entre seus pares, passa a pregar sistematicamente a destruição completa da maior metrópole do Mediterrâneo. Uma frase a ele atribuída ficaria célebre: "Cartago deve ser destruída" (*delenda est Carthago*).

A oportunidade para fazer valer suas posições ocorre quando Asdrúbal se arma para enfrentar um pequeno inimigo regional – a Numídia – que instigado pelos próprios senhores do Lácio, assediava a cidade recorrentemente.

Roma toma a violação do tratado que proibia Cartago de se militarizar como verdadeira afronta. Os termos do ultimato romano eram mais duros e ultrajantes ainda. Eles requeriam que toda uma imensa população deixasse a região para sempre. Em face disso, não havia alternativa para os habitantes que viram o General Cipião Emiliano marchar com um ímpeto avassalador. Os cartagineses, diante dos incêndios, saques e morticínios causados pelas legiões, pediram clemência a Cipião, tendo muitos, a partir daí, deixado suas casas antes da destruição total. Com Asdrúbal derrotado, o derradeiro opositor, Roma pôde finalmente ascender como a única hegemonia da época. Não por acaso, em 146 a.c., o mesmo ano em que Cartago desapareceu, outra grande cidade do Mediterrâneo foi arrasada: a helênica Corinto. Roma, a essa altura, não possuía mais rivais pelo controle do mundo.

10.2 O Direito cartaginês

A grande cidade de Cartago, como se viu, foi um dos mais importantes centros urbanos da Antiguidade. No entanto, restaram poucas fontes capazes de fornecer as informações necessárias à recomposição do itinerário de suas leis.

A percepção jurídica desta antiga colônia fenícia, todavia, chegou a chamar a atenção de filósofos como Aristóteles. Na obra *A Política*, o estagirita esboçou um quadro comparativo das constituições de inúmeras cidades-estado de sua época. O paralelo traçado foi com aquelas legislações de Creta e da Lacedemônia, classificação esta que não parece ter sido composta de modo ocasional. O célebre pensador, inclusive, afirmou que os cartagineses buscaram sua inspiração no universo das *poleis* helênicas, especialmente no âmbito das que foram acima mencionadas.

É num tom elogioso que Aristóteles, inicialmente, se dirige aos cartagineses. Em sua análise pragmática, foram as leis e instituições púnicas as responsáveis pela ausência de qualquer "sedição notável" ou "opressão por parte dos que a governam"[11]. É bem verdade que o filósofo em questão não viveria o suficiente para conhecer a crescente projeção de Cartago no contexto internacional, o que lhe renderia, nos séculos seguintes, insurreições das mais diversas naturezas que por muito pouco não anteciparam o seu fim. A realidade vindoura, porém, não deixou de receber seu categórico vislumbre:

> De resto, embora a República de Cartago se incline bastante para a oligarquia, ela escapa com bastante agilidade dos seus inconvenientes, através das colônias de pobres que envia para que façam

---

[11] ARISTÓTELES. *A Política*, p. 298. [Apêndice IV – Exame das Constituições da Lacedemônia, de Creta e de Cartago.]

CAPÍTULO X ● O Direito cartaginês

FORTUNA NAS CIDADES DE SUA DEPENDÊNCIA. ESTE RECURSO PROLON-
GA A DURAÇÃO DO ESTADO, MAS É CONFIAR DEMAIS NO ACASO; DEVEM
SE ABOLIR PELA PRÓPRIA CONSTITUIÇÃO TODAS AS CAUSAS DE SEDIÇÃO.
SE ACONTECER ALGUMA CALAMIDADE E A MASSA SE REVOLTAR CONTRA
A AUTORIDADE NÃO HAVERÁ LEIS QUE POSSAM DETER SUA AUDÁCIA, NEM
REMEDIAR A DESORDEM[12].

Árdua tarefa consiste em tentar reconstruir a percepção jurídica válida entre os cartagineses. Temos algum conhecimento, ainda que indiretamente, apenas das leis vigentes na constituição daquela cidade.

Portanto, em essência, permanece somente a noção dos caracteres gerais que perfaziam o direito público púnico. Nesse ínterim, o primeiro comentário de Aristóteles refere-se à observação de que em Cartago, assim como em Esparta, tradicionalmente, realizavam-se refeições comunitárias. Vale dizer que essas *fidítias* encontravam-se previstas em lei e eram muito comuns no ambiente da Hélade[13].

Do mesmo modo, havia uma instituição similar à do famoso "eforato lacedemônio", só que composta não por cinco membros, mas agora por cento e quarenta. Pode-se dizer que os magistrados, nessa espécie de poder judiciário rudimentar, possuíam diversificadas funções e a mais ampla autonomia. As causas eram analisadas pelo colegiado como um todo. Aristóteles dá-nos supor que em Esparta, ao contrário de Cartago, eram estabelecidas o que chamamos hodiernamente de câmaras e sessões para tratar de casos específicos. Não sabemos, entretanto, se a Justiça Cartaginesa estava escalonada em instâncias, o que daria margem ao cabimento de recursos.

Os dirigentes do País, por sua vez, eram escolhidos criteriosamente dentre os membros da aristocracia. Os procedimentos para tanto estavam definidos em lei, o que nos permite afirmar que a *diarquia cartaginesa* não era rigorosamente constituída por dinastias absolutas,

---

[12] ARISTÓTELES. *A Política*, p. 300. [Apêndice IV – Exame das Constituições da Lacedemônia, de Creta e de Cartago.]

[13] ARISTÓTELES. *A Política*, p. 298. [Apêndice IV – Exame das Constituições da Lacedemônia, de Creta e de Cartago.]

O DIREITO NA ANTIGUIDADE CLÁSSICA

conforme seria de esperar, mas, antes, por *sufetas* ou *súfetes*[14], perso-
nalidades da política local eleitas para governar a cidade pelo período
de um ano[15]. O poder de legislar era partilhado entre eles e o Conselho de Magistrados.

Nesse ínterim, a submissão das propostas ao crivo da Assembleia
Popular só era realizada quando imperasse notória divergência entre
as duas maiores instituições estatais. *A priori*, como bem observou
Pierre Lévêque, sua função resumia-se a "homologar as decisões do
Senado", tendo assumido uma função mais decisiva somente a partir
do século IV a.C.[16].

Oportunamente, observou Aristóteles que uma única pessoa poderia cumular diversos cargos no governo. Segundo o filósofo, a per-
missividade do direito político cartaginês era prejudicial ao bom
exercício das funções públicas:

| TRATA-SE TAMBÉM DE UM ABUSO TOLERAR A PLURALIDADE DOS CARGOS NAS
MÃOS DE UM SÓ, ACÚMULO DE QUE SE ORGULHAM EM CARTAGO. UMA FUN-
ÇÃO NUNCA É TRANSCRIÇÃO PREENCHIDA DO QUE POR QUEM SÓ TEM UMA: É
NISSO QUE O LEGISLADOR DEVERIA TER PENSADO. NÃO SE DEVE EXIGIR QUE
UM MESMO HOMEM SEJA FLAUTISTA E SAPATEIRO[17].

Se por um lado podemos traçar um breve vislumbre do Direito
político cartaginês, deve-se igualmente concordar que são bem escassas as notícias sobre o contorno de suas demais leis. As escavações
realizadas em diversos sítios arqueológicos ibéricos e africanos revela-
ram diversos achados relacionados à arte púnico-fenícia, tais como
cerâmicas e joias. No entanto, não foi encontrado nenhum material
de caráter jurídico que nos sirva de suporte ao conhecimento das regras vigentes naquelas sociedades semitas. As informações de que dis-

---

[14] Palavra originada a partir de antigos dialetos semíticos, nos quais o termo *shofet*,
assim como no hebraico bíblico, é utilizado para designar juiz.

[15] LÉVÊQUE, Pierre. *História Universal*: Impérios e Barbáries, p. 82.

[16] LÉVÊQUE, Pierre. *História Universal*: Impérios e Barbáries, p. 82.

[17] ARISTÓTELES. *A Política*, p. 300-301. [Apêndice IV – Exame das Constituições
da Lacedemônia, de Creta e de Cartago.]

CAPÍTULO X • O Direito cartaginês

pomos são extraídas de fontes indiretas, *in casu*, quase sempre de clássicos como o de Aristóteles e Políbios.

A extremada dedicação fenícia à mercancia permitiu a autores como Antolín Díaz Martinez afirmar que os "lineamentos jurídico--políticos e monopolistas transnacionais" por eles desenvolvidos inspiraram a composição de diversos aspectos intrínsecos hodiernamente ao Direito Comercial[18].

A necessidade constante de arregimentar novos mercenários para defender Cartago nos combates era uma inequívoca realidade[19]. A cidade carecia de um efetivo militar que seu contingente populacional não era capaz de fornecer. A presente situação deu origem à celebração de uma espécie de "contrato" específico com a soldadela recém-convocada entre outros povos da região, acordo este que, na lição de Giovanni Brizzi, "... durava apenas até o final da guerra e que previa, além do salário, cláusulas e indenizações particulares"[20].

Com relação às penas aplicadas nas colônias fenícias, por exemplo, muito pouco se sabe. A implacável propaganda romana sempre alardeou a suposta crueldade desta gente. José María Blázquez chega a admitir que os cartagineses faziam uso da crucificação e, por vezes, também tratavam de arrancar os olhos dos vencidos[21]. Políbios, a seu turno, deixa claro que entre eles eram praticados sacrifícios humanos[22]. Ora, não há por que duvidar de tais afirmações, uma vez que a

---

[18] DÍAZ MARTINEZ, Antolín. *Manual de Derecho Internacional Público, Privado y Humanitario*, p. 19. [Nossa tradução.]

[19] Segundo Políbios, os tais mercenários constituíam "uma horda confusa de bárbaros" que "difere de homens criados educados em uma comunidade obediente à lei e civilizada em seus costumes". POLÍBIOS. *História*, Livro I, 65, p. 95.

[20] BRIZZI, Giovanni. *O Guerreiro, o soldado e o legionário*: Os Exércitos do mundo clássico, p. 46-47.

[21] BLÁZQUEZ, José María. *Fenicios, griegos e cartagineses en Occidente*, p. 22.

[22] POLÍBIOS. *História*. Nesse sentido, confira o trabalho de Marín Ceballos, no qual consta a informação de que nas escavações realizadas em Cádiz, antigo núcleo habitacional púnico-fenício, foram encontradas algumas tumbas de crianças com menos de cinco anos de idade com os crânios fraturados. Esse achado, de acordo com o autor, pode estar diretamente ligado a um antigo ritual religioso de origem cananeia que envolvia a realização de sacrifícios infantis. MARÍN CEBALLOS, M. C. La

O DIREITO NA ANTIGUIDADE CLÁSSICA

sistemática de atrocidades não é de modo algum estranha ao contexto e padrões comportamentais adotados por toda a Antiguidade.

Entretanto, seria prematuro e até mesmo anacrônico afirmar que os cartagineses foram particularmente "bárbaros", como propuseram os romanos em seus astutos relatos. Não se pode esquecer que na Grécia e no próprio Lácio ocorreram as mesmas crucificações[23], chacinas e os incontáveis extermínios normalmente omitidos pelos escritores latinos. A diferença primordial resume-se ao fato de que os romanos, como os naturais vencedores das Guerras Púnicas, puderam contar a história segundo seus interesses e preconceitos com relação ao odioso inimigo, que desapareceu em meio a ruínas.

Por fim, não se deve olvidar jamais que a história de Cartago foi contada num contexto particularíssimo, em que a depreciação da figura do inimigo sempre se constitui na tônica da narrativa.

Talvez seja uma tentativa do Senado Romano do Período Republicano de compor um quadro oficial que fosse um pouco mais aceitável para a opinião pública.

Essa iniciativa deve ser sempre entendida como parte de uma política de Estado absolutamente necessária, na qual estivesse plenamente justificada a ideia da aplicação de uma "política de terra arrasada" àquela que chegou a ser a maior metrópole do Mediterrâneo.

Religión Fenício-Púnica en España, p. 8.

[23] Roma caracteriza-se pela crueldade imposta a todos aqueles que eram considerados subversivos ou detratores de um Estado Imperial. Porém, hoje já se sabe que não foram os Césares os únicos a imputar às gentes subjugadas o horror da morte no madeiro. Cogita-se, inclusive, a aplicação da pena de morte por crucificação na própria Grécia. É o que sugere Margaretha Debruner Hall ao tratar do direito de Atenas. HALL, Margaretha Debruner. Even dogs have erineyes: sanctions in Athenian practice and thinking, p. 73-89.

O Direito na Grécia Antiga

11.1 A Grécia Antiga: o berço da filosofia

Na Grécia Antiga desenvolveram-se as primeiras especulações de caráter eminentemente filosófico de que se tem notícia. Sabe-se que o legado das gentes da Hélade à formação do Pensamento Ocidental é de difícil mensuração. No campo da política, Atenas foi a responsável imediata por ter presenteado o mundo com o germe da democracia. A herança deixada por pensadores gregos da estirpe de Sócrates, Platão e Aristóteles se tornou, por assim ser, a referência intelectual para as gerações vindouras.

Nesse sentido, deve-se desde logo admitir que a inquietação pelo saber marcou profundamente o espírito desta civilização. A busca apaixonada pelo conhecimento assinalou sobremaneira a orientação cultural da nação helênica. Não por acaso, os gregos se achavam superiores aos demais povos, os quais eram rotulados por eles mesmos de "bárbaros".

Todavia, não se deve jamais perder de vista o fato de que o universo helênico era composto por inúmeras cidades-estado (*poleis*) independentes. A formação do cosmopolitismo grego é o resultado direto de um processo lento e gradual de sedentarização surgido em função da desintegração dos sistemas clânicos.

Do Período Micênico (1500-1100 a.c.) pouco se sabe, exceto que os assentamentos nos Bálcãs coincide com a Idade do Bronze no Oriente Próximo. Os mais antigos habitantes da Grécia foram os povos chamados de "aqueus", "cários", "jônios" e "dórios". Estes últimos penetraram nas terras da Lacedemônia durante o final do terceiro e início do segundo milênio antes de Cristo e podem ser considerados os antepassados dos célebres espartanos.

Muitas das gentes em questão eram provenientes da Anatólia e, ao que parece, eram aparentadas. A proximidade do litoral foi inicialmente buscada, já que as terras do interior nem sempre eram agricultáveis, o que fez com que o interior pedregoso do País fosse legado ao pastoreio. Ademais, havia a vantagem do fácil escoamento dos produtos por toda a costa do Mediterrâneo. Isso viria a favorecer, posteriormente, uma vigorosa tradição náutica entre os gregos.

Poemas épicos, como a *Ilíada* e a *Odisseia*, atribuídos a Homero (século VIII a.C.), talvez sejam as únicas fontes literárias a fornecer dados plausíveis para a reconstrução do passado helênico.

É bem verdade que esses elementos ainda não são suficientemente precisos para delimitar com exatidão os contornos da percepção jurídica dos séculos X, IX ou VIII a.C.

Entretanto, ninguém poderá desconsiderar sua utilidade, apesar de a preocupação do autor nunca ter sido apresentar dados de caráter historiográfico que servissem, no futuro, de suporte ao pesquisador.

11.2 O problema da exiguidade das fontes: as dificuldades para o conhecimento do Direito helênico

O Direito nas cidades-estados da Grécia Antiga foi muito pouco estudado no Brasil, apesar de sua inquestionável importância. Vale ressaltar que persistem muitas lacunas sobre o tema em questão. A presente realidade gerou, entre os desavisados, a crença de que a atividade legislativa na Grécia Antiga tenha sido incipiente e, na percepção de alguns, até mesmo inexistente.

A principal razão a corroborar pelo alastramento dessa equivocada opinião consiste na exiguidade de fontes. Sabe-se que nem sempre tem sido possível contar com um conjunto de leis cuidadosamente registradas, como no caso do Código de Hamurábi, cuja estela (uma imensa pedra diorita) está exposta no Louvre, ou, como em outros casos, em rolos de pergaminhos devidamente sistematizados, como ocorre com a *Torah* de Moisés.

As fontes para o conhecimento do Direito helênico, de outra sorte, quase sempre se apresentam de maneira fragmentária, desconexa e não sistematizada. Como bem destacou Gilissen, na atualidade melhor se conhece o Direito Privado de Atenas[1]. Desse modo, achados arqueológicos como aquele efetivado por Frederik Hallbherr, que encontrou na cidade-estado de Gortina, na ilha de Creta, um verdadeiro "código de leis", são extremamente raros.

Assim, não havendo muitas vezes as fontes diretas, recorrer-se-á aos escritos filosóficos para tentar reconstruir esse imenso quebra-cabeça que é o Direito grego antigo. Em função disso, torna-se praticamente impossível descartar obras da importância de *A Política*, de Aristóteles. O referido pensador, homem curioso por excelência, cuidou de esboçar um quadro significativo, permeado por comentários sobre o teor constante em algumas das constituições vigentes nas principais cidades-estados gregas. Ora, como negar o valor jurídico de tal trabalho para disciplinas como a História do Direito ou o Direito Comparado?

11.3 A percepção do fenômeno jurídico entre os gregos

São também exíguas as informações sobre o Direito grego em períodos distantes. Fustel de Coulanges, porém, realizou um feito digno de nota ao estudar as percepções jurídicas de romanos e gregos em tempos imemoriais. A princípio, trata-se de um direito essencialmen-

---

[1] GILISSEN, John. *Introdução Histórica ao Direito*, p. 78.

te consuetudinário, ritualístico, fundado no culto aos antepassados e desenvolvido no seio da própria família[2].

Na literatura, bem como nos escritos filosóficos, a palavra grega que se aproxima da ideia de "Direito" é *dikáion*, que está etimologicamente associada a *diakaiosúne*, que pode ser traduzida como "justiça".

Os gregos desenvolveram, também, a consciência da existência de uma lei eterna, imutável, a reger o homem indistintamente. Ora, trata-se de uma ideia embrionária do que convencionamos chamar hoje de "direito natural".

Igualmente, é creditado aos gregos o mérito de terem contribuído para o florescimento de uma noção preliminar de constitucionalismo, especialmente em Atenas, onde os cidadãos, por serem mais politizados, acabavam possuindo uma experiência mais apurada da condução da vida pública.

Desse modo, quando se trata de estudar o "Direito grego", não se pode jamais perder de vista o fato de que inúmeras cidades-estados helênicas eram regidas por um ordenamento jurídico próprio, uma vez que elas gozavam de plena soberania. O "universo grego", pois, contava com unidades políticas completamente independentes umas das outras. Estes verdadeiros entes de Direito Público Externo, nessa conjuntura, só se prestavam a estreitar suas relações em função da formação de alguma aliança estratégica (*anfictionia*). Assim, nessa perspectiva, o Direito costumeiro da belicosa Esparta é muito diferente da sofisticação das leis escritas de Atenas, cujo ambiente caracterizava-se por efervescência cultural ímpar.

Entretanto, não é devido esperar dos gregos uma espécie de culto à lei similar àquele que angariou espaço em Roma. Destarte, não se deve requerer das gentes da Hélade uma apreciação sistemática, precisa e dogmática do fenômeno jurídico. O Direito era tão somente parte do regime de governo da cidade e, na visão grega, nisso residia sua maior utilidade e importância.

Ora, não queremos dizer que os gregos vivessem alheios às questões legais. José Reinaldo de Lima Lopez, por exemplo, chama a aten-

---

[2] Cf. a obra de COULANGES, Fustel de. *A Cidade Antiga*. São Paulo: Martin Claret, 2005.

CAPÍTULO XI ● O Direito na Grécia Antiga

ção para "... o costume de aprender de cor (recitando em forma poética) alguns textos jurídicos, assim como os poemas de Homero. As leis de Sólon eram ensinadas como poemas, de modo que o ateniense bem-educado terminava por conhecer sua tradição político-jurídica comum. A literatura 'jurídica' era fonte de instrução e prazer. Em geral no tempo da filosofia socrática sabia-se ler. As técnicas propriamente jurídicas eram próprias do *logógrafo*, o redator de discursos forenses: pedidos, defesas etc. O direito, presumia-se, devia ser aprendido vivenciando-o. As leis deveriam fazer parte da educação do cidadão. As discussões sobre a justiça são discussões sobre a justiça na cidade, entre os cidadãos e iguais. As leis *menores* não importavam para discussão pública"[3].

11.4 A ativa práxis legislativa na Grécia Antiga

A atividade legislativa, ao contrário do que muitos acreditam, foi extremamente profícua na Grécia Antiga. A partir do início do século VII a.C., essa tendência nas cidades-estados torna-se mais significativa, principalmente com a transição dos *mores* para a lei escrita.

As constituições embrionárias passaram a ser o símbolo garantidor da estabilidade das instituições políticas do Estado. A ausência desse corpo de regras já tão familiar aos gregos do século IV a.C. chegava a causar estranheza entre os filósofos, conforme se pode perceber na crítica de Aristóteles sobre os cretenses: "A dispensa da prestação de contas e a perpetuidade são prerrogativas muito acima de seus méritos. A falta de leis que possam servir-lhes de regra para julgar o caráter arbitrário de seus julgamentos não dá nenhuma segurança aos réus"[4].

Muitos, afinal, foram os legisladores que pontilharam o universo helênico. Os mais famosos foram Drácon, Sólon e Péricles, de Atenas, e também Licurgo, de Esparta. Mas também se pode falar de Zaleuco (Lócria), Carondas (Catânia), Filolau (Tebas), Androdamas (Régio), Hipódomo (Mileto) e Onomácrito (Lócris).

---

[3] LOPES, José Reinaldo de Lima. *O Direito na História*: Lições Introdutórias, p. 34-35.

[4] ARISTÓTELES. *A Política*, p. 296.

11.5 O Direito ateniense: o ideal democrático no âmago da lei

Atenas foi, por certo, uma das mais importantes cidades da Antiguidade. Berço da erudição e do conhecimento, este centro cosmopolita da Antiguidade alcançou notável desenvolvimento na Grécia Antiga. Por suas ruas transitavam, diariamente, filósofos atraídos pela extremada valorização concedida ao saber. Não por acaso, aqui despontam, pela primeira vez na história da humanidade, os nítidos contornos dos ideais democráticos.

Ademais, o profícuo comércio marítimo mantido com praticamente todos os povos do Mediterrâneo permitiu a ascensão de um estado verdadeiramente pujante e potencialmente hegemônico.

A natural inclinação do País à cultura, às letras e artes fez brotar uma aristocracia bem articulada politicamente, que se fazia imitada e ditava padrões de comportamento para o mundo antigo. Em virtude disso, o Direito ateniense é, sem dúvida alguma, aquele mais bem servido de fontes dentre todas as cidades que pontilharam a imensa Hélade.

O primeiro aspecto a chamar a atenção de qualquer interessado no estudo das leis da Grécia Antiga diz respeito ao sofisticadíssimo modelo de organização judiciária de Atenas, onde já havia tribunais com competências jurisdicionais completamente distintas. Assim, o Areópago, nas palavras de Jardé, era "o mais antigo tribunal de Atenas: de acordo com a lenda, foi instituído pela deusa Atena, por ocasião do julgamento de Orestes. Suas atribuições primitivas, mal definidas, mas muito amplas, transformaram-no numa corte de justiça e num conselho político, que exercia intensa vigilância sobre toda a cidade e suas leis. Tinha caráter aristocrático, porque era formado por antigos arcontes, que sempre eram escolhidos entre os cidadãos das duas classes mais altas, e porque as funções de seus membros, os areopagitas (*areopagítes*), eram vitalícias. Por essas mesmas razões é que foi particularmente visado pelas reformas dos democratas: em 462, Efialtes conseguiu tirar do Areópago todo o poder político, reduzindo as suas funções apenas às judiciárias. Com o tempo, até essas atribuições judiciárias foram-se restringindo com a criação e desenvolvimento de outros tribunais. No século IV, o Areópoago só conservava o julgamento dos casos de homi-

CAPÍTULO XI ● O Direito na Grécia Antiga

cídios com premeditação, de incêndios e de envenenamento"[5]. Interessante notar que o famoso tribunal ateniense continuou desenvolvendo suas atividades, ainda que reduzidas, até o século I da Era Cristã, mesmo quando a Grécia, já em franco declínio, tinha inevitavelmente sucumbido ao poderio romano e as suas cidades haviam perdido o antigo esplendor[6]. Tem-se notícia, inclusive, de que o apóstolo Paulo, em dado momento, fora intimado a prestar esclarecimentos às autoridades locais sobre a doutrina religiosa que pregava, a qual, segundo consta, estaria causando certo tumulto entre os cidadãos[7].

A mais democrática corte de Atenas, porém, foi aquela conhecida por *Heliaia* ou Tribunal dos Heliastas, um "júri popular composto de até 6.000 cidadãos, escolhidos por sorte, entre os que tivessem mais de trinta anos e se colocassem à disposição da cidade para exercer importantes funções"[8], ensina o professor Luiz Carlos de Azevedo.

Além disso, de acordo com S. C. Todd, é possível falar da existência de pelo menos mais duas cortes na cidade de Atenas, que teriam funcionado até a metade do século IV a.C. Trata-se de um tribunal específico para apreciar causas em que pelo menos uma das partes era estrangeira – o *Xenicon Dikasterion* – e também uma espécie de tribunal marítimo – o *Nautodikai*[9].

É certo, pois, que a transposição dos costumes para um direito escrito facilitou a consolidação das instituições democráticas de Atenas. Sob esse prisma, o legado da cidade ao Direito público é difícil de ser mensurado.

Ora, o poder na sociedade ateniense, pelo menos até o final do século VIII a.C., como bem observou Claude Moussé[10], era partilha-

---

[5] JARDÉ, Auguste. *A Grécia Antiga e a Vida Grega*, p. 191.

[6] Ainda no ano de 147 a.C., a Grécia passaria ao domínio romano sob o nome de "Península Acaia".

[7] Cf. o famoso discurso de Paulo diante do Areópago (At 17, 15-34).

[8] AZEVEDO, Luiz Carlos de. *Introdução à História do Direito*, p. 49.

[9] TODD, S.C. *The Shape of Athenian Law*, p. 332. Convém observar que os nomes dos tribunais em questão nem sempre são os mesmos.

[10] MOUSSÉ, Claude. *Atenas*: A História de uma Democracia, p. 12.

do entre uma aristocracia guerreira (que possuía o monopólio da terra) e os sacerdotes (os quais, não obstante o eventual controle de todos os assuntos relacionados à religião, também cuidavam de distribuir a justiça e aplicar o Direito). Destarte, quando a oralidade é abandonada e as leis passam a ser registradas em pedra, as comunidades ganham automática estabilidade e, naturalmente, afastam-se da prática de julgamentos arbitrários e de decisões inconsistentes[11]. É o que se vê quando os atenienses aprimoram seu ordenamento jurídico, definindo as condições para a validade das leis e o rechaço ao Direito ancestral de caráter consuetudinário:

> As autoridades não têm permissão para usar uma lei não escrita, em caso algum. Nenhum decreto do Conselho ou da assembleia deve prevalecer sobre uma lei. Não é permitido fazer uma lei para um indivíduo se ela não se estender a todos os cidadãos atenienses e se não for votada por seis mil pessoas, por voto secreto[12].

As leis de Atenas, agora escritas, revelam a preocupação dos governantes com a conservação da cidade e o bem-estar de seus cidadãos. O elemento público, pois, se torna primordial, o tema central de muitas dessas regras. É o que se pode notar a partir da leitura da lei relativa à limpeza (cerca de 440-439 a.C.):

> ... não é permitido autorizar que peles apodreçam no rio Ilissos acima do templo de Heracles; ninguém tem permissão para curtir peles ou jogar lixo no rio[13].

Ou, ainda, neste outro exemplo, a regulamentação sobre a utilização dos frutos da oliveira (azeitonas), legislação esta que assume, inevitavelmente, um teor ambientalista (meados do século IV a.C.):

> Quem quer que despoje uma oliveira em Atenas, não sendo por algum propósito religioso do povo ateniense ou de seus demos, ou para uso

---

[11] É exatamente nesse sentido a opinião expressada por THOMAS, Rosalind. Written in Stone? Liberty, Equality, Orality and Codification of Law, p. 9-31.

[12] ARNAOUTOUGLOU, Ilias. *Leis da Grécia Antiga*, p. 104.

[13] ARNAOUTOUGLOU, Ilias. *Leis da Grécia Antiga*, p. 117.

CAPÍTULO XI ● O Direito na Grécia Antiga

PRÓPRIO ATÉ O LIMITE DE DUAS POR ANO, OU COM VISTA A ATENDER AS NE-CESSIDADES DE UMA PESSOA FALECIDA, SERÁ DEVEDOR AO TESOURO DE CEM DRACMAS POR CADA OLIVEIRA, E UM DÉCIMO DESSA QUANTIA CABERÁ À DEUSA. TAMBÉM DEVERÁ PAGAR CEM DRACMAS POR CADA OLIVEIRA AO DENUNCIANTE. E AS ACUSAÇÕES RELATIVAS A ESTA MATÉRIA SERÃO LEVADAS AOS ARCONTES, DE ACORDO COM A INSTÂNCIA PERTINENTE. E O DENUNCIANTE DEVERÁ PAGAR OS EMOLUMENTOS QUE LHE CORRESPONDEM. E QUANDO UMA PESSOA FOR CONSIDERADA CULPADA, OS MAGISTRADOS AOS QUAIS FOI LEVADA A QUESTÃO DEVEM INFORMAR POR ESCRITO AOS COLETORES (*PRÁKTORES*) O MONTANTE DEVIDO AO TESOURO PÚBLICO E O DEVIDO AO TESOURO DA DEUSA. SE NÃO O FIZEREM, SOBRE ELES RECAIRÁ O DÉBITO[14].

Não seria de estranhar o zelo dos atenienses para com a manutenção de seus olivais. É sabido que essas árvores crescem até mesmo em terras menos férteis. A azeitona, assim, é extremamente valorizada por toda a Antiguidade. O azeite extraído do fruto compõe a dieta obrigatória das civilizações que se desenvolveram às margens do Mediterrâneo. Ao denunciante do ato de degradação, conforme se viu, caberia o recebimento da quantia equivalente a cem dracmas por oliveira.

No vigor desse processo legislativo que tomou conta de Atenas tornam-se célebres dois arcontes[15]; cada qual representava a mais completa antítese ao outro. Comecemos por Drácon (cerca de 620 a.C.), que foi o artífice de leis pautadas na construção de um ambiente de tamanha severidade, que passou à História como pérfido legislador. A vileza de intenções desse famoso personagem da política ateniense e a impiedade habitual eram vícios que acompanhavam, de modo absolutamente trágico, a feitura de leis encomendadas por seus pares. As regras jurídicas rigorosas ao extremo que produziu não encontraram apoio popular na cidade mais erudita da Antiguidade Clássica. Como bem ressaltou Pinheiro, a tônica da legislação de Drácon consistia na aplicação da pena de morte para a maioria dos delitos, o que lhe valeu a reputação de "sanguinário"[16]. Vale lembrar que o termo "lei draconiana" é corrente

---

[14] ARNAOUTOUGLOU, Ilias. *Leis da Grécia Antiga*, p. 40.

[15] Cargo no governo destinado à aristocracia ateniense.

[16] PINHEIRO, Ralph Lopez. *História Resumida do Direito*, p. 55.

na atualidade entre os operadores do Direito, principalmente quando o objetivo é se referir a uma regra cruel, desumana ou excessiva.

Por esses motivos, sabe-se que seria Sólon (638-558 a.c.) o homem designado a promover uma grande reforma que se estenderia ao campo jurídico. É bem conhecido o fato de que o intelecto de Sólon, aliado às suas boas intenções, foi chamado a corrigir os desvarios de seu predecessor. Como bem destacou Moussé, "Sólon, eleito arconte em 594 a.c., tomaria a si a tarefa de enfrentar a crise. Ele próprio pertencente à aristocracia, mas por temperamento ou por necessidade, fora levado a viajar, o que o colocava um pouco à margem da aristocracia tradicional. Consciente da ameaça representada por uma agitação camponesa, que poderia desembocar na tirania, e recusando-se tornar-se tirano, proclama *seisachteia*, ou seja, a suspensão dos encargos, arrancando dos campos os marcos que tornavam concreto o estado de dependência de seus proprietários, ao mesmo tempo em que anula as dívidas e revoga o direito do credor de mandar prender o devedor, fazendo retornar à Ática todos aqueles que, como escravos, haviam sido vendidos no exterior"[17]. Fato é que, por essas populares iniciativas, Sólon, a partir daí, fez com que seu nome fosse sempre lembrado pelas gerações que seguiriam, tendo sua legislação sido já muito festejada à época como sinônimo de justiça e equidade entre diversas *póleis helênicas*, mesmo decorridos três séculos desde o ano de seu falecimento. Enfim, como disseram V. Diakov e S. Kovalev: "A Constituição de Atenas refletia um regime social novo que, para o seu tempo, era progressista"[18].

Do mesmo modo, o Direito Penal ateniense parecia bem menos severo que aquele produzido entre os povos da Antiguidade Oriental. Klabin acredita que as formas de punição mais usuais eram as multas, o desterro, o confisco e a prisão[19]. Pode-se perceber uma nítida intenção de abrandamento das penas, evitando-se, até onde fosse julgada oportuna, uma sentença de morte.

---

[17] MOUSSÉ, Claude. *Atenas:* A História de uma Democracia, p. 12.

[18] DIAKOV, V.; KOVALEV, S. *História da Antiguidade: Grécia*, p. 494.

[19] KLABIN, Aracy Augusta Leme. *História Geral do Direito*, p. 185B.

CAPÍTULO XI ● O Direito na Grécia Antiga

Não quer dizer que nessa famosa cidade-estado as penas fossem totalmente destituídas de crueldade. Contudo, pesquisas como aquelas de Margaretha Debrunner Hall informam sobre a prática de uma espécie de crucificação – *apotympanismos* – em plena Atenas[20].

É bem verdade que não se têm todas as informações sobre o Direito ateniense. Por isso os estudiosos caminham apenas até onde as fontes permitem chegar. Mesmo assim, algumas conclusões já podem ser obtidas graças ao bom logro das escavações arqueológicas.

Na atualidade é possível dizer que em Atenas havia clara distinção entre homicídio doloso e homicídio culposo. Ainda pairam dúvidas quanto à pena aplicada ao primeiro caso. Entretanto, no que concerne ao segundo, sabe-se que se previa o banimento. O perdão da parentela eximia o apenado de cumprir a sentença, porém a recusa de um só desses familiares era suficiente para ensejar que fosse levada a cabo a punição[21].

O adultério era considerado crime em Atenas. A disposição abaixo remonta, provavelmente, ao século V antes de Cristo:

> E ÀQUELE QUE PEGA EM FLAGRANTE O ADÚLTERO, NÃO LHE É LÍCITO CONTI-
> NUAR VIVENDO COM SUA MULHER; SE O FIZER, SERÁ PRIVADO DE SEUS DIREI-
> TOS CIVIS. E À MULHER QUE COMETEU ADULTÉRIO NÃO É DADO ASSISTIR AO
> SACRIFÍCIO PÚBLICO; SE O FIZER, PODERÁ SOFRER QUALQUER CASTIGO, COM
> EXCEÇÃO DA MORTE, E QUEM LHE APLICAR O CASTIGO NÃO SOFRERÁ QUAL-
> QUER PUNIÇÃO[22].

Note-se que o legislador se esquiva de pronunciar qualquer pena para o adúltero. A mulher, no entanto, estava impedida de participar de cerimônias religiosas, bem como poderia sofrer qualquer investida nas ruas por seus algozes em razão de um comportamento execrado pela sociedade. Igualmente, não era lícito ao marido traído continuar vivendo com sua esposa. As relações extraconjugais, nesse caso, de-

---

[20] HALL, Margaretha Debruner. *Even Dogs Have Erineyes: Sanctions in Athenian Practice and Thinking*, p. 73-89.

[21] ARNAOUTOUGLOU, Ilias. *Leis da Grécia Antiga*, p. 82-83.

[22] ARNAOUTOUGLOU, Ilias. *Leis da Grécia Antiga*, p. 25.

O Direito na Antiguidade Clássica

terminavam o automático dever do marido de requerer o divórcio. A recusa em admitir sua necessidade gerava o ostracismo, sanção esta que, numa cidade politizada e democrática como Atenas, gerava sério inconveniente social.

Havia também em Atenas uma interessante lei restringindo os direitos civis a todos aqueles que se prostituíam:

> Se qualquer ateniense se prostituir, não terá permissão para se tornar um dos nove arcontes, para exercer qualquer sacerdócio, para atuar como advogado do povo ou exercer qualquer ofício, em Atenas ou outro lugar, por sorteio ou votação; não terá permissão para ser enviado como arauto, para fazer qualquer proposta na assembleia dos cidadãos e em sacrifícios públicos, para usar florão, quando todos usarem, para entrar em local de reunião purificado para a assembleia. Qualquer pessoa que, tendo sido condenada por prostituição, desobedecer a qualquer dessas proibições, será condenada à morte[23].

As interdições eram previstas unicamente para os casos de prostituição masculina, pois boa parte dos cargos enumerados somente podia ser preenchida por homens. Assim, aquele que alguma vez já havia se prostituído estava impedido de exercer diversas funções públicas e religiosas. Aqui o castigo era severo: a não observância dessas proibições acarretava a pena capital.

Da mesma forma, também algumas questões sobre o Direito Civil ateniense já podem ser descortinadas. Eis duas regras do Direito Sucessório:

> Com exceção daqueles que foram adotados quando Sólon assumiu sua magistratura, e, que, portanto, ficaram inaptos para reclamar uma herança ou renunciar a ela, qualquer homem terá direito de dispor de sua propriedade por via testamento e de acordo com seus desejos, se não tiver filhos legítimos do sexo masculino, a menos que sua mente tenha sido incapacitada por loucura, velhice, drogas ou doença, ou a menos que ele esteja sob a influência de uma mulher, ou sob coação, ou tenha sido privado de sua liberdade[24].

---

[23] ARNAOUTOUGLOU, Ilias. *Leis da Grécia Antiga*, p. 76.

[24] ARNAOUTOUGLOU, Ilias. *Leis da Grécia Antiga*, p. 1.

CAPÍTULO XI ● O Direito na Grécia Antiga

| Se alguém morre sem testar, e se tiver deixado filhas, vai para elas sua propriedade; se não, farão jus à propriedade os que se seguem: irmãos que sejam filhos do mesmo pai e filhos legítimos de irmãos terão a parte correspondente a seu pai. Se não há quaisquer irmãos ou filhos de irmãos..., seus descendentes herdarão do mesmo jeito. Os (parentes) de sexo masculino e seus descendentes masculinos terão a precedência, quer sejam da mesma parentela, quer o parentesco seja mais remoto. E se não há consanguíneos do lado do pai, até o grau de filhos de primos, os parentes do lado materno herdarão de igual modo. E se não houver parente nesse grau mencionado, herdará o mais próximo aparentado do lado paterno. Nenhum filho ilegítimo, de um ou outro sexo, terá direitos sagrados ou seculares de parentesco, a contar do arcontado de Euclides (403-2 a.C.)[25].

Não é nenhum segredo o fato de que nas sociedades da Antiguidade, especialmente naquelas mediterrânicas, eram mantidos, via de regra, os privilégios sucessórios para os herdeiros do sexo masculino.

No Direito ateniense não parecem prevalecer aquelas prerrogativas próprias da primogenitura, tão ao gosto dos orientais em geral. Entretanto, os varões, indubitavelmente, alcançam maiores vantagens e o seu quinhão está garantido. Mas as filhas também podem herdar, na ausência de irmãos legítimos. Note-se que em momento nenhum se menciona a condição das viúvas. As disposições acima informam quão corriqueiro era o recurso ao testamento entre os gregos. A segunda lei, basicamente, sintetiza a essência do Direito Sucessório ateniense.

11.6 O Direito espartano: o militarismo na Constituição de Licurgo

Esparta desenvolveu-se às margens do rio Orontes, nas terras da Lacônia. Sua história começa a ser contada a partir da invasão de um povo de origem germânica em terras gregas: os dórios. Estes, logo subjugam os aqueus e seus vizinhos. Inicia-se aqui, pois, a saga de uma das mais belicosas e militaristas civilizações que o mundo já conheceu.

---

[25] ARNAOUTOUGLOU, Ilias. *Leis da Grécia Antiga*, p. 3.

O espartano ingressava no período de treinamento das forças armadas em tenra meninice, mais precisamente aos sete anos de idade. Quando chegava à juventude, já era um exímio e perigoso guerreiro. As leis da cidade autorizavam o rechaço paterno às crianças portadoras de deficiência. O pai poderia também lançar o bebê de qualquer penhasco se imaginasse que sua compleição física seria um empecilho à carreira militar.

Os espartanos eram mestres no cultivo das tradições cívicas e amavam a pátria com fervor. Dedicavam-se até a morte ao combate e tinham repugnância aos covardes e desertores.

Eram xenófobos por excelência, pois se julgavam "iguais entre si", mas "superiores a qualquer outro povo da Hélade". Usavam cabelos compridos e bem forjados apetrechos de guerra. Uma longa capa vermelha tocava-lhes o calcanhar. O escudo e o elmo característicos que protegiam, além da cabeça, os maxilares do combatente, faziam parte de uma indumentária militar bastante peculiar responsável por popularizá-los ainda mais entre os seus adversários.

A coragem espartana foi imprescindível à manutenção da cultura grega. Entre os anos de 500 e 449 a.C., Esparta aliou-se a Atenas a fim de refrear a fúria do invasor nas chamadas "Guerras Médicas". Os soldados comandados pelo legendário Leônidas lutaram com ânimo redobrado contra os persas. Entretanto, em 431 a.C. eclodiu o conflito contra Atenas. A guerra só terminaria em 404 a.C., com a vitória de uma enfraquecida e desgastada Esparta[26].

Quanto ao sistema político, sabe-se que Esparta tinha dois reis, que provinham de duas importantes famílias aristocráticas locais: a dos Ágidas e a dos Euripôntidas. Os monarcas não possuíam irrestrita autonomia no campo da política interna, tampouco, no da externa. Encontravam-se eternamente resignados à vontade superior dos aristocratas que compunham a Assembleia do Povo, chamada em Esparta de *Apella*, ou do Conselho de Anciãos, a *Gerúsia*, composta por vinte e oito *gerontes* com idade igual ou superior a sessenta anos e por dois reis. Portanto, os dois monarcas mais se assemelhavam a chefes

---

[26] PALMA, Rodrigo Freitas. O Direito Espartano, p. 1-6.

CAPÍTULO XI ● O Direito na Grécia Antiga

militares[27]. Jaeger assim os define: "Os dois reis heráclitas, sem poder político na época histórica e que só no campo de batalha retomavam a importância original, eram um remanescente dos antigos reis dos exércitos do tempo das invasões dóricas e proviriam talvez do fato de se proclamarem reis conjuntamente, os dois chefes das duas hordas. A assembleia do povo espartano não é outra coisa senão a antiga comunidade guerreira. Não há nela qualquer discussão. Limita-se a votar SIM ou NÃO em face de uma proposta definida no Conselho de Anciãos. Este tem o direito de dissolver a assembleia e pode retirar da votação propostas com resultado desfavorável. O eforato é a autoridade mais poderosa do Estado e reduz ao mínimo o poder político da realeza. A sua organização representa um poder moderador no conflito de forças entre os senhores e o povo. Concede ao povo um mínimo de direitos e conserva o caráter autoritário da vida pública tradicional. É significativo que o eforato seja a única instituição não atribuída à legislação de Licurgo"[28].

Todavia, ainda não tem sido possível conhecer o Direito espartano da mesma forma que o Direito de sua maior rival, Atenas. O maior desafio é a inexistência de fontes diretas, o que nos leva a buscar aquelas informações prestadas por filósofos da estirpe de Aristóteles, Xenofonte, Plutarco, Tucídides, Heródoto e Políbios. Vale dizer que o próprio *Corpus Iuris Civilis*, de Justiniano, já atentava para essa realidade ao ressaltar que os espartanos, ao contrário dos atenienses e romanos, preferiam "confiar à memória aquilo que observavam como lei"[29]. Destarte, devido ao caráter eminentemente consuetudinário das leis de Esparta, somente poderemos considerar seu sistema legal de forma genérica. Na opinião de Aristóteles, o Direito espartano sofreu alguma influência do Direito cretense, apesar de não explicar as motivações que o levaram a chegar a tais conclusões[30].

---

[27] *Vide* PALMA, Rodrigo Freitas. *O Direito Espartano*, p. 4.

[28] JAEGER, Werner. *Paideia:* A Formação do Homem Grego, p. 111.

[29] JUSTINIANO. *Institutas do Imperador Justiniano:* Manual Didático para Uso dos Estudantes de Direito de Constantinopla, elaborado por ordem do Imperador Justiniano, no ano 533 d.C. Trad. CRETELLA JR., J. e CRETELLA, Agnes. 2. ed. São Paulo: RT, 2005, p. 24. [Livro Primeiro, Título II.]

[30] ARISTÓTELES. *A Política*, p. 295.

De qualquer modo, já sabemos que os espartanos possuíam um vocábulo específico para se referir ao seu conjunto de leis. O Direito era nomeado pela palavra *rhetra*, cujo sentido etimológico, consoante a lição de Jacqueline de Romilly, alcançava o mesmo significado do verbo "dizer"[31]. Segundo Werner Jaeger, autor da célebre *Paideia*, "esta pretensa legislação é o contrário do que os gregos costumavam entender por legislação. Não é uma compilação de leis particularizadas, civis e públicas, mas sim o *nomos*, no sentido original da palavra: uma tradição oral válida, da qual apenas algumas leis fundamentais e solenes – as *rhetra* – foram fixadas por escrito. Entre estas estão as que se relacionam com as atribuições das assembleias populares, mencionadas por Plutarco. As fontes antigas não consideram esta faceta resíduo de um estágio primitivo. Pelo contrário, e em oposição à mania legisladora da democracia do século IV, têm-na como obra da sabedoria previdente de Licurgo, o qual, como Sócrates e Platão, dava maior importância à força da educação e à formação da consciência de seus cidadãos do que às prescrições escritas. Com efeito, quanto maior importância se concede à educação e à tradição oral, menor é a coação mecânica e externa da lei sobre os detalhes da vida. No entanto, a figura do grande estadista e pedagogo Licurgo é uma interpretação idealizada da vida de Esparta, vista pelos ideais de educação da filosofia posterior"[32].

Paralelamente ao Direito oral, havia também um exíguo Direito escrito. Tratava-se da própria "Constituição da Lacedemônia", à qual Aristóteles se refere num comentário específico incluído em sua obra maior – *A Política*.

Os autores da Antiguidade Clássica sempre aludiam a um homem chamado Licurgo, que teria sido o autor dessas leis. Pouco sabemos sobre ele. Ao que parece, tratava-se de um aristocrata, alguém aparentado à realeza, não obstante o fato de ainda permanecerem vivas muitas especulações sobre o assunto. Pelo menos quanto a essa pos-

---

[31] ROMILLY, Jacqueline de. *La Lois dans la Pensée Grecque*, p. 14.

[32] JAEGER, Werner. *Paideia*: A Formação do Homem Grego, p. 112.

CAPÍTULO XI ● O Direito na Grécia Antiga

sibilidade, o estagirita o menciona sem jamais questionar sua historicidade[33]. Xenofonte (427-355 a.C.), por sua vez, teve acesso a fontes bem mais antigas e também escreveu sobre o tema[34]. Nenhuma delas, entretanto, foi tão detalhista quanto *A vida de Licurgo*, de Plutarco (45-120 d.C.), o que não lega aos seus escritos maior confiabilidade, pois ele teve acesso apenas a fontes bem mais tardias. Heródoto, chamado "o Pai da História", chega a nos informar ter havido um antigo santuário onde Licurgo foi venerado por gerações a fio[35].

O teor costumeiro e casuístico do Direito espartano é uma constante nos comentários dos filósofos. Vejamos o parecer de Aristóteles sobre a questão: "Outro absurdo não menos lamentável é ver pessoas colhidas ao acaso julgando em última instância os maiores casos. Seria necessário, pelo menos, que tivessem um código e julgassem de acordo com leis escritas, em vez de decidir, como fazem, de acordo com seus caprichos"[36].

Os atenienses credenciavam a feitura de suas leis a legisladores como Drácon e Sólon. Os cidadãos, ao passearem pelas ruas, sabiam que aquelas regras registradas em placas de bronze e à vista de todos eram obra de meros homens. O espírito democrático a nortear a vida em sociedade impunha que as leis em extremo cruéis, como as de Drácon, deveriam ser revogadas por um novo arconte eleito pela assembleia. Como vimos, coube a Sólon levar a cabo tal tarefa. Em Esparta, ao contrário, não se pode falar o mesmo. Heródoto dá a entender que as leis ainda estão adstritas ao universo do sagrado. Nesse contexto, o papel de Licurgo seria servir de interlocutor entre o povo e uma suposta inspiração "recebida" junto ao famoso oráculo de Delfos[37].

---

[33] Estagirita é o natural de Estagira, cidade-estado da Grécia Antiga que ficou famosa por Aristóteles. Assim, quando dizemos "estagirita", estamos nos referindo a esse notável filósofo.

[34] Xenofonte escreveu a obra intitulada *Constituição dos Lacedemônios*, ainda sem tradução no idioma pátrio. Aristóteles produziu obra semelhante a esta, mas dela só restam fragmentos.

[35] HERÓDOTO. *História*, p. 38-39.

[36] ARISTÓTELES. *A Política*, p. 293-294.

[37] HERÓDOTO. *História*, p. 38-39.

Aristóteles percebeu uma clara interdição ao comércio de imóveis em Esparta. O filósofo esclarece que a cultura espartana julgava ser o comércio uma prática "pouco honrosa"[38]. Essa opinião é compartilhada por Políbios, que ressalta a mera constância do escambo de bens de consumo no cotidiano da cidade, em detrimento de outras práticas negociais[39]. Ensina Aristóteles que os bens eram transmitidos por testamento ou doação. A lei, assim, havia contribuído para gerar o incremento da pobreza do País, cujas riquezas se concentravam nas mãos de alguns poucos.

Outra curiosidade apontada por Aristóteles diz respeito a uma regra que isentava o indivíduo da prestação do serviço militar se ele tivesse três filhos. Quatro filhos isentariam o pai de família do pagamento de tributos ao estado. O ideal de civismo, profundamente arraigado às instituições da cidade, explica a promoção de banquetes públicos, ocasião em que os habitantes da *polis* festejavam juntos, apesar de que os menos favorecidos eram naturalmente excluídos pela falta de recursos para participar dos tais eventos[40].

Destarte, Licurgo deve ser sempre lembrado como o modelador de um Estado aristocrático e militarista. As virtudes cultivadas pelos cidadãos estavam ligadas à condução da guerra. Os espartanos jamais sobressaíram no campo da política, não obstante terem ficado eternamente lembrados por seus feitos heroicos, dentre os quais, a célebre batalha das Termófilas (480 a.C.) serve como grande referência.

11.7 O desenvolvimento do Direito Internacional na Grécia Antiga

A Grécia Antiga conheceu largamente o desenvolvimento de uma espécie embrionária de Direito Internacional. É justamente no universo da Hélade que surgem os elementos políticos providenciais que pugnam pelo estabelecimento de uma evidenciada tradição de base consuetudinária no terreno das relações internacionais.

---

[38] ARISTÓTELES. *A Política*, p. 289-290.

[39] POLÍBIOS. *História*, p. 342. [Livro VI, 49.]

[40] ARISTÓTELES. *A Política*, p. 289-290.

CAPÍTULO XI ● O Direito na Grécia Antiga

É certo, pois, que o fato de cada cidade-estado ser completamente soberana contribuiu favoravelmente para a gradual construção de um efetivo ideal internacionalista entre os gregos. Não por acaso, o renomado mestre da Universidade de Munique Georg Stadtmüller utilizou em sua obra a expressão "Direito Internacional grego"[41].

Por conseguinte, diversas instituições próprias ao Direito das Gentes vão sendo progressivamente delimitadas, uma vez que a constância da beligerância entre as cidades-estados acaba por exigir novas formas de cooperação entre os envolvidos nos conflitos. Assim, o estado de guerra quase sempre permanente entre os gregos (principalmente a partir do século IV) viabilizou a celebração de tratados internacionais que tinham os mais diferentes objetos. O historiador Tucídides retratou com riqueza de detalhes o contexto de tantos célebres embates do mundo antigo, bem como, a conclusão de pactos contendo interessantes cláusulas de não agressão entre entidades políticas da importância de Atenas e Esparta[42]. A obra máxima do referido pensador grego – *História da Guerra do Peloponeso* – confirma também a profícua diplomacia realizada por intermédio de embaixadores designados para tanto, apesar de inexistirem, conforme o disposto na lição de Truyol y Serra, embaixadas permanentes[43].

Um fenômeno típico do universo helênico consistiu na formação de ligas políticas entre as cidades-estados lideradas por alguma potência hegemônica como Atenas ou Esparta, chamadas de *anfictionias*. Essas ligas eram entidades confederadas norteadas por interesses políticos comuns, notadamente a defesa mútua e a religião. Para Seara Vázquez, elas significavam muito mais do que isso: as ligas anfictiônicas

---

[41] STADTMÜLLER, Georg. *Historia del Derecho Internacional Público*, parte I, p. 24. Essa opinião não é partilhada por todos os estudiosos. Uribe Vargas, por exemplo, reconhece o considerável desenvolvimento na Grécia Antiga de institutos como a arbitragem e o asilo, o que julga não ser motivo suficiente para imaginar entre os helenos, propriamente, a existência de um Direito Internacional. Cf. URIBE VARGAS, Diego. *Los Derechos Humanos y el Sistema Interamericano*, p. 22.

[42] TUCÍDIDES. *A Guerra no Peloponeso*, p. 253.

[43] TRUYOL Y SERRA, Antonio. *Historia do Direito Internacional Público*, p. 25.

eram modelos embrionários representativos das modernas organizações internacionais[44], cujo grande legado, na visão de Julio Linares, seria a humanização do conflito[45]. Nesse sentido, muitos são os exemplos. As principais, no entanto, foram a Liga do Peloponeso (550 a.C.), liderada por Esparta, e a de Delos (478-477 a.C.), capitaneada por Atenas. A mais antiga delas parece ter sido a Liga da Beócia (século VI a.C.), que tinha a sua frente a cidade de Tebas. Uma das últimas *anfictionias*, senão a última delas, foi aquela de Corinto (338 a.C.).

---

[44] SEARA VÁZQUEZ, Modesto. *El Derecho Internacional Público*, p. XIX. Veja nesse mesmo sentido ARAÚJO, Luiz Ivani Amorim de. *Da Globalização do Direito Internacional Público*: Os Choques Regionais, p. 13.

[45] LINARES, Julio E. *Derecho Internacional Público*, t. I e II, p. 50.

O Direito romano

12.1 A notável contribuição romana ao desenvolvimento do Direito

A contribuição das gentes que floresceram no Lácio ao desenvolvimento do Direito é difícil de ser mensurada. Em Roma, pela primeira vez em toda a longa história da humanidade, a apreciação *sui generis* do fenômeno jurídico passou a ser redimensionada por completo, assumindo, progressivamente, contornos ou ares científicos.

Nesse ambiente, o processo de desvinculação do sagrado é gradual, porém absolutamente inequívoco. Foram os romanos que desenvolveram, com renomada maestria no campo da teoria, os principais institutos jurídicos que conhecemos, notadamente aqueles no âmbito do Direito Privado (na órbita do Direito Civil, para ser mais preciso).

O Direito na Antiguidade Clássica

Influenciados pelos preceitos doutrinários propostos pelos romanos estão, marcadamente, países da América Latina, como o Brasil, e outros tantos da Europa: Portugal, Espanha, França, Itália, Alemanha, Áustria, Suíça e Escócia, só para citar alguns exemplos.

Em decorrência da dedicação romana aos estudos jurídicos, o principal sistema de Direito do mundo contemporâneo é justamente o Romano-Germânico de Direito. Tanto é verdade que até mesmo o Sistema de Direito Consuetudinário, a *Common Law*, não raro acolhe os princípios latinos por aqueles outrora arvorados.

Igualmente, ladeado pelas tradições judaico-cristãs e pelo pensamento filosófico grego, o legado romano do Direito ajudou a emoldurar profundamente o Pensamento Ocidental. Não seria de estranhar, pois, que mais de 1.445 artigos de nosso Código Civil de 1916, como bem acentuou Moreira Alves ao firmar-se na pesquisa de Abelardo Lobo, têm, essencialmente, base romanística[1].

Apesar disso, é preciso fazer coro às vozes que denunciaram a negligência com a qual muitas faculdades de Direito do Brasil, durante décadas a fio, trataram o ensino do "Direito Romano". O descrédito imputado era tamanho que, muitas vezes, a matéria sequer figurava no rol das eletivas que compunham o quadro geral das disciplinas oferecidas pelo curso. Enquanto isso, em países como a Inglaterra, a matéria, então instituída por Henrique VIII, já era ensinada desde o século XVI[2].

Infelizmente, a desconsideração pelas linhas gerais do Direito Romano persiste entre nós. A melhor caracterização deste contexto desalentador pode ser exemplificada com a ausência da cátedra nas matrizes curriculares dos cursos de Direito no Brasil. Outrora autônoma, seus conteúdos, quando muito, agora passam a compor o universo da História do Direito. Essa realidade é de todo inaceitável, principalmente quando se leva em consideração que alhures, em países como a China, Rússia, Polônia e República Tcheca, que não possuem uma

---

[1] ALVES, José Carlos Moreira. *Direito Romano*, v. I, p. 3.

[2] Cf. a informação de DAVID, René em *Os grandes sistemas de Direito Contemporâneo*, p. 7.

CAPÍTULO XII ● O Direito romano

influência diretamente romana, a cátedra em questão tem suscitado interesse cada vez maior.

Para uma constatação da negligência que teimosamente impera por aqui, basta realizar uma breve consulta às grades curriculares de muitas de nossas academias de Direito. Nesse ínterim, muito bem--vinda é a colocação do professor Mário Curtis Giordani: "Numa época em que o pragmatismo e o tecnicismo ameaçam bitolar as inteligências, nunca será demais sublinhar quão importante se constitui para o ser humano ampliar cada vez mais seus horizontes culturais adquirindo conhecimentos que lhe proporcionem uma ampla visão de conjunto dos fenômenos que entretecem toda a trama da civilização, quer focalizada em sua horizontalidade atual, quer visualizada em sua verticalidade temporal. Em outras palavras: para o ser humano viver conscientemente sua inserção no contexto histórico, indispensável se torna a aquisição de um bom lastro do que se chama cultura geral, isto é, de conhecimentos que não possibilitem lucro pecuniário ou aplicação tecnológica. Entre esses conhecimentos figuram de modo ímpar os relativos à História, de um modo geral, e, de um modo muito especial, à História de nossa Civilização Ocidental. Ora, a presença do Direito Romano é constante em todas as fases da elaboração dessa Civilização, desde suas raízes clássicas até a época contemporânea. Compreende-se, pois, que, se o conhecimento da História de nossa Civilização é parte integrante da cultura geral e se o Direito Romano constitui um elemento importante na formação dessa civilização, o estudo, ainda que superficial, dos principais aspectos desse Direito, contribua para a melhor compreensão dos fenômenos históricos e consequente ampliação da cultura geral"[3].

12.2 A evolução histórica do Direito romano

Esclarecemos, desde já, que existem inúmeras formas de delimitar a história do Direito romano. Com a finalidade de facilitar o entendimento, escolhemos aquela que parece ser, a nosso ver, a mais didática das formas de classificação. Ela se encontra dividida, basicamente, em

---

[3] GIORDANI, Mário Curtis. *Iniciação ao Direito Romano*, p. 38.

O DIREITO NA ANTIGUIDADE CLÁSSICA

quatro períodos: a Realeza (753-510 a.C.); a República (510-27 a.C.); o Alto Império ou Principado (27 a.C.-284) e o Baixo Império ou Dominato (284-565).

12.3 O Direito romano: eventuais influências externas

Sem desconsiderar o peso histórico das mais abalizadas opiniões que vislumbram no Direito romano uma nítida influência externa, somos tendentes a acatar a posição de Nicholas Barry, entre outros tantos, que percebe no conjunto das leis surgidas no Lácio "o mais original produto da mente romana"[4].

O Direito romano foi, a bem de verdade, o fruto colhido a partir da conjunção de costumes imemoriais de diversas gentes de origem indo-europeia que vieram a habitar a Península Itálica ainda em tempos remotos. Dentre os muitos povos que poderiam ser citados, é mister fazer referência direta aos sabinos e etruscos. Os primeiros forneceram os alicerces para o delineamento das instituições jurídicas nascidas no seio da família romana. Seu contributo, portanto, vincula-se ao campo do Direito Privado. Os segundos, cosmopolitas por excelência, deixaram como legado um senso apurado de administração municipal e o conhecimento de uma ousada prática mercantilista. A contribuição etrusca, desse modo, restringe-se ao Direito Público. A instauração da República em 510 a.C. converterá essas percepções no amálgama legal que marcará a trajetória da humanidade.

Todavia, como sabemos, não foram os romanos os primeiros a se dedicarem ao direito. Na época da fundação de Roma, a civilização que vigorosamente floresceu na Mesopotâmia já havia desenvolvido uma série de codificações que utilizavam a escrita cuneiforme (daí o emprego da expressão "direitos cuneiformes"). Inferir, todavia, que elas se projetaram no universo jurídico romano a título de influência nos parece uma hipótese tremendamente exagerada. Sabe-se que os romanos não buscaram nas muitas legislações do Oriente Próximo, tais como o Código de Hamurábi ou a *Torah*, os subsídios para a com-

---

[4] BARRY, Nicholas. *An Introduction to Roman Law*, p. 1 (Clarendon Law Series). [Nossa tradução.]

196

CAPÍTULO XII ● O Direito romano

posição de seu Direito. O único paralelismo orientalista que poderia ser destacado, conforme comprovou detalhadamente o mestre Fustel de Coulanges, é com o Direito da Índia Antiga (mas ainda assim, muito acidentalmente). A dita verossimilhança é mais perceptível no que tange ao "culto aos mortos" e à manutenção do "fogo sagrado" nos lares[5]. Somente nas proximidades do século IV da Era Cristã, quando o Direito romano já havia alcançado seu resplendor, tentou-se fazer uma comparação entre as leis romanas e as hebraicas. A obra, de autoria ainda hoje desconhecida, intitulou-se *Mosaicarum et Romanarum legum collatio.*

A tradição literária, contudo, supõe uma influência grega na experiência histórico-jurídica romana. É conhecida a versão sobre aquela comissão constituída no ano de 554 a.C. por três patrícios que teria sido encaminhada à Hélade para estudar as já célebres leis de Sólon.

É fato que algumas semelhanças, por ora, podem ser conferidas entre os Direitos grego e romano. É o caso do pai que rejeita o filho portador de certa deficiência já no ato de seu nascimento. Essa prática se repetia tanto em Esparta como em Roma. Ou, ainda, como ressalta Coulanges, a inalienabilidade da propriedade na Roma arcaica, característica esta que também estava prevista na legislação de algumas cidades-estados da Grécia Antiga, como Corinto, Lócria e Leucade. Não se deve, entretanto, estranhar a presença desses eventuais pontos de contato entre tais legislações, afinal de contas estão os romanos e gregos em muitos aspectos vinculados a um contexto comum, que é aquele da cultura do Mediterrâneo[6]. Portanto, a suposta influência grega no processo legislativo romano, a nosso ver, não pode ser superestimada em detrimento da inquestionável capacidade vocacional das gentes do Tibre.

Por fim, há que cogitar a eventualidade da influência cristã. Admitindo que esta tenha ocorrido, principalmente no Direito de Família romano, deve-se ter sempre em mente que isso ocorreu tardiamente, entre os séculos IV e VI, quando o Império já declinava a olhos vistos.

---

[5] FUSTEL DE COULANGES, Auguste. *A Cidade Antiga*, p. 21-36.

[6] FUSTEL DE COULANGES, Auguste. *A Cidade Antiga*, p. 75.

A tese da projeção de elementos humanísticos e filosóficos cristãos no Direito romano foi ardorosamente defendida por autores como M. Troplong[7] (*Influência del Cristianismo en el Derecho Civil romano*); Biondo Biondi (*Il Diritto romano cristiano*) e Jean Gaudemet (*La formation du Droit Séculier et du Droit de l'Eglise aus IV e V siècles*). De qualquer modo, é preciso ser cauteloso ao pressupor a penetração ostensiva dos dogmas do cristianismo no sistema legal orquestrado pelos imperadores do mundo, devendo-se tê-la, quando muito, como meramente ocasional e esporádica. Consoante o que bem destacou Levy-Bruhl ao inferir que, ao excetuar-se "... certas matérias particulares, como o casamento, o divórcio e a filiação, a influência do cristianismo sobre ele foi muito pouco sensível e o Direito de Justiniano inspira-se largamente nos grandes juristas pagãos do tempo dos Antoninos e dos Severos. Só na Idade Média, quando da formação do Direito Canônico, é que essa influência irá se exercer de maneira ampla e desembocará na criação de novas instituições"[8].

12.4 A fundação da cidade e a povoação do Lácio: os contratos do universo etrusco

O processo de povoação da Itália é ainda um terreno propício a especulações e divergências[9]. Sabe-se, entretanto, que entre as mais antigas populações a habitar a região estavam povos como os etruscos, sabinos, latinos, volscos, úmbrios e oscos. Essas nações, antes da den-

---

[7] TROPLONG, M. *Influência del Cristianismo en el Derecho Civil Romano*. Trad. Dr. Santiago Cuchillos Manterola. Buenos Aires: Debedec; Ediciones Desclée, de Brower, 1947.

[8] LEVY-BRUHL, Henri. *Sociologia do Direito*, p. 83.

[9] As notícias acerca das mais recentes descobertas arqueológicas em Roma podem ser conferidas no excelente artigo do Prof. A. Grandazzi: "A partir de 1988, o arqueólogo italiano Andréa Carandini e sua equipe viram aparecer, durante uma escavação no sopé do Palatino e perto do Arco de Tito, os vestígios de uma muralha, refeita em diversas ocasiões, cujo nível mais antigo remontava aos anos 730 a.C. A descoberta recente teve enorme repercussão, na medida em que derrubou o paradigma até então em vigor que descartava a tradição literária antiga relativa a Rômulo e seus sucessores". GRANDAZZI, Alexandre. Roma: Mito da Fundação se Confirma. *História Viva*, ano III, n. 33, p. 60-65.

CAPÍTULO XII • O Direito romano

sa miscigenação que caracterizou o fim da República, viveram em permanente estado de tensão nos primórdios da história romana.

Dessa lista, melhor conhecemos os etruscos, graças aos esforços empreendidos pelos arqueólogos.

Os sabinos vêm logo a seguir, considerando que os primeiros reis de Roma eram, segundo a tradição literária, de origem sabina. Se for verdade, a essa tribo latina se deve a divisão das classes em patrícios, clientes e plebeus. Também a eles seriam devidos os costumes ancestrais da família romana magistralmente tipificada na obra de Fustel de Coulanges e, por conseguinte, as primeiras instituições jurídicas de que se tem notícia nos arredores do Tibre.

Os etruscos, que se denominavam *rasenas*, chegaram a constituir uma prodigiosa civilização. De acordo com uma forte tradição literária, teriam sido justamente eles a legar a Roma o desenvolvimento e a aspiração à grandeza.

Essa civilização, de origem obscura, tinha conhecimentos avançados para o seu tempo. Seu comércio e sua agricultura foram extremamente desenvolvidos. As mulheres possuíam relativa liberdade na sociedade etrusca, o que pode ser constatado por meio de sua rebuscada arte, em que elas interagem num clima festivo com os homens. A religião demonstra influências orientais (egípcia e babilônia) e gregas, nas quais o profetismo encontra espaço considerável[10]. A diversidade que permeia o universo sagrado etrusco talvez seja fruto dos inúmeros contatos comerciais mantidos no Mediterrâneo com os gregos e cartagineses.

Apesar das incertezas que pairam sobre as mais remotas origens deste povo, há uma clara tendência a admitir que os etruscos atingiram a península, pelo mar, por volta do século XI a.C., provavelmente vindos da Anatólia[11]. Organizaram-se prioritariamente de acordo com o modelo adotado por aquelas *anfictionias* gregas, ou seja, doze cidades que se tornaram confederadas em função de uma cultura comum, mas que, por uma série de contingências, optaram por se

---

[10] Sobre esse assunto veja GRUMMOND, Nancy Thompsom; SIMON, Erika. *The Religion of Etruscans*. Austin: University of Texas, 2006.

[11] Muitos acreditam serem os etruscos de raça helênica, não provenientes, portanto, da Anatólia.

O Direito na Antiguidade Clássica

manter independentes. As aldeias etruscas foram instaladas principalmente nos arredores da Toscana e da Lombardia.

As fontes que falam dessa intrépida gente são parcas, não obstante o fato de Heródoto e Dionísio de Halicarnasso terem se referido a eles. Seu idioma não foi totalmente decifrado, mas há uma coletânea de textos organizada inicialmente por Karl Pauli, em 1885, a qual se intitulou *Corpus Inscriptionum Etruscarum*.

Há que falar também do *Líber Linteus*. Trata-se de um pergaminho encontrado nas mãos de uma múmia egípcia e que se acha preservado no Museu Arqueológico da cidade de Zagreb, Croácia. Assim como a *Tabula Capuana*, o *Líber Linteus* é um calendário. Não se sabe, todavia, por que esse documento etrusco foi levado ao Oriente.

Os *Tabletes de Pirgy*[12] são uma homenagem a uma divindade fenícia feita pelo rei etrusco da cidade de Caere. As placas de ouro encontradas num santuário são, aproximadamente, do ano 500 a.C.

No conjunto geral das fontes etruscas disponíveis na atualidade existe um importantíssimo texto de caráter legal que remonta ao século III ou II a.C. Os dizeres foram registrados numa tábua de bronze encontrada na cidade de Cortona, Província de Arezzo, na região da Toscana. Trata-se de uma festejada descoberta arqueológica realizada no ano de 1992, a *Tabula Cortonensis*, que tem agitado os meios acadêmicos desde então. O achado veio a lume somente em 1999, tendo sido analisado primeiro por Luciano Agostiniani e Francesco Nicosia Koen.

Quanto ao seu conteúdo, Wylin opina no sentido de não haver a menor dúvida de que o teor da inscrição é eminentemente jurídico. Ela parece revelar uma espécie de "contrato", uma transação realizada entre as partes diante de várias pessoas, as quais podem ser adversários, testemunhas do acordo ou, simplesmente, indivíduos interessados no bom desfecho do negócio[13]. Vale ressaltar que esse não foi o

---

[12] Para saber mais, confira SCHIMITZ, Philip. The Phoenician Text from Etruscan Sanctuary at Pirgy. *Journal of the American Oriental Society*, v. 115, n.4 (out.-dez. 1995), p. 559-575.

[13] KOEN, Wylin. The first chapter of the Cortona inscription. *Etruscam News*, n. 5 (2006), p. 6-7.

CAPÍTULO XII • O Direito romano

único documento legal etrusco encontrado. O *Cippus de Perugia*, (tablete de pedra descoberto em 1822 nas cercanias de Perugia) traz, igualmente, um contrato firmado por duas famílias.

12.5 Os sete reis de Roma: mitos e antigas tradições

A história da fundação de Roma, como se sabe, perde-se em meio ao vasto universo das contradições alimentadas durante gerações pela propagação dos mitos. Sendo assim, deve-se guardar a advertência de Rousseau de que "não possuímos qualquer documento bastante legítimo dos primeiros tempos de Roma, havendo mesmo muitos indícios de que a maioria das coisas que se dizem a tal propósito não passe de fábulas e, em geral, a parte mais instrutiva dos anais dos povos, que é a história de seu estabelecimento, é a que mais nos falta"[14].

O mais famoso dos mitos de Roma busca explicar, sob um viés puramente fantástico, a origem de seus primitivos habitantes. Desse contexto folclórico emergiu a lenda dos dois irmãozinhos gêmeos – Rômulo e Remo – que teriam sido amamentados por uma loba. Ao que consta, Rômulo (753-715 a.C.), após cometer o fratricídio, tornou-se o primeiro rei da cidade.

Na tentativa de trazer a questão para um contexto mais verossímil, somos tendentes a admitir que o herói romano, se é que existiu, só pode ter sido um importante líder guerreiro local que a memória coletiva primou por manter vivo na lembrança. Foi dele a ideia de promover o "rapto das sabinas" – interessante conto que, talvez, queira tão somente revelar, de forma bem-humorada, o sucesso do processo de miscigenação ocorrido na Itália.

Rômulo, após ter sido supostamente assassinado pelos senadores, foi substituído por Numa Pompílio (715-673 a.C.). Esse monarca sabino foi um pacificador por excelência, alguém que demonstrava estar mais comprometido com a religião do que com qualquer outra

---

[14] ROUSSEAU, Jean-Jacques. *Do Contrato Social*. Trad. Lourdes Santos Machado. Introd. e notas Paul Arboune-Batisde e Lourival Gomes Machado. São Paulo: abril, 1973, Livro IV, Capítulo IV, p. 130-131.

O DIREITO NA ANTIGUIDADE CLÁSSICA

coisa. É possível que os sacerdotes do Conselho de Pontífices exerces-sem notória influência sobre ele, o que explicaria a construção dos templos que lhe foram atribuídos. A ele se referiu o pensador Plutarco (46 d.C.-125 d.C.). Do ponto de vista legal, vale notar que os membros desse mesmo "Conselho" ou "Colégio de Pontífices" (que era presidido pelo *Pontifex Maximus*) gozavam de importantes atribui-ções jurídicas, afinal, nos primórdios da história romana, cabia a eles o exercício da interpretação dos costumes (*mores maiorum*). Assim, considerando que esses sacerdotes também se pronunciavam sobre questões patrimoniais (e não somente por assuntos de natureza reli-giosa), seria adequado admitirmos o nascimento de uma espécie de "Jurisprudência Pontifical"[15].

Ao contrário de seu antecessor, Tulo Hostílio (672-641 a.C.) foi homem afeito às guerras de conquista. Com ele, tomou corpo a ex-pansão territorial de Roma pela região do Lácio, tornando vassalas ci-dades como Alba Longa e as aldeias vizinhas que ousavam fazer frente a um crescente contingente militar.

A mesma política, ao que parece, foi seguida fielmente por Anco Márcio (640-617 a.C.), igualmente de origem sabina.

Com Tarquínio Prisco (616-578 a.C.), o primeiro dentre os três reis etruscos, Roma atingiu o apogeu no período em questão. Encar-nando o espírito arrojado de sua gente, Tarquínio inicia grandes obras na cidade, tais como a construção de uma rede de esgotos a fim de diminuir as enfermidades (chamada de Cloaca Máxima), e o Circo Máximo, para diversão de seus habitantes. Também não descuidou da promoção de anexações visando ao crescimento da cidade.

Sérvio Túlio (577-535 a.C.) foi o penúltimo rei de Roma. Seu go-verno ficou marcado pelas reformas sociais, que beneficiaram os ple-beus, permitindo-lhes participar gradualmente da vida cívica do País. Segundo Rosseau, as reformas de Sérvio Túlio em Roma permitiram "... a conservação de seus costumes e o crescimento de seu império"[16].

---

[15] BETANCOURT, Fernando. *Derecho Romano Clásico*, p. 50.

[16] ROUSSEAU, Jean-Jacques. *Do Contrato Social*, cit., p. 132.

202

CAPÍTULO XII ● O Direito romano

Tarquínio, o Soberbo (534-510 a.c.), recebeu esse epíteto em função da condução de um reinado de terror que marcou profundamente a memória do povo romano. Seus desmandos obrigaram-no a fugir de Roma em face da eclosão de um golpe de Estado no qual os patrícios tomaram a dianteira.

12.6 *Fas* – o Direito Sagrado

O *fas* tipifica a dimensão sagrada existente no Direito romano em seus primeiros séculos de história. Progressivamente, cuidaram os antigos de distingui-lo do Direito secular (o *jus*), na medida em que a instauração da República reclamava uma nova estruturação política da *urbs* e de suas províncias. Desse modo, a partir do século V a.c., as leis atribuídas às divindades ou às coisas sacrais vão continuamente perdendo a importância, mas sem desparecer por completo, uma vez que o elemento religioso se torna cada vez mais diluído em meio aos interesses de um Estado que começa a se tornar laico.

O *fas*, ou seja, esse *jus divinum*, todavia, não foi plenamente suplantado pela laicização que se apoderou do cotidiano romano. Ele permaneceu lá, escondido no recôndito da produção normativa, a afetar profundamente o imaginário jurídico de todos os cidadãos.

Nesse encadeamento delimitador do que é santo ou profano, vieram os sacerdotes a constituir uma poderosíssima casta na Roma antiga, que somente encontra paralelos quando comparada aos privilégios inerentes às mais altas magistraturas citadinas. Sob esse aspecto, a ingerência desse antigo ofício nos destinos da cidade se assemelhava em muito àquela exercida pelos magos druidas entre o povo celta. Em breve síntese, a ritualística própria envolvendo quaisquer atos sagrados encontrava-se profundamente impregnada do elemento místico caracterizador dos auspícios, que inclusive era utilizada, como se sabe, para a escolha do rei. Deve-se ter em mente que a busca incessante por augúrios favoráveis, a prática constante das adivinhações, a interpretação das vísceras de animais ou do significado do voo dos pássaros pelos céus, as cerimônias fúnebres, a consagração de algum templo ou mesmo a comemoração de festivais tradicionais em honra ao extenso

203

panteão faziam parte de um cotidiano cívico, de natureza eminentemente patriótica, e que, por isso mesmo, reclamava a participação de todos os cidadãos.

Assim, não seria de todo estranho considerar que, numa sociedade tão religiosa como certamente foi a romana, o *direito sagrado* se desenvolvesse com uma dinâmica muito peculiar, sempre justificada pela necessidade cultural do acesso ao inefável. Conhecer, pois, o conteúdo dessas inúmeras normas é ainda hoje um enorme desafio, e não seremos jamais capazes de reproduzi-lo por completo.

Contudo, em interessante estudo, John Scheid[17] nos chama a atenção para um conjunto amplo de regras disciplinadoras das funções sacerdotais do célebre "flâmine de Júpiter", a quem definiu, em razão de suas tantas atribuições sacrais, jurídicas e sociais, como o "mais romano dos Romanos" e o "mais humano dos humanos", pois lhes era proibido "tocar em farinha fermentada ou em carne crua", alimentos considerados "impróprios para o consumo humano". Ora, estas e outras importantes informações nos são de grande utilidade para credenciar o tom disciplinador do *fas*. Dentre uma diversidade de leis, Scheid[18] faz notar também a interdição ao divórcio, naturalmente exigível do mesmo vigário. Sob uma perspectiva puramente antropológica, isso se dá em razão de algumas motivações de ordem prática que dizem respeito, inicialmente, à "função que ele encarna" e ao fato de que "o objeto sagrado é o casal e não um ou outro dos esposos". Por isso, segundo o entendimento romano, "a sacralidade" é de natureza "comportamental" e reflete uma condição e *status quo* marcados pela reverência que qualquer indivíduo deve prestar a sua pessoa[19]. Como bem esclarece o referido autor, "estas regras tão rígidas assinalavam, porém, ao mesmo tempo, a forte alteridade da vida deste sacerdote. O flâmine está sempre 'de feriado', ou seja, em contexto sacral, e quando anda pela cidade, todos os trabalhos devem

---

[17] SCHEID, John. O Sacerdote, p. 68.

[18] SCHEID, John. O Sacerdote, p. 68.

[19] SCHEID, John. O Sacerdote, p. 68.

CAPÍTULO XII ● O Direito romano

parar à sua passagem, para que ele viva cercado pelo silêncio solene de um dia de grande festa. Da casa do flâmine só se pode levar fogo destinado ao uso sagrado, e junto à cabeceira de sua cama deve haver sempre uma caixa com doces para o sacrifício. Este contexto sagrado era também expresso pelo barrete do flâmine, denominado *apex* ou melhor *albogalerus*: confeccionado com a pele de uma vítima, tinha no alto um raminho atado com um fio de lã também proveniente de uma vítima. A sacralidade envolvia igualmente o corpo do flâmine, que para afastar de si a multidão que o cercava quando ia sacrificar, dispunha de um lictor ou de uma vareta; e quando se barbeava, só podia utilizar uma navalha de bronze, 'material adequado ao contexto religioso'"[20].

Sabe-se que as mais distantes origens do estabelecimento de uma estirpe sacerdotal em Roma, com a definição de suas prerrogativas particulares, podem ser traçadas na fundação da cidade, nos idos tempos dos reis (tendo ocorrido provavelmente no governo de Numa Pompílio). Dessa mesma época advém a criação do mais importante órgão da administração local no que diz respeito à condução de assuntos de cunho sagrado, qual seja, o chamado "Colégio dos Pontífices" (*Collegium Pontificum*).

De qualquer modo, a influência das questões religiosas no campo jurídico percorreria com muita ênfase os primeiros séculos da trajetória do povoamento do Lácio, permanecendo vigorosa mesmo por ocasião das primeiras décadas após a instauração da República.

12.7 Rei e Senado: as instituições políticas da Realeza (753-510 a.C.)

A percepção jurídica desenvolvida na Roma Antiga somente pode ser devidamente mensurada se levarmos em consideração a diversidade cultural inerente ao espírito de seus fundadores, bem como a contínua prevalência dos interesses proclamados por oligarquias nascidas das disputas pelo controle do Lácio.

---

[20] SCHEID, John. O Sacerdote, p. 68.

Destarte, normalmente se atribui à civilização etrusca o mérito de ter lançado os alicerces que definiram os contornos originários das primeiras instituições políticas da cidade. Esse "misterioso" povo não somente legou alguns dos primeiros reis ao insurgente país, mas também abriu caminho para a progressiva estruturação de um Estado que se tornaria essencialmente militarista e belicoso. Assim, parece forçoso concluir que aqueles que iniciaram o povoamento da região, como era de esperar, foram os mesmos que se mostraram firmemente inclinados a manter seus privilégios incólumes através dos séculos.

Uma das alternativas mais viáveis à consecução de objetivos tão manifestos se consumaria pelo rechaço à instauração de uma monarquia absoluta. Nessa fase embrionária da história romana, a escolha do governante nunca obedeceu a critérios muito rígidos, tendo, por vezes, imperado o casuísmo ditado pelo malogro de circunstâncias funestas.

Todavia, torna-se obrigatório admitir que o rei de Roma era, de certa maneira, a expressão da vontade das famílias reunidas em assembleia. Aos moldes dos típicos chefes tribais indo-europeus, rezava a tradição que ele se prestasse a ouvir seus súditos, aqui representados por um "corpo de assessores" ou "conselho do rei", como prefere Arangio-Ruiz[21], e que seriam mais tarde chamados de "senadores".

O elemento sagrado a todo momento permeia o ritual da sagração do monarca: "Tais reis-sacerdotes eram entronizados por meio de cerimonial religioso. O novo rei, conduzido ao cume do Monte Capitolino, sentava-se em banco de pedra, com o rosto voltado para o sul. À sua esquerda sentava o augure, com a cabeça coberta de pequenas fitas sagradas e trazendo na mão o bastão augural. Traçava no espaço certas linhas, pronunciava certa prece e, colocando sua mão sobre a cabeça do rei, suplicava aos deuses que indicassem por sinal visível se aquele chefe lhes convinha. Depois, quando um relâmpago ou o voo das aves lhes revelasse o assentimento dos deuses, o novo rei tomava posse do cargo"[22].

---

[21] ARANGIO-RUIZ, Vincenzo. *Storia del Diritto Romano*, p. 22.

[22] FUSTEL DE COULANGES, Auguste. *A Cidade Antiga*, cit., p. 193-194.

CAPÍTULO XII • O Direito romano

O monarca gozava certamente da admiração, respeito e veneração de seus subordinados. Contudo, esses sentimentos poderiam se alterar repentinamente segundo as conveniências do patriciado, como se viu acontecer com Rômulo e Tarquínio, o Soberbo. Investido dessa autoridade, o *rex* arrogava para si as prerrogativas que o consideravam *primus inter pares*[23]. Para fazer jus a tal condição, ele deveria se portar como o guardião de seus compatriotas, o "guia" que conduz triunfalmente o povo como um "Leônidas espartano" às glórias destinadas à sua pátria[24].

Uma das funções precípuas do monarca, além de garantir a estabilidade de seus protegidos, englobava a propositura de leis, as quais, por sua vez, demandavam aprovação nos *comícios curiatos*. Muitos autores não creditam validade a essa prerrogativa do rei. Todavia, pesam aqui os testemunhos de Dionísio de Halicarnasso, Cícero, Plutarco e Tito Lívio.

A organização interna de Roma durante a Realeza foi assim resumida pelo professor Ronaldo Poletti[25]:

| NAS FUNÇÕES POLÍTICAS, O REI DISPUNHA DO *TRIBUNNOS CELERUM* (COMANDANTE DE CAVALARIA), DO *TRIBUNUS MILITUM* (COMANDANTE DE INFANTARIA), DO *PRAEFECTUS URBI* (PREFEITO DA CIDADE, INCUMBIDO DE SUA ADMINISTRAÇÃO).

| PARA AS FUNÇÕES JUDICIÁRIAS, HAVIA OS *DUOVIRI PERDUELLIONES* (JUÍZES NOS CASOS DE TRAIÇÃO DO ESTADO) E OS *QUAESTORES PARRICIDII* (JUÍZES NAS HIPÓTESES DE ASSASSÍNIO VOLUNTÁRIO DE UM *PATER*, I. É., DE UM CHEFE DE FAMÍLIA).

| NAS FUNÇÕES RELIGIOSAS AUXILIAVAM O REI OS MEMBROS DO COLÉGIO DOS PONTÍFICES, DOS ÁUGURES E DOS FECIAIS (SACERDOTES, NÚNCIOS DE PAZ OU DE GUERRA).

Permanece, todavia, em total incógnita, todos os exatos contornos do processo de escolha do rei de Roma, não obstante o fato de que, no fim das contas, o estabelecimento de seu cetro traduz o resultado

---

[23] O "primeiro entre seus pares".

[24] Sobre Leônidas, veja PALMA, Rodrigo Freitas. O Direito Espartano, cit., p. 1-14.

[25] POLETTI, Ronaldo. *Elementos de Direito Público e Privado Brasileiro*, p. 46.

de conveniências políticas ditadas pelos interesses do universo patrício e de suas famílias.

Sabe-se, por ora, apenas que a monarquia não era hereditária e que sabinos e etruscos se alternaram à frente dessa instituição. De acordo com a explicação de Coulanges, "em Roma a realeza nunca foi hereditária; isso se deve ao fato de Roma ser de fundação relativamente recente e datar de época em que a realeza estava sendo atacada e enfraquecida em toda a parte"[26].

Ao que tudo indica, a escolha do rei acontecia, inicialmente, no âmbito do *comício curiato*, não sendo possível afirmar se por eleição ou outro método que exigisse a aclamação do candidato. Entretanto, existem outras possibilidades arvoradas pela academia a serem consideradas no que concerne ao assunto, as quais, evidentemente, não podem ser desprezadas. Uma delas foi oportunamente levantada por F. Duarte Joly, que acredita que a prerrogativa da indicação do rei cabia, na verdade, ao Senado romano[27].

Por fim, essa forma de Estado acabou se mostrando odiosa aos romanos, especialmente após o governo de Tarquínio, o Soberbo. Tanto é verdade que Montanelli recorda uma lei aprovada logo após a instauração da República: "E concedia-se a todos o direito de matar, até sem processo, quem tentasse proclamar-se rei"[28].

12.8 Patrícios, clientes, plebeus e escravos: o contexto social

A oligarquia que se vinculou intimamente à realeza foi responsável pela divisão das terras ao redor das sete colinas e pela emolduração de um primitivo conceito de propriedade. Os descendentes dos pioneiros habitantes da região consolidaram seu domínio sobre o solo nos dois primeiros séculos da história da cidade. Como classe

---

[26] FUSTEL DE COULANGES, Auguste. *A Cidade Antiga*, p. 194.

[27] JOLY, Fabio Duarte. *A Escravidão na Roma Antiga:* Política, Economia e Cultura, p. 33.

[28] MONTANELLI, Indro. *História de Roma*, p. 47.

CAPÍTULO XII ● O Direito romano

dirigente, e segundo essa condição de superioridade, quiseram fazer valer seus intentos pelo máximo de tempo possível.

A figura do *paterfamilias* acabou se impondo nesse quadro geral, de modo a gerir não somente a vida privada daqueles que viviam sob seus auspícios, mas também a condução dos destinos de sua cidade. Os chefes patriarcais iriam compor o primeiro Senado romano e auxiliar o rei na tomada de decisões[29]. Também acabariam por constituir a classe dos **patrícios**.

A origem dos **clientes** ainda não foi definitivamente confirmada pelos historiadores. Mas existe certa convergência de opiniões em considerá-los vassalos dos patrícios. Poletti, por sua vez, sustenta a ideia de que a clientela era constituída por "... estrangeiros vencidos na guerra (dedícios), os estrangeiros emigrados e os escravos libertados (manumitidos)"[30].

Desse modo, vivendo debaixo da autoridade patricial, os clientes desempenhavam as mais variadas funções junto aos senhores. Aravam a terra e dela retiravam seu quinhão a fim de garantir a própria subsistência. Sob o teto dos patrícios, atuavam como mordomos, copeiros e aias.

O **plebeu** foi, certamente, o elemento externo, o *outsider* que, por não gozar de "nobre estirpe", obrigava-se a viver na periferia de Roma. Não possuía profissão determinada e era homem de nenhuma ou poucas posses. Vivia do escambo e de pequenos serviços prestados aos patrícios. A prosperidade da insurgente Roma o atraiu, mas à riqueza e bonança experimentada pelos patrícios quase não teve acesso. Da vida cívica, pelo menos até o reinado de Sérvio Túlio, encontrava-se excluído. Essa situação é o eixo motriz a condicionar as crescentes insatisfações que tiveram lugar no final da Realeza. Bem apercebido disso, o mesmo monarca a quem nos referimos logo acima se adiantou e promoveu sensíveis reformas para incluí-lo. Mas a inserção ardorosamente reclamada ao *populus romanus* somente se concretizaria na República.

---

[29] Nesse sentido veja ARANGIO-RUIZ, Vincenzo. *Storia del Diritto Romano*, p. 22.

[30] POLETTI, Ronaldo. *Elementos de Direito Público e Privado Brasileiro*, p. 46.

O DIREITO NA ANTIGUIDADE CLÁSSICA

Há ainda outra classe social que pode ser incluída nesse rol (embora hodiernamente esta não seja a opção adotada por todos os romanistas quando tratam da matéria)[31]. Estamos nos referindo aos escravos. Isto porque não se deve duvidar de que a cidade não tardaria muito para manifestar sua inequívoca vocação para a grandeza e o expansionismo. Se no âmbito da sociedade uma orgulhosa aristocracia fazia dos devedores seus servos perenes, nas guerras de conquista, os vencidos, por sua vez, passavam a conhecer essa mesma condição.

12.9 Sexto Papírio e o *Ius papirianum*

Ius papirianum é a designativa conferida a uma suposta consolidação de leis régias, cuja iniciativa teria cabido a um certo Sexto Papírio. A terminologia foi criada como trocadilho latino ao nome de seu artífice. Ainda não existe nenhuma comprovação acerca da existência dessa compilação, mas a referência é feita com certa constância nos manuais dos romanistas, de modo que não poderíamos deixar de mencioná-la. Pompônio, entre outros, faz referência a ele como "um varão dos mais ilustres do tempo de Soberbo, filho de Demarato Corinto"[32].

Infelizmente, a obra de Sexto Papírio se perdeu no tempo, o que nos impede de conhecer a fundo todo o Direito produzido durante a Realeza e, mais especificamente, sob o cetro da chamada "monarquia latino-sabina" (753-616 a.C.), aqueles que foram os primeiros reis a governar a cidade[33].

---

[31] No Brasil existem exceções como o Prof. Rolim, com cuja voz fazemos coro. Em sua obra, os escravos constituem uma das classes de Roma. A esse respeito, veja ROLIM, Luiz Antonio. *Instituições de Direito Romano*, p. 43.

[32] POMPÔNIO, Livro Único do Enquirídion, ou Manual Elementar [Fr. 2 do *Digesto*, *De origine juris*]. In: JUSTINIANO. *Institutas do Imperador Justiniano*, cit., p. 283.

[33] O termo *"monarquia latino-sabina"* é utilizado com muita propriedade por Garzón ao se referir aos quatro primeiros reis a governar Roma no período em destaque, quais sejam eles Rômulo (753-716 a.C.), Numa Pompílio (716-673 a.C.), Tulio Hostílio (673-641 a.C.) e Anco Marcio (641-616 a.C.). Logo após, iniciaria o governo da *"monarquia etrusca"* (616-509 a.C.) com seus últimos três reis: Tarquínio

210

CAPÍTULO XII • O Direito romano

Dessa forma, sobre a tal compilação, muito pouco se pode dizer. Acerca do assunto existem, pois, meras cogitações fundadas nos argumentos arvorados por romanistas reconhecidos, que por sua vez se pautam em outros textos clássicos, a fim de tentar decifrar o obscuro contexto em questão. Alguns, como Sempere, acreditam que Tarquínio, o Soberbo, simplesmente "revogou" o "Direito papiniano"[34]. Já o professor Pellegrín Pomes y Miquel[35], em festejado discurso enaltecendo os feitos produzidos pelos senhores do Tibre, defendeu a tese de que a referida coleção normativa tratava, provavelmente, de diversas questões afetas ao universo mágico-religioso, mormente aquelas ligadas ao culto e às cerimonias sagradas. Além disso, no campo do Direito de Família, dar-se-ia ênfase ao pátrio poder, tema tão importante para aquela cultura surgida no Lácio.

12.10 O *paterfamilias*

Figura emblemática na estrutura social do Lácio especialmente durante a Realeza (753-510 a.C.) era o *paterfamilias*. Era ele a suprema autoridade no seio de seu clã, e todos lhe deviam respeito, consideração, obediência e, acima de tudo, suprema reverência. Era ele o dirigente máximo não somente dos interesses de sua parentela imediata e agregados perante outrem, aqui inclusos no conceito romano de "família", mas também, essencialmente, da gestão da propriedade e dos bens pertencentes ao núcleo que ele representava. Como imperativo maior da tradição e dos *mores maiorum*, era ele o virtual responsável pela manutenção do culto doméstico em memória aos antepassados. Sabe-se que, ao menos nos primeiros séculos de história da cidade, seus direitos sobre os dependentes (mulher, filhos, filhas, genros, no-

---

Prisco ou o Antigo (616-578 a.C.), Sérvio Tulio (578-534 a.C.) e Tarquínio, o Soberbo (534-509 a.C.). Veja GARZÓN, Fabio Espitia. *Historia del Derecho Romano*, p. 67-73.

[34] SEMPERE, Don Juan. *Historia del Derecho Español*, p. 7.

[35] POMES Y MIQUEL, D. Pellegrín. *Discurso leído por D. Pellegrín Pomes Y Miquel em el Acto de Recibir la Investidura de Doctor em la Faculdad de Jurisprudencia.* Madrid: Imprenta de la Discussion, p. 3.

ras, netos, clientes, escravos) eram quase que irrestritos, sendo-lhes tolhidos pouco a pouco[36], na medida em que o Estado caminhava para se tornar um império de proporções colossais. A manutenção de antigas tradições familiares inerentes ao contexto de costumes imemoriais perderá progressivamente o sentido que a justificava na mesma medida em que o crescimento populacional toma corpo no Estado.

O *paterfamilias* possuía o direito de vida e morte sobre os seus e a eles designava funções, requerendo a prestação de contas pelas atividades às quais aqueles que estavam sob seu mando foram incumbidos. Não por acaso, registou-se nas Institutas de Gaio:

| "§ 2º – O DIREITO DO PODER, QUE TEMOS SOBRE NOSSOS FILHOS, É PRÓPRIO DOS CIDADÃOS ROMANOS, PORQUE NÃO HÁ OUTROS HOMENS QUE TENHAM SOBRE OS FILHOS O PODER QUE NÓS TEMOS"[37].

O casamento das pessoas sob quem exercia autoridade só era realizado através de sua permissão ou prévio consentimento. O pátrio poder somente se extinguia em função de morte, incapacidade motivada normalmente pelo acometimento de alguma doença limitadora do desempenho de suas funções ou, ainda, por seu próprio desiderato. O desenvolvimento do instituto jurídico da *emancipação* surgiu, justamente, de acordo com as conclusões de David Johnston[38], como fruto de uma necessidade imperiosa, qual seja, a de garantir o bom logro da sucessão familiar, através da escolha do indivíduo mais capacitado para dar continuidade ao legado do *paterfamilias*.

---

[36] "O poder supremo que tinha o *paterfamilias* romano sobre as pessoas e bens de seus filhos não foi totalmente abolido, mas foi mitigado por uma série de medidas especiais. *Caracalla* proibiu a venda dos filhos, salvo em casos de extrema miséria. *Adriano* castigou os abusos do direito do *paterfamilias* de matar seus filhos. Estabeleceu-se no período imperial a obrigação do pai de alimentar seus filhos. O poder absoluto foi gradualmente diminuindo." (Nossa tradução). DÍAZ LOMBARDO, Francisco Xavier Gonzalez. *Conpendio de História del Derecho y del Estado*, p. 132.

[37] Confira JUSTINIANUS, Flavius Petrus Sabbatius. *Institutas do Imperador Justiniano*. Trad. José Cretella e Agnes Cretella. São Paulo: RT, 2005, p. 37.

[38] JOHNSTON, David. *Roman Law in Context*. Cambridge: Cambridge University Press, 2004, p. 32-33.

CAPÍTULO XII ● O Direito romano

12.11 O Direito quiritário (*Ius quiritium*)

Direito quiritário (*Ius quiritium*) é o nome que se confere às primeiras normas jurídicas nascidas no seio da aristocracia romana. A família, por certo, era o núcleo condicionador de sua gênese, e dela extraía todo o seu vigor. Portanto, o *ius civile*, em seus primórdios, resumia-se ao Direito quiritário, que excluía as demais classes sociais (clientes, plebeus e escravos). Não era este mais do que o próprio Direito patrício, o qual, em sua essência, era naturalmente excludente do ponto de vista social. Portanto, como bem leciona Rolim há bom tempo, é preciso considerar a existência de certos "direitos exclusivos dos patrícios"[39], quais sejam: "*Jus sufraggi* (direito de votar e de ser votados); *Jus honorum* (direito de ocupar cargos públicos); *Jus militiae* (direito de comandar as legiões romanas); *Jus sacerdotii* (direito de ser sacerdotes e integrarem os colégios sacerdotais); *Jus occupandi agrum publicum* (direito de tomar posse das terras conquistadas); *Jus connubii* (direito de contrair matrimônio (justas núpcias); *Jus commercii* (direito de realizar qualquer tipo de negócio jurídico); *Jus actionis* (direito de fazer valer seus direitos na Justiça)"[40]. Além desses, os "patrícios tinham, ainda, o direito exclusivo de usar três nomes (*tria nomina*): o *praenomen*, o *nomen* e o *cognomen*, como por exemplo, Marco Túlio Cícero"[41].

12.12 O Direito romano na Realeza (753-510 a.C.)

Apesar das dificuldades inerentes ao estudo do Direito romano na Realeza (753-510 a.C.), Amunátegui Perell, seguindo a lógica cultural desenvolvida pelos povos do Lácio, ressalta que o estudo das questões legais teve "importância capital para a História de Roma"[42]. Assim

---

[39] ROLIM, Luiz Antonio. *Instituições de Direito Romano*, p. 49.

[40] ROLIM, Luiz Antonio. *Instituições de Direito Romano*, p. 49.

[41] ROLIM, Luiz Antonio. *Instituições de Direito Romano*, p. 49.

[42] AMUNATEGUI PERELL, Carlos Felipe. El orígen de los poderes del Paterfamilias: El Pater Familias y la Patria Potestas. *Revista de Estudios Histórico-Jurídicos*, 2006, XXVIII, 37-143. [Nossa tradução.]

sendo, advertimos que faremos o possível para trazer ao leitor um panorama geral da percepção jurídica vigente em eras tão distantes no tempo. Autores como Pompônio já o admitiam:

| 1º – No começo, a nossa nação vivia sem leis e sem direito certo, tudo se regendo pelo arbítrio dos reis[43].

A data acima ressaltada para delimitar o período histórico compreendido pela "Realeza Romana" obedece tão somente a fins didáticos. Não temos provas documentais satisfatórias, portanto, para determinar se os cálculos tradicionalmente apresentados pelo historiador Varrão no que concerne à fundação da cidade são corretos. Mas tudo indica que as célebres colinas do Lácio já eram habitadas num período anterior. Nesse primeiro estágio, tomando a questão sob o viés puramente jurídico, a cidade nada tinha de especial a ponto de poder se distinguir de suas congêneres no Mediterrâneo Central. Encerrada no primitivismo de suas instituições e submetida ao alvitre das decisões do cetro real, naquela época distante, Roma tão somente lutava para se estabilizar na Península Itálica.

Enquanto isso, no mundo helênico, Atenas estava prestes a se horrorizar com os vis métodos de Drácon, para, logo em seguida, vir a se orgulhar com a harmoniosa legislação de Sólon.

Os orientais, por sua vez, já possuíam suas codificações[44]. E elas eram numerosas: o Código de Ur-Nammu (2020 a.C.), as Leis de Eshnunna (1930 a.C.), o Código de Lipit-Ishtar (1880 a.C.), o Código de Hamurábi (1694 a.C.), as Tabuinhas de Nuzi (séc. XVIII a.C.), o Código Hitita (séc. XV a.C.), o Código de Manu, na Índia (séc. II a.C.) e as Leis Assírias (séc. VIII a.C.). Os israelitas, no devido tempo, também se dedicaram a compor seu primeiro cânon sagrado de teor nitidamente legal na Terra Santa: a *Torah* (sécs. XII a IV a.C.).

O que pretendemos ressaltar é que Roma, sob o aspecto cronológico, iniciou tardiamente suas investidas no âmbito do Direito. E

---

[43] POMPÔNIO, Livro Único do Enquirídion, ou Manual Elementar [Fr. 2 do *Digesto, De origine juris*]. In: JUSTINIANO. *Institutas do Imperador Justiniano*, cit., p. 283.

[44] As datas acima transpostas são aproximadas.

CAPÍTULO XII ● O Direito romano

mais: nesses primeiros anos de história do Direito romano, ele foi pouco desenvolvido. Se já são fartas as fontes para o seu conhecimento no Período Republicano em diante, o mesmo não se pode dizer da época em que o Lácio foi governado por reis. Como bem asseverou Tabosa, o "Direito Romano desse período caracterizou-se por seu atraso. Tinha o costume como sua única fonte, era formalista, autoritário, elitista e ainda impregnado de religiosidade"[45]. Michel Villey, por sua vez, levantou as seguintes razões para tal situação: "Esse frágil desenvolvimento da teoria jurídica se explica muito bem, numa época de incultura. Homens ainda pouco letrados, como eram os antigos Romanos, seriam bem incapazes de tornar nítida a consciência dos princípios diretores da sua ordem social; por maioria de razão, de fazerem uma exposição sistemática. Se eles já formam um povo hábil na área jurídica, se as bases do direito moderno existem já entre eles, é unicamente na *prática*. Sempre a prática precedeu a teoria. A justiça romana funciona, o que pode parecer estranho, sem possuir por guia obra legislativa bem desenvolvida; e no entanto, duma maneira segura"[46].

Para investigá-lo, todavia, é mister redescobrir as *nuances* da vida privada de seus habitantes. Nessa órbita, urge fazer uma imersão no cotidiano da família, pois foi justamente em seu seio que despontaram automaticamente as primeiras regras.

Sob tal aspecto, nenhum estudo foi tão esclarecedor quanto aquele de Fustel Coulanges (*A Cidade Antiga*). O professor da Sorbonne dimensiona com maestria ímpar a extensão da presença da religião doméstica no delineamento das instituições jurídicas. Na Roma Antiga, o culto aos antepassados foi o eixo motriz a condicionar os contornos das feições iniciais assumidas pelo Direito das Coisas. Surgiu, assim, um incipiente direito de propriedade motivado pelas crenças religiosas: "Os mortos são deuses pertencendo exclusivamente a uma família, e

---

[45] TABOSA, Agerson. *Direito Romano*, p. 20. Não obstante a opinião do Prof. Agerson Tabosa, não é de comum acordo a hipótese de que na Realeza não existiam leis escritas, sendo o costume a única fonte do Direito.

[46] VILLEY, Michel. *Direito Romano*, p. 39.

só ela tem o direito de os invocar. Esses mortos tomaram posse do solo, vivem sob um pequeno outeiro, e ninguém, a não ser os da família, deve tentar se meter com eles. Ninguém tampouco tem o direito de privá-los da terra que ocupam, um túmulo, entre os antigos, não podia ser destruído ou deslocado, proíbem-no as mais severas leis. Eis portanto uma porção de terra que, em nome da religião, tornou-se objeto de propriedade perpétua de cada família. A família tomou posse da terra colocando nela os seus mortos, e fixando-se aí para sempre. O descendente vivo dessa família pode dizer legitimamente: esta terra é minha. E de tal modo lhe pertence que lhe é inseparável, e nem mesmo tem o direito de renunciar a sua posse. O solo onde repousam os mortos converte-se em propriedade inalienável e imprescritível; a lei romana exige que, se uma família vender o campo onde está o seu túmulo, continue sua proprietária e conserve o direito de poder atravessar sempre o terreno, para nele cumprir as cerimônias de culto"[47].

Se as instituições jurídicas se originaram inicialmente dos costumes sabinos, como cremos, a preocupação com a instauração de uma espécie rudimentar de ordem jurídica a fim de garantir o mínimo de estabilidade social se deve ao gênio etrusco. Isto porque eles possuíam um senso de urbanização infinitamente mais apurado que os seus vizinhos do Lácio. Se os etruscos eram cosmopolitas (sem descuidar da produção oriunda do campo), os sabinos, volscos, úmbrios e outras tribos latinas estavam unicamente encerrados no pastoreio e numa exígua produção agrícola para fins de subsistência. Nesse contexto, as cidades-estados etruscas, organizadas e dadas ao comércio marítimo, sobressaem altamente.

Portanto, arriscamo-nos a falar que a maior parte das chamadas "leis régias", se é que existiram e realmente foram compiladas (acreditamos que sim), foi devida às iniciativas e ao apurado senso de organização demonstrado por Sérvio Túlio. Esse rei etrusco tinha o intuito de evitar rebeliões entre os plebeus, pois já havia percebido que os ânimos se exaltavam perigosamente na periferia. Nesse sentido, agiu segundo reclamavam as conveniências políticas do período.

---

[47] FUSTEL DE COULANGES, Auguste. *A Cidade Antiga*, p. 70.

No dizer de O. F. Robinson[48], um dos raros autores a tratar do assunto, o teor das *leges regiae* se resumia aos pormenores do dia a dia da família romana. O substrato dessas leis poderia ser assim resumido:

a) leis que ratificavam o poder de vida e morte inerente ao *paterfamilias*;
b) questões relativas às relações conjugais;
c) operações cesarianas a fim de salvar a criança de uma mãe que falece no parto;
d) definição do período de luto;
e) a cidadania concedida aos escravos alforriados;
f) as relações entre o patronato e os clientes.

Todavia, sabe-se que os *mores maiorum*, ditados pela interpretação restritiva do monopólio sacerdotal, geravam insegurança em Roma. Essa instabilidade no plano social alcançava facilmente o plano político, colocando em risco a sobrevivência da instituição monárquica. São essas leis, a que se referem os autores da Antiguidade, aquelas a compor o itinerário da compilação de Sexto Papírio.

12.13 O Direito romano na República (510-27 a.C.)

O marco que assinala o período de transição para a República consistiu na derrocada de Tarquínio, chamado "o Soberbo", em 510 a.C. Desse momento em diante, Roma procurou organizar-se sob um novo sistema político, o qual era, até certo ponto, *sui generis* na história do mundo antigo.

A ruptura caracterizava-se pela eleição de dois cônsules para governar a cidade durante o período de um ano. Estes, por sua vez, se alternavam no poder e, além disso, gozavam do direito de veto contra as decisões de seu par. Durante a República, o Senado Romano certamente amealhou maior influência. Isso ocorre porque, durante a Realeza, os senadores cumpriam mera função consultiva.

---

[48] ROBINSON, O. F. *The Sources of Roman Law* (approaching the Ancient World: Problems and Methods for Ancient Historians), p. 1.

Se a figura dos reis havia desaparecido com o novo regime político instaurado na cidade, o mesmo não se pode dizer da vetusta tendência dos habitantes do Lácio a concentrar nas mãos de um único homem (ainda que eventualmente) todo o poder necessário à viabilização do governo. Tratava-se do *dictator*, magistrado destacado pelo senado para cumprir uma função exclusiva entre seus pares: a de tomar as rédeas do Estado em tempos de absoluta crise social.

Durante os seis meses de duração de sua investidura, as iniciativas adotadas pelo *dictator* não podiam ser alvo de quaisquer contestações. Os únicos limites condicionadores de sua ação, que não raro se revestiam de contornos drásticos e enérgicos, poderiam ser impostos pelo tribuno da plebe. Talvez como alternativa aos excessos cometidos pelos reis, de que os romanos se ressentiam e que certamente continuavam inculcados na memória coletiva da nação, obrigava-se agora o *dictator* a prestar a devida satisfação ao povo logo no fim do exercício de seu mandato. Também lhe era vedada a instituição de novos tributos[49].

Foi também nessa fase que o Direito romano tomaria seus contornos decisivos, principalmente após 450 a.C., quando foram elaboradas as famosas *Leis das Doze Tábuas*, das quais falaremos mais adiante. Na República surgiram figuras decisivas para a sedimentação da práxis jurídica, tais como o pretor, magistrado que se encarregava da distribuição da justiça; juízes, designados por estes; o jurisconsulto, eminente conhecedor das leis, e, finalmente, o advogado, conforme bem demonstrou o professor Hélio Maciel França Madeira: "... ao menos dois tipos de advogados podem ser bem delineados no conturbado período da crise republicana. O primeiro e mais importante, em número e em participações, decorrente das inveteradas, mas um tanto modificadas, relações do patronato romano, é o *vir bonus*, o *orator* por excelência, o advogado que presta serviço às causas públicas (às

---

[49] Sobre os detalhes acerca das condições para o exercício do mandato do *dictator* acima listadas, além de toda a ritualística religiosa envolvida na cerimônia de assunção ao cargo, veja a obra de HEINECCIUS, Johann Gottlieb. *Historia del Derecho Romano*, p. XXII.

CAPÍTULO XII ● O Direito romano

vezes também às privadas) de modo a sustentar a vida política sua ou de seus copartidários. Há também, em escala menor, preenchendo as lacunas deixadas pelos *patroni*, uma classe nascente, formada por jovens advogados de causas menores, que prestam serviços interessados numa contraprestação material, apolítica, semiprofissional"[50].

A plebe, como já foi dito, ainda vivia condicionada aos desmandos dos patrícios. O universo jurídico não estava ao seu alcance imediato. Tratava-se de um campo restrito unicamente às elites, que podiam estudar as leis. Vale notar que as dissensões entre as classes sociais assumem novos contornos na República, não se dissipando nesse período. As conquistas legais da plebe ocorrem de forma progressiva, fruto de um intenso e incisivo clamor. Como bem observou Heineccius[51] em seu clássico, a recusa em permanecer em Roma e a reunião solene no monte sagrado são eventos que traduzem uma realidade marcada pelo profundo endividamento dos plebeus e a crescente insatisfação com o rigor excessivo da legislação a esse respeito. O Senado Romano, por sua vez, somente conseguiu demovê-los desse intento com muita dificuldade e, mesmo assim, mediante a aceitação das seguintes condições:

a) Que lhes fossem perdoadas todas as dívidas;
b) Que fossem colocados em liberdade todos os plebeus reduzidos à escravidão por insolvência;
c) Que o povo nomeasse certos magistrados que defendessem seus direitos contra a tirania dos patrícios. Esses magistrados se chamaram tribunos da plebe, que foram dois, então logo se agregaram outros três, e posteriormente chegou seu número a dez[52].

---

[50] MADEIRA, Hélio Maciel França. *História da Advocacia*, p. 41.

[51] HEINECCIUS, Johann Gottlieb. *Historia del Derecho Romano*, p. XXI.

[52] HEINECCIUS, Johann Gottlieb. *Historia del Derecho Romano*, p. XXI. [Nossa tradução a partir da versão em língua espanhola], p. XXI. Sobre as funções exercidas pela figura do *tribuno da plebe*, veremos comentário logo adiante, já no próximo tópico. Vale notar que o aceite de tais condições era extremamente pesaroso para os patrícios, acostumados historicamente a escravizar a plebe. O evento em questão demonstra claramente que a situação se tornou insustentável na cidade. As

Vale dizer que, nos primeiros dois séculos da história de Roma, a plebe não tinha sequer permissão para participar das concorridíssimas festividades religiosas no âmbito das *urbes*, tampouco para ter acesso ao poder político local. Como vimos, as reivindicações assumiram um teor cada vez mais incisivo, que beirou o insustentável.

12.13.1 A Lei das Doze Tábuas (451-450 a.C.)

Os plebeus, em razão do descaso patrício, haviam ameaçado abandonar definitivamente a cidade, pois se sentiam terrivelmente desprestigiados e prejudicados por não terem o devido acesso ao conhecimento da lei e a julgamentos justos. Os patrícios, por sua vez, detentores do monopólio da interpretação normativa, não raro justificavam suas posições legais evocando como pretexto a existência de "costumes imemoriais". Em 494 a.C., o imbróglio começou a ser efetivamente solucionado pelo reconhecimento à plebe do direito de se fazer representar oficialmente por meio dos chamados "tribunos da plebe". Estes, segundo Cretella Júnior, poderiam "opor-se até mesmo às decisões dos cônsules e dos senadores"[53]. Mas a saída final para as constantes crises seria a elaboração de uma lei geral que concedesse, com maior abrangência, aqueles direitos por tanto tempo negligenciados à plebe.

Desse modo, foi organizada uma comissão de decênviros que receberam a incumbência de elaborar leis gerais para Roma. Isso ocorreu exatamente após a destituição dos patrícios que tinham partido para o mundo helênico com o propósito de buscar inspiração na famosa legislação de Sólon. O contexto tem sido bem confirmado pelos historiadores da Antiguidade:

| § 3º Expulsos os reis pela Lei Tribunícia, todas as leis se acabaram, e de novo começou o povo romano a reger-se mais pelo direito incerto

---

disputas entre as classes sociais se fazem sentir em vários momentos da trajetória de Roma, projetando-se de modo mais incisivo entre o ocaso da República, na época de Pompeu e Júlio Cesar, e o início do governo de Otaviano, o *Augustus* (o primeiro imperador).

[53] CRETELLA JR., José. *Curso de Direito Romano*, p. 31.

CAPÍTULO XII ● O Direito romano

E PELO COSTUME DO QUE POR LEIS PROMULGADAS, E, ASSIM, SE PASSARAM CERCA DE VINTE ANOS[54].

| § 4º PARA QUE TAL SITUAÇÃO NÃO CONTINUASSE POR MAIS TEMPO, O POVO RESOLVEU ESCOLHER DEZ VARÕES (DECÊNVIROS), MEDIANTE OS QUAIS SE OBTIVESSEM LEIS DAS NAÇÕES GREGAS PARA A NOSSA NAÇÃO. AS LEIS, ESCRITAS EM LÂMINAS, OU TÁBUAS DE MARFIM, FORAM COLOCADAS NA PRAÇA PÚBLICA PARA QUE PUDESSEM SER MAIS CONHECIDAS[55].

| AOS DECÊNVIROS FOI DADO O SUPREMO PODER NAQUELE ANO, PARA QUE PUDESSEM CORRIGIR AS LEIS, SE FOSSE NECESSÁRIO, E INTERPRETÁ-LAS, NÃO HAVENDO RECURSO DE SUAS DECISÕES, COMO DAS DOS OUTROS MAGISTRADOS[56].

| NOTARAM ENTÃO QUE ALGUMA COISA FALTAVA A ESSAS PRIMEIRAS LEIS; POR ISSO, NO ANO SEGUINTE, ACRESCENTARAM MAIS DUAS TÁBUAS, E POR ESSE FATO SE CHAMOU LEI DAS DOZE TÁBUAS, TENDO SIDO AUTOR DO PROJETO, SEGUNDO ALGUNS, UM CERTO HERMODORO, DE ÉFESO, EXILADO NA ITÁLIA[57].

O resultado final desses trabalhos, entre os anos 451 e 450 a.C., ficou conhecido como as "Leis das Doze Tábuas" (*Lex Duodecim Tabularum*). Sua importância tornou-se incontestável a partir da verificação de que o mencionado corpo de leis reflete uma das primeiras iniciativas no sentido de reduzir à forma escrita todo o Direito preexistente, fazendo com que este passasse a ser de conhecimento público.

Convém observar que no bojo desse célebre ordenamento jurídico, a exemplo das codificações da Antiguidade Oriental, encontrava-se prevista também a chamada *Lex Talionis*:

---

[54] POMPÔNIO, Livro Único do Enquirídion, ou Manual Elementar [Fr. 2 do *Digesto, De origine juris*]. In: JUSTINIANO. *Institutas do Imperador Justiniano*, cit., p. 283.

[55] POMPÔNIO, Livro Único do Enquirídion, ou Manual Elementar [Fr. 2 do *Digesto, De origine juris*]. In: JUSTINIANO. *Institutas do Imperador Justiniano*, cit., p. 284.

[56] POMPÔNIO, Livro Único do Enquirídion, ou Manual Elementar [Fr. 2 do *Digesto, De origine juris*]. In: JUSTINIANO. *Institutas do Imperador Justiniano*, cit., p. 284.

[57] POMPÔNIO, Livro Único do Enquirídion, ou Manual Elementar [Fr. 2 do *Digesto, De origine juris*]. In: JUSTINIANO. *Institutas do Imperador Justiniano*, cit., p. 284.

O DIREITO NA ANTIGUIDADE CLÁSSICA

| QUEM CORTOU UM MEMBRO DE OUTRO, SE NÃO CHEGA A UM ACORDO COM ELE, DEVERÁ SE SUBMETER À LEI DE TALIÃO[58].

As Leis das Doze Tábuas originais se perderam em meio à guerra contra os gauleses, no ano 387. Escritas em placas de bronze, elas estavam expostas no edifício do fórum romano, que foi saqueado e destruído pelo fogo. Todavia, as leis já estavam tão inculcadas na memória coletiva popular que os escritores latinos não tiveram muita dificuldade para recompor seu conteúdo, sendo essa a prova maior de que o anseio plebeu havia finalmente alcançado êxito.

Mais tarde, já na época de Justiniano, a lembrança das Doze Tábuas continuava tão viva no imaginário romano que se tornou uma das fontes primordiais à consolidação de leis posteriormente chamada de *Corpus Juris Civilis*.

De fato, foi na República que o Direito romano se estruturou e desenvolveu. Os séculos seguintes haveriam de reproduzir os resultados da dedicação às questões jurídicas vivenciadas por uma época em que Roma buscava se consolidar no Lácio.

12.13.2 Outras leis do Período Republicano e a atividade dos jurisconsultos

Posteriormente, ainda nesse período em específico, foram promulgadas outras leis que visavam reconhecer os direitos da plebe e com isso diminuir progressivamente as tensões sociais. A primeira delas foi a *Lei Canuleia*[59], do ano de 445 a.C., que finalmente passou a

---

[58] BETANCOURT, Fernando. *Derecho Romano Clásico*, p. 50. [Nossa tradução da versão em língua espanhola]. Como se pode perceber, o recurso ao emprego do Talião não é uma exclusividade do Direito na Antiguidade Oriental. Muitos séculos mais tarde (451-450 a.C.), agora no Mediterrâneo Central, também a Lei das Doze Tábuas consagrou a máxima que em essência caracteriza a famosa pena. Contudo, bastante intrigante é a fórmula utilizada no Lácio, muito similar àquela do Código de Hamurábi (1694 a.C.). Não obstante isso, e apesar de o contato entre gregos e romanos com os povos do Oriente Próximo ser muito frequente no decurso dos tempos, ainda nos parece prematuro afirmar que o direito cuneiforme, especificamente sob o aspecto acima tratado, tenha vindo a influenciar o Direito Romano.

[59] A *Lei Canuleia* deve seu nome ao tribuno da plebe chamado Gaius Canuleius, o qual solenemente a propôs.

CAPÍTULO XII ● O Direito romano

permitir o casamento entre patrícios e plebeus, uma histórica pretensão destes últimos. A legislação em tela ainda franqueava à plebe o acesso à magistratura consular, o que representava para essa classe uma importante vitória no campo político.

Outra grande vitória para os plebeus consistiu na aprovação do conjunto de leis chamado "licínias", em 367 a.C. Estas trataram de incluir a plebe no programa de divisão e utilização das terras que foram objeto de conquista. Por intermédio das "leis licínias", os plebeus também ganharam novamente em representatividade: poderiam agora contar com um cônsul de origem plebeia no Senado.

"Mas a plebe, mesmo depois de conseguir o consulado, prosseguiu no movimento em prol da total equiparação política com os patrícios. E sucessivamente obteve acesso às restantes magistraturas: em 364 a.C., aproximadamente, a edilidade curul; em 356 a.C., a ditadura; em 351 a.C., a censura; e finalmente, em 337 a.C., a pretura"[60], ensinou o professor José Carlos Moreira Alves.

A "Lei Ogúlnia", de 300 a.C., por sua vez, reconhecia aos plebeus uma série de direitos religiosos antes negados.

A "Lei Hortênsia", de 286 a.C., delimitou a derradeira conquista da plebe. Fez com que suas deliberações tomadas no âmbito dos plebiscitos fossem alçadas no plano real à categoria de "leis".

Oportuno seria mencionar o papel de destaque desempenhado pelos jurisconsultos, prova maior de que, já durante a República, o Direito romano encontrava-se bem desenvolvido e amalgamado ao cotidiano de qualquer cidadão. No dizer de Thomas Marky, "suas atividades consistiam em emitir pareceres jurídicos sobre questões práticas a ele apresentadas (*respondere*), instruir as partes sobre como agir em juízo (*agere*) e orientar os leigos na realização de negócios jurídicos (*cavere*). Exerciam essa atividade gratuitamente, pela fama e, evidentemente, para obter destaque social, que os ajudava a galgar os cargos públicos da magistratura"[61].

---

[60] ALVES, José Carlos Moreira. *Direito Romano*, p. 15. Cf. também, no mesmo sentido, a obra de CRETELLA JR., José. *Curso de Direito Romano*, p. 35.

[61] MARKY, Thomas. *Curso Elementar de Direito Romano*, p. 8.

Mário Cutis Giordani, em sua *História de Roma*, elenca quatro razões imediatas que permitiram a equiparação legal entre os patrícios e plebeus:

| I – "Poderíamos resumir, da seguinte maneira, as causas da ascensão contínua da plebe romana até sua fusão legal com a velha aristocracia por meio da aquisição dos mesmos direitos e deveres: em primeiro lugar, a impossibilidade de sobrevivência isolada de qualquer uma das classes antagônicas. Plebeus e patrícios possuíam plena consciência dessa recíproca necessidade. Os patrícios, aos quais cabia fazer concessões, sabiam que necessitavam dos plebeus como contribuintes para o fisco, como criadores de riqueza e como integrantes indispensáveis das legiões"[62].

| II – "A essa primeira causa de ordem geral, podemos acrescentar a segunda: a ação enérgica, decisiva e corajosa dos tribunos da plebe. A atuação desses magistrados representa o aspecto legal das imposições plebeias; essas imposições revestiam-se, não raro, de um aspecto ilegal e revolucionário quando eram apresentadas por meio de greves que iam desde a greve geral (cujo exemplo típico é a retirada para o Monte Sagrado) até as greves militares. Tito Lívio (II, 24:1-3) cita-nos o exemplo dos plebeus recusando-se a tomar armas para defender a cidade contra o ataque dos Volscos"[63].

| III – "Uma terceira causa do progresso dos plebeus está, pois, relacionada com as greves militares: Roma possuía adversários externos que só poderiam ser vencidos pela união interna das duas classes sociais"[64].

| IV – "Uma quarta causa pode ser apontada: a redução gradativa da população patrícia em razão das constantes guerras"[65].

---

[62] GIORDANI, Mário Curtis. *História de Roma*, p. 35. Na obra de Giordani não existem os numerais romanos. Inseri-os aqui apenas para facilitar a leitura.

[63] GIORDANI, Mário Curtis. *História de Roma*, p. 35.

[64] GIORDANI, Mário Curtis. *História de Roma*, p. 35.

[65] GIORDANI, Mário Curtis. *História de Roma*, p. 35.

CAPÍTULO XII ● O Direito romano

Ainda assim, apesar de o projeto de expansão já ter se iniciado e de as convulsões internas terem sido virtualmente contidas pela progressiva concessão de direitos à plebe, Roma ainda não se encontrava rigorosamente na vanguarda do domínio do mundo conhecido. Rivalizava com a proeminência cultural que emanava das cidades da Grécia, apesar do acentuado declínio destas. Concorria, também, com a notória capacidade mercantil que fazia de Cartago, situada no Norte da África, a senhora dos mares.

O contexto em questão acabaria por deflagrar, em 264 a.C., as famosas "Guerras Púnicas", eventos que fatalmente colocaram em xeque os laços amistosos mantidos outrora entre as duas hegemonias. Com a vitória de Roma após a derrota de Aníbal, o grande comandante e estrategista cartaginês, o caminho para a conquista do mundo finalmente se abria a Roma. No tópico seguinte, veremos os momentos finais da Era Republicana, que antecederam a instauração do Império.

12.14 O Direito romano no Alto Império (27 a.C.-284)

12.14.1 O declínio da República e seus personagens

As vitórias alcançadas por Roma nas Guerras Púnicas e a consequente destruição de Cartago em 146 a.C. – a maior metrópole do Mediterrâneo desde o declínio de Atenas – trouxeram sensíveis mudanças em todos os níveis sociais e políticos para uma cidade próxima de se tornar um grandioso império. A riqueza conseguida pela pilhagem de adversários históricos e a distribuição do *ager publicus* entre os membros da elite aristocrática romana acarretaram o enriquecimento desmedido de um patriciado obcecado pela opulência, que os Gracos[66] tentaram a todo custo combater por meio de propostas visando a promoção de uma reforma agrária.

Não bastasse isso, o território peninsular não estava completamente pacificado. Sabélicos e samnitas, dois povos de origem latina,

---

[66] Trata-se dos irmãos Tibério Graco e Caio Graco, eleitos tribunos, respectivamente, em 133 a.C. e 129 a.C.

pleiteavam a cidadania e se lançaram às armas contra Roma para alcançar seu intento. Esta, por sua vez, só conseguiu sufocar a revolta em 89 a.C. Logo no ano seguinte, as legiões se viram ameaçadas por outro adversário: Mitríades, Rei do Pontus, que do Oriente buscou apoio nas antigas cidades helênicas para realizar seus sonhos imperialistas. Silla, à frente do governo de Roma, combateu-o, sem, todavia, submetê-lo em definitivo.

Nas próximas décadas, a política de Estado será dirigida por três nomes de vulto: Pompeu, Julio César e Crasso, os quais comporiam o primeiro triunvirato da Era Republicana. Pompeu era um aristocrata de ascendência rural cujo pai, Cneu Pompeu Estrabão, havia sido cônsul em 89 a.C. Desde a juventude, Pompeu já dava mostras claras de suas inquestionáveis qualidades como estrategista e comandante, o que lhe rendeu crescente projeção nos círculos políticos da capital. Ambicioso e vaidoso, Pompeu, agora genro de Silla, fez questão absoluta de alardear que a revolta escrava liderada em 71 a.C. por Spartacus, na Espanha, somente pôde ser contida graças ao auxílio prestado em boa hora a Crasso, seu adversário político. Ademais, dedicou-se Pompeu a desbaratar a organizada coalizão de piratas no sul do Mediterrâneo, já tão acostumada a causar prejuízos às embarcações romanas (67 a.C.). Vale ressaltar que o célebre general ainda pôs fim, em 61 a.C., às intimidações levadas a cabo por um conhecido inimigo de seu povo: Mitríades, a quem Silla combateu. Além disso, tratou de submeter a Armênia, a Síria e a Judeia. Em Jerusalém, desrespeitou profundamente os judeus ao adentrar a cavalo o recinto do templo. A morte, em 53 a.C., de Crasso, com quem Pompeu dividira o poder como cônsul dois anos antes, tornou possível a pretensão política deste último. Em função disso, as dissensões com Júlio César não tardariam a ocorrer, afinal os dois homens fortes da República ambicionavam um poder que se sabe não seria partilhado.

César, a seu turno, era outro general vitorioso, responsável por brilhantes campanhas militares das quais aquela nas Gálias era, sem dúvida, a mais expressiva. A vasta região celta europeia, que compreendia os territórios atuais da França, Bélgica e Suíça, foi subjugada inteiramente em meados do primeiro século antes de Cristo. A falta

CAPÍTULO XII ● O Direito romano

de unidade política entre as diversas tribos celtas foi bem explorada por César. Suas memórias e impressões pessoais sobre uma das principais nações do continente europeu estão registradas em obra intitulada *De Bello Gallico*.

Desse modo, findas as guerras externas mais prementes, encontraram-se os dois generais em Farsália, nos idos de 47 a.C., quando já estavam vivendo, pelo menos há dois anos, na condição de inimigos declarados. Assim, chegava o momento de resolverem as suas diferenças à maneira romana, é obvio, por meio da guerra. Pompeu, derrotado por seu algoz, fugiu às pressas para o Egito Ptolomaico, onde foi morto de modo traiçoeiro por um bando de ex-correligionários. César recebeu, assim, honrarias reservadas às divindades e se tornou a figura política mais proeminente da longa história romana.

12.14.2 Reformas de Júlio César no campo jurídico que pavimentaram o caminho para a instauração do Império

A lição deixada por Pierre Grimal sob a ótica jurídica comprova que dentre a série de iniciativas de cunho administrativo adotadas por Julio César, além de "promulgar leis", cuidou este também de promover uma "simplificação do direito romano", o que demonstra que a preocupação latina em sistematizar e consolidar as normas vigentes é bem anterior ao surgimento das compilações pré-justinianeias (ou seja, os Códigos Gregoriano, Hermogeniano e Teodosiano[67]). As inovações jurídicas adotadas por César, pois, tornaram-se notórias especificamente em cinco dos anos: 59, 51, 49 e o biênio 46-45 a.C.[68]. Sabe-se que esse conjunto de leis que o ditador romano produziu versava sobre uma ampla gama de assuntos de Estado, que adentrava nos campos administrativo, agrário, financeiro, internacional, judicial, municipal, político, provincial e religioso. Ao que parece, o ditador já

---

[67] GRIMAL, Pierre. *História de Roma*, p. 119-120.

[68] COLEMAN-NORTON, Paul Robinson. Gaius Julius Caesar and Roman Law. In: *The Classical Weekly*, vol. 50, n. 2, Caesar (Oc. 19, 1956), p. 24-26. In: <https://www.jstor.org/stable/4343858>.

O DIREITO NA ANTIGUIDADE CLÁSSICA

manifestava uma clara preocupação com o acúmulo de normas existentes a sua época, que, segundo a opinião de Coleman-Norton[69]
(conjugada ao parecer de outros autores), chegavam, nas últimas décadas do período republicano, ao número de 575. Basicamente, as leis
em questão eram de duas modalidades: as que se originavam de assembleias populares (*leges rogatae*) e as demais editadas por magistrados romanos no exercício de suas funções (*leges datae*).

Em síntese, Júlio Cesar (movido por interesses políticos ou por
ideais pessoais) dedicou-se a elaborar leis destinadas a atender às necessidades básicas da população mais pobre do Estado Romano. Entre
as tais, há uma que contemplava a distribuição de grãos aos mais carentes, definindo quem estaria apto a recebê-los e prevendo as penas
pecuniárias correspondentes aos eventuais desvios aos propósitos em
tela. Esse estatuto foi encontrado entre os anos de 1732 e 1735 na
antiga cidade-Estado grega de Heraclea (nos dias de César uma possessão romana, parte da província de Acaia), no Golfo de Tarantum[70].
Nesse mesmo sentido, Nathaniel Hook[71], em rara obra e comentário,
é mais detalhista ao inferir que as novas leis alcançavam os camponeses carentes que tivessem três filhos ou mais e que, em razão disso,
seriam instalados nas terras da Campânia. O autor em questão ainda
cuida de ilustrar todas as dissensões que aconteceram no âmbito do
Senado em razão de tão profundas transformações conduzidas por
César no terreno da legalidade e que servem de guarida para que melhor possamos compreender que esses mesmos interesses contraria-
dos perante as oligarquias patrícias fundiárias foram igualmente os
responsáveis pelo desfecho que determinou a morte do ditador, em

---

[69] COLEMAN-NORTON, Paul Robinson. Gaius Julius Caesar and Roman Law. In:
The Classical Weekly, vol. 50, n. 2, Caesar (Oc. 19, 1956), p. 24-26. In: <https:
www.jstor.org/stable/4343858>.

[70] Veja a esse respeito JOHNSON, Allan Chester; COLEMAN-NORTON, Paul Robinson; BOURNE, Frank Card. Ed. Clyde Pharr. *Ancient Roman Statutes*. Translation, introduction, commentary, glossary and index by A.C. Johnson, P.R. Coleman-
-Norton and F. Card. Austin: University of Texas Press, 1961. (Lilian Goldman Law
Library; The Avalon Project: Documments in Law, History and Diplomacy).

[71] HOOK, Nathaniel. *The Roman History: From the Building of Rome to the Ruin of
Commomwealth*, Vol. III, p. 405.

228

CAPÍTULO XII • O Direito romano

44 a.C., em plena sessão do Senado Romano, quando foi assassinado publicamente por desafetos políticos e Marcus Brutus.

Roma, agora sem seu estadista maior, optou por mais um triunvirato, desta vez composto por Marco Antônio, Lépido e um jovem chamado Caio Otávio, ou "Otaviano", que seria o primeiro imperador.

12.14.3 Otaviano César e as questões legais inerentes à estruturação do Império: das disputas com Marco Antônio à gênese de um novo período na longa história de Roma

O segundo triunvirato era uma resposta incisiva aos assassinos e opositores de César. Marco Antônio foi o amigo de César que lhe prestou as honras fúnebres; Otávio ou Otaviano, um sobrinho tornado filho adotivo pela afeição que o falecido general lhe nutria, e Lépido, por sua vez, antigo governador da Gália Transalpina. A fim de enfrentar os inimigos de César, convencionaram os triúnviros rechaçar severamente a rebelião orquestrada por Brutus e Cássio na Grécia, que se suicidaram em Filipos. Não tardaria, todavia, para o triunvirato se desfazer. Marco Antônio dava claras mostras da pretensão de ser o único e virtual senhor de Roma. Após anular o prestígio de Lépido perante suas tropas e dar-lhe um título honorífico tendo em vista a abdicação de suas pretensões, partiu Antônio para o Egito, a fim de obter esclarecimentos sobre o apoio de Cleópatra aos adversários de César. O general romano não contava com a possibilidade de cair de amores pela célebre princesa egípcia de origem macedônica. O relacionamento redundaria no fim de seu casamento com Otávia e na união com a estrangeira, acontecimento que prejudicou sobremaneira as pretensões políticas de Marco Antônio junto ao Senado e Otávio soube habilmente explorar a situação. Comandadas por Agripa, a mando de Otávio, foram derrotadas no mar de Actium, em 31 a.C., as forças aliadas do Oriente. Diante do infortúnio, Cleópatra e Marco Antônio se suicidaram.

Os senadores romanos, àquela altura dos acontecimentos, sabiam que o Estado estava diante de uma crise sem precedentes e que tinham como geri-la. A única alternativa, em meio ao caos político e à inevitável desestruturação da República, seria adotar um novo sistema político pelo qual um homem forte do Estado viesse a enfeixar em suas mãos o poder supremo. Esse homem, como se poderia esperar, só poderia ser Otáviano, que foi sagrado *princeps* – o primeiro cidadão diante de toda a multidão. Porém, esse seria apenas o primeiro título que receberia. Começava, assim, a fase da história romana chamada de "Império", em que o Senado foi cada vez mais esvaziado de sua ingerência sobre a vida dos cidadãos.

Destarte, o período imperial de Roma teve início, mais precisamente, no ano 27 a.C. O chamado "Alto Império" ou "Principado" se estendeu até 284, ano do falecimento de Diocleciano, quando começou o "Baixo Império".

Nesse sentido, antes de dar prosseguimento, cremos que se torna necessário visitar aqui a etimologia inerente a *"imperium"*. Poletti, oportunamente, observa que a palavra ainda carece da devida precisão linguística, permanecendo, de certo modo, "obscura" para nós, o que ocorre em função de se caracterizar pela sua condição *mutatis mutandis*, ou seja, conforme os significados em que ela é utilizada segundo os diferentes períodos da história romana. Apesar das inúmeras possibilidades abertas, como bem lembra o autor, há uma clássica referência defendida por Sílvio Meira de que a origem desse termo latino pode ser buscada junto aos etruscos[72]. De qualquer modo, ressalta o professor, resta esclarecido ser este termo anterior à própria instauração do novo regime político que oficialmente colocou fim à era Republicana, tendo o próprio Júlio César (mesmo sem ter sido um "imperador") recebido o título honorífico em questão, pois a *priori* *"Imperator* era quem imperava, ou seja, o comandante, e designava aqueles chefes nomeados, de maneira excepcional, para o comando das tropas, sem ser magistrados, nem promagistrados (foi o caso de P. Scipião). A expressão converteu-se em uma demonstração de aplauso da tropa, na hora suprema da vitória ou do triunfo"[73].

---

[72] POLETTI, Ronaldo Rebello de Britto. *Conceito Jurídico de Império*, p. 38.

[73] POLETTI, Ronaldo Rebello de Britto. *Conceito Jurídico de Império*, p. 44.

CAPÍTULO XII ● O Direito romano

Na fase inicial do império, tanto o imperador como o Senado conjugaram esforços para governar o País, apesar de a figura do primeiro ter inquestionável primazia sobre a do outro.

Assim, o antigo e duradouro sistema dos dois cônsules (e também o dos triunviratos), próprio da República, podia ser considerado definitivamente terminado. O imperador passou a ser o "príncipe", um título honorífico que prepararia a vereda para a instauração de um governo absoluto. Como bem destacou o professor Cláudio de Cicco, seria impossível estabelecer uma compreensão clara sobre os desígnios de Roma e de seu próprio Direito se não fosse levado em conta um propósito maior perseguido por aquela gente, pautado, literalmente, na busca da "grandeza de Roma"[74].

O período de transição é lento e gradual, mas contínuo na cena política daquele que foi o mais portentoso império de todos os tempos. Indro Montanelli, oportunamente, assim tratou de descrevê-lo: "Já que quase todas essas pessoas pertenciam à grande burguesia (referindo-se a Agripa – "um grande organizador", Mecenas – "um grande financista" e diversos generais como Tibério), e os aristocratas queixavam-se de terem sido excluídos, Otaviano escolheu uns vinte entre eles, todos senadores, e transformou-os numa espécie de Conselho da Coroa, que aos poucos se tornou o porta-voz do Senado e anexou suas decisões. A Assembleia ou Parlamento continuou a se reunir e a discutir, mas sempre com menor frequência e sem esboçar qualquer tentativa de reprovar alguma proposta de Otaviano. Este concorreu regularmente ao Senado treze vezes, e naturalmente venceu em todas elas. De maneira inesperada, em 27, colocou todos os seus poderes nas mãos do Senado, proclamou a restauração da República e anunciou que desejava retirar-se para sua vida privada. Não tinha mais que 35 anos neste período, e o único título que aceitara fora aquele, inédito, de príncipe. O Senado respondeu, abdicando, por sua vez, e devolvendo a ele todos os seus poderes, suplicando-lhe que os assumisse e conferindo-lhe o apelido de Augusto, que significa literalmente 'o aumentador' e era um adjetivo, mas depois, com o

---

[74] CICCO, Cláudio de. *Direito: Tradição e Modernidade*, p. 30.

231

uso, tornou-se um substantivo. E Otaviano concordou, resignadamente. Foi uma cena representada à perfeição por ambas as partes e demonstrou que a oposição conservadora e republicana chegara ao fim: até os orgulhosos senadores preferiam um patrão ao caos"[75].

Nesse estágio do desenvolvimento de Roma, a práxis jurídica cada vez mais se especializava. Como fonte do Direito, tem-se a inserção de novos elementos, como as constituições imperiais, emanadas do príncipe, os *senatus consultos*[76], além, é claro, dos editos dos magistrados. As prerrogativas inerentes à função do Príncipe também acompanham as mudanças políticas em constante ebulição nesta nova fase. Nesse sentido, ensina o mestre Poletti: "O *ius edicendi* foi importante faculdade dada a Otaviano pelo Senado, pois compreende o direito dos magistrados do povo romano de publicar editos, nos quais formalizavam normas que pretendiam observar durante a sua magistratura, tanto no tocante à proteção jurídica judicial, como no caso dos pretores, incluindo o dos governadores provinciais, como de natureza administrativa nos outros casos. Interessante anotar que o *ius edicendi* lhe foi concedido após o título de Augusto e, portanto, depois de sua renúncia e da afirmação solene de que a República estava restaurada. Além disso, o *ius edicendi* lhe é conferido junto com o *cura legum et morum*, o que reforça a ideia de identidade do direito com o Império, pois consiste no poder de ditar leis e constituições, impondo-lhe, todavia, o dever de zelar pelo *mos maiorum*. Tais circunstâncias serão destacadas pelo Príncipe nos *Res Gestae*"[77].

---

[75] MONTANELLI, Indro. *História de Roma*, p. 248-249.

[76] Lopes assim se refere aos *senatus consultos*: "Inicialmente, tratava-se apenas de uma opinião do senado a respeito de uma matéria determinada. Representava moralmente a autoridade dos patriarcas (*auctoritas patrum*), e não tinha o mesmo caráter da lei. É com a decadência das formas republicanas de deliberação, a partir do principado, que o senatus consulto converte-se em fonte normativa. Há um progressivo centralismo e das assembleias o poder passa ao senado. No final da República e início do principado senatus consulto havia sido interpretativo e sugestivo para os pretores (sugestão de exercício de seu poder e criação de editos). Sob Adriano (117-138 d.C.) a função normativa do Senado é reconhecida". LOPES, José Reinaldo de Lima. *O Direito na História*: Lições Introdutórias, p. 57.

[77] POLETTI, Ronaldo Rebello de Britto. *Conceito Jurídico de Império*, p. 50.

CAPÍTULO XII ● O Direito romano

Apesar de tudo, há que se ter em mente que o poder assumido por Otaviano (e de seus sucessores) é de caráter cumulativo (pois os títulos honoríficos não foram concedidos para o *Príncipe* no transcurso de um único ano). Este novo regime se traduz numa mescla original de monarquia e república, donde os romanos extraem suas experiências práticas de outrora para traduzir o novo momento político e a miríade de vontades e expectativas que pairavam sobre a figura suprema do imperador.

Durante o Principado, a aristocracia romana conservou muitos de seus privilégios. Como bem ressalta Géza Alföldy, o "filho de um senador era 'automaticamente' senador – já que tal estatuto se tornara, desde os tempos de Augusto, hereditário –, além de ter direito, como todos os membros adultos da ordem, ao título de *clarissimus* (a que correspondia o título de *clarissima* das mulheres e filhas de senadores")[78].

Muito provavelmente, as maiores transformações legislativas da época de Augusto ocorreram no campo do Direito de Família romano, que começava a assumir novos e definitivos contornos. Sabe-se que Augusto dedicou-se não somente a redimensionar a ordem política vigente, mas também se esforçou para implantar, de fato, uma nova "ordem conjugal", conforme destacou Norbert Rouland[79]. Assim, reprimia-se drasticamente o adultério (cometido pela esposa), dificultava-se o divórcio e se valorizava acentuadamente o casamento. Além disso, proibia-se o homossexualismo, e, nos contratos de dote aparecia, por meio de uma fórmula genérica, o comprometimento formal do esposo de não tomar "nem concubina, nem amiguinho", apesar de as "práticas antigas" continuarem em voga mesmo após a morte do primeiro imperador de Roma[80]. Não obstante as reformas iniciadas com Otaviano, "há na classe alta grande frequência de divórcios (César, Cícero, Ovídio, Cláudio casaram-se três vezes) e talvez na plebe citadina", conforme observa Paul Veyne[81].

---

[78] ALFÖLDY, Géza. *A História Social de Roma*, p. 125.

[79] ROULAND, Norbert. *Roma*: Democracia impossível? Os Agentes de Poder na Urbe Romana, p. 361-364.

[80] ROULAND, Norbert. *Roma*: Democracia impossível? Os Agentes de Poder na Urbe Romana, p. 364.

[81] VEYNE, Paul. *História da Vida Privada:* Do Império Romano ao Ano Mil, p. 50-51.

O DIREITO NA ANTIGUIDADE CLÁSSICA

Por fim, vale dizer que independentemente da etapa da evolução histórica considerada, o Direito Romano sempre se fez altamente discricionário aos olhos de seus destinatários, e, nesse sentido, não existem razões plausíveis para crer no reconhecimento a qualquer forma de isonomia em função da cidadania comum entre os muitos habitantes do império. No que diz respeito às normas de caráter criminal, por exemplo, Alföldy assevera que os "veteranos e os decuriões estavam isentados de penas humilhantes: os membros da ordem equestre que cometiam infrações e cuja pena, seria, no caso das pessoas vulgares, os trabalhos forçados, apenas eram exilados: os senadores que cometiam crimes a que normalmente era aplicada a pena capital eram poupados à morte e deveriam somente exilar-se. O comum dos mortais, pelo contrário, estava sujeito a um direito penal tão duro como o era o romano, que incluía penas como a flagelação, a tortura, os trabalhos forçados, a condenação a combates de gladiadores e combates com touros, e a morte por crucificação; e as ofensas cometidas por um homem vulgar contra uma pessoa importante eram punidas com uma severidade muito especial"[82].

12.15 O Direito romano no Baixo Império (284-565)

12.15.1 Período Histórico

O chamado "Baixo Império" é marcado pelo governo de Diocleciano, logo a partir de 284, assinalando uma nova e importante fase na história imperial de Roma. Este período se entenderia, segundo alguns autores, até o ano de 476, quando os Hérulos invadem a "Cidade das Sete Colinas" e decretam o fim do Império Romano no Ocidente. Entretanto, para fins didáticos e, seguindo na esteira dos demais romanistas, consideraremos o "Dominato" até 565, quando ocorre a morte do Imperador Justiniano.

12.15.2 Justiniano e seu monumental legado jurídico: o *Corpus Iuris Civilis*

Nascido em Taurésio, na atual Turquia, Flavius Petrus Sabbatius Iustinianus (483-565) ou, simplesmente, Justiniano, ascendeu ao

---

[82] ALFÖLDY, Géza. *A História Social de Roma*, p. 125.

234

CAPÍTULO XII ● O Direito romano

poder graças às manobras de Justino I, seu tio, que primeiro o nomeou "cônsul". A sagração como imperador se daria em 527.

Os primeiros anos de governo não seriam, todavia, nada tranquilos. A insatisfação popular angariada em meio às diversas classes sociais redundou na eclosão da "Revolta de Nika", em 532, e que, segundo Michael Angold, resultaria na morte de 30 mil pessoas[83]. Após a supressão das rebeliões e da instabilidade interna, dedicou-se Justiniano a colocar em prática seu plano de reestruturação do Império. Ao que parece, seu intento maior se resumia em resgatar a grandeza perdida de um Estado já em franco processo de decadência. Para isso, realizou várias obras de infraestrutura no vasto território sob seus auspícios.

Entretanto, o grande legado que Justiniano deixaria seria no campo jurídico. Para levar a efeito seus ensejos, nomeou Triboniano, notável professor de Direito na Universidade de Constantinopla, o responsável maior por encabeçar uma comissão de juristas que elaboraria a maior consolidação de leis que o mundo ocidental já havia conhecido – o *Corpus Juris Civilis*.

O colégio de doutores em questão tinha irrestrita autonomia para solucionar as eventuais divergências de cunho legal e atualizar as opiniões dos juristas clássicos de acordo com as necessidades ditadas pelos novos tempos. Estas modificações realizadas visando à unificação do Direito imperial foram chamadas de "interpolações".

A produção, se uma ampla consolidação de leis não era, evidentemente, era uma ideia de todo original. Os romanos já haviam empreendido esforços visando sistematizar o direito preexistente. O resultado consistiu na produção de coleções legais como aquelas presentes nos códices Gregoriano, Hermogeniano e Teodosiano, os quais viria a obra maior de Justiniano substituir. Os juristas acharam por bem compô-la em quatro seções distintas. A primeira a perfazer a coleção de livros era o **Codex** ou "Código de Justiniano" – um conjunto de constituições imperiais vigentes desde a época do imperador Adriano (117-138) que contava, agora, também com as constituições emanadas do cetro de Justiniano.

---

[83] ANGOLD, Michael. *Bizâncio:* A Ponte da Antiguidade para a Idade Média, p. 33.

A segunda parte do *Corpus Juris Civilis* era o **Digesto ou Pandectas**, ou seja, a doutrina desenvolvida por séculos de tradição de dedicação ao Direito. As estrelas eram os mais notáveis jurisconsultos que Roma já produziu.

Objetivando expor o Direito da forma mais didática possível aos estudantes, foram elaboradas as *Institutas* no ano de 533, a mesma época da publicação do *Digesto*. As **Institutas** se ancoravam, basicamente, nos preceitos ensinados por jurisconsultos da estirpe de Gaius e Ulpianus.

A quarta e última seção do *Corpus Juris Civilis* é composta pelas **Novelas** ou **Nouveles**. Trata-se de novas constituições que foram editadas a partir de 534. As novas leis tinham por objetivo revitalizar o Direito, reorientá-lo de acordo com as controvérsias reinantes e adequá-lo às conveniências de cada época. O ordenamento jurídico, seguindo numa longa esteira de princípios latinos, começa a se tornar mais isonômico. Para tanto, revogaram-se diversos pontos considerados obsoletos. Todavia, curiosamente, o tradicional rechaço romano ao divórcio (tendência advinda desde os tempos da Realeza) continua firmemente a orientar as decisões no Império. Vejamos aqui breve extrato da Novela 127, em seu Capítulo IV, que trata de questões relativas ao casamento:

| RECENTEMENTE PROIBIMOS, POR UMA NOSSA CONSTITUIÇÃO, TANTO AOS MARIDOS COMO ÀS MULHERES, REPUDIAREM-SE E DISSOLVEREM O CASAMENTO (SALVO, PORÉM, POR CAUSA ADMITIDA PELA NOSSA LEI), E COMINAMOS PENAS A MARIDOS E MULHERES QUE PROCEDESSEM DE MODO CONTRÁRIO. MAS, INTRODUZINDO ALTERAÇÕES RELATIVAS ÀS PENAS COMINADAS A MARIDO E MULHER E MUDANDO PARA MELHOR ESTA MATÉRIA, MANDAMOS NÃO HAJA NENHUMA DIFERENÇA, QUANTO À PENA, ENTRE MARIDO E MULHER, QUE O OUSAREM. MAS OS MARIDOS QUE, POR SEU LADO, ASSIM O FIZEREM, SEJAM SUJEITOS ÀS MESMAS PENAS QUE IMPUSEMOS ÀS MULHERES QUE, SEM NENHUMA CAUSA RECONHECIDA POR LEI, DISSOLVEREM OS MATRIMÔNIOS, SENDO SEMELHANTES AS PENAS TANTO PARA O MARIDO COMO PARA MULHER, POIS JULGAMOS JUSTO COMINAR PENAS SEMELHANTES A DELITOS IGUAIS[84].

---

[84] JUSTINIANO. *Institutas do Imperador Justiniano*, cit., p. 302. [Novela 127, Capítulo IV.]

CAPÍTULO XII ● O Direito romano

Os romanos, pelo menos durante o governo de Justiniano, sempre usaram o expediente de editar uma nova lei se esta se fizesse necessária. Assim dispõe o prefácio da Novela 127:

| Não nos envergonhamos de emendas às nossas leis, querendo sempre editá-las para a utilidade dos súditos...[85].

Sabe-se que o *Corpus Juris Civilis* teve um valor fundamental no renascimento do Direito romano entre muitos países ocidentais, mas de modo especial na França, Alemanha, Espanha e Portugal. Por meio dessa monumental obra e da iniciativa de Justiniano se possibilitou o estudo e a retomada das instituições jurídicas clássicas e da aceitação dos princípios gerais fundamentais que hodiernamente norteiam a percepção legal de inúmeros juristas do mundo todo. Nesse sentido, o legado deixado pelas gentes do Lácio é, ainda hoje, muito difícil de ser dimensionado.

12.16 O Direito Romano no Período Bizantino (565-1453)

O período da trajetória do Direito Romano conhecido como "Direito Bizantino" é tradicionalmente situado pela convenção historiográfica entre 565, ano que assinala a morte do Imperador Justiniano, e 1453, quando Constantinopla é tomada pelo ímpeto conquistador dos exércitos turcos otomanos.

A terminologia em tela constitui-se numa alusão direta ao grande centro cosmopolita de Bizâncio, tornada a capital do Império Romano do Oriente.

In casu, trata-se de um conjunto de coleções legislativas produzidas pelo cetro dos monarcas que ascenderam ao trono imperial na aludida cidade.

As obras são redigidas no idioma grego e possuem como fonte primeira o Direito de Justiniano, que agora encontra-se fundido aos costumes dos povos orientais e aos interesses políticos dos monarcas

---

[85] JUSTINIANO. *Institutas do Imperador Justiniano*, cit., p. 300. [Novela 127.]

que governam os limites dos territórios situados ao leste da Europa e Ásia Menor.

12.16.1 As coleções legislativas dos Imperadores Bizantinos

Interessante notar que o próprio imperador Justiniano, movido por vaidades pessoais e outras tantas aspirações de natureza administrativa, não autorizava que sua obra jurídica máxima [o *Corpus Iuris Civilis*] estivesse à mercê de quaisquer comentários doutrinários advindos de juristas não diretamente envolvidos com seu grandioso projeto.

Apenas, neste caso, foram permitidas que fossem feitas apenas traduções ao idioma grego. Não obstante, como se poderia presumir, a história da notável coleção legislativa tomaria novos rumos e a interdição determinada pelo soberano romano jamais lograria o êxito esperado com o passar dos tempos. Prova disso é que quatro são as coleções legislativas bizantinas (a *Egloga Legum* [740]; o *Prochiron* [870-879] a *Epanagoge* [884-886]; e as *Basílicas* [906-911]. Vejamos as tais de modo separado logo a seguir.

12.16.2 A *Egloga Legum* (740)

O imperador Leão III, o Isáurio[86] (cujo reinado se deu entre 717-741), em seu próprio nome e de seu filho, Constantino V, ou Constantino Coprônimo (reinado situado entre os anos de 741-775), foi o primeiro dentre os monarcas bizantinos a se dedicar especificamente a questões de caráter legal[87]. Ele preparou uma nova codificação que tinha como doutrina substancial o próprio *Corpus Iuris Civilis*, mas que tinha por escopo fundamental, como bem estatui Ostrogorsky[88], "substituir os códigos de Justiniano I", considerados "demasiado volumosos" e de "difícil acesso".

---

[86] Em alusão ao nome de família da dinastia em questão, muitas vezes a *Egloga* ou *Ecloga* é também identificada na doutrina através da terminologia "Direito Isáurio".

[87] Apesar disso, foi justamente no decurso do reinado desta dinastia (mais especificamente no ano de 717) que se deu o fim das atividades da célebre escola pública de Direito de Constantinopla.

[88] OSTROGORSKY, G. *Historia del Estado Bizantino*. Madrid; Akal Universitaria, p. 169.

CAPÍTULO XII ● O Direito romano

É neste contexto que é produzida a *Egloga*, uma *"Seleção de Leis"* que se constituiria na "base da vida jurídica bizantina". Quanto à forma, o referido código é composto por um prefácio e 18 títulos. Há também uma menção expressa ao nome de três juristas que trabalharam diretamente no processo de composição da coleção normativa, sendo eles o Questor Nicetas, uma outra pessoa que igualmente atende por Nicetas e Marinus[89].

As modificações empreendidas na legislação anterior, revela Ostrogorsky[90], ocorrem basicamente no campo do Direito Civil e Penal, no sentido de torná-lo "mais humano", tendo-se em vista adaptá-lo a estas novas realidades locais. Assim constituía-se a mescla caracterizadora do Direito Bizantino, cuja fonte primária era, sem dúvida, o universo do Direito Romano somado, agora, à influência do "Direito Canônico" e do "direito consuetudinário oriental".

Ainda sob este aspecto, o autor cuida de listar as três principais inovações trazidas no terreno do Direito Civil, que consistem na limitação da *pátria potestas*; na ampliação dos direitos da mulher e dos filhos; e na proteção que se estende ao casamento.

No âmbito criminal, todavia, as alterações produzidas nunca estiveram necessariamente em consonância com o "espírito cristão de amor ao próximo", pois a *Egloga* prevê a aplicação de um diversificado "sistema de castigos corporais", o que o torna distinto do conteúdo do *Corpus Iuris Civilis*, sintetiza Ostrogorsky[91]. Nesse sentido, o autor explica que apesar de imperar aqui penas bastante drásticas como mutilações, em que ocorria a "amputação do nariz" ou situações em que os "olhos das vítimas eram tirados" ou o "cabelo raspado ou queimado", estas eram utilizadas quase sempre em substituição à pena de morte ou às penas de caráter pecuniário tradicionalmente previstas no Direito Romano[92].

---

[89] ORTOLAN, Joseph Louis-Elzéar. *The History of Roman Law from the Text from Ortolan's: histoire de la Législation Romaine et Généralisation du Droit (Edition of 1870)*, p. 501-502.

[90] OSTROGORSKY, G. *Historia del Estado Bizantino*, p. 169.

[91] OSTROGORSKY, G. *Historia del Estado Bizantino*, p. 169.

[92] OSTROGORSKY, G. *Historia del Estado Bizantino*, p. 169.

O DIREITO NA ANTIGUIDADE CLÁSSICA

Não obstante, as próprias Escrituras Sagradas eram consideradas pelos autores da *Egloga* a fonte mais importante a ser consultada em se tratando de questões legais, o que demonstra o inquestionável comprometimento religioso que os monarcas da dinastia Isáuria tinham[93].

Do exemplar mais conhecido existente, há aquele que se encontra na Biblioteca Imperial de Paris, sob o qual foi feita a melhor das traduções e comentários, qual seja a versão apresentada em 1852, por M. C. E. Zacharias.

De qualquer forma, a edição da *Egloga* trazia consigo muito da personalidade, das convicções religiosas e do temperamento de Leão III, que combateu com todas as forças a iconoclastia, submetendo os clérigos de sua época a inúmeras vexações públicas, privando-os com grande ímpeto e determinação da vida que estes levavam nos mosteiros. Sob tal aspecto, vale notar que a presente coleção legislativa em tela representava um verdadeiro paradoxo: era sobremodo cruel com todos aqueles que eram considerados malfeitores ou desafetos dos imperadores Isáurios, mas, de certo modo, já se encontrava impregnada por certos princípios cristãos, que primavam em larga medida pela proteção à família, mostrando-se comprometida com a defesa de grupos vulneráveis como mulheres e crianças.

Por fim, sabe-se que o Direito Romano-Bizantino exerceu notável influência na história dos Direitos dos países eslavos, notadamente na Rússia, cujos czares se serviram largamente destas codificações para legislar.

12.16.3 O *Prochiron* (870-879)

A segunda fonte do Direito Bizantino é uma espécie de manual editado sob a égide de Basílio I (811-886), fundador da dinastia Macedônia e em vigor por ocasião da ascensão ao trono de seus outros dois filhos, Constantino (859-879) e Leão, o Filósofo (886-912). As origens do primeiro imperador a compor esta listagem são incertas. A maioria dos especialistas na história bizantina, porém, entende como

---

[93] Sobre o assunto em questão, consulte a obra de WATSON, Alan. *Roman and Comparative Law*, p. 87.

240

CAPÍTULO XII ● O Direito romano

sendo grande a possibilidade de considerá-lo armênio de nascimento. De qualquer modo, sabe-se que desde tenra idade, quando não passava de um camponês, teve como grandes inimigos no decurso de sua trajetória de vida os árabes professantes do islamismo, à época, já em franca expansão pelos vastos territórios compreendidos pela Ásia Menor e Europa.

A obra jurídica, *in casu*, chama-se *Prochiron* (870-879). Assim como a *Egloga* (agora totalmente revogada)[94], possuía esta codificação um preâmbulo. Todavia, seus títulos eram bem mais extensos, atingindo o número de 40. Esta coleção normativa surgiu como parte de um novo projeto administrativo, que envolvia também o elemento jurídico, a fim de melhor governar as populações das imensidões do império com o estilo próprio dos novos monarcas macedônios.

Outra motivação refere-se ao aspecto religioso que caracterizava a *Egloga* e a intenção de renovar esta legislação considerada obsoleta por seus artífices. De todo modo, a constituição de Basílio I foi elaborada tendo por fonte primária o *Corpus Iuris Civilis* e, em especial, as Institutas de Gaio.

Todavia, em alguns aspectos, o *Prochiron* demonstrou certo distanciamento real da legislação justinianeia e, por hora, uma aproximação. Nesse sentido, um importante estudo comparativo foi realizado por J. B. Bury. O autor chama a atenção para o fato de que, para o Direito Romano, o concubinato era visto com bastante normalidade. A condição em questão, porém, é diversa no código de Leão e Constantino, que determinaram que cada concubina fosse considerada a esposa não somente de fato, mas também de direito. Note-se aqui, novamente, uma clara influência cristã na organização familiar. De modo similar, o *Prochiron* se afasta do entendimento daqueles que elaboraram a *Egloga*, que, por sua vez, requeria o consentimento expresso de ambos os cônjuges para a realização do casamento; sendo que, para os reis macedônios, bastaria que o próprio pai concedesse a autorização para que

---

[94] Apesar de revogada, o *Prochiron* se inspirou em larga medida na *Egloga* quando o assunto é "direito sucessório" ou "direito público". Cf. sobre o assunto a obra de OSTROGORSKY, G. *Historia del Estado Bizantino*, p. 244.

O DIREITO NA ANTIGUIDADE CLÁSSICA

algum de seus filhos viesse a contrair núpcias. Note-se que, sobre a questão, o *Corpus Iuris Civilis* adotava o mesmo parecer[95].

12.16.4 A *Epanagoge* (884-886)

A *Epanagoge* (composta entre os anos de 884 e 886), como o próprio nome indica no idioma grego, é uma "renovação" do direito vigente. Ao que consta a ideia para sua elaboração é devido à grande influência de Fócio I, o célebre Patriarca da Igreja Católica no Oriente entre os anos de 858-867 e, novamente, de 877-886. Do ponto de vista da forma, porém, sua edição leva os nomes de Basílio I, Leão VI e Alexandre, posto que Constantino havia falecido em 879.

A grande inovação trazida por esta nova legislação consiste no estabelecimento de uma clara e bem cuidada delimitação dos poderes a serem exercidos pelos Imperadores e pelo Patriarca da Igreja, complementares, mas, agora, distintos em propósitos. O poder espiritual, assim, passou a ter maiores prerrogativas legais garantidas pela autonomia legal que amplamente lhe foi reconhecida pelo cetro dos macedônios.

12.16.5 As *Basílicas* (867-912)

As *Basílicas* com seus 60 livros representam, como consolidação legislativa, a *plenitude* do Direito Bizantino produzido sob o cetro dos monarcas da dinastia macedônia (entre os anos de 867, com a ascensão de Basílio I ao poder, ao reinado de Leão VI, que se estende até 912).

O título da famosa obra legislativa, como seria de se imaginar, é devido ao fundador da casa real e foi concedido pelo próprio filho, Leão VI, que encontrou assim uma maneira de melhor honrar a seu progenitor. Sua composição iniciou-se no governo do próprio Basílio I, que sempre se mostrou interessado em questões legais, não somente pela admiração natural que nutria pela cultura romana, mas porque vislumbrava na elaboração de um corpo de normas uma utilidade de natureza administrativa. Entrementes, a elaboração de uma nova legislação contribuiria para que este viesse a exercer seu poder de mando de forma mais prodigiosa entre seus súditos.

---

[95] BURY, J. B. *History of the Later Roman Empire from Arcadius to Irene*, p. 416.

CAPÍTULO XII ● O Direito romano

Sabe-se que Leão nunca gozou da predileção de seu pai, que tinha abertamente por favorito a Constantino, cuja morte prematura transtornou-o por completo, trazendo diversos inconvenientes à gestão do império, visto que, daquele trágico evento, Basílio parece jamais ter se recuperado. Ademais, pairava por todos os confins dos domínios dos macedônios a sugestão entre o populacho de que Leão não era o filho legítimo deste, apesar de o comentário não ter sido levado à público na presença da realeza.

De qualquer modo, a dor daquela perda o acompanhou até seus últimos dias quando Basílio sofre ferimento fatal após queda de seu cavalo, num malogrado episódio de caça. Resta como legado no campo jurídico a síntese evolutiva definitiva e maior do Direito Bizantino, um misto de Direito Romano e antigos costumes orientais.

O contínuo processo de islamização que tomou corpo com a conquista otomana de Constantinopla em 1453 transformará a experiência jurídica nascida no Lácio naquela antiga porção do império numa breve sombra que desvanece cada vez mais no transcurso dos séculos.

12.17 A redescoberta do Direito Romano na Europa Ocidental (1116-1400)

O período histórico aqui estabelecido, qual seja aquele compreendido entre os anos de 1116 e 1400, consiste numa mera delimitação cronológica por nós sugerida, que visa apenas atender a fins didáticos. Para tanto, e simbolicamente, tomamos como ponto de partida o ano de 1116, em que Irnério, o fundador da "Escola dos Glosadores", começa sua atividade docente na Universidade de Bolonha. Do mesmo modo, finalizamos em 1400 com a morte de Baldo de Ubaldis, que pode ser considerado o último dos grandes *"Bartolistas"*, ou, noutras palavras, o derradeiro "Pós-Glosador" a assumir grande destaque e reputação nos círculos acadêmicos.

Como vimos, os rumos tomados pelo estudo do Direito Romano no Oriente e Ocidente obedecem a caminhos distintos. A tomada de Roma no ano de 476 pelos hérulos, um povo de origem germânica, impôs um novo destino à formidável produção jurídica outrora produzida no seio do Lácio. Se no Oriente, a partir de Bizâncio, há um lastro de continuidade garantido pelos imperadores que por lá ascendem ao trono, em Roma, por sua vez, o interesse pela obra de Justiniano permanece adormecida ou pouco considerada até o surgimento dos glosadores na Universidade de Bolonha.

Sem embargo, cumpre destacar que, enquanto a islamização de Constantinopla iniciada em 1453 praticamente haverá de sepultar o Direito Romano a partir do território da atual Turquia, nos círculos acadêmicos italianos do século XII, por sua vez, a retomada do *Corpus Iuris Civilis* alcançará seu definitivo apogeu. É o que veremos logo a seguir.

12.17.1 Os glosadores e a Universidade de Bolonha

A notável trajetória dos glosadores tem início com o despontar da Universidade de Bolonha, fundada no ano de 1088 na Itália, que não tardaria a se projetar como o grande centro difusor de ideias e estudos relativos ao Direito no cenário medieval europeu.

O termo "glosa" significa, pois, "comentário" e alude ao sistemático exercício de hermenêutica empregado por alguns juristas que se dedicaram, inicialmente, a revelar o real sentido contido nas terminologias e nas próprias instituições jurídicas encerradas na vetustez característica que perfaz o contexto do *Corpus Iuris Civilis* de Justiniano. Tratavam-se de anotações paralelas, marginais ou interlineares, feitas, *a priori*, nas páginas do Digesto, que progressivamente foram se tornando cada vez mais abundantes, até inaugurarem um novo estilo de interpretar o legado deixado pelos jurisconsultos do Lácio.

Dentre os principais vultos, iniciemos com seu precursor, o professor chamado Irnério, que nesta mesma instituição de ensino lecionou entre os anos de 1116 e 1140 (antes dele houve um outro docente de Direito Romano na mesma instituição, de nome "Pepo"[96], bem menos afamado que este, porém que dispõe do crédito referente ao pioneirismo na ministração da matéria em Bolonha). Entretan-

---

[96] MACKELDEY, F. *Derecho Romano*, p. 51.

CAPÍTULO XII • O Direito romano

to foi Irnério que ousou desenvolver os métodos originais que seriam utilizados por seus seguidores na tentativa de se compreender o verdadeiro teor dos textos legais, para, assim, melhor aplicá-los ao contexto de sua época. Pelo menos dois outros nomes se destacaram neste âmbito formando a tríade dos mais reputados glosadores da história: Azzo, autor de um par de obras fundamentais para os trabalhos que surgiriam posteriormente sobre o Direito Romano Clássico – "*Summa Codicis*" (referente ao *Codex*) e "*Institutiones Iustiniani*", e seu discípulo Accúrsio (1183-1263), que foi uma espécie de compilador de todo o material produzido por seus antecessores, tendo elaborado uma consolidação contendo um número bastante extenso de comentários e, ao que também cuidou de incluir alguns posicionamentos doutrinários seus na chamada *Glosa Ordinária* (também conhecida por *Glosa Magna* ou *Glosa Acursiana*), que abrigava incríveis 96.940 glosas[97]. A importância desta obra foi tão grande no contexto em questão que o professor venezuelano Rafael Mainar[98] observa oportunamente que ela não somente serviu de referência segura aos tribunais de então, mas que já a partir do século XIII, naqueles círculos, aqueles escritos eram "tão respeitados como o próprio texto" (do *Corpus Iuris Civilis*).

Os glosadores não foram somente os responsáveis por proporcionarem uma redescoberta gradual do Direito Romano nos meios acadêmicos da Europa, creditando o devido valor ao labor dos jurisconsultos do passado, mas aqueles que determinariam os contornos teóricos assumidos pelo Direito Privado Ocidental nos séculos seguintes. Mais do que isto, eles creditaram às instituições jurídicas de outrora uma utilidade ímpar até então, buscando adequar aquelas formulações legais à regulação de incontáveis povos dispersos entre dois continentes. Sob este aspecto, sabemos que a relevância histórica de sua empreitada é, até hoje, difícil de ser mensurada.

---

[97] BETANCOURT, Fernando. *Derecho Romano Clásico*, p. 128.

[98] MAINAR, Rafael Bernard. *Curso de Derecho Privado Romano*, p. 110.

12.17.2 Os Pós-Glosadores e desenvolvimento do Direito Comum (*Ius Commune*)

Os assim chamados "pós-glosadores" são, de certo modo, os reais continuadores do trabalho inicialmente realizado pelos juristas de Bolonha. Entretanto, estes foram muito além em alguns aspectos importantes, agindo com maior autonomia e independência intelectual, pois, enquanto seus antecessores buscavam a todo custo compreender o sentido "puro" das máximas contidas na obra de Justiniano, estes, agora, a estudam com o objetivo de melhor aplicar conceitos teóricos jurídicos romanos ao contexto inerente a sua época. De qualquer modo, cada uma dessas importantes correntes doutrinárias presta, a seu tempo, uma enorme contribuição à evolução da ciência jurídica nas universidades do Velho Mundo. Os principais representantes desta escola, pois, foram Guilherme Durante (1237-1332), Cino de Pistoia (1270-1335), Bartolo de Sassoferrato (1314-1357) e Baldo de Ubaldis (1327-1400).

Os pós-glosadores, assim, não se limitavam a empreender unicamente o monumental exercício de hermenêutica realizado anteriormente pelos mestres precursores italianos (cujo legado nesse sentido jamais foi diminuído ou desmerecido), mas queriam antes extrair do Direito Romano todas as ferramentas úteis à aplicação prática necessária no processo de resolução das lides diárias, seja nos feudos ou no âmbito das cidades medievais.

Visavam, pois, os *"Bartolistas"* (assim também conhecidos em função da grande influência de Bartolo de Sassoferrato entre seus discípulos) construir um universo jurídico com relativa homogeneidade, que contemplasse alguma unicidade, sem se olvidar, para tanto, de considerar a crescente influência da Igreja no campo da legalidade e dos direitos locais de caráter consuetudinário, que eram, basicamente, aqueles de origem germânica ou, em menor escala, celta. É exatamente sob esta perspectiva que surge o arcabouço do chamado "direito comum" – a simbiose modeladora dos direitos nacionais europeus.

PARTE VI

O Direito
MEDIEVAL

XIII. O Direito na Idade Média
XIV. O Direito inglês
XV. O Direito islâmico

CAPÍTULO XIII

O Direito na Idade Média

13.1 As diferentes percepções jurídicas da Idade Média

Convencionou-se designar de "Idade Média" o período compreendido pelo declínio do Império Romano do Ocidente (476) e a queda de Constantinopla (1453). Além dessa classificação de praxe, pode-se estabelecer outra, que se divide em "Alta Idade Média" (séculos V a X) e "Baixa Idade Média" (séculos XI a XV).

O Cristianismo certamente exerceu influência determinante no cotidiano das pessoas durante toda a Idade Média. Progressivamente, a crença que outrora era barbaramente fustigada por tantas perseguições foi oficializada, e, logo em seguida, institucionalizada nos limites imperiais, o que a levou angariar grande prestígio junto às massas. Foram, assim, definidos os dogmas e os pressupostos filosóficos do

O Direito Medieval

credo pelos sucessivos concílios e o incisivo papel desempenhado por pensadores notáveis como Agostinho, Tomás de Aquino e Isidoro de Sevilha, os quais, por sua vez, reinterpretam os escritos de Platão e Aristóteles à nova realidade que se interpôs.

À medida que a Igreja cresceu, foram estipuladas as funções, atribuições e poder inerentes aos cargos eclesiásticos criados. Em muitos momentos, a ascensão clerical acaba, em maior ou menor grau, exigindo alianças com as dinastias dos reinos europeus. No ano de 1096 decidiu-se pela promoção da primeira grande investida militar contra o Oriente, a fim de alcançar a libertação de Jerusalém das mãos dos turcos seljúcidas. Esses conflitos chamados de "Cruzadas" foram guerras religiosas realizadas sob os auspícios da Igreja e dos nobres que marchavam rumo à Terra Santa. Os combates perduraram até 1291, quando os muçulmanos, finalmente, fizeram valer sua supremacia na região.

Outra característica marcante da Idade Média diz respeito às ofensivas levadas a cabo por diversas hordas invasoras de origem germânica, celta, eslava, sarracena ou magyar[1] –, que a partir do século V se dedicaram a empreender guerras de conquista dos antigos domínios romanos.

Sob o prisma socioeconômico, foi instaurado nos mais diversos reinos do continente durante a Baixa Idade Média o sistema feudo--vassálico (a partir do século IX), como parte do legado de desestruturação do Império Romano do Ocidente. Isso se acelerou, principalmente, em função do desencanto ocasionado pela morte de Carlos Magno no ano de 814 e da falibilidade dos intentos de seu sucessor, Luís, o Piedoso.

Desse modo, era perfeitamente natural que, num período histórico tão extenso e cheio de transformações de incontestável relevância como foi a Idade Média, surgissem inúmeras concepções jurídicas distintas como parte de um processo longo e complexo. Na tentativa de sintetizá-lo da melhor maneira possível, pensamos ser mais adequado esboçar uma delimitação segundo quatro *nuances* específicas que não raro se entrelaçam no trajeto de construção das percepções jurídicas

---

[1] Povo originário da Hungria.

CAPÍTULO XIII • O Direito na Idade Média

europeias. As páginas seguintes tratarão, pois, dos Direitos germânicos, celta, feudal e canônico.

13.2 Os Direitos germânicos: do Direito consuetudinário às leis escritas segundo o estilo romano

Os povos de origem germânica viveram espalhados por diversos territórios da Europa Central e Escandinávia. Apesar de serem velhos conhecidos dos romanos, foi somente no século V da Era Cristã que cau-
saram maior turbulência às fronteiras do Império, o que se tornou um
dos motivos centrais a contribuir para a definitiva decadência dos senhores do Lácio. Sabe-se que essas gentes de linhagem teutônica atendiam
pelos mais variados nomes: visigodos (godos do Ocidente), ostrogodos
(godos do leste), suevos, alamanos, vândalos, francos, anglos, saxões,
burgúndios, lombardos, sálios, daneses, vikings, teutos, hérulos, entre
outros tantos que poderiam ser enumerados. Eram chamados de "bárbaros" porque sua fala, no jocoso comentário romano, assemelhava-se ao
"balbuciar das crianças".

Os germanos organizavam-se sob clãs e eram exímios guerreiros.
O desenvolvimento de estratégias militares tornou-se o fio condutor
de uma cultura que considerava a beligerância uma "arte". Também
criavam gado de forma extensiva e se dedicavam ao pastoreio.

A mitologia nórdica era a antiga religião dos antepassados, sendo
composta por um panteão de divindades ligadas às forças da natureza,
como o raio, o trovão e a tempestade (no caso de Thor). Essas crenças
primeiras foram posteriormente suplantadas pelo "arianismo", uma
espécie de seita cristã considerada herética pela Igreja Católica.

A desintegração do Império Romano deixaria muitas marcas na
cultura germânica. O direito outrora consuetudinário começou a receber as formas e os métodos de sistematização próprios de seus antigos dominadores. As leis germânicas costumeiras foram, pouco a
pouco, redigidas em latim. Logo foi percebida a utilidade da lei escrita para a manutenção da estabilidade do grupo social, e os *mores* se
acomodaram a essa nova e insurgente realidade. A profunda simbiose
entre os Direitos costumeiros trazidos por esses povos de índole
belicosa, que na época da conquista ainda viviam em tribos, acabou

251

O DIREITO MEDIEVAL

cedendo lugar ao inevitável amálgama da latinização dos hábitos e das ordens sociais erigidas segundo os moldes do cosmopolitismo romano. Iniciava-se assim a construção do Sistema Romano-Germânico de Direito – a *Civil Law*.

As *Leges Barbarorum* são um conjunto de leis e costumes germânicos reduzidos à forma escrita durante a Idade Média. As principais são a *Lex Burgundionum* e a *Lex Romana Burgundionum*, atribuídas ao rei Gundbald (500-516) e a seu filho Sigsmund (516-524)[2]. Os borgúndios eram germanos provenientes da Escandinávia que viviam entre os atuais territórios da França e da Alemanha.

Há também as *Leges Langobardorum*, editadas em 643 por um rei lombardo cognominado Rothari. Os lombardos, igualmente, vinham das mesmas terras frias do norte donde os borgúndios procediam. Estacionaram suas tropas na Suíça e na Itália.

Os alamanos, por sua vez, tinham na Alemanha, Áustria e Suíça sua base mais importante. Deixaram para a posteridade a chamada *Lex Alamannorum*, que pode ser credenciada ao século VII.

As leis dos bávaros – *Lex Baiuvariorum* – foram produzidas entre os séculos VI e VIII por tribos germânicas da Alemanha.

Outra fonte de extrema relevância para o conhecimento do Direito germânico arcaico e da própria história da ocupação da Península Ibérica são, respectivamente, o Código de Ulrich ou "Eurico" (476) e o "Breviário de Alarico" (506) ou *Lex Romana Wisigothorum*, que procurava dimensionar as tempestuosas relações entre latinos e germanos. Decorridos um século e meio, o rei Rescesvindo (653-672) finalmente aprovou o Código Visigótico (*Lex Wisigothorum*), depois conhecido pela expressão espanhola *Fuero Juzgo*.

Ocorre que todas as legislações acima destacadas refletiam, além da invariável influência romana, também o adiantado processo de cristianização do mundo germânico.

No contexto em questão, interessante consulta deve ser feita às fontes dos antigos Direitos nórdicos, pois os *vikings* somente iniciaram

---

[2] Os números em parênteses informam as datas dos reinados.

CAPÍTULO XIII ● O Direito na Idade Média

seu processo de conversão ao Catolicismo a partir do século X[3]. Esses valiosos documentos, pois, apresentam os Direitos germânicos ainda na sua essência original, puros, desprendidos de interferências externas. As mais antigas foram mencionadas por Gilissen. São elas: a) as leis suecas conhecidas por *Vestrogótica* e de *Uppland*; b) as leis norueguesas de *Gulathing* e *Frostathing* (séc. XII); c) a principal lei islandesa, o *Código de Haflidi* (1117); d) a lei dinamarquesa da Jutlândia (1241)[4].

As leis germânicas trazem memória de costumes antiquíssimos, revelando os valores das sociedades tribais arianas. Nesse itinerário, duas virtudes cardeais sobressaem com muita evidência: a coragem e a hospitalidade. Pode-se percebê-los facilmente tomando como base a leitura dos provérbios populares nórdicos que seguem abaixo transcritos:

| Um homem deve ser reticente, refletido e intrépido em batalha; alegre e ativo até a morte[5].

| Um homem não deve se afastar uma polegada de suas armas quando nos campos, pois ele nunca sabe quando precisará de sua lança[6].

| Um covarde pensa que viverá para sempre se evitar seus inimigos, mas da velhice ninguém escapa, mesmo se tenha sobrevivido às lanças[7].

| Quando um visitante chega gelado até os ossos, de sua viagem através das montanhas, ele necessita de fogo, roupa e comidas frescas[8].

Ora, é conhecido o fato de que as sociedades germânicas eram absolutamente destemidas em batalha. A covardia era punida com a morte, em geral por decapitação ou enforcamento. Não se admitia, de forma alguma, a deserção em combate.

---

[3] Veja a esse respeito PALMA, Rodrigo Freitas. O Direito entre os Povos Nórdicos na Chamada Era Viking (séculos VIII a XI), p. 1-15.

[4] GILISSEN, John. *Introdução Histórica ao Direito*, p. 164.

[5] BRONDSTED, Johannes. *Os Vikings*, p. 231.

[6] BRONDSTED, Johannes. *Os Vikings*, p. 231.

[7] BRONDSTED, Johannes. *Os Vikings*, p. 231.

[8] BRONDSTED, Johannes. *Os Vikings*, p. 231.

Já a tradicional hospitalidade nórdica se explica pelas agruras climáticas e o frio intenso que acomete a Escandinávia em boa parte do ano. É natural que os povos submetidos a tão grandes intempéries tornem-se hospitaleiros. Era o que se observava entre os *vikings* e as tribos dos desertos da Arábia.

O *wergeld* é uma instituição tradicionalíssima dos Direitos germânicos que visa substituir a vingança. Trata-se uma prestação pecuniária paga à família da vítima de homicídio. O assassino, assim, não poderia ser alvo da vingança por qualquer dos parentes do morto. Se o valor do *wergeld* estipulado pela família fosse considerado demasiado alto, era lícito ao causador do óbito recorrer a *Thing* – uma espécie de assembleia composta pelos homens mais respeitados da aldeia. Seu parecer acerca do caso seria definitivo[9].

No que concerne à condição da mulher escandinava, Paul Belloni Du Chaillu revela que esta gozava de elevadíssimo prestígio na sociedade. Os jovens se lançavam às incursões marítimas para atrair honra e, com isso, estar aptos a cortejar as donzelas. Entretanto, o casamento não era realizado com a celebração de um contrato ou, ainda, através de uma cerimônia específica. O matrimônio significava para os nórdicos uma aliança estabelecida entre as famílias. A proposta de matrimônio era realizada por um parente, que se servia de porta-voz e interlocutor a ressaltar as qualidades do pretendente perante o pai ou tutor da jovem a ser desposada. As virtudes, *in casu*, a serem consideradas resumiam-se à estirpe do indivíduo e à proeminência social da família. Os requisitos legais necessários à conclusão do enlace se consumavam por meio de uma palavra especial em norueguês arcaico – *"mund keypt"* que significava dizer que o pacto selado estava de acordo com o direito tradicional. A união efetivada na ausência do consentimento da parentela ou ainda motivada pelo rapto tornava o homem uma espécie de "fora da lei"[10].

---

[9] PALMA, Rodrigo Freitas. O Direito entre os Povos Nórdicos na Chamada Era Viking (Séculos VIII a XI), p. 1-15.

[10] DU CHAILLU, Paul Belloni. *The Viking Age: The Early History, Manners and Customs of the Ancestors of the English-Speaking Nations*, p. 2-4.

CAPÍTULO XIII ● O Direito na Idade Média

13.3 O Direito celta: a lei oral entre o povo das brumas

Keltai é uma palavra em idioma grego de sentido ainda obscuro para os estudiosos, que no passado era utilizada para designar uma infinidade de povos que se encontravam espalhados por regiões da Espanha (Galícia), França (Bretanha), Inglaterra, Escócia (*Highlands* e algumas ilhas), Bélgica, Itália, Alemanha, Suíça, Gales e Portugal. Entretanto, em nenhum outro lugar do mundo a presença gaélica se fez mais marcante que na Irlanda. A ilha foi dominada de tal forma que até hoje as pessoas no interior do País insistem em manter viva a língua de seus ancestrais.

De qualquer forma, há certo consenso entre os especialistas em admitir que os celtas sejam, de fato, pertencentes ao tronco ariano, o que os torna aparentados das gentes de origem germânica. Eles jamais se uniram sob a égide de um único estado; antes, reconheciam-se uns aos outros como compatriotas; porém, os vários nomes por eles assumidos demonstram os interesses políticos diversos que permearam o passado histórico dessa cultura. Os grupos mais importantes foram os chamados bretões, pictos, iceni, escotos, remos, verromânduos, lombárdios e gauleses. Estes últimos foram aqueles que mais se sobressaíram, principalmente por terem oferecido feroz resistência aos romanos em terras francesas. O próprio Júlio César, em meados do século I antes de Cristo, reporta-se ao assunto na obra *De Bello Gallico*. Porém, a afamada impetuosidade celta já era conhecida no Lácio. Em 387 a.C., esse povo havia atacado Roma. Na ocasião, os celtas promoveram incêndios que resultaram na destruição do antigo fórum e das placas que continham a célebre Lei das Doze Tábuas. Portanto, a lembrança do infortúnio da passagem celta pelas terras da Itália acompanhava os romanos há várias gerações.

No ano 60 da Era Cristã foi a vez de eles enfrentarem a fúria celta na Inglaterra. Na ocasião, diversas tribos se confederaram para combater as legiões do general Suetônio. Elas chegaram a conseguir importantes vitórias, principalmente a derrocada de *Londinium*, a futura Londres, na época um acampamento à beira do rio Tâmisa. A novidade

255

era que os celtas foram comandados por uma impetuosa mulher de sangue real chamada Boudicca ou *Boudicea*. (30 d.C.-61 d.C.)[11], que nas gerações vindouras se tornaria legendária para os povos das ilhas britânicas. Apesar de contarem com um contingente infinitamente superior àquele das legiões romanas, cujo número ainda não pôde ser definitivamente calculado pelos historiadores, Boudicca foi vencida pela disciplina tática dos homens do Lácio, que, por sua vez, nos anos seguintes, tornaram-se terrivelmente implacáveis com as populações autóctones da Grã-Bretanha em razão da severa resistência oferecida pelas hordas por eles consideradas "bárbaras".

Sabe-se que os celtas tinham completa aversão à escrita. Convencionamos tratá-los aqui como "o povo das brumas" porquanto nas ilhas britânicas os celtas preparavam emboscadas para os romanos tendo por campo de operações as florestas escuras e úmidas. Os povos gaélicos, conscientes de suas fragilidades, evitavam confrontar o inimigo em campo aberto. Pintavam o rosto de azul para a batalha, a fim de causar pânico e temor aos adversários. Ao atacar, brandiam vigorosamente as armas de forma aguerrida para confundir e amedrontar seus oponentes, ainda que desconsiderassem as táticas de guerra. Essa desconfiança, quiçá, era devida a sua religião, que se esmerava em manter certas práticas rituais em segredo e acessível apenas aos "iniciados".

Por essas razões, o Direito celta assumiu um teor essencialmente consuetudinário. Todavia, existem algumas fontes escritas preservadas. As mais antigas são o *Senchus Mór* (438), livro irlandês redigido durante o reinado de Laighire, e o *Estatuto de Rudallan* (1284)[12].

Nas comunidades e aldeias, a religião era ditada pelos druidas, mistos de sacerdotes e magos. De acordo com Pablo Leirado, eles eram "juízes supremos e inapeláveis"[13]. Como se pode notar, a mesma opi-

---

[11] Tem sido dito pela tradição gaélica que a revolta de Boudicca tomou corpo quando esta foi brutalmente espancada pelos romanos, tendo sido obrigada a assistir ao estupro de suas duas filhas.

[12] PALMA, Rodrigo Freitas. O Direito Celta e a Formação do Sistema Jurídico da Brehon Law, p. 4-5.

[13] LEIRADO, Pablo Rodriguez. *Quienes eram los Celtas?*, p. 2. [Nossa tradução.]

CAPÍTULO XIII ● O Direito na Idade Média

nião é compartilhada por Gilissen: "No antigo direito celta, o poder jurídico pertencia à classe sacerdotal, os druidas; uma de suas doutrinas principais era a proibição absoluta de confiar a tradição, jurídica ou religiosa, à escrita. A interdição druídica da escrita não desapareceu senão pela cristianização que se efetuou na Irlanda do século VI ao século VII da nossa era; a tradição jurídica foi então objeto de redações, mas estas não sobreviveram; não são conhecidas senão por cópias posteriores, muitas vezes influenciadas pelo Direito Canônico. Os comentários e as glosas que acompanham abundantemente as cópias testemunham geralmente uma má compreensão da língua"[14].

Vale dizer que as mulheres possuíam grande liberdade na sociedade celta. A veracidade dessa informação é bem atestada pelas fontes. Viviana O'Connel ressalta que elas exerciam uma gama extensa de profissões, tais como "poetisas" e "médicas", e que estavam aptas inclusive para ser "druidisas" e "legisladoras"[15]. Ao que parece, devido a costumes imemoriais, não era comum nas comunidades gaélicas qualquer referência específica ao adultério. Em tais sociedades, os privilégios masculinos não eram maiores que os femininos; as mulheres, em algumas ocasiões, eram até "superiores" aos homens, salienta a autora em questão[16]. Não se olvide, como já dissemos anteriormente, de que os iceni – os celtas britânicos – se deixaram liderar por uma guerreira de nome Boudicca. Entretanto, as prerrogativas concedidas às mulheres nunca foram absolutas. Os contratos celebrados na ausência dos maridos, por exemplo, poderiam ser invalidados mediante a oportuna manifestação contrária destes. As esposas eram consideradas relativamente incapazes, mesmo que possuíssem plenas condições de arcar com as obrigações contraídas no pacto[17].

Apesar de o processo de conversão ao Cristianismo ter se iniciado no princípio do século V, prevaleceram bem vivas entre os celtas muitas

---

[14] GILISSEN, John. *Introdução Histórica ao Direito*, p. 161.

[15] O'CONNEL, Viviana. *La Mujer en el Mundo Celta*, p. 1-2.

[16] O'CONNEL, Viviana. *La Mujer en el Mundo Celta*, p. 1-2.

[17] PEDEN, Joseph. R. Property Rights in Celtic Irish Law. *Journal of Libertarian Studies*, v. 1, n. 2. Great Britain: Pergamon Press, 1977, p. 91.

O DIREITO MEDIEVAL

de suas antigas tradições. O próprio Direito costumeiro preponderou até o século XVII, quando a conquista inglesa desmontou violentamente a estrutura da sociedade irlandesa e o celebrado sistema jurídico vigente na Irlanda por centenas de anos – o *Brehon Law*. O significado da palavra gaélica *brehon* é "juiz". Há também *fenechas*, vocábulo igualmente utilizado, que alcança o sentido de "lei dos homens livres"[18]. A esse respeito, bem lembra Peden que os *brehons* constituíam uma "classe profissional de jurisconsultos e árbitros"[19].

Importantíssimo estudo foi apresentado por Laurence Guinell[20] no decurso do ano de 1894, intitulado *The Brehon Laws*. O antigo Direito irlandês, assim como ocorre no *Common Law* inglês, não fazia qualquer distinção doutrinária entre matérias de caráter civil ou criminal, e o sistema gaélico ainda previa uma peculiaridade digna de nota: as partes em juízo, ao menos em dadas circunstâncias, podiam livremente escolher o *brehon* para apreciar o fato motivador do litígio.

Somente a consideração de que o *Brehon Law* é um dos sistemas jurídicos mais remotos de que se tem notícia, cuja existência origina-se ainda na Antiguidade, tendo conseguido atravessar incólume por toda a Idade Média, seria um motivo suficiente a justificar seu estudo nesta obra de História do Direito. Acrescente-se a isso o fato de que os celtas foram um dos grupos nacionais mais importantes a povoar o continente europeu, deixando marca indelével nas comunidades que se desenvolveram dos Algarves aos Alpes italianos. Ademais, para os irlandeses de hoje, seu antigo sistema jurídico é parte da expressão de uma cultura milenar que precisa ser a todo custo preservada, um símbolo de orgulho pátrio e resistência à dominação inglesa imposta no século XVII sobre a ilha.

Uma das maiores dificuldades interpostas na trilha daqueles que se dedicam a desvendar os contornos do primitivo direito da Irlanda

---

[18] Cf. LINDER, Janet. Irish Legal History: An Overview and Guide to the Sources, p. 246. PALMA, Rodrigo Freitas. O Direito Celta e a Formação do Sistema Jurídico da Brehon Law, p. 4-5.

[19] PEDEN, Joseph. R. Property Rights in Celtic Irish Law, p. 81-95. [Nossa tradução.]

[20] GUINELL, Laurence. *The Brehon Laws*, p. 10-21.

258

CAPÍTULO XIII • O Direito na Idade Média

diz respeito ao idioma gaélico arcaico, que ainda não foi completamente decifrado ou traduzido pelos filolinguistas[21].

Finalmente, em meados do século XIX, graças ao empenho de John O'Donovan e Eugene O'Curry, foi classificado e sistematizado um conjunto de antigas leis irlandesas. O árduo labor foi responsável pela publicação de dezessete volumes de transcrições e vinte e cinco de traduções. No século XX, Rudolf Thurneysen e D. A. Binchy continuaram com zelo a tarefa iniciada pelos notáveis juristas supracitados. À monumental coleção deu-se o nome de *Corpus Iuris Hibernici*. *Hibernia* é a maneira usual de os romanos se reportarem à Irlanda[22].

13.4 O Direito feudal: os contratos de homenagem

A palavra "feudo" deriva do latim *feodum* e está etimologicamente associada à ideia de propriedade. No alemão arcaico existe também o vocábulo *lehen*, que possui, literalmente, a mesma significação.

A essência do regime feudal constitui-se na firme relação estabelecida entre um senhor pertencente à nobreza e um servo, uma pessoa de classe social menos favorecida. O servo recebia do suserano o *beneficium*, ou seja, a posse do feudo para fins específicos, por exemplo, o de cultivar o solo de onde retirará a produção necessária para cumprir todas aquelas obrigações inerentes à sua condição.

Entretanto, o vassalo também se comprometia com a segurança do feudo e de sua população, ficando à disposição do seu senhor para fins militares. Ora, estando o servo sob os auspícios e proteção direta de um nobre, incumbia-lhe o dever de defender este último das eventuais ameaças que o afligissem (*auxilium*).

Não obstante as diferentes datações possíveis, sabe-se que o regime feudal pode ser situado entre os séculos IX (ou X dependendo do local) e XIV, sempre tendo em mente o fato de que o desenvolvimen-

---

[21] PEDEN, Joseph. R. Property Rights in Celtic Irish Law, p. 81.

[22] Cf. LINDER, Janet. Irish Legal History: An Overview and Guide to the Sources, p. 246, e PALMA, Rodrigo Freitas. O Direito Celta e a Formação do Sistema Jurídico da Brehon Law, p. 4-5.

O DIREITO MEDIEVAL

to do feudalismo não se deu como obra do acaso. Há uma tendência acertada a admitir que suas mais remotas raízes, por certo, repousam nas relações estabelecidas entre a aristocracia romana, o *patriciado*, os *plebeus* e os clientes (os servos).

Todavia, há que igualmente admitir que o feudalismo não alcançou harmônica institucionalização em todos os recantos da Europa. Alguns reinos nem sequer chegaram a conhecer tal forma de organização social. Tampouco se pode crer que todos os nobres possuíam as mesmas condições econômicas ou que eram detentores de grandes extensões territoriais. Conforme esclarece Walter Vieira do Nascimento, existiam "nobres pobres ou pequenos proprietários, em geral, escudeiros de algum senhor poderoso"[23].

Em síntese, o sistema feudal somente pôde lograr êxito graças, em parte, ao fato de as cidades europeias estarem empobrecidas e os proprietários das terras, sem condições de, por si sós, proverem adequadamente à proteção de seus domínios.

O casamento de interesses entre classes sociais – suseranos e vassalos – era, assim, quase que automático, afinal não se pode olvidar que os bens de consumo eram produzidos artesanalmente e que a Revolução Industrial ainda tardaria alguns séculos a acontecer.

A vida no campo tornou-se uma alternativa viável para muitos, pois era justamente nos centros urbanos que as doenças e a fome grassavam soltas. As precárias condições de higiene; o esgoto correndo a céu aberto pelas estreitas ruas das cidades medievais em razão da falta de saneamento básico; os entulhos despejados nos leitos dos rios e as constantes enchentes contribuíram para facilitar o alastramento de inúmeras doenças. A mais célebre delas dizimou um terço da população e ficou conhecida sob a pecha de "peste negra" – na verdade, uma epidemia de peste bubônica causada pelo mais indesejado dentre os roedores.

Ademais, deve-se ter sempre em mente que a fome imperava em função da baixa produtividade agrícola. Assim sendo, a proteção con-

---

[23] NASCIMENTO, Walter Vieira do. *Lições de História do Direito*, p. 158.

CAPÍTULO XIII ● O Direito na Idade Média

seguida junto ao senhor feudal, tanto para si como para a numerosa prole do vassalo, significava não somente uma "oferta tentadora", mas, sobretudo, a única alternativa razoável que permitia a subsistência do maior número de pessoas de uma mesma família num contexto socioeconômico tão desfavorável.

Do ponto de vista legal, sabe-se que cada feudo possuía suas próprias regras de convivência. Elas eram direcionadas pelos costumes do nobre, determinadas por sua ascendência germânica, celta ou latina. Essas leis, portanto, não eram necessariamente escritas, apesar do fato de José Reinaldo Lima Lopes citar, oportunamente, importantes compilações do período, tais como os *Usos e costumes de Barcelona*, a *Carta de Pisa* (1142) e o *Libri Feodorum de Milão* (1095-1130)[24].

Todavia, as mais importantes fontes para o conhecimento dos direitos no feudalismo eram os famosos "contratos de homenagem". Tratava-se de um pacto estabelecido entre o senhor feudal e seu futuro vassalo que se consolidava por meio de uma conhecida cerimônia chamada "homenagem". Os elementos indissociáveis que caracterizavam os acordos dessa natureza estavam envoltos na ritualística própria da época e no profundo sentimento de religiosidade reinante. O juramento firmado é quase sempre acompanhado do testemunho e da bênção de um sacerdote amigo do nobre. Destarte, na solenidade em questão, o vassalo se colocava de joelhos diante do suserano e lhe jurava fidelidade eterna. A promessa de lealdade envolvia o compromisso assumido por parte do servo de lutar, se fosse preciso, até a morte na defesa do senhor e de seus familiares, pois, como previne Ganshof, "o serviço militar do vassalo" constitui-se na "essencial razão de ser do contrato vassálico"[25]. Em contrapartida à acolhida no feudo, o suserano se obrigava a oferecer proteção, abrigo e prover os recursos básicos para a subsistência de seu servo e de seus dependentes.

Vale notar que é até possível cogitar do rompimento do contrato de homenagem em algumas circunstâncias específicas, o que ocorria,

---

[24] LOPES, José Reinaldo Lima. *O Direito na História*, p. 75.
[25] GANSHOF, F. L. *Que é o Feudalismo?*, p. 118.

O DIREITO MEDIEVAL

na maior parte dos casos, quando o vassalo se mostrava infiel aos termos do ajuste ou quando eclodiam dissidências no interior do feudo. Tal situação gerava transtornos de toda ordem, podendo gerar o banimento do infrator e até mesmo sua morte. Não por acaso estatui Ganshof que a "homenagem" e a "fidelidade" eram elementos indispensáveis à conclusão do acordo[26].

13.5 O Direito canônico medieval

Direito canônico ou eclesial[27] é o conjunto de normas estabelecidas pela Igreja Católica Apostólica Romana, cuja finalidade maior seria regulamentar a conduta dos clérigos a seu serviço enquanto instituição, bem como orientar o cotidiano do imenso rebanho de crentes. Pelo próprio desiderato, pode-se depreender que seu substrato é eminentemente religioso. Dentre os credos de caráter monoteísta, o Cristianismo é mais uma das três religiões que deflagraram o intenso processo histórico que culminaria na elaboração de uma legislação particularizada, uma vez que do Judaísmo, como se sabe, desenvolveu-se o Direito talmúdico, e do Islamismo, o Direito muçulmano.

Outrossim, o estudo da destacada influência das leis canônicas se justifica, entre outras coisas, por ser um direito historicamente importante, a remontar à Idade Média (ainda que bem vivo hodiernamente), e pelo inegável lastro deixado na trajetória dos direitos de diversos países da Europa Ocidental e América Latina, entre os quais está o Direito brasileiro[28]. Vale dizer que diversas são as ramificações

---

[26] GANSHOF, F. L. *Que é o Feudalismo?*, p. 118.

[27] Há quem tenha o Direito Canônico por verdadeira "ciência". Nesse sentido, veja LOMBARDÍA, Pedro. *Lições de Direito Canônico*, p. 15.

[28] Ou, como infere Lombardía: "O Direito Canônico clássico constitui um dos elementos fundamentais do direito na Idade Média. Juntamente com o direito dos diversos reinos, estados nobiliários ou cidades livres, a Europa medieval conhece um direito culto que, por influir em todo o Ocidente cristão, é considerado o direito comum; ou seja, o conjunto dos dois direitos: o civil, contido na recompilação justiniana, e o canônico, contido no *Corpus Iuris Canonici*. Ambos são estudados nas universidades e influem na prática jurídica da Europa, na medida em que contri-

CAPÍTULO XIII ● O Direito na Idade Média

do Direito canônico, como o Direito matrimonial, o Direito processual, o Direito patrimonial, e algumas outras bem específicas, das quais o Direito sacramental logo se evidencia[29].

Olivier Écharppé ensina que, nos primeiros encontros realizados pela assembleia apostólica de Jerusalém, descritos pelo Novo Testamento, já se apontava para a premente necessidade da delimitação jurídica de diversas questões canônicas, muito em virtude da aceitação da pregação de Cristo pelos pagãos que ingressavam nas fileiras da nova fé[30].

Entretanto, foi somente após o Édito de Tolerância de Milão (313), assinado por Constantino (285-313), que concedia irrestrita liberdade de culto nos limites do Império Romano, que as jurisdições eclesiásticas puderam ser instituídas. A partir daí, sabe-se que sua importância só iria aumentar com o tempo. Logo vieram dois concílios que definiriam os contornos dogmáticos que fomentaram a produção legislativa subsequente: o de Niceia (325) e o de Constantinopla (381).

Entretanto, uma carta enviada pelo Papa Urbano I (220-230) demonstra que muitas discussões de caráter jurídico já permeavam o imaginário cristão nos primeiros tempos[31]. No decorrer dos séculos, o poder eclesial cresceu com a concessão dos territórios conquistados junto aos bárbaros por Pepino, o Breve (714-768). A essa altura despontava a inevitável concorrência entre tribunais laicos e eclesiásticos sobre algumas matérias situadas na órbita do Direito Civil.

Nos três primeiros séculos, sob os auspícios de alguns imperadores romanos, foi patrocinada intensa perseguição aos cristãos. Para muitos cidadãos, o novo credo, considerado uma espécie de "scita judaica",

---

buem para formar o critério dos homens que aplicam o direito, que em alguns casos tiveram uma formação universitária e em outros receberam o influxo da amplíssima literatura jurídica, fruto da glosa ou comentário de um e outro *Corpus*. LOMBARDÍA, Pedro. *Lições de Direito Canônico*, p. 39.

[29] O Direito Sacramental, como a própria terminologia indica, regula todas aquelas matérias relacionadas aos sacramentos, que são os seguintes: batismo, eucaristia, crisma, penitência, unção dos enfermos, matrimônio e ordem.

[30] ÉCHARPPÉ, Olivier. Histoire des Sources du Droit Canonic, p. 2.

[31] AGNUS DEI. Epístola a todos os cristãos do Papa Urbano I, p. 1.

O DIREITO MEDIEVAL

representava uma afronta real à segurança do Estado. Fato é que os senhores do Tibre se ressentiam da possibilidade de eclodirem outras revoltas, como aquelas que tiveram lugar nas terras da Judeia entre os anos 66-70[32] e, mais tarde, com a ascensão da figura incendiária de Bar Kochba (132-135). Assim, os cristãos eram quase sempre identificados com os israelitas, particularmente, em função das eventuais similaridades históricas e culturais que caracterizam as origens das duas crenças.

Por trás de tantas acusações emanadas do cetro dos césares contra judeus e cristãos, restava, basicamente, a recusa específica dos seguidores de Jesus de Nazaré em se curvar aos deuses do panteão greco--romano, em prestar reverência cívica ao Imperador (como se este possuísse atributos divinos, em razão de tantos títulos honoríficos concedidos pelo Senado), em participar de certos festejos nacionais solenes (normalmente de natureza religiosa) e, em muitos casos, em servir nas forças armadas.

Com o decurso do tempo, o gradual processo de institucionalização da religião cristã, iniciado ainda no alvorecer da Idade Média, praticamente reclamou a necessidade da determinação de regras sistemáticas e ordenadas para reger as florescentes comunidades surgidas ao derredor do Mediterrâneo Central. Mas até o século I (e pelo menos até meados do século II), como já antecipamos alhures, os romanos não eram capazes de estabelecer uma distinção muito clara entre judeus e cristãos, o que não deve causar estranheza, afinal, os primeiros seguidores do Nazareno eram de origem israelita.

A pregação de Paulo, o Apóstolo, rompeu com certos paradigmas entre os de sua fé e propiciou, progressivamente, o nascimento de uma nova religião, haja vista que Pedro e Tiago estavam comprometidos com uma visão mais exclusivista do Messias Jesus. Assim, por todo o mundo antigo, fundam-se comunidades ancoradas no florescente credo, ao mesmo tempo que surgem algumas divergências quanto à validade da lei judaica para os "gentios". Essas dúvidas pre-

---

[32] O evento chamado "Guerras Judaicas" (66-70 d.C.) culminou com a destruição do Templo em Jerusalém e, consequentemente, com a dispersão judaica por todos os confins do Mediterrâneo.

CAPÍTULO XIII ● O Direito na Idade Média

cisavam ser desde logo dirimidas em função das crescentes conversões além dos limites da "Terra Santa". Essas questões, em grande parte, diziam respeito à necessidade ou não da manutenção do rito da circuncisão ou, ainda, versavam acerca da observância das chamadas leis dietéticas da Torah (que proíbem, entre outras coisas, a ingestão do sangue de animais, da carne de porco ou de alimentos consagrados às divindades pagãs). Com o decurso do tempo, cada uma dessas comunidades espalhadas pelos confins do Mar Egeu, Oriente e Norte Africano desenvolve uma percepção particular da figura salvífica de Cristo, o que paulatinamente contribuirá para o estabelecimento dos cânones, da definição dos livros considerados apócrifos e do ajuste de uma hierarquia própria para a condução dos fiéis.

Nesse sentido, escrito de autoria incerta e singular importância para a Igreja Primitiva é a *Didaquê* (ou Doutrina dos Doze Apóstolos), cuja redação se deu entre os séculos I e II na Síria ou Palestina, tendo sido encontrado apenas em 1873, por Filoteos Bryennios, um clérigo grego ortodoxo. Aqui o Cristianismo assume seus primeiros contornos jurídicos e teológicos, por meio do estabelecimento de regras sociais inerentes a uma liturgia própria, hierarquia e ao culto, e que começariam a torná-lo distinto do Judaísmo, não obstante o fato de a retomada aos Mandamentos mosaicos e de outras leis do Antigo Testamento ser sempre uma constante em diversas seções que compõem o texto (particularmente nos capítulos II, III e IV). O documento, à época, enfatizava algumas normas referentes ao batismo (que preferencialmente deveria ser realizado mediante imersão, sendo admitida a aspersao apenas como uma exceção), valoriza os célebres enunciados da Oração do Pai Nosso (ressaltando a menção expressa à Trindade) e também concede primazia à Eucaristia, delimitando a adequada conduta de seus participantes (capítulo IX). Com o passar dos primeiros séculos, a *Didaquê* continuou a influenciar o surgimento de outras relevantes fontes do Direito Canônico, dentre as quais, as *Constituições Apostólicas* (produzidas no século IV) se traduzem no exemplo maior.

Desses primeiros tempos há que se registrar aqui outra fonte de peculiar valor para o início da fé cristã e o desenvolvimento posterior

O DIREITO MEDIEVAL

do Direito canônico, qual seja, a chamada *Traditio Apostolica*[33] (redigida provavelmente entre os anos de 215 e 218), cuja autoria foi atribuída, pelos primeiros especialistas que estudaram o documento (Edward von der Goltz [1906], Edward Schwartz [1910] e R. H. Connolly [1916]), a Hipólito, bispo de Roma. Contudo, não será o nosso propósito aqui visitar o imenso mar de especulações acadêmicas que permeiam o assunto, questionando a validade dessa informação em função de novas análises literárias. De maior relevo a esta obra nos parece tratar do conteúdo do fragmento em questão. Desse modo, o que salta aos olhos do leitor é o adiantado processo de institucionalização da religião dos Apóstolos, marcado por uma forte tendência à hierarquização eclesial e ao estabelecimento de cargos específicos já inerentes às funções dos bispos, presbíteros e diáconos. Ademais, a *Traditio Apostolica* considera certos ofícios ou atividades incompatíveis com a vida cristã (por exemplo, os escultores ou pintores de ídolos, aqueles que fazem amuletos, os atores, gladiadores ou treinadores de gladiadores, ilusionistas, astrólogos e os que se prestam à vidência) e estipula, ainda, diversas restrições à carreira militar. Em complemento, seguindo na esteira da *Didaquê*, delimita novamente questões acerca do batismo, Eucaristia, Ceia Pascal, Comunhão e sinal da cruz.

Seguindo na esteira da *Didaquê* e da *Traditio Apostolica* de Hipólito, há também outra fonte importante a ser considerada: a *Didascalia Apostolorum*. Escrita em siríaco entre os anos de 230 e 250 da Era Comum, o texto somente veio a ser publicado em 1854, pelo orientalista Paul Anton de Lagarde. A preocupação central dos autores da *Didascalia*, como também de seus predecessores, consiste em orientar as florescentes comunidades cristãs sob uma perspectiva ética e moral. Para tanto, no corpo do texto, são constantes as referências diretas aos Evangelhos e à Lei Mosaica. Trata, entre outras coisas, do relacionamento conjugal e oferece instruções aos esposos e esposas. Concede minucioso delineamento às funções a serem exercidas pelos bispos, solicitando a estes que julguem os fiéis devidamente, de acordo com as

---

[33] Há uma boa tradução para o inglês de EASTON, Burton Scott. *The Apostolic Tradition of Hippolytus*. Ann Arba, Michigan: Cushing-Malloy, 1962.

CAPÍTULO XIII ● O Direito na Idade Média

Escrituras Sagradas, e que estejam sempre imbuídos da devida "moderação", "misericórdia" e "clemência". Vale notar que nesse período em específico começa a tomar corpo, progressivamente, uma jurisdição tipicamente de caráter eclesial. A *Didascalia* insta os membros da Igreja a evitar a sujeição de suas demandas e causas aos tribunais laicos, buscando a solução para suas controvérsias entre os irmãos de fé e sendo assistidos em suas pretensões por bispos, presbíteros e diáconos. Instrui as lideranças religiosas locais a não admitirem quaisquer testemunhos de pessoas não cristãs e, o mais importante nesse contexto, apresenta algumas normas processuais, determinando que os julgamentos sejam realizados na segunda-feira (para dar margem à possibilidade do contraditório e eventual reconciliação entre as partes no domingo).

Há igualmente que se falar nas *decretais*, que seguem os moldes estilísticos da retórica jurídica romana. Trata-se de instruções contendo normas expedidas aos fiéis pelos bispos locais e Sumos Pontífices.

De igual relevo são aquelas leis originadas dos concílios, que anunciavam disposições jurídicas e princípios de caráter geral para os clérigos.

Ora, a partir da extensa produção das *decretais* e dos cânones de diversos concílios, surgem as primeiras coleções jurídicas da história da Igreja. Neste momento não há que se falar ainda em qualquer unidade ou sistematização legislativa para a cristandade, seja no Ocidente seja no Oriente. Na verdade, já no início do século VI começam a surgir numerosas compilações que aparecem, aqui e acolá, como fruto da profusão de regras esparsas a pontilhar três continentes. As mais importantes foram a Dionisiana, Adriana, Hispana e Dachuniana (consistindo esta última numa conjugação dos conteúdos referentes às duas primeiras).

Entretanto, sabe-se que o profícuo desenvolvimento do Direito Canônico medieval conheceria ainda outro notável impulso entre os anos de 1140 e 1141, em razão do monumental esforço de sistematização empreendido pelo monge italiano chamado Graciano. Nesse sentido, pode-se dizer que seu festejado *Decreto* constitui verdadeiro marco histórico para o Direito ocidental, pois procura condensar um milênio de tradições religiosas marcado por uma rica e vasta produção jurídico-normativa (que consolidava, em essência, os cânones dos concílios, as *decretais*, os comentários do próprio autor acerca de

O DIREITO MEDIEVAL

questões legais e incluía nesse mesmo bojo outras fontes doutrinárias julgadas pertinentes à conclusão da obra).

A extraordinária iniciativa de Graciano no âmbito do Direito só encontrava paralelo, em termos de grandiosidade, à obra magistral de Justiniano, da qual tratamos anteriormente. Isto porque, como bem faz notar Schioppa, estamos diante "de uma coleção muito diferente das anteriores. O monge Graciano reuniu em uma única compilação pouco menos de quatro mil textos, que abarcavam todo o espectro das relações jurídicas da Igreja: fontes do direito, nomeações e poderes do clero secular e regular, normas processuais nas causas eclesiásticas, crimes e sanções de natureza religiosa, disciplina jurídica dos sacramentos – inclusive do matrimônio, que desde a Alta Idade Média até a era moderna foi constantemente considerado como sacramento, de competência da Igreja. O *Decreto* de Graciano – do qual a historiografia recente confirmou uma dupla redação por obra do próprio autor – acolheu, ao lado dos cânones de uma série de concílios e de sínodos locais da Igreja, muitos outros textos de origem pontifícia, particularmente de Gregório Magno; além disso, centenas de passagens extraídas dos escritos pastorais dos grandes Padres da Igreja Latina, sobretudo de Santo Agostinho; e, por fim, textos de direito secular, principalmente de direito romano.

Em uma segunda versão ampliada do Decreto, que veio à luz com breve intervalo depois da primeira, e depois nos anos subsequentes essas contribuições romanísticas, referentes em particular à técnica processual, multiplicaram-se por obra dos juristas que puseram mão à obra, até ultrapassar marca superior a duzentas contribuições. Não por ação a obra veio à luz em Bolonha, justamente nos anos em que os alunos de Irnério vinham testando o novo método de estudo do direito orientado justamente pelas fontes romanísticas"[34].

Entretanto, como seria natural imaginar, a constante necessidade de atualização normativa ensejou em 1234 uma nova investida nesse campo, que se materializa com as *Decretais* do Papa Gregório IX, publicadas agora em cinco distintos livros.

---

[34] SCHIOPPA, Antonio Padoa. *História do Direito na Europa:* Da Idade Média à Idade Contemporânea, p. 75.

CAPÍTULO XIII ● O Direito na Idade Média

Depois disso, uma nova coleção de compêndios surgiu em 1298, tendo sido denominada pelo pontífice Bonifácio VIII de "Livro VI". Finalmente, as *Decretais* Clementinas, de 1317, as Extravagantes de João XXII e as Extravagantes Comuns completariam, em 1503, o *Corpus Iuris Canonici*, cuja terminologia consistia numa franca e direta alusão ao *Corpus Iuris Civilis*, aquela soberba coleção jurídica que garantiu fama no universo do Direito ao imperador romano Justiniano.

Ora, se em sua longa trajetória o Direito Canônico adotou a técnica própria dos jurisconsultos do Lácio, também se pode dizer que o Direito Romano foi por ele profundamente impactado e, por conseguinte, suavizado pela mesma mensagem arrebatadora do Cristo, especialmente na porção oriental do império, que conheceu uma sobrevida maior ante as invasões bárbaras. Aliás, tarefa ingrata consiste em tentar dimensionar a importância da religião cristã à construção do pensamento ocidental, pois simplesmente negá-la nos parece ser uma atitude que fatalmente redunda em incoerência histórica. Sabe-se que o discurso de tolerância, amor e respeito ao semelhante presente na mensagem evangélica resultou em natural ganho para a sociedade como um todo, pois progressivamente colaborou para conferir um senso maior de estabilidade administrativa necessário à fundação dos Estados modernos (exatamente onde a pretensa *Pax Romana* havia falhado). Do mesmo modo, pode-se dizer que o Cristianismo anunciou um norte significativo à intensa produção normativa ocorrida nos países europeus, logo após o declínio do sistema feudal. É bem verdade que esta sorte enorme de influências nem sempre pode ser rastreada (posto estarem definitivamente entranhadas na cultura popular), mas certamente lá estão presentes, seja por meio de princípios basilares ou costumes imemoriais. Do mesmo modo, a belicosidade, se não pôde ser evitada, contida ou mesmo banida, ao menos foi atenuada em seus rigores e excessos. Obviamente a índole inclinada ao conflito, algo inerente ao gênero humano, teimosamente prevaleceu. Todavia, aqui e acolá, é possível perceber certo abrandamento das práticas belicosas, do qual a "Paz ou Trégua de Deus" (989) se faz emblemática. Em contraposição a um mundo marcado pela barbárie

O DIREITO MEDIEVAL

e pelo desapreço à vida humana, agravados pela queda do Império Carolíngio, irrompe a orientação do sínodo de Charroux, que, irradiado a partir da França, conclama todos à observância de preceitos mínimos e essenciais à manutenção da ordem pública. Da presente iniciativa, muito se beneficiou a população civil e, em especial, as mulheres, crianças, os pequenos comerciantes e campesinos. Incêndios e pilhagens foram proibidos, e a guerra, nos finais de semana ou em dias santos, abolida por intermédio da celebração de armistícios diversos. A influência da Igreja exigiu das autoridades locais e da nobreza a estrita obediência a esses termos através de juramentos. Resta, assim, fortalecido o senso maior de coletividade garantido pela existência do vínculo espiritual, que germina vigorosamente através dos quatro séculos seguintes, contribuindo, posteriormente, para o lançamento das bases do Estado-nação.

O próprio Direito romano do período pós-clássico foi profundamente impactado pelo Cristianismo. Como bem notou Harold Berman[35], a partir de Justiniano, o Direito de Família sofreu modificações profundas, e a mulher passou a gozar do *status* de igualdade perante a lei. Além disso, o casamento só seria realizado se contasse com o consentimento de ambos os cônjuges. Igualmente, dificultou-se o divórcio e se revogou o poder de vida e morte que qualquer pai, no contexto do Lácio, desde tempos imemoriais, tinha sobre seus filhos. Do mesmo modo, foram editadas leis que minimizavam as agruras vividas pelos escravos, respaldando-os de direitos junto aos seus senhores. Ademais, como bem esclarece Schioppa, o "anúncio evangélico compreendia uma série de enunciações de natureza estritamente religiosa, muitas das quais, porém, comportavam consequências diretas ou indiretas sobre a disciplina das relações entre os homens e nas relações dos indivíduos com as instituições seculares. Basta recordar preceitos como indissolubidade do vínculo conjugal, a necessária gratuidade do empréstimo, a obrigação de respeitar a autoridade secular e a distinção entre a autoridade secular e a autoridade religiosa,

---

[35] BERMAN, Harold. The Influence of Christianity upon the Development of Law. *Oklahoma Law Review*, v. 12, n. 86 (1959), p. 91.

CAPÍTULO XIII ● O Direito na Idade Média

a rejeição do talião. De modo mais geral, o mandamento do amor ao próximo e o respeito à pessoa humana – a toda pessoa, homem ou mulher, escravo ou livre, compatriota ou estrangeiro – implicavam uma inversão de costumes, institutos e de preceitos de raízes milenares. É isso que pode explicar como a realização normativa desses princípios comportou, por sua vez, séculos e milênios – pense-se na abolição da escravidão e nas modernas cartas de direitos humanos – em uma evolução histórica que ainda não pode ser dada por concluída"[36].

Os séculos seguintes (de XI, XII, XIII e XIV) assinalam a deflagração dos célebres conflitos que dividiriam tragicamente o Ocidente e o Oriente. A opinião difundida na Europa era que a Terra Santa precisava ser urgentemente libertada do domínio muçulmano, não obstante o malogro das sucessivas tentativas dos nobres europeus de se fixar com segurança em solo estrangeiro. Não obstante os tempos dificultosos marcados pelo horror das Cruzadas, o Direito Canônico continuou a se desenvolver graças aos esforços iniciados com a consolidação de Graciano.

A partir de 1492, com a união real de Aragão e Castela, ganhou força o processo inquisitorial na Espanha. O objetivo dos reis católicos era combater as "heresias" em meio à comunidade de crentes. A consequência foi o início de uma era de terror, especialmente na Península Ibérica, que viria a se espraiar por todos os setores da sociedade. A convivência harmônica que outrora se mantinha com judeus e muçulmanos decaiu em função do violento golpe anunciado pelos arautos do Tribunal do Santo Ofício. As conversões eram forçadas, e não se admitia qualquer divergência à posição dos clérigos. Penas drásticas e cruéis, das quais a morte na fogueira é emblemática, foram aplicadas como forma de intimidar as pessoas. Os fiéis eram obrigados a se penitenciar publicamente. A humilhação era sempre a tônica das condenações. Aqueles indivíduos feitos réus pelos sacerdotes eram forçados a trajar pelas ruas vestes infamantes chamadas de "sambenitos". Na orla da roupa normalmente se escrevia, em caracteres latinos, a ofen-

---

[36] SCHIOPPA, Antonio Padoa. *História do Direito na Europa:* Da Idade Média à Idade Contemporânea, p. 20.

O DIREITO MEDIEVAL

sa que fora praticada contra a religião e os dogmas. Como bem inferiu James Haught: "Exigia-se da vítima não apenas que confessasse que era herege, mas também que acusasse os filhos, a esposa, os amigos e outras pessoas, para que fossem submetidos ao mesmo processo. Os acusados de infrações menores e os que confessavam imediatamente recebiam penas mais leves. Os culpados de heresias mais graves que se arrependiam recebiam prisão perpétua e tinham os bens confiscados. Os outros eram mandados para a fogueira em uma procissão e cerimônia da igreja chamada "autos de fé". Um estatuto papal de 1231 determinou que a fogueira fosse a punição padrão. As execuções em si eram realizadas por autoridades civis, não pelos padres, como forma de preservar a santidade da Igreja"[37].

Como vimos, o período compreendido pela ação incisiva das jurisdições eclesiásticas situa-se entre os séculos XI e XVI. Um dos grandes marcos para a estruturação do Direito Canônico foi o ano de 1582, quando foi editado em língua latina o *Corpus Iuris Canonici*. Essa monumental coleção legislativa, inaugurada com a magna obra de Graciano, famoso teólogo de Bolonha, esteve em vigor até 1917.

Sabe-se que o período de atrocidades inquisitoriais é parte de um passado distante, que a própria Igreja Católica cuidou enfaticamente de condenar. Hodiernamente, o diploma legal canônico de maior relevância é o Código de Direito Canônico[38], promulgado pelo Papa João Paulo II em 25 de janeiro de 1983. A codificação é o resultado dos esforços eclesiásticos no sentido de atualizar as leis eclesiais perante as profundas transformações ocorridas no decorrer do século XX, e se inspira nos propósitos e no "espírito" que nortearam o Concílio Vaticano II.

---

[37] HAUGHT, James. *Perseguições Religiosas:* Uma História do Fanatismo e dos Crimes Religiosos, p. 61-62.

[38] Como bem destacou a esse respeito Edson Luiz Sampel, "o *código canônico* rege a vida de mais de um bilhão de católicos no mundo. Nenhum código civil, neste aspecto, equipara-se ao código canônico. Por isso, quem se interessa pelo estudo do direito canônico não está dedicando-se à arqueologia jurídica ou à história do direito, mas está em face de uma legislação muito atuante e universal". SAMPEL, Edson Luiz. *Resumo de Direito Canônico*, p. 7.

CAPÍTULO XIII ● O Direito na Idade Média

Por fim, seria oportuno ressaltar que muitas pessoas que professam o Catolicismo, por absoluta questão de foro íntimo, continuam a recorrer às instâncias da Santa Sé, as quais são, *in casu*, os Tribunais Eclesiásticos Regionais. Alguns dos casos mais frequentes levados à apreciação das autoridades eclesiais são aqueles relacionados às chamadas "nulidades matrimoniais" e também a certos vícios, como a eventual falta de consentimento ao casamento por parte de algum dos cônjuges.

Vale dizer que a mais severa pena prevista atualmente nos cânones é a excomunhão. Oportunamente, ensina Edson Luiz Sampel, a mencionada punição, "... como creem muitas pessoas, não é uma espécie de expulsão do paraíso, lançando o excomungado ao inferno. Consiste a excomunhão no ato de segregar o excomungado da comunidade visível, impedindo-o, por exemplo, de frequentar os sacramentos, sobretudo a eucaristia. Destarte, a excomunhão visa afastar o excomungado da comunidade, com o intuito de forçá-lo à correção, à emenda. Expirado o prazo do decreto excomunicatório, o excomungado retorna à comunidade, sendo recebido de braços abertos pelos seus irmãos"[39].

---

[39] SAMPEL, Edson Luiz. *Introdução ao Direito Canônico*, p. 30.

O Direito inglês

14.1 O Direito na Inglaterra sob o domínio romano (55 a.C.-410 d.C.)

Os romanos começaram a demonstrar interesse pela *Britannia* ainda no século I a.C., quando então ocorreram as primeiras investidas de caráter militar naquelas longínquas terras. Na ilha viviam diversas populações de origem celta. Essa gente de cultura gaélica ofereceu uma feroz resistência ao invasor. Nesse cenário, destacou-se a sagacidade de uma destemida heroína chamada Boudicca, a legendária rainha dos Iceni, que, por volta do ano 61 da Era Comum, infringiu consideráveis baixas às legiões. Todavia, é fato que não obstante o ímpeto de resistência autóctone, os romanos, dotados de maior tática e organização, acabaram por reduzir drasticamente o contingente bretão, o que obrigou os sobreviventes a vir

275

O Direito Medieval

buscar refúgio junto aos territórios montanhosos localizados mais ao norte, na Escócia e Irlanda.

Os celtas possuíam ricas tradições milenares, cujas leis (*Brehon Laws*)[1] baseavam-se em costumes imemoriais, em função do conhecido repúdio à escrita. A sociedade era dominada pelos sacerdotes druidas, os quais acreditavam que a conservação de eventuais registros contribuiria para que fossem revelados os segredos de sua gente, tendo assim, como consequência maior, seu prematuro desaparecimento. A percepção jurídica dos celtas projetou-se largamente no Direito do Reino da Mércia[2].

Do mesmo modo, desde o início do século V da Era Comum, com a gradual decadência de Roma, aportaram naquelas praias grandes levas de anglos, saxões e diversos outros grupos de origem germânica que, seguindo na esteira dos celtas[3], também se sujeitavam a costumes e leis ancestrais muito antigos.

Não restam dúvidas de que os romanos pretendiam, *a priori*, lançar raízes em solo inglês, do contrário, não teriam fundado diversas cidades como Londres (*Londinium*) e, sob o mando do imperador Adriano (122 d.C.), construído uma portentosa muralha que cortava o país[4] por quilômetros a fio. Desse modo, é mister se averiguar com maior acuidade o papel do Direito Romano naqueles confins de mundo, apesar de saber-se de antemão que as regras itálicas não alcançaram na Inglaterra a mesma primazia percebida na parte continental da Europa, à exceção da Escócia, que passou a adotar o Sistema Romano-Germânico (*Civil Law*). Sabe-se que Henrique III (1207-1272), inclusive, chegaria a proibir o ensino da matéria devido ao caráter imperialista que as leis romanas poderiam

---

[1] Veja, neste mesmo livro, o tópico especial que reservamos ao trato do "Direito celta". Sobre a presença celta em solo inglês, indico também a excelente obra de HAYWOOD, John. *Os Celtas*: da Idade do Bronze aos Nossos Dias, p. 169-199.

[2] BLACKSTONE, William. *Commentaires on the Laws of England*, v. I: facsimile of the first edition of 1765-1769, p. 60.

[3] Os celtas, ao contrário dos anglos, saxões e vikings, não eram de origem germânica.

[4] Os romanos temiam uma invasão proveniente dos habitantes do Norte do país.

CAPÍTULO XIV ● O Direito inglês

suscitar no imaginário de seus súditos[5]. As regras provenientes do Lácio vigoraram formalmente entre os ingleses até o ano de 410. Porém, deve-se considerá-las historicamente mais como "um incidente de ocupação"[6] que, ao contrário do que aconteceu largamente entre os países da Europa continental, pouco contribuíram para o delineamento original do espírito do Direito inglês.

Do mesmo modo, como consequência do trabalho missionário desempenhado por Santo Agostinho de Canterbury (607) e seus discípulos, pela primeira vez são introduzidas na ilha Britânica regras oriundas do Direito Canônico. Por conseguinte, o corolário da crença no Deus Único e em Jesus Cristo assume, paulatinamente, o lugar outrora reservado aos panteões nórdico e celta. Com o passar do tempo, as tradições judaico-cristãs deixariam sua marca registrada nos princípios jurídicos que embasariam os fundamentos do Direito constitucional inglês.

14.2 A Era do Direito Anglo-Saxão (561-1066)

As mais distantes origens do Direito inglês remontam à conquista germânica nas terras da atual Grã-Bretanha, evento este amplamente motivado pelo declínio da ocupação romana em solo celta. Não por acaso, o nome do país é devido menos às gentes gaélicas[7] e mais aos anglos, que certamente constituíram o principal grupo ariano a se estabelecer na região. Sabe-se que esse povo guerreiro, em grande parte proveniente da Escandinávia (em especial, da acidentada costa dinamarquesa), aportou em inumeráveis levas no acidentado litoral da ilha.

---

[5] LEVAGGI, Abelardo. *Manual de Historia del Derecho Argentino* (Castellano, Indiano e Nacional), Tomo I, Parte General, p. 74. Apesar da pouca projeção do Direito Romano no processo de construção do Direito inglês, não se quer dizer com isso que ela inexista totalmente. A esse respeito, veja SCRUTTON, Thomas Edward. *The Influence of Roman Law on the Law of England*, p. 1-6. Sobre o ensino do Direito Romano veja PALMA, Rodrigo Freitas. *Direito Militar Romano*, p. 23-41.

[6] Para fazer jus, a expressão é literalmente utilizada por GLENDON, Mary Ann; GORDON, Michael W. e CAROZZA, Paolo G. *Comparative Legal Traditions*, p. 152.

[7] Ou seja, os "celtas".

O DIREITO MEDIEVAL

Os segundos em importância foram, certamente, os saxões, que igualmente chegavam aos milhares vindos das florestas negras da Europa Central. Entre os séculos VI e VII, a ostensiva penetração germânica na pátria de Shakespeare seria responsável pelo aparecimento de importantes reinos locais (Mércia, Kent, Nortúmbria, Ânglia Oriental, Essex, Sussex e Wessex), cada qual com autonomia política própria.

O cotidiano dos primeiros habitantes da Inglaterra, desde épocas anteriores ao surgimento das primeiras leis escritas, era regido e marcado pela prevalência de costumes imemoriais de origem germânica e, em menor escala, celta. Os conflitos instaurados nas aldeias e florescentes cidades inglesas eram sistematicamente solucionados por assembleias populares compostas pelos homens mais proeminentes da sociedade. Esses círculos herméticos, restritos, portanto, a apenas uns poucos, resolviam os litígios nas aldeias e tipificavam uma antiquíssima instituição tribal germânica. Cortes populares como essas podiam ser encontradas entre diversas nações, assumindo diferentes nomes. Entre os francos eram chamadas de *"Mahl"* e, não obstante o fato de o termo *"Thing"* ser mais recorrente, ensina Henry Adams que o idioma inglês cuidou de adotar a nomenclatura *"Gemot"*[8] para melhor defini-las, apesar de se saber que suas funções primordiais eram as mesmas em todos estes lugares.

Talvez inspirado na ideia dessas antigas e tradicionais *"Things"* ou *"Gemots"*, John Blair, oportunamente, faz recordar que os próprios reis, com o devido tempo, por sua vez, se servirão de assembleias particulares, ou seja, uma forma de conselho aristocrático chamado de *"witenagemot"* ("reunião dos homens sábios"). Esse conselho, se não poderia a rigor ser entendido como um "parlamento", ao menos deve ser considerado como um órgão de hierarquia superior, a possuir amplas prerrogativas e poderes que incluíam desde a aprovação de leis

---

[8] ADAMS, Henry. The Anglo-Saxon Courts of Law. In: ADAMS, Henry et al. *Essays in Anglo-Saxon Law*, p. 1-55. Boston: Little, Brown and Company/London: Macmillan and Company, 1876, p. 6. A respeito das funções da *Thing*, veja também PALMA, Rodrigo Freitas. *O Direito entre os Povos Nórdicos na Era Viking (Séc. VIII a XII)*, p. 1-14.

CAPÍTULO XIV • O Direito inglês

até a indicação dos monarcas, de acordo com a necessidade ditada por força das circunstâncias[9].

Do mesmo modo, existia no direito anglo-saxão arcaico, instituto que se tornou conhecido por *Wehrgeld*, aquela forma de compensação de caráter pecuniário que visava neutralizar de imediato o direito de vingança nos casos de homicídio e que se mostrava praticamente equivalente aos fundamentos norteadores do *Eric* irlandês[10].

Assim, para uma melhor compreensão do tema, precisamos ter em mente que estamos falando de realidades contextuais na ilha marcadas por inúmeras percepções jurídicas, que ainda não haviam se fundido por completo. Blackstone[11], em seu clássico, ensina que, nesses primeiros tempos na Inglaterra, existiram três sistemas legais concorrentes. Ei-los abaixo expostos:

1) O Direito da Mércia (*The Mercen Law*) – Mércia, como se viu, era um reino da Inglaterra. Constituído por um conjunto de leis desenvolvidas pelos mais antigos habitantes da ilha, regras estas que ainda se encontravam profundamente mescladas às tradições dos druidas, que foram incorporadas ao Direito Celta.

2) O Direito Saxão (*Saxon Laws*) – Regras em voga na parte setentrional e ocidental da ilha, de Kent a Devonshire, onde havia prevalência de germanos de origem anglo-saxã.

3) O Direito Dinamarquês (*Danelaw*) – Leis observadas nas terras centrais e na costa oriental, das quais cuidaremos de falar logo adiante.

---

[9] A tradução de *"Witenagemot"* foi oferecida por Blair, que também identificou as funções do referido órgão. Veja a esse respeito BLAIR, John. *The Anglo-Saxon Age*: A Very Short Introduction, p. 51.

[10] Aqui se percebe claramente uma interessante e circunstancial similaridade entre os Direitos germânico e celta. Para saber mais especificamente sobre o assunto em tela, especialmente os detalhes de como o *Wehrgeld* deveria ser pago à família da vítima, consulte a obra de SEEBOHN, Frederic. *Tribal Custom in Anglo-Saxon Law*. Elibron Classic Series, 2005.

[11] BLACKSTONE, William. *Commentaires on the Laws of England*, v. I: facsimile of the first edition of 1765-1769, p. 60.

O Direito Medieval

Deve-se ter sempre em mente que, na Inglaterra da longínqua Era Anglo-Saxã, a total transição do costume para lei escrita nunca se deu por completo, mesmo em função do estabelecimento oficial das primeiras normas escritas. Ressalte-se, desde pronto, que não são poucas as coleções jurídicas, chamadas de *"dombocs"* ou *"doom-books"*, elaboradas por esses reis. Os conjuntos normativos em questão não se destinavam a resolver de maneira eficaz toda sorte de controvérsias instaurada, uma vez que os tais "códigos" (se é que assim podem ser nomeados) encontravam-se imensamente limitados à precariedade de sua forma e estrutura básica, pois a grande maioria dos enunciados lá contidos resumia-se, tão somente, a oferecer uma espécie de "tabela de valores" que tinha por escopo definir as diversas multas a serem aplicadas em razão dos delitos praticados. Isso levava os juízes a considerá-los, certamente, como uma clara referência a ser sempre observada, apesar de que o costume local era preponderante no processo de tomada de decisões.

Nesse sentido, as mais antigas regras escritas (de toda a Europa, inclusive) foram as Leis de Ethelbert (561), rei de Kent, o primeiro soberano anglo-saxão a se converter ao Cristianismo[12]. Com o tempo, o célebre monarca em questão receberia o epíteto *"Bretwalda"*, algo como "legislador britânico". Na Inglaterra, como bem observou John Blair, os novos tempos passam a exigir que os reis deixem de ser apenas os guerreiros aptos a levar seus comandados ao triunfo em batalha, mas que da parte destes haja também maior preocupação com a organização interna de seus países. Nesse sentido, a necessidade de se prover o reino de leis escritas passa a ser interpretada como sinal de requinte e sofisticação[13].

O Professor George Crabbs observa que Alfred, de Wessex, foi outro rei saxão muito festejado em função de sua "sabedoria" e extremada dedicação ao direito, bem como à construção de instituições políticas sólidas, chegando a ser homenageado por seus súditos como *"Conditor Legum Anglicanarum"*, uma espécie de título honorífico

---

[12] Ethelbert foi canonizado pela Igreja Católica Apostólica Romana.

[13] BLAIR, John. *The Anglo-Saxon Age*: A Very Short Introduction, p. 29-31.

CAPÍTULO XIV • O Direito inglês

concedido por ocasião da sensatez no processo de regulamentação dos costumes de sua gente[14]. Alfred assumiu o trono em 861 e logo teve de enfrentar em batalha a fúria das hordas *vikings* em território inglês[15]. Suas leis revelam o avançado estágio de assimilação religiosa à crença dos Apóstolos entre os monarcas anglo-saxões, especialmente no que diz respeito às referências pontuais feitas ao Decálogo e às Leis de Moisés.

Do mesmo modo, as leis de outros três reis ingleses, Alfred, Guthrum e Eduard (o Velho), já no preâmbulo de seus ordenamentos jurídicos, instam o "amor a um único Deus" e a submissão do cidadão comum a Cristo e à autoridade do rei.

Contudo, o resultado final dos confrontos em terras inglesas legou aos escandinavos (notadamente aos dinamarqueses) o controle das regiões situadas mais ao norte do país, onde fizeram vigorar o *"Danelaw"*[16] – um conjunto de leis e tradições igualmente de origem germânica e, até mesmo, similar às leis anglo-saxãs em alguns aspectos, todavia, mantenedoras de particularidades muito próprias, reconhecidas, inclusive, pelos outros povos que habitavam a ilha, o que, de fato, justifica estabelecermos uma segura diferenciação terminológica entre os sistemas legais.

Assim, como se pode imaginar, não foi necessariamente uniforme a tradição jurídica germânica, com sua imensa variedade de costumes, por todos os recantos da Europa medieval. Sabe-se, por exemplo, que

---

[14] CRABBS, George. *English Law or an Attempt to Trace the Rise, Progress, and Sucessive Changes of the Common Law; From the Earliest Period to the Present Time*, p. 7.

[15] Sobre a trajetória das incursões *vikings*, sugiro a leitura de dois livros fundamentais: D'HAENENS, Albert. *As Invasões Normandas*: Uma Catástrofe? Trad. Mary Amazonas Leite de Barros. São Paulo: Perspectiva, 1999, e ROESDAHL, Else. *The Vikings*. London: Penguin Books, 1998. Acerca das leis entre os *vikings*, veja PALMA, Rodrigo Freitas. O Direito Nórdico na Era Viking (Sécs. VIII-XIII). In: *Consilium*, n. 2. Brasília: Unieuro, 2006, p. 1-14.

[16] A palavra *"Danelaw"* (do nórdico *Danelag*), por vezes, também é utilizada pelos historiadores para se referir ao território inglês dominado pelos dinamarqueses. Entretanto, a semântica da palavra, conforme bem ensina Roesdahl, alcança um simples significado: "lei dos dinamarqueses". Veja ROESDAHL, Else. *The Vikings*, 1998, p. 240.

281

O DIREITO MEDIEVAL

alguns traços do *Danelaw* são muito exclusivos. A preocupação com o "juramento" parece ter sido mais frequente entre os dinamarqueses, que instavam os homens pertencentes ao distrito (*Wapentake*) sob jurisdição de determinada *Thing* a comprometerem-se, formalmente, com a promessa de "não acusar um homem inocente ou proteger um culpado"[17]. Ora, como bem notou Brondsted, tal necessidade era "desconhecida nas regras anglo-saxônicas de direito"[18]. O autor, apoiado nas pesquisas realizadas em 1847 por F. M. Stenton, sustenta que o Código de Aethereld II consagrou, pela primeira vez na história da Inglaterra, o chamado *"Princípio do veredicto por maioria dos jurados"*[19].

As leis do Período Anglo-Saxão, iniciado, como se viu, com o rei Etherbert (560-616) e findo com a conquista normanda (1066)[20] tornaram-se mais bem conhecidas no ano de 1568, quando foram publicadas por Lambard sob o título *Archaionomia*. As versões eram em língua latina e uma forma de alemão arcaico, o saxão, permitindo-se, dessa forma, o melhor conhecimento daquele que foi o primeiro capítulo da história do Direito inglês. O empenho do Dr. Wilkins foi responsável por completar a famosa coleção alguns anos depois, inserindo neste mesmo bojo outras tantas leis saxãs escritas agora em idioma normando (uma espécie de fusão entre o francês e o alemão e que constitui a base do inglês arcaico).

Com o falecimento do Rei Eduardo – o Confessor, em 1066, inicia-se a acirrada disputa pelo trono da Inglaterra. Ocorre que o monarca anglo-saxão não deixou quaisquer herdeiros, pois, apesar de casado, insistia em manter-se casto, tendo em vista sua extremada devoção religiosa.

---

[17] BRONDSTED, Johannes. O*s Vikings*, p. 289-239.

[18] BRONDSTED, Johannes. O*s Vikings*, p. 289-239.

[19] BRONDSTED, Johannes. O*s Vikings*, p. 289-239. Quiçá seja possível deduzir que a necessidade de a testemunha prestar juramento no Direito norte-americano (hoje com a mão direita apoiada na Bíblia Sagrada) deriva dos tempos em que, na Inglaterra, vigorou o *Danelaw*.

[20] Veja a esse respeito o clássico de CRABBS, George. *English Law or an Attempt to Trace the Rise, Progress, and Sucessive Changes of the Common Law; From the Earliest Period to the Present Time*, p. 7.

CAPÍTULO XIV ● O Direito inglês

Deste modo, considerando-se a tenra idade de um de seus parentes de linhagem real – Edgar Aetheling – por direito seu sucessor imediato, e que então contava com apenas doze anos de idade, coube à Assembleia dos nobres fazer a opção pela sagração de Haroldo Godwinson, Duque de Essex e da Ânglia Ocidental.

Entretanto, a coroa inglesa foi reclamada e disputada por outro primo, Guilherme I[21], que da Normandia resolve partir com um considerável contingente militar para aportar na ilha. Esse nobre dizia estar apenas reivindicando o cumprimento de uma suposta promessa que teria sido feita pelo próprio Eduardo, por ocasião de sua estada em solo francês. Naqueles dias, Tostig, irmão de Haroldo, havia estabelecido uma aliança com os noruegueses, que, liderados pelo rei Harald Siguardson, orquestraram uma intrépida invasão à Inglaterra. Para o êxito da empreitada, Tostig não mediu esforços para facilitar o ingresso de suas naus na costa da Nortúmbria, onde era conde. Godwinson, desgastado pelo enfrentamento levado a cabo contra os *vikings*, apesar de ter conseguido derrotar o rei norueguês em Yorkshire, agora não se achava mais em condições de lutar (pelo menos de imediato) numa nova frente contra Guilherme, que dispunha de melhor estratégia, apoio político e recursos mais adequados ao bom sucesso de seus planos, principalmente após o tranquilo desembarque em Pevensey. Haroldo Godwinson, por fim, acaba sendo derrotado na célebre Batalha de Hastings. Assim, apesar de o infante Edgar Aetheling, em razão da vacância, ter assumido seu lugar temporariamente, este logo se vê obrigado a abdicar definitivamente de sua posição em favor de Guilherme, cuja supremacia e força política mostraram-se, naquele momento, incontestáveis. A coroação ocorreria na recém-construída abadia de Westminster, aos 25 de dezembro de 1066.

O acontecimento em questão, de tão vultoso, marca para sempre o fim da Era Anglo-Saxã na Inglaterra. O Direito inglês, todavia, seria consideravelmente impactado nos séculos seguintes pela cultura e pelos costumes desses primeiros povos de origem germânica[22] que ardu-

---

[21] Mais conhecido em língua inglesa pelo nome "William" e pelo epíteto "*The Conqueror*".

[22] Os três principais povos ou grupos de origem germânica a colonizar a Inglaterra

O DIREITO MEDIEVAL

amente se confrontaram pelo domínio das cobiçadas terras situadas além do Canal da Mancha.

Pelo menos dois monarcas ingleses que sucederam a Eduardo, o Confessor (1003-1066), reconheceram a validade de suas iniciativas no campo legislativo. É o que se pode dizer de Guilherme I e Henrique I, os quais, não raro, declaravam não ter sido revogado na Inglaterra o ordenamento jurídico por aquele rei produzido. Alguns documentos históricos, mesmo que escritos após a morte de Eduardo, balizam essa firme tradição literária. Para tanto, citamos uma lei que versa sobre "Os Produtos Dizimáveis da Terra" (*Tithable Products of the Land*). O regulamento em tela assume a necessidade de os súditos ingleses virem a pagar o dízimo de seus produtos e rendas à Igreja. A entrega da dita contribuição eclesial aos sacerdotes seria, a partir de então, garantida pelo próprio Estado, e sua inobservância passaria a constituir um ilícito[23]. Outro estatuto credenciado ao rei anglo-saxão são as "Liberdades de Londres" (*The Liberties of London*) que disciplinam a ação e a atividade de mercadores estrangeiros ou de outras localidades da Inglaterra na capital do país[24].

14.3 A Era do Direito Normando (1066-1485)

Normandia é uma região situada ao noroeste da França. O nome é devido à profunda influência escandinava do lugar. Os *"norsemen"* ou "homens do Norte" foram piratas escandinavos que começaram a invadir o país ainda no longínquo ano de 799 d.C. Progressivamente, os saques e a rapina foram dando espaço a um programa sistemático de colonização que marcaria para sempre a história da *Era Viking*.

---

foram anglos, saxões e *vikings* (especialmente os dinamarqueses e os noruegueses). No âmbito destes, os mais importantes foram certamente os primeiros.

[23] Veja para tanto HALSALL, Paul. Medieval Sourcebook: *Leges Edwardis Confessoris: Tithable Products of the Land*, [*written post 1115*]. (Fordham University Center for Medieval Studies) In: <www.fordham.edu>; THORPE, Benjamin. *Ancient Laws and Institutes of England*, p. 442.

[24] Veja para tanto HALSALL, Paul. Medieval Sourcebook: *Leges Edwardis Confessoris: Tithable Products of the Land*, [*written post 1115*]. (Fordham University Center for Medieval Studies) In: <www.fordham.edu>; THORPE, Benjamin. *Ancient Laws and Institutes of England*, p. 462.

CAPÍTULO XIV ● O Direito inglês

Sem embargo, o processo de assimilação nórdica aos costumes do continente foi deveras intenso nos três séculos que se seguiram à época da primeira chegada. Os escandinavos não demorariam a estabelecer estreitos laços com a população nativa, realidade bem representada pela celebração de inúmeros casamentos, o que resultaria na gradual conversão destes ao Cristianismo.

Ora, a Normandia é a terra natal do duque Guilherme (1028-1087), que de lá partiria para ser coroado (como vimos, não sem um ardoroso confronto)[25] "rei da Inglaterra". As mudanças introduzidas pelo novo monarca, iniciador de uma nova dinastia, foram profundas, e sua política de distribuição do solo afetou sensivelmente a organização e a estrutura da sociedade, inaugurando, consequentemente, um novo capítulo na história do Direito inglês. As terras aráveis foram prioritariamente repartidas entre todos seus correligionários e, desde logo, foi implantada uma espécie de sistema feudal, o que gerou grande descontentamento em meio à população. Não por acaso, Guilherme tornou-se o maior dos latifundiários ingleses, não permitindo que nenhum de seus pares fosse mais poderoso do que ele em riquezas.

14.3.1 Os Estatutos de Guilherme, o "Conquistador" (1066)

Cumpre ressaltar que as medidas de Guilherme também alcançaram o universo do direito, não obstante, a manutenção dos costumes das gentes.

Todavia, seu maior "legado" no campo administrativo não repousa no ordenamento jurídico deixado, mas, antes, na "criação de um sistema legal altamente centralizado"[26]. Sob a égide do monarca começa a tomar corpo na Inglaterra uma forma de organização judiciária ainda incipiente, cujas decisões pertinentes aos assuntos de Estado

---

[25] A Batalha de Hastings, no ano de 1066. Guilherme ou William considerava-se não um "conquistador", mas o natural sucessor de seu primo Eduardo, o Confessor.

[26] GLENDON, Mary Ann; GORDON, Michael W. e CAROZZA, Paolo G. *Comparative Legal Traditions*, p. 153. Alguns autores consideram a conquista normanda da Inglaterra como o verdadeiro marco, o capítulo inicial para a história do Direito inglês. ZWEIGERT, Konrad e KÖTZ, Hein. *An Introduction to Comparative Law*. 3. ed. Trad. Tony Weir. Oxford/New York: Oxford University Press, 1998.

O DIREITO MEDIEVAL

eram decididas em Westminster, e as demais questões jurídicas, a seu turno, apreciadas nas cortes dos condados (*shires*) e, mais ao interior destes, nas suas muitas subdivisões locais (*hundreds*)[27].

Documento importante, produzido pelos normandos, que aqui merece ser mencionado, dando provas da nova realidade citadina e rural do país, é o chamado *"Domesday Book"* (1086), que classificava sistematicamente os feudos, animais e demais posses do povo, estabelecendo para fins tributários e organizacionais um rigoroso censo dos lares ingleses.

Para melhor reger seus súditos, foram formalmente estabelecidas por Guilherme em 1066 algumas breves leis sistematizadas em dez tópicos distintos[28]. Basicamente, elas convalidavam a fé nacional em um único Deus e em Cristo, bem como insistiam na necessidade da manutenção da "paz e segurança" entre "ingleses e normandos" (I). O segundo ponto instava os chamados "homens livres", por meio de "juramento" e "pacto", a permanecer incondicionalmente leais e fiéis à figura do rei, contribuindo para a preservação de suas terras, sua honra e incolumidade contra seus eventuais inimigos (II). O terceiro manifestava inicialmente a preocupação por parte do rei com a segurança de seus protegidos, especialmente aqueles que o acompanharam no ato da conquista ou, ainda, com os outros tantos que naturalmente viriam para se estabelecer nos novos assentamentos. A ordenança determinava o pagamento de multas pecuniárias ao suserano se o servo, que cometeu um assassinato, não se deixasse ser capturado em até cinco dias (III). O quarto capítulo mantinha a cobrança de um tradicional tributo municipal chamado de o *"scot and lot"* (ao que parece,

---

[27] GLENDON, Mary Ann; GORDON, Michael W. e CAROZZA, Paolo G. *Comparative Legal Traditions*, p. 153-4. A origem das "cortes dos *hundreds*" foram as *"Gemot"* ou *"Thing"*, ou seja, a "Assembleia dos homens livres". Nesse sentido opina Losano: "A implantação da dominação normanda na Inglaterra era facilitada também pelo fato de que as normas consuetudinárias próprias dos normandos eram germânicas, sendo os normandos uma população originaria da Noruega". LOSANO, Mario G. *Os grandes sistemas jurídicos*, p. 324.

[28] O conjunto de leis de Guilherme pode ser lido na íntegra. Veja, para tanto, HALSALL, Paul. Medieval Sourcebook: *Laws of William, The Conqueror*. (Fordham University Center for Medieval Studies) In: <www.fordham.edu.>.

CAPÍTULO XIV • O Direito inglês

para a cidade de Gloucester), oriundo da época do rei Eduardo, o Confessor. O imposto destinava-se aos "Franceses", ou seja, aos nobres normandos radicados na ilha. Talvez, para evitar qualquer contrariedade com a decisão real, o texto lembrava que esta prática estava em plena consonância com "o direito vigente entre os ingleses", não sendo esta uma criação original emanada de seu cetro (IV). O quinto buscava regulamentar o comércio de gado, cuja carne só poderia ser vendida no interior das cidades. Aos que descumprissem a regra, previa-se o pagamento de multas (V). A sexta sentença é de "matéria processual criminal". Ela permite que as partes ofendidas por acusações diversas, que vão do assassinato e roubo ao saque e perjúrio (sejam os envolvidos ingleses ou os normandos), pudessem resolver suas disputas por meio de *duelos*, sendo que ao perdedor estabelecia-se o pagamento de multa ao rei. Para evitar a discricionariedade na aplicação da regra, não se isentavam por meio de eventuais juramentos os normandos que vieram com Guilherme do cumprimento desta norma (VI). A sétima instrução ressaltava que, objetivando o "bem-estar do povo inglês", continuaria em vigor o direito da época do Rei Eduardo acrescido unicamente destes novos decretos produzidos após 1066 (VII). O oitavo e o nono dispositivo versavam sobre a condição e o tratamento a ser dispensado àqueles homens que na sociedade não poderiam ser considerados "livres" (VIII) e (IX). Por fim, a última determinação trazia uma curiosidade acerca do "*direito penal normando*" a viger na Inglaterra: trata-se da proibição da aplicação da pena de enforcamento. Todavia, ao mesmo tempo, permite que os olhos do condenado sejam virtualmente "arrancados de suas órbitas", além de autorizar a "castração" (X).

Guilherme I, ao aportar na Inglaterra, tomou ciência de que cristãos estavam sendo vendidos como escravos para terras estrangeiras ou para populações pagãs que viviam no Reino, e proibiu terminantemente esta prática por meio de uma regulamentação própria[29].

---

[29] HALSALL, Paul. Medieval Sourcebook: *William the Conqueror: Sales of Slaves in England, 1080*. (Fordham University Center for Medieval Studies) In: <www.fordham.edu>; THORPE, Benjamin. *Ancient Laws and Institutes of England*, p. 462.

O Direito Medieval

Deve-se ter sempre em mente que uma despretensiosa compilação de regras gerais como aquelas pronunciadas por Guilherme não tinha por escopo suplantar um sistema jurídico consuetudinário, pluralista e multifacetado, que já se encontrava consolidado em meio às diversas populações germânicas radicadas em solo inglês. Não é preciso, pois, muito esforço para imaginar que a própria exiguidade caracterizadora do conjunto legal advindo da vontade do soberano normando mostrava-se, por si só, completamente inviável para dirimir todas as controvérsias cotidianamente instauradas no universo das gentes administradas pela Coroa.

Ademais, sabe-se que, por parte de Guilherme, era mui constante a referência ao direito produzido na época de Eduardo, o Confessor, o que caracterizava uma atitude de reconhecimento e conveniente resignação às iniciativas de seu predecessor no campo da legalidade. Seu filho Henrique I, uma vez entronizado, se preocuparia em adotar a mesma posição de seu pai no que diz respeito a esse assunto. Sem embargo, não há como negar a importância histórica dos decretos do mais famoso conquistador normando.

Ora, tais iniciativas adotadas por ambos os monarcas demonstram que as leis dos tempos de Eduardo eram tidas como "justas" em meio à população. Do contrário, certamente, estes não teriam o cuidado de anunciar que aquele antigo ordenamento jurídico não estava, de modo algum, revogado. Ou, se quisermos considerar pelo aspecto puramente político, Guilherme e seus descendentes não queriam se indispor com os locais retirando-lhes a autonomia jurídica que, à época, já lhes parecia ser tão cara.

14.3.2 A Carta das Liberdades (1100) de Henrique I e outros regulamentos

Guilherme, "o Conquistador" veio a falecer em 1087, porém, entre seus sucessores, não demoraria a eclodir uma série de lutas intestinas para ocupar o trono vacante. O domínio da Inglaterra coube, inicialmente, em função de um legado, a Guilherme II (1056-1100), que impôs ao povo um severo governo, caindo, por conseguinte, em desgraça perante seus súditos. Ao morrer, vítima de um trágico aci-

CAPÍTULO XIV • O Direito inglês

dente de caça, assume Henrique I (1068-1135), seu irmão caçula, porém, não sem oposição de Roberto Curthose (1055-1134), que havia recebido de Guilherme I a Normandia. Este invocava como modo de solução para essa questão a prevalência do direito sucessório feudal, pois julgava que a condição de filho vivo mais velho o deixaria apto a ostentar o cetro real. Entretanto, contando com o apoio da Igreja e de seus compatriotas, unificados politicamente por meio de um oportuno casamento com uma jovem descendente do rei saxão Ethereld, prevalece no trono Henrique I, o que proporciona à Inglaterra um período de larga prosperidade.

Vale notar que esse rei também se dedicou ao direito, ainda que mais por necessidade e zelo do que por inclinação às questões legais. O mais importante documento do período foi, certamente, a "Carta das Liberdades" (*Charter of Liberties of Henry I*) de 1100[30]. No corpo do texto, o soberano inglês, referindo-se a seu irmão – Guilherme II – reconhecia a recente opressão imposta por este ao povo inglês, o que o fazia comprometer-se publicamente com a instauração de uma nova política de Estado. O documento concedia, desde pronto, total liberdade à Igreja (I) e restaurava os privilégios dos nobres, fossem eles "barões", "condes" ou "outros" (II). Também assegurava a qualquer cidadão a liberdade para conceder a mão de sua "filha", "irmã", "sobrinha" ou "parente" a quem quer que fosse, à exceção de um inimigo do rei. As viúvas, com ou sem filhos oriundos da união, não estariam desprovidas de seu dote e nem tampouco seriam dadas em casamento sem o seu prévio consentimento. A terra deixada pelo marido poderia ser por elas mesmas administrada ou, de acordo com a conveniência, por algum parente mais habilitado a tanto (III e IV). Há num dos dispositivos uma clara preocupação com a circulação de moeda falsa nos domínios do reino e a previsão da punição para tal delito, embora não tenha sido definida a pena (V). [Contudo, algumas outras leis de Henrique I, dentre as quais citamos por ora as chamadas "Re-

---

[30] Veja o documento na íntegra em HALSALL, Paul. Medieval Sourcebook: *Charter of Liberties of Henry I, 1100* (Fordham University Center for Medieval Studies). In: <www.fordham.edu>.

O Direito Medieval

gulamentações Monetárias" (*Monetary Regulations*), datadas de 1108, posteriormente tratariam, de forma mais especificada, dos contornos desta matéria, "objetivando livrar a terra [leia-se Reino da Inglaterra) destes problemas para sempre"][31]. Apesar da nomenclatura utilizada pelo Direito inglês, sabe-se que não estamos, propriamente, diante de assunto situado exclusivamente na órbita financeira. O estatuto em questão determinava o enforcamento para todos os que fossem apanhados no cometimento do roubo ou furto. Os que estivessem a utilizar dinheiro falso (questão que agora volta à baila para ser definitivamente regulamentada) seriam vítimas de terrível suplício: os olhos do condenado seriam arrancados e seus membros separados do corpo (*Flor. Wig. ii. 57*)[32]. Henrique I, grosso modo, remiu as dívidas contraídas pelo povo com seu predecessor no trono e isentou seus súditos do cumprimento das promessas e juramentos feitos, redefinindo os contornos dos tributos incidentes sobre as heranças (VI). O sétimo tópico retoma a temática concernente aos impostos (VII). Questões de caráter penal também são genericamente abordadas. Entretanto, este, pelo menos, é o objeto dos capítulos oitavo e nono: os nobres que cometessem crimes não deveriam se fiar no perdão ou na misericórdia real, mas, antes, obrigavam-se, diligentemente, a reparar o dano causado a outrem de acordo com a gravidade do delito praticado (VIII). O pagamento de multas e compensações de caráter pecuniário teria como referência a tabela de valores previstos nas leis vigentes na época do rei Eduardo, o Confessor (IX). As florestas continuariam sob os auspícios reais (X). Os cavaleiros que prestassem serviço militar estariam isentos da convocação para certos traba-

---

[31] HALSALL, Paul. Medieval Sourcebook: *Henry I of England: Monetary Regulations, 1108.* (Fordham University Center for Medieval Studies) In: <www.fordham.edu>.

[32] Veja o documento na íntegra em HALSALL, Paul. Medieval Sourcebook: *Henry I of England: Monetary Regulations, 1108.* (Fordham University Center for Medieval Studies) In: <www.fordham.edu> e STUBBS, William. *Selected Charters of English Constitutional History*, p. 113; ou CAVE, Roy C. & COULSON, Herbert H. *A Source Book for Medieval Economic History*, p. 138-139.

CAPÍTULO XIV ● O Direito inglês

lhos e pagamentos à Coroa, desde que eles se dispusessem à defesa do reino de maneira adequada, ou seja, com armas e cavalos (XI). A décima segunda ordenança refere-se à necessidade de pacificação da sociedade e, como imposição, a manutenção da ordem por todos os confins do reino (XII). É mais uma vez confirmada formalmente a vigência do direito dos tempos do rei Eduardo, acrescido das ordenanças estipuladas por Guilherme I, seu pai, por ocasião da conquista da Inglaterra (XIII). Previa-se a imposição de uma severa multa a todos aqueles que, uma vez tendo tomado alguma coisa pertencente ao rei ou ao seu predecessor (Guilherme II), não pretendessem restituir o devido ao monarca em tempo de alcançar o perdão (XIV).

Vale dizer que, em plena Idade Média, certas questões de fundo empresarial foram devidamente regulamentadas por Henrique I, tendo por base antigos costumes saxões. É o que se pode deduzir a partir de um estudo preliminar da "Lei de Sociedades" (*Law of Partnerships*, 1109-1118)[33]. O direito comercial inglês estabelecia que os parceiros, pretendendo dissolver seu vínculo, deveriam juntos comparecer perante testemunhas idôneas, quando, então, proceder-se-ia de forma equitativa à apuração dos haveres e ao respectivo rateio entre sócios (LIV).

A estabilidade política só seria abalada com o falecimento de Henrique I. Sua filha Matilde (casada com o conde Godofredo Plantageneta)[34], apesar de reconhecida numa solenidade pública como a próxima rainha do país, encontraria severa relutância de Estevão, um sobrinho de Henrique I. A dissensão entre os pretendentes da coroa conduz a sociedade à mais completa desordem civil. A controvérsia seria finalmente dirimida pela Igreja, que, numa atitude conciliatória (Acordo de Wallingford, 1153), reconhece Estevão como rei e o filho de Matilde (que seria chamado de Henrique II), seu virtual sucessor.

---

[33] Veja o documento na íntegra em HALSALL, Paul. Medieval Sourcebook: *Leges Henrici Primi:Law of Partnership, 1109-1118*. (Fordham University Center for Medieval Studies) In: <www.fordham.edu>.

[34] Daí o fato de a dinastia levar o nome dos Plantagenetas.

O DIREITO MEDIEVAL

14.3.3 Henrique II e a compilação de costumes de Glanvill

Henrique II (1133-1189) torna-se monarca inglês aos 21 anos de idade, não muito depois desses acontecimentos que dividiram a população, pois logo em 1154 morreria Estevão.

Assim, a Inglaterra, sob o reinado de Henrique II, experimentaria tempos de grande prosperidade, especialmente no campo cultural. A criação, dentre outras instituições de ensino, da celebrada Universidade de Oxford é um bom exemplo a ilustrar isso.

Contudo, na iminência do fim de seus dias, sérias crises aconteceriam dentro do próprio palácio, uma vez que seus filhos lutavam abertamente pelo direito à coroa. O cetro, como se sabe, passaria inicialmente a um guerreiro nato – Ricardo, Coração de Leão.

Do ponto de vista legal há que mencionar um importante tratado doutrinal ou, mais precisamente, uma espécie de compilação de costumes popularmente atribuída a certo homem chamado Rannulf Glanvill, apesar de sua autoria ser abundantemente contestada pelos especialistas. A famosíssima obra é reputada como sendo oriunda da época do reinado de Henrique II, porém, na acertada opinião de Hall[35] (entre outros tantos), considerado como uma das maiores autoridades sobre o assunto, os escritos são de um período ainda anterior a 1189 e não, necessariamente, podem ser credenciados à época do soberano inglês em questão.

14.3.4 Ricardo, Coração de Leão, e as leis relativas aos cruzados (1189)

Ricardo I (1157-1199), cognominado "Coração de Leão", foi coroado em 1189 e, em todos os sentidos possíveis, teve um breve reinado. Impetuoso e idealista, o novo rei logo se lança vigorosamente às Cruzadas, deixando seu país durante longas temporadas sob a administração de seu conselho real. Entretanto, sabe-se que ele não resistiria ao fatí-

---

[35] Nesse sentido, uma boa parte dos doutrinadores está de acordo. Veja a esse respeito HALL, G. D. G. *The Treatise on the Laws and Customs of the Realm of England Commomly Called Glanvill.*, p. xxx-xxxiii.

292

CAPÍTULO XIV ● O Direito inglês

dico ferimento sofrido no ardor de uma batalha travada em território francês, evento este que abre o caminho para a conturbada ascensão de seu irmão João, posteriormente chamado de "Sem Terra" (*Lackland*).

Logo no primeiro ano de seu reinado, Ricardo I e seu Conselho Real (*"common counsel of upright men"*) definiram conjuntamente um regulamento que tinha por objeto o direcionamento do cotidiano dos cruzados em sua longa jornada por mar para alcançar Jerusalém (*Laws of Richard I (Coeur de Lion) Concerning Crusaders Who Were to Go By Sea, 1189*). Em face do contexto e das novas realidades jurídicas interpostas pela longa viagem nos navios, foram estabelecidas regras de direito criminal para disciplinar as relações entre os marinheiros. As penas previstas para os crimes cometidos a bordo das embarcações eram, ao mesmo tempo, cruéis e curiosas. Destarte, os assassinos seriam amarrados ao cadáver e jogados no oceano. Todavia, se o homicídio tivesse sido praticado em terra firme, previa-se a incineração do infrator. Em se tratando de lesões corporais graves, consideradas pelas leis de Ricardo como aquelas que acarretavam "derramamento de sangue", a amputação da mão seria a punição maior destinada aos transgressores. Uma lesão leve, entretanto, condicionava, três vezes seguidas, o lançamento do criminoso ao mar. A injúria associada à calúnia resultava no pagamento de uma pena pecuniária (em prata), que seria calculada pela quantidade de ofensas dirigidas ao companheiro. Os ladrões, a seu turno, seriam submetidos a uma série de castigos corporais que tinham por objetivo causar dor, sofrimento e extrema vexação. Para tanto, inicialmente, a cabeça do indivíduo era raspada, como forma de impor-lhe humilhação. Depois, derramava-se sobre a calva água fervente. Por último, obrigava-se a pessoa a usar adornos específicos, para que fosse de conhecimento público o crime por ela cometido[36], sendo esta logo abandonada à sua sorte na primeira praia em que o navio viesse a atracar[37].

---

[36] As leis de Ricardo I não estabeleciam qualquer distinção entre furto e roubo. Assim, crê-se que ambas as condutas delituosas eram passíveis de punição.

[37] HENDERSON, Ernest F. *Selected Historical Documents of the Middle Ages*. London: George Bell and Sons, 1896; e YALE LAW SCHOOL. *Laws of Richard I*

O DIREITO MEDIEVAL

14.3.5 João Sem Terra e a Carta Magna (1215)

A Carta Magna de 1215, um marco para o Direito inglês, foi a primeira grande contribuição de uma nação europeia à história do constitucionalismo e, em nossa opinião, o mais importante diploma legal produzido no decorrer da Idade Média. O documento é fruto das profundas dissensões havidas entre os barões ingleses e João Sem Terra (1166-1216).

Fato é que a morte de Ricardo I, somada à progressiva impopularidade do novo rei que o destino fez ascender ao trono da Inglaterra, traduziu-se nas motivações que prepararam o contexto favorável que redundou na formalização das reivindicações gestadas no seio da nobreza feudal, a qual, na ocasião, encontrava-se prejudicada pela elevadíssima cobrança de tributos e desmandos do monarca.

Sabe-se que a centralização do poder real (expressada pelo absolutismo monárquico) entre as dinastias do continente era uma clara tendência observada àquela época. Aproveitando-se dessa conjuntura favorável, João, com avidez peculiar e buscando alcançar maior afirmação perante seus pares, cuida de imprimir uma feição absolutista ao seu reinado. Em consequência disso, a relação com os súditos e, principalmente, com as oligarquias feudais deteriora-se rapidamente, acompanhada pelas sucessivas crises sociais que o país enfrenta após os sucessivos fracassos militares do rei. Em face disso, a única alternativa viável para João, diante da crescente pressão exercida pelos barões, era celebrar um acordo que limitasse drasticamente seus poderes. Essa conquista, certamente, traduz a essência do documento que receberia o selo real, sendo reafirmada também pelos seus sucessores.

Do ponto de vista da forma e estrutura adotadas para a composição do texto, como uma espécie de "preâmbulo", pode-se dizer que a Carta inicia com a apresentação de João, com todos os seus títulos, seguida pela listagem das principais autoridades eclesiásticas, bem

---

(Coeur de Lion) Concerning Crusaders Who Were to go By Sea. 1189 A.D. ("Roger of Hoveden", III p. 36 [Rolls Series]). New Haven: Lilian Goldmann Law Library, 2008. [(The Avalon Project: avalon.law.yale.edu).]

CAPÍTULO XIV ● O Direito inglês

como a menção dos mais importantes nobres locais, a quem saúda consoante praxe literária e convenções da retórica medieval. Vale dizer que o documento original constituído por 63 artigos (ou cláusulas) não foi propriamente "assinado" pelo monarca, como se tende a pensar, mas, antes, oficializado por meio da impressão do selo real.

Em muitos aspectos, a inspiração histórica para a produção das primeiras linhas do documento encontra paralelo na *Carta de Liberdades* de Henrique I, produzida, como se viu, no ano de 1100. A similaridade a que por ora nos remetemos se faz instantaneamente percebida quando o assunto é o reconhecimento do regime de liberdades da Igreja, o tema central da cláusula de abertura da Magna Carta[38]:

| INICIALMENTE GARANTIMOS PERANTE DEUS, E PELA PRESENTE CARTA CONFIRMAMOS, POR NÓS E NOSSOS HERDEIROS, DE MANEIRA PERPÉTUA, QUE A IGREJA INGLESA SERÁ LIVRE, E NÃO TERÁ SEUS DIREITOS DIMINUÍDOS, E SUAS LIBERDADES PERMANECERÃO INCÓLUMES. NOSSO DESEJO É QUE ISTO SEJA DE TODO MODO OBSERVADO, TENDO EM VISTA O FATO DE QUE POR NOSSA LIVRE E ESPONTÂNEA VONTADE, ANTES DE ECLODIR A ATUAL DISPUTA ENTRE NÓS E NOSSOS BARÕES, NÓS ADMITIMOS E CONFIRMAMOS PELA CARTA, A LIBERDADE DAS ELEIÇÕES ECLESIAIS – UM DIREITO DIMENSIONADO EM FUNÇÃO DE SUA GRANDE NECESSIDADE E IMPORTÂNCIA – E FUNDADO NA CONFIRMAÇÃO DO PAPA INOCÊNCIO III. ESTA LIBERDADE NÓS DEVEMOS OBSERVAR, E NOSSO DESEJO É QUE ELA SEJA OBSERVADA COM BOA-FÉ PELOS NOSSOS HERDEIROS PERPETUAMENTE (§ 1).

Apesar da retórica própria das formalidades, o juramento se fazia parte essencial do rito de sagração de qualquer monarca inglês. João, assim, compromete se publicamente com seus súditos a promover a "justiça" e a "equidade"; a manter as "boas leis" e a revogar as "más leis e os maus costumes"; a dirigir seu país em "paz", "honra" e "reverência a Deus e à Igreja"[39]. Além disso, e de logo após ser ungido pelo arcebis-

---

[38] Existem muitas boas versões da Carta Magna na internet, especialmente nos sítios de língua inglesa. Destarte, oferecemos aqui nossa tradução livre do documento em questão tendo por base alguns trechos do texto. Disponível em: <http://www.bl.uk/treasures/treasuresinfull.html>.

[39] DANZIGER, Danny e GILLINGHAM, John. *1215: The Year of Magna Carta*, p. 141-143.

O DIREITO MEDIEVAL

po Hubert Walter e de receber as vestes reais, o novo rei empunhava simbolicamente a "espada da justiça" – representação de seu poder e autoridade sobre o povo[40]. Mas o dispositivo da Carta Magna acima citado foi especialmente preparado levando-se em consideração as acirradas controvérsias ocorridas entre o rei João Sem Terra e o Papa Inocêncio III, o qual, julgando-se terrivelmente aviltado com a recorrente ingerência daquele nos assuntos eclesiais, acaba por excomungá-lo.

Seguindo na esteira do estatuto pronunciado por Henrique I, cuidou a Carta Magna de confirmar alguns direitos às mulheres, e, de forma particular, às viúvas:

| Que nenhuma viúva seja condicionada a se casar, se o seu desejo é permanecer sem um esposo. Todavia, ela deverá assegurar que não irá se casar sem o devido consentimento real (§ 8).

A Carta, buscando pôr fim à opressão imposta a muitos trabalhadores, proibiu a sistemática da corveia real[41]. É o que veremos a seguir:

| Nenhuma cidade ou pessoa será forçada a construir pontes sobre rios, exceto aqueles vinculados a uma antiga obrigação (§ 23).

Como se pode constatar, regra de particular importância na Carta Magna é aquela que está contida no parágrafo 39, que originalmente consagra, na trajetória das civilizações, o chamado "devido processo legal" (*due process of law*)[42]:

---

[40] DANZIGER, Danny e GILLINGHAM, John. *1215: The Year of Magna Carta*, p. 141-143.

[41] A corveia real consistia na obrigação imposta pela Coroa a seus súditos da prática de certos trabalhos por tempo determinado. Normalmente, esse labor compulsório e não remunerado, que se assemelha historicamente a uma forma de escravidão, era previsto por edito real em função da existência de alguma obra (ponte, prédio etc.). Depois de concluída a atividade, os convocados, que recebiam apenas a alimentação por seus esforços, estavam liberados para voltar a seus ofícios e ocupações de origem. A corveia difere dos "trabalhos forçados", pois estes constituem histórica pena aplicada, aqui e acolá, na trajetória das civilizações, em razão do cometimento de algum crime. Também não pode ser confundida com a "escravidão", pois a subjugação do gênero humano, salvo pela eventual alforria, aqui se mostra de caráter perpétuo.

[42] A efetividade do disposto na famosa cláusula foi questão abordada por René David:

CAPÍTULO XIV • O Direito inglês

| Nenhum homem livre poderá ser detido ou aprisionado, ou despojado de seus direitos ou de suas possessões, ou proscrito ou exilado, ou de qualquer forma destituído de sua posição, nem agir-se-á com coação para com ele, ou enviar-se alguém para fazê-lo, exceto pelo julgamento conforme o direito por seus pares ou pela lei local (§ 39).

Nesse mesmo sentido, estendeu-se formalmente aos cidadãos de todo o reino o direito ao acesso à Justiça, considerando que os barões ingleses se sentiam absolutamente inconformados com a manipulação dos veredictos pronunciados pelos juízes, que se caracterizava pela circunstancial intromissão de João nas questões judiciais que eram de seu interesse ou nos pleitos que envolviam quaisquer de seus desafetos políticos:

| A ninguém venderemos, negaremos ou postergaremos direito ou justiça (§ 40).

Com o passar das décadas, os mais caros ideais contidos na Carta Magna de 1215 foram sucessivamente reafirmados pelos governantes ingleses e pelas novas gerações[43]. Evidentemente essas conquistas não estariam livres, aqui e acolá, dos arroubos circunstanciais característicos do absolutismo, como se veria com tanta ênfase no reinado de Henrique VIII (1491-1547) ou, igualmente, na afirma-

---

"A Magna Carta de 1215, no seu artigo 39, proclamava solenemente o princípio de que nenhum indivíduo deveria ser preso ilegal ou arbitrariamente. Mas como o princípio assim proclamado não era acompanhado de nenhuma sanção, permaneceu como letra morta até o advento da dinastia dos Stuarts". DAVID, René. O *Direito Inglês*, p. 78.

[43] "No momento em que os barões se dispersaram, João repudiou a Carta e reuniu um exército. Os barões responderam declarando-o deposto e oferecendo a coroa a Luís, filho do rei da França. Seguiu-se uma guerra civil, interrompida pela morte de João, em outubro de 1216. Seu filho Henrique, tinha apenas nove anos e os partidários de Luís rapidamente desertaram para o lado do jovem príncipe. Henrique foi coroado e o governo conduzido em seu nome por um grupo de barões chefiados por William Marshall, conde de Pembroke, e Hubert, de Burgh. Durante essa longa menoridade os princípios da Carta passaram a ser aceitos como base da lei. Nos séculos seguintes a Magna Carta foi solenemente reafirmada por todos os reis, de Henrique III a Henrique VI". MORTON, A. L. *A História do Povo Inglês*, p. 70-71.

O DIREITO MEDIEVAL

ção histórica do princípio da irresponsabilidade do monarca (*The King can do no wrong*)[44].

Entretanto, o legado deixado por aquelas cláusulas atemporais que contrapuseram os barões ao rei da Inglaterra, por certo, continuaria a exercer grande influência e impacto nos direitos ocidentais e, de forma muito especial, como se notaria posteriormente, também, no profícuo Direito Constitucional Norte-Americano[45]. Não por acaso, destacou René David que "a Inglaterra é o país da Europa em que as liberdades públicas foram mais cedo protegidas contra o despotismo do soberano"[46].

14.4 A formação da *Common Law*: o nascimento de um sistema legal original

Sabe-se que o estudo sobre o desenvolvimento do Direito inglês mostra-se imprescindível para a compreensão da História do Pensa-

---

[44] A tradição cultural inglesa, sob o aspecto histórico, sempre primou por considerar o Rei ou a Coroa entes infalíveis. Como era de se esperar, essa percepção adentra a órbita da legalidade. Veja-se o que René David dispõe a esse respeito: "Uma lei de 1947 [ab-rogou] na Inglaterra o princípio *"The King can do no wrong"*, e desde então pode-se processar diretamente a Coroa para implicar a responsabilidade desta, baseada tanto do direito dos *torts* como no direito contratual". DAVID, René. O *Direito Inglês*, p. 88.

[45] Como diriam Danziger e Gillingham, nos Estados Unidos, a Carta Magna é, até hoje, uma espécie de "pedra angular" do conceito moderno de "liberdade". DANZIGER, Danny e GILLINGHAM, John. *1215: The Year of Magna Carta*. New York: Touchstone, 2005, p. XIII. A opinião é reforçada por Sandra O'Connor, Ministra da Suprema Corte: "O impacto da Magna Carta em nosso desenvolvimento constitucional não é meramente de caráter histórico. A Suprema Corte continua a se referir à Carta Magna como inspiração e orientação no sentido de identificar aqueles direitos que são fundamentais. Verdadeiramente, nos últimos quarenta anos, a Corte citou a Magna Carta em mais de cinquenta pareceres escritos. Ademais, estas referências, não são meramente menções sentimentais a uma amável e apagada lembrança ancestral. Em vez disso, nossa Corte olhou para os conceitos contidos na Magna Carta por ocasião de importantes decisões relativas, por exemplo, a proibição de penas cruéis e incomuns da Oitava Emenda; a necessidade de que o tribunal do júri seja organizado pelo Estado onde a denúncia foi instaurada; e o acesso dos menos favorecidos à possibilidade de revisão de sua condenação criminal". O'CONNOR, Sandra. *The Majesty of Law*: Reflections of a Supreme Court Justice, p. 35. [Nossa tradução.]

[46] DAVID, René. O *Direito Inglês*, p. 76.

CAPÍTULO XIV ● O Direito inglês

mento Jurídico Europeu e Ocidental, pois, desse contexto, nasceria um sistema legal completamente autônomo: a célebre *Common Law*[47]. Ora, várias foram as razões que contribuíram para a gênese de uma percepção jurídica totalmente independente e original na terra de Shakespeare. A principal resume-se ao fato de que o Direito Romano, ao contrário do que ocorreria entre outros tradicionais lugares do continente, tais como França, Itália, Espanha e Alemanha, por lá não seria recepcionado[48].

Como se sabe, a experiência jurídica inglesa posteriormente se espraiaria, de forma gradual, para outros recantos do mundo como consequência direta do programa de expansão colonial do Império Britânico, que se intensifica, preponderantemente, no decorrer dos séculos XVIII e XIX. Hodiernamente e não por acaso, países como os Estados Unidos da América, o Canadá, a Austrália, a Nova Zelândia, a Irlanda e Gales, além de outros mais, estão filiados à grande família de Direito da *Common Law*.

O contínuo progresso do famoso sistema legal nascido na Inglaterra teve início ainda no decurso da Baixa Idade Média. Por isso mesmo, a análise histórica do processo de estruturação da *Common Law* somente pode ser compreendida em toda a sua extensão quando são considerados alguns eventos importantes na trajetória daquela nação, tais como a invasão normanda (1066) e, subsequentemente, a evolução da noção de "ordem jurídica" ou "legalidade", que de modo renovado transitam perceptivelmente na Carta das Liberdades de Henrique I (1100) e no pacto que consubstancia a festejada Carta Magna (1215).

O mestre Gustav Radbruch, apercebido dessa realidade contextual, cuida de publicar uma série de apontamentos comparando o "Sistema Anglo-Saxão" aos direitos dos países que recepcionaram a Lei

---

[47] As terminologias empregadas para se referir à *Common Law* são diversificadas. Há quem prefira nomeá-lo como *"Sistema de Direito Anglo-Saxão"*; outros, por sua vez, escolhem *"Sistema Anglo-Americano"* ou, ainda, *"Sistema Consuetudinário de Direito"*.

[48] Vale notar que a presente premissa não é válida para toda a Grã-Bretanha. A Escócia adota o Sistema Romano-Germânico de Direito, não obstante a crescente influência da *Common Law*.

O DIREITO MEDIEVAL

Romana tradicional. Para o consagrado criminalista de origem alemã, "muitas características do espírito popular inglês têm seu fundamento no fato de que, na Inglaterra, a Modernidade não foi separada da Idade Média por um profundo abismo, como ocorreu no Continente. Ao contrário, as instituições tiveram um desenvolvimento continuado. Assim, o Parlamento inglês se desenvolveu, diretamente, a partir da representação das corporações medievais, enquanto que no continente o Estado corporativo foi substituído pelo absolutismo, até surgir o Estado Constitucional em seu lugar. A Reforma se realizou, na Inglaterra, não por meio de uma mudança brusca do dogma e do culto, como na Alemanha: a igreja anglicana mantém, hoje ainda, algumas linhas católicas. As Universidades de Oxford e Cambridge correspondem ainda hoje, mais do que qualquer faculdade europeia, à imagem da Universidade da Idade Média, enquanto que o antigo humanismo foi substituído, na Alemanha, pelo neo-humanismo dos clássicos alemães. O que é, enfim, o ideal do *gentleman* senão a continuação do ideal medieval do cavaleiro"[49].

É preciso lembrar também que a *Common Law* apresenta alguns traços de distinção fundamental em comparação imediata com a *Civil Law* (o Sistema Romano-Germânico de Direito). Um dos mais evidentes, diga-se, desde pronto, consiste no reconhecimento da fonte do direito a alcançar maior primazia neste sistema: enquanto na *Common Law* ocorre a consagração do precedente judiciário, gerado pelo costume, em sua congênere supracitada prepondera, de modo quase absoluto, a lei. Por isso mesmo se diz que o Direito inglês é uma espécie de *"judge made law"* ("direito construído por juízes"). Isso não quer de modo algum dizer que "não existam leis escritas" no país. Sabe-se que algumas matérias específicas, segundo as necessidades locais, são devidamente tratadas pelo legislador, *in casu* – o Parlamento Inglês. Como resultado, elas recebem a designativa *"Statute Laws"*. Contudo, é notório que não há qualquer tradição entre os países da *Common Law* em sistematizar ou ordenar o "direito" em grandes

---

[49] RADBRUCH, Gustav. O *Espírito do Direito Inglês e a Jurisprudência Anglo--Americana*, p. 31.

300

CAPÍTULO XIV ● O Direito inglês

compilações como os códigos legais, como fazem recorrentemente os herdeiros do *Corpus Iuris Civilis*[50].

Não se deve perder de vista que a invasão normanda de 1066 é o ponto de partida quando o objetivo é o de estabelecer as origens mais remotas do sistema em tela. Isso porque, a chegada do conquistador acaba por promover, em todos os aspectos possíveis e imagináveis, profundas e substanciais transformações na vida da sociedade inglesa, o que não quer dizer que aqueles costumes imemoriais de origem anglo-saxã, como já dissemos anteriormente, tenham sido meramente abolidos, algo que jamais, de fato, aconteceu na Grã-Bretanha. Mas com o advento de Guilherme I, é bem verdade, começa a se estruturar a nova forma de organização judiciária que daria feição primária à *Common Law*.

Destarte, cortes cada vez mais especializadas surgem em detrimento da autoridade das jurisdições senhoriais, as quais, se não perdem de imediato suas competências para apreciar as causas no interior dos feudos e condados, certamente, começam a decair em prestígio junto ao povo, mais exatamente, de acordo com as pesquisas de Gilissen, entre os séculos XII e XIII[51]. Enquanto as assembleias populares citadinas de origem germânica (*Thing*) e as decisões emanadas do suserano declinam rapidamente, alcança manifesto destaque a justiça proveniente do cetro real, ou seja, dos Tribunais de Westminster e de outras circunscrições, cuja competência se torna cada vez mais individualizada. O autor belga, alhures citado, cuida de dimensionar a forma de organização judiciária medieval inglesa, que tipifica o modelo embrionário da *Common Law*: "A princípio, o rei julgava no seu Tribunal, a *Curia regis*. Mas muito cedo, foram destacadas secções especializadas da *Curia* para se ocuparem de certas matérias: o Tribunal do Tesouro (*Scaccarium, Court of Exchequer*) desde o século XII para as finanças e os litígios fiscais, o Tribunal das Queixas Comuns (*Court of Common Pleas*) a partir de 1215 para os processos

---

[50] Ou seja, os países que adotam o "Sistema Romano-Germânico de Direito".

[51] GILISSEN, John. *Introdução Histórica ao Direito*, p. 210.

O DIREITO MEDIEVAL

entre particulares relativos à posse da terra, o Tribunal do Banco do Rei (*Kings's Bench*) para julgar os crimes contra a paz no reino. O *Scaccarium* e o *Common Pleas* tinham assento em Westminster, perto de Londres; o *Kings's Bench* (*bench coram rege*) era um tribunal ambulatório que seguia o rei nas suas deslocações; foi somente no século XV que passou a ter sede em Westminster"[52].

Vale ressaltar que o direito do sistema da *Common Law* sempre foi essencialmente fundado na prática judiciária cotidiana, uma prática estabelecida sob a égide e o selo da Realeza. No contexto em questão, veio o direito processual a assumir destacado papel que não se traduz, ficcionalmente, em função acessória ou adjetiva.

Historicamente, o litígio na velha Inglaterra começava a ser instrumentalizado a partir do *writ*. Desse modo, ensina Gilissen que "qualquer pessoa que quisesse pedir justiça ao rei, podia endereçar-lhe um pedido; o Chanceler, um dos principais colaboradores do rei, examinava o pedido e, se o considerasse fundamentado, enviava uma ordem chamada *writ* (em latim: *breve*; em francês *bref*) a um xerife (agente local do rei) ou a um senhor para ordenar ao réu que desse satisfação ao queixoso; o fato de não dar esta satisfação era uma desobediência a uma ordem real; mas o réu podia vir explicar a um dos Tribunais reais por que razão considerava não dever obedecer à injunção recebida"[53]. Mas se a pretensão contida no *writ* fosse digna de ser levada em consideração, então o pleito seria avaliado, não raro, por "um *jury* composto de leigos" que, ao seu turno, conforme leciona o professor Guido Soares, se ocuparia de apreciar "as pretensões da pessoa beneficiada pelo *writ* (à semelhança do *judex* no processo formular romano), em razão de determinar os fatos, em função da norma predeterminada; a decisão dos *jurors* era denominada *finding*"[54].

Ocorre que, paralelamente ao desenvolvimento da *Common Law*, surgiu um outro sistema que visava conferir mais dinamicidade aos

---

[52] GILISSEN, John. *Introdução Histórica ao Direito*, p. 210.

[53] GILISSEN, John. *Introdução Histórica ao Direito*, p. 210.

[54] SOARES, Guido Fernando Silva. *Common Law*: Introdução ao Direito dos Estados Unidos, p. 33.

CAPÍTULO XIV ● O Direito inglês

pleitos – a *Equity*. Os *writs*, com o tempo, não obstante a existência de numerosas fórmulas consolidadas pela práxis jurídica, que certamente se adequavam a um sem-número de pretensões, foram se tornando incapazes de acompanhar a evolução natural da sociedade e de atender às necessidades de uma população sedenta por justiça.

As funções e os trabalhos concernentes à própria distribuição da justiça tornaram-se muito mais facilitados com o aparecimento da *Equity*. O processo, por sua vez, era agora bem mais simplificado e célere; o "autor" dirigia a sua petição diretamente à figura do Rei ou de seu Chanceler que logo se pronunciava sobre o feito de forma discricionária, ou seja, de acordo com seu senso particular de justiça, uma vez que essa famosa jurisdição simplesmente não se encontrava vinculada a nenhuma ordem jurídica direcionadora ou a regras judiciárias previamente estabelecidas pelos *writs*.

A *Equity* permaneceu em funcionamento até o século XIX, ocasião em que os dois sistemas concorrentes se fundiram completamente, graças à iniciativa do Parlamento Britânico, por meio dos *Judicature Acts* (1873-1875). O objetivo maior era o de conceder assimetria ao Direito inglês e unificar todos os procedimentos de uma vez por todas.

Hodiernamente, a *Common Law* e a *Civil Law*, apesar de gestadas na Europa, são os dois sistemas legais do mundo que verdadeiramente transcenderam em muito as fronteiras de seu continente. Para tanto, vale lembrar que uma quantidade considerável dos países da África, Ásia, Oceania e das Américas foi largamente influenciada por essas percepções legais distintas.

303

O Direito islâmico

15.1 Maomé e as origens da religião islâmica

A palavra *Islam*, do idioma árabe, transmite a ideia de "submissão a Deus". A fundação da fé islâmica é devida ao Profeta Maomé[1] (570-632), o qual, de acordo com a tradição religiosa, teria recebido, por intermédio do Anjo Gabriel, uma revelação divina especial que daria origem aos versos do Alcorão, o livro sagrado dos muçulmanos (*Sūratu Al-Baqarah 2,1-5; 2,17*).

Maomé nasceu em Meca, cidade localizada no atual território da Arábia Saudita. À época da vida do Profeta, a região do Hedjaz era um dos mais efervescentes centros comerciais do Oriente Próximo. Sabe-se

---

[1] "Maomé" é a forma portuguesa para *Mohammed*, o nome próprio do Profeta em língua árabe.

305

O DIREITO MEDIEVAL

que o célebre divulgador de um novo credo de caráter monoteísta foi criado por parentes assim que se tornou órfão. Aos vinte e cinco anos se casou com uma viúva muito rica chamada Khadija, proprietária de muitos rebanhos. A cultura islâmica, igualmente, assinala ainda que Maomé vivia num ambiente pagão, mas, apesar disso, em dado momento de sua existência, começou a se sentir absolutamente inconformado com as crenças professadas por sua própria gente. Assim, progressivamente, foram delineados os caracteres essenciais e a nova face de uma fé igualmente revelada, que apresenta certos pontos de contato com as demais religiões monoteístas já consolidadas naquele contexto, quais sejam, o Zoroastrismo[2], o Judaísmo e o Cristianismo.

Existem, evidentemente, diversas similaridades entre o Islamismo e as demais religiões que advogam a existência de um único Deus. Em todas elas, o Ser Supremo é o Criador do universo e de tudo que nele há, bem como, da humanidade e de todos os seres vivos. Os três grandes credos professam o fim iminente de todas as coisas, que se consumará por meio da ressurreição dos mortos e de um grande juízo. Vale notar, nessa mesma perspectiva, que o Islamismo considera os dois maiores ícones do Judaísmo e do Cristianismo[3] – respectivamente, Moisés e Jesus – e os tem por "profetas" (*Sūratu Al-Baqarah* 2, 53; 2, 62; 2,87, e *Sūratu An Nissā* 4,163).

Assinalamos também que os primeiros destinatários da mensagem de Maomé foram os pastores e as caravanas de beduínos que cruzavam as áridas pastagens de seu país[4]. A resistência oferecida ao

---

[2] Trata-se de uma antiga religião monoteísta surgida na Pérsia. O Zoroastrismo ressaltava a crença no dualismo absoluto, caracterizado pela luta cósmica entre uma divindade representando o Bem (*Ahura Masda*) e outra preconizadora do Mal (*Arinan*). Alguns antigos ritos dessa crença não são de todo estranhos ao Judaísmo dos séculos IV e III a.C., o que levou alguns especialistas a cogitar alguma possibilidade de influência litúrgica daquela no processo de institucionalização desta última.

[3] Judeus e cristãos são chamados no Alcorão, por diversas vezes, de "os Povos do Livro", em clara e inequívoca referência à Bíblia Sagrada.

[4] O atual território da Arábia Saudita.

306

CAPÍTULO XV ● O Direito islâmico

propagador daquela nova fé foi, a princípio, muito intensa. A situação desfavorável obrigou Maomé a se retirar, pelo menos temporariamente, para Yatrib, a atual Medina. Quando retornou a Meca, já por volta de 630, o Profeta cuidou de destruir os ídolos da cidade, restando imune a sua enérgica ação tão somente a famosa pedra negra conhecida como *Caaba* – destino de tradicionais peregrinações religiosas[5]. Depois da morte do Profeta irromperam dissidências entre os seguidores, principalmente no que concerne à escolha de seu sucessor. Essas históricas controvérsias se enraízam e dão origem aos segmentos xiita[6] e sunita. De qualquer modo, a religião islâmica, por apresentar um teor eminentemente universalista, logo foi difundida por todos os recantos da Península Arábica, atingindo, hodiernamente, a maior parte do Oriente Médio, do Norte da África e, durante a Idade Média, a Península Ibérica, invadida pelos mouros no ano de 711[7].

15.2 O Direito islâmico – conceito e terminologias

Direito islâmico ou muçulmano[8] é o conjunto de regras reveladas de caráter monoteísta que está alicerçado na crença de que *Alah*[9] é o único Deus e que Maomé é o seu derradeiro e maior Profeta. A

---

[5] A *Caaba* é um meteorito negro, objeto de secular veneração islâmica na cidade saudita de Meca.

[6] Para os xiitas, somente um descendente direto de Maomé poderia governar sobre seus irmãos de mesma fé, ou seja, o califa deve proceder da linhagem de Fátima, a filha do Profeta, e seu marido, Ali Ben Abi Taleb. Para saber mais sobre a visão do Xiismo, indico a leitura de AL-TABATABAÍ, Assayed Mohammad Hussein. *O Xiismo no Islam*, p. 17-69. Essa postura mais ortodoxa e minoritária difere daquela que orienta os sunitas (o nome deriva de *Sunna*, uma das fontes legais do Islã), já que estes entendem, por sua vez, que a escolha do governante deve necessariamente pairar sobre a vontade popular, ou seja, a comunidade islâmica.

[7] Os mouros permaneceram em Portugal e Espanha no decurso dos sete séculos seguintes.

[8] Há quem prefira "Direito islamita", não obstante essa designativa ser bem menos corrente no Brasil. A expressão "Direito maometano", por sua vez, deriva do nome de Maomé.

[9] *Alah* é um antigo nome semítico para se referir a Deus. Aproxima-se do antigo aramaico *Eloh*. Uma divindade única já era cultuada na fronteira sul dos atuais territórios de Israel e Jordânia desde tempos imemoriais.

palavra em idioma árabe utilizada para definir estas normas e preceitos religiosos é *Sharia* (*Lei* ou *Direito Islâmico*).

Além das duas terminologias mais correntes, existem outras utilizadas para se referir ao mesmo tema, ainda que sejam menos usuais:
"Direito islamita" e "Direito maometano".

15.3 As fontes do Direito islâmico

As cinco principais fontes do Direito islâmico são, respectivamente, o Alcorão, a Sunna, o Idjman, o Costume e a Qiya. Vejamos cada
uma delas em particular:

a) *Alcorão* – É o livro mais sagrado para os muçulmanos, equivalente à *Torah* para os judeus e aos Evangelhos para os cristãos. O teor revelado de suas regras é reconhecido por todos
os adeptos da fé, sejam eles xiitas ou sunitas. O Alcorão é, sem
dúvida alguma, a fonte por excelência do Islã, a primeira delas,
diga-se de passagem, da qual todas as demais se originaram.
Encontra-se dividido em *suras* ou *suratas*[10], que por sua vez se
subdividem em versículos, apesar de inexistirem códigos legais
em seu âmbito, o que formalmente pressuporia uma clara tentativa de sistematização. Ao contrário do que se pode perceber
em muitas seções da *Torah*, a preocupação do autor árabe não
foi expor ideias no campo da legalidade[11], entretanto é evidente que se pode extrair de seu contexto religioso uma série de
elementos nitidamente jurídicos.

b) *Sunna* – A chamada *Sunna* é a segunda fonte mais importante
da *Sharia*. Trata-se de um conjunto de ditos e feitos atribuídos
a Maomé por uma cadeia ininterrupta de interlocutores. As *ha-
diths*, isto é, a "tradição" em si, fazem parte de um conjunto de
compilações realizadas por eruditos muçulmanos no século IX.
Estes, que foram chamados pela tradição islâmica de "os compa-

---

[10] A palavra árabe *sura* significa "capítulo".

[11] Não por acaso *Torah* significa "Lei".

CAPÍTULO XV ● O Direito islâmico

nheiros do Profeta"[12], registraram em seus escritos diversos episódios da vida do "Mensageiro de Alah"[13] que, por conseguinte, foram transmitidos através dos séculos, geração após geração, aos adeptos da nova fé. Vale dizer que a *Sunna* é também um laborioso código de conduta, ética islâmica e etiqueta pessoal. Instruções quanto às boas maneiras são recorrentes em toda a obra, bem como a maneira julgada adequada de se portar perante o próximo, a sociedade e Deus. Eis seus livros e os assuntos tratados em cada um deles:

I – Introdução
II – O Livro da Boa Educação e das Boas Maneiras
III – O Livro das Boas Maneiras no Comer
IV – O Livro Quanto ao nos Vestirmos
V – O Livro da Saudação
VI – O Livro das Boas Maneiras Durante as Viagens
VII – O Livro das Virtudes
VIII – O Livro do Retiro Contemplativo na Mesquita
IX – O Livro da Peregrinação
X – O Livro da Luta pela Causa de Deus (*Jihad*)
XI – O Livro da Invocação a Deus
XII – O Livro das Súplicas a Deus
XIII – O Livro das Questões Proibidas

c) *Idjman* – O *Idjman* seria, no dizer de René David "o acordo unânime de doutores"[14], ou, apesar da ressalva de Giordani no sen-

---

[12] Veja-se a seguir interessante e elucidativa lição de Al Nawawi: "Os companheiros observaram, memorizaram, e escreveram a tradição, que foi ditada ou praticada pelo próprio Profeta. Três séculos depois da morte do Profeta Mohammad, uma grande biblioteca dos ditos (*ahadice*), com suas explicações, foi formada, além de uma bibliografia feita pelos narradores dessas tradições. Os muçulmanos desenvolveram um método para proteger a transmissão de informações. Uma corrente (*Isnad*) de narradores de uma tradição foi usada, onde cada narrador menciona suas fontes, até que a corrente termine nos companheiros que ouviram e aprenderam diretamente do Profeta". AL NAWAWI, Iman Abu Zakariya Yahia Ibn Charaf (comp.). *Ditos e Práticas de Mohammad, o Mensageiro de Deus*, p. 27.

[13] Alusão islâmica à figura de Maomé.

[14] DAVID, René. *Os Grandes Sistemas do Direito Contemporâneo*, p. 411.

309

tido de que sua formulação conceitual não pode ser tomada de forma literal, o "assentimento geral da comunidade"[15]. Trata-se, a bem da verdade, de uma doutrina essencial relativa ao Direito Islâmico.

d) Costume – Não se pode esquecer, também, do costume, uma fonte quase imediata no processo histórico que delineou o edifício jurídico do Direito islâmico. Igualmente, não se pode pretender que as leis muçulmanas, quando surgiram, tenham vindo para criar realidades ou dimensões legais paralelas. Sabe-se que certos costumes árabes foram simplesmente confirmados pelos versículos do Alcorão ou capítulos da Sunna. Por último, resta dizer que esta quarta fonte é tão importante que, conforme registra o Dr. Gustave Le Bon, em dados momentos o costume "chega a prevalecer sobre a lei escrita"[16].

e) Qiya – A analogia é um recurso frequentemente utilizado, na medida em que comunidades são criadas alem das fronteiras de seus antigos lugares de origem. A expansão do Islã nos séculos VIII, IX e X contribuiu para propiciar seu notável desenvolvimento. O exercício da analogia em árabe é ilustrado pela palavra qiya.

15.4 As cinco regras fundamentais do Direito islâmico

O Direito islâmico é constituído por um corpo de regras de teor sagrado, por isso se pode extrair de seu bojo uma hierarquia de normas. Existem aquelas que, evidentemente, logram assumir um grau de importância maior no contexto. Ora, é sabido que este não é um fenômeno exclusivo do mundo islâmico. No Direito hebraico, por exemplo, sabe-se que, dentre as 613 leis que perfazem os rolos da *Torah* (Pentateuco), dez são as chamadas "leis fundamentais". Trata-se de "O Decálogo"[17]. Já no que concerne a *Sharia*, cinco são seus "Pilares" ou "Preceitos Básicos":

---

[15] GIORDANI, Mário Curtis. *História do Mundo Árabe Medieval*, p. 278.

[16] LE BON, Gustave. *A Civilização Árabe*, p. 471.

[17] *Vide* nesta mesma obra o Capítulo VI, que trata do Direito Hebraico.

CAPÍTULO XV ● O Direito islâmico

I) *Crer que Alah é o único Deus e que Maomé é o seu Profeta*. Este é o primeiro e mais importante mandamento na vida de um muçulmano, e quanto a isso existe pleno consenso entre os mais diversos segmentos do Islã. O famoso enunciado consagra imperativamente a crença monoteísta (como vimos – "*Alah*" é o nome próprio utilizado pare se referir a Deus em língua árabe), anunciando, ao mesmo tempo que Maomé é o mais importante dentre todos os outros arautos ou mensageiros do Sagrado que o antecederam. Vale notar que o Alcorão não deixa de reconhecer o papel especial dos ícones de outras religiões, tais como Moisés, para o Judaísmo, ou Jesus, para o Cristianismo[18]. Estes, todavia, pelo menos na concepção islâmica, não detiveram o conhecimento pleno da "verdade revelada" confiada a Maomé por *Alah*. Além disso, convém ressaltar que a conhecida frase supracitada que serve de estatuto introdutório ao dogma aparece logo no preâmbulo ou nos primeiros artigos das constituições de diversos países do Oriente Médio[19].

II) *A prática das cinco orações diárias*. A oração (*salat*) ocupa destaque especial na religião islâmica. Cinco são as orações diárias nos seguintes períodos do dia: nascer do sol (*Fajr*); meio-dia (*Zuhr*); tarde *(Asr)*; crepúsculo (*Maghrib*) e noite (*Isha*). A prática das orações requer a observância de alguns rituais básicos. O crente deve estar concentrado na reza, deve recitá-la com fervor e a reverência deve ser necessária. Ao realizá-la, é preciso estar voltado a Meca – a conhecida cidade natal do Profeta. Igualmente, não se pode fazer a oração sem a habitual ablução. Sabe-se que a prece deve ser sempre feita num ambiente limpo, livre de qualquer imundície, por isso muitos muçulmanos levam consigo um pequeno tapete. O comparecimento à mesquita para a prática das orações não é absolutamente necessário, porém as pessoas são cotidianamente convocadas para o ato pelos *muhadin*, que sobem nos minaretes nos horários predeterminados e pronunciam uma famosa frase através de alto-falantes: *Alah Hu Alkbar*, ou seja, "Deus é Grande".

---

[18] Para o Islamismo, tanto Moisés como Jesus Cristo foram "profetas enviados por *Alah*".

[19] Somente a título ilustrativo, indico uma consulta prévia às Constituições da Arábia Saudita e do Egito.

O DIREITO MEDIEVAL

III) *A prática da caridade.* Para os muçulmanos, a prática da caridade (*zakat*) não consiste tão somente em doar esmolas aos mais necessitados. Desse modo, enquanto o *zakat* assume ares de verdadeira ordenança, sendo um dos pilares da religião, a ajuda e o amparo àqueles que vivem na mais absoluta miséria (*sadaka*), apesar de aconselháveis, não são de todo requeridos dos fiéis. O *zakat* (um mandamento), assim, deve ser distribuído aos mais necessitados segundo a consciência particular de cada um. Estipulou-se para o *zakat*, tradicionalmente, a distribuição do valor equivalente a 2,5 por cento dos lucros auferidos anualmente, o que é feito normalmente no mês do Ramadan. É evidente que os mais carentes, em razão de sua condição de penúria, estão desincumbidos de tal obrigação.

IV) *A prática do jejum no mês do Ramadan.* A prática do jejum no mês do *Ramadan* está relacionada à busca por santidade e purificação espiritual. É a ocasião em que se comemora a revelação do Alcorão ao Profeta Maomé. Assim, proíbe-se, entre outras coisas, a ingestão de alimentos e água no período compreendido entre a alvorada e o pôr do sol. Nem todas as pessoas estão condicionadas a manter essa observância. Os velhos, as crianças, os doentes, aquelas que amamentam nos dias do calendário previstos para o jejum, os viajantes e os que padecem de alguma enfermidade psíquica estão naturalmente dispensados do compromisso. Relações sexuais durante as noites do jejum são permitidas (*Sūratu Al-Baqarah* 2,187).

V) *Peregrinação à cidade de Meca.* O Islamismo determina a necessidade de visitar Meca (*Haji*) – "a Mãe das Cidades" (*Sūratu Al-An'ām* 6,92) – a todo adulto que goze de saúde física e mental e possua condições financeiras para tanto. Ela é, afinal, a cidade mais santa para o Islã e o local onde se encontra uma pedra negra sagrada, considerada de origem divina. Lá ocorre um famoso ritual que consiste no apedrejamento dos marcos que representam o demônio[20].

---

[20] "Coberta por um rico tecido totalmente preto, a Caaba abriga em um canto a pedra preta, venerada como último pedaço do primitivo edifício celeste. Em torno

CAPÍTULO XV ● O Direito islâmico

15.5 O Direito Civil islâmico

A chave para a compreensão do Direito Civil islâmico deve ser buscada nas relações estabelecidas no seio da própria família. Afinal, o Alcorão é um produto literário desenvolvido no seio de sociedades clânicas, nas quais os laços entre a parentela representam o elo fundamental responsável pela existência e coesão do grupo. Todavia, por óbvio, não pretendemos aqui esgotar um tema tão rico e vasto, que demandaria a realização de estudos bem mais profundos ao que nos propomos neste momento.

No contexto em questão, como é sabido, admite-se a poligamia com muita naturalidade, sendo ela praticada com bastante frequência nos países islâmicos. Entretanto, antes de tudo, parece conveniente ressaltar o fato de que Maomé não criou, propriamente, a referida instituição. Trata-se apenas de um costume imemorial, prática reiterada entre as gentes de praticamente todo o Oriente desde a mais remota Antiguidade. Assim sendo, como se posicionou formalmente o Profeta diante do assunto em tela? Ora, ele não revoga a situação reinante, qual seja, aquela da aceitação da poligamia, mas apenas cuida de regulamentá-la conforme julga ser a forma mais adequada. Nas condições estipuladas pela *Sharia*, um homem poderá desposar até quatro mulheres, segundo, obviamente, lhe permitam seus recursos e desde que as trate de forma absolutamente igualitária (*Sūratu An Nissā 4,3*). Interessante notar que o alcance da promoção da justiça plena nessa situação é considerado mera utopia pelo texto do próprio Alcorão:

> E NÃO PODEREIS SER JUSTOS COM VOSSAS MULHERES, AINDA QUE SEJAIS ZELOSOS DISSO (*SŪRATU AN NISSĀ 4, 129*).

---

do santuário, os peregrinos, cobertos por uma túnica simples, dão algumas voltas e depois seguem para a 'Arafah' uma área plana fora de Meca, para um dia de profunda meditação. Por fim, no dia 10 do mês *dhu'l-higgia*, no próprio dia da "grande festa", degolam um animal cuja carne será distribuída, em sua maior parte, para os menos favorecidos. Ao mesmo tempo, ocorrem alguns ritos apotropaicos (destinados a propiciar a benevolência de Deus e afugentar malefícios), que preveem o lançamento de sete pedrinhas contra algumas estrelas que simbolizam o demônio." LO JACONO, Claudio. *Islamismo*, p. 64.

O DIREITO MEDIEVAL

O casamento é ato privado, entre famílias, que se celebra por meio de um contrato, tal qual ocorre no âmbito da comunidade judaica. Os familiares do sexo masculino (o pai, o avô, o tio ou um irmão) da noiva fazem as tratativas necessárias no que concerne à definição das cláusulas a constar no pacto, decidindo, inclusive, sobre o valor final do dote (*al faridah*), que, evidentemente, será sempre proporcional às possibilidades pecuniárias e às condições pessoais de cada um (*Sūratu Al-Baqarah* 2, 236). Entretanto, como bem ressalta Giordani, "a promessa de casamento não gera, no Direito muçulmano, nenhuma obrigação jurídica. O noivado pode, pois, ser livremente rompido pelas partes"[21].

No contexto em questão, as cortes religiosas islâmicas possuem plena competência jurisdicional – *ratione personae* – para dirimir a maioria das controvérsias instauradas, especialmente no campo do Direito de família.

Vale notar que há ainda uma controvertida forma de "casamento temporário" (*Mu'ta*) aprovada por certos segmentos do universo islâmico e rechaçada por outros tantos, especialmente aqueles de origem sunita[22].

A *Sharia* admite formalmente a possibilidade do divórcio (*talaq*)[23], porém existe uma série de nomenclaturas distintas e específicas para tratar dessa questão sob o prisma jurídico, todas elas correspondentes a fórmulas e ritos diversificados. *Talaq-ul-Sunnat* é a expressão utilizada para se referir àquele divórcio que está de acordo com os preceitos do Islã[24].

Nesse ínterim, prevê-se também, por exemplo, um tipo de separação em que a mulher toma iniciativa para a dissolução da sociedade

---

[21] GIORDANI, Mário Curtis. *História do Mundo Árabe Medieval*, p. 284.

[22] Para saber mais sobre o *Mu'ta* indico a leitura de MURATA, Sachiko. Temporary Marriage in Islamic Law. In: AL SERAT – A JOURNAL OF ISLAMIC STUDIES, vol. XIII, n.1. Disponível em: <www.al-islam.org/al-serat/muta/>. [Acesso em 21/7/09.]

[23] Do verbo árabe *talaqa*, que pode ser traduzido por "divorciar-se".

[24] THE MUSLIM FEDERATION OF NEW JERSEY. *Talaq-ul-Sunnat*, p. 1. Vale notar que existem outras tantas formas em língua árabe de se referir ao divórcio.

314

conjugal, forma esta mais conhecida pela palavra árabe *Khula*. Nesse caso, também o consenso entre as partes torna-se fundamental para a condução dos procedimentos, não bastando, por si só, a vontade expressa da esposa de levar adiante tal desiderato.

Tendo por finalidade evitar ações impensadas que conduzam a vários divórcios, e, por conseguinte, a contínuas reconciliações, cuidou o legislador islâmico de limitar as separações em até duas vezes. Após um terceiro divórcio (*Talaq-e-Mughalaza*), a única possibilidade de que aquela antiga união possa vir a ser refeita ocorre, eventualmente, no momento em que a mulher venha a se divorciar ou se tornar viúva de seu novo marido[25].

Por último, mas não menos importante, é preciso dizer que o Alcorão não autoriza a consumação do divórcio durante o período em que a mulher está em seu ciclo menstrual ou por ocasião de uma gravidez. Nesses casos, o melhor é esperar o parto (*Sūratu At Talaq* 65, 4).

No que concerne à guarda dos menores em caso de separação, estes ficarão, *a priori*, sob os cuidados da mãe. O menino assim permanecerá até completar os sete anos de idade e a menina até os nove, quando serão encaminhados à custódia do pai. A mãe somente poderá manter a guarda dos filhos se houver feito alguma espécie de acordo nesse sentido com o antigo esposo.

As moças estão condicionadas a viver com o pai até a data de seu casamento, enquanto o menino, ao atingir a puberdade, terá o privilégio de escolher com quem deseja morar. Se a mãe vier a falecer no decurso dessa situação, a custódia das crianças é repassada à avó materna e, subsequentemente, na falta desta, à bisavó materna, à avó paterna ou a alguma tia do lado materno. Quando o pai morre, os filhos ficam sob os auspícios do avô paterno ou de um tio[26].

Do mesmo modo, no Direito muçulmano, as leis relativas às sucessões parecem derivar de antigos costumes árabes que Maomé cuidou de consagrar, os quais, evidentemente, podem ter sofrido ligeiras alterações no decurso dos séculos.

---

[25] THE MUSLIM FEDERATION OF NEW JERSEY. *Talaq-e-Mughalaza*, p. 1-2.
[26] THE MUSLIM FEDERATION OF NEW JERSEY. *Custody of Child*, p. 1-2.

O DIREITO MEDIEVAL

Mas, ao contrário do que muitos pensam no Ocidente, também cabe à mulher uma porção do legado, apesar de essa quota parte ser bem menor (*Sūratu An Nissā* 4, 7). Veja-se o que Murtadā Mutahhari dispõe sobre o assunto: "Nas leis islâmicas não se encontra nenhuma incongruência do passado em questão de herança. O ponto central sobre o qual se levantam as objeções dos que reclamam a igualdade de direitos é ser a quota parte da mulher na herança metade da quota parte dos homens. No Islã, um filho herda o dobro daquilo que uma filha herda, um irmão o dobro de sua irmã, e o marido o dobro de sua esposa. Só no caso do pai e da mãe é que, se o falecido tiver filhos e os seus pais também estiverem vivos, tanto o pai como a mãe herdarão um sexto dos bens do falecido"[27].

O instituto da tutela também alcança previsão legal no Alcorão (*Sūratu Al-'Isrā'* 17, 34). O tutor, assim, tem por obrigação preservar o patrimônio do órfão com o devido zelo, até que atinja a maioridade.

Seguindo na esteira do Direito hebraico e também do Direito canônico, trata o Direito islâmico de condenar incisivamente a usura. Para os muçulmanos, a conquista da verdadeira prosperidade repousa na rejeição aos lucros abusivos peculiares a todas as formas de agiotagem (*Sūratu Āl'Imrān*, 3, 130). Por conta disso, o demasiado apego aos bens é sempre uma postura desaconselhada, afinal a caridade, segundo o que dispõe a *Sharia*, é uma virtude que vem em primeiro plano (*Sūratu Al-Baqarah* 2, 177).

Preocupado com os negócios jurídicos estabelecidos entre os particulares, o Alcorão aconselha as partes a reduzir a termo, de maneira expressa – "fielmente por escrito" –, aquilo que ficasse convencionado pelas partes nos contratos verbais, principalmente no que diz respeito à existência de dívidas (*Sūratu Al-Baqarah* 2, 282).

A utilização de artifícios fraudulentos nos atos de comércio anula o acordo. Do mesmo modo, não é aceitável a mera especulação de preços a fim de obter ganhos indevidos. É exatamente o que prescreve a *Sunna* em seu capítulo 243:

---

[27] Mutahhari, Murtadā. *Os Direitos das Mulheres no Islão*, p. 234.

316

CAPÍTULO XV ● O Direito islâmico

| Ibn Ômar (R.A.A.) relatou que o Profeta (S.A.A.S.) proibira a manipulação dos preços para a alta, para enganar o povo. (Bukhari e Muslim)[28].

| Ibn Ômar (R.A.A.) contou que um homem comentou perante o Mensageiro de Deus (S.A.A.S.) que era objeto de engodos no comercio. O Mensageiro de Deus (S.A.A.S.) disse: "Dize ao comerciante que o engodo anulará a compra[29].

Estes foram, de maneira sintética, os principais aspectos do "Direito Civil islâmico". Passemos agora ao trato das leis de caráter criminal previstas na *Sharia*.

15.6 O Direito Penal islâmico

O chamado "Direito Penal islâmico" sofreu profunda e intermitente influência do costume. Como dissemos anteriormente, as antigas e ancestrais tradições dos povos do Crescente Fértil não são de todo olvidadas pela *Sharia*. Deve-se sempre ter em mente, ao se entregar ao exercício da leitura do Alcorão, que obviamente não estamos diante de um código criminal moderno, onde cada crime aparece devidamente tipificado, tendo ao lado a pena correspondente à prática delituosa. Entretanto, é possível, desde logo, estabelecer três categorias de crimes distintos perante a Lei Islâmica. Ei-las:

I) *Hadd* (plural *Huddud*) – São os delitos considerados de maior gravidade e potencial ofensivo no universo islâmico. São os seguintes: a) homicídio; b) apostasia ao Islã; c) promover a guerra contra *Alah* ou algum de seus mensageiros; d) furto; e) roubo; f) adultério; g) difamação; h) falsa acusação de adultério ou fornicação; i) consumo de álcool ou entorpecentes. Vale mencionar ainda que, consoante o que observam Denis J. Wiechman, Jerry D. Kendall e Mohammad K. Azarian, os juízes muçulmanos mais

---

[28] AL NAWAWI, Iman Abu Zakariya Yahia Ibn Charaf (Comp.). *Ditos e Práticas de Mohammad, o Mensageiro de Deus*, p. 256.

[29] AL NAWAWI, Iman Abu Zakariya Yahia Ibn Charaf (Comp.). *Ditos e Práticas de Mohammad, o Mensageiro de Deus*, p. 256.

O DIREITO MEDIEVAL

liberais não consideram "menos sérios"[30] os crimes constantes nas alíneas "b" ou "h".

II) *Tazir* – Esta categoria de crimes é compreendida por aqueles delitos que não estão previstos no corpo do Alcorão. A principal diferença a ser estabelecida entre os crimes *Hadd* e os crimes *Tazir* é que os primeiros representam uma ofensa diretamente contra *Alah*, porquanto explicitados pela própria *Sharia*, enquanto que os últimos são de menor potencial ofensivo na lógica islâmica, pois se referem àqueles crimes cometidos contra a sociedade. Cada Estado muçulmano os definirá em legislação específica (no caso do Egito, por exemplo, que possui um Código Penal escrito) ou permitirá que seus próprios juízes o façam (como ocorre na Arábia Saudita).

III) *Qesas* – Esta última categoria de crimes nos remete à vingança privada, uma das fases embrionárias presentes na trajetória histórica do Direito Penal. Ela permite a revanche da família da vítima através de punições variáveis segundo o lugar, quando, por exemplo, ocorre algum homicídio (premeditado ou não) ou erro quanto à pessoa ou execução. A base legal que autoriza a *vendetta*, ainda que nem sempre ela seja levada a cabo pela parentela (há sempre a possibilidade de algum acordo entre as partes, mormente de caráter pecuniário, a chamada *Diya*), é o texto do próprio Alcorão (*Sūratu Al-Baqarah* 2, 178), onde se prevê expressamente o Talião.

Existem, no entanto, outras tantas penas previstas na *Sharia*, além, é claro, do Talião, tais como a flagelação, a amputação, a clausura e diversas penas pecuniárias. Quanto à célebre "lapidação" (apedrejamento até a morte), vale aqui uma importantíssima observação de Eva de Vitray, que chama a atenção para o fato de essa atitude "abominável" não encontrar registro no corpo do Alcorão, apesar de reco-

---

[30] WIECHMAN, Denis J.; KENDALL, Jerry D.; AZARIAN, Mohammad K. Islamic Law: Myths and Realities. Disponível em: <http://www.muslim.canada.org/Islam_myths.htm>. [Acesso em 23/7/09.]

CAPÍTULO XV ● O Direito islâmico

nhecer, sem maiores delongas, que esta é uma prática bem viva em países mais ortodoxos, como o Irã[31].

Por outro lado, desde os tempos medievais, os muçulmanos cuidaram de rechaçar certas condenações julgadas de extrema crueldade, como aquela representada pela morte na fogueira (veja Capítulo 250 da *Sunna*), pena esta, como é sabido, largamente aplicada pelas jurisdições eclesiásticas da época. O Islamismo proíbe que mulheres, crianças e animais sejam submetidos a maus-tratos (cf. a respeito *Sunna* 249).

O Alcorão comina a pena da amputação da mão "à altura do pulso" (5, 38) do infrator que comete o furto. O legislador islâmico, ao menos *in casu*, não estabelece distinção formal entre o furto e o roubo. Entretanto, convém notar que a penalidade aqui prescrita não se aplica, apressadamente, a toda e qualquer situação. Alguns doutores do Direito islâmico, em comentário específico, relatam que as referidas práticas delituosas não eram puníveis nos tempos de escassez e de carestia que historicamente assolaram o Islã. Em tais circunstâncias, ressaltam os juristas, era corrente o furto famélico. Assim, existe praticamente um consenso em admitir que a referida sanção não deva ser levada em consideração sob essa hipótese, pois o indivíduo estaria, na verdade, não violando um preceito legal, mas antes, sob novo entendimento, "cumprindo" uma ordenança divina que requer da raça humana a luta pela sobrevivência[32].

---

[31] VITRAY, Eva de. Sobre la lapidación, p. 1.

[32] ASSAD, Muhammad; ZAHIRI, Seyed az; GARAUDY, Roger. *La amputación de manos (hadd)*, p. 3.

PARTE VII

O Direito
NA IDADE MODERNA
(1453-1789)

XVI. O Direito na Idade Moderna
(1453-1789)
XVII. O Direito nos Estados Unidos da
América
XVIII. O Direito na França Revolucionária

O Direito na Idade Moderna (1453-1789)

16.1 As transformações sociais na Idade Moderna e seu impacto no direito

A Idade Moderna (1453-1789) foi um período marcado por profundas transformações sociais e políticas na Europa. Apesar das clássicas convenções existentes a esse respeito, é possível dizer que ainda não existe completa convergência de opiniões acerca da data mais adequada que estaria apta a determinar seu "início".

Por isso mesmo, diga-se desde pronto, antecipamos que o ano de 1453, momento histórico celebrizado pela queda de Constantinopla, será apenas tomado aqui em razão de sua conveniente utilidade didática, tipificando-se como um parâmetro cronológico razoável a ser adotado para melhor delimitarmos nossa abordagem jurídica, afinal, sabe-se que o cerco otomano à capital do Império Romano no Orien-

O Direito na Idade Moderna (1453-1789)

te significou, não somente, o ocaso político de Bizâncio (sem embargo à cultura remanescente pelos séculos que se seguiram pelos confins de seus antigos domínios), mas, também, um evento deveras importante a trazer um profundo impacto na trajetória das civilizações de dois continentes[1].

Do mesmo modo, o início da Idade Moderna ficará marcado pelas bem-sucedidas incursões marítimas realizadas pelo ímpeto desbravador dos povos ibéricos, que redundaram no florescimento da ciência náutica, na descoberta de novas terras e fundação de colônias distantes, onde eram buscadas toda a sorte de riquezas naturais e especiarias mil que revitalizariam o comércio no Velho Mundo.

Igualmente, a irremediável e acentuada falência do sistema feudal, responsável pela fragmentação de imensos territórios submetidos a um regime de suserania e vassalagem, permitiu, por outro lado, o vigoroso surgimento dos Estados nacionais europeus, agora mantenedores de exércitos profissionais. Tais Estados nasceram calcados na centralização do poder ditada, ao menos naquele instante inaugural, pelo absolutismo monárquico, que se mostrou eficaz às instituições e formas de organização social a que se submetiam populações inteiras.

Do mesmo modo, o aparecimento das máquinas, inicialmente na Inglaterra do século XVII, como sabemos, redimensionou as relações sociais em todos os níveis e instâncias imagináveis, preparando o terreno, ainda que de modo incipiente nestes primeiros tempos da Revolução Industrial, para o florescimento do Direito do Trabalho.

Nesse ínterim, importante mudança de perspectiva ideológica, de caráter humanístico, prepara o terreno para o surgimento de correntes filosóficas que acentuam as capacidades humanas, evidenciando-se como apelo irresistível à busca por racionalidade. Essa visão antropocêntrica de mundo, somada agora ao fortalecimento do Estado-nação, como uma transição natural dos tempos medievais para a Era Moderna, representa mais um duro golpe àquele modelo de sociedade teocrática profundamente marcada pela influência do catolicismo romano, e cujos alicerces, principalmente, e, à exceção de Portugal, Espanha

---

[1] Pelo fato de a Turquia ser o "coração" da Eurásia.

CAPÍTULO XVI ● O Direito na Idade Moderna (1453-1789)

e Itália, já haviam sido sacudidos pelas reformas religiosas reclamadas por Martinho Lutero (1483-1546).

No âmbito do direito, os fortes ventos do Iluminismo seriam os responsáveis pelo gradual processo de secularização do poder público, que, por conseguinte, culminaria na ideia da construção de um Estado de feições laicas, como largamente se constatou na América de George Mason, bem como na França de Rousseau, onde irrompe vigorosamente a ideia embrionária do moderno constitucionalismo.

Nessa época das "Luzes" ou, como diriam alguns, da "Ilustração", despontam por toda a Europa notáveis expoentes das ciências sociais, dentre os quais se destacam homens da estirpe de Baruch Espinoza (1632-1704), John Locke (1632-1704), Montesquieu (1689-1755), Voltaire (1694-1778), David Hume (1711-1788), Jean-Jacques Rousseau (1712-1778), Diderot (1713-1784), Immanuel Kant (1724-1804), Benjamin Constant (1767-1830), Adam Smith (1723-1790), entre tantos outros que poderiam ser aqui correlacionados.

O século XVIII, especificamente, foi um período igualmente muito profícuo para o desenvolvimento do Direito Civil, pois é justamente nessa época que começam a surgir nos reinos de origem germânica (Bavária [1756], Prússia [1794], Áustria [1797]) diversas codificações que assinalariam uma tendência mundial nos anos seguintes. O ponto áureo dessa nova Era se daria com a promulgação do Código Civil Francês [1804], mais conhecido como "Código Napoleônico", principalmente pelo objeto primordial desse famoso diploma legal, qual seja ele, o de invocar os mesmos ideais revolucionários no âmbito das relações privadas, ou seja, agora entre os particulares, com o intuito de consolidar tais conquistas em meio à sociedade francesa pós-Antigo Regime.

Também a Idade Moderna será caracterizada como uma época áurea em se tratando da luta em prol do reconhecimento dos direitos civis e das liberdades individuais, um verdadeiro marco para a ocorrência de grandiosas revoluções, todas elas nacionalistas por excelência e pródigas em iniciativas que culminaram no processo de limitação do poder de Estado.

Assim, se na Inglaterra, através dos atos do Parlamento, o povo se insurge contra James II, proclamando seu *Bill of Rights* (1689), entre

O DIREITO NA IDADE MODERNA (1453-1789)

os súditos da Coroa, nas colônias norte-americanas, irrompe um clamor insuperável, constituído por uma organizada forma de resistência e unidade frente à incisiva taxação imposta por Londres. Esses eventos terão como ponto culminante a gênese, em 1776, de uma nova e influente nação – os Estados Unidos da América – que, por sua vez, estabelecerá seus alicerces calcados nos formidáveis documentos delineadores do moderno constitucionalismo.

O encerramento desse período tão singular na história humana, de mudanças drásticas, e que, para muitos, assume contornos épicos e igualmente sangrentos, formalmente tem lugar no ano de 1789, quando chega a hora de a França invocar os mesmos preceitos em tela, após arrebatar multidões de miseráveis que marcham por *"igualdade, liberdade e fraternidade"*. Ora, essas incisivas ações resultam no último suspiro de uma monarquia desacreditada e impopular, vítima da virulência dos acontecimentos daqueles dias, e na entronização e no estabelecimento de uma república que, sob a égide e comando de Napoleão Bonaparte, não tardaria a reivindicar a hegemonia política sobre todo o continente.

16.2 O Direito Espanhol na Era das Navegações e Descobertas Marítimas

Os autores divergem sobre uma delimitação cronológica possível e aceitável, que assinala efetivamente o período a compreender a Era do moderno Direito espanhol. Enquanto Levaggi[2] o situa entre 1474, época da coroação de Isabel, e o ano de 1808, data da invasão francesa, outros tantos, como Eyzaguirre[3], entendem como determinante para o fecho a reunião das "Cortes de Cádiz", em 1812.

Sem embargo à validade dessas oportunas posições acadêmicas, tomaremos aqui por evento que definirá o ingresso da Espanha na Idade Moderna o casamento celebrado entre Fernando II de Aragão

---

[2] LEVAGGI, Abelardo. *Manual de Historia del Derecho Argentino* (Tomo I – Parte General), p. 89.

[3] EYZAGUIRRE, Jaime. *Historia del Derecho*, p. 23.

CAPÍTULO XVI ● O Direito na Idade Moderna (1453-1789)

(1452-1516) e Isabel de Castela (1451-1504). Sob a égide desses dois monarcas, que do Papado receberam o título de "Reis Católicos", o país alcança enorme projeção no contexto internacional, tornando-se a maior hegemonia de sua época. Entrementes, importantes reinos da Europa Ibérica, tais como Navarra e Castela, foram sucessivamente incorporados à Coroa (1512), completando o caminho para a unificação política do Reino católico.

Ademais, os espanhóis alcançam a derradeira reconquista de Granada (1492). A partir daí os muçulmanos, consequentemente, são expulsos ou instados a assimilar a fé propagada pelos Apóstolos de Cristo. Neste caso em particular, os "mouriscos", ou seja, os conversos do Islã, comprometiam-se a abandonar suas vestimentas orientais, práticas, costumes e leis fundadas na *Sharia*.

Igualmente, por ocasião das descobertas marítimas, descortinou-se um "Novo Mundo" aos olhos ocidentais. As colônias situadas nas distantes terras da América de Cristóvão Colombo permitiram que o domínio ibérico se espraiasse pelos confins da terra. Espanha e Portugal, objetivando imporem-se perante as outras potências rivais do século XV (França, Inglaterra e Holanda), logo cuidariam de promover o povoamento do continente americano. Importante diploma legal da época foi o *Tratado de Tordesilhas* (1494), em que os dois reinos chegavam a bom termo sobre como se processaria a divisão territorial das explorações ainda em curso.

Não obstante a devoção pessoal do famoso casal real em defesa da cristandade, também foi durante o seu reinado que ocorreram grandes massacres e atrocidades cometidas especialmente contra os judeus. Estes últimos padeceram aos milhares nas mãos do implacável inquisidor. No ano de 1492, por intermédio do *Édito de Alhambra*[4], os adeptos de práticas tidas como "judaizantes" viram-se forçados a se converter ao Cristianismo ou a abandonar em definitivo aquele lugar que, há séculos, chamavam carinhosamente de "*Sefarad*"[5]. De nada adiantou a intervenção e o prestígio de D. Isaac Abravanel (1437-

---

[4] Também chamado de "Édito de Granada".

[5] Maneira hebraica de se referir à Espanha.

327

O Direito na Idade Moderna (1453-1789)

1508) junto aos reis Fernando e Isabel, a fim de evitar a barbárie que já se anunciava no horizonte da sociedade espanhola. Estabelecia o referido decreto, *in casu*, que a desobediência renderia a morte de todos os "infiéis", uma vez findo o prazo para a completa assimilação estabelecido pela Coroa, que era de quatro meses. Até mesmo os que assumiram os postulados da fé não estavam livres de ser vítimas de discriminações de toda a ordem: eram estes chamados de "cristãos-novos", para diferenciá-los de todas as famílias "tradicionalmente católicas", designação esta que os acompanhava à sepultura e era carregada por algumas gerações pelos seus descendentes. Assim, as comunidades judaicas desfizeram-se às pressas de todos os seus pertences pessoais e bens em troca de certas quantias em dinheiro, já que, por imposição legal, lhes era impedida a aquisição de ouro. Não obstante, a perseguição se impôs terrivelmente deixando um lastro incontável de vítimas num evento que marcaria para sempre a história da Península Ibérica.

No século XV as jurisdições a serviço de funções tipicamente eclesiásticas gozavam de amplo respaldo e dilatada autonomia para agir na Espanha em nome da Igreja e dos chamados "Reis Católicos". Difícil seria quantificar em termos históricos quantas foram as pessoas condenadas à morte na fogueira pelo furor do Tribunal do Santo Ofício ou que sofreram a vergonha das penitências impostas. Ganhou fama e expressão o nome do padre inquisidor Tomás de Torquemada (1420-1498), em função dos inúmeros autos de fé instituídos nos principais centros urbanos do país.

Contudo, se a Espanha não foi inicialmente tão receptiva aos ideais humanistas, tal como ocorrera com tanta ênfase entre os países protestantes continentais, ao menos se viu naquele reino surgirem vultos destacados no terreno da Filosofia Jurídica, algo que certamente muito contribuiu para o desenvolvimento do moderno Direito das Gentes. Entre os tais sobressaíram-se à época os teólogos católicos Francisco de Vitória (1483-1546) e Francisco Suarez (1548-1617).

Vitória, o primeiro a ser listado, torna-se um ícone de uma linha de pensamento conhecida por "Escola de Salamanca". O célebre clérigo aqui em evidência ousou questionar, sempre de modo muito incisivo,

CAPÍTULO XVI • O Direito na Idade Moderna (1453-1789)

as relações mantidas entre os conquistadores espanhóis e os nativos americanos, partindo com redobrado vigor e dedicação em defesa dos direitos destes. Além disso, ressaltou a necessidade de preservação das culturas autóctones e de seus valores tradicionais, buscando arrefecer o fervor religioso do colonizador hispânico diante da rotina cruel de subjugações e imposição da força bruta. Vale dizer que as corajosas opiniões de Vitória chegaram até nós graças às compilações realizadas por seus diletos alunos, muitas das quais, somente publicadas após o seu falecimento.

Suarez, por sua vez, retomando a filosofia clássica de Aristóteles, voltou a suscitar o debate sobre questões fundamentais relacionadas ao Direito Natural e à necessidade e legitimidade dos governos seculares e de seu papel na organização da sociedade civil. Certamente, seu nome igualmente entra para a história da Espanha e da Europa como um dos mais notáveis humanistas de seu tempo.

16.3 Portugal – a construção de uma potência ultramarina

O evento da descoberta do Brasil e os fluxos migratórios que deram gênese ao processo de colonização do território nacional só pode ser satisfatoriamente compreendido quando são considerados os fatores que transformaram Portugal e, logo a seguir, a Espanha nas potências hegemônicas marítimas dos séculos XV e XVI.

Uma das circunstâncias favoráveis à ascensão ibérica tipifica-se no declínio islâmico na Península. Os lusitanos tiveram na figura de Afonso III (1210-1279) o herói nacional que imprime o golpe fatal ao domínio muçulmano no Algarves, podendo, assim, consolidar a existência de seu reino; enquanto seus irmãos hispânicos só cantariam a vitória em 1492, com a derrocada imposta aos seguidores de Maomé em Alhambra, quando, depois de séculos de ocupação moura, capitulava o último bastião na Espanha.

A unidade política de Portugal, alcançada mais cedo que a da Espanha, favoreceu sobremaneira o destino de conquistas que o jovem reino perquiriria. Há que se inferir que, particularmente no caso lusi-

O DIREITO NA IDADE MODERNA (1453-1789)

tano, as investidas em busca de novas terras se devem, em especial, às elevadas somas e recursos destinados para tanto por um nobre – o Infante D. Henrique (1394-1460), que mesmo não tendo sido rei, na condição privilegiada de um dos filhos de D. João I e Dona Felipa de Lancaster, teve a oportunidade de dedicar-se ao favorecimento de diversas empresas rumo ao desconhecido.

Nesse sentido, pode-se dizer que o inusitado fidalgo, conscientemente ou não, verdadeiramente pavimentou o caminho para a grandeza de seu Reino. Notáveis navegadores estiveram aos seus auspícios, tais como João Gonçalves Zarco (1390-1491) e Tristão Vaz Teixeira (1395-1480) que atingiram o arquipélago da Madeira em 1419. O povoamento dos achados começaria em menos de uma década. Do mesmo modo, ocorre a controvertida "redescoberta" dos Açores (quiçá por Gonçalo Velho Cabral), que passa a ser continuamente ocupado um pouco mais tarde, nas proximidades do ano de 1432. Gil Eanes[6]. Este, por sua vez, era outro homem a serviço de D. Henrique, a cruzar o Cabo Bojador, o temível corredor situado entre a costa africana e as Canárias. Essas colônias desde logo se mostraram altamente rentáveis para a Coroa e importantes do ponto de vista estratégico, aguçando o apetite português pela realização de outras tantas incursões, cada vez mais ousadas em propósitos.

Assim, Portugal, outrora um inexpressivo e exíguo reino europeu[7], tornou-se o mais respeitado centro naval e tecnológico de sua época, alcançando reputação internacional os estudos desenvolvidos por car-

---

[6] Não se sabe ao certo a data de nascimento de Gil Eanes em Lagos, no Algarve, nem tampouco, quando, exatamente, se deu sua morte.

[7] John Ure, um diplomático britânico estudioso do período de D. Henrique, assim leciona: "... era um reino pequeno e débil. A Peste Negra de 1348-49 havia reduzido a população de Portugal a bem menos de um milhão de pessoas, disseminadas pelo campo e não concentradas em cidades e vilas. Lisboa, com 40.000 habitantes, era muito maior do que o Porto, com 8.000, que, por sua vez, tinha quase o dobro da população de outros centros como Coimbra, Évora ou Bragança. Nas cidades maiores, vivia-se em padrões rigidamente medievais: corporações de ofício controlavam o trabalho de artesãos que tendiam a se concentrar em quarteirões reservados a seus misteres particulares; judeus e outros forasteiros eram confinados em guetos; os sinos das numerosas igrejas e capelas particulares lembravam continuamente aos cidadãos a riqueza, influência e ubiquidade da Igreja Católica". URE, John. *Dom Henrique, o Navegador*, p. 10.

CAPÍTULO XVI ● O Direito na Idade Moderna (1453-1789)

tógrafos, astrônomos, matemáticos e engenheiros náuticos reunidos pelos arredores de Sagres. À frente de tudo isso, inicialmente, esteve o Infante D. Henrique, que nas décadas seguintes contribuiria para transformar seu país num império ultramarino de extraordinárias proporções, já que a obsessão lusitana era alcançar e, por fim, dominar as ricas rotas comerciais do Oriente.

Contudo, após D. Henrique, outros feitos notáveis seriam alcançados, mormente sob o reinado de D. Manuel – chamado "o Venturoso" (1469-1521). A rota marítima para as "Índias" finalmente foi desbravada por outro navegador alentejano – Vasco da Gama (1460 ou 1469-1524), que, tendo deixado a Torre de Belém às margens do Tejo, no mês de julho de 1497, acaba aportando na Costa de Calicute e depois Goa, em maio de 1498.

A seguir, tem-se a descoberta oficial do Brasil, em 1500. Além desses feitos memoráveis, há que se mencionar outra importante incursão náutica que cobriu pontos estratégicos de nosso litoral. Trata-se da viagem feita por Américo Vespúcio, que, apesar de não ter nascido "português", oportunizou-se a este também estar a serviço do referido monarca logo em 1501, numa viagem que delimitou, com contornos bem mais precisos, a costa brasileira[8].

O contexto político marcado pelas disputas entre Portugal e Espanha, que reivindicavam para si o direito de explorar as vastidões oceânicas, acabaria por reclamar a intervenção do Sumo Pontífice, Alexandre VI (1431-1503). O temor era que as controvérsias entre os reinos cristãos pudessem gerar graves conflitos entre as partes discordantes, o que, certamente, não era o desejo da Igreja. A Bula *Inter Coetera* (1493) foi o primeiro diploma legal que tinha como

---

[8] Um excelente estudo que descreve minuciosamente a exploração do litoral brasileiro conduzida pelo navegador que emprestaria seu nome ao continente é aquele produzido pelo italiano Riccardo Fontana: "A missão pilotada por Vespúcio em 1501 teve assim o objetivo de conferir uma garantia técnica e geográfica à notícia da descoberta cabralina (coincidindo, portanto, perfeitamente com os dados, os nomes e as informações que lemos na Carta de Pero Vaz de Caminha), para oferecer, finalmente, um aval científico à posse jurídica e política de Portugal". FONTANA, Riccardo. *O Brasil de Américo Vespúcio*, p. 74.

O Direito na Idade Moderna (1453-1789)

objetivo harmonizar os interesses estratégicos dos dois envolvidos, não tendo sido, em caso, o pacto bem-sucedido por conceder maiores privilégios aos "Reis Católicos" – Fernão e Isabel. O ponto central da discórdia consistiu no fato de o Papa ter permitido que a Espanha se assenhoreasse de todas aquelas terras localizadas ao Ocidente, que seriam hoje as Américas que Cristóvão Colombo (1451-1506) tomou posse em nome da Rainha Isabel de Castela. Os portugueses, por sua vez, poderiam continuar a percorrer a costa africana até as Índias (como tradicionalmente já vinham fazendo), tomando posse daquelas plagas sitas mais ao Oriente. O documento eclesiástico em questão insistia na missão evangelizadora dos povos dos lugares a serem descobertos. A demarcação de uma linha imaginária tinha por referência o arquipélago dos Açores e Cabo Verde. Sabe-se que a inconformidade lusitana gerou um sério obstáculo para o aceite do parecer inicialmente proclamado pela Igreja. Vale notar que a firme posição lusitana sugere a consciência reveladora da existência de mais terras ao Ocidente, certeza esta que pode ter sido nutrida no Algarves desde a época do Infante D. Henrique. A solução encontrada foi a de repensar uma nova espécie de acordo *a contento* para dividir o mundo a ser explorado. Essa é a origem do *Tratado das Tordesilhas* de 1494, que cuidou de redefinir os limites geográficos dos frutos das explorações náuticas do século XV, para, dali por diante, pôr termo final à questão. Mais uma vez aqui foi interposta uma linha imaginária que atravessava o continente americano. Na prática, sabe-se que jamais se conseguiu demarcar razoavelmente estas "fronteiras", tendo em vista que, até então, sequer eram conhecidas as reais dimensões das Américas.

Torna-se evidente imaginar que a derradeira solução apresentada pela Santa Sé não agradaria a França, Inglaterra e Holanda, as outras florescentes potências mercantilistas da época, que também possuíam pretensões hegemônicas sobre os confins da terra, o que levou seus monarcas, já à época, a zombarem abertamente dos termos do ajuste selado entre os reinos ibéricos. Essa justificativa serviu de premissa para que o acordo luso-hispânico jamais fosse respeitado por essas outras nações.

CAPÍTULO XVI • O Direito na Idade Moderna (1453-1789)

16.3.1 O Direito Português e o Iluminismo – o papel do Marquês de Pombal

Ao contrário do que se observou entre outros reinos da Europa, não conseguiram os povos da Península Ibérica se desvencilhar tão facilmente das estruturas institucionais próprias do medievalismo. O Direito, como produto da sociedade, continuaria a reproduzir as práticas e a reconhecer os princípios religiosos extraídos, principalmente, das páginas das Ordenações Filipinas (1603). Como consequência dessa realidade, Portugal adentra a Era Moderna com uma legislação extremamente austera e discricionária, na qual o casuísmo a todo instante imperava. Os preceitos jurídicos e seus fundamentos eram de procedência romana, mas as penas, cruéis e degradantes, ainda encontravam pleno respaldo no itinerário inquisitório, onde as confissões eram arrancadas mediante suplícios.

Nesse ínterim, há que se falar de Sebastião José de Carvalho e Mello, o Marquês de Pombal (1699-1782), que acabou por tornar-se uma das figuras mais ilustres e controvertidas da história política lusitana. Por mais de duas décadas seguidas, entre 1750 e 1777, atuou como Secretário de Estado na Corte de D. José I (1714-1777), sendo este o mais alto cargo no governo do país. De espírito empreendedor e plenamente convicto de que se fazia necessário promover profundas reformas administrativas para retirar Portugal do marasmo no qual se encontrava, cuidou, desde pronto, de imprimir uma série de medidas socioeconômicas, visando inserir a nação no contexto cultural reclamado pelos ideais do Iluminismo. Nesse período, grande impulso foi dado à educação formal no país. A célebre tragédia de 1º de novembro de 1755, quando Lisboa seria assolada por um terremoto de grande magnitude, acabou por ser circunstancialmente o momento propício para que o chamado "Conde de Oeiras"[9] pudesse, enfim, demonstrar todo o seu talento para gerir os negócios do reino. Fato é que as pontuais iniciativas de Pombal surtiram efeito não muito tempo depois da devastação que arruinou a capital. Lisboa foi reconstruí-

---

[9] Outro título pelo qual Sebastião José de Carvalho e Mello é conhecido.

O Direito na Idade Moderna (1453-1789)

da rapidamente e os escombros cederam lugar a um centro urbano revitalizado[10]. Cresce, em função disso, o prestígio do notório governante português, favorecendo-se, muito em razão da austeridade de Pombal na condução dos interesses reais, o despotismo esclarecido. Sua posição destacada na Corte lusitana não demoraria a disseminar a intriga e o descontentamento da aristocracia local que o menosprezava com todas as forças.

16.3.2 O processo dos Távoras (1755-1756)

Sabe-se que D. José I ficou absolutamente traumatizado com o cataclismo que se abateu sobre Lisboa, tendo, a partir daí, passado a viver num lugar aberto e arejado, que ficou conhecido pelo nome de as "Tendas da Ajuda". Entretanto, três anos depois daqueles abalos destruidores, um outro ruidoso evento ainda chocaria a sociedade portuguesa. Quando o rei, na calada da noite, retornava de um encontro furtivo com sua amante – supostamente Dona Teresa, uma senhora da Casa dos Távora –, foi vítima de uma conspiração funesta que por muito pouco não lhe ceifa a vida. Soturnamente, alguns homens dispararam contra a carruagem real, ferindo, assim, o soberano português na altura do ombro, porém, sem maiores consequências à sua saúde.

Ora, o infeliz incidente, após dois meses, acarretou a instauração de um famoso "processo" em que figuravam como réus diversos membros de uma das mais respeitáveis e nobres famílias de Portugal – os Távora. O Marquês de Pombal, aproveitando-se da situação, tratou de cuidar pessoalmente do assunto, objetivando, por fim, imprimir medo aos aristocratas que o desconsideravam por completo. Especulou-se, à época, que se tratava de um plano obscuro para entronizar José de Mascarenhas, o Duque de Aveiro, nobre mui festejado entre seus pares. Para tanto, tinha-se como justificativa a impopularidade de D. José, somada ao fato de que este não possuía eventuais sucessores varões. Não obstante as acusações, resta dizer que

---

[10] Não se sabe ao certo quantas pessoas pereceram no desastre de 1755. Nicholas Schrady, entre outros, fala de 30 mil habitantes. SCHRADY, Nicholas. *The Last Day*: Wrath, Ruin and Reason in the Great Lisbon Earthquake of 1755, p. 3.

CAPÍTULO XVI ● O Direito na Idade Moderna (1453-1789)

nada ficou confirmado contra qualquer Távora. As provas eram frágeis demais e foram conseguidas mediante torturas, seguidas, poucas horas depois, da execução dos réus. O processo, igualmente, foi concluído em poucos dias, de modo sumário, e aos acusados (diversos outros membros da ilustre família Távora que inicialmente não haviam sido implicados) não foi concedido de modo pleno e razoável o direito à defesa. Assim, tudo seguia conforme o roteiro anunciado de um veredicto predeterminado, e, de fato, graças à ação enérgica de Pombal, realmente a orquestração caminhava a passos largos para alcançar o desfecho por todos imaginado. A maior parte dos membros da família Távora, incluindo-se neste bojo mulheres, crianças e idosos, sofreu privações de toda a ordem, quando não, execuções grotescas e humilhantes. As degradantes punições que assombraram a sociedade lisboeta por décadas envolviam flagelação, mutilações diversas e decapitação. Os corpos das vítimas estendidos em praça pública foram, por fim, impiedosamente incinerados, e suas cinzas lançadas nas águas do Tejo, para que daqueles mortos não houvesse sequer pálida lembrança[11]. Como era de se esperar, os bens de uma aristocrática e tradicional família portuguesa cujos personagens descendiam, provavelmente, dos primeiros reis de Leão[12], bem como do memorável Afonso Henriques, pai e herói maior da nação, foram confiscados pela administração pombalina. Do mesmo modo, seus brasões foram destruídos. Cassaram-se os seus títulos e seu nome foi apagado para sempre da heráldica lusitana. Os poucos sobreviventes foram duramente perseguidos nos anos que se seguiram e muitos deles, como consequência destes acontecimentos, se viram obrigados a partir para o exílio.

---

[11] O historiador português José Norton assim relata os fatos: "O nome Távora foi proibido, e as pedras de armas, picadas. Casas, terras, pratas, livros e tudo o que pertencia aos condenados foi arrebatado pelo erário público e vendido à melhor oferta na praça pública. O chão onde o seu sangue correu e os corpos besuntados de alcatrão arderam foi salgado, para que nada lá pudesse crescer". NORTON, José. O *Último Távora*, p. 28.

[12] Leão foi um importante reino da Península Ibérica, antes da unificação política da Espanha.

O DIREITO NA IDADE MODERNA (1453-1789)

16.3.3 A condenação do padre Gabriel Malagrida (1761)

O rechaço às ações ao Marquês de Pombal não ocorria tão somente entre os mais destacados membros da nobreza de Portugal, mas também entre os religiosos do país. A relação de Pombal com os jesuítas deteriorava-se rapidamente, em especial, no decorrer do ano de 1759, quando estes clérigos são expulsos do país por meio de um decreto. As motivações alegadas pelo Marquês para a adoção da medida em questão referem-se a uma eventual subversão no meio monástico.

O mais conhecido opositor do ministro na Lisboa pós-1755 foi o padre Gabriel Malagrida, antigo confessor dos Távora, que o contestava abertamente nas ruas da cidade ao dizer que o terremoto não adveio como resultado de uma "causa natural", mas antes, era produto da vontade ou ira divina[13]. Os sermões do sacerdote, instando o povo ao imediato arrependimento como sendo esta a única forma de apacar a fúria dos Céus, terminam por acirrar os ânimos entre ele e Pombal, que não hesita em ordenar a sua prisão no ano de 1757. Quatro anos depois, o jesuíta italiano, já em idade avançada, tendo a saúde muito debilitada e combalido pelas dores, é finalmente entregue aos cuidados da Inquisição, por quem, na capital lusitana, acaba sendo condenado à morte.

16.3.4 A Lei da Boa Razão (1769)

A chamada "Lei da Boa Razão" constitui-se em marco especial que assinala o definitivo ingresso do Direito português na Idade Moderna. Assim sendo, o surgimento da referida legislação em terras lusas só pode ser compreendido a partir de seu contexto muito peculiar, qual seja, aquele inerente ao impulso angariado pela ideologia iluminista entre os intelectuais daquela nação em meados do século XVIII, bem

---

[13] Nesse sentido, o padre italiano não foi o único. Muitos documentos históricos produzidos na Península Ibérica por autores contemporâneos aos fatos de 1755 atribuíram o ocorrido à ira divina. Veja, a esse respeito o trabalho de UDÍAS, Agustín e ARROYO, Alfonso López. The Lisbon Earthquake of 1755 in Spanish Contemporary Authors, p. 7-24. In: *Geotechnical Geological and Earthquake Engineering. The 1755 Lisbon Earthquake Revisited.* Lisboa: Luiz Mendes-Victor; Carlos Sousa Oliveira; João Azevedo e Antonio Ribeiro Editors, 2005.

CAPÍTULO XVI ● O Direito na Idade Moderna (1453-1789)

como às convicções particulares nutridas pelo Marquês de Pombal – o propositor do conhecido diploma legal em tela. Destarte, a reforma pombalina, de acordo com os dizeres de José Rogério Cruz e Tucci e Luiz Carlos de Azevedo, sofreu larga influência do livro intitulado *Verdadeiro Método de Estudar*, da lavra de Luis Antônio Verney (pseudônimo de "Frade Barbadinho") que, naquele país contribuiu, no ano de 1772, para a criação da cátedra *"História do Direito Pátrio"*[14].

O maior mérito ou contribuição da Lei da Boa Razão foi, talvez, o de ter conseguido estabelecer os parâmetros necessários à retomada sempre "subsidiária" das fontes do Direito Romano, o qual, de acordo com a acurada observação do mestre português Mário Julio de Almeida Costa, "só era aplicável desde que se apresentasse conforme à boa razão, que correspondia, repita-se, à *recta ratio* jusnaturalista"[15].

Ademais, por intermédio da entrada em vigor da Lei da Boa Razão, adequaram-se os três requisitos indispensáveis para se proceder corretamente à invocação dos costumes pelo judiciário, quais sejam, "ser conforme a boa razão", "não contrariar a lei" e, por último, "ter mais de cem anos de existência". Do contrário, conforme bem preconiza a oportuna lição do professor lusitano, seriam os *mores* ancestrais considerados meras "corruptelas" e "abusos"[16].

16.4 A Inglaterra e o *Bill of Rights* (1689)

Como já foi dito, as primeiras investidas com o intuito de combater os desmandos do poder monárquico na Inglaterra ocorreram, de forma bem orquestrada, ainda no ano de 1215, quando o rei João Sem Terra se viu forçado a rever suas posições no que diz respeito a uma conturbada relação mantida com os barões. O ajuste político que conduziu à assinatura da Carta Magna representou, pois, determinante passo rumo à limitação da autoridade real naquele país. Sabe-se que o célebre pacto se traduziu numa conquista que extrapolou em muito

---

[14] TUCCI, José Rogério Cruz e; AZEVEDO, Luiz Carlos de. *Lições de História do Processo Civil Lusitano*, p. 36.

[15] COSTA, Mário Júlio de Almeida. *História do Direito Português*, p. 369.

[16] COSTA, Mário Júlio de Almeida. *História do Direito Português*, p. 369.

O Direito na Idade Moderna (1453-1789)

os interesses iniciais nutridos pela nobreza feudal. Destarte, a partir de então, estabeleceu-se uma cultura entre os súditos da Coroa de que o rei não poderia agir de forma irresponsável perante eles.

Portanto, muitos séculos depois, quando Carlos I (1600-1649) envolveu-se em diversas disputas com o Parlamento, dissolvendo-o quando julgou conveniente aos seus interesses pessoais, além de criar impostos aviltantes, permitir o surgimento de movimentos separatistas brotados na Escócia e Irlanda e de ser incapaz de atenuar a crescente tensão religiosa entre protestantes e católicos, novamente, invocou-se no país o regime de liberdades às quais os ingleses já estavam acostumados. O desfecho de tudo isso foi trágico para o monarca, resultando na sua execução por decapitação, após o pronunciamento da corte convocada pela Câmara dos Comuns.

Decorridas algumas décadas daquele julgamento que marcou a história britânica, outro rei da dinastia dos Stuart, James II (1603-1701), enfrentaria sérios dilemas ainda latentes na sociedade, especialmente no que concerne à continuidade das disputas religiosas. Ocorre que qualquer uma de suas iniciativas era vista à época com muita desconfiança pelo Parlamento inglês, considerando que o monarca era católico. Acusado de privilegiar seus irmãos de fé, James é forçado a abdicar do trono e a viver no exílio, na França, sob os auspícios de seu grande aliado, Luís XIV (1638-1715). Por conseguinte, uma série de manobras políticas, muito bem conduzidas pelos inumeráveis opositores do rei, permitiu que sua filha, Maria II (1662-1694) e seu genro, Guilherme de Orange (1650-1702), fossem conjuntamente coroados. Esse é o contexto no qual irrompeu a chamada "Revolução Gloriosa" (1688-1689), evento que marca a deposição de James II, bem como a edição do *Bill of Rights*[17] (1689). O conteúdo do documento retrata, desde pronto, a instabilidade política e religiosa típica daqueles dias, da qual o Parlamento emerge fortalecido, especialmente ao acusar James II de

---

[17] Aos 13 de fevereiro de 1689 o Parlamento aprovou o *"English Bill of Rights: An Act Declaring the Rights and Liberties of the Subject and Setting the Succession of the Crown"*. Não se deve confundir, porém, o documento inglês com o *Bill of Rights* americano, ou seja, como são intituladas as 10 primeiras emendas da Constituição de 1787.

CAPÍTULO XVI • O Direito na Idade Moderna (1453-1789)

legislar e fazer aprovar normas sem a aquiescência do órgão legislativo; de usurpar o poder real ao promover prisões arbitrárias; de tentar proscrever o protestantismo do Reino Unido; de criar tribunais de exceção voltados ao trato de questões eclesiásticas[18].

A relevância do *Bill of Rights*, basicamente, se materializa, pois, com a inserção da Inglaterra na vanguarda europeia da defesa dos ideais iluministas, reafirmando as grandes conquistas do passado, advindas remotamente dos idos tempos da Carta Magna, além, obviamente, de acrescer outras tantas. Consagra o direito de petição; os rudimentos do *habeas corpus*[19]; a imunidade parlamentar e revoga no país a aplicação de penas excessivamente cruéis, rigorosas, além de multas exageradas, contrárias aos costumes, condenando, nesse mesmo sentido, todos os confiscos realizados que não atentaram para o devido processo legal. Cuida de revogar também os decretos reais não submetidos à chancela do Parlamento, bem como os tributos instituídos por James II os quais o Poder Legislativo não autorizou.

Entrementes, vale dizer que os notáveis avanços político-ideológicos alcançados na ilha britânica que implicaram diretamente a limitação do poder de Estado e construíram a base norteadora do constitucionalismo não ficaram restritas originariamente ao seu berço, onde floresceram como um baluarte contra os desatinos do absolutismo monárquico, antes, acompanharam de perto a saga dos colonos que fundariam além-mar outra grande nação em solo americano.

16.5 As codificações civilistas na Europa Iluminista

Em função da crescente propagação da Filosofia da Ilustração pelos países da Europa Ocidental, alguns governos do continente, com o intuito de incorporar proficuamente os ares e as tendências típicas da Modernidade e, também, objetivando promover seu próprio fortalecimento, começam um movimento no sentido de encomendar aos seus súditos mais destacados no universo das letras jurídicas a elaboração de

---

[18] Uma referência à instauração da *Court of Commissioners for Ecclesiastic Causes*.

[19] Já delineados inicialmente na Carta Magna de 1215.

339

O DIREITO NA IDADE MODERNA (1453-1789)

codificações de Direito Privado. O laborioso processo de sistematização jurídica que toma corpo a partir de meados do século XVIII fundava-se, não raro, na peculiar dogmática e metodologia nascida no Lácio, porém não hesitava em mostrar-se inteiramente renovado pela atualização hermenêutica caracterizadora dos novos tempos. Por isso mesmo, não destituído de acurado senso, declara Franz Wieacker que os "códigos jusnaturalistas foram atos de transformação revolucionária"[20].

Como era de se esperar, ao menos num primeiro momento, o impacto imprimido pelas ideologias reinantes à época acarreta maior influxo no campo do Direito Privado, tendo surgido, como resultado disso, importantes códigos civis na Europa, especialmente entre os Estados de origem germânica. O primeiro a merecer destaque é o Código Civil Bávaro de 1756 (*Codex Maximilianeus Bavaricus Civilis* – [CMBC]). Essa legislação foi composta no momento em que a Baviera corria o sério risco de sofrer uma invasão estrangeira, por ser alvo maior das pretensões hegemônicas por parte da Áustria, uma ameaça constante ao reinado de Maximiliano José III, príncipe pacifista da Casa dos Wittelsbach.

Algumas décadas depois, mais precisamente no ano de 1794, sob a égide de Frederico Guilherme II (1744-1797), é editado o Código Civil Prussiano (*Allgemeines Landrecht für die Preussichen Staaten, ALR*), que não era exclusivamente uma legislação de direito privado, posto que cuidava de contemplar largamente em seu bojo algumas matérias relacionadas aos direitos administrativo, penal e canônico. Seus autores, os juristas Carl Gottlieb Svarez (1721-1801), Ernst Ferdinand Klein (1744-1810) e J. H. K. Graf von Carmer (1720-1801), todos eles considerados os virtuais continuadores dos trabalhos de Samuel Cocceji (1679-1755), eram presenças assíduas nos "círculos iluministas em Berlin" e a codificação prussiana, não por acaso, reproduz todas essas tendências[21].

---

[20] WIEACKER, Franz. *História do Direito Privado Moderno*, p. 367.

[21] KAWOHL, Friedemann. The Berlin Publisher Friedrich Nicolai and the Reprinting Sections of the Prussian Statute Book of 1794. In: DEAZLEY, Ronan; KRETSCHMER, Martin; BENTLY, Lionel. *Privilege and Property*: Essays on the History of Copyright, p. 212-215. [Nossa tradução].

CAPÍTULO XVI • O Direito na Idade Moderna (1453-1789)

A terceira legislação a despontar nesse cenário foi o Código Civil Austríaco (*Allgemeines Bürgerliches Gesetzbuch*), que após longas décadas do processo de elaboração, veio a lume tão somente em 1811, apesar de que parte de seu conteúdo já estava em pleno vigor desde o ano de 1787, período assinalado pelo reinado de José II (1741-1790). Como consequência prática, a promulgação de códigos civis na Europa continental contribui para a progressiva, porém constante, decadência de outras fontes do direito como costume, cujo "apego", como bem destacou Caenegem[22], terminava por revelar "uma falta de confiança no progresso social" e na própria jurisprudência, uma vez que as legislações foram modeladas para apresentar uma "linguagem clara" e "concisa" e, por isso mesmo, não sendo mais substancial a validade do parecer de intérpretes[23].

Todas essas codificações, diga-se desde pronto, foram deveras importantes na história do direito privado europeu. Apesar disso, seria o famoso Código Civil Francês de 1804, popularizado pela designativa "*Code Napoleón*", a legislação que inicialmente alcançaria enorme reputação mundo afora, tendo, logo em seguida, vindo a influenciar alhures a composição de diversos outros códigos legais. No que concerne à sua importância, a obra de Napoleão só seria suplantada quase um século mais tarde pelo surgimento do concorrido BGB (*Bürgerliches Gesetzbuch*), o famoso Código Civil Alemão de 1900, que teria por mérito delimitar os contornos basilares do Direito Privado ocidental do início do século XX. De qualquer modo, não restam dúvidas de que Napoleão queria participar ativamente de todas as discussões relativas ao processo de produção de seu diploma legal. Tanto é verdade que o famoso imperador esteve presente em 57 sessões dentre as 109 realizadas para este único fim[24]. Importante notar que Napoleão estava plenamente convicto

---

[22] CAENEGEM, R. C. van. *Uma Introdução Histórica ao Direito Privado*, p. 171.

[23] Esta posição típica de uma época de que os códigos não carecem da correta hermenêutica provaria ser impraticável e, por esta mesma razão, deve ser considerada somente sob seu aspecto histórico.

[24] HORNE, Alistair. *A Era de Napoleão:* o homem que reinventou a França, p. 47.

341

O DIREITO NA IDADE MODERNA (1453-1789)

da grandiosidade de sua obra, não se esquivando de reconhecer de próprio punho seu feito:

| MINHA VERDADEIRA GLÓRIA NÃO ESTÁ EM TER VENCIDO QUARENTA BATALHAS, POIS O QUE NADA PODERÁ APAGAR É O MEU CÓDIGO CIVIL; AS ATAS DO MEU CONSELHO DE ESTADO; NA VERDADE, TODO O BEM QUE FIZ COMO ADMINIS-TRADOR, COMO REORGANIZADOR DA VIDA FRANCESA[25].

Entretanto, apesar de ser considerado um importantíssimo referencial histórico no campo do Direito Civil, seguramente não se pode dizer que a dita legislação encontra-se incólume às eventuais críticas, pois se mostrou anacrônica e desatualizada em diversos segmentos. Assim, se por um lado "o código afirmava a divisão equânime da propriedade entre os filhos, com isso indo mais longe do que a revolução na fragmentação das grandes propriedades"[26], por outro deixava latente a completa "descrença do corso Napoleão na igualdade feminina, grande ênfase foi dada à autoridade do homem, descartando muitos dos direitos de que as mulheres haviam se beneficiado sob o Antigo Regime"[27]. Ademais, consoante a observação de Alistair Horne, o "pai de família era dotado de direitos quase ditatoriais, entre eles o de encarcerar o filho por um mês; e os filhos ilegítimos se viam privados de qualquer direito de herança. Para as mulheres, o código representava, sem dúvida, um passo para trás; as esposas, por exemplo, eram proibidas de dar, vender ou hipotecar bens, e só podiam adquiri-los com o consentimento escrito do marido. A esse respeito, as mulheres estavam em melhor situação sob o Luís XVI ou Luís XIV"[28]. Vale observar, porém, que as

---

[25] Veja a obra de HORNE, Alistair. *A Era de Napoleão*: o homem que reinventou a França, p. 48.

[26] HORNE, Alistair. *A Era de Napoleão*: o homem que reinventou a França, p. 47.

[27] HORNE, Alistair. *A Era de Napoleão*: o homem que reinventou a França, p. 47.

[28] HORNE, Alistair. *A Era de Napoleão*: o homem que reinventou a França, p. 47-48. A autoridade patriarcal cessava aos 21 anos de idade, se bem que, para se casar, ainda careciam os filhos do aval paterno, pelo menos até completarem 25 anos. Sob este aspecto em particular, o Código Civil de 1804 seguia na trilha do Direito anterior à Revolução. BASDEVANT-GAUDEMET, Brigitte e GAUDEMET, Jean. *Introduction Historique au Droit*, p. 387.

CAPÍTULO XVI ● O Direito na Idade Moderna (1453-1789)

mulheres solteiras ou viúvas possuíam plena capacidade civil[29]. As casadas, entretanto, careciam da permissão formal do marido para celebrar negócios de toda e qualquer natureza, posto que esta relativa incapacidade à luz do Direito Civil decorria da vontade prática do legislador em reconhecer uma vez mais no universo jurídico a autoridade marital, bem como o ensejo de conservar a unidade do patrimônio do casal, de cujos bens somente ao homem era dado livremente dispor[30].

O divórcio tornou-se permitido por ser uma decorrência natural do conceito de liberdade trazido pela Revolução, mas, nem por isso, seria a partir de então encorajado no meio social e nesse sentido o legislador é bastante enfático. Para isso foram criados certos procedimentos processuais a fim de não facilitá-lo[31]. Como bem advertem Brigitte Basdevant-Gaudemet e Jean Gaudemet, o fim do matrimônio era mais percebido como "um mal social" do que a "conquista de uma liberdade"[32].

Ora, tal tendência de exacerbar o pátrio poder, de levá-lo a extremos tão perigosos, é uma retomada de conceitos jurídicos latinos de outrora, ou seja, algo típico do Direito Romano arcaico, onde a figura do *pater familias* revestia-se de poderes praticamente ilimitados para gerir o cotidiano de todos aqueles que se encontravam sob sua tutela. Nesse sentido, pode-se dizer, certamente, que Napoleão Bonaparte bebeu em larga medida dessa rica fonte.

A árdua empreitada relativa à confecção de um novo Código Civil, todavia, não teve como ponto de partida uma iniciativa particular de Napoleão. Trata-se, antes, de uma necessidade social ingente em função de quatro fatores básicos: as drásticas mudanças trazidas pelos ventos furiosos da Revolução, a defasagem da legislação vigente (especialmente no sul do país), a prevalência do direito consuetudinário na

---

[29] BASDEVANT-GAUDEMET, Brigitte e GAUDEMET, Jean. *Introduction Historique au Droit*, p. 388.

[30] Nesse sentido, veja as lições de BASDEVANT-GAUDEMET, Brigitte e GAUDEMET, Jean. *Introduction Historique au Droit*, p. 388.

[31] BASDEVANT-GAUDEMET, Brigitte e GAUDEMET, Jean. *Introduction Historique au Droit*, p. 387.

[32] BASDEVANT-GAUDEMET, Brigitte e GAUDEMET, Jean. *Introduction Historique au Droit*, p. 387.

O DIREITO NA IDADE MODERNA (1453-1789)

região norte marcada por uma acentuada influência germânica ou celta e a existência de muitas codificações a reclamar pela imediata unificação legislativa.

Portanto, dessa tarefa iniciada no ano de 1793, encarregou-se Jean Jacques Régis de Cambacérès (1753-1824), que chegou a produzir três distintos projetos os quais foram submetidos a diversas sessões marcadas por acalorados debates. Da redação final do Código Civil, de 21 de março de 1804, também participaram, posteriormente, quatro reputados advogados nomeados por Napoleão. A dita comissão era composta por Jean-Étienne-Marie Portalis (1746-1807) – o mais notável jurista dentre todos eles –, além de Félix-Julien-Jean Bigot de Preameneu (1747-1825), François Denis Tronchet (1726-1806) e Jacques de Maleville (1741-1824).

Quanto ao célebre BGB, o Código Civil Alemão, sua redação teve início ainda no decorrer do ano de 1888, contudo somente tendo entrado em vigor em 1º de janeiro de 1900. Esse mundialmente conhecido diploma legal surgiu em função do processo de unificação política da Alemanha, quando a necessidade de uma legislação comum passou a ser seriamente considerada em razão da organização administrativa em curso naquele país.

Observe-se que trata-se de uma codificação de peculiar relevo para o Brasil, considerando a tradicional influência de caráter civilista na legislação pátria, especialmente quando o assunto é o Código Civil de 1916 (o primeiro de nossa história), obra da lavra de Clóvis Beviláqua.

Destarte, sem embargo às mudanças legislativas entre os civilistas europeus, sabe-se ainda que, no decurso da Idade Moderna, não somente o Direito Privado seria afetado pela Filosofia da Ilustração mas também o Direito Público em essência viu-se profundamente influenciado pelos ideais anunciados durante a "Era das Luzes", os quais foram carreados em larga escala pelos levantes revolucionários que eclodiram na Inglaterra, nos Estados Unidos e na França. Sabe-se que, no que concerne ao nascimento do constitucionalismo, os movimentos sublevadores que irromperam no seio da sociedade civil dessas mesmas nações acabaram por prestar incontestável contribuição ao seu desenvolvimento. Deste assunto trataremos logo a seguir.

O Direito nos Estados Unidos da América: O Papel da Nação na Gênese do Moderno Constitucionalismo

17.1 O terreno fértil para a Guerra de Independência (1776-1783)

Se o objetivo é o de percorrer as profícuas trilhas representadas pela influência do Pensamento Iluminista no campo legal, certamente a nação norte-americana é responsável pela redação de um de seus mais importantes capítulos. Neste itinerário sobressaem-se em larga escala as teorias formuladas por John Locke (1632-1704) e Montesquieu (1689-1755), que certamente providenciaram o sustentáculo filosófico presente nos escritos político-jurídicos dos fundadores dos Estados Unidos.

Sob este ângulo, a emergente nação norte-americana legou ao mundo uma das páginas mais relevantes da história do Direito Público.

Sabe-se que a crescente agitação nas colônias inglesas a lançar seus habitantes contra o poderio inglês abriria caminho, no plano da legali-

O DIREITO NA IDADE MODERNA (1453-1789)

dade, para a consolidação de importantíssimos princípios que serviriam, posteriormente, de respaldo à construção de um primeiro ideário universalista no terreno dos Direitos Fundamentais. No âmbito destas percepções que começam a ser forjadas em tempos angustiosos, sobressai-se, nessa perspectiva geracional inicial, um primeiro conceito de direito à liberdade.

O eco destes gritos revolucionários dirigia-se diretamente ao governo da metrópole. "Libertar-se", pois, significava se desvencilhar das imposições emanadas de Londres; a capacidade de finalmente poder criar os filhos numa pátria não submetida aos desmandos de estrangeiros e, acima de tudo, ter a oportunidade de planejar o futuro como uma nação soberana.

Ora, o combustível para as mudanças que se seguiram foi caracterizado pela profunda insatisfação dos colonos com as medidas adotadas pela Inglaterra. Estas, basicamente, incluíam o incremento da tributação[1], que incidia diretamente, sob diversos aspectos, no cotidiano dos súditos da Coroa no Novo Mundo (*Lei do Açúcar*[2], 1764; *Lei do Selo*[3], 1765; e, principalmente, a *Lei do Chá*[4], 1773).

---

[1] Os norte-americanos argumentaram juridicamente de todas as formas possíveis contra a taxação imposta pelos ingleses. Em meio a tantas vozes, destaco aqui a firme posição de um advogado de Maryland chamado Daniel Dulany (1722-1797), cognominado o "Jovem", posto que seu pai, de mesmo nome, também exercia esta profissão. Dulany, no ano de 1765, publicou conhecido panfleto intitulado *Considerations on the Propriety of Imposing Taxes in the British Colonies*.

[2] MORGAN, Edmund S. *The Birth of the Republic*: 1763-89, p. 15-28.

[3] MORGAN, Edmund S. *The Birth of the Republic*: 1763-89, p. 15-28. Do mesmo modo, assim destacou Woods: "A Assembleia Legislativa de Rhode Island declarou a Lei do Selo 'inconstitucional' e autorizou os funcionários da colônia a ignorá-la. Em outubro de 1765, 37 delegados das noves colônias se encontraram em Nova York para o Congresso da Lei do Selo e redigiram um conjunto de petições e declarações formais que negavam o direito do Parlamento à taxação. Entretanto, por mais extraordinária que fosse a demonstração inédita de unidade colonial, o Congresso que reconhecia abertamente 'toda a Subordinação devida à Ilustre Instituição do Parlamento da Grã-Bretanha' não seria capaz de expressar a hostilidade americana em toda a sua extensão". WOOD, Gordon S. *A Revolução Americana*, p. 51-52.

[4] Aos 16 de dezembro de 1773, alguns colonos disfarçados de índios invadiram o Porto de Boston e jogaram ao mar inúmeros caixotes que continham chá. O ato pode ser entendido como forma de incisivo protesto ao favorecimento inglês à Compa-

CAPÍTULO XVII • O Direito nos Estados Unidos da América: O Papel da Nação
na Gênese do Moderno Constitucionalismo

As imposições adotadas pela Coroa Inglesa passaram a sopesar consideravelmente nas rendas dos colonos, obrigados, agora, a contribuir também por meio de seus ganhos com os reveses reclamados pela manutenção financeira da Metrópole que, por sua vez, encontrava-se combalida e mitigada em razão dos altíssimos custos exigidos pelos conflitos travados contra a França, entre os anos de 1756-1763, na chamada "Guerra dos Sete Anos".

As instáveis relações das colônias com a Inglaterra muito se deterioraram, principalmente após dois relevantes episódios que tiveram Boston como palco, quais sejam eles, o fatídico *Massacre* (1770)[5], quando cinco manifestantes foram mortos pela Guarda Real nas ruas daquela cidade, e outro mais, ocorrido no próprio porto (1773), onde um carregamento de chá foi lançado ao mar, como forma de protesto às políticas imperiais. O evento em questão se celebrizaria na história como "A Festa do Chá" (*Tea Party*).

A partir de então, os colonos de Massachusetts não demorariam a ser os destinatários de uma série de medidas que restringiam ainda mais drasticamente seus direitos e sua autonomia (*The Intolerable Acts*).

Entretanto as iniciativas determinadas pelo rei George III (1738-1820) não foram localizadas e tampouco circunstanciais. A insatisfação generalizou-se gravosamente entre as Treze Colônias[6]. Tanto é que estas, com a finalidade precípua de vir a discutir o contexto de

---

nhia das Índias Orientais, que havia sido abertamente privilegiada pela concessão do monopólio do produto. O evento inusitado reveste-se de particular importância histórica para os Estados Unidos da América, sendo lá mais conhecido como "*Boston Tea Party*". A reação inglesa ao acontecimento foi virulenta e determinava, entre outras coisas, a interdição imediata do porto; o julgamento dos acusados de envolvimento e a adoção de uma série de medidas drásticas, repressivas destinadas a sufocar qualquer tipo de revolta ou clamor popular, particularmente em Massachusetts. Os colonos consideraram o referido conjunto de políticas como "intoleráveis" ("*The Intolerable Acts*" ou "*Coercive Acts*"). Pavimentava-se, assim, o caminho para a Revolução.

[5] Episódio conhecido como o "*Massacre de Boston*".

[6] Eis as Treze Colônias, aqui elencadas em ordem alfabética: Carolina do Norte, Carolina do Sul, Connecticut, Delaware, Geórgia, Maryland, Massachusetts, New Hampshire, New Jersey, New York, Pensilvânia, Rhode Island e Virgínia.

O DIREITO NA IDADE MODERNA (1453-1789)

subjugação no qual se encontravam inseridas, por intermédio de seus delegados, trataram logo de organizar o *Primeiro Congresso Continental* (1774), que teria como sede a cidade de Filadélfia e, logo no ano seguinte, já iniciada a Guerra de Independência (1775-1783), o *Segundo Congresso Continental*. É justamente nesse cenário que assume proeminência o vulto legendário de um dos "Pais da Nação"[7], Thomas Jefferson (1743-1826). Este homem de notável e reconhecido saber será o responsável pela redação de um importante documento para a história do Direito, a *Declaração de Independência* de 4 de julho de 1776, cujo teor continha os elementos mais vivos de sua genialidade. Por adentrar largamente a órbita dos direitos fundamentais, extrapolando, assim, em muito, o escopo natural de um ato reivindicatório de emancipação política de uma nação em formação, trata-se, naturalmente, de peça jurídica de relevo que definitivamente se insere nos anais da trajetória do constitucionalismo moderno. Ademais, o texto produzido por Jefferson trazia, pela primeira vez, a conjugação política pela qual se tornaria conhecido o país, qual seja, "Estados Unidos da América".

17.2 Os memoráveis diplomas legais no campo do Direito Público Norte-Americano

Por certo, a Revolução deflagrada contra a Inglaterra (1765-1783)[8] buscando a emancipação forjou o espírito nacional e pavimentou o caminho para a unidade política que de fato sobreviria nos anos subsequentes.

Os ânimos foram se exaltando nas colônias, que, por sua vez, se posicionaram incisivamente contra as diretrizes fiscais estabelecidas pela metrópole. Ademais, os ingleses não souberam dimensionar o real potencial explosivo oriundo das decisões tomadas pelos parlamentares e pelo governo de Londres. Os britânicos acreditavam pia-

---

[7] Expressão comumente utilizada para designar os artífices dos Estados Unidos da América.

[8] Também chamada de "Guerra de Independência".

CAPÍTULO XVII ● O Direito nos Estados Unidos da América: O Papel da Nação na Gênese do Moderno Constitucionalismo

mente (mesmo após os primeiros distúrbios darem conta da seriedade da questão) que estes não passavam de fatos isolados e que logo a Coroa conseguiria ajustar ou reverter a situação, impondo-se militarmente conforme praxe, punindo os revoltosos e fazendo valer a lei e a autoridade sobre todos aqueles que considerava "insubordinados". Como se sabe, não foi o que aconteceu. A vitória dos norte-americanos veio em meio a grandes adversidades. O embate contra um exército bem treinado e preparado, próprio da maior potência imperial da época, exigiu esforços difíceis de serem mensurados. Entretanto, os colonos empenharam no conflito todos os recursos humanos e meios materiais de que dispunham naquele momento.

Todavia, o sucesso alcançado não obstante a um custo altíssimo de vidas deu a sensação aos norte-americanos de que eles seriam capazes de alcançar grandes feitos daí por diante. A conquista da liberdade embalaria os sonhos das gerações seguintes e moldaria os ideais que serviram de alicerce para os anseios das novas repúblicas desse imenso continente[9]. Como resultado, no imaginário daquelas gentes, logo criou-se uma nova ideologia para anunciar um novo tempo, uma nova era, um novo estilo de se portar diante das interferências europeias, fossem elas advindas de influências culturais ou da imposição da força. Posteriormente, quando o país se viu dividido em um conflito fratricida, os ideais tecidos no ardor daqueles dias foram novamente retomados. Como bem destacou Gordon Wood, "na busca por definir, em meio à Guerra Civil, a relevância dos Estados Unidos, Abraham Lincoln[10] naturalmente voltou os olhos para a Revolução Americana.

---

[9] Sem embargo ao importante papel representado por homens como Simon Bolívar (1783-1830), entre outros, que posteriormente pretenderam consolidar a unificação política e histórica dos povos da Latino-América em evidente oposição à influência europeia no Novo Mundo.

[10] Para saber mais acerca das questões legais inerentes ao pós-Guerra Civil nos Estados Unidos da América confira PALMA, Rodrigo Freitas; LUCAS, Ester de Lacerda; FAIAD, Carlos Eduardo Araújo. O combate à segregação racial nos Estados Unidos da América em perspectiva jurídico-constitucionalista: da vigência dos Black Codes no sul à edição das leis Jim Crow. In: GORCZEVSKI, Clovis; LEAL, Mônia Clarissa Hennig (Org.). *Constitucionalismo contemporâneo e suas formas contemporâneas.* Curitiba: Multideia; Santa Cruz do Sul-RS: UNISC, 2017. p. 241-254.

O DIREITO NA IDADE MODERNA (1453-1789)

Ele sabia que a revolução não apenas criara os Estados Unidos do ponto de vista legal, mas também produzira os grandes valores e as altas aspirações do povo americano. Os mais nobres sonhos e ideais dos americanos – o compromisso com a liberdade, a constitucionalidade, o bem-estar das pessoas comuns e, sobretudo, a igualdade – são fruto dessa era revolucionária. Ademais, Lincoln convencera os americanos de sua natureza especial, um povo cujo destino era liderar o mundo na busca por liberdade. Em resumo, a revolução fez nascer entre os americanos o sentido de nacionalidade e de propósito nacional que os caracteriza"[11].

Entretanto, não se pode olvidar que o primeiro diploma legal, provavelmente a influenciar todos os demais que, sucessivamente, começaram a ser produzidos no seio dessa nação, foi, certamente, a *"Declaração dos Direitos do Bom Povo da Virgínia"*, adotada aos 12 de junho de 1776 na Convenção realizada em Williamsburg. Somos partidários da ideia defendida por outros tantos de que o texto não pode ser considerado plenamente original, sem embargo às inovações trazidas pela pena de George Mason (1725-1792), seu principal autor[12], porém, menos afamado que os outros nomes que desfilam na construção do Direito norte-americano. Aqui e acolá é possível notar o espectro e os firmes traços da própria experiência constitucionalista inglesa, ainda latente e perceptível através da perenidade resultante de antigas reminiscências advindas da Carta Magna (1215)[13] e, talvez, de forma mais evidente, dos preceitos contidos no *Bill of Rights* (1689), dos quais Mason não se esquivou. Sem embargo ao trabalho realizado pelo mencionado legislador há que se registrar o fulgurante papel de James Madison (1725-1792)

---

[11] WOOD, Gordon S. *A Revolução Americana*, p. 19.

[12] Sobre questões relacionadas à autoria dos artigos da Declaração confira uma obra contendo importante e elucidativa documentação histórica levantada por Kate Rowland, uma das principais biógrafas de G. Mason. ROWLAND, Kate Mason. *The Life of George Mason* (1725-1792), v. I, p. 238.

[13] Especialmente aquelas relativas ao art. 39 da Carta Magna de 1215. Sobre o assunto confira também a obra da Ministra da Suprema Corte americana, O'CONNOR, Sandra Day. *The Majesty of Law*: Reflections of a Supreme Court Justice, p. 33-35.

350

CAPÍTULO XVII ● O Direito nos Estados Unidos da América: O Papel da Nação
na Gênese do Moderno Constitucionalismo

no que concerne à previsão da liberdade religiosa no corpo do texto, que, sem dúvida, abriria espaço para a noção da necessária separação entre Igreja e Estado, um avanço quando se contrapõe essa posição à dos redatores do *Bill of Rights* inglês. Depois disso, os nomes do aristocrata Thomas Ludwell Lee (1730-1778) e de Edmund Pendleton (1721-1803) despontam como os principais revisores da Declaração, que, com o tempo, sofreu algumas modificações.

Dentre as mais importantes qualidades caracterizadoras da legislação da Virgínia, que, diga-se de passagem, foi a primeira colônia a se proclamar desvinculada do Reino Unido, está o direito à liberdade (art. 1º), aqui considerado filosoficamente como oriundo da razão natural[14], apesar de que, deve-se lembrar, a consagração da previsão legal em tela suscitou diversas controvérsias em meio a alguns delegados contrários a tal posição, posto que as colônias do Sul ainda mantinham um sistema escravocrata, do qual, à época, como é sabido, não se pretendia abrir mão. De todo modo, com o fim maior de se distanciar das tradições aristocráticas inglesas, consideradas em certa medida incompatíveis com os anseios republicanos norte-americanos, aboliram-se os privilégios nobiliárquicos (art. 4º). A liberdade de imprensa (art. 14), além, é claro, da liberdade religiosa, de culto e de consciência, como já se disse, foram asseguradas, apesar de que, neste último caso, a "tolerância cristã" foi tomada como a linha mestra das relações entre as pessoas (art. 18). A tripartição dos poderes (art. 5º); o direito à propriedade (arts. 1º e 7º); o *due process of law*[15] (arts. 10 e 12) e o princípio da irretroatividade da lei reconhecidos (art. 9º). Acautelando-se contra a possibilidade de ocorrência de eventuais movimentos de secessão na Virgínia, cuidou o legislador de consagrar o direito de seus cidadãos a possuírem um governo cujos representantes são escolhidos por meio do sufrágio[16] (arts. 5º e 6º). A expressão "governo uniforme" sig-

---

[14] A expressão *"Laws of Nature"* reaparece, nesse mesmo sentido, na Declaração de Independência.

[15] Cuja influência decorre nitidamente da Carta Magna de 1215.

[16] Este direito previsto na Declaração da Virgínia não era extensivo aos escravos ou seus descendentes, aos americanos nativos ou às mulheres.

O Direito na Idade Moderna (1453-1789)

nifica não propenso ao sectarismo, que tem por missão maior ser o garantidor da construção das condições viáveis para o alcance da "felicidade" e "segurança" da população (art. 16), estabelecendo, assim, os pilares do *Welfare State* (arts. 2º e 3º). Por conseguinte e não por acaso, aqui novamente em função do receio ao separatismo, a função militar foi considerada com certa reserva, sendo a tese de manutenção de exércitos permanentes, a princípio, rechaçadas (art. 15)[17].

A *Declaração dos Direitos do Bom Povo da Virgínia*, justaposta a um modelo ainda embrionário de Carta Magna, que se tornou mais conhecido como os *"Artigos da Confederação"*, pavimentou o caminho para novas conquistas nacionais, dentre as quais se sobressai a *Constituição dos Estados Unidos da América*[18], aprovada pela Convenção da Filadélfia, aos 17 de setembro de 1787, que suplantou este último em objetivos como bem esclarece Friedman[19], por ser "mais forte" e "centralizadora".

O diploma legal em questão, que, na sua essência, foi redigido pela pena segura de James Madison insere, definitivamente, sua pátria na história do constitucionalismo, transformando-se numa fonte perene nos quadros do direito público moderno.

Hodiernamente, sabe-se que a Constituição Americana, com sua "aura sagrada"[20] assume relevância inconteste na história do Direito, não somente por ser a mais antiga ainda a permanecer em vigor, mas, sobretudo, por ilustrar vivamente o pensamento de gigantes da política que marcaram com imponência uma Era, maestros do saber, reunidos num encontro temporal épico, incomum, e que, apesar de serem os

---

[17] Aqui mais um artigo nascido da experiência inglesa, que remonta à tentativa de James II de manter um exército permanente, pretensão esta vista com muita suspeita pelo Parlamento inglês, o que se confirmou com a edição do *Bill of Rights*, em seu art. 6º. Os norte-americanos, como se pode perceber, adotaram o mesmo tom de reserva ao compor a *Declaração dos Direitos do Bom Povo da Virgínia*.

[18] MAIER, Pauline. *The Declaration of Independence and the Constitution of the United States*. New York: Bantam Classic Book, 2008.

[19] FRIEDMAN, Lawrence M. *A History of American Law*, p. 71.

[20] Expressão utilizada por Friedman para explicar a longevidade da Constituição Americana. FRIEDMAN, Lawrence M. *Law in America*: A Short History, p. 33.

CAPÍTULO XVII ● O Direito nos Estados Unidos da América: O Papel da Nação na Gênese do Moderno Constitucionalismo

legatários da experiência de seus ancestrais, souberam olhar para o futuro de um modo inusitado e com louvável arrojo, superando diferenças ideológicas em prol da construção de algo ainda maior para as gerações que viriam.

Finalmente, com a redação do *Bill of Rigths* (1789-1791), ou seja, as dez primeiras emendas, estava completo o quadro-geral das chamadas "Cartas de liberdade" (*Charters of freedom*) ou os "documentos fundantes" (*founding documents*) de uma rica trajetória nacional.

CAPÍTULO XVIII

O Direito na França Revolucionária: os ideais de Liberdade, Igualdade e Fraternidade

18.1 "Liberdade, Igualdade e Fraternidade" – o tom do ardor revolucionário

Seguindo na esteira dos movimentos independentistas ocorridos nas colônias norte-americanas, também a França, a seu turno, torna-se palco de violentas manifestações populares a partir de 1789[1]. Neste caso, as massas inconformadas clamam contra as terríveis condições de miséria[2] patrocinadas agora pelo cetro de Luís XVI (1754-1793),

---

[1] Mitigada financeiramente pela guerra travada com a Inglaterra e pelo apoio aos revoltosos nas colônias americanas, a França de Luís XVI vivia um período de profunda crise econômica, agravada ainda mais pelos titubeios e pela insegurança de seu monarca, sem embargo aos gastos exorbitantes praticados na Corte por sua esposa austríaca, Maria Antonieta (1755-1793).

[2] A base da alimentação dos franceses era o pão e, naqueles dias, o preço da farinha havia sido elevado consideravelmente.

O DIREITO NA IDADE MODERNA (1453-1789)

bem como por uma aristocracia acostumada a dispor de privilégios e favores reais (classe social esta chamada de "Segundo Estado").

Compartilhando do mesmo furor, não restaram maiores alternativas a uma burguesia desprestigiada e responsável pelo pagamento de pesadíssimos tributos, senão, o ato de aliar-se às crescentes hordas que se organizavam por todo o país, compostas, principalmente, por camponeses, operários, diaristas e pequenos e médios comerciantes (o "Terceiro Estado").

Ora, os rompantes de insatisfação de uma nação extremamente patriótica e empobrecida tornam-se cada vez mais incisivos e passam a alcançar também os membros do clero local (o "Primeiro Estado"), os quais, igualmente, viviam na opulência, dotados de elevado prestígio social e beneficiados pelo gozo de suas propriedades e das tradicionais alianças mantidas com a nobreza.

Ademais, os opositores do Antigo Regime eram encerrados na Bastilha, torturados e, após serem julgados com extrema parcialidade, executados em praça pública. Por conseguinte, a "queda" da mais conhecida masmorra do país, ou seja, a tomada do prédio e a libertação final de seus últimos enclausurados, fato este ocorrido aos 14 de julho, tornou-se o grande marco na história francesa. A invasão do prédio, o assassinato dos guardas e o linchamento de seu diretor deram o tom de dramaticidade ao evento, constituindo-se, além de ato simbólico de afronta ao poder da monarquia, uma oportunidade para os revoltosos se abastecerem de armas e de toda a farta munição estocada no célebre cárcere[3]. Interessante notícia sobre os acontecimentos daqueles dias pode ser colhida a partir do relato de uma testemunha ocular:

| OS SENHORES ÉLIE, HULLIN E MAILLARS SALTAM PARA A PONTE E ORDENAM INTREPIDAMENTE QUE O ÚLTIMO PORTÃO SEJA ABERTO; O INIMIGO OBEDECE. OS CIDADÃOS QUEREM ENTRAR; OS SITIADOS SE DEFENDEM: TODOS OS QUE SE OPÕEM À PASSAGEM SÃO DEGOLADOS; TODO O CANHONEIRO QUE AVANÇA BEIJA O CHÃO; OS CIDADÃOS SE PRECIPITAM, SEDENTOS DE

---

[3] O prédio foi totalmente destruído pelos revoltosos, que derrubaram os imponentes alicerces de suas magníficas torres, quebraram suas paredes e espalharam por todo o país seus tijolos.

CAPÍTULO XVIII ● O Direito na França Revolucionária: os ideais de liberdade, igualdade e fraternidade

CARNIFICINA; ATACAM, TOMAM AS ESCADAS, PEGAM OS PRISIONEIROS, IN-VADEM TUDO: UNS TOMAM OS POSTOS, OUTROS VOAM SOBRE AS TORRES, IÇAM A BANDEIRA SAGRADA DA PÁTRIA, SOB OS APLAUSOS E O ARROUBO DE UM POVO IMENSO[4].

Vale dizer que o rei vivia em Versalhes, prédio este que, à época, se situava fora da cidade de Paris. As turbas encolerizadas invadiram, pois, o Palácio Real e exigiram sua mudança sem maiores delongas para a capital[5]. Sabe-se, contudo, que o desfecho trágico que culminou em janeiro de 1793 na execução de Luís XVI (na guilhotina), acusado de ser um "traidor dos ideais da Revolução", não fazia parte do plano inicial, que consistia em transformar a França numa espécie de monarquia constitucional.

Ocorre que as paixões humanas, em dado momento, tornaram-se desenfreadas na condução dos negócios de Estado, e os *jacobinos*[6], os membros da facção política mais radical do movimento, temiam uma eventual intervenção armada oriunda da Áustria ou da Prússia que pretendesse, a qualquer tempo, entronizar novamente o absolutismo de outros dias, sufocando, assim, o levante[7]. Logo após a morte do rei Luís XVI, também Maria Antonieta, igualmente execrada pela sanha do populacho (especialmente por ser estrangeira e ter a fama de pródiga)[8], vai ao encontro de seu trágico destino.

Ora, o famoso lema que embalava aquelas entusiásticas multidões representava os propósitos mais evidentes do combalido Terceiro Estado (*"liberdade, igualdade e fraternidade"*).

---

[4] VOVELLE, Michel. *A Revolução Francesa* (1789-1799), p. 22. Veja também o mesmo texto no original na obra de GODECHOT, J. *La prise de la Bastille*: 14 juillet 1789. Paris: Gallimard, 1989.

[5] Luís XVI, a partir daí, passou a viver no Palácio das Tulherias.

[6] Seus opositores, os girondinos, constituíam a ala mais moderada do movimento.

[7] Isto é o que de fato ocorreu. Não obstante a crise interna, os revolucionários se viram numa frente de batalha contra esses dois países.

[8] A utilização da guilhotina era a forma de aplicação de pena capital defendida ardorosamente pelos revolucionários franceses, pois tinha por objetivo o de igualar todos na morte, evitando-se, segundo juízo reinante na época, submeter o gênero humano a sofrimentos desnecessários.

O DIREITO NA IDADE MODERNA (1453-1789)

Completando o quadro estava a bandeira tricolor, que foi adotada pelos revoltosos e possuía três listas verticais, nas cores azul, branco e vermelho, que se tornaram o estandarte maior da República Francesa e símbolo dos anseios nacionalistas de uma época de grandes transformações.

18.2 A França e a Declaração dos Direitos do Homem e do Cidadão (1789)

Inspirando a causa daqueles que reivindicavam mudanças encontram-se os escritos de notáveis vultos da intelectualidade como Jean-Jacques Rousseau (1712-1778), Voltaire (1694-1778) e Diderot (1713-1784). Mas também ecoavam em meio às multidões vozes furiosas como as de Marat[9] (1743-1793), com seu concorrido jornal O *Amigo do Povo* e, como não poderia ser diferente, a de Robespierre[10] (1758-1794), o advogado brilhante e eloquente, que, por muito tempo, foi o líder por excelência e um dos mentores mais influentes dos destinos assumidos pela revolução. Danton (1759-1794) é o terceiro nome a completar esta lista. Sua oratória poderosa não foi capaz, contudo, de livrá-lo da condenação por evidentes razões políticas, já que passou a confrontar abertamente as decisões de Robespierre.

---

[9] Jean Paul Marat foi um dos mais radicais líderes do período, que, por meio de seu inflamado panfleto jornalístico, não se cansava de insistir de forma virulenta na "necessidade" de mais "derramamento de sangue", especialmente daqueles que julgava serem os reais "inimigos" da Revolução. Por fim, Marat foi assassinado com uma estocada no peito por uma jovem idealista chamada Charlotte Corday (1768-1793), enquanto ainda estava na sua banheira, conferindo a suposta lista que continha o nome dos "traidores da pátria" trazida pela astúcia de seu algoz. Sua morte fez dele um mártir, uma espécie de "santo do Iluminismo", objeto, inclusive, de culto de muitos de seus seguidores.

[10] Maximillien Robespierre foi um dos mais expressivos mentores políticos da Revolução Francesa. Advogado brilhante, foi, a princípio, um partidário de ideias humanistas, contrapondo-se frontalmente à pena de morte, apesar de que logo depois, no calor dos acontecimentos daqueles turbulentos dias, tornou-se seu notório defensor, reclamando, assim como Marat, a morte dos opositores do novo regime. Entretanto, ironicamente, após tantos exageros, seus adversários determinaram sua execução na guilhotina, especialmente após ele instituir o culto ao que nomeou de "*Ser Supremo*" – que na verdade constituía-se na criação de uma divindade feminina – "A Razão" – com a intenção de substituir qualquer resquício da religião cristã no país.

CAPÍTULO XVIII ● O Direito na França Revolucionária: os ideais de liberdade, igualdade e fraternidade

Foi nesse contexto que se redigiu a monumental *Declaração dos Direitos do Homem e do Cidadão*, proclamada pela Assembleia Nacional Constituinte (depois chamada de Convenção) aos 26 de agosto de 1789. Composto por memoráveis 17 artigos[11], o festejado documento assume notável relevância na trajetória dos Direitos Humanos, tornando-se, graças a sua técnica apurada e redação orientada por impetuosos maestros da intelectualidade, um esplendoroso baluarte cultural de teor nitidamente universalista. Destarte, pelo menos nesse sentido, se lhe concede imediata vantagem sobre os diplomas legais norte-americanos que a antecederam em alguns anos, não obstante a indiscutível influência filosófica destes sobre a obra de lavra francesa. Daí as razões e exata medida encontradas por Comparato para tê-la como "uma espécie de carta geográfica fundamental para a navegação política dos mares do futuro, uma referência indispensável a todo projeto de constitucionalização dos povos"[12].

Dos idealizadores desta nova etapa do constitucionalismo europeu, há que se centrar no papel desempenhado por, pelo menos, dois homens: o girondino Marquês de Condorcet (1743-1794)[13] e, na ala mais radical do movimento que apoiou a deposição de Luís XVI, o montanhês Robespierre.

O primeiro foi uma figura de estirpe nobre, além de matemático e um dos mais emblemáticos filósofos do Iluminismo francês e que, apesar de ter muitas de suas ideias refutadas pelo voto de seus pares na Assembleia, deixou uma elevada contribuição para o aprimoramento das instituições jurídicas do país. Para ele, os Direitos Naturais

---

[11] Interessante ressaltar que Bobbio percebe um "NÚCLEO DOUTRINÁRIO DA DECLARAÇÃO", que em suas próprias palavras "está contido nos três artigos iniciais: o primeiro refere-se à condição natural dos indivíduos que precede a formação da sociedade civil; o segundo, à finalidade da sociedade política, que vem depois (se não cronologicamente, pelo menos axiologicamente) do estado de natureza; o terceiro, ao princípio de legitimidade do poder que cabe à nação". BOBBIO, Norberto. *A Era dos Direitos*, p. 87.

[12] COMPARATO, Fábio Konder. *Afirmação Histórica dos Direitos Humanos*, p. 163.

[13] CONDORCET, Marquis Nicolas de. *Declaration of Rights*: Declaration des Droits, p. 10-11.

O Direito na Idade Moderna (1453-1789)

do Homem estavam assentados em certos princípios básicos, que podem assim ser resumidos: a "segurança e a liberdade da pessoa", "a segurança e a liberdade dos bens" e a "independência completa ou a igualdade inerente a nossa essência individual".

Robespierre, por sua vez, foi um homem controvertido, idealista e, não raro, cruel, sanguinário e implacável com relação aos seus adversários políticos. Entretanto não restam dúvidas da real importância de seu significativo papel histórico, não somente na condução dos rumos adotados pela Revolução, como também no delineamento dos contornos do florescente Direito francês daqueles dias. A seu favor, conta o fato de que ele sempre foi, incontestavelmente, um jurista notável (como poderá ser percebido abaixo) e arrojado (mesmo para o turbulento contexto no qual encontrava-se inevitavelmente inserido). Além disso, participou ativamente das discussões acerca do conteúdo a ser disposto no Projeto de Declaração de que nos ocupamos por ora, tendo oferecido larga contribuição para a composição de inúmeros dispositivos desse diploma legal. Nesse sentido, algumas de suas ideias foram aceitas, outras não, entretanto, as deliberações havidas em torno na construção de uma nova perspectiva jurídica, num pretenso direito que exprimisse até onde fosse possível os caros propósitos da Revolução, por si só representam um imensurável ganho para o universo da legalidade como um todo. Uma das discussões que mais resultou em acirrados debates, por exemplo, dizia respeito ao direito à propriedade, o qual, segundo Robespierre, deveria alcançar algumas limitações práticas. Eis sua posição acerca da matéria:

> Interrogai os augustos membros da dinastia dos Capeto; eles vos dirão que a mais sagrada de todas as propriedades é sem dúvida o direito hereditário do qual usufruíram desde sempre para oprimir, aviltar e extorquir legal e monarquicamente, a seu bel prazer, os vinte e cinco milhões de homens que habitavam o território da França. Aos olhos de toda essa gente, a propriedade não gera princípio algum de moral. Ela exclui todas as noções de justo e injusto. Por que vossa Declaração de Direitos parece apresentar o mesmo erro? Ao definir a liberdade, o primeiro dos bens do homem, o mais sagrado dos direitos que ele recebe da natureza, haveis dito com razão,

CAPÍTULO XVIII ● O Direito na França Revolucionária: os ideais de liberdade, igualdade e fraternidade

QUE ELA TINHA POR LIMITES OS DIREITOS DOS OUTROS; POR QUE NÃO HAVEIS APLICADO ESSE PRINCÍPIO À PROPRIEDADE, QUE É UMA INSTITUIÇÃO SOCIAL? COMO AS LEIS ETERNAS DA NATUREZA FOSSEM MENOS INVIOLÁVEIS QUE AS CONVENÇÕES DOS HOMENS. HAVEIS MULTIPLICADO OS ARTIGOS PARA ASSEGURAR MAIOR LIBERDADE NO EXERCÍCIO DA PROPRIEDADE, E NÃO HAVEIS DITO UMA ÚNICA PALAVRA PARA DETERMINAR SEU CARÁTER LEGÍTIMO; DE MANEIRA QUE VOSSA DECLARAÇÃO PARECE FEITA NÃO PARA OS HOMENS, MAS PARA OS RICOS, PARA OS AÇAMBARCADORES, OS AGIOTAS E OS TIRANOS. EU VOS PROPONHO REFORMAR ESSES VÍCIOS, AO CONSAGRAR AS SEGUINTES VERDADES[14].

| ART. I. A PROPRIEDADE É O DIREITO QUE CADA CIDADÃO TEM DE USUFRUIR E DISPOR NA PORÇÃO DE BENS QUE LHE É GARANTIDA POR LEI.

| II. O DIREITO DE PROPRIEDADE É LIMITADO, COMO TODOS OS OUTROS, PELA OBRIGAÇÃO DE RESPEITAR OS DIREITOS DO PRÓXIMO.

| III. ELE NÃO PODE PREJUDICAR A SEGURANÇA, A LIBERDADE, A EXISTÊNCIA NEM A PROPRIEDADE DE NOSSOS SEMELHANTES.

| IV. TODA POSSE, TODO O COMÉRCIO, QUE VIOLE ESSE PRINCÍPIO É ILÍCITO E IMORAL[15].

Robespierre sempre se mostrou convicto de que a Declaração deveria consagrar o universalismo do gênero humano, indo além de mera expressão do nacionalismo, apesar de que a redação final do documento nem sempre se ajustou fielmente às suas propostas. Sob esse aspecto, realmente, o documento estaria um passo à frente de sua similar norte-americana, a "Declaração dos Direitos do Bom Povo da Virgínia" (1776). Veja-se aqui a redação proposta, onde se pode perceber o tom revolucionário do discurso e seu particular rechaço à religiosidade (particularmente no último dispositivo):

| ART. I. OS HOMENS DE TODOS OS PAÍSES SÃO IRMÃOS, E OS POVOS DIFERENTES DEVEM AJUDAR-SE SEGUNDO SEU PODER, COMO CIDADÃOS DO MESMO ESTADO.

| II. AQUELE QUE OPRIME UMA NAÇÃO SE DECLARA INIMIGO DE TODAS.

---

[14] ROBESPIERRE, Maximilien. *Virtude e Terror*, p. 124-125.

[15] ROBESPIERRE, Maximilien. *Virtude e Terror*, p. 125.

O Direito na Idade Moderna (1453-1789)

III. Aqueles que fazem a guerra a um povo para deter os progressos da liberdade e aniquilar os direitos dos homens devem ser perseguidos por todos, não como inimigos ordinários, mas como assassinos e bandidos rebeldes.

IV. Os reis, os aristocratas, os tiranos, sejam quem forem, são escravos revoltados contra o soberano da terra, que é o gênero humano, e contra o legislador do Universo, que é a natureza[16].

Igualmente, no campo do Direito Tributário, os argumentos de Robespierre partem em defesa do "princípio da capacidade contributiva" ao que chamou de "imposto progressivo". Ei-los logo a seguir:

Falais também do imposto para estabelecer o princípio incontestável que só pode emanar da vontade do povo ou de seus representantes; mas esqueceis uma disposição que o interesse da humanidade reclama; esqueceis de consagrar a base do imposto progressivo. Ora, em matéria de contribuições públicas, existe um princípio mais evidentemente derivado da natureza das coisas e da justiça eterna que aquele que impõe aos cidadãos a obrigação de contribuir para as despesas públicas, progressivamente, segundo a extensão de suas fortunas, quer dizer, segundo as vantagens que eles retiram da sociedade? Eu vos proponho estabelecê-lo em um artigo concebido nesses termos: "Os cidadãos cujas rendas não excedam o necessário para sua sobrevivência devem ser dispensados de contribuir para as despesas públicas; os outros devem contribuir progressivamente segundo a extensão de suas fortunas[17].

Ainda assim e sem embargo às tantas e memoráveis conquistas que estão previstas no corpo desse festejado documento histórico (a Declaração de 1789), sabe-se que os acontecimentos que tiveram lugar na França acabaram, temporariamente, por suspender na prática, a efetivação da referida Declaração no plano real, levando-se

---

[16] ROBESPIERRE, Maximilien. *Virtude e Terror*, p. 126.

[17] ROBESPIERRE, Maximilien. *Virtude e Terror*, p. 125.

CAPÍTULO XVIII ● O Direito na França Revolucionária: os ideais de liberdade, igualdade e fraternidade

em conta que a chamada "Era do Terror" (1793-1794) ficou caracterizada pelas ordens de prisão e sentenças sangrentas emanadas do "Tribunal Revolucionário"[18], uma temida corte de exceção instituída para dar vazão aos caros ideais proclamados por aqueles que se intitulavam *defensores da liberdade*, mas que na verdade e sem muitos critérios, se limitava diariamente apenas a ditar execuções sumárias.

---

[18] Sobre o funcionamento e a rotina desses tribunais, importante notícia é trazida pela lição de Michel Vovelle, professor emérito da Universidade Paris I: "Em 10 de março de 1793, no contexto da crise da primavera (traição nas fronteiras e guerra civil), foi instituído o Tribunal Revolucionário de Paris, e os tribunais criminais foram incumbidos de julgar 'revolucionariamente' os delitos de caráter político. A emigração tornou-se passível de julgamento, sem direito a recurso ou cassação, levando a condenação à morte e execução em 24 horas. A prática repressiva instaurada no outono de 1793 concentra no Tribunal Revolucionário parisiense a maioria dos casos, com exceção dos locais de repressão do federalismo e da contrarrevolução (Oeste e Midi). Ela amplia a lista das atividades suscetíveis de cair nas malhas da lei, em especial depois da aprovação da lei dos suspeitos em 17 de setembro de 1793. O Tribunal Revolucionário conta então com dezesseis juízes, sessenta jurados e cinco substitutos; quatro seções funcionam em paralelo, seguindo um processo expedito, ao mesmo tempo que as prisões se enchem e o número de suspeitos aumenta consideravelmente: estima-se que, somados todos os períodos, 500 mil pessoas tenham sido detidas: a maioria foi liberada rapidamente, mas parte foi apresentada ao Tribunal Revolucionário. A lei de 8 ventoso do ano II estipulava que os suspeitos considerados inimigos da República permaneceriam detidos até a paz: para selecioná-los, seis comissões populares foram encarregadas de analisar seus casos, mas apenas duas foram implantadas antes do Termidor. Entretanto, o arsenal repressivo se agravou com a promulgação da lei de 22 de prairial do ano II, que deu origem ao 'Grande Terror'. Ela suprimia o interrogatório preliminar e a oitiva de testemunhas. A rivalidade entre o Comitê de Salvação Pública, que criou sua própria agência de polícia, e o Comitê de Segurança Geral, do qual se chegou a suspeitar que teria exacerbado o mecanismo repressivo de propósito, talvez explique em parte o balanço sangrento dessas poucas semanas, o número total de execuções provocadas pelos tribunais revolucionários foi estimado em 45 mil, mas esse balanço não leva em conta as execuções sumárias e varia muito conforme a região: os lugares dominados pela guerra civil e as fronteiras foram duramente atingidos, ao passo que outros departamentos (cerca de trinta) praticamente nem viram a passagem da guilhotina". VOVELLE, Michel. *A Revolução Francesa* (1789-1799), p. 108-109.

PARTE VIII

O Direito
NA IDADE CONTEMPORÂNEA

> XIX. O Direito Russo: Do *Russkaia Pravda* ao Direito Soviético
> XX. O Direito na Primeira Metade do Século XX: O Universo Jurídico em Meio às Duas Grandes Guerras

CAPÍTULO XIX

O Direito Russo: Do Russkaia Pravda *ao Direito Soviético*

19.1 Breve Apresentação

Como se sabe, o presente estudo sobre tem como objeto culminante a análise sobre o processo de construção das percepções jurídicas na Rússia Revolucionária de 1917, nosso ponto de chegada aqui na presente abordagem, posto ser este um assunto situado na órbita da Era Contemporânea, o foco primordial desta seção do livro.

Ocorre que achamos por bem, como já fizemos noutros casos, traçar em linhas gerais um desenvolvimento histórico que antecede o período em questão. Cremos que a iniciativa, do ponto de vista didático, tornará mais compreensível o tema a partir do fornecimento de uma visão mais abrangente e sistemática sobre as raízes da mentalidade jurídica que se formou neste país.

O Direito na Idade Contemporânea

Destarte, não por acaso, iniciaremos este percurso buscando conhecer a mais remota coleção normativa da história do país, até, por fim, adentrarmos nos meandros da projeção da Revolução de 1917 no universo do Direito.

19.2 O *Russkaia Pravda*: A Mais Antiga Compilação Jurídica da História da Rússia

Incontáveis hordas escandinavas penetraram sistematicamente no território russo, navegando por seus principais rios desde o século IX de nossa Era. Dentre estes tantos grupos de origem germânica destacaram-se os Varegos provenientes da Suécia. Os primeiros assentamentos vikings nas proximidades de Kiev se deram em função das disputadas rotas comerciais a partir do Dnieper.

Assim, nos parecem bastante evidentes as marcas e impressões culturais deixadas pelos povos nórdicos no processo de construção da mentalidade jurídica do país, pelo menos, nos primórdios de sua longa história.

Este lastro se torna mais evidente com a produção do célebre *Russkaia Pravda* (Direito Russo) – uma espécie de compilação de artigos que traduziam remotos costumes arcaicos, bem ao estilo germânico-medieval. Suas formas e estruturas se mostram bastante similares às antigas legislações da Inglaterra medieval. Sabe-se, todavia, que as leis russas receberam muitas redações e acréscimos com o decurso do tempo. Certamente, os diferentes estilos literários utilizados pelos copistas e as diversas versões produzidas que foram encontradas são fatores que contribuem para a dificuldade em se ajustar o "código" a sua cronologia.

De todo modo, existem duas informações que sempre vêm a lume no tocante ao assunto e que precisam ser consideradas quando o escopo consiste em identificar as origens mais distantes deste diploma legal. A primeira delas, presente no corpo do próprio *Russkaia Pravda*, declara que a gênese das leis em questão somente teria sido possível graças a um memorável encontro (provavelmente ocorrido entre os anos de 1073 e 1078) entre os príncipes Iziaslav, Vsevolod,

CAPÍTULO XIX ● O Direito Russo: Do Russkaia Pravda ao Direito Soviético

Sviatoslav[1], Kosniachko Pecheneg, Mikyfor e Chuadin Mikula[2]. Ou seja, permanece vívida a memória de que a positivação final dos costumes nórdicos[3] era o resultado de uma convenção, um acordo de vontades havido num determinado momento entre os antigos soberanos oriundos das mais nobres famílias que já governaram a Rússia (versão longa do *Russkaia Pravda*).

Nesse sentido, cremos que a iniciativa para tanto é devida a Iziaslav, pois este era um dos sucessores de Yaroslav I (que esteve à frente do Principado de Kiev entre 1019 até 1054) e que, segundo uma arraigada e vigorosa tradição literária, partilhada também pela doutrina especializada, é o verdadeiro responsável pela produção e mentor maior de uma primeira versão (curta) do *Russkaia Pravda*.

Especificamente, quanto ao conteúdo do *Russkaia Pravda*[4], pode-se dizer que o conjunto de dispositivos legais segue em consonância com as características essenciais presentes nos costumes germânicos e sua evidente predileção pelo estabelecimento de multas e compensa-

---

[1] Os três primeiros nomes listados são filhos de Yaroslav.

[2] KAISER, Daniel H. *The Laws of Rus' – Tenth to Fifteenth Centuries*. Salt Lake City: Charles Schlacks Publisher, 1992, p. 15-19.

[3] Não existe consenso quanto a este assunto. Entretanto, cuidamos aqui de externar nossa opinião após análise de algumas versões mais conhecidas da *Russkaia Pravda*, e fizemos coro aos que percebem traços evidentes de germanismo nos dispositivos jurídicos que compõem a dita codificação. "Em uma cópia do código de Yaroslav, encontrada em Novgorod, se lê que o demandante devia comparecer com o acusado diante de 12 cidadãos jurados. Este costume, introduzido pelos Normandos na Inglaterra, foi sem dúvida levado à Rússia pelos Variegues". CHOPIN, Jean Marie. *Historia de la Rusia*. Trad. al castellano por los Editores del Guardia Nacional. Barcelona: Imprenta de la Guardia Nacional, 1839, p. 80. [Nossa tradução. Nesse sentido, vale notar ainda que o próprio *Russkaia Pravda* faz menção ao termo "Viking". Confira, para tanto, a tradução de KAISER, Daniel H. *The Laws of Rus' – Tenth to Fifteenth Centuries*. Salt Lake City: Charles Schlacks Publisher, 1992, p. 15-19. Ainda sobre os Variegues e sua influência no direito arcaico russo veja HOFFMANN, Dr. Roberto Elizaide. Introduccion al Estado del Derecho. Mexico, DF: Universidad Iberoamericana; Biblioteca Francisco Xavier Clavigero (Centro de Información Académica, 1998, p. 218.

[4] Veja a tradução para o inglês do *Russkaia Pravda* oferecida por KAISER, Daniel H. *The Laws of Rus' – Tenth to Fifteenth Centuries*. Salt Lake City: Charles Schlacks Publisher, 1992, p. 15-19.

O DIREITO NA IDADE CONTEMPORÂNEA

ções pecuniárias diversas em razão do cometimento dos delitos (como nas situações de furto e roubo), mas igualmente, e, inclusive, nos casos de homicídio, quando os nórdicos recorriam ao instituto do *Wehrgeld* como meio de evitar a prática da vingança por parte da parentela da vítima.

Assim, ofensas à integridade física de outrem constituem a tônica do código legal, especialmente nos primeiros artigos. O mesmo se infere à necessidade do juramento em juízo, algo típico dos povos de origem germânica.

No terreno do direito civil, por sua vez, existe um reconhecimento da responsabilidade civil, ainda que prevaleça o casuísmo. Aquele, pois, que causa dano à propriedade alheia, destruindo a *"lança"*, o *"escudo"*, ou as "roupas" de outrem[5], deve indenizá-lo na mesma medida e proporção dos valores destes bens.

19.3 O Direito Bizantino: O Elemento Modelador do Direito Russo Medieval

Se o Direito germânico arcaico fundou as matrizes iniciais da cultura jurídica russa, não é menos verdade que o Direito Bizantino cuidou de moldá-lo com o tempo, delineando-o profundamente ao atingir o âmago de suas instituições de direito privado, que agora tornam-se completamente redimensionadas por tão grande influxo.

Ora, tal contexto político-social explica-se pelo processo de conversão oficial ao Catolicismo pelo qual passou a Rússia, a partir do ano de 988, tornando-se mais evidente ainda na medida em que a própria Igreja do país se desmembrava de Roma, seguindo sua particular trajetória agora desvinculada do Papado.

Dentre todas as coleções legais posteriores ao *Corpus Iuris Civilis* de Justiniano, desenvolvidas especialmente pelos soberanos de Constantinopla, foi a *Egloga*[6] de Leão III, aquela que mais se projetou

---

[5] KAISER, Daniel H. *The Laws of Rus' – Tenth to Fifteenth Centuries*. Salt Lake City: Charles Schlacks Publisher, 1992, p. 15-19.

[6] Nesse sentido, compartilho da opinião de LOSANO, Maio G. *Os Grandes Sistemas Jurídicos*. Trad. Marcela Varejão. São Paulo: Martins Fontes, 2007, p. 158.

CAPÍTULO XIX ● O Direito Russo: Do Russkaia Pravda ao Direito Soviético

sobre o universo do Direito Russo, não obstante, como previnem Knowles, Obolenski e Bouman, o impacto havido também na "literatura" e na "arte"[7]. De todo modo, coube à notável influência exercida pela Igreja Ortodoxa Russa, um papel preponderante na tarefa de construção de valores que colidiam frontalmente com hábitos arraigados entre aqueles povos. Para tanto e até onde foi possível, cuidou de banir do dia a dia das pessoas, aqueles antigos costumes derivados de tradições nórdicas, especialmente, onde o divórcio era sobremaneira facilitado ao homem. Sabe-se que segundo leis germânicas tribais, a mulher, não raro, poderia ser facilmente morta por seu esposo em razão de uma traição, ou mesmo, de algum destempero por parte de seu cônjuge. Em função disso, pouco a pouco, os pilares e os dogmas fundamentais do Cristianismo foram penetrando nas relações entre as pessoas e o casamento passou a ser concebido como um laço sagrado, e, sempre que possível, indissolúvel perante os olhos de Deus. E, assim, diluiu-se progressivamente o universo da *Russkaia Pravda*, que cedeu lugar a uma nova concepção de mundo, calcada numa fé que se espraiava não somente pelas estepes russas, mas, também, por todo o Leste Europeu.

Entretanto, o contexto do direito de família de uma Rússia propriamente cristã assume nova complexidade quando comparado aos seus congêneres ocidentais. Aqui, talvez pela autonomia garantida pela desvinculação ao Catolicismo Romano; pelo isolamento russo garantido pelas longas distâncias a serem percorridas de um território vastíssimo e pelo frio de ocasião, estas convicções religiosas se projetaram com menos ardor, ao contrário do que ocorreu na França e Espanha medieval, por exemplo.

Ao ser tolerante com uniões estáveis, mesmo validando o casamento como um sacramento a ser observado, os padres conferiram às normas bizantinas uma efetividade mais frágil comparada ao que ocorria nos reinos cristãos localizados mais ao Ocidente.

---

[7] KNOWLES, Dr. M. D.; OBOLENSKI, D.; BOUMAN, Dr. C. A. *Nueva Historia de la Iglesia: La Iglesia em la Edad Media*. Tomo II. 2. ed. Madrid: Ediciones Cristiandad, 1983.

O DIREITO NA IDADE CONTEMPORÂNEA

Em síntese, pelas características de sua própria trajetória histórica, a Rússia sempre se manteve singular, única e original no processo de delineamento de suas convicções jurídicas.

19.4 O Domínio Mongol: O Pálido Lastro do *Yasa* no Direito Público Russo

A Rússia viu sua história ser novamente desenhada na decisiva batalha ocorrida às margens do Rio Kalka, no ano de 1223. Na ocasião, Batu Khan (1207-1255) – um destemido neto do legendário Genghis Khan (1162-1227) – conduziu suas temíveis hordas[8] às esmagadoras vitórias que se seguiram sobre os diversos principados russos. A invasão pavimentou o caminho para o derradeiro enfraquecimento das dinastias de Kiev diante da inevitável ascensão de Moscou. O domínio mongol, por sua vez, só terminaria em 1480 com o derradeiro golpe dado por Ivan III (1440-1505) e suas tropas à espinha dorsal do império construído pelos herdeiros do primeiro Khan.

Os mongóis se serviam amplamente dos préstimos das administrações locais. Por esse mesmo motivo, os príncipes russos se tornaram colaborativos vassalos na gestão das terras localizadas mais ao Leste Europeu, trabalhando na implementação do controle tributário das populosas regiões colocadas sob sua tutela.

Conforme bem acentuou Robert Crummey, a manutenção da lei e da ordem no interior das províncias ficava à cargo de oficiais de Estado chamados de *"baskaki"*. Na condição de isentos do pagamento de tais taxas, ressalta, encontravam-se apenas a Igreja e os clérigos por ela mantidos. Isto porque os mongóis demonstravam profundo respeito à religiões de seus súditos[9].

---

[8] O exército mongol que invadiu as terras russas era conhecido como a "Horda Dourada". Tamanha eram as extensões dominiais sob o jugo das forças armadas de Batu Khan que estas possessões corresponderiam na atualidade aos territórios da Rússia, Ucrânia, Bielorrússia, Cazaquistão, Moldávia e Crimeia. Veja a esse respeito BYERS, Ann. *The Golden Horde and the Rise of Moscow.* New York: The Rosen Publishing Group, 2017, p. 8.

[9] CRUMMEY, Robert O. *The Formation of Muscovy, 1304-1613.* London; New York: Routledge, 1996, p. 30-31.

372

CAPÍTULO XIX ● O Direito Russo: Do Russkaia Pravda ao Direito Soviético

Muito se discutiu sobre a eventual influência mongol no Direito Russo. A grande maioria dos especialistas a têm como bastante exígua e escassa. Com relação ao assunto, pensamos que estes parecem não estar destituídos de senso ao sustentarem tal afirmação. Preferimos, pois, uma situação intermediária. Nesse sentido, cremos ser realmente menor a projeção do *Yasa* (lei mongol) na legislação russa, todavia, maior no complexo processo de construção da percepção jurídica daquela nação. Sob tal aspecto, talvez seja possível cogitar a ideia de que os orientais ensinaram aos seus subordinados não somente como construir um império, mas, também, como dotá-lo das condições adequadas ao seu funcionamento. Com isso, a relação com o poder e como ela deve ser concebida no âmbito público foi determinante na construção do futuro do país, desde o tempo dos czares até a implantação do Estado Soviético.

Deste modo, nos parece equivocada a atitude de desconsiderar-se por completo o lastro mongol na construção das instituições jurídicas russas, como se ele fosse inexistente. Podemos certamente, rastreá-lo, ainda que nem sempre seja possível determinar seus delineamentos em toda sua extensão.

Obviamente os russos mantiveram vivos durante todo o período da ocupação de suas terras suas leis e seus costumes ancestrais de origem germânica e eslava, conforme já tratamos no início do presente capítulo, até mesmo como uma forma de afirmação de seus valores como nação diante do poderio estrangeiro.

No campo do direito privado, deixavam-se os russos reger livremente por tais regras, contexto este que o dominador, nem mesmo se quisesse, seria capaz de refrear. Assim se casavam e se divorciavam debaixo destas normas. Faziam acordos e juravam cumpri-los segundo ritos sagrados advindos de tempos muito antigos, marcados pela prevalência de crenças pagãs (em grande parte de origens nórdicas), ou seja, de um período anterior à conversão ao cristianismo ou à invasão mongol.

Estas impressões teimosamente permaneceram vivas em meio à memória coletiva do povo russo e serviam de pano de fundo para a definição de diferentes concepções da legalidade. Assim, mais parece adequado admitirmos que a penetração mongol na seara jurídica tenha se processado no terreno do direito público. Ela ocorre através da grandiloquente pretensão mongol em dominar vastidões mundo afora, na crença na capacidade dos "Khans" de gerir povos de culturas tão distintas (o que pode ter influenciado a ideia prevalecente no recôndito das consciências acerca do papel do Czar). Do mesmo modo, o hábito de favorecer o intercâmbio de experiências culturais com seus conquistados e a própria e latente pretensão de impor domínio às nações vizinhas, como fariam com tanta capacidade os governos soviéticos ao lançarem seus tentáculos sob seu entorno.

19.5 O Direito na Rússia Medieval

Na história do Direito Russo medieval emerge um documento jurídico de extrema importância, que posteriormente influenciaria codificações como aquela de Ivan III e sobre a qual falaremos mais adiante.

Por agora, cuidemos de tratar da chamada "Carta Judicial de Pskov" ou "Código de Pskov" (1397)[10]. O diploma legal em questão, composto por 120 artigos, é oriundo do Principado de Pskov, um antigo Estado localizado nas cercanias do lago que leva o mesmo nome, que gozou de independência entre os anos de 862-1230. A partir de 1510, a soberania do país decai completamente perante a dominação de Moscou, cujo poder à época era envergado por Vasili III (1479-1533).

Não restam dúvidas de que, inobstante às questões de cunho legal, que mais nos interessam no presente estudo, é este achado extremamente importante para o conhecimento do desenvolvimento da sociedade russa, suas primeiras cidades e instituições políticas. Nesse

---

[10] Segundo os autores Alexei Vovin e Mikhail Krom decorre do fato de que a Carta de Pskov "é o único direito local da Rússia medieval que possuímos. Novgorod também teve uma Carta Judicial, mas somente um pequeno fragmento foi preservado". VOVIN, Alexei; KROM, Mikhail. "The City of Pskov in the fourteenth and fifteenth centuries: Baltic trade and institutional growth. In: BLOCKMANS, Win; KROM, Mikhail e WUBS-MROZEWICZ, Justyna. *The Routledge Handbook of Maritime Trade Around Europe 1300-1600*. London; New York: Routledge, 2017. Ver também KAISER, Daniel H. *The Growth of Law in Medieval Rusia*. New Jersey: Princeton University Press, 1980, p. 37-39.

CAPÍTULO XIX ● O Direito Russo: Do Russkaia Pravda ao Direito Soviético

sentido, pode se notar que o casuísmo que permeia os dispositivos reflete, num plano inicial, já uma adiantada forma de organização judiciária, com oficiais do Estado (destacados pelo Príncipe) à serviço da resolução de conflitos em meio à população. Por isso mesmo, em razão de tanta "sofisticação", Daniel H. Kaiser[11], considera este estatuto muito superior à *Russkaia Pravda* em relevância.

Aos responsáveis pela condução dos julgamentos requer-se que estes sejam feitos em estrita observância com os preceitos de "justiça". Para tanto, apela-se ao elemento sagrado, como clara influência da cultura jurídica bizantina. Os juramentos devem ser proferidos e selados com um "beijo na cruz", como sinal maior de respeito, devoção e temor à figura do Criador. Não se deve emitir um juízo baseado na discricionariedade, absolvendo-se os culpados e condenando os inocentes. Não são poucos os dispositivos que tratam do roubo e furto (aqui distinguidos ainda que de forma incipiente). A prática do delito envolve, na maioria dos casos, grãos, mantimentos e animais como o cavalo. Há uma predileção pela aplicação de toda a sorte de penas pecuniárias, talvez como resultado de antigos costumes germânicos. Apenas nos casos mais graves opta-se pela aplicação da punição capital[12]. É o caso, por exemplo, do ladrão que reincidir três vezes no cometimento do crime. A Carta de Pskov trata de forma minudente dos procedimentos a serem adotados em cada situação. A grande maioria remete-se às disputas em torno de terras.

Os duelos judiciais, bastante comuns na Idade Média por toda a Europa, são aqui igualmente admitidos, desde que promovidos perante às autoridades locais. Sua realização precisa ser feita fora da cidade, na presença de testemunhas.

Os procedimentos relativos aos litígios entre credores e devedores também são exaustivamente abordados. Cabe as partes se incumbir

---

[11] KAISER, Daniel H. *The Laws of Rus' – Tenth to Fifteenth Centuries*. Salt Lake City: Charles Schlacks Publisher, 1992. Nesse sentido, veja HEDLUND, Stefan. *Rusian Path Dependence*. New York: Routledge, 2005, p. 57.

[12] De acordo com Kolmann, quando há previsão de penas mais drásticas, isto se deve aos rigores próprios do Direito Bizantino. KOLMANN, Nancy. *Crime and punishment in Early Modern Rusia*. New York: Cambridge, 2012, p. 206.

O DIREITO NA IDADE CONTEMPORÂNEA

de apresentar suas razões e defesa em juízo, não havendo menção a figura do advogado ou defensor público. Entretanto, mulheres, crianças, idosos, surdos, monges e freiras poderiam contar com o apoio de uma espécie de assistência judiciária nas audiências.

19.6 A Revolução de 1917 e a Gênese do Direito Soviético

Por certo, a Primeira Guerra Mundial (1914-1918) exerceu um efeito devastador na já frágil economia russa, tal qual ocorrera em 1905, em função do malsucedido conflito armado contra o Japão. A consequência imediata no envolvimento do czar Nicolau II (1868-1918) no novo enfrentamento bélico redundou no vertiginoso incremento da pobreza e carestia em geral, levando a insatisfação popular a um estado alarmante. Agora, como outrora, despontavam, greves e manifestações oriundas de diversos segmentos da sociedade, que começavam a se alastrar por todo o país. A miséria absoluta, a falta de alimentos e o frio implacável daqueles dias conduziam paulatinamente à erosão do regime monárquico. A economia do país estava irremediavelmente comprometida após sucessivos embates contra potências estrangeiras, tendo o soberano russo perdido completamente o controle da situação.

Obviamente, os regentes da Casa dos Romanov (1613-1918) subestimaram a gravidade da conjuntura. A insensibilidade do soberano frente aos reclames realizados diante de próprio palácio aliada à extremada agressividade com a qual este agiu em função dos pleitos populares, tornou-se o pano de fundo que arruinou decisivamente sua reputação e credibilidade perante o exército, o povo e a Duma (assembleia), que já se encontrava maculada pelo episódio do Domingo Sangrento (22 de janeiro de 1905). Nesta ocasião, soldados do czar dispararam contra uma multidão de pessoas na cidade de Petrogrado, que realizavam um protesto pacífico em frente ao Palácio de Inverno. Não obstante, os incisivos questionamentos da opinião pública diante do caos instaurado somaram-se às vozes das multidões de desempregados que cresciam ano após ano. A situação tornava-se paulatinamente mais tensa. Até mesmo as intrigas promovidas por membros da

376

CAPÍTULO XIX ● O Direito Russo: Do Russkaia Pravda ao Direito Soviético

aristocracia e a perda do controle das forças armadas deram o toque final anunciador do fim de uma das mais proeminentes dinastias europeias. Pavimentava-se, assim, o caminho para a eclosão de lutas intestinas traduzidas pela disputa aberta entre as diferentes ideologias que pretendiam assumir o controle da nação após as concomitantes renúncias de Nicolau II em março de 1917 e de seu irmão Miguel (1878-1918) ao trono. Sabe-se que, particularmente, neste mês em questão, e, também, em outubro, aconteceriam eventos cruciais na história russa. Foram estes dias marcados pelo terror que se assenhorou das ruas das principais cidades, a começar por Petrogrado (ou São Petersburgo na atualidade) como resultado da profunda inconformidade advinda das classes mais populares. Tratava-se de uma indignação generalizada, incontrolável pela já fragilizada autoridade do czar, que foi cuidadosamente gestada nos últimos doze anos. Estes rompantes somados ao desespero ditariam os rumos assumidos pela revolução.

No terreno da política, mencheviques e bolcheviques se opunham abertamente pela conquista de novos adeptos aos seus projetos de poder. Buscavam, a todo custo, conquistar mentes e corações em nome de uma causa ainda em processo de maturação.

Vladimir Lênin (1870-1924), o líder máximo bolchevique, defendia a ideia de que a revolução não deveria se orientar exatamente nos moldes de sua correlata francesa, quando inicialmente a burguesia se mostrou imprescindível ao bom logro dos intentos daqueles que defendiam ventos de mudança. O célebre mentor das turbas acreditava que o governo do Estado deveria ser entregue nas mãos do proletariado e do campesinato, ainda que admitisse que qualquer aliado à causa se fizesse útil naquele momento.

Posteriormente, quando os fins almejados pela revolução em curso fossem finalmente alcançados pela enérgica ação junto às massas, a quem, desde cedo, Lênin se propôs a guiar os "ajustes" e os "descartes" que se julgassem eventualmente necessários. Nesse sentido, desde quando retornou do exílio, seus objetivos pareciam muito claros e ele dedicou-se a concretizá-los com toda sua capacidade e eloquência junto às entusiasmadas plateias que o apoiavam incondicionalmente como o maior expoente do Partido Operário Social Democrata Russo.

377

Por outro lado, seus ferrenhos opositores entendiam-no como o arauto de um radicalismo obscuro e perigoso, que não deveria ser de modo algum subestimado. Por fim, na noite de 16 de março de 1918, os bolcheviques executaram sumariamente o czar e sua família em Ecaterimburgo. Era o fim de uma era.

A meteórica ascensão bolchevique ao poder passou a exigir a implementação de mudanças e novas políticas sociais. Evidentemente, esta avalanche de acontecimentos que marcaram uma época acabou por se projetar largamente no terreno da legalidade. A missão da lei, na visão dos revolucionários, deveria estar, num sentido mais holístico, intimamente ligada ao ideal maior da coletividade, como o fio condutor na esfera administrativa dos objetivos maiores de uma sociedade calcada no espírito do proletariado, de quem ela tornar-se-ia serva.

Na opinião dos socialistas, a ordem jurídica da Rússia dos Romanovs encontrava-se unicamente à mercê dos intentos da classe dominante; sendo fruto, pois, da vontade de alguns indivíduos que desejavam, através da imposição do império da lei, se sobrepor aos demais, subjugando-os de todas as formas possíveis.

Ora, como se pode perceber, no contexto em questão, a noção de "justiça" constitui-se em mera falácia, uma espécie de construção ficcional utilizada para orquestrar as vontades e os interesses de alguns poucos, sempre em detrimento dos verdadeiros anseios da coletividade. Era assim que pensavam os bolcheviques. Nesta nova perspectiva, o Direito, pois, deveria se resignar ao serviço prestado às mais altas aspirações do proletariado, pois esta seria sua única função no processo de construção de uma sociedade realmente igualitária.

De qualquer modo, a lei possui uma importância menor nas doutrinas marxistas-leninistas, pois o universo das normas (que emanam do Estado) se exaure em si mesmo na medida em que os objetivos da classe proletária são alcançados; e desaparecem no exato momento em que a sociedade logra o êxito de suas conquistas. Por isso mesmo, todo o Direito produzido na Era dos Czares era visto pelos revolucionários como um nefasto instrumento de poder e dominação, uma vil ferramenta utilizada apenas para manter o *status quo* de uma vetusta aristocracia, que vivia das benesses dos favores reais e de uma burgue-

CAPÍTULO XIX ● O Direito Russo: Do Russkaia Pravda ao Direito Soviético

sia renitente em suas mais íntimas e descabidas pretensões. Neste cenário, a lei e o caráter coercitivo que dela naturalmente emanam são representações do modelo de Estado; interdependentes entre si, a fim de convalidar as mais altas expectativas que orientam a vontade da classe dominante.

Na opinião dos bolcheviques, pois, caberia aos revolucionários romper com este paradigma, remover os galhos secos de um sistema normativo torpe, desagregador, fundado nos paradigmas conceituais de um passado obsoleto. Na verdade, na visão de Marx, tudo encontrava-se atrelado a fatores econômicos diversos. São eles que concedem à sociedade sua forma e substância primária, delineiam a política, justificam sua história e reescrevem o Direito (segundo uma finalidade precípua).

Contudo, a Revolução, na prática, não foi capaz de apagar completamente as antigas tradições do passado nacional, fundadas numa cultura milenar segundo os moldes absolutistas czaristas abalizados historicamente pela Igreja Ortodoxa Russa.

É bem verdade que uma nova ordem jurídica gradualmente se estabelece, especialmente por ocasião da fundação da União Soviética em 1922. Entretanto, isto não ocorre repentinamente, salvo quando a pressão se torna insustentável. Assim, a doutrina marxista teve que se contentar com a gradual e inequívoca adaptação a esta realidade emergente, agora ditada pelas mudanças que alteraram para sempre o contexto social do país.

Ora, esta simbiose tornou-se mais perceptível no terreno do Direito Civil, e de modo mais específico no âmbito do Direito de Família. Pelo menos nesse sentido, as transformações no universo jurídico se fizeram mais efetivas. Há que se ter em mente que muitas destas alterações legais foram pavimentadas antes mesmo da deposição do czar. É o que se pode perceber de maneira mais focal no caso das reivindicações arvoradas pelas mulheres no decurso de 1905, quando o país ainda amargava os desdobramentos do malsucedido embate com o Japão. Sabe-se que suas vozes nem sempre eram uníssonas[13],

---

[13] "Entre elas, porém, havia consenso em relação a três pontos: integração das mu-

mas não restam dúvidas de que estas já se faziam ecoar por todas as principais cidades desde esta época pré-revolucionária, causando profundo mal-estar em meio à conservadora aristocracia local. O clamor levado ao governo desde então concentrava-se na necessidade do reconhecimento da promoção de urgentes mudanças em praticamente todos os segmentos da esfera da vida social. E os muitos pleitos apresentados nas manifestações daqueles dias perpassavam evidentemente o universo da legalidade.

Alguns destes reclames populares lograram êxito nas décadas seguintes e outros tantos não. Por exemplo, temos que a consideração isonômica entre homem e mulher perante o espectro da lei teve, na Rússia revolucionária, conforme observa Vera Cotrim, seu berço, ainda que o direito da mulher, "retrocedeu sob Stalin, a partir de 1936"[14].

Certamente, este mesmo exemplo reflete o choque de concepções prevalecente nos primeiros tempos e revela um profundo abismo ideológico com o qual a nação teria que se deparar e que se mostrava, sob muitos aspectos, praticamente inconciliável. De um lado, pois, existiam os valores de uma Rússia historicamente comprometida com a fé Católica Ortodoxa, que prezava acima de tudo, a manutenção dos laços familiares, credenciando uma espécie de valor sagrado ao matrimônio; enquanto de outro, aparece uma contestadora doutrina abraçada por muitos expoentes bolcheviques, a qual, somente a título ilustrativo, segundo exposição no célebre "Manifesto do Partido Comunista"(1848)[15], chegou a advogar a "supressão" da família, por considerá-la atrelada a costumes burgueses alimentados

---

lheres ao mercado de trabalho, legislação que reconhecesse a igualdade de direitos entre homens e mulheres e a construção, pelo Estado, de uma rede de equipamentos sociais (creches, cantinas populares) capaz de aliviar a pesada carga do trabalho doméstico, quase que exclusivamente suportado pelas mulheres". REIS, Daniel Aarão. *A Revolução que mudou o mundo*: Rússia 1917, p. 183.

[14] COTRIM, Vera. Emancipação feminina e dissolução da família no ideário da Revolução Russa. In: COTRIM, Ana e COTRIM, Vera (Orgs.) *Todo o Poder aos Sovietes*: A Revolução Russa 110 anos depois. Porto Alegre: Zouk, 2018, p. 216.

[15] MARX, Karl e ENGELS, Friedrich. *Manifesto do Partido Comunista*. 3. ed. São Paulo: EDIPRO, 2015, p. 82-85.

CAPÍTULO XIX ● O Direito Russo: Do Russkaia Pravda ao Direito Soviético

pela força do capital que começa a incentivar a "prática do amor livre" (por considerá-lo preexistente e parte das relações sociais); além de propor a substituição da educação dos filhos (até aqui uma atribuição dos pais) por uma outra, de caráter social, coletiva, manejada pelos interesses estatais.

É preciso saber, porém, que nem todas as propostas enunciadas por Karl Marx e Friedrich Engels em seu célebre panfleto alcançaram ressonância no país após a eclosão da Revolução de 1917. Obviamente, os russos não se desfizeram de seu passado tradicional da noite para o dia. Mas é bem verdade que desses embates subsistiram algumas outras ideias socialistas, que sepultaram o *ancient régime* e se projetaram no universo da legislação civilista: o divórcio, por exemplo, foi uma delas, que se torna extremamente facilitado, pois até então, pelo menos sob a chancela dos clérigos, somente ocorria em raríssimas vezes. Como bem destacou Goldman[16] sobre o assunto, a dissolução dos laços do matrimônio era evitada a todo custo em tempos anteriores à eclosão da Revolução de 1917, sendo apenas admitida extraordinariamente, por ocasião de "adultério" (quando a prática em questão era testemunhada pelo menos por duas pessoas) ou "impotência sexual". Uma vez caracterizado o fato, ressalta a autora em tela, o condenado ficava impossibilitado de contrair novas núpcias.

No âmbito do Direito Público, uma nova ordem constitucional foi instaurada com a Carta de 1918. Desta forma, com a fundação da União Soviética em 1922, nascia não apenas o ordenamento jurídico de um país, calcado na abolição da propriedade privada, mas de um sistema legal autônomo, que seria disseminado também aos países do Leste Europeu influenciados direta ou indiretamente pelo governo de Moscou.

---

[16] GOLDMAN, Wendy. *Mulher, Estado e Revolução*. Trad. Natalia Angyalonssy Alfonso. São Paulo: Boitempo, 2014, p. 71.

O Direito na Primeira Metade do Século XX: O Universo Jurídico em Meio às Duas Grandes Guerras Mundiais

20.1 Os Direitos de Haia e de Genebra: Disposições Legais sobre os Conflitos Armados

Os avanços tecnológicos colhidos com a Revolução Industrial não tardariam a se projetar sobre a produção de armamentos, que se tornaria cada vez mais sofisticada a partir de meados do século XIX. Dentre todas as carnificinas ocorridas na Europa, uma delas, em especial, chamaria a atenção de Henry Dunant (1828-1910), empresário suíço que testemunhou na Lombardia os sofrimentos dos feridos na batalha de Solferino (1859), que opôs a aliança franco-italiana aos austríacos. O filantropo, um calvinista praticante e devoto, posteriormente, ainda cuidaria de registrar suas memórias acerca do evento com as mesmas cores vivas que marcaram sua tragicidade[1].

---

[1] Trata-se do escrito intitulado "Recordações de Solferino".

O DIREITO NA IDADE CONTEMPORÂNEA

Ora, sabe-se que compromisso para com aqueles que padeciam tormentos já era algo bastante natural para sua família, profundamente engajada com trabalhos sociais de toda ordem. Fato é que, ao promover o socorro imediato das vítimas, porquanto os hospitais das cidadelas e vilarejos da região estavam abarrotados de pessoas e, principalmente, ao demonstrar não possuir qualquer preocupação em distinguir a nacionalidade dos pacientes que necessitavam de urgente auxílio em circunstâncias como aquelas, Dunant começa a pavimentar, de modo bastante prático e convincente, o ideário responsável pela criação do "*Comitê Internacional da Cruz Vermelha*" (1863), do qual é um de seus fundadores. A título de inspiração prática, seria o primeiro capítulo no longo processo que posteriormente culminaria com a regulamentação da guerra.

Deste modo, começa a irromper em meio aos círculos políticos europeus uma consciência muito clara de que os efeitos devastadores invariavelmente trazidos com os conflitos armados deveriam ser minimizados a todo custo. No contexto em questão, começam a ser cogitadas propostas no sentido de que também os civis precisavam ser preservados da barbárie em qualquer situação, independentemente dos graus de animosidade mantidos pelas partes por ocasião do ardor da batalha. Certos grupos vulneráveis como as mulheres, as crianças, os idosos, os enfermos, os feridos (fossem eles militares ou não) careciam de amparo e a devida proteção durante a beligerância. Apesar disso, tais ideias somente se projetariam no campo da legalidade a partir das Conferências de Genebra, de 1949, das quais falaremos logo em seguida.

De qualquer modo, pode-se inferir que não tardaria o delineamento de uma embrionária forma de *ius in bello*, quando em 1864, a cidade de Genebra torna-se a sede da "*Convenção sobre Melhoria das Condições dos Feridos dos Exércitos nos Campos*" (ainda que a condição dos civis não tivesse sido objeto de proteção).

Em seguida, entre os anos de 1899 e 1907, tomam corpo as chamadas Convenções de Haia, que se ocupavam de restringir os métodos utilizados durante a guerra e o emprego de certos armamentos. A realização da primeira delas tornou-se, em grande parte, possível gra-

CAPÍTULO XX ● O Direito na Primeira Metade do Século XX: O Universo Jurídico em Meio às Duas Grandes Guerras Mundiais

ças aos apelos do czar Nicolau II (1868-1918) junto às casas dinásticas europeias. Entre outras coisas, consagram-se através dos tratados em questão importantes regras oriundas do direito consuetudinário; algumas outras inspiradas no *Lieber Code* editado por Abraham Lincoln durante a Guerra Civil Americana (1863)[2]; e regras relativas ao Direito aéreo, quando determinou-se a coibição do uso de gases venenosos e do lançamento de projéteis a partir de balões de ar quente.

Um grande avanço no universo jurídico e para a sociedade internacional, após a realização das festejadas Conferências de Haia, foram aquelas outras que tiveram lugar na Suíça, especificamente na cidade de Genebra, no decorrer de todo o ano de 1949[3] – o verdadeiro divisor de águas quanto à matéria em questão. No total, foram quatro as Conferências daquele período, cada qual cuidando de estender a proteção às pessoas sob distintos aspectos: feridos e enfermos das forças armadas em campanha militar (I); feridos, enfermos e náufragos das forças armadas no mar (II); prisioneiros de guerra (III) e, agora também, a civis em tempos de guerra (IV).

Ora, estes eventos seriam o marco regulatório definitivo para a gênese de um promissor "Direito Internacional Humanitário" – que, na lição de Christophe Swinarski, pode ser traduzido como "um conjunto de normas internacionais, que se originam em convenções ou em costumes, especificamente destinadas a serem aplicadas em conflitos armados, internacionais ou não-internacionais, que limitam, por razões humanitárias, o direito das partes em conflito a escolher livremente os métodos e meios utilizados em combate ("Direito de Haia") e que protegem as pessoas e os bens afetados ("Direito de Genebra")"[4].

---

[2] O autor do referido código não foi Abraham Lincoln, mas um filósofo de origem prussiana chamado Franz Liber (1798-1872), que se radicou nos Estados Unidos da América.

[3] Para quem deseja se aprofundar no estudo do tema faz-se necessário conferir os dois Protocolos Adicionais às Convenções de Genebra de 12 de agosto de 1949.

[4] SWINARSKI, Christophe. *A Norma e a Guerra*: Palestras sobre o Direito Internacional Humanitário. Porto Alegre: Sergio Antonio Fabris Editor, 1991, p. 11.

20.2 Os "Quatorze Pontos" de Wilson e as Bases Modernas para o Direito Internacional

Sem embargo à relevância histórica representada pela celebração da "Paz da Vestefália"[5] (1648), cujos acordos finalmente colocaram termo final ao fratricida embate que já se arrastava pelo menos há três décadas seguidas na Europa, não seria de modo algum exagerado inferir que foram tão somente os desdobramentos políticos ocorridos da aurora do século XX os responsáveis por assinalar as novas bases para a construção do moderno Direito Internacional Público.

Sabe-se que a eclosão do primeiro conflito mundial iniciada no ano de 1914 havia assombrado o mundo por seu terrificante potencial destrutivo. O potencial de destruição empregado pelas potências envolvidas naquela que ficou conhecida como a *"Guerra das Trincheiras"*[6] e, como consequência, que acarretou a queda do Império Turco-Otomano, eram realidades geopolíticas subjacentes que agora passavam a exigir uma nova forma de reconfiguração do universo das relações internacionais.

Ora, no contexto em questão, emerge a figura do estadista norte--americano Woodrow Wilson (1856-1924). O festejado político sulista que por duas vezes exerceria o mandato presidencial era, antes de mais nada, um conceituado catedrático, o renomado professor de Ciência Política que fez uma brilhante carreira em Princeton. Entretanto, seus ideais pacifistas não foram capazes de impedir que, justamente sob seu governo, os Estados Unidos se envolvessem no referido confronto armado. Todavia, uma vez superada esta questão com o término da guerra, era hora de se conjugar esforços com os governos europeus para iniciar um processo de reconstrução do mundo. Neste cenário, tornou-se bastante notório o discurso dirigido em janeiro de

---

[5] Muitos autores consideram, não destituídos de razão, a celebração da chamada "Paz da Vestefália como o momento em que se dá a gênese do Direito Internacional.

[6] Trata-se de uma frequente alusão à Primeira Guerra Mundial, apesar de este não ser obviamente o único confronto caracterizado pelo recurso dos exércitos envolvidos nas batalhas às trincheiras.

CAPÍTULO XX ● O Direito na Primeira Metade do Século XX: O Universo Jurídico em Meio às Duas Grandes Guerras Mundiais

1918 ao Congresso Americano, que se intitulava *"Quatorze Pontos"*[7]. Na verdade, através de suas proposições, engendrava-se um projeto de sociedade internacional pautado numa dinâmica política mais pluralista, capaz de congregar seus diversos atores no compromisso maior com o bem-comum. Em síntese, no célebre documento, Wilson advogava maior transparência nas relações entre as nações por meio da publicidade dos acordos pactuados entre os signatários (I); liberdade de navegação (excetuando-se os limites estabelecidos pelo mar territorial (II); o fim das barreiras econômicas que serviam de entrave ao desenvolvimento do comércio internacional[8] (III); a drástica redução do armamentismo em prol da segurança coletiva (IV); a revisão completa da questão colonial, ajustando-se esta aos interesses maiores das populações autóctones (V); apoio à autodeterminação da Rússia e dos povos de sua circunvizinhança[9] (VI); a defesa à integridade e restauração do território de países diversos como a Bélgica (VII); França[10] (VIII); Itália (IX); Áustria-Hungria[11] (X); Romênia, Sérvia, Montenegro

---

[7] "Os quatorze pontos do Presidente Wilson sintetizam o desenvolvimento do direito internacional após a Primeira Guerra Mundial". KAPLAN, Morton A. e KATZEM-BACH, Nicholas de B. *Fundamentos Políticos do Direito Internacional*. Trad. Sigrid Faulhaber Godolphim e Waldir da Costa Godolphim. Rio de Janeiro: Zahar Editores, 1964, p. 83.

[8] Este foi o tema central nas deliberações dos Acordos de Bretton Woods (1944) que criariam naquele ano o BIRD (Banco Internacional de Reconstrução e Desenvolvimento) e o FMI (Fundo Monetário Internacional). A visão de Wilson estaria completa com o estabelecimento do GATT (Acordo Geral de Tarifas e Comércio) em 1947.

[9] Não se deve esquecer que na época do discurso conhecido por *"Quatorze Pontos"*, ou seja, em 1918, a Rússia acabava de sair de uma sangrenta revolução que havia deposto e, posteriormente, dizimado os membros da casa dinástica dos Romanov. As disputas que se seguiram entre bolcheviques e mencheviques, entre outras facções políticas rivais atuantes neste contexto, haviam rendido uma sorte grande de incertezas aos rumos que o país assumiria a partir de então. Era exatamente a isto que Wilson se referia quando, gentilmente, expressou boas-vindas ao governo que ascendeu ao poder local. Ao que parece, o próprio Lênin teria visto com bons olhos tal iniciativa americana.

[10] Wilson defendia a devolução dos territórios da Alsácia e Lorena, os quais encontravam-se ocupados pela Prússia desde o ano de 1871, assunto este retomado pelo Tratado de Versalhes.

[11] O Império Austro-Húngaro representava a unidade política soberana nascida em

O Direito na Idade Contemporânea

(XI) e Polônia (XIII). Seguindo nesta mesma trilha e, já considerando o colapso do Império Otomano, reconhecia a manutenção da soberania à porção de maioria turca presente no território e, simultaneamente, admitia a necessidade da pavimentação do caminho à autodeterminação dos demais povos asiáticos que estiveram sob seu jugo (XII). Por fim, o último ponto trazia uma alvissareira proposta em torno da criação de uma espécie de *"associação de nações"* empenhada na consecução de garantias à independência política e integridade territorial de todos os Estados, sejam eles exíguos[12] ou não (XIV).

Ocorre que a marca do colonialismo ainda se encontrava bastante evidente no cenário do pós-guerra. Suspeitava-se que a derrocada do Império Otomano significaria que a ingerência sobre os territórios asiáticos por este conduzida durante séculos apenas seria transferida de mãos. Além disso, ainda careciam de discussão as implicações resultantes da desintegração da Áustria-Hungria, que fatalmente provocariam mudanças no mapa político da Europa, bem como, a instabilidade trazida ao Leste pela revolução na Rússia. Não por acaso, era preciso encontrar novas fórmulas legais revestidas de outras roupagens para tratar da questão, porquanto, o que estava em jogo eram os interesses de multidões de povos. Daí a ideia inicialmente lançada sobre os *territórios sob mandato* (e, posteriormente, *sob tutela*) que seriam entregues, mormente, às administrações britânica e francesa. Por estas razões, deve-se ter em mente o signo do arrojo de algumas dessas propostas de Wilson, já que, em detrimento destes sistemas, ele pleiteava o direito à concessão de autonomia a tantas gentes. Por isso mesmo, a ideia em torno da criação de uma

---

1867 sob a égide de uma monarquia parlamentarista. O final da Primeira Guerra Mundial, em 1918, determinou seu ocaso.

[12] "Estados Exíguos" são aqueles que possuem extensões territoriais diminutas. Em termos absolutamente legais, esta realidade não gera nenhum obstáculo à existência de um sujeito de direito público externo. Como alguns exemplos, temos os seguintes: Vaticano, San Marino, Mônaco, Liechtenstein, Vanuatu, entre outros. Sob este aspecto, Wilson proclama indiretamente o *"Princípio da Igualdade Jurídica entre os Estados"*, que posteriormente seria agasalhado pela Carta de San Francisco (1945), o diploma legal constitutivo das Nações Unidas.

CAPÍTULO XX • O Direito na Primeira Metade do Século XX: O Universo Jurídico em Meio às Duas Grandes Guerras Mundiais

organização de alcance universal, sugerida no último ponto de seu discurso era emblemática nesse sentido. Sobre o assunto em tela, falaremos nos tópicos seguintes.

20.3 O Tratado de Versalhes (1919)

Vitoriosa na guerra[13] travada com a França em 1871, a Prússia, que se tornaria a locomotiva militar de uma futura e iminente unificação política germânica, imporia aos capitulantes a assinatura do Tratado de Frankfurt (1871). O acordo era considerado bastante severo em seus termos, pois determinava a anexação de territórios como o da Alsácia e Lorena, impondo aos habitantes locais a decisão de imigrar ou se tornarem cidadãos sujeitos ao cetro do imperador Guilherme I (1797-1888). Ademais, obrigava-se a França ao pagamento de exorbitante soma aos triunfantes naquele conflito. Este é o caminho que conduziu à produção das controvertidas cláusulas constantes no Tratado de Versalhes (1919), quando a situação se inverteria por completo. Obviamente que os ressentimentos do passado voltariam à tona quando franceses e alemães se sentassem à mesa para tratar dos termos da derrota sofrida nos campos de batalha.

Grosso modo, o referido acordo reverbera todas essas décadas de hostilidade alimentadas pelo clima de animosidade entre franceses e alemães. O pacto demorou a ser cunhado e as discussões e desentendimentos permearam os seis longos meses que durou a Conferência de Paris em janeiro de 1919, realizada dois meses após o armistício assinado nos arredores de *Compiègne*. Os interesses envolvidos nos debates eram muitas vezes dissonantes, pois os Estados traziam à mesa reivindicações nacionais diversas, sempre em prejuízo à estabilidade político-social que se intentava consolidar. Os chamados "*Quatro Grandes*" (EUA [Woodrow Wilson], França [Georges Clemenceau], Grã-Bretanha [David Lloyd George] e Itália [Vittorio Orlando], por fim, chegaram à conclusão do pacto. O produto resultante das deliberações gerou um texto bastante extenso, composto por 440 artigos,

---

[13] A Guerra Franco-Prussiana (1870-1871).

O DIREITO NA IDADE CONTEMPORÂNEA

sem contar os protocolos e outras regulamentações igualmente constantes neste bojo.

Os alemães sempre consideraram o teor do tratado profundamente aviltante e excessivamente rigoroso para com eles. As cláusulas mais contestadas eram aquelas que determinavam *a perda do controle das minas de carvão do Sarre*, que seriam agora exploradas pelos franceses (art. 48); *o controle imposto à margem esquerda do Rio Reno* (arts. 42-44); a *devolução das províncias da Alsácia e Lorena*, novamente reincorporadas pela força do dispositivo ao território do Estado da França[14]; *o pagamento de despesa das reparações de guerra* (arts. 231-247) e as *diversas imposições quanto à desmilitarização do país*, a fim de reduzir por completo o potencial ofensivo de suas forças armadas (arts. 159-213). Contudo, o que as potências envolvidas nas negociações não foram capazes de prever era que as cláusulas em questão pavimentavam a passos largos o caminho para um desastre de proporções ainda maior. Como bem destacou Michael Neiberg "por meio da perspectiva de um século, parece óbvio que o Tratado de Versalhes produziu uma legião de perdedores e alguns preciosos vencedores"[15].

Ora, a proibição da participação da Alemanha no processo de construção do texto de Versalhes, posto que seus delegados apenas foram instados a assiná-lo em meio a renúncias e desacordos manifestos publicamente, apenas veio a perpetuar nas décadas seguintes a instabilidade no cenário político europeu, que jamais reconheceu a validade dos termos da avença. Do mesmo modo, e, em larga medida, foram criadas, assim, as condições ideais que determinaram a continuidade das animosidades franco-germânicas.

---

[14] Em um dado momento na Conferência de Paris de 1919 chegou-se a cogitar a criação de dois Estados independentes, o Sarre e a Alsácia-Lorena. Veja a esse respeito SOUTOU, Georges-Henri. "The French Peacemakers and Their Home Front". In: BOEMEKE, Manfred F.; FELDMAN, Gerald e GLASER, Elisabeth. *The Treaty of Versailles: A Reassessment After 75 Years*. New York: Cambridge University Press, 1998, p. 167-188.

[15] NEIBERG, Michael. *The Treaty of Versailles: A Concise History*. New York: Oxford University Press, 2017, p. XI. [Nossa tradução.]

CAPÍTULO XX ● O Direito na Primeira Metade do Século XX: O Universo Jurídico em Meio às Duas Grandes Guerras Mundiais

20.4 A Criação da Liga das Nações (1919)

A "Liga das Nações"[16] ou, segundo uma outra terminologia também utilizada, "Sociedade das Nações", como vimos, foi primeiramente idealizada pelo Presidente Woodrow Wilson, em seu famoso discurso intitulado *"Quatorze Pontos"*. Trata-se de uma organização internacional concebida com o final da Primeira Guerra Mundial, que tinha por objetivo maior alcançar uma efetiva forma de cooperação entre os Estados em prol da paz e segurança coletivas. É, sob este prisma, a virtual antecessora da ONU. Sua estrutura orgânica foi prevista de modo inaugural no próprio seio do Tratado de Versalhes, entre os artigos 1-26. A escolha da sede recaiu sobre a cidade de Genebra, na Suíça. Da produção de redação do texto base destes mesmos dispositivos jurídicos participaram, em maior ou menor grau, outros idealistas do internacionalismo que seguiam na trilha de Wilson, tais como os advogados britânicos Robert Cecil (1864-1958), Alfred Eckhard Zimmern (1879-1957) e o general sul-africano Jan Smuts (1870-1950). O primeiro nome desta lista escreveu um importante opúsculo intitulado *"Memorando de Propostas pela Diminuição da Ocorrência de Guerras Futuras"*. Era um advogado brilhante e conferiu um delineamento jurídico adequado à instituição. A contribuição de Zimmern foi a de rascunhar uma concepção da estrutura orgânica da Liga das Nações, enquanto que Smuts[17] idealizou doutrinariamente os fundamentos políticos, teóricos e legais sob os quais a entidade deveria estar assentada, fazendo uma acalorada defesa acerca da necessidade da existência de uma organização nestes moldes, que possuísse efetivo reconhecimento em meio às nações do globo, e a que todos os atores da sociedade deveriam estar invariavelmente resignados.

---

[16] Preferimos por hora utilizar esta primeira terminologia – "Liga das Nações" (*League of Nations*) pelo fato de que, na versão oficial do texto do Tratado de Versalhes em língua inglesa, é justamente desta forma que ela aparece transcrita. Os autores franceses, por sua vez, optam por sua forma equivalente – "Sociedade das Nações" (*Société des Nations*).

[17] SMUTS, Jan. *The League of Nations*: A Practical Suggestion. New York: Hodder and Stoughton, 1918, p. 12-15.

O Direito na Idade Contemporânea

O irromper do Segundo Grande Conflito armado de nossa história, porém, privou-a do alcance de seu escopo fundamental. Entrementes, o fracasso da diplomacia patrocinada pelos governos europeus da época, não destituem a entidade de seu valor, posto que, analisada como um experimento original, ela serviu de baliza para se traduzir os erros e acertos que norteariam futuras incursões neste campo. Na opinião de Jenks, a organização "fracassou porque os governantes, refletindo fielmente a atitude de seus eleitores, retrocediam face aos perigos de fazê-la bem sucedida"[18]. Já no entendimento de Adam Watson e, não indiferente à potencialidade inerente a seus princípios, a entidade "proclamava uma nova legitimidade mas era demasiado fraca para pô-la em vigor"[19].

Um dos maiores problemas concernentes à debilidade funcional da Liga é que a organização se mostrava profundamente dependente do consenso entre as nações, cujos governos encontravam-se pouco inclinados a agir em prol da paz tão necessária para evitar a hecatombe que se aproximava no horizonte da Europa. Como resultado direto da falta de comprometimento foram sepultados seus caros ideais, o que não retira dela o valor que carrega intrínseco em si mesma. Sem contar com o apoio político dos Estados Unidos da América (que não se tornou membro por diversas razões de ordem política, tendo preferido não se comprometer com a questão, justamente ao contrário do que se imaginava *a priori* quando esta foi concebida por Woodrow Wilson), do Japão e da Alemanha (que se retiraram voluntariamente no ano de 1933 da organização); da Itália de Benito Mussolini (que por sua vez faria o mesmo em 1937) e da Rússia de Iosef Stalin (esta expulsa em 1939 logo após a agressão praticada contra a Finlândia), a Liga das Nações se esvaziaria em seus propósitos primeiros, irremediavelmente destituída da capacidade agregadora para qual foi forjada

---

[18] JENKS, C. Wilfred. *Direito, Liberdade e Bem-Estar*. Trad. Francisco Maia. Rio de Janeiro; Lisboa: Fundo de Cultura AS, 1964, p. 16.

[19] WATSON, Adam. *A Evolução da Sociedade Internacional*: Uma Análise Histórico-Comparativa. Brasília: UnB, 2004. Trad. René Loncan. (Coleção Relações Internacionais de Amado Cervo, 2004, p. 394.)

CAPÍTULO XX ● O Direito na Primeira Metade do Século XX: O Universo Jurídico em Meio às Duas Grandes Guerras Mundiais

e o mundo, novamente, se veria prestes a enfrentar um confronto bélico de consequências ainda mais danosas.

20.5 Da Constituição de Weimer às Leis de Nuremberg (1919-1935)

A Constituição de Weimer (1919) representou, em definitivo, um verdadeiro marco histórico para o Direito Ocidental. Gestada em meio às turbulências políticas que antagonizavam socialistas e socialde-mocratas na Alemanha, ainda assim, a presente Carta Magna assume valor e destaque primordiais. Certamente ela é o produto deste con-turbado período de transição de ideologias e arrojadas percepções da legalidade, que hora se mesclavam, para logo em seguida, virem a se rechaçar por completo. Ela também é o retrato de um país que cuida-va de abandonar o espectro de uma desgastada aura imperial, para agora, enfim, assumir um ainda incerto e frágil regime republicano.

Para esta emergente Alemanha, o festejado documento pretendia ser uma bússola em meio à proclamada ordem requerida, especial-mente após as fragorosas derrotas sofridas durante a Primeira Grande Guerra. Acima de tudo, a Carta elaborada naquela cidade da Saxônia se revestia da nobre missão de servir-se como uma tendência a ser seguida, particularmente, num lugar onde algumas das mais tradicio-nais dinastias europeias haviam agora perdido sua mística em meio às urgentes necessidades ditadas pelos ventos da esperança popular. Para tanto, a produção do projeto do texto coube ao competente advoga-do, jurista e político Hugo Preuss (1860-1925).

Sem embargo, a legislação em tela deixou um notório legado no terreno dos *direitos sociais*, especialmente, com relação aos *direitos trabalhistas* e *previdenciários*. Por certo, não havia sido a pioneira nesse sentido: as Constituições Mexicana (1917) e a Soviética (1918) a antecederam em propósitos, o que não a destitui de seu imensurável valor, porquanto, muitos destes temas foram aprimorados e sofistica-dos pelo processo de diversificação seguindo na esteira dos anseios nacionais. E se isso não bastasse, o diploma legal em questão ainda colocava o Estado como responsável por resguardar os *direitos de mi-*

norias e de *grupos vulneráveis* como a mulher e a juventude; além de se preocupar com as condições econômicas das famílias mais numerosas. A educação e a saúde também foram objeto do olhar acurado do legislador e o espírito de tolerância religiosa era mais uma das mais notáveis marcas do documento.

A efemeridade da Constituição de Weimer é devida menos ao seu teor ou capacidade de se materializar efetivamente no plano real e mais ao contexto de uma época marcada por profundas incertezas e contradições. Dez anos após sua promulgação, a chamada "Grande Depressão de 1929" havia reverberado profundamente na Alemanha, trazendo ainda mais miséria e desemprego a um país já combalido economicamente desde a assunção das obrigações previstas no corpo do Tratado de Versalhes.

Por fim, a ascensão de Adolf Hitler (1889-1945) ao poder aos 30 de janeiro de 1933 anunciaria uma iminente ruptura com a ordem constitucional uma vez instaurada. A morte do Presidente Paul von Hindemburg (1847-1934), que, mesmo titubeante, havia elevado o líder nazista à condição de "Chanceler" da Alemanha, traduzia-se no grande sinal de que tempos muito sombrios viriam.

Apesar de não revogada formalmente pelas ficções legais responsáveis pela implantação de uma das mais sanguinárias ditaduras que o mundo conheceu, a Carta de Weimer não tardaria a ser feita letra morta pela Lei Habilitante de 1933. O Reichstag conferia, deste modo, irrestritas prerrogativas a Hitler em matéria legislativa. Assim, a ordem constitucional acabou cedendo lugar para um direito tirânico e iníquo, o chamado "Direito do III Reich"[20], cuja maior expressão, dentre tantos outros decretos dos quais se serviu para subjugar minorias como a dos judeus e ciganos, foram as "Leis de Nuremberg" (1935). Como bem acentuou Nuno Rogeiro a esse respeito, os "padrões institucionais do 3º Reich escapam a uma pura consideração jurídica. A distinção entre as esferas privada e pública, o princípio

---

[20] Para saber mais veja PALMA, Rodrigo Freitas. "O Direito no III Reich". In: PALMA, Rodrigo Freitas (Org.). *Direitos Fundamentais e Políticas Públicas*. Brasília: Processus, 2014, p. 3 e 359-398.

CAPÍTULO XX ● O Direito na Primeira Metade do Século XX: O Universo Jurídico em Meio às Duas Grandes Guerras Mundiais

"pacta sunt servanda", as orientações penais do *"nihil legem post factum"*, *"nullum crimen sine lege previa"*, *"nulla poena sine lege"*, o elenco de limitações ao poder público, o princípio de *"checks and balances"* e de garantias constitucionais, são categorias jurídicas que perdem o sentido na Nova Ordem, assim como o conceito "burguês e idealista" de Direito perdeu a época no modelo socialista soviético[21].

20.6 O Tribunal de Nuremberg (1945-1946)

Os preparativos para a instalação de uma corte para julgar as atrocidades cometidas contra incontáveis seres humanos começam a tomar corpo por meio de um documento que passou à história como "Carta de Londres" – assinada por Estados Unidos da América, Reino Unido, França e União Soviética aos 8 de agosto de 1945. Desde já foram definidas as categorias de crimes que seriam abrangidas por ocasião da iniciativa: "Crimes contra a paz"; "Crimes de guerra" e "Crimes contra a Humanidade". Tanto os magistrados, como os promotores, bem como os defensores públicos escolhidos, seriam nomeados no âmbito dos juristas dos países signatários do acordo na capital britânica.

Assim, no período compreendido por 19 de novembro de 1945 e o dia 1º de outubro de 1946, foram realizadas as atividades do "Tribunal Militar Internacional" – que se tornou mais conhecido no decurso da histórica como o "Tribunal de Nuremberg", sem embargo às críticas arvoradas por alguns juristas de que se tratava de uma "corte de exceção" criada apenas para atender às conveniências dos vencedores do conflito.

Ainda que *a priori* tenham sido cogitados diversos outros lugares na Europa para a realização do julgamento, a cidade bávara – Nuremberg – foi escolhida para sediar este evento, pois foi o local onde Hitler pavimentou o caminho para a construção de um ordenamento jurídico fundado na vileza de suas intenções, ou seja, uma legislação

---

[21] ROGEIRO, Nuno. O *Sistema Constitucional da Alemanha*. Coimbra: Coimbra Editora, 1996, p. 43-44.

O DIREITO NA IDADE CONTEMPORÂNEA

iníqua e, sobretudo, de natureza discriminatória: eram elas a "Lei de Cidadania do Reich" e a "Lei de Proteção do Sangue e da Honra Alemã"[22], ambas datadas de setembro de 1935.

Deste modo, por ocasião do início de suas atividades aos 20 de novembro de 1945, vinte e três membros do Partido Nazista torna-ram-se réus em Nuremberg. Rudolf Hess e Walther Funk, receberam o veredicto de prisão perpétua. Outros dois, Albert Speer e Baldur von Schirach, foram apenados com 20 anos; o barão Konstantin von Neurath com 15 e; por sua vez, Karl Dönitz, com 10. Três foram ino-centados: Hans Fritzche, Frans von Pappen e Hjdmar Schacht. Os demais foram condenados à morte na forca. Como bem destacou Bra-dley F. Smith, ainda aconteceriam alguns fatos inusitados: "Quando se leu na Corte a Decisão final, em 30 de setembro e 1º de outubro, terminou o julgamento, e os juízes apressaram-se a despedir-se e a seguir, cada um, o seu caminho. Goering escapou à forca, suicidando--se, e três dos militares tentaram em vão conseguir castigos mais hon-rosos, pedindo Raeder a execução, em lugar da prisão perpétua, e Jodl e Keitel solicitando o fuzilamento no lugar da forca. Esses pedidos, no entanto, já fugiam à alçada do Tribunal e dependia das autoridades de ocupação decidir o que deveria suceder com os que recorriam das sentenças que lhes haviam cabido"[23].

Sem embargo às controvérsias acima descritas no que tange às mo-tivações acerca da instauração da corte, é fato que, pelo menos à luz da história, representou o Tribunal de Nuremberg uma primeira in-vestida para o desenvolvimento futuro de uma nova vertente do Di-reito das Gentes, o "Direito Internacional Penal"[24].

---

[22] Ou seja, as chamadas "Leis de Nuremberg".

[23] SMITH, Bradley F. O *Tribunal de Nuremberg*. Trad. de Henrique de Araújo Mes-quita. Rio de Janeiro: F. Alves, 1979, p. 318. Para saber mais sobre o assunto indico a obra de GONÇALVES, Joanisval Brito. O *Tribunal de Nuremberg (1945-1946)*: a gênese de uma nova ordem no Direito Internacional. Rio de Janeiro: Renovar, 2004.

[24] Na atualidade, o Tribunal Penal Internacional estabelecido em Haia, nos Países Bai-xos, cumpre com esse papel em meio à sociedade internacional.

CAPÍTULO XX ● O Direito na Primeira Metade do Século XX: O Universo Jurídico em Meio às Duas Grandes Guerras Mundiais

20.7 A Carta de San Francisco e a Criação da ONU (1945)

A Primeira Guerra Mundial (1914-1918) deixou um tenebroso lastro de destruição jamais presenciado até então. Os horrores do conflito assumiram contornos vívidos e assustaram o mundo como nunca antes. Por conseguinte, logo criou-se uma firme expectativa na sociedade internacional de que certas questões ainda latentes no contexto político dos Estados europeus pudessem ser capazes de levar a eclosão de uma nova situação de potencial beligerância. E, como se sabe, a ascensão de Adolf Hitler à frente do Partido Nacional Socialista (Partido Nazista) na Alemanha da década de 1930 pavimentou o caminho para que logo acontecesse um novo embate, agora de proporções ainda maiores. O fracasso da Liga das Nações ao tentar impedir este trágico evento era indiscutível nesse sentido. Antigas animosidades e tradicionais rivalidades viriam à tona, novamente, causando grandes tragédias e perdas humanas.

Entretanto, as ideias em torno da necessidade de se dar continuidade ao projeto e o compromisso em torno da paz mundial foram mantidas mesmo em meio às frustrações daqueles dias. As tratativas em torno disso iniciaram-se antes mesmo do final da Segunda Guerra Mundial, logo no biênio de 1941-1942, e tomaram contornos mais nítidos a partir das Conferências de Moscou e de Teerã, em 1943 (e posteriormente em Dumbarton Oaks [1944] e Yalta [1945]). Destas memoráveis e históricas discussões participaram os líderes das nações aliadas (Winston Churchill [Reino Unido], Franklin Delano Roosevelt [Estados Unidos da América] e Iosef Stalin [União Soviética]).

Assim, uma vez terminado o confronto, já a partir de 25 de abril de 1945, e logo pelos dois meses que se seguiram, os representantes de cinquenta países, reunidos, deram vazão à retomada do nobre projeto agora no Estado da Califórnia. O resultado, no plano jurídico, consistiu na elaboração da célebre "Carta de São Francisco". Trata-se do documento constitutivo por excelência da Organização das Nações Unidas[25], a

---

[25] "Ora, no momento em que a ONU e seu sistema foram constituídos entre 1942 e 1945, os países fundadores da carta reconstituíram, sob um novo nome, uma institui-

397

entidade criada com o intuito maior de promover, por todos os confins da terra, e sem prejuízo aos demais grandiosos desafios previstos no corpo do próprio preâmbulo do documento, acima de tudo, o alcance da concórdia universal entre todos os povos e a manutenção de um sistema efetivo de segurança internacional e a promoção dos Direitos Humanos Fundamentais. Iniciava-se assim um dos mais importantes capítulos na longa história do Direito Internacional Público.

20.8 O Crime de Genocídio Tipificado (1948)

A prática de massacres, infelizmente, nunca se traduziu em evento isolado no decurso da história da humanidade. Ainda no final do século XIX, um terrível morticínio começa a se desenhar tendo nos armênios as suas maiores vítimas. Na ocasião, Abdul Hamid II (1876-1909) – que não despropositadamente receberia a alcunha popular de o "Sultão Sanguinolento", foi um dos primeiros responsáveis por perseguir esta nação em território otomano, causando milhares de mortes de civis. Os componentes destes trágicos eventos se mesclavam a interesses de ordem política e religiosa. A situação assumiria contornos ainda mais sombrios com a ascensão da facção dos Jovens Turcos ao poder em 1909: deste ano em diante, pelo menos até 1915, os armênios que viviam em diversas regiões da Anatólia, seriam acusados de serem "cooperadores das forças russas". A funesta farsa contida na vileza desta narrativa começa a ser disseminada amplamente em meio às autoridades locais, com vistas a fazer destes uma espécie de "traidores" do Império Turco Otomano, onde encontravam-se baseados há séculos, sendo patriotas cidadãos. Já à época, os governos do Reino Unido, da França e da Rússia manifestaram toda a sua inconformidade com os acontecimentos que levariam a dizimação de milhares de

---

ção bastante comparável à SDN. Além disso, em razão das ideias "funcionalistas" que reinavam no decorrer desse período, imaginaram um conjunto extremamente descentralizado de organizações mundiais. Para compreender a natureza do conjunto de organizações mundiais que existiam neste final do século XIX, deve-se considerar, sucessivamente, as ideias sobre a segurança e sobre a construção, a longo prazo, de uma sociedade mundial pacífica e integrada". BERTRAND, Maurice. *A ONU.* Trad. Guilherme João Teixeira de Freitas. Petrópolis, RJ: Vozes, 1995, p. 30.

CAPÍTULO XX ● O Direito na Primeira Metade do Século XX: O Universo Jurídico em
Meio às Duas Grandes Guerras Mundiais

pessoas. A Declaração conjunta emitida por estes países aos 29 de maio de 1915 lista uma série bastante extensa de localidades onde ocorriam tais calamidades[26]. Assim, muitos se viram forçados a evacuar em massa das cidades onde residiam. Aqueles que, por alguma razão não foram deportados, acabariam por conhecer a morte em meio aos imensos contingentes que vagavam pelo interior do país. No Tratado de Sèvres (1920), a Turquia, bastante pressionada, chegou até a cogitar a possibilidade de instalação e um tribunal para julgar todas as atrocidades cometidas contra a minoria armênia. Vale notar que, inclusive, o termo "massacre"[27] aparece textualmente na sua forma plural no corpo do próprio acordo, que nunca chegou a ser implementado pela ausência de ratificação.

Pouco mais de uma década depois da ocorrência do primeiro genocídio do século XX, com a chegada ao poder de Adolf Hitler na Alemanha em 1933, o contexto político-social assume ares de grande dramaticidade. Dois anos depois, o governo nazista não tardaria a servir-se de um arcabouço normativo responsável pela instauração de um contexto social onde o terror constituía-se na tônica primordial. A maior expressão deste, não obstante aos sucessivos decretos que ainda viriam com o decorrer do tempo, foram as já mencionadas "Leis de Nuremberg" (1935). O alvo da torpeza normativa que se calvava na mais completa e absurda forma de discriminação contra o gênero humano era, agora, dirigida principalmente contra os judeus. Todavia, como se sabe, outras minorias como os ciganos e grupos vulneráveis como os deficientes físicos não ficariam incólumes à sanha que arrebatava as mentes e os corações do III Reich. Assim, progressivamente, as pessoas tiveram suas propriedades confiscadas; para logo em seguida perder sua cidadania, porquanto, exigia-se le-

---

[26] Como exemplo destas tantas vilas, aldeias e cidades, entre outros lugares, têm-se Erzerum, Dertchum, Eguine, Akn, Bitlis, Mush, Sassun, Zeitum, entre outras. Veja a esse respeito SHABAS, William. *Genocide in International Law*: The Crime of Crimes. Cambridge, UK: University of Cambridge, 2000, p. 21-22.

[27] SHABAS, William. *Genocide in International Law*: The Crime of Crimes, p. 16 e 21-22.

galmente dos nascidos em solo germânico que provassem ser "arianos". Os que exerciam funções públicas foram exonerados de seus cargos, e todos os que possuíam alguma formação acadêmica, não lhes era mais concedido o direito de viver da prática de suas profissões ou de sua titulação. O confinamento nos guetos determinava a observância rigorosa das regras pertinente aos toques de recolher. Logo a seguir, o morticínio perpetrado contra milhares alcança uma escalada jamais vista até então. Na medida em que as forças do Eixo avançavam pelos territórios do Leste Europeu, a sobrevivência de comunidades judaicas inteiras foi, desde pronto, colocada em xeque. Forçados a embarcar em grandes contingentes nos vagões de trens, amontoados e sem as mínimas condições de dignidade, um número incontável de seres humanos foi encaminhado aos campos de trabalhos forçados, os assim chamados "campos de concentração". Ali, conheciam a morte pela completa privação de tudo que poderia ser considerado mais básico à existência. As famílias eram separadas logo na chegada àqueles locais construídos para ceifar vidas, causando grande consternação a todos, especialmente, pela natural preocupação com o destino a ser imposto às crianças. Os prisioneiros eram submetidos automaticamente a maus-tratos e tormentos de toda ordem, e, por fim, sucumbiam diante das câmaras de gás. Estima-se, em linhas gerais, que cerca de 6 milhões de pessoas de origem israelita perderam suas vidas no continente, no período compreendido entre os anos 1933-1945. Hoje sabe-se que o Holocausto (*Shoah*, em hebraico) era parte de um plano secreto de assassinato em massa, que havia sido orquestrado pelo Partido Nazista, pelo menos desde 1942, quando seus principais líderes se reuniram em Wansee, nos arredores de Berlin.

Terminada a guerra, a Europa é inundada por notícias e relatos sombrios dos sobreviventes oriundos de todos os territórios ocupados pela *Wehrmacht*. As tentativas de ocultação dos terríveis acontecimentos não lograram o êxito esperado pelos oficiais da SS, os quais, até o fim, de tudo fizeram para não deixar vestígios de seus atos. Deste modo, a catástrofe daqueles dias cinzentos veio à tona em abundância deixando os aliados estarrecidos. A triste realidade e o

CAPÍTULO XX ● O Direito na Primeira Metade do Século XX: O Universo Jurídico em
Meio às Duas Grandes Guerras Mundiais

infortúnio vivenciado por milhares nos campos de concentração foi, pois, agora escancarado por completo.

Em face destes eventos que deixaram a sociedade internacional perplexa, era preciso que a questão fosse levada à discussão de imediato. Entre os especialistas em Direito Internacional Público, o assunto já havia sido debatido no final da Primeira Grande Guerra, mais precisamente, por ocasião do massacre armênio. Nesse sentido, Nicolas Politis (1872-1942), que há época era Ministro das Relações Exteriores da Grécia, propôs a adoção da designativa "Crimes contra as leis da Humanidade". Entretanto, o termo "genocídio"[28] logo se popularizou a partir da sugestão do advogado polonês Raphael Lemkin (1900-1959). Assim, reunidos em Paris, discutiu-se novamente a necessidade de se tipificar o assassinato em massa. A terminologia em questão seria consagrada pela primeira vez por intermédio do fruto daqueles encontros, o "Pacto de Prevenção e Repressão ao Crime de Genocídio" (1948). Destarte, o "crime dentre todos os crimes"[29] como muito bem acentuou Schabas, seria definitivamente tipificado.

---

[28] Raphael Lemkin buscou originalmente inspiração para a definição do crime a partir de uma conjunção de palavras nas línguas grega e latina. Confira a obra de MAY, Larry. *Genocide*: A Normative Account. Cambridge, UK: Cambridge University Press, 2010, p. 4.

[29] SHABAS, William. *Genocide in International Law*: The Crime of Crimes. Cambridge, UK: University of Cambridge, 2000.

PARTE IX

História
DO DIREITO NACIONAL

XXI. História do Direito no Brasil Colônia (1500-1815)

XXII. História do Direito no Brasil-Reino (1815-1822)

XXIII. História do Direito no Brasil Império (1822-1889)

XXIV. História do Direito brasileiro na República Velha (1889-1930)

XXV. História do Direito brasileiro na República: da Revolução de 1930 ao fim do Estado Novo (1930-1945)

XXVI. História do Direito brasileiro na República: do fim do Estado Novo ao processo de redemocratização (1945-1988)

CAPÍTULO XXI

História do Direito no Brasil Colônia (1500-1815)

21.1 Os direitos indígenas na "Terra de Santa Cruz"

Ao contrário do que ocorre em outros países das Américas, o Brasil se ressente da ausência de uma literatura jurídica especializada, que contemple em seu bojo um relato seguro sobre os direitos ancestrais da imensa população autóctone baseada em nosso território. Ainda raros e extremamente exíguos são os estudos desenvolvidos por juristas pátrios a abordar os direitos tradicionais de nossas nações indígenas. Apenas alguns antropólogos enveredaram, circunstancialmente, no trato desses significantes assuntos. Assim, a temática torna-se um quebra-cabeça por vezes inextrincável, posto que suas peças principais acabam por se perder no horizonte dos tempos e da carência de tão necessárias fontes sobre o assunto.

Ademais, com os morticínios por aqui ocorridos e o crescente processo de assimilação cultural, as pesquisas sobre as percepções do universo da legalidade entre os povos nativos transformaram-se num desafio cada vez maior, de difícil solução. Some-se a isso o fato de que a previsão de tópicos relacionados à "Antropologia Jurídica" nas matrizes curriculares dos cursos de Direito, algo que naturalmente poderia despertar o interesse sobre a matéria, somente ganha força em 2004, com a entrada em vigor da Resolução n. 9 do Conselho Nacional de Educação.

De outra sorte, é sabido por todos que o vigoroso modelo de colonização ibérica nestas terras, tendo em vista impor a completa subjugação dos primeiros habitantes do país, demonstra facilmente que as percepções jurídicas indígenas desapareceram quase que por completo, tendo elas em nada influenciado a construção do pensamento jurídico nacional. Como previsto, as conversões forçadas, desde pronto, permitiram a descaracterização de hábitos e costumes, afetando, desde o início de nossa história, as noções jurídicas originais. Nesse sentido, o objetivo lusitano sempre esteve muito claro, conforme se pode perceber a partir de uma breve leitura do famoso documento que deu conta a D. Manuel, rei de Portugal, acerca do "achamento" do Brasil ou, à época, "Terra de Santa Cruz". Pode-se dizer que a *Carta de Pero Vaz de Caminha a El Rey* (1º de maio de 1500) é o primeiro relato antropológico do "homem brasileiro". O famoso escrivão que acompanhou a nau de Pedro Álvares Cabral narra de modo bastante simpático e curioso o encontro entre estes dois mundos tão distintos, porém, sem se esquecer, como súdito leal aos propósitos de Estado que era, de sugerir que o melhor a se fazer é "salvar esta gente", tendo por fim o "acrescentamento da nossa fé".

Ora, tal postura não é motivo de surpresa, considerando que os impérios, em dado momento de suas trajetórias, chamam a si a empresa civilizadora do mundo e no caso dos iberos, que no início da Idade Moderna se tornaram os perpetuadores de ideais eurocêntricos[1], isto não seria de modo algum diferente.

---

[1] A problemática em questão foi tratada com maestria na obra de DUSSEL, Enrique. *1492 – O Encobrimento do Outro (A Origem do Mito da Modernidade)*, p. 15-25.

CAPÍTULO XXI ● História do Direito no Brasil Colônia (1500-1815)

Os lusitanos que por aqui aportaram, como qualquer outro foras-
teiro vindo d'além-mar, julgavam-se superiores às gentes locais. Assim, não se pode esperar que a documentação e os relatos dos cronis-
tas dos séculos XVI e XVII venham a suprir as imensas dúvidas que
pairam sobre a noção de legalidade dos nativos ou sobre sua particular
impressão acerca dos invasores do Velho Mundo. No entanto, essa
"consciência legalista", algo tão obstinadamente exigido por nossa cultura dogmática e positivista, não encontra a ressonância teórica adequada nestes casos. As razões para isso resumem-se ao fato de que a
expectativa do senso comum se ancora na esperança de que este "outro", colonizado e profundamente desvalorizado por quem se fez circunstancialmente mais forte e cruel, não possua algo que se julga ser
de teor "eminentemente jurídico". Outrossim, a descrição sobre o
direito autóctone é, pelo menos no caso brasileiro, acidental e despropositada, ou seja, incapaz de revelar o real sentido das regras de determinado grupo indígena, mesmo porque elaborar compêndios doutrinais sobre regras tribais não foi jamais a intenção dos desbravadores
que por estes trópicos se enveredaram. Os viajantes, quando muito,
dão conta apenas de suas impressões pessoais sobre uma terra estranha a seus olhos, povoada por habitantes intrigantes e curiosos.

Vale notar que nem mesmo no vasto território das Missões jesuíti-
cas sobreviveram os direitos indígenas locais, sendo os mesmos su-
plantados por regras e medidas administrativas inspiradas nos cânones
e na sólida tradição jurídica europeia. No Brasil, as reduções começam a ser implantadas a partir de 1549, graças à chegada do Governador-Geral Tomé de Souza (1503-1579) e dos seis primeiros clérigos
da Companhia de Jesus, ordem religiosa fundada por Santo Inácio de
Loyola (1491-1556). Mas o objetivo final dos padres guiados inicialmente por Manuel da Nóbrega (1517-1570) era o de evangelizar as
populações nativas das colônias e refrear a todo custo as práticas religiosas consideradas não cristãs. Assim, consequentemente, sucum-
bem também os delineamentos de uma civilização milenar, dona de
usos e costumes imemoriais, restando, por assim ser, muito pouco
para se falar de seus direitos primitivos. Somente alguns raros europeus, como o Padre José de Anchieta (1534-1597), excepcionalmente,

407

se preocuparam em preservar a cultura aborígine: é de sua autoria a primeira gramática da língua tupi, apesar da existência dos outros múltiplos idiomas falados no Brasil Colonial em função da diversidade étnica prevalecente entre os indígenas locais.

Enquanto isso, na vanguarda ibérica, coube ao teólogo espanhol Francisco de Vitória (1483-1546) contestar, com a autoridade doutrinal que lhe era peculiar, o modelo de ocupação responsável pela opressão e pelos indizíveis tormentos infligidos aos nativos do Novo Mundo. Entretanto, o massacre já se anunciava no horizonte da América Hispânica, sendo até hoje mui dificultosa a tentativa de mensurar o número de vítimas. Outros como António de Montesinos (data de nascimento desconhecida-1545) e Bartolomé de las Casas (1474-1566) igualmente se converteram à nobre causa da defesa dos índios e as vozes desses notáveis intelectuais da Igreja começam, ainda que de forma incipiente, a chamar a atenção dos círculos acadêmicos para a problemática em torno da questão.

No Brasil, o longo ciclo da monocultura da cana-de-açúcar passou a exigir maior contingente de trabalhadores e, assim, antes do tráfico negreiro se disseminar, foi o elemento indígena o primeiro a ser feito escravo nestas terras.

Em 1570, uma Carta Régia restringia os desmandos causados pelos colonos a essa gente, proibindo a subjugação aos conversos, apesar de autorizar (mediante "guerra justa") a captura de indivíduos hostis que insistissem abertamente no conflito e que, porventura, praticassem a antropofagia.

Sem embargo às considerações iniciais, pelo eventual interesse a ser suscitado entre nós, creio que merece menção aqui o fabuloso trabalho de caráter jus-sociológico conduzido na Argentina pelo magistrado Manuel Moreira em meio a uma tribo de origem Guarani, os *Mbya*. Não se olvide que esta grande etnia sempre habitou outros territórios além das terras do Rio da Prata, tais como o Paraguai e também o Brasil, o que justifica maior atenção à pesquisa realizada pelo jurista, desde que guardada a ressalva necessária quando se tem por escopo qualquer abordagem do gênero. Assim, tornar-se-á possível colher algumas pistas nesse universo, apesar de não querermos em nenhum momento inferir que estas sejam, necessariamente, aquelas regras a vigorar entre os guaranis brasileiros no período que antecedeu a chegada dos portugueses. Aliás, o próprio estudo de Moreira guarda uma importante ressalva, a de que a tribo em destaque "já perdeu sua remota originalidade" e tornou-se "desfigurada pela conquista e as práticas hegemônicas etnocidas de centenas de anos"[2].

De todo modo, deve-se admitir que o referido professor universitário, nascido na região das Missões, realizou importantes descobertas em seu trabalho de campo. Uma delas refere-se ao fato de que os *Mbya* já pautavam a gradação das penas a serem aplicadas de acordo com a gravidade dos delitos praticados. É evidente que, em se tratando de um direito puramente arcaico, o sagrado passa a permear por completo as percepções jurídicas iniciais, fazendo dos ritos que incondicionalmente acompanham as punições o mecanismo para que o indivíduo alcance a devida expiação e, assim, ajuste seu comportamento indesejável à ordem ditada por meio social[3].

No âmbito dessas sociedades ágrafas existiram diferentes modos de solução de controvérsias[4]. É comum uma pessoa proeminente decidir sobre alguns crimes. No caso dos *Mbya* o "cacique" (*Opyguá* ou *mburuvichá*) se pronuncia acerca dos "delitos leves", deixando a cargo de uma assembleia tribal (*Aty Guazú*) as demais decisões a serem tomadas. Moreira até mesmo se refere à existência de uma espécie de "*código penal Mbya*", sem, logicamente, querer dizer com isso que esse sistema de regras fosse escrito. O autor identifica três delitos considerados de maior gravidade para a sociedade guarani, objeto de seu exame, quais sejam, o homicídio, o estupro e o rapto de mulheres e um sem-número de infrações mais brandas[5].

Outro grupo indígena importante no decurso de nossa história e particular formação cultural, citado nominalmente no Regimento de

---

[2] MOREIRA, Manuel. *La Cultura Jurídica Guaraní*, p. 99-100.

[3] MOREIRA, Manuel. *La Cultura Jurídica Guaraní*, p. 110.

[4] Sobre o assunto, indico o tópico "Crime e castigo" na obra de MELATTI, Julio Cezar. *Índios do Brasil*, p. 115-117.

[5] MOREIRA, Manuel. *La Cultura Jurídica Guaraní*, p. 118-119.

HISTÓRIA DO DIREITO NACIONAL

1548 de Tomé de Sousa, foi o dos Tupinambá, do qual "Tupi" é o gênero. Os contatos dos portugueses, franceses e outros europeus com estes nativos são razoavelmente bem documentados e cuidam de descrever as relações mantidas com os estrangeiros, que, de amigáveis, poderiam tornar-se extremamente hostis. A eles se dedicou o mestre Florestan Fernandes compondo um rico estudo apoiado em fontes que remontam aos séculos XV e XVI. Essas tribos habitaram diferentes regiões brasileiras, que se estendiam do Pará e Maranhão até os territórios mais ao sudeste e sul. A vastidão das áreas abrangidas pela presença tupi pode ser explicada pelos intensos e variados fluxos migratórios que acompanham a trajetória da nação em busca de uma espécie de "Paraíso" a que aspiravam ardentemente encontrar, ou seja, a "Terra sem Males"[6].

O primeiro capítulo do "Direito tupinambá" e, por conseguinte, dos direitos indígenas nacionais, foi publicado na Europa no ano de 1557. Os apontamentos foram escritos pela pena segura de um destemido aventureiro chamado Hans Staden (1525-1579). O alemão, em suas festejadas memórias, *Duas Viagens ao Brasil*, reservou especial trato à ordem jurídica entre os nativos.

A conjugação de tantas informações esparsas alcança consolidação e análise epistemológica adequada nos estudos levados a cabo por Florestan Fernandes. O autor ensina que, a exemplo dos Guarani, possuíam também os Tupinambá uma espécie de conselho tribal, presidido pelos mais velhos, que tinha ampla competência, entre outras coisas, para decidir sobre assuntos relacionados às declarações de guerra e sobre o destino de algum prisioneiro[7]. Igualmente, a vingança fundada no talião e em compensações diversas era parte do cotidiano desse grupo indígena[8].

---

[6] Sobre o assunto veja FERNANDES, Florestan. *A Organização Social dos Tupinambá*, p. 91.

[7] FERNANDES, Florestan. *A Organização Social dos Tupinambá*, p. 91. Sobre as diversas atribuições dos conselhos indígenas brasileiros sugiro a obra de MELATTI, Julio Cezar. *Índios do Brasil*, p. 112-114.

[8] FERNANDES, Florestan. *A Organização Social dos Tupinambá*, p. 218; 262-263.

410

CAPÍTULO XXI ● História do Direito no Brasil Colônia (1500-1815)

Todavia são as regras acerca de seu direito de família aquelas que se mostram mais acessíveis ao nosso conhecimento, especialmente as normas sobre casamento e divórcio. A mais corriqueira modalidade de enlace na sociedade tupinambá é a que se traduz na união entre o tio e sua sobrinha, cujo propósito maior era o de manter perenemente coeso o grupo familiar[9]. A menina não estava condicionada à aceitação do esposo pretendido pela parentela que orquestrava os esquemas e alianças matrimoniais, porém, quando o rejeitava, sujeitava-se às sanções impostas pela tribo. Os casamentos com não parentes não estavam proibidos pelo direito, mas resta inequívoco que todo e qualquer laço ou vínculo realizado entre os Tupinambá exigia a prévia aprovação da família, a começar pelos pais e irmãos da futura noiva[10]. Como bem alude Melatti sobre a matéria em questão, o casamento constitui-se numa "aliança entre grupos" onde "unem-se clãs, unem-se linhagens, unem-se aldeias"[11].

Além dessas duas formas, existia a aliança celebrada entre primos[12].

Houve, igualmente, a prática do "levirato", basicamente, nos mesmos moldes daquela união admitida pelos hebreus[13].

Florestan Fernandes ressalta que o divórcio era bastante frequente e não exigia maiores formalidades entre os Tupinambá, cabendo a iniciativa de requerê-lo a qualquer um dos cônjuges. Em se tratando da ocorrência de adultério, a comunidade aldeã mostrava-se bastante complacente para com os homens, sendo que os amantes, nessa situação, alcançavam a isenção no que diz respeito a maiores transtornos ou punições. A mesma realidade, contudo, não era verificável no caso da esposa, que poderia ser repudiada ou até mesmo morta pelo marido traído. Norma curiosa do "Direito Tupinambá" era a que proibia as

---

[9] FERNANDES, Florestan. *A Organização Social dos Tupinambá*, p. 185 e 197.

[10] FERNANDES, Florestan. *A Organização Social dos Tupinambá*, p. 183, 185-186 e 198.

[11] MELATTI, Julio Cezar. *Índios do Brasil*, p. 88.

[12] FERNANDES, Florestan. *A Organização Social dos Tupinambá*, p. 183, 185-186 e 198.

[13] FERNANDES, Florestan. *A Organização Social dos Tupinambá*, p. 200.

HISTÓRIA DO DIREITO NACIONAL

grávidas de manterem relações sexuais com seus cônjuges, pois, no imaginário indígena, isso correspondia à ideia de "incesto"[14].

O instituto da escravidão existia entre os Tupinambá, porém os servos eram tratados com respeito ímpar, sendo-lhes assegurada a liberdade de locomoção no interior da aldeia. Sabe-se que estes, não raro, chegavam a receber por esposa uma das filhas ou irmãs das mãos daqueles sob cujos auspícios estavam, ou, ainda, permitiam-lhes tomar por companheira a viúva de um combatente. Às esposas incumbia-se a necessidade de prestar a devida honra ao marido e, por ocasião de seu falecimento, cumprir com todas as obrigações inerentes aos ritos fúnebres tupinambás[15].

Nos parágrafos acima, dentro das possibilidades, buscamos trazer apenas um substrato, a essência do universo jurídico dos dois grupos indígenas (os Guarani e os Tupinambá), que foram extremamente importantes no decurso de nossa longa história e peculiar formação. Não se olvide, entretanto, a diversidade cultural que nos caracteriza, tradutora da complexa rede humana que compõe a "civilização brasileira". Registre-se, de antemão, que foram numerosas as etnias a povoar o solo pátrio, cada qual com costumes e percepções jurídicas diversificadas, sendo que a grande maioria delas, por motivos óbvios, não poderá ser jamais reconstituída.

Convém ressaltar que a brevíssima e despretensiosa abordagem que se fez, sobre os direitos dos povos autóctones, não ilustra qualquer objetivo no sentido de esgotar o assunto, apesar de deixarmos aqui consignada a observação de que tais temas ainda recebem pouquíssimo trato pela doutrina nacional. Muito desta própria postura hodierna ainda é o reflexo do olhar legado pelo colonizador luso-hispânico, que se mostrava desinteressado pelas representações da cultura local, perdidamente imerso num cotidiano marcado pela exploração e pelo acúmulo de riquezas. Some-se o fato de que os direitos indígenas em nada se refletem na construção do modelo jurídico

---

[14] FERNANDES, Florestan. *A Organização Social dos Tupinambá*, p. 205-206.

[15] FERNANDES, Florestan. *A Organização Social dos Tupinambá*, p. 195-196.

412

CAPÍTULO XXI ● História do Direito no Brasil Colônia (1500-1815)

nacional e encontraremos os motivos imediatos para a completa desconsideração dos estudos antropológicos de tal natureza.

O Direito português, fundado em matrizes latinas históricas, dogmáticas e tradicionais, a saber, "romano-canônicas", era apenas mais um dos instrumentos de poder colocados a serviço de um império em crescente expansão.

Portanto o teor teocrático das ideologias reinantes à época das descobertas na Ibéria, especialmente no que concerne à relação a ser mantida com os conquistados, das quais já falamos anteriormente, fez com que as eventuais práticas jurídicas indígenas, os hábitos e os costumes imemoriais aborígines fossem largamente desdenhados pelo olhar altivo de alguém que se julgava dono de uma cultura infinitamente superior. Destarte, não por acaso, nos tempos do Brasil Colonial esta "justiça estatal" – como bem admoesta Wolkmer – apenas admitiu o "Direito indígena como uma experiência costumeira de caráter secundário"[16].

Entrementes, muito bem-vindas e sensatas qualificam-se as palavras de Cunha Bueno quando a este cumpre salientar que "não se há de ignorar valor histórico ao direito indígena, conquanto igualmente inegável sua aplicação em nosso território na fase que antecedeu a colonização. Negar-lhe a existência seria o mesmo que ignorar a civilização originariamente brasileira"[17].

21.2 O Direito no Brasil Colonial (1500-1815)

Abordaremos logo a seguir o Direito no Brasil Colonial, que, como veremos, não é propriamente um "direito nacional", mas antes, o ordenamento jurídico vigente na Metrópole e em seus domínios. O período se estende da data oficial assinalada para a descoberta empreendida por Pedro Álvares Cabral, em 1500, ao ano de 1815, quando o território ultramarino, juntamente com Portugal e Algarves, é elevado à condição de "Reino Unido", assumindo, portanto, novo *status* jurídico.

---

[16] WOLKMER, Antonio Carlos. *História do Direito no Brasil*, p. 52.

[17] CUNHA BUENO, Paulo Amador Thomaz Alves da. *Notícia Histórica do Direito Penal no Brasil*, p. 142.

21.2.1 O sistema das capitanias hereditárias e suas implicações jurídicas

A implantação das chamadas "capitanias hereditárias" não consistiu na elaboração de um modelo original de ocupação territorial cuja idealização se destinava à realidade ditada pelas circunstâncias do "Novo Mundo". Os portugueses já o haviam experimentado por ocasião de algumas de suas descobertas. Por aqui se sabe que a sistemática redundou no mais completo fracasso em função do modo de divisão do solo, de dificuldades de adaptação com o clima nos trópicos, pestilências, conflitos com os povos indígenas e, principalmente na grande maioria dos casos, a inviabilidade econômica do negócio, apesar de a iniciativa em torno da criação de capitanias hereditárias ter sobrevivido até mesmo à instauração dos chamados "Governos-Gerais" no ano de 1548.

No caso brasileiro, observa-se que o litoral foi recortado por linhas horizontais, e as terras foram entregues aos seus donatários, todos eles escolhidos pelo beneplácito do cetro real. Esses dignitários eram, mormente, pessoas ligadas à nobreza de Portugal. Os limites da capitania guardavam a imprecisão comum ao período histórico em destaque, sendo definidos pela Coroa Portuguesa, que, para tanto, fundava-se em mapas precários. O Regimento de 1548 que Tomé de Sousa recebera das mãos do rei já expressava a preocupação com a demarcação dos contornos da capitania.

Questão complexa aos olhos dos juristas consiste na tentativa de se definir com segurança a chamada "natureza jurídica das capitanias hereditárias". Sobre o assunto em tela, Walter Vieira do Nascimento contesta a tese apresentada por César Trípoli, de que estas se configuravam numa espécie de "usufruto", pois "o direito do beneficiário" – alude acertadamente – "não se extinguia com sua morte, isto é, o seu direito se transmitia por sucessão hereditária"[18]. Também, insiste ainda o mesmo autor na contraposição às opiniões de Trípoli, em função do fato de as "capitanias" serem "inalienáveis", "não se pode falar

---

[18] NASCIMENTO, Walter Vieira do. *Lições de História do Direito*, p. 202.

CAPÍTULO XXI ● História do Direito no Brasil Colônia (1500-1815)

puramente em 'enfiteuse', mesmo porque esta não decorria da relação entre soberano e o donatário, mas de ambos com terceiro"[19].

Jônatas Luiz Moreira de Paula[20] igualmente se debruçou sobre os pormenores do tema em pauta rechaçando, desde pronto, duas correntes, sendo que a primeira delas consiste na defesa da tese de que as capitanias seriam "concessões do Estado, à semelhança das atuais concessões de Direito Público". Para o professor isso não seria possível haja vista que "a atuação dos capitães-donatários era de trazer o Estado Português ao Brasil recém-descoberto, por isso era uma empreitada muito mais ampla que a simples concessão de um serviço público" e do mesmo modo "não se poderia conceber essa empreitada como uma empresa capitalista, visto que os capitães donatários exerciam função pública". As demais discussões – adverte o jurista – sobre se as capitanias "eram simples privilégios concebidos a fim de colonizar o Brasil" ou "privilégios concedidos por haver um sistema feudal" renderão outros tantos debates jurídicos, cuidando o autor de destacar, ainda, após exposição de diversos pareceres na doutrina pátria, que "fica demonstrada a polêmica a respeito da natureza das capitanias hereditárias, questão que ainda ganhará espaço na história jurídica brasileira em face da diversidade de interpretações que somente o tempo poderá melhor responder"[21].

De qualquer modo, como convinha aos ditames da práxis da época, o monarca lusitano expedia os documentos legais necessários ao bom logro da colonização. Cabe a nós adentrarmos os meandros jurídicos inerentes ao seu processo de implantação. Dois, basicamente, eram os diplomas legais administrativos preliminarmente necessários. O ato jurídico inicial que investia o donatário de garantias e privilégios gerais se consumava através de uma *"Carta de Doação"*, cujas características remontam à tipicidade e às tradições delineadoras das relações feudo-vassálicas, que se faziam acompanhar por so-

---

[19] NASCIMENTO, Walter Vieira do. *Lições de História do Direito*, p. 202.

[20] PAULA, Jônatas Luiz Moreira de. *História do Direito Processual Brasileiro*, p. 203.

[21] PAULA, Jônatas Luiz Moreira de. *História do Direito Processual Brasileiro*, p. 203-4 e também p. 211.

lenes juras de lealdade. Por meio dela autorizava-se a posse de determinado território na colônia, que somente poderia ser transmitida hereditariamente, *in casu*, ao sucessor imediato – o filho mais velho (seguindo na esteira da influência do Direito nobiliárquico, que regulava as relações entre nobres)[22].

Já a chamada *"Carta de Foral"* ou, mais precisamente, o *"Foral"* era também um diploma legal de origem medieval, utilizado especialmente na Península Ibérica com a finalidade de se promover a organização administrativa dos vilarejos a serem criados em determinada região[23]. Os *"nossos Forais"* guardavam sua particular singularidade dado o contexto em que eram utilizados, levando-se em conta que as terras recém-descobertas ainda precisavam ser desbravadas e povoadas, mostrando-se, portanto, carecedoras de toda a infraestrutura necessária ao seu pleno desenvolvimento. Os direitos outorgados permitiam ao beneficiário proceder, a seu juízo, às medidas relativas à concessão de terras aos colonos interessados em cultivá-las, e que por aqui tivessem a intenção de se estabelecer em definitivo. Mas toda esta sorte de providências era feita sempre às expensas do donatário, não devendo este esperar da Coroa mais do que aquilo que já lhe fora oferecido. Essa situação somente vem a se modificar a partir de 1548, com a implantação dos "Governos-Gerais".

O donatário, como procurador imediato do Rei a viver em lugares ermos e distantes de Lisboa, também era o responsável-mor pela manutenção da ordem, possuindo amplíssima competência jurisdicional em matéria civil ou criminal. A exploração das matérias-primas locais e a dotação de condições de produção local para fins comerciais lhe eram igualmente outorgadas como parte do propósito maior contido no *"Foral"*, desde que observasse a parte que lhe competia encaminhar à Coroa. Nestes primeiros tempos o extrativismo do pau-brasil e

---

[22] "Direito nobiliárquico" é a terminologia utilizada para se referir ao conjunto de regras de origem medieval respectiva aos títulos próprios da nobreza (arquiduques, duques, marqueses, condes, viscondes e barões), regulando também o uso dos brasões de família.

[23] Na Espanha eram conhecidos por *"Fueros"*.

CAPÍTULO XXI ● História do Direito no Brasil Colônia (1500-1815)

o engenho de açúcar tornaram-se os vetores da economia da colônia, considerando que a cobiça pelo ouro e pelas pedras preciosas só dariam alvo para sistemática e regular investida mais tarde, com o ingresso dos bandeirantes nas matas interioranas movidos por esses ciclos.

21.2.2 Leis para reger as relações dos colonizadores com os povos indígenas

As segundas iniciativas de cunho jurídico adotadas pela Metrópole que se destinavam ao governo das colônias consistiram em delimitar os contornos das relações a serem mantidas com os nativos. O contato inicial, conforme relatou Pero Vaz de Caminha com acuidade nos detalhes, foi marcado pela cordialidade entre as partes. O que o escrivão oficial do Rei não poderia prever era que esta amizade inicial não seria capaz de assegurar uma duradoura paz para os dias vindouros, pois o futuro seria tragicamente marcado por sangrentas guerras de conquista e conversões forçadas. Não é de se surpreender, portanto, que as tais práticas fluíssem sempre em consonância com o itinerário de conquistas e subjugação destes "Impérios Mercantis e Salvacionistas"[24], só para fazer jus à oportuna expressão de que se valeu o mestre Darcy Ribeiro.

A legislação colonial a tratar da condição do silvícola brasileiro não é de modo algum escassa, sendo que aquele "Regimento de Tomé de Sousa" de 1548 constitui apenas a regra jurídica inicial, ou seja, a pedra angular a inaugurar o trato do problemático e instável relacionamento observado nos trópicos com a gente nativa. Mércio Pereira Gomes, a esse respeito, informa que "as primeiras leis e recomendações de como se relacionar com os índios estão contidas nos regimentos que o rei dava aos capitães de navios que fossem comerciar nas terras do Brasil"[25]. Imagina-se que muitos desses documentos, por

---

[24] RIBEIRO, Darcy. O *Processo Civilizatório*: Etapas da evolução sócio-cultural – Estudos de Antropologia e da Civilização, p. 130.

[25] GOMES, Mércio Pereira. *Os Índios e o Brasil*: Ensaio sobre um holocausto e sobre uma nova possibilidade de convivêncial, p. 68.

HISTÓRIA DO DIREITO NACIONAL

acompanharem as naus em sua fastidiosa jornada, acabaram se perdendo, deles se tendo pouca ou rara notícia.

O dito Regimento de 1548 constituía-se de instruções gerais da parte de D. João III (1502-1557) à administração de Tomé de Sousa. Instava o nobre lusitano à necessidade da tomada de providências visando à centralização do governo na "Bahia de Todos os Santos". A iniciativa demonstrava uma clara preocupação com a defesa da colônia contra eventuais interesses externos, dotando-a de todos os armamentos e guarida destinada a tanto.

A questão indígena, como não poderia ser diferente, está presente no corpo do documento. Ao governador do Brasil aconselha-se tratar do assunto com a devida prudência, evitando-se supérfluas indisposições; concedendo aos nativos o perdão sempre que possível, mas sujeitando-os quando necessário. Entretanto, registro aqui a abalizada crítica de Ibsen José Casas Noronha, em singular obra sobre o assunto: "A truculência do texto denota a gravidade da situação em que se encontravam as possessões portuguesas. Era declarada guerra aos índios que se sublevaram e que praticaram a antropofagia. A paz seria estabelecida somente no caso do gentio aceitar submeter-se às leis portuguesas"[26].

Igualmente, não se pode nunca perder de vista o fato de que os interesses lusitanos, nos primórdios da ocupação das terras de um "Novo Mundo" que agora se descortinava aos olhos europeus, era o de subjugar o índio por completo, de modo a submetê-lo aos rigores do trabalho escravo. Por isso mesmo, admoesta Bosi, "a colonização não pode ser tratada como uma simples corrente migratória: ela é a resolução de carências e conflitos da matriz e uma tentativa de retomar, sob novas condições, o domínio sobre a natureza e o semelhante que tem acompanhado universalmente o chamado processo civilizatório"[27].

A partir da segunda década do século XVI, a cana-de-açúcar, originária da Índia, encontrava clima ideal para ser produzida no Brasil.

---

[26] NORONHA, Ibsen José Casas. *Aspectos no Brasil Quinhentista*: Consonâncias do espiritual e do Temporal, p. 131.

[27] BOSI, Alfredo. *Dialética da Colonização*, p. 13.

CAPÍTULO XXI ● História do Direito no Brasil Colônia (1500-1815)

O elevado apreço e a grande procura pelo comércio da especiaria na Europa prometiam bons lucros a quem possuísse recursos para se dedicar ao seu cultivo. A lavoura, por sua vez, requeria braços fortes para o trabalho árduo. Inicialmente, os desbravadores lusitanos pensaram em utilizar a população nativa para a referida tarefa, mas esta não se adaptou. Pelas matas brasileiras a população indígena era constantemente capturada, aprisionada e entregue ao desiderato dos senhores do Tejo. Somente percebendo-se inviável a inserção do aborígine na empreitada é que se pensou em buscar escravos na costa africana, região esta que os portugueses já exploravam com algumas décadas de antecedência.

Os desmandos praticados, não raro, chegavam ao conhecimento dos reis de Portugal, que, então, propunham uma legislação específica para tratar da situação. Como exemplo, tem-se a Lei de D. Sebastião de 1570. Ei-la subscrita abaixo em um de seus trechos mais importantes do acordo, conservando-se a ortografia da época:

> Defendo & mãdo, que daqui em diante se nam vse nas ditas partes do Brasil dos modos que se atè ora se vsou em fazer catiuos os ditos gentios, nem se possam catiuar per modo nem maneyra algũa, salvo aquelles que forem tomados em guerra justa, que os portugueses fezerem aos ditos gentios com autoridade & licêça minha, ou do meu governador nas ditas partes, ou aquelles que custumam saltear os portugueses, ou a outros gentios pera os comerem: assim como sam os que se chamam aymures, & outros semelhantes. E as pessoas que pellas ditas maneyras licitaa catiuarem os ditos gentios, seram obrigados dentro de dous meses primeiros seguintes, que se começaram do tempo, em que os catiuarem, a fazerem escrever os tais gentios catius nos liuros das prouedorias das ditas partes, pera se poder ver, & saber quaes sam, os que licitamente foram catiuos. E nam ho comprido assi no dito tempo de dous meses. Ey por bem percam há auçam dos ditos catiuos, & senhorio. E que per esse mesmo feyto sejam forrros, & liures[28].

---

[28] O texto original da dita lei pode ser encontrado na excelente obra de NORONHA, Ibsen José Casas. *Aspectos no Brasil Quinhentista*: Consonâncias do espiritual e do

HISTÓRIA DO DIREITO NACIONAL

Importante destacar que pela letra da lei se reconhece e condenam-se formalmente os maus-tratos perpetrados contra os índios, que pareciam ser constantes e corriqueiros por estas plagas. A exceção aberta à possibilidade de imposição de escravidão aos povos autóctones é dirigida a todos aqueles que forem "tomados em guerra justa", ou seja, considera-se a justificabilidade da beligerância quando os tais forem afeitos à rapina ou antropofagia. Interessante notar, conforme foi visto, que a legislação concede "dois meses" para que se proceda com uma espécie de registro público de todos os indivíduos capturados de maneira "lícita" e que, porventura, estejam submetidos a alguma espécie de autoridade do tipo senhorial.

No entanto, mesmo com o direito em vigor, tem-se como pouco provável supor que a Coroa Portuguesa pudesse vir a reunir as condições favoráveis para verificar o cumprimento desta ou de qualquer outra norma outorgada pelo cetro do monarca a respeito da matéria. Assim, não seria destituído de senso asseverar que aquilo que foi legalmente disposto na Corte lisboeta para a gerência de sua maior colônia ultramarina, no que concerne à questão, nunca foi, de fato, observado. Como bem salientou Gomes a esse respeito, "considerando que uma lei, naquele tempo, levava de seis meses a um ano para vir de Portugal a seu local de destino, pode-se concluir que elas nunca tiveram um efeito real, a não ser provocar a ira de seus moradores, isto é, dos colonos ou fazendeiros que se utilizavam do braço indígena"[29].

Tanto é verdade que a Lei de Filipe de 1587[30] mantém quase que literalmente a estrutura e os dizeres consagrados no texto de D. Sebastião.

Temporal, p. 239. Menciono, igualmente, a fonte que os cuidados do autor em suas pesquisas, fez constar: Leys, e Prouisoes que El Rey dom Sebastiã nosso Senhor fez depois que começou a governar. Impressas em Lisboa per Frãcisco Correa, com a prouaçam do Ordinario, & Inquisidor, 1570. Faço notar ao leitor que, à época, a letra "v" ora substituía o "u" (como em "vse") ora acontecia o contrário (como em "catiuos" e "catiuar").

[29] GOMES, Mércio Pereira. Os Índios e o Brasil: Ensaio sobre um holocausto e sobre uma nova possibilidade de convivêncial, p. 74.

[30] Cf. o texto na íntegra na obra de NORONHA, Ibsen José Casas. Aspectos no Brasil Quinhentista: Consonâncias do espiritual e do Temporal, p. 239-243.

CAPÍTULO XXI ● História do Direito no Brasil Colônia (1500-1815)

A única diferença é que a nova regra também dispõe, mais detalhada-mente, sobre outros assuntos não tratados anteriormente, o que de-monstra a existência de um formato-padrão de redação estabelecido para cuidar da questão indígena, exigindo para tanto, tão somente, maior responsabilidade do Governador-Geral e do Ouvidor quanto à questão.

Sabe-se que as leis mencionadas não foram as únicas a tratar do tema no Brasil Colonial, todavia, cremos que os documentos aos quais nos referimos, por serem os mais importantes do gênero, fornecem valiosos subsídios para a suficiente compreensão do assunto em tela.

21.2.3 As Ordenações do Reino

As "Ordenações do Reino", também conhecidas como "Ordena-ções Reais", constituíram-se numa abrangente consolidação de regras a versar sobre diversas matérias jurídicas que vigoraram em Portugal, entre os séculos XV e XVII.

As sistematizações de Direito levavam o nome dos respectivos monarcas de cada período, assim, têm-se as "Ordenações Afonsinas" (1446), as "Ordenações Manuelinas" (1521) e as "Ordenações Filipi-nas" (1603), sendo esta última a que foi, notadamente, a mais impor-tante para a história do Direito no Brasil.

Essas célebres coleções legais reproduzem os parâmetros culturais de sua época na Península Ibérica. Quanto à forma, estrutura e apresen-tação, são divididas em cinco livros distintos, que organicamente lem-bram, guardadas as devidas proporções, as codificações hodiernas. A retórica jurídico-legislativa canônica, que bebeu na fonte do Direito Romano, é sobremodo abundante. As regras são discricionárias, reco-nhecendo os privilégios da fidalguia e a técnica jurídica empregada para a tipificação dos delitos e determinação das penas se mostra deficitária. O espírito medieval da Inquisição ainda norteia o corpo do texto, fun-damentando a política de perseguição imposta pelos reis aos que não professassem o catolicismo (especialmente judeus e muçulmanos). As punições são, do mesmo modo, por demasiado cruéis e degradantes, assumindo castigos corporais diversos. A morte na fogueira constituía a tônica das correções previstas nas Ordenações Filipinas.

21.2.3.1 *Ordenações Afonsinas (1446)*

A morte prematura de D. Duarte (1391-1438), vitimado pela doença após os insucessos da campanha militar em terras marroquinas, e a contínua reticência de Dona Leonor de Aragão (1402-1455) diante das atribuições próprias reclamadas pela Coroa de Portugal (o que significava o cumprimento de um desejo expresso por seu marido em testamento), exigiram que o país fosse governado circunstancialmente por D. Pedro, irmão do monarca e Duque de Coimbra (1392-1449), na condição de "Regente", até o momento em que Afonso V (1432-1481), à época em tenra idade, estivesse apto a assumir as rédeas do governo, o que viria a ocorrer no ano de 1448. Certo é que o inesperado falecimento de D. Duarte redundou em sérias desavenças entre seu filho, o jovem monarca D. Afonso V, e D. Pedro, que não tardariam a dividir drasticamente as opiniões da sociedade lusitana, não podendo ser desprezado o enorme apoio angariado por este último nos vilarejos e nas cidadelas no interior do país. De todo modo, a dissensão entre os nobres culminaria na trágica Batalha da Alfarrobeira (1448), quando então D. Pedro, acusado de rebeldia, perde a vida ainda sob circunstâncias históricas pouco esclarecidas. Não obstante, é de conhecimento geral que D. Duarte, em seu exíguo reinado (cinco anos), já havia manifestado o ímpeto de tratar de questões legislativas, tendo D. Pedro conferido prosseguimento ao desiderato em questão. A criação das sobreditas leis alcança justificativa logo em seu prefácio[31], que dá conta das origens da independência da pátria, da necessidade de se prover a nação lusitana com uma legislação própria, em função da soberania alcançada logo após a secessão conseguida junto ao Reino de Leão.

Assim, do monumental trabalho levado a cabo pelos jurisconsultos João Mendes e Ruy Fernandes surgem as "Ordenações Afonsinas" de

---

[31] Veja os originais em sua literalidade consultando o trabalho realizado pelo INSTITUTO DE HISTÓRIA E TEORIA DAS IDEIAS DA FACULDADE DE LETRAS DE COIMBRA. *Ordenações Afonsinas*. Coimbra: Universidade de Coimbra, s/d. Disponível em: <www1.ci.uc.pt> [Acesso em 26/7/2011.] Trabalho realizado por Ivone Susana Cortesão Heitor (Livro I) e Anabela Maia, Liliana Ventura, José Carlos Marques e Duarte Coelho (Livros II, III, IV e V).

CAPÍTULO XXI ● História do Direito no Brasil Colônia (1500-1815)

1446, a primeira coleção de leis a despontar dentro do conjunto sistemático e quadro maior das "Ordenações Reais", que, conforme era de se esperar, receberam tal nome apenas em homenagem ao anunciado reinado de D. Afonso V, não sendo devida a este, contudo, a iniciativa de compô-las.

Por último, porém, não menos importante, é a tempestiva observação feita por Cândido Mendes de Almeida[32], que rechaça a opinião de outro jurista notável, Jeremias Bentham, não aceitando a alegação deste de que o "Código Dinamarquês" (1683) seria o "o mais antigo da Europa", tendo em vista que à época Portugal já possuía três codificações (duas em plena vigência, as Ordenações Afonsinas [1446] e Manuelinas [1521] e uma ainda restando inacabada – o "Código Sebastiânico"). A razão para tal equívoco, sugere o autor, reside no fato de que o "Código Afonsino" só foi publicado em 1792, o que trouxe completa ignorância à sua existência no continente e, por que não, também aos cidadãos do próprio país onde foi elaborado.

21.2.3.2 *Ordenações Manuelinas (1521)*

As Ordenações Manuelinas entram em vigor em 1521, ano da morte de D. Manuel (1469-1521), sucessor de D. João II (1455-1495). À época de seu reinado, Portugal assumiu progressivo e destacado papel no contexto mundial, marcado pelo auge da saudosa "Era dos Descobrimentos".

Entretanto, foi justamente sob o signo de D. Manuel que o país teve sua história maculada pela morte e perseguição de milhares de judeus lusitanos. O *massacre de 1506*, ocorrido na cidade de Lisboa, seria um dos episódios mais dramáticos e sangrentos suportados pela nação israelita em terras ibéricas.

Fato é que o monarca desde cedo manifestou clara intenção de rever a legislação de seus antecessores. Os trabalhos começaram em 1506, sendo inicialmente confiados aos juristas João Cotrim, Ruy

---

[32] ALMEIDA, Cândido Mendes de. *Introdução à História do Direito Português*: Código Phillipino ou Ordenações do Reino de Portugal, p. 20.

HISTÓRIA DO DIREITO NACIONAL

Boto e Ruy da Grã. Duas versões foram apresentadas, uma em 1513 e outra no ano seguinte, mas somente em 1521 lograram vir a lume em sua feição definitiva. Isidoro Martin Júnior, ao se referir à dita compilação, levanta duas motivações que levaram D. Manuel a se convencer da necessidade de produzir novas leis. Explica o autor que "a conveniência de consolidar o poder majestático pela afirmação cada vez mais constante da pro e preeminência do direito romano entre as fontes do direito nacional" e "a vaidade pessoal do monarca, delirante no meio das grandezas com que lhe douravam o cetro, os sucessos dos seus navegadores, eram sugestivas demais para que o venturoso rei pudesse fugir à tentação de submeter as Ordenações Afonsinas e os decretos extravagantes a uma revisão, seguida de codificação nova"[33].

21.2.3.3 *Ordenações Filipinas (1603)*

De particular importância para a construção da história do Direito no Brasil é o Livro V das Ordenações Filipinas, que trata de matéria criminal, e por esta mesma razão nos deteremos mais demoradamente em sua análise. O nome da compilação é devido a Filipe III de Espanha (1578-1603), chamado de Filipe II em Portugal, quando os dois reinos ibéricos estavam unidos sob seu governo. O objetivo da edição era o de conferir nova atualização ao ordenamento jurídico, naquele momento adequado à vigência por domínios ainda mais vastos.

Antes de qualquer coisa, importante seria ressaltar ao leitor que, por diversos motivos dos quais falaremos, não estamos diante de uma moderna codificação de direito penal, ao menos, conforme as conhecemos na atualidade. Há total discricionariedade na aplicação das penas visando assegurar aos nobres o gozo de seus privilégios nobiliárquicos, fruto maior da herança da estirpe. O desconhecimento do "princípio da isonomia", como se poderá notar a partir da leitura dos dispositivos legais selecionados nas Ordenações Reais, é à época completo.

---

[33] MARTIN JÚNIOR, Isidoro. *História do Direito Nacional*, s/p.

CAPÍTULO XXI ● História do Direito no Brasil Colônia (1500-1815)

Do mesmo modo, ressalte-se não haver aqui qualquer distinção entre "crime" e "pecado", o que faz com que o próprio Estado assuma a dianteira quando se tratar da execução das punições previstas para os infratores do Direito Eclesiástico. Por toda a Península Ibérica não se admitia, igualmente, a realização de qualquer forma de culto ou fé que não fosse aquele autorizado pela Igreja Católica Apostólica Romana.

O objetivo aqui não será o de abordar todo o vasto conteúdo presente nas Ordenações Filipinas, o que seguramente renderia uma obra à parte, mas apenas o de vir a tratar de alguns de seus pontos fundamentais, sempre mantendo a intenção de se conceder ao leitor um breve panorama sobre as características principais do mais célebre e histórico diploma legal português a viger no Brasil Colonial.

a) Crimes contra os dogmas e a fé

As terras que constituíam a "Lusitânia" não eram propriamente parte de um reino laico no século XVII, época das Ordenações Filipinas. Os ideais iluministas haviam demorado muito a penetrar na rígida cultura aristocrática portuguesa, e a Igreja Católica, historicamente, sempre exerceu papel de relevo e proeminência no meio social. Destarte, não seria de se surpreender que as regras previstas nos cânones encontrassem alento na legislação do Estado. Daí previsão de punições para os "crimes-pecados" da blasfêmia e apostasia. Ambos encontram sua mais remota origem no Direito Hebraico[34]. As penas previstas para todos os que incorriam no cometimento de tais delitos, consoante a tradição jurídico-normativa da época, eram condicionadas à classe e ao *status quo* do indivíduo. Aos nobres, como era de se esperar, eram reservadas punições infinitamente mais brandas que se resumiam ao pagamento de penas pecuniárias e degredo (por um ano).

| Qualquer que arrenegar, descrer ou pesar de Deus e de sua santa fé, ou disser outras blasfêmias, pela primeira vez, sendo fidalgo, pague vinte cruzados e seja degredado um ano para África.

---

[34] PALMA, Rodrigo Freitas. *Manual Elementar de Direito Hebraico*. Curitiba: Juruá, 2007.

HISTÓRIA DO DIREITO NACIONAL

| E SENDO CAVALEIRO OU ESCUDEIRO, PAGUE QUATRO MIL RÉIS E SEJA DEGRE-
DADO UM ANO PARA A ÁFRICA (LIVRO V, 2)

| E SE FOR PEÃO, DÊEM-LHE TRINTA AÇOITES AO PÉ DO PELOURINHO COM BA-
RAÇO E PREGÃO, E PAGUE DOIS MIL RÉIS (LIVRO V, 2)[35].

b)   As discriminações impostas aos judeus e mouros

Seria uma tarefa difícil para qualquer pessoa que se dedique ao tema delimitar com segurança a extensão dos danos causados pelas perseguições religiosas ocorridas entre os séculos XV e XVIII na Península Ibérica. Ainda por ora, sabe-se que não existem dados precisos capazes de revelar o contingente numérico relativo às comunidades judaicas presentes em solo português ou espanhol. Entretanto, imagina-se que os dois países tivessem cerca de vinte e cinco, ou, quiçá, trinta por cento de sua população composta por pessoas de origem semita. Estas colônias estavam lá estabelecidas há séculos, talvez, desde a queda do Segundo Templo em 70 da Era Comum ou, até mesmo, bem antes disso.

Com o Édito de Expulsão de 1492 sob o selo de Fernão e Isabel – os "Reis Católicos" –, milhares de pessoas buscam asilo em Portugal, junto à proteção de D. Manuel. Mas, como se sabe, o monarca estava mais interessado em desposar a herdeira da realeza espanhola, o que de fato acontece no ano de 1496. O casamento real mudaria novamente a sorte dos judeus ibéricos, redundando no que Hans Borger, em cores muito vivas, retrata como sendo o "Epílogo Lusitano"[36].

Ademais, imaginando poder se livrar do furor genocida da própria Inquisição, muitos acham conveniente se converter ao Cristianismo. Em terras lusitanas, por ocasião da submissão à pia batismal, os judeus recebiam, como de praxe, a excludente e discriminatória designação de "cristão-novo" (que os acompanhava até o túmulo), que tinha como propósito específico distingui-los daqueles indivíduos pertencentes às famílias católicas tradicionais. Entretanto a iniciativa não

---

[35] LARA, Sílvia Hunold (Org.). *Ordenações Filipinas, Livro V*, p. 58.

[36] BORGER, Hans. *Uma História do Povo Judeu*, v. 1 (de Canaã à Espanha), p. 451-454.

CAPÍTULO XXI ● História do Direito no Brasil Colônia (1500-1815)

impediu a continuidade da ocorrência de atos hostis e chacinas contra a numerosa nação hebreia, que na Península Ibérica era condicionada a viver em guetos chamados de "judiaria".

Assim mui tênue e breve constitui-se a suposta tolerância ibérica, pois muitas pessoas, consideradas formalmente "conversas" pelas autoridades religiosas, eram acusadas de permanecer na observância de "práticas secretas judaizantes". Estes episódios marcados por um profundo "conflito espiritual" renderam o belíssimo trabalho de Michael Alpert[37], da Universidade de Westminster.

Na Europa, essa rotina de massacres que teve lugar na Espanha e em Portugal gerou a forçosa imigração para a Itália e a Holanda, principalmente, e depois para França, Alemanha, Inglaterra, além dos países eslavos do Leste.

No Brasil, por sua vez, há que se fazer menção ao fato de que no Recife Antigo, em 1630, foi fundada a primeira sinagoga das Américas[38], tendo a colônia lá se estabelecido até 1657, quando, então, a maior parte de seus integrantes rumou à florescente Nova Amsterdã (hoje Nova York).

No que diz respeito ao impacto da cultura islâmica oriunda do Norte Africano nesses dois países latinos, essa influência foi, certamente, ainda bem maior, apesar de menos duradoura quando comparada à judaica. Contra os mouros, os portugueses e espanhóis lutaram durante séculos a fio, e a animosidade entre cristãos e muçulmanos foi sobremodo crescente em função da experiência das Cruzadas. Por fim, a intolerância religiosa foi determinante nestes casos, estabelecendo que as pessoas de origem árabe ou judaica que restassem em Portugal cuidassem de utilizar sinais exteriores distintivos que as pudessem identificar claramente por onde quer que elas andassem. Alguns dispositivos jurídicos presentes nas Ordenações Filipinas

---

[37] ALPERT, Michael. *Conflictos Íntimos en el Alma de los descendientes de los conversos en los siglos XVII y XVIII*, p. 29.

[38] Localizada à "Rua dos Judeus" na bela capital pernambucana. Hodiernamente restaurada pelo governo local, recebeu o nome de *"Kahal Zur Israel"*, que em hebraico significa "Rochedo de Israel".

HISTÓRIA DO DIREITO NACIONAL

cuidaram de dar vazão legal ao rol de discriminações previsto, como se pode notar logo abaixo:

| Os mouros e os judeus que em nossos reinos andarem com nossa licença, assim livres como cativos, trarão sinal por que sejam conhecidos, convém a saber, os judeus carapuça ou chapéu amarelo, e os mouros uma lua de pano vermelho de quatro dedos, cosida no ombro direito, na capa e no pelote.

| E o que não o trouxer, ou trouxer coberto, seja preso e pague pela primeira vez mil réis da cadeia. E pela segunda dois mil reis ao meirinho que o prender. E pela terceira, seja confiscado, ora seja cativo, ora livre (P. 300-301)[39].

Aos judeus instava-se o uso nas ruas de uma estranha indumentária, caracterizada por uma "carapuça" ou "chapéu amarelo". Aos muçulmanos acontecia algo não muito diferente, pois se prescrevia a utilização de uma "lua" numa clara alusão ao "crescente fértil", símbolo maior da religião iniciada por Maomé. A imposição do uso de vestimentas infames aos condenados pela prática de crimes contra os dogmas e a fé ou em razão de conversões era algo muito comum na Idade Média. Os hereges, por exemplo, quando estavam se penitenciando nas cidades e vilarejos da Europa, deveriam trajar publicamente o "sambenito", uma espécie de hábito religioso que trazia os motivos da condenação expostos logo na borda do avental, estendendo ao populacho a ciência da vergonha. Na Espanha "um converso que abjurava podia conseguir uma sentença de prisão – possivelmente pela vida toda – que podia ser comutada em multa, se fosse rico. Mas tinha de usar uma vestimenta de burel com duas cruzes amarelas por, pelo menos, um ano, algumas vezes, para sempre, e se deixava de fazê-lo, podia ser acusado de relapso, e queimado"[40]. Desse modo, como se pode perceber, a ideia nazista consagrada nas famigeradas "Leis de Nuremberg" (1935), entre outras mais editadas exaustivamente até o

---

[39] LARA, Sílvia Hunold (Org.). *Ordenações Filipinas, Livro V*, p. 300-301.

[40] JOHNSON, Paul. *História dos Judeus*, p. 237.

CAPÍTULO XXI ● História do Direito no Brasil Colônia (1500-1815)

ano de 1939, que obrigava as pessoas de origem israelita a valer-se de uma estrela amarela com a inscrição *"Jude"*[41], possuíam vergonhoso precedente histórico que, muito provavelmente, calcou sua inspiração nas Ordenações do Reino.

O fervor religioso e o preconceito, amplamente disseminados na Península Ibérica por mais de três séculos seguidos, ainda eram mais extensos do que se supõe da leitura da norma supracitada.

Outras interdições no mesmo sentido foram impostas às diversas pessoas por motivações de fundo religioso. Proibia-se, neste ínterim, a prática do coito entre cristãos e judeus e cristãos e muçulmanos. A pena estabelecida para esses casos era não menos do que a morte aos infratores. A única isenção ocorreria por desconhecimento ou, ainda, se a mulher cristã porventura viesse a ser violentada (Livro V, 14)[42].

c) Os crimes de lesa-majestade e delitos correlatos: os casos Távora e Tiradentes

O crime de lesa-majestade era considerado um dos mais graves, senão, ainda que não explicitamente, o mais grave delito previsto no corpo das Ordenações Filipinas de 1603. Sob a ótica da história é sabido que todas as sociedades dinásticas punem vigorosamente atentados cometidos contra o monarca ou os membros da família real, estando essa conduta delituosa prevista na letra da lei ou não.

A delimitação formal do crime parece encontrar pressuposto legal mais remoto no Direito Romano, especificamente na *Lex Julia Majestatis* (8 a.C.), onde eram condenados todos aqueles que praticavam afrontas contra o imperador, contra a sua imagem exposta em moedas ou estátuas ou, ainda, contra aqueles que ousassem promover ataques contra o Império[43].

---

[41] "Judeu", em idioma alemão.

[42] Ver o texto em sua literalidade na obra de LARA, Sílvia Hunold (Org.). *Ordenações Filipinas, Livro V*, 14, p. 95.

[43] Acerca disso veja PALMA, Rodrigo Freitas. O *Julgamento de Jesus Cristo:* Aspectos Histórico-Jurídicos, p. 79-80.

HISTÓRIA DO DIREITO NACIONAL

Em Portugal, um célebre processo instaurado em 1755 contra diversos membros da família Távora traduz-se no melhor exemplo do crime de "lesa-majestade", ao qual se reportavam as Ordenações. Na ocasião, D. José I e seu cocheiro haviam sido vítimas de um ataque durante a noite, quando cruzavam as ruas de Lisboa. As sentenças foram cumpridas em praça pública e a capital lusitana ficou chocada com a aplicação das severas penas capitais, apesar de o suposto envolvimento não ter sido de fato comprovado. Os condenados, todos eles de nobre estirpe, tiveram seus bens confiscados. Além disso, essas pessoas de uma linhagem que remontava à realeza de Leão foram proibidas de usar o nome "Távora" e seus títulos nobiliárquicos e os brasões foram imediatamente cassados. Além disso, foram os réus executados em praça pública (como planejou o Marquês de Pombal), com assombroso ar de crueldade[44].

No Brasil, o melhor exemplo de condenação em função da previsão do crime de "Lesa-Majestade" foi aquele relativo à "Inconfidência Mineira". Embalados pela doutrina Iluminista e pelos gritos de liberdade que ecoavam nos Estados Unidos da América e na França, diversos intelectuais brasileiros orquestraram movimento ideológico que ensejava, entre outras coisas, a desvinculação das Minas Gerais de Portugal. No entanto, a repressão que fez de Tiradentes um verdadeiro mártir foi violentíssima por parte do cetro lusitano. Por isso mesmo, tem-se por certo que seu papel no levante certamente foi destacado, especialmente quando levamos em conta que, após a morte, o cadáver foi esquartejado e seus membros expostos como sinal de terrível advertência aos rebeldes pelas estradas das principais cidades. A cabeça do herói da abjuração mineira foi pendurada em Vila Rica.

Abaixo, tem-se, na íntegra, a previsão do crime no Livro V, capítulo 6 das Ordenações Filipinas:

| LESA-MAJESTADE QUER DIZER TRAIÇÃO COMETIDA CONTRA A PESSOA DO REI OU DE SEU REAL ESTADO, QUE É TÃO GRAVE E ABOMINÁVEL CRIME, E QUE

---

[44] Sobre o assunto, indico a leitura de NORTON, José. O *Último Távora*. São Paulo: Planeta, 2008, p. 28.

CAPÍTULO XXI ● História do Direito no Brasil Colônia (1500-1815)

OS ANTIGOS SABEDORES TANTO ESTRANHARAM QUE O COMPARARAM À LEPRA, PORQUE ASSIM COMO ESTA ENFERMIDADE ENCHE TODO O CORPO, SEM NUNCA MAIS SE PODER CURAR, E EMPECE AINDA AOS DESCENDENTES DE QUEM A TEM E AOS QUE COM ELE CONVERSAM, PELO QUE É APARTADO DA COMUNICAÇÃO DA GENTE, ASSIM O ERRO DA TRAIÇÃO CONDENA O QUE A COMETE E EMPECE E INFAMA OS QUE DE SUA LINHAGEM DESCENDEM, POSTO QUE NÃO TEM CULPA[45].

Associada ao crime de lesa-majestade há uma seção intitulada *"Dos que Dizem Mal del Rei"*:

| O QUE DISSER MAL DE SEU REI NÃO SERÁ JULGADO POR OUTRO JUIZ SENÃO POR ELE MESMO OU PELAS PESSOAS A QUEM O ELE EM ESPECIAL COMETER.

| E SER-LHE Á DADA A PENA CONFORME A QUALIDADE DAS PALAVRAS, PESSOA, TEMPO, MODO E INTENÇÃO EM QUE FOREM DITAS.

| A QUAL PENA SE PODERÁ ESTENDER ATÉ A MORTE INCLUSIVE, TENDO AS PALAVRAS TAIS QUALIDADE POR QUE MEREÇA[46].

O teor da sentença ficava a critério do monarca. Cabia, pois, ao rei, conforme seu próprio juízo, estabelecer as punições que entendesse serem apropriadas a cada caso. A gravidade da condenação seria definida obedecendo ao exame do teor e gravidade da ofensa recebida, condições em que o ato foi praticado, bem como do papel e função do infrator na sociedade.

d) Da inviolabilidade de correspondência e dos segredos

As inviolabilidades de correspondência e dos segredos estão previstas de forma indistinta nas Ordenações Filipinas, não havendo *in casu* tipificação particularizada. As condenações levavam em conta a posição do indivíduo na sociedade e a extensão do dano causado. Quando cometido contra o rei ou a família real, prescrevia-se a pena de morte, especialmente no caso de o referido ato ilícito causar algum prejuízo aos tais, que se caracterizava pela "descoberta do segredo".

---

[45] LARA, Sílvia Hunold (Org.). *Ordenações Filipinas, Livro V*, 6, p. 69-70.

[46] LARA, Sílvia Hunold (Org.). *Ordenações Filipinas, Livro V*, p. 79.

HISTÓRIA DO DIREITO NACIONAL

Outras tantas punições, tais como o degredo, o confisco de bens e a flagelação, são igualmente definidas no corpo do diploma legal, isto se os males em detrimento da ação forem considerados menos gravosos.

| QUALQUER QUE ABRIR NOSSA CARTA ASSINADA POR NÓS, EM QUE SE CONTENHAM QUE ESPECIALMENTE PERTENÇAM À GUARDA DE NOSSA PESSOA OU ESTADO, OU DA RAINHA MINHA MULHER, OU DO PRÍNCIPE MEU FILHO, OU À GUARDA E DEFESA DE NOSSOS REINOS, E DESCOBRIR O SEGREDO DELA, DO QUE A NÓS PODERIA VIR ALGUM PREJUÍZO OU DESSERVIÇO, MANDAMOS QUE MORRA POR ISSO.

| 1. E ESTA PENA HAVERÃO OS QUE ABRIREM AS CARTAS E DESCOBRIREM OS SEGREDOS DELAS, QUE ALGUNS GRANDES OU OUTRAS PESSOAS NOS ENVIAREM CERRADAS, QUE ISSO MESMO PERTENÇAM À GUARDA DE NOSSA PESSOA OU ESTADO, OU DA RAINHA OU PRÍNCIPE, OU DO NOSSO REINO.

| E SE AS DITAS CARTAS NOS SOBREDITOS CASOS ABRIR E NÃO DESCOBRIR OS SEGREDOS DELAS, SE FOR ESCUDEIRO OU PESSOA DE IGUAL OU MAIOR CONDIÇÃO, PERCA OS BENS QUE TIVER PARA A COROA DO REINO E SEJA DEGREDADO PARA A ÁFRICA PARA SEMPRE; E SE TAL NÃO FOR, ALÉM DO DITO DEGREDO, SEJA PUBLICAMENTE AÇOITADO[47].

e) Dos que fazem moeda falsa

Na Europa, não seria esta a primeira vez em que se cuidava de coibir a cunhagem de moeda falsa. Como vimos anteriormente, na Inglaterra, a presente questão já havia sido motivo de preocupação legal por parte de Henrique I. Sabe-se que a *Carta das Liberdades* (1100)[48] e as chamadas *Regulamentações Monetárias*[49] (1108) trataram

---

[47] LARA, Sílvia Hunold (Org.). *Ordenações Filipinas, Livro V*, 8, 1, p. 80.

[48] Veja o documento na íntegra em HALSALL, Paul. Medieval Sourcebook: *Charter of Liberties of Henry I, 1100*. (Fordham University Center for Medieval Studies) In: <www.fordham.edu>.

[49] Veja o documento na íntegra em HALSALL, Paul. Medieval Sourcebook: *Henry I of England: Monetary Regulations, 1108*. (Fordham University Center for Medieval Studies) In: <www.fordham.edu>; STUBBS, William. *Selected Charters of English Constitutional History*. Oxford: Clarendon Press, 1913, p. 113; CAVE, Roy C. & COULSON, Herbert H. *A Source Book for Medieval Economic History*. New York: Biblo & Tannen, 1965, p. 138-139.

CAPÍTULO XXI ● História do Direito no Brasil Colônia (1500-1815)

de melhor delimitar o assunto, sendo que este último ordenamento jurídico previa para os condenados uma pena em extremo cruel: seus olhos seriam arrancados das órbitas e o corpo, em seguida, esquartejado para que os membros pudessem vir a ser espalhados pelas estradas próximas ao lugar do domicílio do criminoso. O principal objetivo da medida consistia na imposição de medo e pavor ao populacho em função do castigo.

> Moeda falsa é toda aquela que não é feita por mandado do rei, em qualquer maneira que se faça, ainda que seja feita daquela forma e matéria de que se faz a verdadeira moeda que o rei manda fazer; porque conforme o direito ao rei somente pertence fazê-la, e a outro algum não, de qualquer dignidade que seja.

> E por a moeda falsa ser muito prejudicial na república e merecerem ser gravemente castigados o que nisso se forem culpados, mandamos que todo aquele que moeda falsa fizer ou a isso der favor, ajuda ou conselho, ou for disso sabedor e não o descobrir, morra morte natural de fogo e todos os seus bens sejam confiscados pela coroa do reino[50].

f) A preservação ambiental nas Ordenações Filipinas

Uma interessante lei de caráter ambiental foi prevista nas Ordenações Filipinas, o que já denota uma incipiente, porém, inequívoca preocupação com a preservação do meio ambiente. Uma pena pecuniária era determinada a quem ceifasse uma "árvore de fruto". Porém, se o valor do dano causado chegasse à quantia de "quatro mil reis", estipulava-se o degredo por tempo determinado para a África (quatro anos); se alcançasse o montante de "trinta cruzados", seria degredado para o Brasil, onde o condenado deveria viver até o restante de seus dias. Há especial preocupação com a salvaguarda das matas ciliares à beira do principal rio lusitano, considerando que se proibiam os cortes das árvores situadas "até dez léguas do Tejo contadas dele para ambas as

---

[50] LARA, Sílvia Hunold (Org.). *Ordenações Filipinas, Livro V*, 12, p. 86-87.

bandas do sertão". A necessidade de tal regra explica-se pelos abusos e a ganância por madeira de boa qualidade, sendo algumas qualidades aqui nominalmente citadas pela legislação ("sovereiro", "carvalho", "ensinho" e "machieiro")[51].

g) Dos crimes de natureza sexual

As Ordenações Filipinas[52], motivadas à época pela influência religiosa no meio social, cuidaram de prever drásticas punições para os que incorressem na prática da sodomia, do lesbianismo ou da bestialidade. A pena principal consistia na condenação do réu à morte na fogueira; a acessória resumia-se ao confisco dos bens. Nesses casos, para que do falecido não houvesse mais qualquer memória, não se concedia autorização legal para a realização do enterro ou de quaisquer outras cerimônias fúnebres. Os ossos do condenado eram moídos e lançados ao vento.

Estas, em síntese, foram as principais características do Direito vigente no Brasil Colonial. No próximo capítulo, trataremos, pois, de um importante período de nossa história que se inicia com a vinda da Família Real para seu mais importante domínio ultramarino.

---

[51] Veja o texto na íntegra segundo a adaptação de LARA, Sílvia Hunold (Org.). *Ordenações Filipinas, Livro V*, 75, p. 233-234.

[52] Veja o texto na íntegra segundo a adaptação de LARA, Sílvia Hunold (Org.). *Ordenações Filipinas, Livro V*, 13, p. 91.

História do Direito no Brasil-Reino (1815-1822)

22.1 A introdução do Direito Penal francês num Portugal ocupado pelos exércitos de Napoleão e a chegada de D. João VI ao Brasil

Antes de mais nada, convém destacar que apesar de intitularmos o presente capítulo como "o Direito no Brasil-Reino" (1815-1822), iniciaremos nossa abordagem destacando a trajetória da legislação em um momento ainda um pouco anterior, consoante o devido historicamente, qual seja, aquele chamado de "Período Joanino" que se estenda da vinda do Príncipe Regente ao Brasil em 1808, graças à instabilidade política na Europa daqueles dias, até o ano de 1822, marco para nossa independência.

A transferência da Corte Portuguesa para o Brasil foi um evento forçosamente ditado por complexas circunstâncias políticas. Em meio

HISTÓRIA DO DIREITO NACIONAL

às disputas que marcaram as turbulentas querelas numa Europa ameaçada pelos exércitos de Napoleão, viu-se a Dinastia lusa diante de um
dilema de difícil solução: apoiar a estratégia francesa que pretendia
impor à Grã-Bretanha – sua tradicional aliada e parceira comercial –
um bloqueio continental ou, sob outro viés, simplesmente manter-se
alheia aos desmandos imperialistas em questão, insuflando, então, a
ira francesa. A decisão final não seria tomada sem que sérias divergências despontassem entre os governantes portugueses, tendo sido
marcada, ora por blefes, ora por uma postura ambígua e astuta dos
Bragança, os quais visavam ganhar o tempo necessário e um melhor
juízo sobre a condição do país no cenário interposto pelo jogo das
grandes hegemonias do século XIX. A política externa a ser assumida,
pois, foi fruto de acirrados debates no âmbito do Conselho de Estado.
Sabe-se que esta última hipótese, qual seja, a de não se submeter ao
jugo napoleônico, traduzia-se como drástica e não menos temerária,
pois praticamente anunciava a invasão estrangeira em Portugal, o que
realmente aconteceria no dia 30 de novembro de 1807. Consciente
do iminente prenúncio de ver Lisboa completamente rendida ao poderio adventício, D. João VI (1767-1826) e sua Corte se retiram apenas poucas horas antes de se depararem frontalmente com as tropas
de seus temíveis inimigos. O objetivo central imaginado pelo Prínci-
pe-Regente, que estava em plena sintonia com a opinião de seus conselheiros, consistia em preservar a incolumidade física e segurança da
Família Real[1], o que o obrigava a exilar-se com os seus, ainda que
temporariamente, para aquele que à época era o mais importante de
seus domínios ultramarinos: o Brasil. O desprezo da França pós-revo-
lucionária pela figura dos monarcas talvez justificasse o receio de D.

---

[1] D. João VI não partiria, todavia, sem tomar as medidas jurídicas necessárias à continuidade e ao bom logro da gestão pública de Portugal. Expondo aos seus súditos os
fundamentos que o motivaram a decidir-se pela retirada estratégica de seu Reino, os
quais foram devidamente pormenorizados no Decreto de 26 de novembro de 1807,
o governo do país é transferido provisoriamente a uma "Junta de Governadores",
órgão constituído por homens que gozavam da mais absoluta confiança do Príncipe
Regente. Para saber mais sobre o assunto, veja MARCOS, Rui Manuel de Figueiredo. *Rostos Legislativos de D. João VI no Brasil*, p. 10-14.

436

CAPÍTULO XXII ● História do Direito no Brasil-Reino (1815-1822)

João VI. Nesse cenário, uma eventual anexação a ser promovida pela Espanha não se constituiria de todo improvável, medida esta que ocorreria, logicamente, sob os auspícios de Bonaparte.

Considerando a crise política que se instaurou, a violação do território lusitano, como era de se esperar, não tardaria a ocorrer[2]. Poucas horas antes do embarque do Príncipe Regente e de sua Corte, as tropas comandadas pelo general Junot (1771-1813) conquistam o país. A capitulação foi imediata e praticamente não houve qualquer resistência à agressão cometida pelo exército estrangeiro. Logo após, como bem preveniu Rui Manuel de Figueiredo Marcos em rara obra sobre o assunto, cuidou o invasor de implantar um programa de ocupação objetivando efetivar a subjugação completa, à qual o universo jurídico não restaria indiferente, em virtude de "um golpe interpolacionista no direito português" e o resultado da "fúria legiferante de Junot"[3].

Uma das principais medidas tomadas nesse sentido foi a de redefinir a estrutura administrativa estatal lusitana. Para tanto, constituiu o militar um órgão ao qual se intitulou "Conselho de Governo", composto unicamente por compatriotas seus, que iria, a partir de então, gerir a nação em nome de Napoleão Bonaparte. Aliás, bania-se formalmente qualquer referência à pessoa do Príncipe Regente dos atos judiciários, a quem consideravam os franceses ter "abdicado" do trono de Portugal, consoante o que alegava o Decreto de 1º de fevereiro de 1808[4].

Todavia, ainda havia mais por ser feito. Como bem retoma o mestre supracitado, o "ano de 1808 trouxe consigo um endurecimento da política de Junot. A legislação penal afervorou-se nas suas severidades. A lei mais crispante foi o Decreto de 8 de Maio de 1808. Encerrava uma tremenda novidade para a história do direito. Alude-se à

---

[2] Do ponto de vista legal, não há outra palavra que possa ser utilizada, à luz do Direito Internacional, que "agressão", pois foi o que de fato ocorreu quando a França Napoleônica desrespeitou os termos do acordo celebrado com Portugal em 1804. Naquela ocasião, há que se registrar, reconheceu-se a neutralidade do reino lusitano.

[3] MARCOS, Rui Manuel de Figueiredo. *Rostos Legislativos de D. João VI no Brasil*, p. 21.

[4] MARCOS, Rui Manuel de Figueiredo. *Rostos Legislativos de D. João VI no Brasil*, p. 22-23.

aplicação do Código Penal Francês no nosso país, como que representando um enclave de direito estrangeiro no panorama jurídico nacional"[5]. Não bastasse, ensina Rui Marcos, foi criado um tribunal de exceção para submeter a gente lusa, que aos condenados, sem muitas delongas, executava sumariamente[6].

Assim, aos 24 de janeiro de 1808, chegam escoltadas pelos ingleses as naus em Salvador, onde D. João VI e seus mais proeminentes súditos são recebidos com grandes honrarias e festejos. Entretanto, como é sabido, era a cidade do Rio de Janeiro e não a Capitania da Bahia, o local onde seria estabelecida a nova sede do Império Português, pelo menos até que cessassem todos os tumultos que eclodiram no Velho Continente em virtude do ímpeto hegemônico desenfreado de Bonaparte.

Portanto, apesar da assunção do Brasil à condição de "Reino" se dar tão somente em 1815, é a vinda de D. João VI para a América que deflagra uma série de importantes acontecimentos que progressivamente culminam no fim do pacto colonial.

Destarte, pelo menos dois diplomas legais são importantes neste contexto: A *Carta Régia* que determina a abertura dos portos brasileiros (1808), e a célebre *Carta de Lei de 1815*, que altera nosso *status* político-jurídico. Analisemos os dois nos próximos tópicos separadamente.

---

[5] MARCOS, Rui Manuel de Figueiredo. *Rostos Legislativos de D. João VI no Brasil*, p. 27.

[6] Sobre o funcionamento do dito tribunal, assim se posiciona Rui Marcos: "A tramitação processual denunciava uma patente celeridade, a par da infiltração de um nebuloso juízo político. Senão vejamos. Quando um processo criminal estivesse completamente instruído, o capitão relator logo participaria o facto ao presidente do tribunal. O qual, de imediato, o comunicaria ao Secretário de Estado da Guerra. Sobre este impedia o dever de levar o processo à sessão seguinte do Conselho de Governo, para que se decidisse se a competência para julgar o pleito pertencia ou não ao mencionado tribunal especial. Na eventualidade da resposta ter sido afirmativa, o presidente devia convocar, sem mais delongas, o tribunal. Das sentenças proferidas pelo tribunal especial não havia, nem recurso de apelação, nem recurso de revista. A lei preceituava que tais sentenças se executassem dentro das vinte e quatro horas seguintes e cabia ao capitão relator promover essa execução. A dilação do castigo só serviria a animar os delinquentes". MARCOS, Rui Manuel de Figueiredo. *Rostos Legislativos de D. João VI no Brasil*, p. 27.

CAPÍTULO XXII ● História do Direito no Brasil-Reino (1815-1822)

22.2 A Carta Régia relativa à abertura dos portos de 1808

As afrontas franco-hispânicas à soberania de Portugal das quais falamos no tópico anterior conduziram a nação ao estreitamento dos laços diplomáticos com a Grã-Bretanha, só que desta feita num nível ainda mais profundo, acentuando, paulatinamente, o estado de dependência econômica lusitana. As ingerências externas inglesas nos negócios e assuntos lusos tornam-se mais salientes com a assinatura do Tratado de Comércio e Navegação de 1810 e passam a se refletir diretamente no dia a dia das colônias, em especial, no Brasil, recentemente transformado em sede do Império de D. João VI.

Essa influência propagou-se por todos os campos e setores da administração colonial, inclusive afetando o judiciário que, graças ao Alvará de 4 de maio de 1808, passou a contar em sua organização com a figura do *"Juiz Conservador da Nação Britânica"*, cargo instituído para atender a uma incisiva exigência d'além-mar que pleiteava foro privilegiado para os nacionais do Reino Unido da Grã-Bretanha e Irlanda do Norte nos domínios portugueses. Como bem destacou Walter Vieira do Nascimento sobre a curiosidade em tela: "É certo que esse juiz não era inglês e sim nacional, mas a sua escolha se fazia por indicação dos súditos ingleses domiciliados no lugar da jurisdição e sujeita à aprovação do embaixador ou ministro britânico, cabendo ao soberano português, em ultima instância, confirmar ou vetar o indicado. No caso de veto, procedia-se a nova escolha, e assim sucessivamente, até que viesse a ser aceito e nomeado"[7]

Igualmente, a transferência da sede do Império Português para a América praticamente exigia que toda a política administrativa e a logística a ela adequada de pronto se amoldassem à nova realidade reclamada pelos acontecimentos. Assim, em questão de poucos meses, o cotidiano da colônia altera-se rapidamente, obedecendo ao curso dos eventos originados do imediatismo que naturalmente se interpôs pela instabilidade da conjuntura internacional. Como era de se

---

[7] NASCIMENTO, Walter Vieira do. *Lições de História do Direito*, p. 208.

esperar, a partir de então, as oportunidades de negócios surgem espontaneamente nesse cenário promissor, e a vida social, especialmente no meio fluminense, torna-se cada vez mais efervescente. Criações importantes como a da primeira instituição financeira do país, o Banco do Brasil por meio do Alvará de 12 de outubro de 1808, surgem como o resultado prático de uma nova política de Estado que irrompe em função da terrível crise europeia.

Neste ínterim, o comércio marítimo lusitano não poderia mais, pois, ser centralizado pelos portos europeus. Incentivado muito provavelmente por homens de notável visão empreendedora, como o foram José da Silva Lisboa – o Visconde de Cayru (1756-1835) –, entre outros tantos, D. João VI, sem demora, decreta, ainda por ocasião de sua estada na Bahia, a conhecida Carta Régia que dispunha sobre a "abertura dos portos às nações amigas" (28 de janeiro de 1808), e da qual se beneficiaria largamente a Inglaterra, que garantia privilégios alfandegários que curiosamente se faziam até mesmo maiores que aqueles concedidos a Portugal.

No que alude à forma jurídica empregada na conclusão do ato em tela, como bem fez observar Ana Maria de Almeida Camargo, sabe-se que as "cartas régias continham providências reais dirigidas a determinadas autoridades, cujos nomes figuravam em primeiro lugar no protocolo inicial"[8].

Vale ressaltar que o mencionado Cayru[9], a quem os professores Fernando Antônio Novais e José Jobson de Andrade Arruda cuidaram de intitular como "o primeiro economista brasileiro"[10], era um entusiasta do desenvolvimento nacional e da revolução trazida pela invenção das máquinas. Dono de indiscutível percepção e invejável capacidade fi-

---

[8] CAMARGO, Ana Maria de Almeida e MORAES, Rubens Borba de. *Bibliografia da Imprensa Régia do Rio de Janeiro*, p. XII.

[9] Optamos por manter no texto a grafia original "Cayru", consoante a forma como o próprio Visconde assinava quaisquer documentos, não obstante o fato de ser "Cairu", talvez, o modo mais corrente nos trabalhos acadêmicos.

[10] CAIRU, Visconde de (José da Silva Lisboa). *Observações sobre a franqueza da indústria e estabelecimento de fábricas no Brasil*, p. 9.

CAPÍTULO XXII ● História do Direito no Brasil-Reino (1815-1822)

nanceira, o dito visconde, já à época, acreditava que a prosperidade seria alcançada através da implantação no território nacional de fábricas aptas a suprir as carências locais e regionais. Nesse sentido, a matéria continuava a exigir a devida regulamentação, especialmente no que concerne às atividades próprias do industrial, que precisavam ser classificadas e definidas por lei específica. Isto ocorreria com a regulamentação da questão pela assinatura do Alvará de 28 de abril de 1809.

De todo modo, importante destacar que no ano de 1808 a Carta Régia, quando cuidou de determinar a abertura dos portos, seguida do Alvará de 1º de abril de 1808, vieram a derrogar o Alvará de 5 de janeiro de 1785, que considerava ilegal e nociva a mera existência ou eventual permanência de quaisquer manufaturas e fábricas congêneres que porventura estivessem estabelecidas em solo colonial. Este diploma remontava ainda ao reinado de Dona Maria I (1734-1816).

Chamamos a atenção para o fato de que tal situação, a exigir a preocupação portuguesa com o trato da questão sob a ótica da legalidade, torna-se útil para comprovar que, ainda no decorrer do século XVIII, já despontava um incipiente, porém inequívoco, ímpeto industrial pátrio, mesmo que para atender apenas às demandas locais, pois do contrário, o texto legal a que por ora nos referimos não insistiria na necessidade de que essas oficinas fossem "extintas" e "abolidas"[11].

Em função disso, não seria de se estranhar, como temos asseverado aqui, a onda de progresso que começava a se assenhorear dos limites do Brasil. As mudanças no campo econômico se refletiriam incisivamente nas reivindicações de autonomia que seriam observadas nos anos seguintes e que fizeram com que as Cortes liberais de Lisboa, a partir de 1820, considerassem seriamente a necessidade da adoção de urgentes medidas visando ao rebaixamento do Brasil novamente à condição de "colônia", já que este, desde 1815, havia se tornado parte do Reino Unido constituído por Portugal e Algarves.

---

[11] Veja o texto do Alvará de 5 de janeiro de 1785 na íntegra, na obra organizada por SILVA, Antonio Delgado da (Desembargador). *Colleção de Legislação Portugueza desde a Última Compilação das Ordenações (Legislação de 1775 a 1790)*, p. 371.

441

22.3 A Carta de Lei de 1815 e a elevação do Brasil à condição de "Reino Unido"

Com a instabilidade a grassar solta na Europa em virtude dos intentos hegemônicos de Napoleão, o centro do universo imperial português transfere-se, a partir de 1808, para o Novo Mundo. Esse grande acontecimento, em nome do bom governo, praticamente exige o redimensionamento das estruturas institucionais a serem implantadas no Brasil. Neste novíssimo cenário não havia mais espaço ou suporte imediato para a manutenção do termo "colônia", mesmo porque, a muitos conselheiros reais, já parecia indevida sua aplicação ao mais pujante domínio ultramarino português.

Assim, logo aos 16 de dezembro do ano de 1815, em consequência de interesses estratégicos e políticos, é criado pela pena de D. João VI o "Reino Unido de Portugal, do Brasil e Algarves", ato este que veio a alterar o *status* jurídico, em que pese o virtual abandono do já desgastado termo "colônia". Como bem observou Lúcia Bastos Pereira das Neves, a partir deste momento, o "Brasil transformava-se na sede de direito do Império luso-brasileiro, vivendo o poderoso influxo de sua recém-abertura ao mundo, e, sobretudo, com acesso ao círculo do poder à volta de d. João"[12].

Igualmente, não se deve olvidar que não foram somente a Família Real e a nobreza lusitana que para cá acorreram às pressas, mas também uma classe de entusiásticos comerciantes e toda a sorte de empreendedores que incisivamente exigem do Príncipe Regente que lhes sejam concedidas condições favoráveis para daqui melhor virem a gerir seus negócios, tendo em vista que estes, ainda que forçosamente, encontravam-se por tempo indeterminado distantes das praças de Lisboa, Coimbra ou do Porto. Ademais, muitos haviam despendido grandiosas somas e recursos no Brasil e, por esta razão, mesmo após a queda de Bonaparte, não se sentiam mais tão inclinados a transferir, de imediato, aquelas caras estruturas recentemente criadas nas Américas.

---

[12] NEVES, Lúcia Bastos Pereira das. *A Vida Política*, p. 81.

CAPÍTULO XXII ● História do Direito no Brasil-Reino (1815-1822)

A motivação oficial justificadora da unidade política a ser instaurada entre os territórios lusitanos consistia inicialmente em "fazer prosperar os Estados" (referindo-se aos reinos de origem lusitana). A outra razão de pronto arguida no texto da Carta de Lei de 1815[13] insistia na "vastidão" e "localidade dos Meus Domínios na América", onde naturalmente estão abrangidos todos os mais remotos territórios ligados ao mundo português, mesmo que estas regiões se encontrassem situadas na África ou Ásia, apesar de o nome concedido ao "Reino Unido" não os incluir.

Quanto ao chamado "Algarves", palavra derivada do árabe "Al--Gharb", trata-se de um território componente do dito Reino Unido lusitano, localizado bem ao extremo sul de Portugal. A região era uma antiga e próspera possessão muçulmana (daí a origem do nome que significa "Ocidente"). Esse pequeno reino islâmico encravado na Península Ibérica, sem embargo às históricas pretensões de Leão e Castela[14], viria a perder sua independência no século XII, quando sucumbiria em definitivo ao domínio de Portugal. Apesar disso, essa antiga colônia islâmica, devido a sua peculiaridade cultural, obteve permissão para, no decorrer dos séculos, conservar muito de sua antiga autonomia.

Questão interessante está relacionada à forma ou estrutura jurídica que caracterizava o "Reino Unido de Portugal, do Brasil e Algarves". Este foi, certamente, um daqueles Estados compostos por coordenação, mas no que concerne ao estilo não era propriamente uma "união real" ou "pessoal"[15]. Não fosse pelo fato de o Brasil não ser in-

---

[13] O documento original encontra-se na Seção de Obras Raras da Fundação Biblioteca Nacional.

[14] O sul da Península Ibérica era uma única região que fazia parte da Grande Andaluzia, onde por séculos imperou a dominação islâmica. Os espanhóis julgavam o Algarves uma extensão destes domínios. Daí a razão das pretensões sobre o território.

[15] Diversas são as classificações de Estados apresentadas pelos cientistas políticos, internacionalistas ou publicistas clássicos. Machado Pauperio assim as define, iniciando sua abordagem pela "União Pessoal": "Passa a existir essa união precária quando dois ou mais Estados soberanos se veem governados por um só chefe de Estado. É forma muito comum na época das monarquias, quando, por questão sucessória, podia um rei ser, eventualmente, herdeiro de duas coroas". O autor oportunamente

HISTÓRIA DO DIREITO NACIONAL

dependente à época, quiçá fosse possível compará-lo, quanto à forma e estrutura, à configuração constitucional da Grã-Bretanha (que desde o ano de 1801 passou a ser chamada de "Reino Unido da Grã--Bretanha e Irlanda"[16]), e da qual, mui provavelmente, D. João VI quis retirar sua inspiração.

_____

ainda cuida de contemplar sua lição com uma lista de exemplos históricos: 1) Lituânia-Polônia (1386-1569); 2) Espanha-Portugal (1580-1640); 3) Grã-Bretanha--Hanover (1714-1837); 4) Holanda-Luxemburgo (1815-1890) e 5) Bélgica-Congo (1885-1908). Já a União Real "é mais íntima que a pessoal. Os Estados, embora distintos na organização interna, apresentam-se sob uma mesma unidade externa". Os exemplos selecionados para este caso foram os seguintes: 1) Lituânia-Polônia (1569-1772); 2) Suécia-Noruega (1814-1905); 3) Áustria-Hungria (1867-1919); 4) Dinamarca-Islândia (1918-1941) e 5) Itália-Albânia (1939-1945). Veja PAUPE-RIO, A. Machado. *Teoria Geral do Estado* (direito político), p. 200-201. Ocorre que o Brasil, à época da constituição do Reino Unido com Portugal e Algarves, não era um Estado independente, o que impede de classificarmos a dita entidade de Direito Público Externo que se formou em 1815 como uma "União Real" ou "Pessoal".

[16] A unificação política estabelecida entre as coroas da Inglaterra e da Escócia, porém, é ainda mais antiga e remonta ao ano de 1707 quando se firmou um único Parlamento, aquele de Westminster. O País de Gales, por sua vez, também se encontrava incorporado à Grã-Bretanha neste mesmo período. Veja, nesse mesmo sentido, os excelentes comentários de CAETANO, Marcelo. *Direito Constitucional*, v. I, p. 478-479.

444

História do Direito no Brasil Império (1822-1889)

23.1 A gênese do direito pátrio: as primeiras codificações

Com a independência do Brasil, oficialmente comemorada no dia 7 de setembro de 1822, em razão do famoso "grito" pela liberdade que ecoou pelas margens do Ipiranga, iniciou-se, propriamente, a trajetória autônoma do Direito nacional. Nessa nova etapa surgem as primeiras codificações de nossa história. A Constituição de 1824, ainda que outorgada, seria apenas o primeiro desses diplomas legais. Ao advento da Carta Magna imperial seguiram-se ainda o Código Criminal (1830), o Código de Processo Criminal (1832) e o Código Comercial (1850).

Entretanto, sabe-se que a elaboração de um Código Civil também havia sido prevista. A tarefa foi confiada, como veremos, a um dos maiores juristas brasileiros, Augusto Teixeira de Freitas (1816-1883), que, por diversas motivações de ordem pessoal, não conseguiu levar a bom termo a incumbência que lhe fora confiada. Todavia, seu legado atemporal permaneceria incólume, na condição de gênio das letras jurídicas pátrias. Sabe-se que uma de suas obras – "O Esboço" (1860) – renderia estrondosa influência na feitura dos códices civis latino--americanos.

Do mesmo modo, configurou-se o período em questão como a época do florescimento dos ideais abolicionistas, que granjearam relevante espaço entre a intelectualidade brasileira e acarretaram a inconformidade de uma insurgente aristocracia agrária. Traçaremos, pois, o itinerário dessas leis que fluíram arduamente até a concessão legal da alforria (1888) a uma inumerável massa de pessoas escravizadas oriundas da África que, aqui, longe de sua terra natal, encontravam-se sujeitas a toda espécie de desmandos dos senhores de engenho e de seus feitores.

23.1.1 A Constituição Imperial de 1824

O advento do "Século das Luzes" traduziu-se no contexto propício ao lançamento das bases teórico-filosóficas que culminaram na promoção do movimento constitucionalista europeu em terras brasileiras. Se os laços mantidos com Portugal, por serem deveras estreitos, invariavelmente submetiam os brasileiros ao jugo estrangeiro, também não é menos verdade que essa mesma proximidade permitiu que a intelectualidade nacional viesse a tomar contato com o ideário de cunho liberal que, nas duas primeiras décadas do século XIX, se assenhoreou dos povos da Península Ibérica.

A instabilidade política e as transformações sociais em curso na Espanha resultaram na elaboração da célebre Constituição de Cádiz de 1812, produto maior das deliberações ocorridas nas sessões das Cortes Gerais Extraordinárias, convocadas naquela mesma cidade, e que, apesar de sua efemeridade (pois inicialmente só permaneceu em vigor por dois anos), acabou também por pavimentar decisivamente o caminho do constitucionalismo moderno entre a gente lusa e, por

CAPÍTULO XXIII ● História do Direito no Brasil Império (1822-1889)

conseguinte, também entre nós[1]. Prova disso é que a Revolução do Porto de 1820, que havia se disseminado por todos os recantos da Lusitânia, retomava em essência aquelas propostas liberais assumidas pelos vizinhos espanhóis. Desse modo, a pressão para o regresso imediato de D. João VI foi enorme. As dificuldades econômicas enfrentadas por Portugal exigiam novamente a subordinação do Brasil. Entretanto, a antiga possessão americana (agora vivenciando o *status* de Reino Unido)[2], encontrava-se beneficiada pela abertura dos portos que por aqui, certamente, favoreceu o comércio internacional, bem como a expansão da economia local e o nascimento de um incipiente processo de industrialização. Igualmente, desponta um crescente sentimento marcado pela profunda aversão aos interesses e à contínua influência de Portugal sobre o Brasil. Os acontecimentos em curso acabaram enfraquecendo politicamente D. João VI, que retorna a sua pátria quase mediante coação das tropas portuguesas estabelecidas no Rio de Janeiro, deixando por aqui, entretanto, na condição de Príncipe Regente, seu filho D. Pedro I (1798-1834).

Destarte, D. Pedro de Alcântara logo acabou encontrando elementos favoráveis a sua permanência junto à sociedade brasileira, pois é fato que, por diversas vezes, afrontou ele diretamente os interesses de Portugal por meio da adoção de uma série de medidas provocativas, levantando francas objeções a todos os seus compatriotas que se mostravam partidários da imediata sujeição do Brasil, novamente, à condição de colônia. Os lusitanos, não por acaso, passaram a insistir em seu urgente retorno, o que não ocorreu naqueles primeiros momentos, em função da ousada decisão do monarca de permanecer na jovem nação. O célebre episódio passaria à história

---

[1] A Constituição Espanhola de 18 de março de 1812, também conhecida por "Constituição de Cádiz", é uma das Cartas Magnas mais antigas da história. Entretanto, não é somente por isso que o diploma legal em tela é tão festejado, afinal tornou-se a Constituição de Cádiz verdadeiro marco na história do Direito Espanhol e um dos baluartes jurídicos surgidos a partir da expansão do liberalismo europeu.

[2] O período histórico chamado de "Reino Unido" está compreendido entre 1815 e 1822.

como o "Dia do Fico"[3]. Sua firme posição valeu-lhe imediato prestígio em meio a uma parcela considerável da nascente aristocracia liberal brasileira que o apoiava. Ademais, D. Pedro mostrava-se favorável aos movimentos populares que visavam ao alcance da reclamada autonomia pátria, uma vez que a instabilidade política na relação entre os dois povos havia atingido o seu ponto culminante, o que acarretaria iniciativas drásticas por parte dos envolvidos. Some-se a isso a crescente insatisfação nacional com as diretrizes governamentais emanadas de Lisboa e ter-se-á o contexto propício para que as ideias libertárias suscitadas pela intelectualidade granjeassem cada vez maior espaço em diversas províncias.

Destarte, os eventos em questão apenas contribuiriam para precipitar decisivamente o processo de independência nacional, decretada aos 7 de setembro de 1822 pelo próprio Príncipe Regente, às margens do Ipiranga, mas somente reconhecida por Portugal no ano de 1825, quando, então, graças à mediação inglesa e ao pagamento de vultosa soma ao país ibérico, foi assinado o "Tratado do Rio de Janeiro". O dito acordo reconhecia-nos, a partir do momento, como um "Império", agora livre formalmente dos ditames de Lisboa, todavia, ainda sob os auspícios e mando direto da dinastia dos Bragança, consoante o que pretendia D. João VI desde o início das negociações mantidas com seu filho. Por intermédio do acordo, a direção do país seria reconhecida desde que exercida pela própria pessoa de D. Pedro I ou por alguém que fosse o virtual herdeiro de sua estirpe real. O ajambre em questão acentuava, igualmente, a necessidade de se promover a paz e o arrefecimento dos ânimos entre os dois "povos irmãos" e determinava sem demora as iniciativas jurídico-administrativas a serem tomadas conjuntamente pelos monarcas a fim de dar solução aos confiscos e sequestros de bens dos nacionais levados a cabo tanto no Brasil como também em Portugal.

Entretanto, a decisão de anuir finalmente aos termos pactuados com seus patrícios, julgados pela opinião pública como aviltantes à nossa soberania, desgastou sobremaneira a imagem de D. Pedro I, especialmente quando este opta por contrair a suprarreferida dívida

---

[3] Na data de 9 de janeiro de 1822.

CAPÍTULO XXIII ● História do Direito no Brasil Império (1822-1889)

junto ao governo britânico, que garantiu financeiramente o cumprimento do acordo firmado pelos Bragança.

Igualmente, como é sabido, o clima de desconfianças não pararia por aí. Cumprindo com uma promessa, cuidou o Príncipe Regente de convocar aos 3 de maio de 1823 uma "Assembleia Geral Constituinte e Legislativa", cuja nobre tarefa se resumiria na preparação do texto daquela que poderia ser a primeira Carta Magna de nossa história. Ocorre que o órgão estabelecido no Rio de Janeiro foi logo dissolvido aos 12 de novembro do mesmo ano, graças às sérias divergências havidas entre o imperador e os deputados e entre os próprios deputados, sem, pois, que o intento inicial tivesse alcançado o logro esperado. Vale dizer que duas correntes ideológicas promoviam discussões acaloradas e embates de opinião que enfraqueceriam a missão naturalmente conciliadora da Assembleia Constituinte; sabe-se que à época o "Partido Brasileiro" e o "Partido Português" contavam com interesses particulares diversos e, não raro, conflitantes. Tais interesses traduziam-se, na prática, como inconciliáveis, pois enquanto os primeiros até admitiam a existência de uma monarquia constitucional sob a égide de um membro da Casa Real dos Bragança, os segundos, por terem em sua grande maioria nascido em terras lusas, e com o receio de serem prejudicados financeiramente graças às ameaças trazidas pelos novos tempos aos investimentos e negócios havidos por aqui, reclamavam novo e imediato estreitamento dos laços com Portugal.

Contudo, essas não foram as únicas razões que contribuíram para a dissolução do órgão. Por certo, D. Pedro de Alcântara sentiu-se desprestigiado pelos constituintes desde o momento em que se deu a solenidade de abertura do órgão. Note-se, porém, que a decisão do Imperador nesse sentido não era absoluta como ele próprio deixou exarar, pois havia, pelo menos *a priori*, um compromisso por parte deste em instituir oportunamente uma nova Assembleia Constituinte. Por isso mesmo, para José Honório Rodrigues o "ato da dissolução é ambíguo e ambivalente"[4].

---

[4] RODRIGUES, José Honório. *Atas do Conselho de Estado – Segundo Conselho de Estado, 1823-1834*, p. 2.

HISTÓRIA DO DIREITO NACIONAL

Vale dizer, também, que na condução dos trabalhos da Assembleia Constituinte de 1823 alcançou grande proeminência o papel político dos Andradas, especialmente aquele desempenhado pela figura de José Bonifácio de Andrada e Silva (1763-1838), um severo opositor das tentativas de restauração das regalias advindas da posse de títulos nobiliárquicos e crítico do papel desempenhado por D. Pedro I naquele contexto. As contínuas desavenças com o Imperador acarretariam prisões e, logo em seguida, o exílio de diversos membros dessa família para a França, após a chamada "Noite da Agonia"[5]. Bonifácio, entre outros igualmente acusados de subverter a ordem e causar a desarmonia social, estava entre eles[6]. Também importantes meios de comunicação, como os jornais[7] *Tamoyo, Sentinela da Praia Grande* e *Sentinela de Pernambuco*, sofreriam duro golpe por suas incisivas críticas à repressão à liberdade de pensamento no país e à grande influência portuguesa na construção do ordenamento jurídico imperial.

---

[5] Iniciado na noite de 11 de novembro de 1823 e estendendo-se por toda a madrugada do dia 12, o episódio conhecido por "Noite da Agonia", como bem destacou Oliveira Lima, "não iluminou todavia martírio algum. Os deputados que se tinham declarado prontos a cair varados pelas baionetas imperiais, voltaram tranquilamente para as suas habitações, sem que os soldados os incomodassem. Seis tão somente foram os deportados para a França, entre eles os três Andradas. José Bonifácio, estabelecido em Bordéus até 1829, deu livre curso à nostalgia da pátria, compondo versos líricos e de chama cívica e redigiu cartas de um sabor forte e por vezes picante". OLIVEIRA LIMA, Manuel de. *O Império Brasileiro (1822-1889)*, p. 16.

[6] Entre os constituintes estavam os irmãos José Bonifácio de Andrada e Silva (1763-1838), Antônio Carlos Ribeiro de Andrada Machado e Silva (1773-1845) e Martim Francisco Ribeiro de Andrada (1775-1844), além do que José Joaquim da Rocha (1777-1848), Francisco Gê (ou Jê) de Acaiaba Montezuma – o "Visconde de Jequitinhonha" (1794-1870) e o Padre Belchior Pinheiro de Oliveira (1763-1858).

[7] "O combate ao elemento português seria uma atitude comum tanto ao *Tamoyo* quanto à *Sentinela de Pernambuco* e à da *Praia Grande*. Atitude que também acabará por ser o elo, intencional ou não, entre a *Sentinela* do Grondona e o *Tamoyo*. A *Sentinela da Praia Grande* atacava nem tanto a Portugal, mas ao rei, D. João VI, e à volta do poder absoluto para as suas mãos. Na *Sentinela*, o ataque generalizado aos portugueses se voltaria principalmente contra a atitude conservadora e simpática aos princípios da Santa Aliança com que se identificavam elementos das elites portuguesas no Brasil". LUSTOSA, Isabel. *Insultos Impressos*: A Guerra dos Jornalistas na Independência (1821-1823), p. 350-351.

450

CAPÍTULO XXIII ● História do Direito no Brasil Império (1822-1889)

A partir daí, a empreitada visando à elaboração do texto constitucional seria legada a um "Conselho de Estado", constituído por homens "probos", por meio de decreto de 13 de novembro. Ressalte-se que as pessoas escolhidas eram da mais absoluta confiança do Imperador e que com ele, seguramente, não transigiriam.

O projeto concluído prontamente pelos juristas designados para tanto foi encaminhado à apreciação das Câmaras Municipais, para que fosse objeto de análise e discussão. Este ainda tinha por fundamentos norteadores os trabalhos realizados no âmbito da Assembleia Constituinte, da qual fora relator Antonio Carlos Ribeiro de Andrada e Silva. Dessa conjunção de escritos, revistos e atualizados pelo Conselho de Estado, nasceu a Constituição outorgada em 25 de março de 1824, que somente teria uma emenda aos 12 de agosto de 1834, com a entrada em vigor do Ato Adicional.

Todavia a iniciativa em torno da dissolução final da Assembleia Constituinte foi recebida como mais um ato arbitrário, que somente contribuiria para a drástica queda de popularidade de D. Pedro I junto à opinião pública nacional que, por sua vez, cuidaria de ser calada com severidade por seus desmandos.

Antes de ser o produto ideológico obtido pelos juristas a partir da influência de alguma nação em particular, é a Constituição de 1824 o resultado da assimilação da intelectualidade brasileira do pensamento liberal do Velho Mundo. De todo modo optou-se pela circunstancial adoção de uma "teoria engenhosa"[8] formulada pelo jurista suíço Benjamin Constant (1767-1830), especificamente no que concerne à previsão do "Poder Moderador" ou "Neutro"[9], que Rosah Russomano, não destituída de razão, tem por "exceção no constitucionalismo europeu"[10]. Assim, logo na aurora de nossa história constitucional, preferiu-se deixar de lado a clássica doutrina da "Tripartição dos

---

[8] GÓES E VASCONCELLOS, Zacharias de. *Da natureza e limites do poder moderador*, p. 27.

[9] Terminologia que ilustra os comentários sobre a "História Constitucional do Império" na obra de PINTO FERREIRA. *Curso de Direito Constitucional*, p. 49.

[10] RUSSOMANO, Rosah. *Curso de Direito Constitucional*, p. 205.

HISTÓRIA DO DIREITO NACIONAL

Poderes" emanada da pena de Montesquieu (1689-1755), dentre outros tantos que historicamente a abalizaram. Neste ínterim, vale dizer que as ideias do célebre publicista helvético estavam em perfeita consonância com o desiderato do D. Pedro, receoso em perder espaço no cenário da política nacional, pois, como bem observou Braz Florentino Henriques de Souza, é "o Imperador, com efeito, quem, no exercício regular das atribuições próprias do *Poder Moderador*, corrige os desvios, modera os excessos, e contém em suas respectivas órbitas aos outros poderes, sobre os quais *vela incessantemente*; e desde então é Ele quem de certo modo dirige e governa como *chefe supremo* da nação, sendo incontestável a supremacia ou a superioridade do *vigilante* sobre os vigiados, do moderador sobre os que devem ser moderados"[11].

Ora, sem embargo às considerações de que no processo de construção do Estado Brasileiro nos primeiros anos da independência, o Poder Moderador, realmente, tornou-se, por vezes, um efetivo instrumento de dominação política que, perfeitamente, cumpriu com o propósito de se adequar às conveniências pessoais imaginadas por D. Pedro I, não se deve igualmente ter por menos o destacado valor da Carta Magna imperial. Nesse sentido Octaciano Nogueira observa que "examinada sob o aspecto de sua eficácia, considerada a partir de sua vigência, a Constituição brasileira de 1824 foi a de maior duração das sete que tivemos. Ao ser revogada pelo governo republicano, em 1889, depois de 65 anos, era a segunda Constituição escrita mais antiga do mundo, superada apenas pela dos Estados Unidos"[12].

Do mesmo modo, para outros autores destacados no campo do Direito Público, como o são os doutos mestres Gilmar Ferreira Mendes, Inocêncio Mártires Coelho e Paulo Gustavo Gonet Branco, motivações não faltam para credenciar ao dito diploma legal a "admiração" e o "respeito" devidos, pois "apesar de não se tratar de nada

---

[11] SOUZA, Braz Florentino Henriques de. *Do Poder Moderador*: ensaio de direito constitucional contendo a análise do título V, capítulo I, da Constituição Política do Brasil, p. 51.

[12] NOGUEIRA, Octaciano. *Constituições Brasileiras:* 1824, p. 14.

452

CAPÍTULO XXIII ● História do Direito no Brasil Império (1822-1889)

original – até porque o nosso pensamento político apenas refletia o que nos vinha de fora, numa espécie de 'fatalismo intelectual' que subjuga as culturas nascentes –, mesmo assim foi um grande estatuto político, uma *lei fundamental* que logrou absorver e superar as tensões entre o absolutismo e o liberalismo, marcantes no seu nascimento, para se constituir, afinal, no texto fundador da nacionalidade e no ponto de partida para a nossa maioridade constitucional"[13].

Portanto, sem embargo às acirradas controvérsias que culminaram na dissolução da Assembleia Constituinte, no seu devido tempo cumpriu a Carta Magna de 1824 com a missão maior de vir a confirmar a unidade territorial tão arduamente pretendida pelos artífices da jovem e promissora nação, fragilizando, consequentemente, o espírito do separatismo que teimosamente irrompia nas províncias e bastando, por si só, para demonstrar enfaticamente ao Governo português (que ainda no ato do juramento do texto não havia reconhecido a soberania brasileira) que a desvinculação política entre os dois países constituía-se em realidade fática e irremediável.

23.1.2 A criação das escolas de Direito no Brasil

Respondendo a um antigo intento da aristocracia brasileira, no dia 11 de agosto de 1827 são criadas por decreto[14] as duas primeiras faculdades de Direito no Brasil, sendo uma delas instalada em Olinda (Mosteiro de São Bento) e a outra, na cidade de São Paulo (Convento São Francisco). À época em questão, a necessidade do ensino das Ciências Jurídicas em solo pátrio justificava-se pela independência recentemente alcançada junto a Portugal, bem como pela necessidade de o país alcançar a plena autonomia no estudo das leis. Ademais, em função do quadro político instaurado logo após 1822, muitos alunos não se sentiam mais confortáveis nos bancos escolares das arcadas de Coimbra.

---

[13] MENDES, Gilmar Ferreira; COELHO, Inocêncio Mártires e BRANCO, Paulo Gustavo Gonet. *Curso de Direito Constitucional*, p. 162-163.

[14] BRASIL. *Coleção das Leis do Brasil*, 1827. V. 1, p. 5 (11/8/1827).

HISTÓRIA DO DIREITO NACIONAL

Obedecendo a um imperativo legal, ficou estabelecido que os cursos tivessem a duração de cinco anos. Eis a matriz curricular prevista no processo de formação de nossos primeiros bacharéis:

I) Primeiro Ano: a) Direito Natural; b) Direito Público; c) Análise de Constituição do Império; d) Direito das Gentes e e) Diplomacia.

II) Segundo Ano: a) Direito Natural; b) Direito Público; c) Análise da Constituição do Império; d) Direito das Gentes; e) Diplomacia; f) Direito Público Eclesiástico.

III) Terceiro Ano: a) Direito Pátrio Civil e b) Direito Pátrio Criminal com a Teoria do Processo Criminal.

IV) Quarto Ano: a) Direito Pátrio Civil e b) Direito Mercantil e Marítimo.

V) Quinto Ano: a) Economia Política e b) Teoria e Prática do Processo Adotado pelas Leis do Império.

Vale observar que os docentes titulares das cátedras (denominados à época "lentes") eram extremamente valorizados profissionalmente, sendo que gozavam do mesmo prestígio concedido aos Desembargadores dos Tribunais de Relação, a cujos vencimentos seus salários eram equiparados. Ademais, poderiam se aposentar após o exercício de vinte anos de labor no magistério, mantendo, de forma integral, o mesmo ordenado.

Para ingressarem nas carreiras jurídicas, os estudantes deveriam demonstrar conhecimentos e capacitação formal em algumas matérias consideradas basilares tais como "Gramática Latina", "Língua Francesa", "Retórica", "Filosofia Racional e Moral", além de "Geometria". A idade mínima estabelecida por lei para o aluno iniciar seus estudos no campo do Direito não podia ser inferior a quinze anos.

Os estatutos das instituições previam também a possibilidade do desenvolvimento de estudos mais aprofundados, que permitiriam que se conferisse, somente aos que obtivessem êxito, o almejado grau de "Doutor".

23.1.3 O Código Criminal do Império de 1830

A ideia em torno da elaboração de um "Código Criminal" para o

CAPÍTULO XXIII ● História do Direito no Brasil Império (1822-1889)

Império Brasileiro alcançou expressão exata por meio do legislador de 1824, que em nossa primeira Carta Magna fez constar seu desiderato maior:

| Organizar-se-á quanto antes um Código Civil e Criminal, fundado nas sólidas bases da Justiça e Equidade (art. 79, XVIII).

Neste caso, as motivações para tamanha pressa eram totalmente justificáveis. O Brasil havia alcançado a tão reclamada independência e, por assim ser, precisava adequar-se ao ritmo imposto pela modernidade europeia, que seguia firme embalada pelos ideais iluministas e liberais.

D. Pedro I, já por ocasião da outorga da Constituição de 1824, tinha consciência de que a infraestrutura tão necessária à construção do país perpassava todos os âmbitos da administração pública nacional, atingindo, como não poderia ser diferente, também o universo jurídico. Ademais, até então, em matéria penal ainda vigorava entre nós o Livro V das Ordenações do Reino, com seu rol de penas cruéis e degradantes, próprio de um contexto medieval que precisava urgentemente ser deixado para trás. Portanto, apesar de o plano inicial residir especificamente na feitura de duas codificações, uma de caráter civil e outra, criminal, sabe-se que a primeira delas só seria composta por ocasião da aurora do século XX, após muitas divergências e graças ao incansável labor de Clóvis Beviláqua, autor de nosso primeiro Código Civil.

Assim, em 1827, num intervalo de apenas poucos dias, dois projetos distintos de codificações foram apresentados por célebres deputados brasileiros, sendo "ambos de excelente qualidade"[15] conforme, de antemão, previne Cezar Bitencourt. Um desses importantes trabalhos partiu da lavra de José Clemente Pereira (1787-1854), jurista que nos anos seguintes continuaria a prestar valiosa e relevante contribuição ao país, especialmente quando, em 1833, em substituição ao Visconde

---

[15] BITENCOURT, Cezar Roberto. *Tratado de Direito Penal. Parte Geral, Volume I*, p. 42.

HISTÓRIA DO DIREITO NACIONAL

de Abaeté, vem a presidir aquela comissão que seria responsável pela redação do projeto de Código Comercial do Império (1850). O outro projeto em tela, por sua vez, levava a assinatura do eminente deputado Bernardo Pereira de Vasconcelos (1795-1850).

Sobre o assunto em questão, vale dizer que parcela considerável dos criminalistas brasileiros[16] é partidária da opinião de que a escolha final da dita Câmara teria recaído sobre a obra realizada por Vasconcelos. Entretanto, sem embargo ao incontestável lastro deixado por este projeto entre nós, há que registrarmos as pontuais considerações tecidas por René Ariel Dotti. Segundo esse autor, a Comissão Mista do Senado e da Câmara dos Deputados, "integrada pelos parlamentares Nicolau de Campos Vergueiro, José Antonio da Silva Maia, Manoel Caetano de Almeida Albuquerque, Visconde de Alcântara, José da Costa Carvalho e João de Deus Cândido de Deus e Silva, apresentou um projeto substitutivo em 31 de agosto de 1829, *calcado especialmente no de Pereira de Vasconcelos, levando também em consideração o de Clemente Pereira*, introduzindo modificações convenientes. Os membros daquela Comissão consideravam mais nocivo o dano da demora que o das imperfeições, que com vagar se poderiam corrigir"[17].

Todavia, ressalte-se que a decisão final sobre aquele que seria o primeiro Código Criminal da história jurídica nacional seria tomada ainda por uma outra comissão formada em 11 de setembro de 1829, constituída, agora, por três integrantes, Antonio Paulino Limpo de Abreu, F. de Paula e Souza e Luis Cavalcanti. A comissão, por meio de seus integrantes, em 19 de outubro daquele mesmo ano, "conservando o método pelo qual fora organizado o projeto que estudou, introduziu-lhe modificações e alterações, quer por emendas que organizou, quer pela emendas oferecidas que lhe pareceram necessárias, especialmente suprimindo alguns delitos, mudando a classificação de alguns outros, e, quanto a penalidades, sensíveis foram as alterações

---

[16] Confira a esse respeito NUCCI, Guilherme de Souza. *Manual de Direito Penal*: Parte geral/Parte Especial, p. 65; e BITENCOURT, Cezar Roberto. *Tratado de Direito Penal. Parte Geral, Volume I*, p. 42.

[17] DOTTI, René Ariel. *Casos Criminais Célebres*, p. 288. [Grifo nosso.]

456

CAPÍTULO XXIII ● História do Direito no Brasil Império (1822-1889)

na qualidade e quantidade das penas, para melhor proporção com a natureza dos delitos, em todos estes estabelecendo graus"[18].

As controvérsias acadêmicas sobre o assunto, contudo, não terminam por aqui e, por uma questão de zelo científico, entendemos que o leitor deve estar a par das opiniões dissonantes acerca de tão interessante questão. Na obra assinada por Raúl Zaffaroni, Nilo Batista, Alejandro Alagia e Alejandro Slokar registra-se que "é um equívoco recorrente na historiografia jurídica brasileira tomar o código imperial de 1830 como produto da conciliação de dois projetos, o de José Clemente Pereira e o de Bernardo Pereira de Vasconcelos"[19]. E, alhures, os doutos juristas mencionados asseveram: "Na verdade, Clemente Pereira apresentou à assembleia legislativa apenas algumas bases para o futuro código, na sessão de 3 de junho de 1826"[20].

Nós, particularmente, sem querermos de modo algum desprestigiar a importância histórica do projeto oportunamente apresentado por Clemente Pereira, somos tendentes a crer que as comissões que trabalharam no processo da confecção do Código Criminal do Império beberam em maior medida no manancial ofertado pelas mãos de Bernardo Pereira de Vasconcelos. Assim, a lembrança do nome do parlamentar pela doutrina nacional não nos parece equivocada, antes, procura apenas fazer meritória justiça a uma grandiosa e legendária contribuição intelectual no campo do Direito Penal.

As influências para a composição do Código Criminal vinham, em grande parte, do Código Francês (1810) e do Código Napolitano (1819)[21]. Na esteira da opinião de Aníbal Bruno, Bitencourt ainda acresceu a esta lista o Código da Baviera (1813), o Projeto

---

[18] DOTTI, René Ariel. *Casos Criminais Célebres*, p. 288-289.

[19] ZAFFARONI, E. Raúl; BATISTA, Nilo; ALAGIA, Alejandro e SLOKAR, Alejandro. *Direito Penal Brasileiro*, p. 428.

[20] ZAFFARONI, E. Raúl; BATISTA, Nilo; ALAGIA, Alejandro e SLOKAR, Alejandro. *Direito Penal Brasileiro*, p. 428.

[21] Nesse sentido, veja COSTA, Álvaro Mayrink da. *Direito Penal*: Volume I, Tomo I, p. 226.

HISTÓRIA DO DIREITO NACIONAL

de Livingston (1825), além das ideias filosófico-jurídicas de Jeremias Bentham, Cesare Beccaria e Mello Freire[22].

No estrangeiro pode-se dizer que o Código Criminal do Império (1830) alcançou certa repercussão, especialmente quando se trata das legislações penais ibéricas da Espanha (1848) e de Portugal (1852)[23] e, também, convém anotar, entre muitos outros códigos da América Latina[24].

23.1.4 O Código de Processo Criminal de 1832

À elaboração e vigência de um Código Criminal, seguiu-se, como era de se esperar, a preparação do Código de Processo Criminal (Lei de 29 de novembro de 1832). O diploma legal, além de traduzir inequívoca necessidade nacional (especialmente, como se viu, em função da vigência de um Código Criminal), seria o primeiro na história do Direito Judiciário Brasileiro.

Importante destacar é que a nova legislação rompia definitivamente com a tradição do sistema processual inquisitorial previsto nas Ordenações Filipinas de 1603. Não obstante, ainda concedia competência jurisdicional em matéria religiosa a juízos eclesiásticos (de acordo com o art. 8º, em se tratando de "matérias puramente espirituais").

Diretamente advinda da experiência jurídica inglesa, a maior herança para a aludida codificação pátria consistiu na oportuna recepção do *habeas corpus* (arts. 340 e seguintes).

O Código de Processo Criminal constituía-se de 355 artigos e dividia-se em duas partes distintas (Parte I – *Da Organização Judiciária* e Parte II – *Da Forma do Processo*).

Entretanto, a maior influência ao Código de Processo Criminal Brasileiro foi, certamente, devida ao Código de Instrução Criminal Francês

---

[22] BITENCOURT, Cezar Roberto. *Tratado de Direito Penal. Parte Geral, Volume I*, p. 42.

[23] BITENCOURT, Cezar Roberto. *Tratado de Direito Penal. Parte Geral, Volume I*, p. 42.

[24] COSTA, Álvaro Mayrink da. *Direito Penal:* Volume I, Tomo I, p. 227.

CAPÍTULO XXIII ● História do Direito no Brasil Império (1822-1889)

de 1808 (*Code d'Instruction Criminelle*)[25], produto da Era Napoleônica, que demonstrava acentuada inspiração liberal.

Apesar da longa vida de nosso primeiro Código de Processo Criminal de Primeira Instância, cuja vigência atravessou todo o período imperial, não tardaria a legislação a sofrer sensíveis alterações. Elas ocorrem com a Lei de 3 de dezembro de 1841 (regulada pelo Decreto n. 120, de janeiro de 1842) e, posteriormente, pela Lei n. 2.033, de 20 de setembro de 1871 (regulada pelo Decreto n. 4.824, de 22 de novembro de 1871).

23.1.5 O Código Comercial de 1850

A repentina chegada da família real portuguesa e de seu inumerável séquito ao Brasil, no ano de 1808, que por estes domínios buscava se socorrer do irremediável furor de Napoleão Bonaparte, traduziu-se no mais importante acontecimento a favorecer o desenvolvimento do comércio no país, tendo em vista que D. João VI não tardaria a sucumbir à conveniência de declarar abertos os portos às nações amigas por intermédio da Carta Régia de 28 de janeiro de 1808.

Mas essa iniciativa prática e pontual seria apenas a primeira medida adotada pelo Príncipe Regente visando conferir a mínima infraestrutura necessária ao desenvolvimento de sua mais preciosa colônia ultramarina. Decorridos apenas alguns meses são criadas no território as condições propícias ao início ao estabelecimento de um incipiente processo de industrialização, permitindo que aqui fossem instaladas as primeiras fábricas e manufaturas (Alvará de 1º de abril de 1808). Nesse mesmo contexto, seguem-se importantes medidas político-administrativas responsáveis, daí em diante, pela criação da "Real Junta de Comércio, Agricultura, Fábricas e Navegação" (Alvará de 23 de agosto de 1808) – órgão primordial à prosperidade nacional – e também pelo nascimento do Banco do Brasil (Alvará de 12 de outubro de 1808).

---

[25] TOLEDO, Evaristo de. *Curso de Processo Penal*, p. 5. Nesse sentido converge também a opinião de NORONHA, Magalhães E. *Curso de Direito Processual Penal*, p. 10.

Convém salientar que, mesmo quando o Brasil estivesse formalmente livre dos ditames da Metrópole, em matéria comercial ainda aqui seriam observadas as leis em vigor entre os lusitanos até a data de 25 de abril de 1821[26]. Entrementes, com todas as transformações que ocorriam com bastante celeridade desde o ato da transmigração da Corte para cá e a necessidade de se atender satisfatoriamente à velocidade imposta pelo processo de modernização, fez-se sentir a urgência da elaboração de uma codificação específica neste campo. Até hoje é muito discutida a extensão do efetivo papel de José da Silva Lisboa – o Visconde de Cayru (1756-1835) na condição de provável inspirador dessas ideias e de outras tantas junto a D. João VI que, de qualquer modo, certamente o tinha em alta conta. Não pairam dúvidas, pois, da excepcional capacidade profissional e visão para negócios deste nobre filho de portugueses, também educado com esmero nas letras jurídicas. Sabe-se que uma de suas obras tornou-se muito festejada entre nós e até mesmo alhures nestes primeiros tempos. Trata-se da coleção intitulada "*Princípios de Direito Mercantil e Leis da Marinha*" (1801), composta por oito tratados.

Sobre o episódio político que levou à abertura dos portos, no que diz respeito às divergências entre os próprios historiadores sobre o assunto, ressalta Dylson Doria que, enquanto alguns preferem ver na pessoa do notável Visconde de Cayru, "o fundador do Direito Comercial no Brasil", outros, por sua vez, tratam de credenciar as tais mudanças aos interesses estratégicos da Grã-Bretanha, ao passo que há ainda os que sustentam a tese de que cabe unicamente ao "Regente todo o prestígio do ato"[27].

Entretanto há que se notar que seu nome não consta na configuração final da comissão composta em 1833 para a redação do projeto

---

[26] Veja, a esse respeito, a obra de MARTINS, Fran. *Curso de Direito Comercial*: empresa comercial, empresários individuais, microempresas, sociedades empresariais, fundos de comércio, p. 42.

[27] DORIA, Dylson. *Curso de Direito Comercial*, p. 24. Para saber mais sobre a figura histórica do "Visconde de Cayru" sugiro leitura de SISSON, S. A. *Galeria dos Brasileiros Ilustres*, volume I, p. 155-164.

CAPÍTULO XXIII ● História do Direito no Brasil Império (1822-1889)

de Código Comercial do Império. De acordo com Dylson Doria torna-se mais plausível crer que isso tenha ocorrido em função de "questões políticas", tendo em vista que "era o Visconde de partido adverso ao que se encontrava no poder"[28]. Dela participaram alguns eminentes comerciantes fluminenses, tais como José Antônio Lisboa, Inácio Ratton, Guilherme Midosi, Honorário José Teixeira, além de Lourenço Westin, um diplomata sueco. Na presidência da comissão estava José Clemente Pereira (de quem já falamos anteriormente), que havia substituído Antônio Paulino Limpo de Abreu, o Visconde de Abaeté.

Os especialistas são praticamente unânimes ao apontar aquelas que foram as três grandes influências a nortear o espírito dos homens que tomaram parte na comissão: os Códigos Comerciais da França (1807), Espanha (1829) e de Portugal (1833)[29]. Vejamos, pois, o lastro de cada um deles respectivamente. Sabe-se que os autores da legislação comercial napoleônica de 1807, a primeira a aparecer nesta listagem, mais remotamente haviam bebido na fonte intitulada *"Ordennances sur le Commerce de Terre"* – leis estas mais conhecidas como "Código de Savary" (1673), em homenagem ao excepcional trabalho produzido por Jacques Savary (1622-1690), um habilidoso comerciante francês que, tempos depois, se formou em Direito, deixando como legado à sua época uma concorrida obra chamada *"Le Parfait Negociant"*. A codificação comercial hispânica (1829) também foi ob-

---

[28] DORIA, Dylson. *Curso de Direito Comercial*, p. 25.

[29] Nesse sentido veja REQUIÃO, Rubens. *Curso de Direito Comercial*, p. 17; DORIA, Dylson. *Curso de Direito Comercial*, p. 24; e MARTINS, Fran. *Curso de Direito Comercial*: empresa comercial, empresários individuais, microempresas, sociedades empresariais, fundos de comércio, p. 42. Ainda sobre o assunto em questão acentua Fazzio Júnior: "Já no século XVII, sob o mercantilismo, a França de Colbert produziu duas ordenações, uma sobre o comércio terrestre (Code Savary) e outra atinente ao comércio marítimo, elaborada em 1762, por Boutigny. Depois, como efeito residual do ideário liberal implantado pela burguesia, na Revolução Francesa (1789), o *Code de Commerce*, dos juristas de Napoleão Bonaparte, em 1808, marcou o abandono do subjetivismo corporativista e a implantação da objetividade dos atos de comércio. O diploma redigido por Chaptal tornou-se modelo das modernas codificações mercantis inclusive do Código Comercial de 1850". FAZZIO JÚNIOR, Waldo. *Manual de Direito Comercial*, p. 4.

HISTÓRIA DO DIREITO NACIONAL

jeto de consulta da comissão, apesar de que, dentre as três listadas, esta foi a que menos se projetou entre nós. O Código lusitano (1833) foi igualmente importante em nossa trajetória, em razão de nossa própria proximidade cultural com Portugal, facilitada pelo idioma comum e porque a legislação em questão constituía-se na grande novidade do período.

Convém notar que a comissão foi diligente no exercício das funções que lhe foram delegadas, tendo concluído seus trabalhos em 1834[30]. Mas os debates em torno do projeto arrastaram-se fastidiosamente na Câmara por 16 anos, tendo o Código Comercial do Império entrado em vigor bem mais tarde, quando então foi sancionada a Lei n. 556, de 25 de junho de 1850.

Livre de quaisquer ufanismos, parece-nos acertada a crítica de Doria ao destacar que "o nosso Código Comercial, se bem que muito elogiado por quantos o discutiram e aprovaram, não traduziu qualquer conquista no campo jurídico"[31], explicando, logo em seguida, as razões que o levaram a sustentar tal argumento: "Na verdade, não incorporou o Código qualquer instituição nova, mantendo antes, em matéria de sociedade, normas que já vigoravam nos seus países de origem"[32].

Por outro lado, se em dado momento faltou ao Código Comercial imperial a devida originalidade, o mesmo não se daria com o Regulamento n. 737, de 25 de novembro de 1850, o qual, por cuidar do "processo comercial", segundo a abalizada lição do mestre Fran Martins, pode ser justamente considerado, na prática, "o mais perfeito Código processual existente em toda a América do Sul"[33].

23.2 Teixeira de Freitas e o Esboço de Código Civil

A partir de 1824, como vimos, inaugura-se a "trajetória autônoma" propriamente dita do direito pátrio. Como se viu nos tópicos anteriores,

---

[30] Neste mesmo ano entra em vigor o pioneiro Código Comercial da Bolívia.

[31] DORIA, Dylson. *Curso de Direito Comercial*, p. 26.

[32] DORIA, Dylson. *Curso de Direito Comercial*, p. 26.

[33] MARTINS, Fran. *Curso de Direito Comercial*: empresa comercial, empresários individuais, microempresas, sociedades empresariais, fundos de comércio, p. 45.

CAPÍTULO XXIII ● História do Direito no Brasil Império (1822-1889)

naqueles primeiros anos do período imperial passa-se a ter, além de uma Constituição (1824), também duas outras codificações importantes, quais sejam elas, um "Código Criminal" (1830) e um "Código de Processo Criminal" (1832). Decorridas quase duas décadas, o país ganharia um "Código Comercial" (1850). Entretanto faltava dotar a nação de uma codificação civilista que pudesse vir a suprir em matéria de direito privado as obsoletas "Ordenações do Reino", consoante o que previa a própria Carta de 1824. Pois bem, a nobre tarefa foi oportunamente confiada ao eminente baiano Augusto Teixeira de Freitas (1816-1883), que, não por acaso, foi considerado um dos três maiores juristas sul-americanos pelo professor italiano Mario G. Losano[34]. É nesse contexto que o vulto emerge proficuamente compondo um capítulo importante da História do Direito Brasileiro.

Teixeira de Freitas faz parte daquela primeira geração de notáveis bacharéis formados pela recém-fundada Faculdade de Direito de Olinda. Ainda jovem, foi, em 1843, um dos fundadores de respeitadíssima entidade, o Instituto dos Advogados Brasileiros. O fato de ser filho de aristocratas certamente facilitou o acesso que obtve a uma educação privilegiada, algo que não estava ao alcance de todos os nacionais, apesar de que a genialidade e o espírito criativo nortearam uma carreira coroada de méritos. Vale notar que em 1837, data da expedição de seu diploma, o curso contava apenas com dez anos de existência. A proeminência de Freitas na condição de civilista destacado toma corpo no ano de 1858, quando leva a bom termo a organização de uma grandiosa *Consolidação das Leis Civis* que, de fato, foi a legislação a permanecer em vigor até 1917. Não por acaso, Levi Carneiro o tem como o iniciador do "culto do Direito no Brasil"[35]. Assim, o governo imperial logo cuidou de contratar em 1859 os serviços de Teixeira de Freitas, para que este nos legasse, no decurso de apenas três anos, o diploma legal que se esperava servir de primeiro Código Civil do Brasil.

---

[34] Os outros dois foram, na opinião do jurista italiano, o argentino Dalmácio Vélez Sarsfield (1800-1875) e o venezuelano naturalizado chileno Andrés Bello (1781-1865). LOSANO, Mario G. *Os Grandes Sistemas Jurídicos*, p. 297-299.

[35] CARNEIRO, Levi. *Estudo Crítico-Biográfico*, p. IX.

Já no decorrer do ano seguinte, Teixeira de Freitas achou por bem trazer aos círculos acadêmicos (sempre entre intelectuais de alta estirpe) a primeira edição do monumental trabalho constituído por 4.908 artigos, mas que num arroubo de simplicidade achou por bem intitulá-lo apenas como "Esboço". O objetivo da iniciativa pode ser traduzido com maior exatidão nas palavras do próprio autor: "Antes de apresentar ao Governo Imperial o Projeto do Código Civil, cuja redação me foi encarregada por Decreto de 11 de janeiro de 1859, entendi que o devia depurar com a estampa das diversas partes deste longo trabalho, que por ora tem o título de Esboço. Expor-me à censura de todos, que acharia embaraço na combinação de páginas manuscritas: eis o fruto que pretendo colher desta primeira tentativa"[36].

Infelizmente, alguns obstáculos pessoais na vida do autor, diversas questões burocráticas somadas a outras tantas motivações próprias do exercício de suas funções, bem como controvérsias que não cabem por ora aqui, impedem que o festejado jurista venha a concluir sua nobre empreitada, conforme previsto em contrato assinado com o Governo Imperial. O prazo fixado para a entrega do trabalho findava aos 31 de dezembro de 1861, contudo a data chegou a ser prorrogada para o dia 30 de junho de 1864. Sem embargo, a profunda decepção de Freitas, do que julgou constituir-se falta de dedicação das autoridades à análise de seu célebre "Esboço", contribuiria para o aprofundamento de sua crise pessoal.

Por fim, já padecendo de grave enfermidade de ordem psíquica, Teixeira de Freitas vem a falecer na cidade de Niterói, no ano de 1883, aos 67 anos de idade, agora bem distante de Cachoeira, sua terra natal e sem que seus imensuráveis esforços pudessem ter logrado o êxito esperado.

Contudo a profícua influência da maior obra autoral de sua vida é ainda hoje mui difícil de ser mensurada. Mas sabe-se que as projeções das lições de Teixeira de Freitas tornam-se mais perceptíveis nos

---

[36] FREITAS, Augusto Teixeira de. *Esboço do Código Civil*, p. LXI.

CAPÍTULO XXIII ● História do Direito no Brasil Império (1822-1889)

Códigos Civis da Argentina, Paraguai e Uruguai[37]. Sabe-se que o "Esboço" serviu de base inspiradora para que outros conhecidos juristas latino-americanos[38] elaborassem as legislações civis de seus países, sendo que alguns deles, dentre os quais citamos por ora o argentino Vélez Sarsfield (1800-1875), referem-se ao fato com muita naturalidade, desprovidos de qualquer vaidade intelectual. Sobre este assunto, assim se pronunciou Haroldo Valladão: "Fui aprender a admirar Teixeira de Freitas – confesso-o lentamente – após minha primeira viagem cultural ao exterior, em março de 1927, ao Uruguai e à Argentina, ao ouvir pronunciado, com os maiores elogios, nas Universidades de Montevidéu, de Buenos Aires e de Córdoba, pelos professores e estudantes, o nome do jurista pátrio, ao ver nas livrarias daqueles países, em varias edições, traduzido em castelhano, o 'Esboço do Código Civil', do Império do Brasil"[39]. Igualmente, pronuncia-se de maneira bastante lisonjeira o gênio Pontes de Miranda sobre o legado deixado por Teixeira de Freitas: "Trata-se de obra ampla, erudita, fiel, em que se casam o espírito de organização e a técnica codificadora, de modo a constituir admirável construção, com os mais esparsos e infirmes elementos legislativos então vigentes e oriundos de 1603 a 1857"[40].

Destarte, quando o próprio Clóvis Beviláqua finalmente nos brinda com o primeiro diploma legal de direito privado, não hesitou este em fazer franca alusão, sempre que oportuno, ao inestimável legado deixado por Freitas neste campo, nunca tendo negado ele também ter bebido nos mananciais do célebre "Esboço". Para o autor do Código Civil de 1916, no que concerne aos dissabores e infortúnios enfrentados

---

[37] Veja a esse respeito o trabalho de CARNEIRO, Levi. *Estudo Crítico-Biográfico*, p. XXXIV-XXXVII.

[38] Como ocorreu, por exemplo, na Nicarágua: "E até na América Central chegou a influência do nosso insigne patrício, uma vez que o Código Civil da Nicarágua, de 1904, reproduziu nos seus artigos VII e VIII os artigos 6º e 7º do Esboço, copiados através dos artigos 13 e 14 do Código Civil Argentino". VALLADÃO, Haroldo. *Teixeira de Freitas, Jurista Excelso do Brasil, da América, do Mundo*, p. LIII.

[39] VALLADÃO, Haroldo. *Teixeira de Freitas, Jurista Excelso do Brasil, da América, do Mundo*, p. XLI.

[40] MIRANDA, Pontes de. *Fontes e Evolução do Direito Civil Brasileiro*, p. 80.

por seu antecessor, esta se constituía, sem dúvida, numa "página dolorosa, a mais dolorosa da história intelectual da jurisprudência brasileira, essa em que o sábio jurista renega e despedaça todo o seu trabalho anterior, sacrificando-o, com heroica abnegação de um estoico, ao que lhe julgava a verdade científica"[41].

No tópico seguinte daremos continuidade ao trato das diversas razões de ordem histórica que contribuíram para a longa espera pela vigência de um Código Civil nacional, bem como dos outros juristas que tentaram levar adiante este encargo.

23.3 Outras tentativas frustradas no trajeto da elaboração do Código Civil

A morte do ícone Teixeira de Freitas no ano de 1883 não impediu o Governo Imperial de tomar as providências necessárias à confecção do tão esperado Código Civil nacional. Nesse sentido, pelo menos quatro importantes tentativas foram feitas, porém sem que nenhuma delas conseguisse alcançar sucesso.

Entretanto a preocupação com a elaboração de uma legislação de direito privado no Brasil, como vimos, remonta à própria previsão expressa no diploma constitucional de 1824. No campo doutrinário, por sua vez, é o combativo Francisco Inácio de Carvalho Moreira (1815-1906) – o Barão de Penedo – que no ano de 1845 chama a atenção enfaticamente para a urgência de tomada de posição quanto a essa questão. Porém o que propunha na ocasião o conhecido diplomata e advogado alagoano não passava de "um grito, não uma tentativa"[42].

Da primeira dessas investidas históricas participou ativamente José Thomás Nabuco de Araújo (1813-1878), pai do notório abolicionista brasileiro Joaquim Nabuco. A data que marca o início dos trabalhos desse senador do Império é o ano de 1872, porém a morte logo

---

[41] BEVILÁQUA, Clóvis. *Código Civil dos Estados Unidos do Brasil Comentado*, *Volume I*, p. 14.

[42] MIRANDA, Pontes de. *Fontes e Evolução do Direito Civil Brasileiro*, p. 81.

CAPÍTULO XXIII ● História do Direito no Brasil Império (1822-1889)

o impediu de levar adiante a tarefa que lhe foi confiada, não tendo o jurista sequer chegado a avançar muito em seus propósitos.

Somente a título de curiosidade, há que se referir aqui a ousada atitude de António Luís de Seabra (1798-1895) – o Visconde de Seabra –, algo que foi mal interpretado nos círculos políticos nacionais, especialmente quando, em 1872, decide o nobre lusitano oferecer a D. Pedro II, muito mais que seus préstimos intelectuais, mas os próprios alfarrábios de um "projeto" de codificação de direito privado para o Brasil. O documento, todavia, como bem observou o festejado Pontes de Miranda, "não obteve ato oficial, que lhe desse, sequer, valor histórico; e a opinião hostil a que se lhe conferisse a missão de elaborar o Código Civil"[43]. Ora, tal rechaço não era de se estranhar, principalmente quando se considera o contexto dos eventos em questão, uma vez que o país buscava naqueles dias consolidar sua soberania.

Após o falecimento de Nabuco de Araújo, assume a incumbência Joaquim Felício dos Santos (1822-1895) que, no ano de 1881, entregou ao Governo a obra intitulada *Apontamentos*. Ocorre que o texto, submetido ao crivo e aos debates no âmbito da comissão (da qual o próprio autor em dado momento chegou a fazer parte), não obteve parecer favorável.

Posteriormente, Felício dos Santos e os próprios revisores que fizeram parte do dito grupo prepararam ainda com maior acuidade um "Projeto

---

[43] MIRANDA, Pontes de. *Fontes e Evolução do Direito Civil Brasileiro*, p. 81. Sobre o assunto em tela pontua Vinicius Hauagge em interessante estudo que desde já indico a quem pretende se aprofundar na temática: "Passados alguns meses, mais precisamente em março de 1872, em visita à Europa, o Imperador D. Pedro II recebeu diretamente do autor do Código Civil lusitano no dia 8 do citado mês, o referido projeto. O fato foi confirmado em notícia publicada no suplemento do *Jornal do Commercio*; consta também, na mesma nota, que ambos se encontraram novamente três dias após a entrega do texto, na sede da Academia Real de Ciências de Lisboa. A notícia se espalhou rapidamente e motivou, em solo brasileiro, a edição de diversos textos ácidos e nacionalistas propalados principalmente pelo diário *A Reforma*, que, não satisfeito com as palavras proferidas pelo Ministro, interpelou expressamente ao governo imperial a respeito da suposta contratação do jurisconsulto do além-mar para redigir um Código para o Brasil". HAUAGGE, Vinicius Elias. *Visconde Seabra e a codificação civil brasileira*, p. 19-21.

HISTÓRIA DO DIREITO NACIONAL

de Código Civil Brasileiro", cujo conteúdo, igualmente, acabou por não receber a definitiva chancela das autoridades de seu tempo.

Já prestes a irromper no horizonte da nação a "Proclamação da República", houve ainda uma mobilização entre juristas afamados da categoria de Coelho Rodrigues (1822-1895) e Afonso Pena (1847-1909), os quais, comandados pela rubrica de Cândido de Oliveira, chegaram a formar uma nova comissão no ano de 1889. A curiosidade, como bem lembrou Giordano Bruno Soares Roberto, é que "o próprio Imperador tomou parte nos trabalhos"[44].

A Antônio Coelho Rodrigues, que havia inclusive constituído a comissão que analisou o trabalho de Felício dos Santos, coube a missão de retomar as mesmas atividades em 1890, agora em plena Era Republicana. Sua inspiração vinha d'além-mar, como bem notou Pontes de Miranda. A experiência no exterior de Coelho Rodrigues aproximou-o do "Código de Zurique e de raras ideias vigentes na Alemanha por volta de 1890"[45]. Ao projeto do grande jurista piauiense, apesar de seu labor jurídico ser considerado como obra de inestimável valor doutrinário, na prática se reservou o mesmo fim destinado aos demais que o precederam.

Como se sabe, o Brasil ainda teria que aguardar o raiar do século XX para ter sua codificação civilista. Todavia todos esses acontecimentos fazem parte de relevante itinerário que assinala a magnífica construção e as etapas do desenvolvimento do Direito privado brasileiro, sendo assim matéria merecedora de trato histórico.

Por fim, os memoráveis e sempre bem-vindos escritos de Pontes de Miranda assim resumem essa fase de nossa trajetória jurídica, dimensionando em franca análise a real importância de cada uma das reais iniciativas que foram listadas: "O Esboço de Teixeira de Freitas e o Projeto de Coelho Rodrigues – fontes memoráveis do Código Civil – caracterizam-se, principalmente o primeiro, por forte poder inventivo. O de José Thomaz Nabuco de Araújo, pela preocupação

---

[44] ROBERTO, Giordano Bruno Soares. *Introdução à História do Direito Privado e da Codificação*: Uma Análise do Novo Código Civil, p. 67.

[45] MIRANDA, Pontes de. *Fontes e Evolução do Direito Civil Brasileiro*, p. 83.

CAPÍTULO XXIII ● História do Direito no Brasil Império (1822-1889)

prática, mas sem grande alcance. O de Felício dos Santos pela minúcia expositiva, mas sem método próprio e sem concepção de conjunto. O de Clóvis Beviláqua, pela *exposição*"[46].

23.4 As leis abolicionistas

O advento da Revolução Industrial redimensionou drasticamente as relações de trabalho na Grã-Bretanha. Os incêndios que destruíram as fábricas de Lancaster (1769) e Lancastershire (1779); as terríveis condições insalubres experimentadas pelos empregados nas minas de carvão; e as incontáveis manifestações de rua promovidas no seio das florescentes indústrias inglesas foram alguns dos principais motivos que obrigaram o governo a se posicionar com firmeza frente às agruras vividas por parcela considerável de sua população. O Reino Unido, na condição de grande império mundial do século XIX, seria chamado a se manifestar sobre um dos grandes temas discutidos à época, qual seja, aquele referente à prática do tráfico negreiro que tinha por destino principal os canaviais e as lavouras de café das Américas. Daí o país ter se tornado o palco imediato onde germinariam os ideais abolicionistas a serem disseminados pelos quatro cantos do globo, ideais estes, ressalte-se, por vezes convenientemente casados com os circunstanciais interesses estratégicos e econômicos.

Sob a ótica da legalidade, no Parlamento fez-se aprovar em 1845 o *Slave Trade Supression Act*, mais conhecido entre nós como o *Bill Aberdeen*, numa referência direta ao nobre escocês George Hamilton-Gordon ou "lorde Aberdeen" (1784-1860), como se tornou notório nos anais da história. Através dessa controvertida medida, como bem esclarece Beiguelman, "o governo inglês era autorizado a mandar proceder pelo alto tribunal do almirantado, e por qualquer tribunal de vice-almirantado, ao julgamento e adjudicação de embarcações negreiras que trouxessem o pavilhão brasileiro, capturadas em todos os mares pelos navios de Sua Majestade britânica"[47].

---

[46] MIRANDA, Pontes de. *Fontes e Evolução do Direito Civil Brasileiro*, p. 83.

[47] BEIGUELMAN, Paula. *A Formação do Povo no Complexo Cafeeiro*: Aspectos Políticos, p. 33. De acordo com a previsão do art. 4º do Bill Aberdeen.

HISTÓRIA DO DIREITO NACIONAL

As iniciativas britânicas geraram debates entre políticos brasileiros, os quais, em sua grande maioria, consideravam o ato como uma atentatória intromissão própria de um Estado imperialista nos assuntos nacionais, um ataque à soberania pátria, enquanto outros, partidários do abolicionismo, entendiam que os fins perquiridos pelo *Bill Aberdeen* – a "espada de Dâmocles" – no dizer de Leslie Bethell[48], justificavam a tomada de qualquer atitude d'além-mar, ainda que oriunda de um governo estrangeiro. Alguns deles tentaram contornar a séria crise diplomática que se instaurou com o Reino Unido, tendo em vista que muitos por aqui julgavam ter ocorrido uma afronta às leis internacionais. Os britânicos, por sua vez, acusavam o Brasil de não ter cumprido com os termos ajustados no Tratado de 1826, celebrado entre o imperador D. Pedro I e o rei George IV, o que, na sua visão, permitia a adoção de medidas coercitivas contra quaisquer embarcações brasileiras dedicadas ao tráfico negreiro, o que equivalia a um ato de pirataria, independentemente do local onde estivessem estas a navegar. Para isso contribuiu o fato inegável de que a "Lei Feijó"[49] (de 7 de novembro de 1831) havia-se mostrado completamen-

---

[48] BETHELL, Leslie. *The Cambridge History of Latin America*: vol. 3: from Independence to c. 1870, p. 743. [Nossa tradução.]

[49] "Para evidenciar a condição de africano livre, o réu deveria provar que fora importado após a Lei de 7 de novembro de 1831, que proibia a introdução de africanos no Brasil – *a lei para inglês ver*. Pelos termos dessa falácia os que fossem apreendidos deveriam ser reexportados para a África, mas a política imperial assim não o fez. Preferiu transferir seus serviços para diversas repartições do governo ou para particulares; passavam, então, a ser chamados de "africanos livres". Os que não eram apreendidos, a imensa maioria, implicitamente eram considerados escravos. Salvo nas ocasiões em que o escravo tinha de ver-se com a justiça, quando um inventário litigioso, uma falência, um julgamento criminal, capital ou não, as causas de liberdade fundadas na lei de 7 de novembro de 1831 foram raras. Após a bem-sucedida abolição do tráfico em 1850, graças a uma eficiente repressão, nossos governantes procuram a todo custo impedir que viesse à tona a questão sobre a condição dos introduzidos após 1831, entendendo que a simples discussão do problema era sumamente perigosa". RIBEIRO, João Luiz. *No Meio das Galinhas as Baratas não têm Razão:* A Lei de 10 de Junho de 1835 – Os escravos e a pena de morte no Império do Brasil (1822-1889), p. 362. Sobre o assunto em questão, interessante estudo o qual indico por ora é aquele desenvolvido por Elciene Azevedo. A autora aborda, entre tantos outros temas, as controvérsias jurídicas que envolviam escravos e libertos no Brasil Imperial, dando ênfase ao trabalho do rábula Luiz Gama em defesa de

470

CAPÍTULO XXIII • História do Direito no Brasil Império (1822-1889)

te inócua para combater aquilo a que se propôs, posto que seu objetivo primordial era o de punir severamente todos aqueles que se dedicassem ao tráfico negreiro em nosso território.

De qualquer modo, controvérsias jurídicas e políticas à parte resultantes da aprovação do *Bill Aberdeen*, é sabido que a pressão exercida pelos ingleses junto ao Império Brasileiro contribuiu para a elaboração de uma legislação que, malgrado suas deficiências, culminaria no fim da escravidão no país. Somem-se a isso as inumeráveis vozes que no Brasil ecoaram em defesa da liberdade.

Nos próximos tópicos veremos, pois, quatro leis abolicionistas, quais sejam, a Lei Euzébio de Queirós (1850), a Lei do Ventre Livre (1871), a Lei dos Sexagenários ou Saraiva-Cotegipe (1885) e, por fim, a festejada Lei Áurea (1888), assinada pela Princesa Isabel.

23.4.1 Lei Euzébio de Queirós (1850)

Não foi tão somente em função daquela famosa legislação de cunho abolicionista a levar seu distinto nome que o magistrado Euzébio de Queirós (1812-1868), grande vulto da intelectualidade brasileira, também se torna importante para os manuais de história do direito. Certamente, sua contribuição é bem mais extensa do que esta que por ora se aborda. Todavia, como convém à didática proposta no tópico, buscaremos nos restringir ao comentário sobre o assunto em tela.

Entretanto, já fazendo uso de pedido de licença ao nosso nobre leitor, julgamos ser de interesse fazer constar importante notícia trazida pelo próprio Clóvis Beviláqua[50]. O autor em questão lembra que

---

seus clientes. De acordo com Azevedo os "escravos não estavam, porém, sozinhos em sua aproximação com o mundo do direito. Pelo menos desde a década de 60 do século XIX, sua busca por liberdade era amparada, nos tribunais ou fora deles, por advogados que assumiam sua defesa, elaborando estratégias e argumentações jurídicas que sustentassem tecnicamente sua causa". Para tanto confira AZEVEDO, Elciene. O *Direito dos Escravos*: Lutas Jurídicas e Abolicionismo na Província de São Paulo, p. 31.

[50] BEVILÁQUA, Clóvis. *Código Civil dos Estados Unidos do Brasil Comentado, Volume I*, p. 11.

HISTÓRIA DO DIREITO NACIONAL

Queirós pretendia para o Brasil a adoção do *Digesto Português* (1835) – obra máxima do notório jurista lusitano José Homem de Correia Telles (1780-1849) –, tendo-se em vista que não possuíamos até então ainda um Código Civil consoante o que preconizava a Constituição imperial. Sua proposta, todavia, foi desde logo rechaçada pelo Instituto da Ordem dos Advogados.

Malgrado a pioneira Lei Feijó (1831) não ter sido nem de perto capaz de reprimir o tráfico negreiro entre nós, tampouco útil para promover as punições justificadoras de sua elaboração e entrada em vigor, coube a Euzébio de Queirós, então Ministro da Justiça, demonstrar todo seu empenho particular para a erradicação de tão vil prática, fazendo valer a nova regra de 4 de setembro de 1850 para disciplinar tais atos, o que, na verdade, apenas reafirmava nesse sentido os fins perquiridos pelo direito anterior. Ele sabia que o grande ponto falho da legislação da época, que não seria revogada, consistia na sua ineficácia. Os novos tempos urgiam a retomada da questão a fim de resolvê-la por completo, livrando o Estado brasileiro da terrível pecha de que só "legislava sobre esta matéria para atender ao desiderato britânico", ou seja, no jargão popular, "para inglês ver". Ademais, revoltas como aquela chamada dos "Malês", que eclodiu nas ruas de Salvador em 1835, tendo por liderança negros muçulmanos versados no árabe, ou ainda a "Balaiada", que agitou a Província do Maranhão entre os anos de 1838 e 1840, traduziam-se em acontecimentos que serviam de clara ressalva ao comportamento e posição das autoridades no que concerne ao assunto. Também os quilombos, comunidades que reuniam os escravos fugidos das senzalas, tornavam-se cada vez mais numerosos. Com o decorrer dos anos, a atividade ilícita que Queirós, com tanta dedicação combateu, tornou-se gradualmente inviável.

Portanto não foram poupados esforços visando atender ao logro e expectativa do célebre político em questão. Destarte, com o sistema escravagista em franco declínio, outrora financiador dos exorbitantes lucros amealhados de forma vil pelos traficantes, começou o Brasil a receber cada vez maior número de imigrantes europeus, que chegavam ao porto de Santos aos milhares. Muitos deles, especialmente

CAPÍTULO XXIII ● História do Direito no Brasil Império (1822-1889)

aqueles oriundos da Itália[51], acabavam sendo atraídos inicialmente para servir de mão de obra na lavoura cafeeira, atendendo assim aos anseios de fazendeiros endividados que, por sua vez, começaram a ver com extrema simpatia o redirecionamento da política nacional quanto à questão. Igualmente, toma corpo no país o anseio por liberdade que alcançou eco nas vozes de Joaquim Nabuco (1849-1910), José do Patrocínio (1853-1905), André Rebouças (1838-1898), entre outros tantos. Nesse ínterim, a aristocracia agrária se vê incisivamente confrontada pelo apelo dos intelectuais defensores do abolicionismo que clamavam ardorosamente pela concessão de alforria a uma imensa parte da população composta por afrodescendentes, que se encontrava espalhada por todo o imenso território, sendo continuamente explorada e submetida às mais perniciosas agruras desafiadoras à existência humana.

23.4.2 Lei do Ventre Livre (1871)

A Lei de 28 de setembro de 1871 – chamada "do Ventre Livre" – foi formalmente sancionada por Isabel (1846-1921), à época Princesa Regente, mas concebida por José Maria da Silva Paranhos, o Visconde do Rio Branco (1819-1880). O estatuto jurídico em tela considerava livres todos os "filhos de mulher escrava que nascerem no Império" (art. 1º). A partir daí, os menores ficariam sob a tutela dos senhores das escravas, apesar de criados por suas mães até completaram oito anos de idade, quando, então, optariam os fazendeiros entre mantê-los sob os seus auspícios, até o momento em que os tais alcançassem vinte e um anos, ou receber uma indenização do Governo Imperial em razão dos recursos financeiros destinados à manutenção da criança pelo aludido período (art. 1º, § 1º). Normalmente ocorria a primeira situação, em que os jovens, apesar de livres, por não quererem se distanciar de seus familiares e, ainda, por não acalentarem a menor perspectiva de vida, bem como as condições necessárias ao provimento da própria subsistência e devido à dificuldade no processo de inserção

---

[51] Em função da tradição e experiência italiana na agricultura.

social, procuravam não se ausentar para longe de seus entes queridos, o que fez do presente dispositivo legal mais uma regra meramente inócua, considerando-se, na prática, a continuidade do estado de servilidade a que estavam submetidos.

Numa segunda hipótese admitida, seriam os menores encaminhados a "associações", conforme previsão legal. Ocorre que essas mesmas instituições, que eram devidamente credenciadas pelo Estado, "terão direito aos serviços gratuitos dos menores até a idade de 21 anos completos, e poderão alugar esses serviços" (art. 2º, § 1º).

Sabe-se que o comprometimento pessoal da célebre Princesa Regente para com a causa do abolicionismo parece ser na atualidade inconteste e que ela agiu dentro de possibilidades políticas para tanto. A preocupação de D. Isabel em instituir uma espécie de "fundo de emancipação"[52], cuja função precípua, como bem destaca Roderick J. Barman, um de seus maiores biógrafos, era a de "financiar a abolição em larga escala e pôr fim rapidamente à escravidão"[53], é prova de suas convicções particulares.

Apesar da ausência de qualquer eficácia, a "Lei do Ventre Livre" demonstra a incompatibilidade do regime de escravidão com os rumos a serem tomados pelo Brasil, acentuando, ainda que no plano formal, seu irremediável declínio.

23.4.3 Lei dos Sexagenários ou Saraiva-Cotegipe (1885)

A Lei n. 3.270, de 28 de setembro de 1885, mais conhecida pelo epíteto "dos Sexagenários" ou, por vezes, "Saraiva-Cotegipe", representa mais um seguro passo no terreno da legalidade rumo à completa abolição da escravatura, que se daria apenas três anos depois. Não obstante sua inegável relevância para os anais da história do direito

---

[52] Veja sobre o assunto o art. 2º da Lei n. 3.270, de 28 de setembro de 1885, que melhor delimita a questão.

[53] BARMAN, Roderick J. *Princesa Isabel do Brasil*: Gênero e Poder no Século XIX, p. 233-234.

CAPÍTULO XXIII ● História do Direito no Brasil Império (1822-1889)

pátrio, seu efeito, porém, é praticamente nulo, o que se explica pela proximidade do reconhecimento da indiscriminada alforria, que aconteceria já aos 13 de maio de 1888, com a assinatura da "Lei Áurea".

Preocupado com a condição indigna a que milhares de brasileiros encontravam-se sujeitos, não poupou esforços o senador Manuel Pinto de Souza Dantas (1831-1894), no sentido de mudar tal contexto através da propositura de um Projeto que tornasse mais dificultosa ainda a manutenção do regime de escravidão no país. Sua sólida formação jurídica e o apoio de pessoas ilustres como D. Pedro II e Rui Barbosa deram-lhe novo fôlego e capacidade técnica para enfrentar a dura resistência apresentada pelas elites agrárias junto à Câmara dos Deputados. Porém, a enorme pressão política acabou por afastar diretamente o advogado Souza Dantas de sua missão primeira, o que não nos impede aqui de conferir-lhe os devidos créditos pelo sagaz papel desempenhado na trajetória do abolicionismo. O Conselheiro José Antônio Saraiva (1823-1895) daria prosseguimento aos intentos de seu antecessor, fazendo, todavia, os ajustes do texto exigidos pelos cafeicultores, cabendo a João Maurício Wanderley, o barão de Cotegipe (1815-1889), na dianteira do Gabinete de Ministros, apenas credenciar-lhe esperada vigência reclamada pelas elites agrárias do Brasil Imperial.

Pelos motivos expostos, tem-se por certo que a história cuidou de emprestar indevidamente o nome de Cotegipe à "Lei dos Sexagenários", já que não era o barão alguém, necessariamente, partidário do movimento abolicionista. De acordo com as pesquisas desenvolvidas por Carla Silva do Nascimento, Cotegipe, aliás, "engrossava o coro dos que, em sendo inevitável abolir o trabalho escravo, desejavam um fim ordeiro, com o menor prejuízo possível para a lavoura e a ser realizado no maior período de tempo possível. A atitude pró-escravista de seu gabinete, aparente no encaminhamento e nas interpretações da nova lei, talvez tenha sido o mais importante fator na retomada do movimento abolicionista. Sob a direção de Antônio Prado, então ministro da Agricultura, a nova lei foi posta em prática sem considerar a opinião pública contrária. A cada nova decisão

475

HISTÓRIA DO DIREITO NACIONAL

tomada a respeito da questão servil, percebia-se o favorecimento dos interesses dos proprietários dos escravos"[54].

Curiosamente, o texto da "Lei dos Sexagenários" dispunha que, apesar de considerados livres os escravos que tivessem 60 anos de idade, "*a título de indenização pela sua alforria*" obrigavam-se estes ainda "*a prestar serviços a seus ex-senhores pelo espaço de três anos*" (art. 3º, § 10).

Ora, considerando que a expectativa de vida à época dificilmente permitiria o logro ditado pela referida regra de direito, especialmente àquelas pessoas sujeitas durante toda uma existência a árduos trabalhos e maus-tratos diários, não se torna custoso imaginar que as razões funestas advogadas pelos defensores da escravidão comemoraram como "uma grande vitória política" a vigência do teor final da Lei de setembro de 1885, que se achava irremediavelmente corrompida pelas modificações impostas ao Projeto de Souza Dantas e, uma vez adequada a interesses diversos consoante o que realmente se verificou, já não teria mais qualquer efeito prático.

Ademais, o ingresso no mercado de trabalho de uma parcela tão numerosa da população brasileira não poderia jamais ocorrer de forma automática e, mesmo que isso fosse de fato possível, deve-se lembrar que essas eventuais relações de emprego não seriam disciplinadas propriamente por "regras laborais", tendo em vista a exiguidade delas e a incapacidade dos recém-libertos de, à época, conseguir se organizar nesse sentido. Sem embargo, a Lei dos Sexagenários punia a vadiagem, instando essas pessoas a, desde logo, "*empregar-se ou a contratar seus serviços no prazo que lhe for marcado pela Polícia*" (art. 3º, § 17). Note-se que a severidade da punição reservada aos "infratores" é igualmente digna de nota nesses casos, comprovando que, pelo menos nos três anos subsequentes, perdurou a escravidão até mesmo entre os idosos, pois, na inobservância do período estipulado pelas autoridades, ao indivíduo "beneficiado" pela Lei Saraiva-Cotegipe se "*constrangerá a celebrar contrato de locação de serviços, sob pena de 15*

---

[54] NASCIMENTO, Carla Silva do. *Uma escrita pessoal da crise*: o barão do Cotegipe e a queda do Império, p. 5.

CAPÍTULO XXIII ● História do Direito no Brasil Império (1822-1889)

dias de prisão com trabalho e de ser enviado para alguma colônia agrícola no caso de reincidência" (art. 3º, § 18).

Por fim, vale ressaltar que o Projeto de Souza Dantas, entre outras coisas, não previa originalmente quaisquer indenizações devidas ao proprietário, ao contrário do que dispuseram as modificações realizadas pelo alvitre da política nacional. Destarte, a inocuidade da Lei dos Sexagenários só seria superada no ano de 1888, quando, finalmente, entraria em vigor a festejada Lei Áurea.

23.4.4 Lei Áurea (1888)

A Lei de n. 3.353, de 13 de maio de 1888, conferiu o derradeiro golpe imposto ao regime de escravidão existente no Brasil. Mais conhecida como "Lei Áurea", esse notório diploma legal, resolutamente sancionado pela festejada Princesa Isabel (1846-1921), vem a completar o quadro geral daquele conjunto de regras imperiais de caráter abolicionista que, até aqui, temos cuidado de trazer a lume. Antes disso, como bem leciona Arno Wehling, o "termo da escravidão ocorria, juridicamente, de três maneiras: a morte do escravo, a sua manumissão (alforria) ou pela lei"[55].

A presente norma irrompe no itinerário da nação como resultado da aprovação na Câmara Geral do Projeto que brotou da lavra de Rodrigo Augusto da Silva (1833-1889), advogado pertencente a uma próspera e mui distinta família paulista, posto que era filho de José Manuel da Silva, o barão do Tietê (1793-1877).

A tramitação do Projeto de Silva, graças à intensa mobilização abolicionista, foi extremamente célere, tendo durado apenas seis dias, quando então se procedeu com a votação. Nesse sentido ganharam eco entre seus pares as vozes de Joaquim Nabuco (1849-1910) e Henrique Pereira Lucena (1835-1913), o barão de Lucena. Oitenta e três deputados foram favoráveis ao fim da escravidão no Brasil, enquanto exclusivamente nove deles manifestaram sentimento de contrariedade.

---

[55] WEHLING, Arno. *O Escravo ante a Lei Civil e a Lei Penal do Império (1822-1871)*, p. 380.

HISTÓRIA DO DIREITO NACIONAL

O texto da Lei Áurea[56] continha tão somente dois únicos artigos, os quais se mostraram suficientemente bem redigidos para extirpar juridicamente as terríveis mazelas causadas durante séculos ao elemento servil. Ei-los a seguir:

| É DECLARADA EXTINTA DESDE A DATA DESTA LEI A ESCRAVIDÃO NO BRASIL (ART. 1º).

| REVOGAM-SE AS DISPOSIÇÕES EM CONTRÁRIO (ART. 2º).

Difícil saber quantas pessoas foram à época diretamente beneficiadas pela entrada em vigor da Lei Áurea. Entretanto, o *Jornal do Senado*[57], logo na edição do dia 14 de maio de 1888, nos trouxe os seguintes números, considerando levantamento feito em 1887, cuja classificação obedece à idade do indivíduo tendo por base sua matrícula:

| A) MENORES DE 30 ANOS – 195.726 ESCRAVOS;

| B) DE 30 A 40 ANOS – 336.174 ESCRAVOS;

| C) DE 40 A 50 ANOS – 122.097 ESCRAVOS;

| D) DE 50 A 55 ANOS – 40.600 ESCRAVOS E;

| E) DE 55 A 60 ANOS – 28.822 ESCRAVOS.

Assim, a Princesa Regente do Brasil, diante de uma multidão exultante, que não se cansava de aclamá-la euforicamente, assim se pronunciou naquela data histórica: "Seria o dia de hoje um dos mais belos de minha vida se não fosse saber estar meu pai enfermo. Deus permitirá que ele nos volte para tornar-se, como sempre, útil à nossa Pátria"[58].

---

[56] Os dispositivos jurídicos que compõem a Lei Áurea podem ser encontrados na versão apresentada pelo *JORNAL DO SENADO. Uma reconstituição histórica*: Princesa Isabel assina a Lei Áurea, p. 3.

[57] *JORNAL DO SENADO. Uma reconstituição histórica*: Princesa Isabel assina a Lei Áurea, p. 4.

[58] *JORNAL DO SENADO. Uma reconstituição histórica*: Princesa Isabel assina a Lei Áurea, p. 3.

CAPÍTULO XXIII ● História do Direito no Brasil Império (1822-1889)

Iniciava-se assim um novo capítulo em nossa história. Contudo, os libertos, como se sabe, continuaram a padecer enormes vicissitudes sociais no país, não obstante a entrada em vigor da famosa lei assinada no Paço Imperial.

História do Direito brasileiro na República Velha (1889-1930)

24.1 O criticado Código Penal de 1890 de Batista Pereira

A aurora da Era Republicana, em 1889, levou a política nacional a sentir a necessidade de preparar, inicialmente, uma nova legislação criminal, a qual, vindo a lume no ano seguinte, antecipava-se, inclusive, à promulgação daquela que seria a nossa segunda Constituição. A escolha para realizar a tarefa recaiu sobre os ombros de João Batista Pereira que, a pedido do Governo Provisório e, sem maiores delongas, já conseguiria dar por concluído o resultado de sua obra em exíguo prazo. Assim, pelo Decreto n. 847, de 11 de outubro de 1890, entrava em vigor o "Código Penal dos Estados Unidos do Brasil", cujo teor tornou-o objeto de severas críticas. Sem querer, pois, invadir a profícua seara dos cultores da Ciência Criminal e o mar de controvérsias

HISTÓRIA DO DIREITO NACIONAL

que naturalmente permeia a temática, acreditamos que essas posições, a bem da história do Direito, não podem ser aqui negligenciadas. Nesse sentido, uma das objeções mais incisivas a percorrer a doutrina é aquela de Cezar Bitencourt[1], que entende estarmos irremediavelmente diante de um "péssimo código", calcado em "equívocos e deficiências". Mirabete[2], a seu turno, lembra que cumpriu ao estatuto em questão o mérito de ter abolido a "pena de morte" e instituído um "regime penitenciário de caráter correcional". Mas este fato, segundo o próprio autor, não é capaz de eximi-lo de suas "falhas" oriundas "da pressa com que fora elaborado". Ora, já à época, essa opinião negativa sobre o resultado final dos trabalhos que se configuraram no diploma legal não tardaria a se evidenciar no meio jurídico. Tanto é verdade que o alagoano João Vieira de Araújo (1844-1922) publicaria, em 1893, uma alternativa que poderia até mesmo ter sido considerada viável, qual seja, o seu "Projeto de Código Penal".

Posteriormente, Galdino Siqueira (1913) e Virgílio de Sá Pereira (1928) enveredariam por essa mesma trilha, buscando com ânimo redobrado também prestar bem-vinda contribuição ao aprimoramento da legislação criminal. No entanto, em nenhum desses dois casos, por motivações diversas, receberam as propostas a acolhida pretendida por seus autores. Vale notar, porém, que o Projeto apresentado por este último só não se tornou o tão esperado "novo Código Penal brasileiro" em função de uma série de contingências políticas e interesses que marcaram a Era Vargas[3].

---

[1] BITENCOURT, Cezar Roberto. *Tratado de Direito Penal. Parte Geral, Volume I*, p. 48-49.

[2] MIRABETE, Julio Fabbrini. *Manual de Direito Penal*: Parte Geral, p. 25.

[3] Sobre o assunto em questão, muito bem salienta o consagrado criminalista José Frederico Marques: "Por várias vicissitudes passou a obra de Sá Pereira. Nomeada uma comissão na Câmara, para revê-la, composta dos deputados Cyrillo Júnior, Afrânio Peixoto, Beni de Carvalho e Lindolfo Pessoa, não pôde levar a tarefa a bom termo porque, vitoriosa a revolução de 1930, o Congresso foi dissolvido. Nomeou o Governo Provisório, em 1931, uma subcomissão para elaborar o projeto de Código Penal. Presidida pelo próprio Sá Pereira, essa subcomissão, ainda integrada por Evaristo de Morais e Bulhões Pedreira, tomou por base o projeto daquele, elaborando assim um trabalho que se converteu no Projeto 118-A, de 1935, apresentado à

CAPÍTULO XXIV ● História do Direito brasileiro na República Velha (1889-1930)

Entrementes e, não por acaso, seria determinada a completa falência do ordenamento jurídico criminal brasileiro durante a República Velha, antes mesmo de vigorar um novo Código Penal (o que somente ocorreria em 1942). Sabe-se que as gritantes incertezas jurídicas nesse terreno levaram o desembargador Vicente Ferreira da Costa Piragibe (1879-1959) a compor obra de extrema utilidade prática, a chamada *Consolidação das Leis Penais* (Decreto n. 22.213, de 14 de dezembro de 1932) ou, como se popularizou por outra alcunha que lhe confere a devida honra em nossos anais, "Código Piragibe", apesar de, tecnicamente, não sê-lo de fato. De qualquer modo, esse festejado livro, elaborado em função de uma necessidade vital, ditada pela existência de um Código Penal corroído pela precariedade e falta de receptividade, serviu de seguro roteiro para nortear os operadores do Direito do país por pelo menos uma década de história.

24.2 O ativo papel de Rui Barbosa na concepção da Constituição de 1891

A popularidade granjeada pela assinatura da Lei Áurea, aos 13 de maio de 1888, não foi suficiente para a manutenção da monarquia na dianteira do país. O enfraquecimento e a perda de poder político da Casa de Bragança, o que de fato aconteceu perante diversos segmentos da sociedade brasileira, era mais do que evidente. Nesse sentido, interessante notar que a transição não teve lugar de forma lenta e gradual, como num primeiro momento, à época, poderia se supor que ocorresse, mas de modo diligente e irremediável, iniciando uma nova fase na história nacional: a Era Republicana.

Destarte, o Decreto n. 1º, de 15 de novembro de 1889, constituir-se-ia apenas numa embrionária iniciativa de caráter legal visando à instauração de uma nova ordem jurídica, que redefiniria, drastica-

---

Câmara dos Deputados por Adolfo Bergamini, e que mereceu parecer favorável da Comissão de Constituição e Justiça. Todavia, opera-se nova mudança política no país, com o golpe de 10 de novembro de 1937, e, com a dissolução do Congresso, o projeto da subcomissão não foi mais aproveitado". MARQUES, José Frederico. *Tratado de Direito Penal, Volume I*: Propedêutica Penal e Norma Penal, p. 101.

483

mente, os contornos institucionais do país nos mesmos moldes das transformações que já haviam ocorrido alhures.

A Pátria, assim, adotava, por sua vez, novo nome na órbita do Direito Público, deixando de ser propriamente um "Império" e tornando-se, para todos os efeitos, e agora, não por acaso renovada, os "Estados Unidos do Brazil"[4].

Com a ascensão do Governo Provisório encabeçada pelo Marechal Manoel Deodoro da Fonseca (1827-1892), um herói da Guerra do Paraguai (1864-1870), anunciava-se no primeiro decreto republicano[5], desde já, a implantação do sistema federativo, constituído não mais pelas antigas "províncias", mas por Estados. Outros tantos decretos se seguiriam a este resultando numa espécie de "dilúvio legislatório", consoante a crítica esboçada por Silva Costa[6], ao tratar do que julgou ser produto do desvirtuamento da missão em regra estabelecida como tradutora da condição transitória de um eventual "Governo Provisório".

Assim, logo em seguida, cuidou-se de manter incólume "a decência da posição do ex-imperador e as necessidades de seu estabelecimento no estrangeiro" (Decreto n. 2º, de 16 de novembro de 1889), bem como se decidiu por dar continuidade aos subsídios que D. Pedro II, utilizando-se de seus próprios recursos, concedia a algumas obras assistenciais aos desvalidos do Reino (Decreto n. 5º, de 19 de novembro de 1889). Foram, igualmente, criados os símbolos nacionais da República, sendo que o principal deles, a bandeira, em conformidade às tradições que remontavam a tempos imperiais, mantinha o verde e o amarelo, as cores dominantes desde os idos da independência, ressalvadas, evidentemente, as alterações e adequações à flâmula que o Decreto n. 4º, de 19 de novembro de 1889, cuidava de introduzir.

---

[4] Como se sabe, a grafia, à época, determinava que o nome de nosso país fosse escrito com "z". Mantive-a circunstancialmente aqui, mais do que por razões ilustrativas, para buscar ser fiel aos documentos históricos tradutores do espírito daqueles tempos.

[5] Decreto n. 1, de 15 de novembro de 1889, e art. 1 da Constituição dos Estados Unidos do Brasil de 24 de fevereiro de 1891.

[6] COSTA, Silva. Direito Privado, p. 301-318.

CAPÍTULO XXIV • História do Direito brasileiro na República Velha (1889-1930)

Também, pelo Decreto n. 7º, de 20 de novembro de 1889, foram extintas as "Assembleias Provinciais", que outrora desenvolveram ativa função no cenário político brasileiro.

Nesta nova ordem que apontava no horizonte nacional, papel destacado coube ao advogado e jornalista Rui Barbosa, não somente na composição do Governo Provisório, ao lado de Deodoro da Fonseca, como também ao prestar ativo papel na discussão e elaboração do Projeto que daria origem àquela que seria a primeira Carta Magna republicana. Como bem anotou Aliomar Baleeiro a esse respeito, o jurista baiano "poliu o projeto, imprimindo-lhe redação castiça, sóbria e elegante, além de ter melhorado a substância com os acréscimos de princípios da Constituição viva dos EUA, com os resultantes da *construction* da Corte Suprema em matéria de imunidade recíproca (Maryland *versus* Mae Callado, de 1819) de liberdade do comércio interestadual (Brown *versus* Mayland), recursos extraordinários no STF e vários outros"[7]. Alguns anos depois, como veremos, colaboraria novamente Rui Barbosa para o aperfeiçoamento do Direito nacional, especialmente quando este foi determinante na introdução de uma linguagem escorreita e laboriosa, e que acabou por permear o processo de formatação final do Código Civil de 1916, como prova viva de um dom singular e característico que emanava de sua genial pena.

Daqueles debates históricos todos participaram ativamente, expondo seus pontos de vista sobre as construções jurídicas que se propunham e sugerindo o que era mais pertinente ao país consagrar no texto do que seria sua futura Constituição. Como evidência particular disso há, inclusive, uma interessante observação vinda dos bastidores daqueles históricos encontros, considerando-se, naturalmente, o que foi possível, de fato, ser resgatado até aqui. Deve-se por ora destacar que uma dessas importantes pesquisas foi realizada por Ernesto Senna[8], um dos biógrafos do Marechal Deodoro da Fonseca. Segundo fez constar o autor do valioso trabalho em destaque e a título de

---

[7] BALEEIRO, Aliomar. *Constituições Brasileiras:* 1891, p. 29.

[8] SENNA, Ernesto. *Deodoro*: Subsídios para a História. Notas de um Repórter, p. 3-4.

HISTÓRIA DO DIREITO NACIONAL

curiosidade, numa noite de julho de 1890, o militar em questão, quando reunido com seus ministros, sugeriu que fosse acrescida a palavra "federativa" ao Anteprojeto, tendo por objetivo "garantir a forma republicana", conforme ele mesmo veio a registrar de próprio punho, "com um traço feito a lápis vermelho".

Após as discussões preliminares lideradas por Deodoro da Fonseca e Rui Barbosa, que estiveram reunidos com seus pares para tratar, sistematicamente, de tudo aquilo que deveria versar o teor do Anteprojeto, é finalmente chegado o momento de o Congresso Constituinte, a seu turno, vir a assumir em definitivo suas funções e dar seu arremate final, o que teve lugar na antiga sede do Palácio Imperial, no período compreendido entre 15 de novembro de 1890 e 24 de fevereiro de 1891.

Como se pode perceber, a primeira Constituição da chamada "Era Republicana" foi fundamental nessa fase de transição à reestruturação institucional experimentada pelo país. O Estado brasileiro tornar-se--ia, assim, um Estado composto por coordenação do tipo federativo, adotando o sistema presidencialista.

Apenas confirmando o que já havia sido prenunciado em decreto do Governo Provisório, as antigas Províncias tornam-se "Estados". Nesse ínterim, vale notar que, pela primeira vez, cuidou-se de mencionar especificamente a região do "planalto central", numa área de abrangência equivalente a "14.400 quilômetros", como o destino final para a instalação de uma futura "Capital Federal" (art. 3º).

Graças à marcante influência progressista que se assenhoreou dos constituintes de 1891, não sem a obstinada resistência de certos segmentos da sociedade que atuavam firmemente nos bastidores, também se tratou de proceder em definitivo ao rompimento formal entre o Estado e a Igreja Católica Apostólica Romana[9], uma "velha aspiração do espírito liberal" como diria Evaristo de Moraes[10], tornando-se o

---

[9] Achamos por bem registrar no parágrafo acima "Igreja Católica Apostólica Romana", como é sabido, pois esta se distingue da Igreja Católica Ortodoxa, mais presente em países como Grécia, Rússia, Armênia ou Líbano.

[10] MORAES, Evaristo de. *Da Monarquia para a República (1870-1889)*, p. 11.

486

CAPÍTULO XXIV ● História do Direito brasileiro na República Velha (1889-1930)

país, assim, uma República laica (art. 72, § 7º), opção esta que, de pronto, irradiou-se como diretriz fundamental para o ensino público tradicional, agora desvencilhado das orientações pedagógicas de cunho eclesial (art. 72, § 6º).

Do mesmo modo, consagrou-se, desde logo, o "princípio da isonomia", sendo finalmente abolidos, logo em seguida, os antigos títulos nobiliárquicos que estiveram em voga por todo o período imperial (art. 72, § 2º).

Ressalte-se que, do ponto de vista da adequação ao contexto exigido pelo constitucionalismo (o que muito se deve ao espírito criativo de Rui Barbosa) e pelas razões acima expostas, foi a primeira Carta Magna republicana a alcançar vigência, uma das mais bem cuidadas e redigidas de nossa história. "Técnica apurada" e "formalidade" são dois adjetivos que naturalmente se agregam ao texto. Tratou-se, enfim, de uma bem-sucedida experiência no campo do Direito Público, cuja qualidade exponencial materializou-se com a pavimentação do caminho rumo à construção da modernidade, servindo de inspiração, inclusive, para o legislador de 1934 e 1946. É evidente que essa mesma legislação em vigor não livraria a pátria da profunda instabilidade política e social que irromperia com muita virulência nas décadas seguintes, mas certamente contribuiu o diploma legal em questão para a manutenção da unidade da federação, da consolidação do território nacional e para o gradual desenvolvimento de uma tendência de rechaço a qualquer forma de secessão.

24.3 Clóvis Beviláqua e o esperado Código Civil de 1916

Como vimos no capítulo anterior sobre o Direito na Era Imperial, fracassaram as sucessivas tentativas de dotar o Brasil de uma codificação civilista. Em função disso, o Brasil tornou-se um dos poucos países do continente a ser, por um período tão extenso, regulado por uma legislação esparsa, desconexa e retrógrada, porquanto, aqui e acolá, ainda presa às amarras do legado cultural deixado pelas Ordenações Filipinas. Não fosse a sólida doutrina construída especialmente a partir da segunda metade do século XIX (especialmente graças

HISTÓRIA DO DIREITO NACIONAL

ao papel desempenhado por Teixeira de Freitas), seriam as demandas de direito privado resolvidas por decisões judiciárias completamente esdrúxulas.

Destarte, uma vez a República instaurada, era urgente a elaboração de uma nova ordem jurídica civilista, que estivesse coerentemente adequada ao momento político vivenciado pela nação. Ainda nesses primeiros tempos, mais precisamente em 1890, esperou-se da pena de Coelho Rodrigues o êxito dessa missão. O jurista em questão chegou, inclusive, a esboçar as linhas gerais do que seria um interessante trabalho, que não foi, no entanto, recepcionado como almejava seu autor.

Uma nova e, agora, definitiva investida ocorre em 1899, quando Clóvis Beviláqua (1859-1944) é designado para tal fim. A escolha do nome do conhecido jurista cearense coube a Epitácio Pessoa (1865-1942), então Ministro da Justiça. Já à época, Beviláqua gozava de sólida reputação no meio intelectual, sendo um dos fundadores da Academia Brasileira de Letras, professor universitário e autor de obras respeitadas no âmbito acadêmico como *A Filosofia Positivista no Brasil*, publicada em 1899.

Entretanto não foram poucas as críticas a pairar sobre a opção feita pelo governo, dentre as quais assumem vulto e grande evidência na imprensa nacional aquelas produzidas pela retórica de Rui Barbosa. Sabe-se que as declarações feitas publicamente pelo *"Águia de Haia"*[11] adquirem, por vezes, um tom áspero e deselegante, em que a figura de Beviláqua é completamente desacreditada no que tange à incumbência da qual se encontrava investido, qual seja, a feitura de nosso primeiro diploma legal de Direito Privado. Não obstante as controvérsias mantidas entre Clóvis Beviláqua e Rui Barbosa quanto ao uso correto do vernáculo[12], não restam dúvidas de que o segundo, ao em-

---

[11] Acerca da comentada participação de Rui Barbosa na condição de plenipotenciário do Brasil na II Conferência de Haia, veja o trabalho de BOUCAULT, Carlos Eduardo de Abreu. *A Retórica de Rui Barbosa e os Resultados da Participação do Brasil na 2ª Conferência da Haia*, 1907, p. 51-59.

[12] Sobre esse assunto, Pontes de Miranda muito bem destacou: "Rui Barbosa elaborou o parecer, e atacou rijamente o projeto, mas somente quanto à forma. Estabeleceu-se, então, uma das mais renhidas batalhas literárias da língua portuguesa, entre Rui

CAPÍTULO XXIV ● História do Direito brasileiro na República Velha (1889-1930)

prestar acurada análise linguística, muitíssimo colaborou para a boa redação que o texto final apresentava, apesar de nos parecerem totalmente injustificados e indevidos os comentários tecidos a respeito da capacidade de Beviláqua como jurista para alcançar o bom logro da empreitada a que se dispôs. A principal argumentação nos círculos acadêmicos e políticos daqueles tempos era a de que Coelho Rodrigues, Lafayette Rodrigues Pereira ou o próprio Rui Barbosa estariam em melhores condições de executar tão elevada missão. Contudo essas mesmas opiniões se esvaziaram na medida em que o trabalho do jurista cearense veio a lume, dando o tom da magnífica obra composta.

Por conseguinte, o Projeto de Clóvis Beviláqua foi elaborado com redobrada celeridade, graças ao contagiante entusiasmo e dedicação inerente ao seu autor, mas, como se sabe, o mesmo não se pode dizer de sua tramitação, posto que ainda mais de uma década e meia separavam-no de sua vigência. Concorreu para isso o fato de que mais de uma comissão deliberou exaustivamente sobre o teor do texto apresentado, inferindo minuciosas considerações e alterações sempre quando julgadas necessárias ao conteúdo examinado, contribuindo, assim, para a delonga da ânsia nacional por ter um Código Civil pátrio, mas, por outro lado, para esmero do diploma legal.

Como observou Orlando Gomes[13], o Código Civil Brasileiro de 1916 retomava a antiga tradição jurídica lusitana, sendo mais leal a ela que o próprio Código Civil Português (1867), cujos autores, dentre os quais se inclui o Visconde de Seabra, optaram por se filiar mais à influência francesa, sepultando naquele país, de uma vez por todas, a matéria de direito privado ditada pelas Ordenações Filipinas (1603).

Todavia a inspiração de Beviláqua não parava por aí, não se eximindo de amparar-se nos fundamentos norteadores traçados pela profícua

---

Barbosa, contra Clóvis Beviláqua, e o gramático Carneiro Ribeiro a favor de Clóvis Beviláqua e contra Rui Barbosa. São hoje trabalhos indispensáveis a quem procura estudar a língua portuguesa, mas sem nenhum interesse. Preocupados com a forma, esqueceram-se do fundo". MIRANDA, Pontes de. *Fontes e Evolução do Direito Civil Brasileiro*, p. 85.

[13] GOMES, Orlando. *Raízes Históricas e Sociológicas do Código Civil Brasileiro*, p. 14-15.

senda romanista; além das valiosas lições extraídas do célebre "Esboço" de Teixeira de Freitas, bem como do moderno BGB (*Bürgerliches-Gesetzbuch*), ou seja, o Código Civil alemão (1900), à época, a grande novidade jurídica do Velho Continente.

Com o passar do tempo, mostrou-se a obra de Beviláqua ser de inestimável valor jurídico, própria de um doutrinador deveras experiente e bem acostumado ao contraditório, sendo imerecidas as ácidas argumentações arvoradas pelos escritos e declarações públicas de Rui Barbosa junto à mídia da época. A esse respeito, muito bem destacou Velasco Poveda[14] ao declarar convictamente que o "Código foi festejado pela crítica nacional e internacional como modelo de clareza e de boa técnica", ressaltando, ainda, que seu artífice "passou para a história do Direito nacional como um renovador de direito brasileiro, impregnando-o de uma filosofia liberal, acompanhada de certa preocupação social".

Giordano Bruno Soares Roberto[15], a seu turno, enaltece a legislação "por seu respeito ao pensamento jurídico nacional e por sua linguagem quase impecável", ressaltando, entretanto, como pontos falhos o fato de que, em sua opinião, o Código "teve seus preceitos redigidos com excesso de abstração", que "foi conservador em suas escolhas" e "que não se ocupou de questões sociais".

Em interessante leitura, a ilustre civilista Maria Helena Diniz[16], por sua vez, não se olvida de elencar outras características igualmente importantes, aptas para definir, do ponto de vista sociológico, a codificação de Beviláqua, a qual, entre outros aspectos, mostrava-se "individualista" e "patriarcalista", considerando-se que seu autor "conseguiu conciliar com maestria a corrente conservadora e a reformadora, e procurou não romper com os costumes e princípios jurídicos já arraigados, atendendo às necessidades reclamadas pela evolução social reinante".

---

[14] VELASCO POVEDA, Ignacio Maria. *Três Vultos da Cultura Jurídica Brasileira*: Augusto Teixeira de Freitas, Tobias Barreto e Clóvis Beviláqua, p. 41.

[15] ROBERTO, Giordano Bruno Soares. *Introdução à História do Direito Privado e da Codificação*: Uma Análise do Novo Código Civil, p. 75.

[16] DINIZ, Maria Helena. *Código Civil de 1916*, p. 216.

CAPÍTULO XXIV ● História do Direito brasileiro na República Velha (1889-1930)

Cesar Asfor Rocha, por sua vez, diz que considera "Clóvis Beviláqua o maior jurista brasileiro pelo conjunto da sua obra, pela visão na elaboração do Código Civil – um Código que, em pleno século XX, permanecia atual, embora concebido em 1899, numa sociedade completamente diferente da de agora"[17].

Por fim, deve-se registrar ainda que Beviláqua, assim como já havia ocorrido com o mestre Teixeira de Freitas, morreu em lamentável estado de penúria, não tendo lhe rendido o próprio país a honra devida. Após sua perda, seus familiares tiveram que se desfazer até mesmo dos pertences pessoais do nobre jurista, não obstante o valor sentimental que, certamente, pairava sobre cada um daqueles estimados objetos[18].

Depois de longa espera, o Código Civil Brasileiro, tardiamente, entra em vigor em 1º de janeiro de 1917, quando Venceslau Braz (1868-1966) era o Presidente da República.

---

[17] ROCHA, Cesar Asfor. In: SHUBSKY, Cássio. *Clóvis Beviláqua*: Um Senhor Brasileiro, p. 170-174.

[18] A esse respeito leia SHUBSKY, Cássio. *Clóvis Beviláqua*: Um Senhor Brasileiro, p. 44-45.

História do Direito brasileiro na República: da Revolução de 1930 ao fim do Estado Novo (1930-1945)

25.1 As revoluções que pavimentaram o caminho para a Constituição de 1934

O cenário político nacional durante a chamada "República Velha" ficou marcado pelo duradouro pacto governista estabelecido entre São Paulo e Minas Gerais, cujos representantes, profundamente comprometidos com os interesses oligárquicos de suas regiões, alternavam-se na presidência do país. O concerto em questão passaria à história como a "política do café com leite", sendo assim reconhecido, respectivamente, em função de uma franca alusão aos dois mais importantes produtos para as economias daqueles Estados. Ora, o estopim para a ruptura do dito ajuste acontece quando Washington Luís (1869-1957)[1]

---
[1] Washington Luís nasceu em Macaé, no Rio de Janeiro, mas, radicado por longos anos em São Paulo, seria lá o local onde desenvolveria toda a sua carreira política.

HISTÓRIA DO DIREITO NACIONAL

recusa-se a indicar como seu sucessor o mineiro Antonio Carlos Ribeiro de Andrada[2] (1870-1946), demonstrando aos governadores dos Estados uma clara predileção pelo paulista Júlio Prestes de Albuquerque (1882-1946). O acontecimento em questão é responsável pelo surgimento de uma nova articulação, que contava agora com uma união entre o Rio Grande do Sul e a Paraíba, e a quem, em função da dissidência, também se somava Minas Gerais. Entretanto, convém observar que a unidade entre os dois Estados já anunciava inequívoco desgaste, restando ameaçada desde a crise social que se assenhoreava da nação desde o início da década de 1920. As intrigas pela sucessão presidencial apenas prenunciariam o fim do referido acordo governista.

Um dos principais pontos de sustentação da *política do café com leite* encontra-se no interior do país, onde grandes latifundiários, os ditos "coronéis"[3], invariavelmente alinhados e comprometidos com os interesses maiores dos governadores, manipulavam completamente a política municipal local, fazendo, sempre que possível, valer seu poder de mando ao determinar ao populacho a eleição dos candidatos que lhes fossem favoráveis. Ora, esta complexa teia de relações e conchavos havia se estruturado desde a instauração da República e servia aos propósitos imediatos das elites industriais e oligarquias rurais que, a partir do Sudeste, haviam se formado.

Apesar disso, a economia brasileira, à época fundamentalmente de feições agrário-exportadoras, encontrava-se profundamente dependente do preço do café no mercado internacional e não estaria livre da grave crise que se abateu sobre o mundo todo a partir do mês de outubro de 1929[4], quando ocorre a quebra da bolsa de Nova York.

---

[2] Considerado por muitos como o grande mentor da Revolução de 1930.

[3] A palavra "coronel", aqui utilizada, não se aplica especificamente a uma patente militar, mas, antes, àqueles fazendeiros do Brasil, herdeiros de oligarquias poderosas que exerciam grande influência por todo o interior. A consequência prática no ambiente jurídico, como muito bem faz notar o antropólogo Robert Weaver Shirley, é que o "Judiciário era fraco, com leis meramente decorativas, e o 'direito dos coronéis' dominava o País". SHIRLEY, Robert Weaver. *Antropologia Jurídica*, p. 84-85.

[4] A chamada "Grande Depressão", que afetou por mais de uma década não somente os Estados Unidos da América, mas também diversos outros países ocidentais, dentre

CAPÍTULO XXV ● História do Direito brasileiro na República: da Revolução de 1930 ao fim do Estado Novo (1930-1945)

Visando colocar termo a esse contexto, constitui-se a Aliança Liberal, que aos 30 de julho de 1929 lançou à presidência a candidatura de Getúlio Dornelles Vargas[5] (1882-1954), tendo como vice João Pessoa (1878-1930), que praticamente um ano depois, seria assassinado no Recife. Entretanto, a transição do poder dava mostras de que ocorreria sem maiores transtornos, considerando entendimento prévio entre Washington Luís e Vargas a esse respeito. Por fim, o pleito de 1º de março de 1930 deu vitória a Júlio Prestes e Vital Soares (1874-1933), os candidatos de São Paulo. Mas a partir de então, surgiram diversas acusações de fraude por parte da oposição, o que contribuiu grandemente para a crise que seria deflagrada nos meses seguintes, sem embargo ao discurso proferido pelo gaúcho Borges de Medeiros (1863-1961) reconhecendo abertamente a derrota de seu partido, a Aliança Liberal[6]. Assim, em outubro, são mobilizadas

---

os quais, naturalmente, se inclui o Brasil, teve início com o episódio conhecido como a "Quinta-Feira Negra", ou seja, o dia 24 de outubro de 1929, quando ocorreu a quebra da Bolsa de Nova York.

[5] A esse respeito, extremamente oportuna nos parece a delimitação da figura de Getúlio Vargas na lição do constitucionalista Orlando Soares: "A personalidade de Getúlio Dornelles Vargas (1882-1954) apresenta características típicas dos políticos brasileiros que atuaram no cenário nacional ao longo da denominada República Velha (1889-1930), combinando o bacharelismo e o militarismo, haja vista a situação de diversos oficiais do Exército e da Marinha, elegendo-se senadores e deputados, tramando ao mesmo tempo insurreições e golpes de Estado, aliados a advogados e outros intelectuais". SOARES, Orlando. *Comentários à Constituição da República Federativa do Brasil*, p. 131. A seu turno, completa o mestre Ronaldo Poletti: "A República Velha, no entanto, era dominada pelo bacharelismo do Direito Privado. Eram todos civilistas e comercialistas. Este era o direito que importava. Nada de Direito Público, o qual, não tendo o prestígio das academias jurídicas, também não merecia o respeito devido pelos governantes. Havia Rui Barbosa, com o gigantismo de sua palavra e de sua vida política, mas ele era também desiludido com a República e apontava os desvios da política em relação ao ideário dos republicanos históricos. Rui estaria, também, na oposição à República Velha. O Direito Público nas mãos da oligarquia era mais um instrumento para a utilização do poder, do que a condição necessária para o seu exercício. Essa é a explicação do fato de como, em uma República dominada pelos bacharéis, havia tanta fraude nas eleições, tanto desvirtuamento das instituições, o clima, enfim, que levou ao ciclo revolucionário, cujo epílogo está em 1930. Ou prosseguiu e, talvez, ainda prossiga". POLETTI, Ronaldo. *Constituições Brasileiras: 1934*, V. III, p. 16-17.

[6] Postura que o afastou de Getúlio Vargas, seu antigo aliado.

tropas no Rio Grande do Sul, em Minas Gerais e no Nordeste, que marcham rapidamente para a capital federal. Aos 24 daquele mês, Washington Luís, não sem relutar, é deposto, tornando-se o último presidente da República Velha. Uma *Junta Governativa Provisória* composta por um almirante, Isaías Noronha (1874-1963), e dois generais, João de Mena Barreto (1874-1933) e Augusto Tasso Fragoso (1869-1945) assume o poder, apenas, para que, logo aos 3 de novembro Getúlio Vargas seja por fim empossado no cargo de *Chefe do Governo Provisório da República*. Eclodia, pois, a célebre Revolução de 1930, dando início a um dos mais importantes e conturbados períodos da história nacional, marcado por grandes mudanças no Direito Brasileiro.

Após esses primeiros acontecimentos, Vargas passou a governar o país com mão de ferro, apesar do clima de euforia que varria os princiⅰ ıis centros urbanos brasileiros. Dentre as iniciativas tomadas, vale notar que, muitas delas, desde longo, se revestiram de extrema impopularidade, não tardando a gerar desconfianças, dentre as quais se destacam a nomeação de interventores para os Estados (excetuando-se Minas Gerais), a dissolução do Congresso Nacional, das câmaras municipais, a violenta repressão à opinião pública, bem como a todos os demais meios de comunicação (jornais e rádios) que se mostravam contrários a sua política. Pelo Decreto n. 19.398 de 11 de novembro de 1930, Vargas, buscando conferir pretenso ar de legalidade ao seu ímpeto autoritarista, arroga para si poderes ditatoriais, colocando-se acima da lei, tendo em vista que seus atos não mais estariam sujeitos a qualquer apreciação do Judiciário. Do mesmo modo, é bem verdade que as Constituições estaduais continuariam em vigor, mas, como se pode notar, essa autonomia era apenas aparente e formal, incapaz de disfarçar o processo de centralização já em avançado curso. Também os interventores gozavam, praticamente, de imunidades totais para o bom exercício de suas funções, podendo ser exonerados apenas segundo a eventual discricionariedade do Governo Provisório. A partir de então, a nomeação dos prefeitos caberia a eles, desde que, conforme instrução normativa, nenhuma medida de caráter nepotista fosse praticada nesse sentido. A referida legislação supramencionada reco-

CAPÍTULO XXV ● História do Direito brasileiro na República: da Revolução de 1930 ao fim do Estado Novo (1930-1945)

nhecia o avanço representado pela Carta de 1891 (cuja vigência havia sido suspensa) à construção da cidadania e ao modelo de Estado republicano e federativo adotado, porém, não sem prenunciar a necessidade da instituição de uma nova ordem constitucional, ainda que sem delimitar cronologicamente o período em que isto ocorreria.

Nesse novo contexto, nenhum outro ente da federação se sentia tão desprestigiado quanto São Paulo. Vale notar que, não muito tempo atrás, multidões entusiasmadas tinham ovacionado na capital paulista a figura de Getúlio Vargas (quando este ainda se encontrava em campanha pela Aliança Liberal). Entretanto, a nomeação de interventores que não eram paulistas, pessoas despreparadas para administrar com o traquejo necessário naquele período tão delicado de nossa história, além de desconhecerem as peculiaridades regionais do Estado, resultou em gestões desastrosas para a economia local. Pode-se dizer que essa insatisfação e frustração com os ideais da Revolução de 1930 foram as maiores motivações a acirrar a crise. No princípio de 1932, uma onda de efusivos comícios já anunciava no horizonte a possibilidade de um eventual confronto. Entretanto a morte de quatro estudantes na capital paulista seria o episódio responsável pelo irromper da guerra civil. Tudo começou quando, aos 23 de maio, diversos manifestantes se dirigem à sede da "Legião Revolucionária" – um reduto militar localizado no centro da cidade que servia de base de apoio logístico a Vargas. Na ocasião, tombaram Mário Martins de Almeida, Euclydes Bueno de Miragaia, Dráusio Marcondes de Souza e Antonio Américo de Camargo. Alguns dias depois, também em razão dos ferimentos, morreria no hospital Orlando de Oliveira Alvarenga, a quinta vítima do combate que se viu naquele dia. A partir daí, os jovens que foram metralhados tornaram-se verdadeiros mártires para seu povo e símbolo maior das crescentes mobilizações que pelas ruas não cessavam. Numa referência aos seus nomes e apelidos de família foi criado o MMDC[7], grupo que na clandestinidade começou a agir para fomentar um levante.

---

[7] Iniciais de Martins, Miragaia, Dráusio e Camargo.

HISTÓRIA DO DIREITO NACIONAL

A Revolução que teve início aos 9 de julho tinha por objetivo alterar esse estado de coisas, prioritariamente, ensejando a promulgação de uma nova Constituição. Houve uma tentativa de se buscar a adesão de outros Estados da federação à causa, mas, à exceção de Mato Grosso, o apoio foi muito incipiente e precário. Certamente, cogitaram-se entre alguns segmentos insurrecionais eventuais arroubos de caráter independentista, especialmente se São Paulo não obtivesse no final o logro de suas pretensões iniciais[8]. Isto pode ser explicado pelo fato de que a ideologia que marcou o pensamento dos líderes dessa importante guerra civil não se traduzia de forma uníssona, nem tampouco consolidada se mostrava a experiência federativa entre nós. O primado da unidade nacional e o discurso de que as antigas e decadentes oligarquias paulistanas intentavam retomar as rédeas do poder, manipulando, para tanto, a população, foram os dois motivos principais que serviram de pretexto imediato para que Getúlio Vargas não economizasse esforços visando sufocar a revolta em curso no Sudeste. Por fim, a capitulação bandeirante ocorre logo nos primeiros dias de outubro. Vale destacar que, não obstante a derrota sofrida por São Paulo, os eventos descritos acabaram por pavimentar o percurso histórico que nos conduziu à elaboração da Constituição de 1934.

Sabe-se que nem mesmo a entrada em vigor do Código Eleitoral[9] (Decreto n. 21.076, de 24/2/1932) cerca de três meses antes da eclosão da fatídica guerra civil mencionada, que finalmente permitiria o sufrágio feminino (art. 2º), o voto secreto (art. 57) e criava a Justiça

---

[8] Opiniões nesse sentido eram defendidas abertamente nos meios intelectuais e não chegam a representar novidade ou surpresa. Algumas delas, mais do que insinuantes, mostravam-se bastante incisivas, como aquelas proferidas entre vultos da época como Monteiro Lobato ou Alberto Salles. Para saber mais, consulte a belíssima obra de VILLA, Marco Antonio. *A Revolução de 1932*: Constituição e Cidadania, p. 74-75; 88-89. Sobre o assunto, veja também DINIZ, Almacchio Gonçalves. *São Paulo e sua Guerra de Secessão*. Rio de Janeiro: Irmãos Ponguetti, 1932; ELLIS JÚNIOR, Alfredo. *Confederação ou Separação*. 3. ed. São Paulo: Paulista, 1934 e WANDERLEY, Rubens de Menezes. *As Bases do Separatismo*. São Paulo: Paulista, 1932.

[9] A partir de então, impedidos de se alistarem estavam apenas os mendigos, analfabetos e alguns militares (art. 4º do Código Eleitoral de 1932).

498

CAPÍTULO XXV ● História do Direito brasileiro na República: da Revolução de 1930 ao fim do Estado Novo (1930-1945)

Eleitoral (art. 5º), foi capaz de atenuar as reivindicações daqueles tempos. A revolta de 1932 que tomou corpo em São Paulo foi um acontecimento importantíssimo em nossa trajetória política, que dividiu e marcou profundamente a nação, tendo finalmente possibilitado a convocação da Assembleia Nacional Constituinte. Esta, uma vez instalada no Palácio Tiradentes, dá início ao exercício de suas funções aos 15 de novembro de 1933. Vale observar que sua composição guardava uma peculiaridade digna de nota, cuja influência modelar foi buscada junto ao proletariado europeu e de onde Vargas esperava naturalmente receber apoio político às suas ambições. Trata-se da participação classista, que contaria com 40 deputados (que se somariam aos outros 214 eleitos) escolhidos em meio às diversas associações profissionais e cuja triagem seria delimitada pelo Decreto n. 22.653, de abril de 1933[10].

Os trabalhos que foram confiados pela Assembleia Constituinte à referida comissão designada para produzir o Anteprojeto da segunda Carta Magna brasileira desde o advento da República e, vale dizer, a terceira de nossa história, são inaugurados aos 11 de novembro de 1932. Ensina o Professor Ronaldo Poletti[11] que a razão decorrente do seleto grupo em questão ser conhecido como "*Comissão do Itamaraty*" se dá em função do fato de que as primeiras reuniões, as quais eram inicialmente realizadas na residência de seu presidente, Afrânio de Melo Franco (1870-1943), no bairro carioca de Copacabana, foram, nesta mesma cidade, transferidas posteriormente para o Palácio do Itamaraty, o que justifica a popular designação que, com o passar do tempo, lhe foi atribuída. Convém ainda registrar a observação de que o texto do Anteprojeto original de 1933, conforme anota o mesmo autor supracitado, mostrava-se "bastante inovador" quando comparado à redação final concedida à Carta Magna que seria promulgada logo no ano seguinte, aos 16 de julho de 1934, pois "conteve linhas revolucionárias, muitas das quais não aproveitadas na futura Consti-

---

[10] Veja, a esse respeito, POLETTI, Ronaldo. *Constituições Brasileiras:* 1934, V. III, p. 41.

[11] POLETTI, Ronaldo. *Constituições Brasileiras:* 1934, V. III, p. 23.

HISTÓRIA DO DIREITO NACIONAL

tuição que, apesar de rotulada de progressista, acabou por prender-se aos princípios republicanos tradicionais"[12].

O legislador de 1934, logo no preâmbulo da segunda Carta Magna republicana, não tardou a consagrar o nome de Deus, apesar da redação conferida ao exórdio ser bastante exígua, porquanto possuía apenas duas linhas. O presente assunto tornou-se objeto de larga discussão na Assembleia Constituinte e a menção à Divindade não estava prevista no Anteprojeto. Apesar disso, diga-se de antemão, foi feita opção pela manutenção e pelo reconhecimento formal da laicidade do Estado (art. 17, III), bem como da garantia à liberdade religiosa (arts. 17, II, e 113, 5).

Igualmente, desde logo, registrava-se no introito em questão a expressão "bem-estar social e econômico", conjunção esta que, verdadeiramente, se traduziria na essência normativa dos objetivos perquiridos por uma Carta Magna ancorada, por inequívoca inspiração, na Constituição de Weimer (1919). O federalismo foi mantido, mas os Estados perderam, grosso modo, sua autonomia legislativa em matéria civil, penal, comercial, aérea, processual, juntas comerciais e registros públicos (art. 5º, XIX, *a*), ainda que se cogitasse a eventual vigência de leis estaduais que, de forma "supletiva" ou "regulamentar", tratassem de tais matérias, sempre buscando atender às necessidades e particularidades próprias de cada região. A legislação pertinente ao que chamamos hoje de *Direito Minerário*[13] também ficaria a cargo da competência concedida à União (art. 5º, § 3º).

Vale dizer que a preocupação com a previsão de um rol sistemático de Direitos Sociais, de modo bastante pioneiro e inovador na trajetória nacional, marca a história do constitucionalismo brasileiro a partir de 1934. O legislador, nesse sentido, primando por conferir abrangência a tais prerrogativas, estabelece uma jornada de trabalho não superior a oito horas diárias, e, além disso, cria o salário mínimo, as férias e o descanso semanal remunerado, proíbe a distinção no

---

[12] POLETTI, Ronaldo. *Constituições Brasileiras:* 1934, V. III, p. 24-25.

[13] A terminologia *Direito Minerário*, tão em voga hodiernamente, era pouco usual na década de 1930.

CAPÍTULO XXV ● História do Direito brasileiro na República: da Revolução de 1930 ao fim do Estado Novo (1930-1945)

pagamento dos vencimentos a qualquer pessoa em razão de sexo, idade, nacionalidade e estado civil e ainda demonstra uma clara preocupação com a situação da criança e do adolescente, até então, não raro, sujeitos aos desmandos de seus empregadores em função da penúria de seus familiares. Restaria, pois, interdito o trabalho aos menores de 14 anos, igualmente, no período noturno, àqueles que fossem menores de 16 e, nas fábricas e indústrias, aos menores de 18 e às mulheres (art. 121). De igual modo e, dois anos após a criação da Justiça Eleitoral, oportunamente também institui a Justiça do Trabalho (art. 122).

Eleito pela Assembleia Nacional Constituinte em 1934 para encabeçar o Governo Constitucional, Getúlio Vargas dá continuidade ao seu audacioso projeto político sem ainda demonstrar o menor interesse em soltar as rédeas do poder, com o qual ia se acostumando. Do mesmo modo, não é segredo o quanto o texto promulgado em 1934 desagradaria o presidente, que não tardou a criticá-lo, o que não chega a se traduzir em surpresa considerando o espírito revolucionário de 1932 que ainda permeava as mentes e os corações de muitos daqueles que trabalharam na lavra do referido documento, independentemente de serem paulistas ou não. Igualmente, não por acaso, e sem maiores delongas, assim que possível, incumbir-se-ia o ministro e jurista Francisco Campos de preparar ao país um novo diploma legal, este sim, agora, em plena sintonia com o autoritarismo polonês e mais ao gosto dos adeptos de Vargas.

Ora, se a longevidade à época imaginada não se traduziu na marca que seria impressa na trajetória da Constituição de 1934, contudo, como bem arrematou Poletti, ela "vale pelas ideias revolucionárias que absorveu e até pelas que rejeitou. Sua experiência não foi a de um triênio, mas justamente a de, apesar de seus engenhosos dispositivos, não ter impedido a derrocada de 37. Ficará ela, todavia, para sempre como um repositório valioso de temas constitucionais e como um marco relevante de nosso constitucionalismo republicano"[14].

---

[14] POLETTI, Ronaldo. *Constituições Brasileiras:* 1934, V. III, p. 55.

25.2 O Estado Novo de Getúlio Vargas e a Constituição de 1937

Nos três breves anos que separam as Constituições de 1934 e 1937 as incertezas e a instabilidade política continuaram se arrastando pelo Brasil. Nesse interregno ganharia cada vez mais expressão no cenário nacional o vulto de Getúlio Vargas, apesar de as eleições já estarem marcadas para o ano de 1938 e os candidatos, por sua vez, previamente definidos: concorreriam, pois, o paraibano José Américo de Almeida (1887-1980) e o paulista Armando de Sales Oliveira (1887-1945). Não obstante, graças à súbita instauração do Estado Novo, sabe-se que esse pleito não viria jamais a ser realizado.

No âmbito político, as diretivas de Vargas não demorariam a tornar-se muito claras: a estratégia fundamental consistia agora em livrar o Brasil de toda e qualquer ameaça relativa à "infiltração comunista"[15], especialmente, após a eclosão de movimentos armados como a "Intentona" ou "Revolta Vermelha" de 1935, aquele célebre levante nascido no seio do *tenentismo*[16] comandado pelo capitão Luís Carlos Prestes (1898-1990)[17]. Assim, tendo por escopo fundamentar a

---

[15] Consoante se destacou no preâmbulo da Constituição de 1937.

[16] Movimento gestado a partir da década de 1920 nos quartéis de todo o país, inicialmente entre os militares de baixa patente, e que, progressivamente, angaria a adesão de outros mais graduados. O inconformismo e a pauta de reivindicações eram deveras abrangentes, mas atentavam, em sua essência, contra a chamada "política do café com leite" dirigida conjuntamente pelos Estados de Minas Gerais e São Paulo durante a República Velha. De acordo com Boris Fausto, "o tenentismo dessa fase pode ser definido, em linhas gerais, como um movimento política e ideologicamente difuso, de características predominantemente militares, onde as tendências reformistas autoritárias aparecem em embrião. As explosões de rebeldia – da revolta do Forte de Copacabana à Coluna Prestes – ganham gradativa importância e consistência, tendo no Rio Grande do Sul uma irradiação popular maior do que em outras regiões. Elas se iniciam, em regra, com o caráter de tentativa insurrecional independente dos setores civis, e embora esse quadro pouco a pouco se modifique, até se chegar ao acordo nacional com as oligarquias dissidentes na Revolução de 1930, o desencontro de caminhos permanece". FAUSTO, Boris. *A Revolução de 1930*: Historiografia e história, p. 81.

[17] De importância histórica, estão, certamente, as nuances jurídicas do drama vivido pela esposa de Luis Carlos Prestes, uma militante comunista de origem judaica

CAPÍTULO XXV ● História do Direito brasileiro na República: da Revolução de 1930 ao fim do Estado Novo (1930-1945)

necessidade de promover ações enérgicas para o combate às insurgências dessa natureza, ocorre o golpe de 1937, que prolonga os dias de Vargas no poder. Para respaldar ainda mais qualquer ação, de acordo com o que as conveniências e circunstâncias reclamavam, divulgou-se um controvertido documento de autoria duvidosa, que ficou conhecido como "Plano Cohen"[18] e que cuidava de relatar a orquestração de um suposto golpe contra as instituições estatais.

No devido tempo, Francisco Campos (1891-1968) – ilustre advogado e político mineiro – tornou-se o jurista que receberia a incumbência de delimitar as feições legais do Estado Novo imposto por Getúlio. A inspiração buscada para a composição do texto outorgado remete-nos à Constituição que, na cidade de Varsóvia, deu sustentação ao governo do líder carismático Jozef Pilsudski (1867-1935). Daí, não por acaso, a Carta 10 de novembro de 1937 ter recebido o apelido de "Polaca". Na pretensão de seu autor, o diploma legal cumpriria com o propósito maior de garantir aos cidadãos a reclamada estabilidade em meio às profundas dissensões já desenhadas no horizonte do país e que poderiam mergulhar a sociedade numa fatídica e violenta "guerra civil", conforme anunciava expressamente o próprio preâmbulo do dito documento.

Na opinião de Campos, seria Vargas a encarnar a figura do "homem providencial", alguém digno, pois, daquela reverência de orientação tipicamente fascista que o período histórico tão bem conhecia; o condutor-mor da nação em meio ao caos político instaurado pelas disputas ideológicas levadas a cabo entre facções esquerdistas e direitistas, aqui respectivamente representadas pela Aliança Nacional Libertadora e pela Ação Integralista Brasileira. De fato, a concepção do

---

chamada Olga Benário Prestes (1908-1942), que foi julgada durante a ditadura de Getúlio Vargas e enviada às Forças do III Reich. Olga passou seus últimos dias num campo de concentração, quando, então, foi morta numa câmara de gás. O assunto, de rara abordagem na doutrina pátria, encontra-se muito bem exposto e delimitado na obra de GODOY, Arnaldo Sampaio de Moraes. *A História do Direito entre Foices, Martelos e Togas*: Brasil 1935-1965, p. 25-72.

[18] O título "Plano Cohen" é uma referência à pessoa de Béla Kun (1886-1937), personagem central e líder da Revolução Húngara de 1919.

HISTÓRIA DO DIREITO NACIONAL

texto de 1937 não somente consignava a supremacia do Executivo diante dos demais poderes, mas também favorecia, ainda que indiretamente, o culto à personalidade tão em voga naqueles dias, algo que o Departamento de Imprensa e Propaganda (DIP) explorou incansavelmente. A maior prova da exacerbação das prerrogativas do Executivo alcança ressonância no art. 178, que determina a dissolução do Senado Federal, da Câmara dos Deputados, das Assembleias Legislativas dos Estados-Membros e também das Câmaras Municipais. O ditador Vargas, assim, poderia exercer suas funções governamentais ancorado na expedição de decretos-leis que versassem sobre todas as matérias legislativas que fossem de competência da União (art. 180). Do mesmo modo, não há como se falar na mais remota independência do Judiciário, pois até mesmo sobre este poder insurgia-se cabalmente o espectro decisivo do Presidente (art. 185).

É notório o quanto Francisco Campos tentou justificar teoricamente suas escolhas no terreno da legalidade. Em entrevista concedida no ano de 1945 ao *Correio da Manhã* do Rio de Janeiro, o autor novamente manifestou com veemência suas posições:

> MAS A CONSTITUIÇÃO DE 1937 NÃO É FASCISTA, NEM É FASCISTA A DITADURA CUJOS FUNDAMENTOS SÃO FALSAMENTE IMPUTADOS À CONSTITUIÇÃO. O NOSSO REGIME, DE 1937 ATÉ HOJE, TEM SIDO UMA DITADURA PURAMENTE PESSOAL, SEM O DINAMISMO CARACTERÍSTICO DAS DITADURAS FASCISTAS, OU UMA DITADURA NOS MOLDES CLÁSSICOS DAS DITADURAS SUL-AMERICANAS[19].

Entretanto, a crítica dos mais renomados publicistas contemporâneos é bastante severa e contundente a esse respeito. Paulo Bonavides, dentre outros tantos, considera a Carta de 1937 "um amontoado impreciso e amorfo de preceitos jurídicos autoritários e de instruções estranhas à índole e à tradição nacional jurídica do país"[20].

---

[19] CAMPOS, Francisco. Entrevista de Francisco Campos ao *Correio da Manhã* do Rio de Janeiro, em 3 de março de 1945. In: PORTO, Walter da Costa. *Constituições Brasileiras:* 1937, p. 41.

[20] BONAVIDES, Paulo. *Curso de Direito Constitucional*, p. 60.

CAPÍTULO XXV ● História do Direito brasileiro na República: da Revolução de 1930 ao fim do Estado Novo (1930-1945)

Questão interessante a ser notada diz respeito à vigência da Constituição de 1937. O art. 187 ensejava que a Carta fosse submetida a um plebiscito nacional regulamentado por um decreto presidencial[21], o que não ocorreu. Como bem destacou José Afonso da Silva, a "Carta de 1937 não teve, porém, aplicação regular. Muitos de seus dispositivos permaneceram letra morta. Houve ditadura pura e simples, com todo o Poder Executivo e Legislativo concentrado nas mãos do Presidente da República, que legislava por via de decretos-leis que ele próprio depois aplicava, como órgão do Executivo"[22].

Com a derrocada final das forças do Eixo na Segunda Grande Guerra e o desprestígio da ideologia nazifascista mundo afora, desgasta-se perante diversos setores da sociedade brasileira aquele modelo de governo arbitrário assumido por Getúlio Vargas. Evidentemente, o clima de desconfiança é arrefecido pela convocação de eleições (para 2 de dezembro de 1945[23]) e a concessão de relativa abertura política, que havia propiciado a criação de alguns partidos políticos[24], dentre os quais incluía-se o PCB, que agora estava devidamente autorizado a sair da clandestinidade a que se obrigara. Também foram libertados e anistiados diversos opositores do regime.

Todavia, nascida sob a mácula da outorga, como desdobramento de um golpe visando perpetrar Vargas no poder, acompanhou a Constituição de 1937 o natural declínio do Estado Novo, que se daria com o cerco promovido aos 29 de outubro de 1945 pelas Forças Armadas ao Palácio do Catete. A imediata renúncia do Presidente foi então exigida pelas tropas e realizada sem maiores objeções de sua parte. Este logo se retira para a cidade de São Borja, interior do Estado do Rio Grande do Sul, onde possuía uma propriedade rural. De pouco

---

[21] Mais propriamente um referendo, e não um plebiscito.

[22] SILVA, José Afonso da. *Curso de Direito Constitucional Positivo*, p. 83.

[23] Os três candidatos eram o Brigadeiro Eduardo Gomes (UDN), o General Eurico Gaspar Dutra (PSD e PTB) e Yeddo Fiúza (PCB).

[24] Eis os mais notórios e influentes no cenário nacional à época:1) PSD (Partido Social Democrático); 2) UDN (União Democrática Nacional); 3) PTB (Partido Trabalhista Brasileiro; 4) PCB (Partido Comunista do Brasil).

HISTÓRIA DO DIREITO NACIONAL

adiantaram as manifestações realizadas em todo o país pelos simpatizantes de Getúlio – os *"queremistas"* – que receberam esse apelido por gritarem "Queremos Getúlio!". Desse modo, até que Eurico Gaspar Dutra (1883-1974), que contava com o apoio político de Vargas, fosse eleito, assume interinamente os destinos do país José Linhares (1886-1957)[25], então Presidente do Supremo Tribunal Federal.

25.3 O Código de Processo Civil de 1939

Herdamos nossas primeiras influências no campo do Direito Processual Civil diretamente das experiências e tradições lusitanas. Tanto é verdade que diversas disposições jurídicas presentes no corpo das Ordenações Filipinas (1603) orientaram os procedimentos judiciários no país durante, pelo menos, todo o longo período Imperial. Isto era devido ao fato de que não havia sido elaborada uma codificação específica para disciplinar essa matéria, mas tão somente, como se viu, o Direito Processual Criminal, cujo diploma legal remontava ao ano de 1832. Assim, considerando que a referida legislação luso-hispânica mostrava-se, não raro, anacrônica e profundamente incapaz de atender adequadamente às transformações institucionais em andamento no jovem país, pois em seu âmago conservava inexoravelmente uma estrutura ainda vetusta, bem própria das arcaicas reminiscências de origem medieval que a caracterizavam, estabeleceu-se o Regulamento 737, de 25 de novembro de 1850, que definia os contornos do processo comercial e estava mais apto a atender aos desígnios dos ventos do liberalismo a soprar na sociedade brasileira. Entretanto a ausência de uma sistematização das regras do terreno do processo civil acarretava uma série de transtornos à administração da justiça e à prestação jurisdicional como um todo. Desse modo, em 1871, o Governo imperial, reconhecendo a enorme contribuição doutrinária inerente ao incontestável saber jurídico do Conselheiro Antonio Joaquim Ribas (1818-1890), confia a seu prestigiado talento a realização de uma árdua

---

[25] O mandato se estende de 29 de outubro de 1945, data do cerco do Catete, a 31 de janeiro de 1946, quando o general Eurico Gaspar Dutra é empossado.

CAPÍTULO XXV • História do Direito brasileiro na República: da Revolução de 1930 ao fim do Estado Novo (1930-1945)

tarefa, qual seja, a de elaborar uma *Consolidação das Disposições Legislativas Regulamentares Concernentes ao Processo Civil*. A dita empresa, digna de nota certamente, teria vida curta, mesmo tendo se transformado em lei aos 2 de dezembro de 1876, pois, uma vez com a República já devidamente instaurada, logo caberia a Carta de 1891 conceder aos Estados a primazia no estabelecimento de seus próprios códigos processuais[26], ainda que nem todas as entidades da federação tenham optado por assim proceder.

---

[26] Sobre este escorço histórico referente à evolução do Direito Processual civil nacional, assim o mestre Cândido Dinamarco expôs sua crítica: "O Código de Processo Civil de 1939 fora uma tentativa de superar as mazelas de uma legislação extremamente ligada à tradição lusitana das Ordenações, mas uma tentativa que não se pode dizer bem-sucedida como um todo. Vínhamos então de uma ordem jurídico-processual em que não se faziam sentir os ecos da profunda reforma científica operada na ciência processual e presente na produção de estudiosos italianos e alemães da segunda metade do século passado e do início deste. O discutido Regulamento 737, que uns consideravam um monumento legislativo de sua época e outros diziam ser o atestado da ignorância dos juristas de então, era, de todo modo, um diploma absolutamente superado pelas colocações científicas possibilitadas a partir da obra de Von Büllow. Os Códigos estaduais que lhe sucederam tinham altos e baixos, eram diferentes entre si e poucos apresentavam um nível técnico satisfatório". DINAMARCO, Cândido Rangel. *A Reforma do Código de Processo Civil*, p. 23. Dentre os tantos e aludidos códigos de processo estaduais, merece elogio, nas palavras de Antônio Pereira Gaio Júnior, apenas o Código de Processo da Bahia (1915), pelo seu "espírito crítico e renovador" e por já consagrar a "teoria unitária do processo", agregando, por conseguinte, "o processo civil e o penal". GAIO JÚNIOR, Antônio Pereira. *Direito Processual Civil*: Teoria Geral do Processo, Processo de Conhecimento e Recursos, p. 10. Humberto Theodoro Júnior, na esteira do posicionamento de Sérgio Bermudes e Araújo Cintra, completa: "A Constituição Republicana de 1891 estabeleceu a dicotomia entre a Justiça Federal e a estadual, bem como entre o poder de legislar sobre o processo. Elaboraram-se, então, o direito processual da União (Consolidação preparada por Higino Duarte Pereira, aprovada pelo Decreto n. 3.084, de 1898) e os vários códigos estaduais de Processo Civil, quase todos simples adaptações do figuro federal, por falta de preparo científico dos legisladores para renovar e atualizar o direito processual pátrio. Apenas no Código da Bahia e no de São Paulo se notou a presença de inovações inspiradas no moderno direito processual europeu". THEODORO JÚNIOR, Humberto. *Curso de Direito Processual Civil*: Teoria Geral do Direito Processual Civil, v. 1, p. 13. Além das opiniões em destaque, indicamos uma outra interessante análise que, por sua vez, delimita as prerrogativas inerentes à magistratura de acordo com as linhas gerais do Código Processual de São Paulo, que pode ser encontrada na interessante obra de MIRANDA, Vicente. *Poderes do Juiz no Processo Civil Brasileiro*, p. 31-32.

Não se pode, todavia, alegar somente as tais razões como justificativa plausível às mudanças que ocorreram na legislação pátria durante a existência do Estado Novo, afinal, a nosso ver, o componente político também continua presente quando esta é a matéria. Ora, a unificação do Direito Processual, seja ela de ordem civil ou penal, se prestava aos interesses estratégicos e institucionais manipulados por Getúlio Vargas que, no tocante ao assunto, já se faziam perceptíveis no texto da Constituição de 1937 (art. 15, XVI). A iniciativa em questão traduzia-se em mais uma medida autoritária visando tolher a autonomia estatal em matéria jurídica[27]. É primeiramente sob este contexto e ótica que o Código de Processo Civil de 1939 (Decreto-Lei n. 1.608, de 18 de setembro) deve ser concebido.

Quanto às influências, para Alexandre Câmara[28], o diploma legal em questão está fundado na doutrina de Giuseppe Chiovenda (1872-1937), o festejado jurista italiano. Cândido Dinamarco, por sua vez, considerando as anotações produzidas pela própria pena do Ministro Francisco Campos, percebe-o em sintonia "com as tendências modernas da época (notadamente norte-americanas)"[29]. Carlos Alberto de Oliveira aproxima-o da Ordenança Processual Austríaca (1895)[30], de dois projetos de Código de Processo Civil, um deles elaborado em Portugal, por José Alberto dos Reis (1875-1955), e o outro proveniente da Itália, além, obviamente, "da renovação do processo civil em curso em terras europeias"[31].

---

[27] Nesse mesmo sentido, confira OLIVEIRA, Carlos Alberto de. *Do Formalismo no Processo Civil*, p. 58.

[28] CÂMARA, Alexandre Freitas. *Lições de Direito Processual Civil*, p. 10.

[29] DINAMARCO, Cândido Rangel. *A Reforma do Código de Processo Civil*, p. 23.

[30] No que concerne à Ordenança Processual Austríaca de 1895 (*Zivilprozessordnung*) há a necessidade de se registrar aqui o relevante trabalho de seu autor, o Professor Franz Klein (1854-1926), que, como bem salientou C. H. van Rhee, foi o responsável pela instauração de uma nova era para o Direito Processual em toda a Europa. Muitas destas propostas inovadoras tornaram-se conhecidas graças à publicação de uma série de artigos, no ano de 1891, aos quais Klein intitulou "*Pro Futuro*". Sobre o assunto, veja RHEE, C. H. van. (Org.). *European Traditions in Civil Procedure*, p. 7-13.

[31] OLIVEIRA, Carlos Alberto de. *Do Formalismo no Processo Civil*, p. 58.

CAPÍTULO XXV ● História do Direito brasileiro na República: da Revolução de 1930 ao fim do Estado Novo (1930-1945)

Da composição da comissão para a elaboração do projeto inicialmente participaram Pedro Batista Martins, Múcio Cotinentino, além dos Desembargadores Edgar Costa e Goulart de Oliveira. Ocorre que, como bem observa Gaio Junior, "houve um desentendimento" que contribuiu para que Pedro Batista Martins apresentasse um "trabalho separado", que culminou no "projeto oficial, publicado em fevereiro de 1939"[32]. Ainda assim, o "Ministro Francisco Campos avaliou as críticas e sugestões que o Projeto de Código de Processo Civil recebeu juntamente com o próprio autor Pedro Batista Martins, tendo como colaborador Guilherme Estellita. Tal projeto foi aprovado pelo Decreto-Lei n. 2.608, de 18.9.1939, para entrar em vigor em 1º.1.1940"[33].

Obviamente, quando comparado ao arcaísmo próprio que perfazia o conteúdo das Ordenações Filipinas, cuja essência foi mantida na chamada Consolidação Ribas (em vigor entre os anos de 1876 e 1891, como dissemos anteriormente), somado à insuficiência prática da aplicação do Regulamento de n. 737 (1850) à solução das lides (que apesar disso continuava a inspirar grandemente os autores dos códigos de processo estaduais), significou a edição do Código de Processo Civil de 1939, com todas as limitações que lhe eram inerentes, um enorme avanço para o país.

25.4 O Código de Processo Penal de 1941

A elaboração de um Código de Processo Penal (Decreto-Lei n. 3.689/41) completaria o quadro-geral da reforma no Direito Judiciário Brasileiro que o governo do Estado Novo planejou. A medida se fazia necessária considerando a unificação em curso do Direito Processual e que estava prevista na Carta de 1937 (art. 15, XVI), tendo em vista o fato de que antes disso era concedida autonomia para que os Estados da federação, segundo seus interesses, viessem a legislar sobre a presente matéria. Os trabalhos são conduzidos, uma vez mais,

---

[32] GAIO JÚNIOR, Antônio Pereira. *Direito Processual Civil*: Teoria Geral do Processo, Processo de Conhecimento e Recursos, p. 10.

[33] GAIO JÚNIOR, Antônio Pereira. *Direito Processual Civil*: Teoria Geral do Processo, Processo de Conhecimento e Recursos, p. 12.

HISTÓRIA DO DIREITO NACIONAL

segundo as diretivas de Francisco Campos, que à época era Ministro da Justiça e dos Negócios Interiores. Participaram da autoria daquele projeto Cândido Mendes de Almeida, o Desembargador Florêncio de Abreu, Narcélio de Queiroz, Nelson Hungria, Roberto Lyra e Vieira Braga. Além dos nomes citados, registrou-se também na Lei de Introdução ao Código de Processo Penal (Decreto-Lei n. 3.689, de 3 de outubro de 1941)[34] um agradecimento especial a Abgar Renault, que auxiliou o ministro na redação final do texto.

Interessante notar que a legislação em matéria processual surge antes mesmo do Código Criminal, fruto do Projeto de Alcântara Machado e do qual trataremos logo adiante. Apesar do novo diploma legal que já desponta hodiernamente em nosso horizonte[35], é justamente esta a codificação (inspirada no Código de Processo Penal italiano de 1930) que continua em vigor entre nós, apesar das diversas alterações a que foi submetida[36].

Por último, porém, não menos importante, há que se salientar que, hodiernamente, o chamado "Código Modelo de Processo Penal para a Ibero-América"[37] tem inspirado muitas das mudanças que ocorreram, principalmente, naquelas legislações dos países de origem latina. A curiosidade em tela é objeto de estudos dos mais eminentes processualistas do continente.

25.5 O Projeto de Alcântara Machado e o Código Penal de 1940

Frustrada a expectativa inicial, bem como determinada nas quatro primeiras décadas a necessidade de constante aperfeiçoamento da

---

[34] Publicado no *Diário Oficial da União*, de 13 de dezembro de 1941.

[35] Fruto das discussões em torno do Projeto de Lei n. 156/2009.

[36] Tratar de todas estas extensas alterações é algo que certamente foge ao escopo e propósito inicial desta obra. Sobre o assunto, indicamos a sempre oportuna leitura de CINTRA, Antonio Carlos de Araújo; GRINOVER, Ada Pellegrini e DINAMARCO, Cândido Rangel. *Teoria Geral do Processo*, p. 119-135.

[37] CINTRA, Antonio Carlos de Araújo; GRINOVER, Ada Pellegrini e DINAMARCO, Cândido Rangel. *Teoria Geral do Processo*, p. 120-122.

CAPÍTULO XXV ● História do Direito brasileiro na República: da Revolução de 1930
ao fim do Estado Novo (1930-1945)

legislação criminal brasileira, o que ocorreu, como vimos, em função do malogro do Código de Batista Pereira[38], já era possível antever no horizonte de nossa história que caminhávamos, inevitavelmente, rumo à elaboração de um novo estatuto de Direito Penal.

Por fim, o paulista José de Alcântara Machado de Oliveira (1875-1941) seria o escolhido pelo Governo do Estado Novo para produzir o projeto. A primeira e mais marcante influência a orientar o jurista é devida ao "Código Rocco" (1930) – de Alfredo Rocco (1875-1935) –, ou seja, o Código Penal da Itália (1930); sendo que a segunda, por sua vez, buscava inspiração no Código Helvético (1937)[39]. Os trabalhos foram concluídos em curto espaço de tempo e, em 1938, deu-se por finalizada a obra que seria encaminhada à apreciação da Comissão Revisora[40]. A partir daí, observa Luiz Flávio Gomes, que, "em face dos reparos da comissão e das críticas que a redação primitiva provocara, o professor reformou o seu trabalho, entregando, em 12 de abril de 1940, ao Ministro Francisco Campos, o projeto definitivo, que ele chamou "Nova Redação do Projeto de Código Criminal do Brasil"[41]. Parecer semelhante é o do mestre Heleno Cláudio Fragoso, que, apesar de concordar que a "comissão revisora alterou profundamente o projeto, realizando obra de inegável valor", reconhece como válida a ideia de que o jurista supramencionado "está para o Código Penal,

---

[38] A esse respeito bem salientou Francisco de Assis Toledo que "... conclui-se ser inteiramente procedente a afirmação do Min. Francisco Campos de que com o Código de 1890 nasceu a tendência de reformá-lo". TOLEDO, Francisco de Assis. *Princípios Básicos de Direito Penal*, p. 63.

[39] Veja nesse sentido opinião de TOLEDO, Francisco de Assis. *Princípios Básicos de Direito Penal*, p. 62. Entretanto, alguns doutrinadores consideram outras possíveis influências. Luiz Flávio Gomes é um deles que, ao seguir na esteira do pensamento de José Salgado Martins, insere neste elenco ainda o Código Dinamarquês (1930), o Projeto argentino (1937), além do Projeto Ferri (1921). GOMES, Luiz Flávio; GARCÍA-PABLOS DE MOLINA; Antonio e BIANCHINI, Alice. *Direito Penal*: Introdução e Princípios Fundamentais, v. I, p. 171.

[40] Comissão esta composta por Nelson Hungria, Narcélio de Queiroz, Roberto Lyra, Vieira Braga e Francisco Campos.

[41] GOMES, Luiz Flávio; GARCÍA-PABLOS DE MOLINA; Antonio e BIANCHINI, Alice. *Direito Penal*: Introdução e Princípios Fundamentais, v. I, p. 171.

HISTÓRIA DO DIREITO NACIONAL

como o projeto Clóvis Bevilácqua está para o Código Civil de 1916"[42]. De qualquer modo, sopesadas aqui desde pronto as argumentações acerca das contribuições prestadas por Alcântara Machado e os membros da Comissão Revisora, pelo Decreto-Lei n. 2.848, de 7 de dezembro de 1940, vinha a lume o Código Penal Brasileiro, o terceiro de nossa história.

O diploma legal em questão certamente mostrava-se infinitamente superior em técnica, esmero e conteúdo àquele que o antecedera. Porém, sua gênese deve ser sempre considerada segundo o contexto político turbulento que marcou a década de 1940, o que não o deixa, pois, plenamente incólume às críticas também recebidas, não obstante seus destacados pontos positivos. "Uma das maiores virtudes do novo Código" – acentua Toledo – "senão a maior, é a boa técnica e a simplicidade com que está redigido, tornando-o uma lei de fácil manejo, fato que lhe tem acarretado merecidos elogios. Por outro lado, na época em que veio à luz, incorporava o que tinha de melhor em outros códigos, circunstância que levou o 2º Congresso Latino-Americano de Criminologia, realizado em Santiago, no ano de 1941, a dedicar-lhe moção de aplauso pela sua estrutura, técnica e adiantadas instituições"[43]. José Frederico Marques, igualmente, rende ao estatuto os elogios que nos parecem devidos, especialmente ao inferir que o "vigente Código Penal é eclético, pois concilia sob seu texto o pensamento neoclássico e o positivismo", para em seguida arrematar que "não se trata de obra sem jaça, o que, aliás, seria mui difícil de conseguir-se. Todavia as qualidades, no vigente estatuto penal, superam seus defeitos"[44].

Antes de ilustrar a posição doutrinária no que diz respeito aos aspectos negativos, cremos que seria deveras temerário rotulá-lo, apressadamente, como um Código produto de algum "sistema de caráter totalitarista", pois, consoante clássica lição do mestre Francisco de

---

[42] FRAGOSO, Heleno Cláudio. *Lições de Direito Penal (Parte Geral)*, p. 78.

[43] TOLEDO, Francisco de Assis. *Princípios Básicos de Direito Penal*, p. 62.

[44] MARQUES, José Frederico. *Tratado de Direito Penal*: Propedêutica Penal e Norma Penal, v. I, p. 102.

512

CAPÍTULO XXV ● História do Direito brasileiro na República: da Revolução de 1930 ao fim do Estado Novo (1930-1945)

Assis Toledo[45], "o curioso é que, fruto de um Estado ditatorial e influenciado pelo código fascista, manteve a tradição liberal iniciada com o Código do Império" e como prova para tanto "basta mencionar que não adotou a pena de morte nem a de ergástulo (prisão perpétua), do modelo italiano". Por essa mesma trilha segue Fragoso ao ressaltar que "o CP de 1940 incorpora fundamentalmente as bases de um direito punitivo-democrático e liberal. O seu único vestígio autoritário aparece na disciplina dos crimes contra a organização do trabalho que, inspirada do direito italiano, estabelece sistema de excepcional rigor na repressão dos ilícitos penais relacionados com a greve, que aparece configurada com a mera paralisação do trabalho por três pessoas (art. 200, parágrafo único)"[46]. Destarte, como é sabido, conheceu o Direito Laboral durante o Estado Novo de Getúlio Vargas enorme desenvolvimento. É o que veremos a seguir.

25.6 Antecedentes ao Direito do Trabalho brasileiro e a CLT de 1943

Se o objetivo inicial é o de estabelecer um marco temporal que assinala a gênese do Direito Laboral no Brasil, cremos que este período, como bem alude Delgado, remonta ao ano de 1888, quando se deu a assinatura da Lei Áurea, pois, como bem infere o autor em questão, esta legislação "tanto eliminou da ordem sociojurídica relação de produção incompatível com o ramo trabalhista (a escravidão), como, em consequência, estimulou a incorporação pela prática social da fórmula então revolucionária de utilização da força de trabalho: a relação de emprego"[47].

Entretanto, não obstante essa destacada opinião, há na doutrina pátria quem visualize a existência de uma etapa ainda muito anterior, cujo início teria se dado em 1500, data oficial do Descobrimento, estendendo-se até o momento da derradeira concessão da alforria aos

---

[45] TOLEDO, Francisco de Assis. *Princípios Básicos de Direito Penal*, p. 63.

[46] FRAGOSO, Heleno Cláudio. *Lições de Direito Penal (Parte Geral)*, p. 78.

[47] DELGADO, Maurício Godinho. *Curso de Direito do Trabalho*, p. 100.

HISTÓRIA DO DIREITO NACIONAL

escravos no país, aos 13 de maio de 1888, por meio da festejada pena da Princesa Isabel. Posicionamento nesse sentido é aquele materializado nos estudos de Alice Monteiro de Barros. É bem verdade que, neste caso, trata-se de uma exígua legislação, todavia, a fim de justificar essa mesma classificação de ordem cronológica, cuida a mencionada jurista[48] de elencar três regras oriundas dos tempos do Império, sendo que uma delas versava acerca do "contrato de prestação de serviços dirigida a brasileiros e estrangeiros" (1830); enquanto outra se referia aos "contratos de prestação de serviços entre colonos dispondo sobre justas causas de ambas as partes" (1837) e, por último, havia o próprio Código Comercial (1850), quando o presente diploma legal, por meio de alguns dispositivos específicos, se propunha a regular questões atinentes ao "aviso prévio".

Desse modo, convém que se diga que, na presente abordagem, não se almeja retroceder muito no tempo, como se porventura pretendêssemos, forçosamente, encontrar pálidos resquícios de regras disciplinadoras das relações de trabalho existentes em períodos tão longínquos na história, como aquelas provenientes dos tempos coloniais. A presente opção justifica-se não exatamente porque inexista alguma legislação do gênero, mas, antes, porque, se tal situação de fato se pode comprovar, ela nos parecerá totalmente acidental, considerando-se a premência do contexto da ocupação de nosso território, onde as gentes silvícolas e aquelas tantas de origem africana ficavam completamente à mercê da intimidadora subjugação imposta pelo imperialismo luso-hispânico, sucumbindo, por conseguinte, a uma força arrebatadora e irresistível. Em função disso e apesar de ser possível mencionar aqui e ali algumas dessas curiosas leis, cremos que este ainda não se constituiria no cenário propício e ideal para o desenvolvimento do Direito do Trabalho no Brasil.

Todavia, já na aurora da República, começam a aparecer alguns vestígios incipientes de regras de Direito Laboral entre nós. Para tanto, destaca-se o Decreto n. 1.313, de 17 de janeiro de 1891, obra do

---

[48] BARROS, Alice Monteiro de. *Curso de Direito do Trabalho*, p. 69.

514

CAPÍTULO XXV ● História do Direito brasileiro na República: da Revolução de 1930
ao fim do Estado Novo (1930-1945)

Governo Provisório, que determinou, em linhas gerais, guardadas as exceções à regra, restrições ao trabalho de menores de 12 anos no Distrito Federal, estabelecendo, ainda, uma jornada não superior a sete horas diárias. Entretanto sabe-se que a anunciada Constituição Republicana de 1891 não seria necessariamente profícua no que diz respeito à delimitação dos direitos sociais, o que ocorreu, muito talvez, em função da época e do contexto sociopolítico no qual foi concebida, onde as reivindicações neste campo eram ainda incipientes para se traduzir, efetivamente, em ganhos e reais conquistas na órbita jurídica. Fato é que o crescimento do trabalho infantil nas indústrias brasileiras já era um problema que começava a chamar a atenção da sociedade, reclamando do legislador, a exemplo do que acontecia noutros países, um cuidado especial para com o trato da matéria.

O sindicalismo, mesmo que timidamente, também começa a progredir em solo pátrio já em fins do século XIX. Logo em 1903, inicialmente, permitiu-se aos profissionais ligados à agricultura e à indústria rurais a constituição de uma entidade dessa mesma natureza, para se necessário, agora com a devida representatividade, vir a se contrapor aos interesses exclusivamente patronais.

A crescente inquietação do proletariado brasileiro no que concerne às exíguas conquistas jurídicas alcançadas até então levou o notável advogado Evaristo de Moraes, que havia iniciado sua carreira como rábula, a escrever a primeira obra sobre o assunto no país. O livro logo se tornaria um clássico em função de seu ineditismo e da franca discussão sobre as questões sociais que agitavam a nação: trata-se de *Apontamentos do Direito Operário*, que foi publicado originalmente em 1905.

Ainda no início do século XX irrompem, de modo mais ou menos ordenado, as primeiras mobilizações do proletariado brasileiro. Essas manifestações que ocorreram, principalmente, nas cidades do Rio de Janeiro (1892), Porto Alegre (1898) e São Paulo (1902), tinham como princípios norteadores os ideais socialistas. Esses movimentos operários embrionários só podem ser compreendidos à luz da chegada dos milhares de imigrantes europeus aos Estados do Sul e Sudeste, que, prioritariamente, por aqui aportavam em grandes levas para

515

HISTÓRIA DO DIREITO NACIONAL

substituir a mão de obra escrava na lavoura cafeeira, sendo progressivamente incorporados à florescente indústria nacional. Essas concorridas assembleias representativas da classe trabalhadora prepararam o terreno para a realização, em 1906, do I Congresso Operário, um evento de maior vulto, calcado na inspiração na ideologia anarquista. Entre os dias 15 e 22 de abril daquele ano, as ruas centrais da capital carioca ficaram abarrotadas de pessoas a reivindicar seus direitos. Como resultado daqueles concorridos encontros deliberou-se favoravelmente à organização de uma greve geral (1907); à criação da Confederação Operária Brasileira (1908) e à publicação de importante veículo de comunicação das massas proletárias – *A Voz do Trabalhador* (1908), que apesar de não ter sido o primeiro periódico a consignar as pretensões laborais, pelo menos, foi aquele a alcançar maior repercussão à época de sua publicação. Igualmente, a partir de então, prospera vigorosamente o sindicalismo em solo pátrio.

Esses incontáveis imigrantes europeus, especialmente aqueles de origem italiana e que fizeram da cidade de São Paulo o seu novo lar, participaram ativamente das conquistas trabalhistas que teriam lugar na República Velha. O movimentado bairro da Mooca, localizado no coração da metrópole, tornou-se um de seus mais tradicionais redutos e foi o palco para a orquestração da grandiosa greve de 1917. O evento que teve início nas fábricas têxteis do Cotonifício Rodolfo Crespi, talvez não por acaso situado nas imediações da célebre "Hospedaria dos Imigrantes", logo se espraiou por todo o interior paulista, para depois vir, igualmente, a atingir outros Estados. As greves ocorridas no referido ano foram deveras importantes para legitimar os intentos da classe trabalhadora, pois se constituíram em verdadeiro marco na história brasileira. Contudo, como já foi dito aqui, esse tipo de manifestação popular não se ateve, unicamente, a São Paulo. Sabe-se que em 1919, por exemplo, é chegada a vez de o Rio de Janeiro presenciar um acontecimento de magnitude ímpar e similar, quando os trabalhadores fluminenses mobilizados reivindicam arduamente melhores condições laborais.

No âmbito do Parlamento brasileiro, medida de inquestionável relevância para a história do Direito Laboral ocorre em 1917, quando o

516

CAPÍTULO XXV ● História do Direito brasileiro na República: da Revolução de 1930 ao fim do Estado Novo (1930-1945)

deputado federal Maurício Paiva de Lacerda (1888-1959), que era um combativo ativista político e partidário da ideologia comunista, submete ao crivo de seus pares um "Projeto de Código do Trabalho", o qual, após intensas deliberações, não recebe a devida acolhida. De qualquer modo, esta primeira tentativa de se dotar o país de uma legislação laboral traduziu-se, como inspiração, no propósito maior da chamada "Comissão Especial de Legislação Social", instituída na Câmara dos Deputados, que, por sua vez, veio a confirmar a "Lei de Acidentes de Trabalho" pelo Decreto n. 3.724, de 15 de janeiro de 1919. Vale dizer que, nesse mesmo ano, o Brasil se compromete no terreno internacional com as metas primordiais estabelecidas pela recém-fundada OIT (Organização Internacional do Trabalho), sediada em Genebra, na Suíça.

Há, do mesmo modo, neste itinerário, quem perceba na criação dos "tribunais rurais" de São Paulo (Lei Estadual n. 1.869, de 10 de outubro de 1922), por ocasião de uma iniciativa partida da pena de Washington Luís (1869-1957), como bem declararam os mestres Evaristo de Moraes Filho e Antonio Carlos Flores de Moraes, os antecedentes de "uma autêntica justiça do trabalho"[49].

Igualmente, no que concerne à Previdência Social e, portanto, à gênese de um embrionário "Direito Previdenciário", tem-se como ponto de partida o ano de 1923, quando entra em vigor o Decreto n. 4.682, mais conhecido, à época, como a "Lei Eloy Chaves", que assim passou a ser chamado justamente em virtude do propositor do projeto de lei, o deputado federal Eloy de Miranda Chaves (1875-1964). Importante ressaltar é que por meio desse dispositivo legal previa-se a criação de uma "Caixa de Aposentadoria e Pensões" para os empregados vinculados inicialmente às empresas ferroviárias, abrindo-se, pois, importante precedente legal para as conquistas nesse plano que seriam levadas a cabo logo nos anos subsequentes.

---

[49] MORAES FILHO, Evaristo de e MORAES, Antonio Carlos Flores de. *Introdução ao Direito do Trabalho*, p. 97. Vale notar que Washington Luís era o prefeito da cidade de São Paulo por ocasião da célebre greve de 1917, marco para o proletariado brasileiro.

HISTÓRIA DO DIREITO NACIONAL

De interesse para o Direito Laboral encontra-se uma seção específica do Código de Menores de 1927 (Decreto n. 17.943, de 12 de abril) a versar sobre questões atinentes ao trabalho infantojuvenil, que, a propósito, passava agora a ser considerado proibido a todos aqueles que ainda não tivessem completado a idade mínima de 12 anos (art. 101). Ademais, estabeleciam-se restrições para os menores de 14 anos ingressarem no mercado de trabalho, sendo que estes, a seu turno, só poderiam fazê-lo se tivessem concluído sua instrução primária ou, noutra hipótese, se movidos pelas necessidades de ordem financeira de sua parentela, desde que, neste caso, devidamente autorizados pela Justiça (art. 102). Houve também, por parte do legislador, uma preocupação em proteger o menor de condições de trabalho consideradas insalubres e sujeitas à periculosidade típica de lugares como usinas, manufaturas, estaleiros, minas, pedreiras, subterrâneos e outros mais (art. 103). Determinou-se, igualmente, uma jornada de trabalho que não poderia vir a exceder seis horas diárias, prevendo-se, para tais situações, a programação de um descanso que não poderia ser inferior a, pelo menos, uma hora (art. 108).

Pelo Decreto n. 16.027, de 30 de abril de 1923, foi criado o Conselho Nacional do Trabalho, que era um "órgão consultivo dos poderes públicos em assuntos referentes à organização do trabalho e da previdência social" (art. 1º), composto por doze membros indicados pelo Presidente da República (art. 3º) e que denota um princípio de maior empenho na implantação de uma política trabalhista mais séria, agora um pouco mais adequada e comprometida com a insurgente realidade social.

Entretanto, seria na Era Vargas que o Direito do Trabalho alcançaria seu momento mais profícuo no Brasil, cuja aurora se deu com a Constituição de 1934.

Não obstante as inúmeras opiniões acadêmicas que buscam sondar os reais interesses políticos de Vargas ao editar leis sociais, que para muitos teria sido apenas obrigado a aceder à crescente pressão do proletariado nacional, sabe-se que foi justamente ele, pretensões pessoais à parte, o responsável por dotar o país de uma "Consolidação das

518

CAPÍTULO XXV ● História do Direito brasileiro na República: da Revolução de 1930
ao fim do Estado Novo (1930-1945)

Leis do Trabalho". Entretanto as discussões acerca dos rumos da sistematização a serem impostos à legislação brasileira de caráter trabalhista começam a ser delineadas num evento de extrema importância histórica – o chamado *I Congresso de Direito Social* –, cuja realização se deu no ano de 1941, na capital paulista. Igualmente, observa-se neste cenário o relevante papel da Igreja Católica, que apoiava abertamente a necessidade do desenvolvimento de um ordenamento jurídico que privilegiasse com maior abrangência um rol de direitos sociais e que viesse, de fato, a atender às insurgentes demandas da classe operária, tendo como finalidade última o combate às latentes desigualdades sociais. Por fim, a Portaria n. 791, de 29 de janeiro de 1942, aponta para o início da preparação do Anteprojeto do que viria a ser a CLT, com a nomeação da comissão presidida pelo Ministro Alexandre Marcondes Filho (1892-1974) e que cogitou, *a priori*, contemplar neste bojo, também matéria de fundo previdenciário. Pouco mais de um ano depois são concluídos os trabalhos e, finalmente, pelo Decreto-Lei n. 5.452, de 1º de maio de 1943, foi aprovada a CLT. Os opositores de Vargas, particularmente os socialistas, viram na referida legislação uma eventual inspiração na *Carta del Lavoro* produzida pelo Partido Fascista em 1927, opinião esta, obviamente, não livre de diversas controvérsias doutrinárias. Fato é que o presente diploma legal e a Constituição de 1934 tornaram-se, verdadeiramente, os grandes marcos para o Direito do Trabalho no Brasil, encerrando, por assim ser, a chamada "Era Vargas" (1930-1945) ou "Estado Novo", um importantíssimo capítulo da trajetória jurídica nacional.

História do Direito brasileiro na República: do fim do Estado Novo ao processo de redemocratização (1945-1988)

26.1 A Constituição de 1946 e o fim do Estado Novo

As Revoluções de 1930 e 1932, que assinalam um conturbado período de nossa trajetória, prepararam o terreno para a promulgação da festejada Carta Magna de 1934. Três breves anos depois, porém, Getúlio Vargas encarregaria seu ministro Francisco Campos de preparar-lhe uma nova Constituição, esta, à época, em plena sintonia com o autoritarismo do tipo polonês. Fato é que o desgaste político do Estado Novo, mesmo bem antes do fim da Segunda Grande Guerra, já transparecia evidente, e o caudilho tinha consciência disso, ainda que continuasse a alimentar pretensões pessoais sobre a possibilidade de se perpetuar no governo do país. Não bastariam para mantê-lo no poder as inúmeras iniciativas populistas que nos últimos dias adotou e que serviam de combustível a inflamar as ardorosas manifestações dos "queremistas". De todo modo, sabe-se que o ocaso de uma Era se

521

HISTÓRIA DO DIREITO NACIONAL

aproximava a passos largos, desfecho este coincidente com o declínio do totalitarismo nazifascista na Europa. Destarte, não havia mais espaço para a continuidade do fustigado regime constitucionalista outorgado em 1937 e em vigor desde então, cujo legado maior caracterizou-se pelo mar de arbitrariedades construído e infligido pelo império da lei. A deposição de Vargas era iminente e não tardaria a acontecer. Aos 29 de outubro de 1945, ocorre a renúncia pública e formal perante as Forças Armadas. Logo após e em razão disso, por um breve período, na condição de Chefe do Executivo, esteve à frente do país o cearense Jose Linhares, então Ministro do Supremo Tribunal Federal, enquanto Vargas se retirava para o interior do Rio Grande do Sul. Aos 31 de janeiro de 1946 seria finalmente empossado o vencedor do pleito realizado no ano anterior, o marechal Eurico Gaspar Dutra (1883-1974). O militar assumia a Presidência com a cara promessa de redemocratização do país, compromisso público este não concretizado plenamente durante o exercício de seu mandato. Entretanto, é justamente por ocasião de seu governo que é promulgada a Constituição de 1946, a quinta de nossa história.

Uma vez deposto o ditador Vargas, chegaria a hora, o quanto antes, de se discutir e retomar as questões jurídicas pertinentes ao futuro nacional. Nesse sentido, a Constituição que viria a lume aos 18 de setembro de 1946 não trazia grandes inovações legais, mas, antes, confirmava acima de tudo aquelas conquistas originárias de 1934, bem como as profundas reformas promovidas no campo social e eleitoral. Seu texto não havia sido objeto da intensa discussão que havia marcado o Anteprojeto de 1933, mas talvez, como reconhecimento ao árduo aprendizado e à valiosa experiência colhidos nas décadas anteriores, permitia-se livremente buscar inspiração nos arroubos insurrecionais ocorridos em 1889 e entre os anos de 1930-1932.

Basicamente, as linhas mestras da Constituição de 1946 convergiam no reconhecimento da necessidade de se fortalecer o vínculo nacional (cuja unidade política entre os Estados-membros da União não parecia estar, pelo menos até então, consolidada, como demonstraram as Revoluções de 1930 e 1932) e na manutenção de um compromisso maior com o desenvolvimento estratégico, especialmente

CAPÍTULO XXVI • História do Direito brasileiro na República: do fim do Estado Novo ao processo de redemocratização (1945-1988)

das regiões do território nacional assoladas pela seca. Apesar de os militares estarem na dianteira do Executivo, pode-se dizer que sua influência na elaboração dos 218 dispositivos jurídicos (além dos 36 artigos do "Ato das Disposições Transitórias") foi muito resumida, ao contrário do que aconteceu em 1891, com Deodoro da Fonseca a se insinuar pretensiosamente ante a erudição de Rui Barbosa; ou ainda, entre 1934 e 1937, graças à contínua projeção do movimento tenentista nos rumos assumidos pela política nacional. Há também um elenco maior de direitos fundamentais, e o município sai extremamente fortalecido na Constituição de 1946.

Já à época em questão criou-se uma expectativa enorme no sentido de que a nova Carta Magna, logo nos seus primeiros anos de vigência, pudesse viabilizar pelo Brasil afora alguma espécie de reforma agrária (mesmo que ainda de forma incipiente). Nesse sentido, pelo alvitre do legislador (arts. 141, § 16, e 147), a desapropriação poderia, *a priori*, realmente acontecer, desde que atendidos os requisitos legais de "necessidade", "utilidade pública" ou do "interesse social", sem prejuízo, obviamente, de uma "prévia e justa indenização em dinheiro" a ser paga ao proprietário do imóvel. Novamente, desponta no contexto em questão a expressão "bem-estar social"[1] (*Welfare State*), como uma inequívoca herança oriunda do espírito de 1934 e, agora, o elemento inspirador da natureza jurídica da desapropriação. Todavia essa mesma previsão legal concernente à desapropriação e às cogitações em torno da implantação de uma política de redistribuição de terras no Brasil de 1946 deve-se à participação dos constituintes de esquerda que compunham a chamada "Grande Comissão"[2]. Contudo

---

[1] Terminologia esta, como se sabe, tão ao gosto da Era constitucionalista inaugurada em 1919 na pequena cidade alemã de Weimer.

[2] Acerca dos trabalhos desenvolvidos pela Comissão, assim dispôs Aliomar Baleeiro: "Feito o Regimento Interno, os partidos, por seus líderes, designaram os 37 membros da Comissão de Constituição, isto é, 'Grande Comissão', incumbida de elaborar o projeto do futuro estatuto Político. Foram eleitos Presidente da Comissão Nereu Ramos e Vice Prado Kelly que, aliás, foram também respectivamente os líderes da Maioria e da Minoria. Nenhum anteprojeto serviu de base aos trabalhos, que, assim, se processaram diferentemente das Constituições de 1890-1891 e 1933-1934. A Comissão subdividiu-se em Subcomissões. O relator de cada uma destas redigia um

HISTÓRIA DO DIREITO NACIONAL

a falta de uma regulamentação própria acerca dessa matéria de Direito Agrário, pelo menos durante os anos que se seguiram, não por acaso obedecia aos interesses e às pressões das oligarquias rurais remanescentes da República Velha, naturalmente avessas às mudanças legais em curso. De qualquer modo, o assunto voltaria à baila com muita ênfase por ocasião da nova assunção de Getúlio Vargas ao poder (1951-1954), bem como, decorrido algum tempo, também no governo de João Goulart (1961-1964)[3].

Vargas, por sua vez, permaneceu afastado da Presidência da República por meia década, mas nesse mesmo interlúdio fortaleceu-se sobremaneira do ponto de vista político, tendo posteriormente contado, inclusive, com o apoio de Luís Carlos Prestes, que curiosamente havia sofrido diversas agruras durante o Estado Novo, tais como perseguições implacáveis, a prisão e, por fim, a extradição de Olga Benario, sua esposa de origem judaica, para as forças do Terceiro Reich. Ademais, o partido "getulista", o PTB, angariava cada vez maior simpatia

---

texto da Seção respectiva (p. ex., Organização Federal; Discriminação de Renda; Poder Executivo etc.). Depois de emendado no seio da Subcomissão, era oferecido à Comissão, cujos membros o crivavam de novas emendas, discutidas e votadas de imediato. Depois, estas seções todas foram coordenadas num projeto, dito da Comissão, que ofereceu ao Plenário. No seio deste, recebeu milhares de emendas, que sofreram a triagem dos relatores na Comissão. Esta refundiu o projeto com as emendas por ela aprovadas e o novo texto desceu a plenário, permitindo-se o 'destaque' das emendas refutadas para discussão e votação de cada um deles assim admitidas, depois de aprovado, globalmente, aquele projeto da Comissão, 'salvo emendas'. A redação final de Prado Kelly ainda passou pela revisão do filólogo José de Sá Nunes". BALEEIRO, Aliomar e SOBRINHO, Barbosa Lima. *Constituições Brasileiras:* 1946, v. V, p. 9-10.

[3] Sobre esta questão, pontualmente, Gilberto Bercovici nos traz interessante comentário: "A reforma agrária volta ao centro das preocupações governamentais com o retorno de Getúlio Vargas à Presidência da República. Tem início uma série de iniciativas de reformulação agrária a serem feitas através do Estado. O Presidente propôs a regulamentação e utilização do artigo 147 da Constituição. Para tanto, enviou um projeto de lei sobre a desapropriação por interesse social, que regulamentava o art. 147. Esse projeto ficou esquecido na Câmara dos Deputados até 1962, quando foi aprovado por pressão do Presidente João Goulart, tornando-se a Lei n. 4.132, de 10 de dezembro de 1962 (em vigor até hoje). Foi também enviada uma proposta de extensão da legislação trabalhista ao campo, consubstanciando-se no embrião do futuro Estatuto do Trabalhador Rural". BERCOVICI, Gilberto. *Instabilidade Constitucional e Direitos Sociais na Era Vargas (1930-1964)*, p. 235.

CAPÍTULO XXVI ● História do Direito brasileiro na República: do fim do Estado
Novo ao processo de redemocratização (1945-1988)

junto ao proletariado brasileiro, especialmente após o enfraquecimento dos comunistas. Em 1950, Getúlio Vargas é eleito democraticamente, porém seu mandato encontraria sérias resistências. Seu governo foi marcado pelo favorecimento às classes operárias e ao nacionalismo do tipo estatizante, do qual a defesa do petróleo certamente se fazia a maior bandeira. Aos 24 de agosto de 1954, todavia, o país é tomado de grande comoção com a notícia do suicídio ecoando pelas rádios. Fato é que a morte de Vargas anunciava o fim de uma longa Era. Em face do inesperado evento, Café Filho (1899-1970) assumiria a Presidência da República pelos próximos 14 meses. Logo após isso, a nação teve seus ânimos renovados pela festejada eleição de Juscelino Kubitschek (1902-1976), cujo mandato passou a representar um importante estágio no processo de industrialização e desenvolvimento nacional, somente materializado em função da guarida oferecida pela ordem constitucional vigente. Vale notar que, ainda sob a égide da Carta de 1946, o Brasil, apesar das constantes crises políticas (especialmente entre a renúncia de Jânio Quadros e a instabilidade que marcou o governo de João Goulart [1961-1964]), experimentou um raro período de liberdade, que somente seria sufocado pelo fatídico Golpe Militar de 1964.

Entretanto nos parece necessário inferir que o novo texto constitucional mostrava-se bem menos progressista e arrojado que aquele oriundo das Cartas de 1891 e 1934, notadamente considerando a época de profundas transformações mundiais em que foi promulgado. Ter, a bom tempo, substituído a ultrapassada "Polaca", obra da lavra de Francisco Campos, já se faz suficiente para revesti-lo de honroso mérito. Ademais, coube à Constituição de 1946 a vantagem de vir a cumprir com a missão primeiramente acalentada por seus diversos artífices, qual seja, a de garantir com o devido êxito a governabilidade do país, bem como a estabilidade das instituições estatais por quase duas décadas. Neste diapasão, se a legislação não era original ou inovadora em sua essência (como era de se esperar), ao menos demonstrou que a maturidade jurídica, fruto de nossa história constitucionalista, já começava a aflorar entre os seus artífices graças às lições colhidas com as nossas experiências anteriores.

26.2 A ditadura militar, os atos institucionais e a Constituição de 1967

Antes de tratar dos fatos que conduziram à célebre "Revolução"[4] de 31 de março de 1964, tem-se a salientar que fazemos coro às opiniões de todos os que julgam o termo acima destacado completamente inadequado para delimitar os acontecimentos daqueles conturbados dias. Aqui, há que se falar mais propriamente de um verdadeiro "Golpe de Estado", que tão somente permitiu que as Forças Armadas alcançassem a pretendida ascendência ao poder. Para melhor compreender esses eventos, deve-se também considerar a crescente influência do militarismo nos destinos da nação, algo que remonta ainda aos primórdios do Movimento Tenentista. Some-se a isso o fato de que, em meio a um mundo bipolarizado pelas duas grandes potências – os Estados Unidos da América e a União Soviética –, outras nações latino-americanas como o Brasil eram naturalmente catalisadas a assumir uma posição estratégica, ou seja, alianças com alguma dessas duas hegemonias. Assim, temia-se nos círculos castrenses e entre o clero, bem como em meio aos diversos segmentos da sociedade, uma nova investida comunista. De fato, movimentos de guerrilha organizavam-se em meio ao campesinato.

A crise dos mísseis (1962) que mergulhou a diplomacia internacional em absoluto estado de tensão ainda era muito recente, e os laços estreitos estabelecidos entre Havana e Moscou representavam, segundo a percepção norte-americana, uma ameaça latente à estabilidade no continente e a sua própria segurança. Destarte, os ditadores militares serviram-se dessa conjuntura política que lhes era favorável para se perpetuarem indefinidamente no poder e angariarem apoio externo. Ademais, a figura política do presidente João Goulart (1961-1964) era profundamente hostilizada no meio do oficialato, que o tinha como

---

[4] Prova maior da ilegitimidade do Golpe de 1964 reside na funesta insistência do Ato Institucional n. 1 em classificar repetidamente o ocorrido como uma autêntica "revolução vitoriosa" ou "revolução" – "que se distingue de outros movimentos armados pelo fato de que nela se traduz, não o interesse e a vontade de um grupo, mas o interesse e a vontade da nação".

CAPÍTULO XXVI ● História do Direito brasileiro na República: do fim do Estado Novo ao processo de redemocratização (1945-1988)

alguém alinhado ao populismo getulista. Sem embargo, uma inequívoca ligação com o sindicalismo, a aparente simpatia aos governos dos países socialistas, o declarado aval à realização de uma reforma agrária e as desapropriações já em curso conferiam-lhe à época o perfil esquerdista a ser combatido pelos militares. Igualmente, o fracasso das medidas econômicas adotadas por Jango acirrava os ânimos nacionais e abria o caminho para uma iniciativa por parte de seus opositores. A exígua experiência Parlamentarista no Brasil (compreendida entre o período de setembro de 1961 e janeiro de 1963) só lhe reservou um lugar no governo graças a um árduo acordo tecido pela habilidade política de seu cunhado, Leonel de Moura Brizola (1922-2004). O rechaço ao nome João Goulart deu-se de forma instantânea, ou seja, praticamente desde o momento em que ocorreu a renúncia de Jânio Quadros (1919-1992). Mesmo tendo sido ele eleito Vice-Presidente, o que legalmente o credenciava automaticamente ao cargo, foi sempre visto com desconfiança pelos generais. O estopim para o desfecho dos eventos que se seguiriam resumir-se-ia na destituição do Ministro da Marinha da sua função, por ter sido ordenada a prisão do Cabo José Anselmo dos Santos[5], acusado de tentar introduzir na caserna ideias estranhas à disciplina e hierarquia castrense. Com o fracasso das manobras de "Jango", que consciente da iminência de um golpe militar buscou mobilizar apoio político no Rio Grande do Sul, favorável à sua causa, inicia-se um novo período na história do Brasil, caracterizado pelas imposições da ditadura militar. O que se veria logo após a tomada de poder por parte dos militares se configuraria na edição de uma série de "Atos Institucionais", cujo propósito maior era o de apresentar à nação uma versão jurídica dos acontecimentos ocorridos naqueles tumultuados dias, além de, obviamente, preparar o terreno para a eliminação gradual da ação de quaisquer opositores e críticos do regime.

---

[5] Convém ressaltar que pairam ainda diversas controvérsias sobre o verdadeiro papel do Cabo Anselmo no episódio conhecido como "revolta dos marinheiros". Entretanto, deixaremos de lado tais discussões posto que a questão foge em muito aos propósitos desta obra.

A iniciativa inaugural foi tipificada pelo Ato Institucional n. 1, que representava uma tentativa acachapante de revestir de legalidade o famigerado Golpe de Estado de 31 de março de 1964. Para tanto e por diversas vezes no corpo do texto busca-se respaldar a "revolução vitoriosa" de pretenso e duvidoso ar de licitude. O documento editado aos 9 de abril foi assinado na cidade do Rio de Janeiro pelos Comandantes Chefes do Exército, da Marinha e Aeronáutica, respectivamente, o General Arthur da Costa e Silva (1889-1969), o Vice-Almirante Augusto Hamann Rademaker Grünewald (1905-1985) e o Tenente-Brigadeiro Francisco de Assis Correia de Mello (1903-1971). Note-se que a Constituição de 1946 continuou formalmente em vigor no país, mas, apesar disso, tornou-se inócua diante das novas regras interpostas pelo regime. Desde pronto já se anunciava o tom do que seria a Carta de 1967, onde se cumulava de extensas e ,ijustificáveis prerrogativas o mandato do Presidente em exercício (e os demais a serem eleitos pelos membros do Congresso Nacional).

Seguindo na mesma linha do documento anterior (característica também marcante nos outros que viriam), cuidava o Ato Institucional n. 2 (27 de outubro de 1965) assinado por Humberto de Alencar Castelo Branco (1897-1967) de validar as motivações que conduziram à dita "Revolução". Igualmente aqui não se consignou no documento a preocupação em revogar imediatamente a Carta de 1946 pelo simples fato de que, como se sabe, esta seria muito breve substituída por uma outra que melhor atendesse aos intentos das Forças Armadas, ou mesmo, de acordo com os eventuais interesses do momento, modificada segundo o arbítrio dos militares (o que realmente logo ocorreu com a edição do AI-2). Ademais, como dissemos, tornou-se a Carta Magna praticamente letra morta diante das regras editadas pelo oficialato. O Presidente, agora, teria plenos poderes para determinar, a seu juízo, o recesso parlamentar, além, é claro, da dissolução das Assembleias Legislativas e Câmaras Municipais. Grave também consistiu a medida de suspensão de algumas garantias constitucionais de fundamental valor para o Estado de Direito, tais como a vitaliciedade, a inamovibilidade e a estabilidade. Esse conjunto de ações visava facilitar o gradual controle do serviço público e a redução

CAPÍTULO XXVI ● História do Direito brasileiro na República: do fim do Estado
Novo ao processo de redemocratização (1945-1988)

da autonomia do Poder Judiciário. Igualmente, também estavam extintos os partidos políticos registrados até então. Restaria nos anos que se seguiriam o bipartidarismo tipificado pela situacionista ARENA (Aliança Renovadora Nacional) e a frágil oposição dirigida pelo MDB (Movimento Democrático Brasileiro). Ora, todas essas inventivas de fundo autoritário representaram um duríssimo abalo às instituições outrora democráticas.

Com o advento do AI-3 (5 de fevereiro de 1966), fixou-se o modelo de eleições indiretas também para o governador e seu vice, que seriam escolhidos ainda naquele ano por meio dos membros das assembleias legislativas de seus respectivos Estados. Quando eleito, caberia ao primeiro a indicação do prefeito da capital do Estado. Os senadores, deputados federais e prefeitos dos demais municípios brasileiros, por sua vez, seriam determinados pelo voto direto. Desse modo, o regime instaurado, insinuando-se repetidamente estar revestido do Poder Constituinte, almejava transparecer por meio do universo da legalidade, aparente ar de democracia e estabilidade das instituições estatais.

A partir da edição do AI-4 (7 de dezembro de 1966), começavam a ser delimitados os contornos do que seria a Constituição de 1967. Por meio da referida norma, convocava-se o Congresso Nacional a se reunir entre o período de 12 de dezembro de 1966 e 24 de janeiro de 1967 para deliberar sobre o projeto de lei encaminhado por Castelo Branco. As razões arguidas no preâmbulo do texto eram de que a Carta de 1946 havia "recebido numerosas emendas" e que esta "já não atende às exigências nacionais". Além do que, por intermédio de uma nova Lei Maior "uniforme" e "harmônica", consumar-se-ia em definitivo a "institucionalização dos ideais e princípios da Revolução". O objetivo preponderante dos militares centrava-se em dotar os membros do Poder Executivo de poderes quase que absolutos, para que estes não se resignassem mais ao reconhecimento das atribuições e competências próprias do Legislativo ou do Judiciário e pudessem, assim, melhor ancorar suas futuras investidas, tendo por escusa a letra fria da lei. Aquela que seria a sexta Constituição brasileira, marcada por esta exacerbação orquestrada pela política ditatorial da época, entrou em vigor aos 15 de março de 1967.

HISTÓRIA DO DIREITO NACIONAL

Todavia a maior expressão deste direito iníquo (já sob a égide do governo de Costa e Silva) se daria com a entrada em vigor do AI-5 (13 de dezembro de 1968), que reservava ao Presidente poderes quase que ilimitados. Vale notar que, semelhantemente à "Polaca" (Constituição de 1937, art. 178), poderia o Chefe do Executivo no exercício de suas funções decretar a dissolução do Congresso Nacional, das Assembleias Legislativas e das Câmaras de Vereadores. Ao descrever tais desmandos é usual no corpo do dito texto legal a utilização da fórmula "sem as limitações previstas na Constituição". Com isso, demonstra-se que agora o Estado sequer se sujeitava ao império da lei. Para que não pairassem quaisquer dúvidas acerca disso assim finalizava-se: "Excluem-se de apreciação judicial todos os Atos praticados de acordo com este ato institucional e seus Atos complementares, bem como os respectivos efeitos".

Destarte, arvorando a pretensa bandeira da necessidade de se "preservar a Revolução" suspende-se pelo Ato Institucional n. 5 a garantia do *habeas corpus* em razão da prática de "crimes políticos", "contra a ordem econômica e social", "a economia popular" ou "a segurança nacional". Ocorre que a cúpula das Forças Armadas temia a eclosão de alguma forma de guerra civil no país, tendo em vista as crescentes e emblemáticas manifestações estudantis. A vil pecha de "subversivo" era o recorrente signo conferido a todos aqueles que exprimissem qualquer forma de inconformidade contra o regime posto. Aos tais eram destinadas perseguições de toda ordem, torturas, e mortes. Nesse mesmo sentido, qualquer cidadão poderia ter seus direitos políticos cassados (por um prazo de dez anos), desde que "ouvido o Conselho de Segurança Nacional" – um ativo órgão da repressão e censura às liberdades fundamentais. Não se excluem dessa mesma perspectiva os mandatos eletivos federais, estaduais ou municipais. Além disso, todas essas medidas ditatoriais estendem-se aos membros do funcionalismo público, cujas atividades eram colocadas sob estreita vigilância e à prova a todo o momento que se julgasse oportuno.

Mas o quadro ainda não estaria completo com a criação do AI-5. O derrame cerebral sofrido pelo Presidente Arthur da Costa e Silva (1899-1969) precipitou a assunção de uma Junta Constitucional militar composta por Augusto Hamann Rademaker Grünewald (1905-1985),

CAPÍTULO XXVI ● História do Direito brasileiro na República: do fim do Estado Novo ao processo de redemocratização (1945-1988)

Aurélio de Lyra Tavares (1905-1998) e Márcio de Souza Mello (1906-1991). Tendo por norte primordial garantir à ditadura a governabilidade esperada num período de tamanha turbulência e considerando que o país vivia num clima de profunda instabilidade diante da repressão instaurada, aos 17 de dezembro de 1969 foi editada a célebre Emenda Constitucional Número 1. Sabe-se que foram tamanhas as alterações promovidas ao texto da Constituição de 1967 por esta normativa com o fim de autorizar a adoção de medidas de exceção, que alguns juristas consideram-na ter não propriamente a natureza de uma "emenda", mas, antes, de uma "nova Carta Magna".

26.3 O Código de Nelson Hungria de 1969 e a Reforma Penal de 1984

Nelson Hungria Hoffbauer (1891-1969) já havia prestado uma extensa colaboração ao aprimoramento do Direito Criminal pátrio por ocasião de seu ativo papel junto à Comissão Revisora do Código Penal de 1940, a qual, brilhantemente, integrou. Durante décadas a fio ele foi o mais influente criminalista brasileiro, uma referência segura e festejada pela doutrina pátria. Não por acaso este vulto das Ciências Jurídicas passa à história mais bem conhecido pelo famoso epíteto que o acompanhou ainda no decurso de sua vida, qual seja, "Príncipe dos Penalistas Brasileiros"[6]. Deixou extensa bibliografia e fez brilhante carreira na magistratura, tendo sido nomeado Ministro do Supremo Tribunal Federal no ano de 1951, pelo então Presidente Getúlio Vargas. Reputado cultor das Ciências Criminais, este jurista

---

[6] Expressão que traduz justa deferência ao labor e aos estudos produzidos por Nelson Hungria. Dentre o rol de obras que marcaram sua trajetória destacamos aqui as seguintes: *A Legítima Defesa Putativa* (1936); *Dos Crimes contra a Economia Popular e das Vendas à Prestação com Reservas de Domínio* (1939); *Novas Questões Jurídico-Penais* (1945) e *Comentários ao Código Penal*, esta última, um verdadeiro tratado de Direito Penal dividido em oito volumes. Ainda sobre este célebre criminalista brasileiro e acerca da designativa ("Príncipe dos Penalistas Brasileiros") que o consagrou por ocasião da experiência como Ministro do Supremo Tribunal Federal, indico a interessante obra de FUCK, Luciano Felício. *Memória Jurisprudencial*: Ministro Nelson Hungria, p. 20-23 e seguintes.

mineiro chegou, inclusive, no ano de 1963, a tomar a iniciativa de apresentar o projeto para um novo código. A grande curiosidade é que, apesar de a promulgação ter sido feita por meio do Decreto-Lei n. 1.004, de 21 de outubro de 1969, o diploma legal em questão nunca chegou, de fato, a vigorar, sendo por fim revogado pela Lei n. 6.578/78 e assim "constituindo" – como bem destacou o mestre Cézar Roberto Bitencourt – "exemplo tragicômico da mais longa *vacatio legis* de que se tem notícias"[7].

Em 1984 optou-se por realizar uma extensa reforma na Parte Geral do Código Penal brasileiro de 1940 (Lei n. 7.209/1984)[8], sem, contudo, permitir-se que esta vetusta e ultrapassada legislação criminal, como à época já convinha às nossas necessidades práticas e contextuais, fosse definitivamente substituída por alguma outra em sintonia com a dinâmica impressa pelos novos tempos, justamente do modo como Nelson Hungria outrora tão bem idealizou.

26.4 Da notável influência de Liebman ao Código de Processo Civil de 1973

Poucos doutrinadores estrangeiros exerceram tamanha projeção entre nós como Enrico Tullio Liebman (1903-1986). De saudosa

---

[7] BITENCOURT, Cézar Roberto. *Tratado de Direito Penal*, Parte Geral, volume 1, p. 79. Veja, também, nesse sentido, os comentários de PRADO, Luiz Regis. *Curso de Direito Penal Brasileiro*, p. 134.

[8] Sobre a questão, assim dispõe a acurada crítica de Bitencourt: "A Lei n. 7.209/84, que reformulou toda a Parte Geral do Código de 1940, humanizou as sanções penais e adotou penas alternativas à prisão, além de reintroduzir no Brasil o festejado sistema dias-multa. No entanto, embora tenhamos um dos melhore elencos de alternativas à pena privativa de liberdade, a falta de vontade política de nossos governantes, que não dotaram de infraestrutura nosso sistema penitenciário, tornou, praticamente, inviável a utilização da melhor política criminal – penas alternativas –, de há muito consagrada nos países europeus. A falta de estrutura do sistema, de certa forma, empobreceu a criatividade dos Judiciários estaduais e federal – na busca de solução dos meios adequados para operacionalizar a aplicação, pelo menos da prestação do serviço à comunidade, nos limites da reserva legal. Essa alternativa, a que melhor êxito tem na Europa, a partir da bem-sucedida experiência inglesa (1972), não demanda maiores custos, como bem demonstra a extraordinária experiência utilizada com sucesso na área metropolitana de Porto Alegre, desde 1987". BITENCOURT, Cézar Roberto. *Tratado de Direito Penal*, Parte Geral, V. I, p. 79.

CAPÍTULO XXVI ● História do Direito brasileiro na República: do fim do Estado Novo ao processo de redemocratização (1945-1988)

memória, deixou o professor por aqui uma multidão de fiéis discípulos, os quais, mesmo após seu regresso à terra natal, o veneraram por décadas a fio. Nesse sentido, dificultosa tarefa consiste em delimitar toda a extensão deixada por seu legado à atualização do Direito Judiciário nacional.

Sabe-se que o célebre jurista italiano aportou ao Brasil logo no início da Segunda Guerra Mundial, buscando refúgio dos dissabores causados pelo conflito em seu continente de origem. Sua presença carismática foi responsável por despertar nas carreiras jurídicas o vivo interesse pelo Direito Processual Civil. A partir daí surgem trabalhos científicos de toda ordem. Ora, assim e não por acaso, desponta uma "Escola de Direito Processual Brasileira" logo a partir de São Paulo, fato este que deve ser atribuído às lições que Liebman proferiu entre seus seguidores na América.

No início de 1964 caberia a um dos seguidores de Liebman – o mestre Alfredo Buzaid (que na época em questão era Ministro da Justiça) – apresentar um novo anteprojeto de Código de Processo Civil, considerando-se que aquele estatuto de 1939, até então em vigor, encontrava-se, a esta altura dos acontecimentos, irremediavelmente superado diante das grandiosas transformações sociais ocorridas após o conflito mundial. Como bem ressaltou Moacyr Amaral dos Santos, ao reportar-se à dita empresa tratava-se de "cuidadoso e original trabalho, que espelha a mais moderna orientação técnica e científica do direito processual civil"[9]. Mantendo essa orientação inicial e agraciado pela providencial contribuição oportunamente recebida d'além-mar pelo espírito progressista de Liebman (e pelas demais teses em voga na Europa), finalmente, em 11 de janeiro de 1973, viria a lume o Código de Processo Civil Brasileiro (Lei n. 5.869).

26.5 A Constituição de 1988 e a instauração do Estado Democrático de Direito

Ainda no decorrer do mandato presidencial de Ernesto Beckmann Geisel (1907-1996), o clamor pelo fim do regime militar já se fazia

---

[9] SANTOS, Moacyr Amaral dos. *Primeiras Linhas de Direito Processual Civil*, v. I, p. 57.

HISTÓRIA DO DIREITO NACIONAL

bastante latente na sociedade. Registre-se que a Ordem dos Advogados do Brasil desempenhou um destacado papel no período em questão. Na esteira desse processo viria a lume em agosto de 1977 um importante manifesto que denunciava todo esse estado de coisas. O texto contava com a participação dos mais notáveis juristas a reivindicar abertamente a convocação de uma Assembleia Nacional Constituinte. O eco maior dessas vozes se fazia ouvir das arcadas do Largo de São Francisco. Da lavra destemida de Goffredo Telles Júnior (1915-2009) surgiu, pois, a chamada "Carta aos Brasileiros"[10], os célebres escritos que invocavam a imediata instauração do Estado de Direito tendo-se em vista que a abertura política que havia se iniciado mostrava-se ainda muito incipiente em se tratando das profundas reformas reclamadas por uma nação fustigada por duas décadas de ditadura militar (1964-1985). No ano de 1978, a revogação do Ato Institucional n. 5 e a adoção de iniciativas voltadas a amenizar o regime de exceção não constituíam medidas suficientemente capazes de serenar

---

[10] Eis um dos trechos que julgamos ser um dos mais impactantes da *Carta aos Brasileiros*: "No meu Manifesto, eu sustentaria que o Brasil dos ditadores não era o *nosso* Brasil. No Brasil dos ditadores, a Sociedade Civil estava banida da vida política da Nação. Pelos chefes do Sistema, a Sociedade Civil era tratada como se fosse um confuso conglomerado de ineptos, sem discernimento e sem critério, aventureiros e aproveitadores, incapazes para a vida pública, destituídos de senso moral e de idealismo cívico como se fosse uma desordenada multidão de ovelhas negras, que precisava ser continuamente contida e sempre tangida pela inteligência soberana do sábio tutor da Nação. No Brasil dos *anos de chumbo*, o Poder Executivo, por meio de atos arbitrários, declarara a incapacidade da Sociedade Civil e decretara a sua interdição. Pois eu queria proclamar, num claro Manifesto, a ilegitimidade de todo o sistema político em que abismos se abrem entre a Sociedade Civil e o Governo. Os governanrtes que davam o nome de Democracia à Ditadura nunca nos enganaram e não nos enganarão. Nós sabíamos que eles estavam atirando, sobre os ombros do povo, um manto de irrisão". TELLES JÚNIOR, Goffredo. *Depoimento de Goffredo Telles Júnior sobre a gênese de sua Carta aos Brasileiros.* Disponível em: <http://www.goffredotellesjr.adv.br>. [Acesso em: 23/1/2014]. Só para se ter a exata noção do valor do documento em questão, registra-se aqui a opinião de Paulo Bonavides: "Com efeito, em 8 de agosto de 1977, na Faculdade de Direito das arcadas, onde não se apagara a memória de Rui Barbosa, Nabuco e José Bonifácio, o Moço, um professor de São Paulo, o jurista Goffredo Telles Júnior leu a Carta aos Brasileiros, tão importante para os pródomos constituintes de 1987 quanto o Manifesto dos Mineiros o fora para a Carta de 1946 e a desagregação do Estado Novo". BONAVIDES, Paulo. *História Constitucional do Brasil*, p. 456.

CAPÍTULO XXVI ● História do Direito brasileiro na República: do fim do Estado Novo ao processo de redemocratização (1945-1988)

os ânimos da população. Diante desse quadro, em 1979, ao assumir a Presidência, João Batista Figueiredo (1918-1999) tornou-se o depositário maior das mesmas expectativas enfrentadas por seu antecessor, só que agora, estas, agravadas, somavam-se a outros tantos dilemas que acometiam a conjuntura político-social do Estado. Nesse sentido, a mais urgente tomada de posição consistia em permitir o retorno dos exilados, o que se tornou possível através da Lei da Anistia (Lei n. 6.683, de 28/8/1979)[11]. Assim, com uma inflação galopante a atingir índices cada vez mais alarmantes; o desemprego em alta; a miséria assolando os lares e a vida de milhares de brasileiros; os baixos salários e o crescente rechaço à continuidade dos militares no poder, é preparado o caminho para a eclosão de uma série de manifestações nas praças e ruas das principais capitais do país. Nesse sentido, a PEC n. 5/1983, mais conhecida como "Emenda Dante de Oliveira"[12], cumpriu com um importante papel histórico ao reivindicar eleições diretas, apesar de não ter logrado o sucesso que se esperava na votação realizada posteriormente na Câmara dos Deputados[13]. Destarte, em apoio à proposta, desenhava-se, logo a partir dos primeiros meses daquele ano de 1983, o celebrizado movimento "Diretas Já", mobilização esta que seria de fundamental importância para o processo de redemocratização que começava a raiar em nosso horizonte. Não obstante as manobras governistas visando garantir a continuidade dos militares no poder, é Tancredo Neves (1910-1985) do PMDB que agora, oportunamente fortalecido entre seus pares, consegue êxito junto ao Colégio Eleitoral. Ocorre que, como se sabe, tendo sua saúde irremediavelmente agravada, vem o saudoso político mineiro a falecer

---

[11] A Lei n. 6.683, de 28 de agosto de 1979, concedia anistia aos que cometeram crimes políticos ou conexos a estes, além de eleitorais, no período compreendido entre 2 de setembro de 1961 e 15 de agosto de 1979.

[12] Em alusão ao autor da proposta, o Deputado Federal mato-grossense Dante de Oliveira (1952-2006).

[13] A PEC n. 5/1983 sequer chegou a ser apreciada pelo Senado Federal, considerando-se que, dos 320 votos favoráveis de que necessitava na Câmara dos Deputados, obteve 298 a favor, 65 contra e 3 abstenções. Ocorre que 113 parlamentares estiveram ausentes no dia 25 de abril de 1984.

sem que oportunamente viesse a envergar a Chefia de Estado. Em razão disso, José Sarney, que então ocupava interinamente o cargo, é em definitivo alçado à Presidência da República. Seu primeiro desafio consistia em lançar os alicerces para o estabelecimento da democracia no país, o que de fato, como se sabe, acabou por realizar-se. Os importantes eventos em curso naqueles dias permitiram, assim, que fosse iniciada a escrita de um novo capítulo na história do Direito Público brasileiro.

Há de se convir, preliminarmente, que a inspiração inicial à elaboração das linhas gerais do que seria a Constituição de 1988, e que, na melhor hipótese, muito contribuiu para a estruturação idealística de seu arcabouço normativo primeiro, foi extraída dos estudos desenvolvidos pela "Comissão Provisória de Estudos Constitucionais", grupo surgido a partir de um antigo anseio acalentado pelo próprio Tancredo Neves e que, no devido tempo, seria cognominada "Comissão Afonso Arinos"[14] – numa franca homenagem rendida ao seu presidente. A ideia, portanto, não surgiu por acaso. Tancredo reconhecia a imensurável contribuição deixada pelos juristas no processo de desintegração da ditadura militar (ainda em curso naqueles dias). O espírito da "Carta aos Brasileiros" de Goffredo Telles ainda pairava sobre o Brasil. Caberia, pelas mãos do destino, a José Sarney a primazia de conferir legalidade à empresa dos doutos e eminentes intelectuais convocados, o que se materializou por meio do Decreto n. 91.450, de 18 de julho de 1985. Vale notar que os trabalhos da notória Comissão composta por seus 50 membros contavam com a mais fina flor dos juristas da época, além, é claro, de outros consagrados escritores e intelectuais brasileiros como Jorge Amado, Bolívar Lamounier e Gilberto Freyre. Dentre estes tantos vultos do Direito

---

[14] Não se pode concluir, todavia, que Tancredo Neves ensejasse que a elaboração da Carta Magna se transformasse num processo unicamente orquestrado pelos chamados "doutos do Direito". Sobre a questão ele foi bastante enfático: "A Constituição não é assunto restrito aos juristas, aos sábios ou aos políticos. Não pode ser ato de algumas elites. É responsabilidade de todo o povo. Daí a preocupação de que ela não surja no açodamento, mas resulte de profunda reflexão nacional". BONAVIDES, Paulo. *História Constitucional do Brasil*, p. 795.

CAPÍTULO XXVI ● História do Direito brasileiro na República: do fim do Estado Novo ao processo de redemocratização (1945-1988)

destacavam-se os nomes de Celso Furtado, Cláudio Pacheco, Edgar da Matta Machado, Evaristo de Moraes Filho, Fajardo Pereira Faria, Gilberto de Ulhôa Canto, Joaquim Arruda Falcão Neto, Josaphat Marinho, José Afonso da Silva, José Paulo Sepúlveda Pertence, José do Rego Barros Meira de Araújo, José Saulo Ramos, Luís Pinto Ferreira, Miguel Reale, Miguel Reale Júnior, Orlando Magalhães de Carvalho, Rosah Russomano, entre outros que poderiam ser listados. O encontro inaugural teve lugar em Brasília, na sede do Ministério da Justiça, aos 3 de setembro de 1985. As demais reuniões ocorreram no Rio de Janeiro e São Paulo.

No seio da dita "Comissão de Notáveis", brotaram ou foram retomados alguns valiosos anteprojetos a que se deve alusão. O primeiro deles a se fazer menção é o do destacado Professor Luiz Pinto Ferreira (1918-2009), que oportunamente já havia concedido a devida publicidade ao referido trabalho no âmbito da Faculdade de Direito do Recife, por ocasião do I Congresso de Direito Constitucional, realizado ainda no ano de 1984. O autor, perante seus pares, assim se remete à iniciativa: "Nessa ocasião (agora se referindo ao dia 16 de setembro de 1985) distribuí aos demais componentes da Comissão exemplares do anteprojeto de Constituição que havia elaborado individualmente. Esse projeto teve larga repercussão, e pela primeira vez foi disciplinado o capital estrangeiro em um Texto Constitucional. Foi recebido com vigorosos aplausos de diversos juristas, como Dorany Sampaio, M. Girão Barroso, José Izidoro Martins Souto, Alcantara Nogueira e Severino Ferreira dos Santos"[15]. Dentre os outros trabalhos que foram produzidos na ocasião, dois deles receberam elogios por parte de Pinto Ferreira: eles são aqueles oriundos da lavra do publicista José Afonso da Silva, que cuidava de adotar "o modelo presidencial", como também "a organização de uma Corte Constitucional", além daquele "sugestivo anteprojeto" elaborado por Fábio Konder Comparato[16]. Quanto ao texto apresentado pelos esforços da

---

[15] PINTO FERREIRA. *Curso de Direito Constitucional*, p. 64.

[16] PINTO FERREIRA. *Curso de Direito Constitucional*, p. 64.

própria Comissão e que viria a lume aos 26 de agosto de 1986, o mesmo autor pondera: "O anteprojeto da Comissão de 1985-1986 (chamada popularmente Comissão Afonso Arinos) tinha quatrocentos e trinta e seis artigos no corpo da Lei Fundamental e dois no das Disposições Gerais e Transitórias, totalizando quatrocentos e sessenta e oito. Pelo seu tamanho, recebeu críticas nossas e especialmente de Cláudio Pacheco, que insistiu em sua condensação e compactação"[17]. Ora, a diversidade de matérias que redundou na extensão do anteprojeto parece ter sido o mote de algumas dessas discussões que ilustram as percepções técnicas em voga naqueles dias e traduzem o sentimento de uma época. Ao tratar do assunto, Osny Pereira Duarte opinou que, "comparado a outras Cartas, o texto do Anteprojeto é longo e contém disposições que poderiam ser deixadas para a legislação ordinária, não fora a peculiaridade da estrutura do Estado brasileiro. O Brasil, diferentemente de outros países, é constituído de um arquipélago de economias dispersas em extensão continental e isoladas entre si, tendentes à inércia e à resignação. Talvez isto explique a histórica e crônica lentidão de nosso Poder Legislativo em disciplinar as matérias de sua competência"[18]. Entretanto, a despeito dessas questões cruciais, o autor em tela logo arrematou: "Não é por ser longo e meticuloso que se há de censurar o Anteprojeto da Comissão Afonso Arinos. Não importa que seja diferente das constituições de outros países. O Brasil, em si mesmo, também é muito diferente. Precisamos legislar para nós e sem mero espírito imitativo"[19].

Por fim, o anteprojeto nascido das tantas discussões no âmbito da referida Comissão foi rechaçado em razão de a iniciativa ser considerada por muitos como um ato de "intromissão" do Executivo nas atribuições próprias do Legislativo o que, portanto, levou o texto a nem sequer ser enviado à apreciação do Congresso. De qualquer forma,

---

[17] PINTO FERREIRA. *Curso de Direito Constitucional*, p. 64.

[18] PEREIRA, Osny Duarte. *Constituinte*: Anteprojeto da Comissão Afonso Arinos comentado por Osny Duarte Pereira, p. 23.

[19] PEREIRA, Osny Duarte. *Constituinte*: Anteprojeto da Comissão Afonso Arinos comentado por Osny Duarte Pereira, p. 24.

CAPÍTULO XXVI ● História do Direito brasileiro na República: do fim do Estado
Novo ao processo de redemocratização (1945-1988)

seu conteúdo foi publicado na íntegra no *Diário Oficial da União* aos 26 de setembro de 1986 (Suplemento Especial n. 185). Para que seja compreendida em toda a sua extensão a importância dos esforços realizados pelos membros da Comissão Afonso Arinos – fato a credenciar inequívoco lugar na história do constitucionalismo nacional – basta que se comparem alguns dos dispositivos de nossa Carta Magna (especialmente os introdutórios) aos presentes no corpo do anteprojeto. A eventual semelhança na estrutura de muitos dos enunciados, certamente, não se constitui como acidental.

A instalação da Assembleia Nacional Constituinte, por sua vez, se deu em 1º de fevereiro de 1987 (Emenda Constitucional n. 26). Na dianteira dos trabalhos da mesa esteve, ainda que por um breve dia, o romanista José Carlos Moreira Alves, então Presidente do Supremo Tribunal Federal. Sabe-se que o deputado Ulysses Guimarães (1916-1992) assumiria logo no dia seguinte seu posto na condução das atividades levadas a cabo nas sucessivas sessões, já que fora eleito para a nobre função. A composição da Assembleia desta feita contou apenas com a participação dos parlamentares vitoriosos no pleito de 15 de novembro de 1986. Como não se dispunha de um anteprojeto que servisse de espinha dorsal ou modelo, a primeira e crucial questão enfrentada pelos constituintes fundava-se na ausência de uma metodologia específica e regras para o desenvolvimento dos respectivos trabalhos. Isto porque ainda não se havia estabelecido um Regimento Interno para o adequado funcionamento da Assembleia Nacional Constituinte e esta, em função disso, até o dia 24 de março de 1987, foi gerida por meio de normas provisórias (estas últimas editadas somente aos 6 de fevereiro). Prioritariamente, 24 subcomissões desempenharam as tarefas iniciais as quais foram concluídas na data de 25 de maio. A partir de então, 8 comissões temáticas deram prosseguimento ao labor. Exatamente um mês depois, Bernardo Cabral[20], relator da Comissão de Sistematização presidida pelo Senador

---

[20] Bernardo Cabral, além de Relator da Comissão de Sistematização, era também o Relator da própria Assembleia Nacional Constituinte.

HISTÓRIA DO DIREITO NACIONAL

Afonso Arinos[21], divulga os primeiros resultados da consolidação (provisória). Em seguida, o que se viu reflete o dilema caracterizado pela dificuldade de harmonização dos interesses e das vontades dos grupos dedicados à obra maior. A essa altura, este já se mostrava o grande empecilho a ser vencido. Sobre as diversas tentativas de conciliação de propostas, assim lecionou o mestre Celso Ribeiro Bastos: "Para se ter uma ideia da fragmentação e da pulverização dos trabalhos constituintes, basta levar em conta que o Projeto 'Cabral' recebeu 5.615 emendas, ante o que o relator apresenta um substitutivo aprovado pela comissão que ganhou o nome de 'Cabral zero'. No dia 15 de julho, inicia-se a discussão por quarenta dias, passando-se posteriormente à fase de apresentação de emendas, inclusive 'emendas populares'. No dia 26 de agosto, com base nas 20.790 emendas de plenário e nas 122 'populares', o relator apresenta na Comissão outro substitutivo, agora com 374 artigos, o 'Cabral 1'. No dia 15 de setembro, depois de examinar as 14.320 emendas apresentadas a este substitutivo, o relator elabora outro com 336 artigos. É o 'Cabral 2'. No dia 24 de setembro, a Comissão de Sistematização começa a votar o 'Cabral 2', como os outros substitutivos e todas as milhares de emendas oferecidas nas fases anteriores"[22].

A Comissão de Sistematização instituída pela Resolução n. 1/87 – CS de 10 de junho de 1987 não demoraria a ser alvo de inúmeras controvérsias que redundariam numa acirrada crise política de âmbito nacional. Julgava-se que o órgão, pelo menos na prática, havia assumido prerrogativas que ultrapassavam em muito a previsão da Emenda convocatória da Assembleia Nacional Constituinte numa franca violação aos seus intentos maiores. Com efeito, os que dela não participavam sentiam-se completamente alijados do processo decisório (e de

---

[21] Note-se que aqui, mais uma vez, Afonso Arinos de Melo Franco (1905-1990) presta sua extensa contribuição à construção do Direito Constitucional Brasileiro. Primeiramente, como vimos, à frente da "Comissão Provisória de Estudos Constitucionais", a chamada "Comissão dos Notáveis". Agora, nesta nova fase, atuando como Presidente da Comissão de Sistematização da Assembleia Nacional Constituinte.

[22] BASTOS, Celso Ribeiro. *Curso de Direito Constitucional*, p. 148.

CAPÍTULO XXVI • História do Direito brasileiro na República: do fim do Estado Novo ao processo de redemocratização (1945-1988)

certa forma realmente estavam), excluídos do debate acerca da pertinência dos temas levados ao juízo dos membros da Comissão de Sistematização. Para oferecer oposição e rever sua condição de debilidade diante do processo, uma vez conscientes de seu poder político e barganha naquele momento, organizou-se um grupo de congressistas sob a bandeira de diversos partidos, que ficou conhecido como "Centrão". Suas pretensões foram acolhidas por meio da Resolução n. 3/1988, e o Regimento Interno, enfim, revisto e modificado, o que não pôs termo às divergências. Em síntese, pelas novas normas, o texto apresentado pela Comissão de Sistematização com os seus respectivos dispositivos jurídicos alcançava o *status* provisório, podendo ser, inclusive, totalmente revisto segundo o desiderato manifestado nas votações que a partir daí se realizariam. O acontecimento em questão, que para muitos foi interpretado à época como a prova cabal do descrédito à missão confiada pelo povo brasileiro aos constituintes, hoje serve para demonstrar que o antagonismo instaurado concorreu para o aprimoramento de um debate tão útil e necessário naqueles dias e que, por sua vez, se prestava à conclusão de tão cara empreita. Também, por outro lado, revelava os desafios e as dificuldades interpostas desde cedo na extenuante trajetória da Comissão de Sistematização, sempre prejudicada pela exiguidade dos prazos e obrigada a navegar sem a luz guia de um farol em meio à imensidão de propostas e interesses sociais dos mais diversos. Não se constituiria surpresa, por assim ser, que uma das características mais marcantes inerentes à Carta Magna que se produziu: a da predileção por ser analítica, uma tendência apontada desde o início dos trabalhos e, além do que, demasiado extensa por ter contemplado em seu bojo matérias não constitucionais, já se considerando como atenuante o fato de que a presente opinião divide o parecer dos publicistas.

De todo modo, aos 5 de outubro de 1988, promulgava-se sob muita comemoração a esperada Constituição da República Federativa do Brasil. O diploma legal, com seus 330 artigos, logo receberia com os devidos méritos a corrente alcunha de "A Cidadã", por estar irrestritamente calcada e comprometida com a defesa e proteção da pessoa humana. Encontrava-se, assim, instaurado o Estado Democrático de

HISTÓRIA DO DIREITO NACIONAL

Direito tão reclamado por milhares de brasileiros durante os sombrios "anos de chumbo". Assumiam, por fim, ares de legalidade os anseios da sociedade civil e de seus diversos segmentos, publicamente manifestados durante as últimas décadas. Por certo, nenhum sistema de regras é capaz de solucionar todas as mazelas que imperam na sociedade, porém este significava um recomeço e marco inicial para mais uma nova etapa a ser vivenciada pelo Direito pátrio. Pavimentava-se o caminho diante dos desafios futuros e, com isso, abria-se a possibilidade para a concretização de sonhos ainda maiores de uma nação localizada no coração da América do Sul.

Referências

ADAMS, Henry. The Anglo-Saxon Courts of Law. In: ADAMS, Henry et al. *Essays in Anglo-Saxon Law*, p. 1-55. Boston: Little, Brown and Company/London: Macmillan and Company, 1876.

AGNUS DEI. Epístola a todos os cristãos do Papa Urbano I. Disponível em: <http: www.geocities.com/Athens/Aegean/8990/urbanoihtm?200412>. [Acesso em 20/11/2004.]

ALFÖLDY, Géza. *A História Social de Roma*. Trad. Maria do Carmo Cary. Lisboa: Editorial Presença, 1989.

ALMEIDA, Cândido Mendes de. *Introdução à História do Direito Português*: Código Phillipino ou Ordenações do Reino de Portugal. 14. ed. Rio de Janeiro: Typographia do Instituto Philomatico, 1870 (Biblioteca Digital de História do Direito – Grupo de Iniciação Científica "Documenta Historiae Iuris" [USP, ULBRA FDSBC]).

AL NAWAWI, Iman Abu Zakariya Yahia Ibn Charaf (Comp.). *Ditos e Práticas de Mohammad, o Mensageiro de Deus*. Trad. Prof. Samir El Hayek. São Bernardo do Campo: Junta de Assistência Social Islâmica Brasileira, s. d.

ALPERT, Michael. Conflictos Íntimos en el Alma de los descendientes de los conversos en los siglos XVII y XVIII, p. 29. In: *El olivo – documentación y estudios para el diálogo entre judíos y cristianos*, XXVII, 58 (2003), p. 29-54.

AL-TABATABAÍ, Assayed Mohammad Hussein. *O Xiismo no Islam*. Trad. Ahmed Abdul Mohhem El-Horr. Curitiba: Embaixada da República Islâmica do Irã no Brasil/Congregação Ahlul Bait do Brasil (A.S.), 1997.

ALVES, José Carlos Moreira. *Direito Romano*. v. I. 12. ed. Rio de Janeiro: Forense, 1999.

HISTÓRIA DO DIREITO

AMÂNCIO, Moacir. O *Talmud*. 4. ed. São Paulo: Iluminuras, 2003.

AMUNATEGUI PERELL, Carlos Felipe. El Orígen de los Poderes del Paterfamilias: El Pater Familias y la Patria Potestas. *Revista de Estudos Histórico-Jurídicos*, 2006, XXVII, 37-143.

ANDREU, Guillemette. *A Vida Quotidiana no Egipto no Tempo das Pirâmides*. Lisboa: Edições Setenta, 2005.

ANGOLD, Michael. *Bizâncio:* A Ponte da Antiguidade para a Idade Média. Trad. Alda Porto Santos. Rio de Janeiro: Imago, 2002.

ARANGIO-RUIZ, Vincenzo. *Storia del Diritto Romano*. 7. ed. Napoli: Casa Edittrici Dott. 1998.

ARAÚJO, Luiz Ivani Amorim de. *Da Globalização do Direito Internacional Público*: Os Choques Regionais. Rio de Janeiro: Lumen Juris, 2000.

ARISTÓTELES. *A Política*. Trad. Roberto Leal Ferreira. São Paulo: Martins Fontes, 2002.

ARNAOUTOUGLOU, Ilias. *Leis da Grécia Antiga*. Trad. Odep Trindade Serra e Rosiléa Pizarro Carnélos. São Paulo: Odysseus, 2003.

ASSAD, Muhammad; ZAHIRI, Seyed az; GARAUDY, Roger. La amputación de manos (hadd). Disponível em: <http://www.webislam.com>. [Acesso em 16/11/2004.]

AZEVEDO, Elciene. O *Direito dos Escravos*: Lutas Jurídicas e Abolicionismo na Província de São Paulo. Campinas: Unicamp, 2010.

AZEVEDO, Luiz Carlos de. História do Direito, Ciência e Disciplina. *Revista Brasileira de Direito Comparado*, n. 19, 2. sem., p. 133154, 2000 (Instituto de Direito Comparado LusoBrasileiro).

_____. *Introdução à História do Direito*. São Paulo: RT, 2005.

BACHER, Wilhelm; BLAU, Ludwig. Three Historical Periods of Jewish Law. Disponível em: <http: www.jewishencyclopedia.com>. [Acesso em 16/11/2004.]

BALEEIRO, Aliomar. *Constituições Brasileiras*: 1891. Brasília: Senado Federal e Ministério da Ciência e Tecnologia; Centro de Estudos Estratégicos, 2001. (Coleção Constituições Brasileiras, volume II).

Referências

BALEEIRO, Aliomar; SOBRINHO, Barbosa Lima. *Constituições Brasileiras*, Volume V: 1946. Brasília: Senado Federal e Subsecretaria de Edições Técnicas, 2012. (Coleção Constituições Brasileiras, volume V).

BARCELÓ, Pedro. *Aníbal de Cartago:* un proyecto alternativo a la formación del Imperio Romano. Madrid: Alianza Editorial, 2004.

BARMAN, Roderick J. *Princesa Isabel do Brasil:* Gênero e Poder no Século XIX. Trad. Luiz Antonio Oliveira Araújo. São Paulo: Unesp, 2005.

BARROS, Alice Monteiro de. *Curso de Direito do Trabalho.* 5. ed. São Paulo: LTr, 2009.

BARRY, Nicholas. *An Introduction to Roman Law.* Oxford: Oxford Press, 1975 (Clarendon Law Series).

BASDEVANT-GAUDEMET, Brigitte; GAUDEMET, Jean. *Introduction Historique au Droit.* 2. ed. Paris: Librairie Générale de Droit et de Jurisprudence, 2003.

BASTOS, Celso Ribeiro. *Curso de Direito Constitucional.* 22. ed. São Paulo: Saraiva, 2010.

BEIGUELMAN, Paula. *A Formação do Povo no Complexo Cafeeiro:* Aspectos Políticos. 3. ed. São Paulo: Editora da Universidade de São Paulo, 2005.

BEN MENAHEM, Hanina. El Proceso Judicial y la Naturaleza del Derecho Hebreo. In: SKORKA, Abraham. *Introducción al Derecho Hebreo.* Buenos Aires: Editorial Universitaria de Buenos Aires, 2001.

BERCOVICI, Gilberto. Instabilidade Constitucional e Direitos Sociais na Era Vargas (1930-1964). In: BITTAR, Eduardo C. B. *Histórias do Direito Brasileiro:* Leituras da Ordem Jurídica Nacional. São Paulo: Atlas, 2003.

BERMAN, Harold. The Influence of Christianity upon the Development of Law. *Oklahoma Law Review,* v. 12, n. 86 (1959).

BERTRAND, Maurice. *A ONU.* Trad. Guilherme João Teixeira de Freitas. Petrópolis: Vozes, 1995.

BETANCOURT, Fernando. *Derecho Romano Clásico.* Sevilla: Universidad de Sevilla, 2007. (Colección Manuales Universitarios, n. 33.)

BETHELL, Leslie. *The Cambridge History of Latin America*: vol. 3: from Independence to c. 1870. 3. ed. New York: Cambridge University Press, 2002.

BEVILÁQUA, Clóvis. *Código Civil dos Estados Unidos do Brasil Comentado*, Volume I. 7. ed. Rio de Janeiro: Livraria Francisco Alves, 1944.

BÍBLIA DE REFERÊNCIA THOMPSON. São Paulo: Vida, 2000.

BITENCOURT, Cezar Roberto. *Tratado de Direito Penal*. Parte Geral, Volume I. 8. ed. São Paulo: Saraiva, 2003.

BLACKSTONE, William. *Commentaires on the Laws of England*, v. I: facsimile of the first edition of 1765–1769. Introd. Stanley N. Katz. Chicago/Londres: University of Chicago.

BLAIR, John. *The Anglo-Saxon Age*: A Very Short Introduction. Oxford: Oxford University Press, 2000.

BLÁZQUEZ, José María. *Fenicios, Griegos e Cartagineses en Occidente*. Madrid: Cátedra, 1992.

BOBBIO, Norberto. *A Era dos Direitos*. Apresentação de Celso Lafer. Trad. Carlos Nelson Coutinho. Rio de Janeiro: Elsevier, 2004.

BOBROFF, Keneth. *Diné Bi Beenahaz'áanii*: codifyng indigenous consuetudinary law in 21st Century. Mexico City: University of Mexico School of Law. *Tribal Law Journal*, v. 7, 20062007.

BOLD, Bat-Ochir. *Mongolian Nomadic Society*: A Reconstruction of the "Medieval" History of Mongolia. New York: St. Martin's Press, 2001.

BONAVIDES, Paulo. *Curso de Direito Constitucional*. 18. ed. Sao Paulo: Malheiros, 2006.

_____. *História Constitucional do Brasil*. Brasília: OAB Editora, 2004.

BONDI, Sandro Filippo. The Course of History. In: MOSCATI, Sabatino. *The Phoenicians*. London; New York: I.B. Tauris, 2001.

BORGER, Hans. *Uma História do Povo Judeu*, vol. 1 (de Canaã à Espanha). 4. ed. São Paulo: Sêfer, 1999.

BOSI, Alfredo. *Dialética da Colonização*. 4. ed. São Paulo: Companhia da Letras, 1992.

Referências

BOUCAULT, Carlos Eduardo de Abreu. A Retórica de Rui Barbosa e os Resultados da Participação do Brasil na 2ª Conferência da Haia, 1907, p. 51-59. In: BITTAR, C. B. Eduardo (Org.). *História do Direito Brasileiro*: Leituras da Ordem Jurídica Nacional. São Paulo: Atlas, 2003.

BOUZON, Emanuel. *Uma Coleção de Direito Babilônico Pré-Hammurabiano*: Leis do Reino de Esnunna. Petrópolis: Vozes, 2001.

_____. *Ensaios Babilônicos*: Sociedade, Economia e Cultura na Babilônia Pré-Cristã. Porto Alegre: PUC-RS, 1998 (Coleção História, n. 19).

BRASIL. *Coleção das Leis do Brasil*, 1827. v. 1, p. 5. (11/8/1827). Presidência da República, Casa Civil (Subchefia para Assuntos Jurídicos). Disponível em: <www.planalto.gov.br/ccivil>. [Acesso em: 24/8/2011].

BRIEND, Jacques; LEBRUN, René; PUECH, Émile. *Tratados e Juramentos no Antigo Oriente Próximo*. São Paulo: Paulus, 1988.

BRIZZI, Giovanni. *O Guerreiro, o soldado e o legionário:* Os Exércitos do Mundo Clássico. Trad. Sílvia Massimini. São Paulo: Madras, 2003.

BRONDSTED, Johannes. *Os Vikings*: História de uma Fascinante Civilização. Trad. Mercedes Frigolla. São Paulo: Hemus, 2004.

BUBENECK, Celso. Do Delito das Penas ou... Summun Jus, Summa Injuria. *Revista Consulex*, ano III, n. 17, maio 1998, p. 60-61.

BULSARA, Sohrab Jamshedji. *Laws of Ancient Persians as Found in Matikan E Hazar Datastan*. Trad. Sohrab Jamshedji Bulsara. Sem Local: Editora Hoshang T. Anklesaria, 1937.

BURNS, Edward McNalls et al. *História da Civilização Ocidental* – do Homem das Cavernas às Naves Espaciais. 33. ed. São Paulo: Globo, 1993.

BURY, J. B. *History of the Later Roman Empire from Arcadius to Irene*, Volume III. New York: Cosimo Classics, 2009.

BUTLER, William E. *The Mongolian Legal System:* Contemporary Legislation and Documentation. The Hague: The Netherlands, 1982.

BYERS, Ann. *The Golden Horde and the Rise of Moscow.* New York: The Rosen Publishing Group, 2017.

HISTÓRIA DO DIREITO

CAENEGEM, R. C. van. *Uma Introdução Histórica ao Direito Privado*. Trad. Carlos Eduardo Lima Machado. São Paulo: Martins Fontes, 2000.

CAETANO, Marcelo. *Direito Constitucional*. V. 1. Rio de Janeiro: Forense, 1977.

CAIRU, Visconde de (José da Silva Lisboa). *Observações sobre a franqueza da indústria e estabelecimento de fábricas no Brasil*. Brasília: Senado Federal, 1999. (Coleção Biblioteca Básica Brasileira).

CÂMARA, Alexandre Freitas. *Lições de Direito Processual Civil*. 20. ed. Rio de Janeiro: Lumen Juris, 2010.

CAMARGO, Ana Maria de Almeida; MORAES, Rubens Borba de. *Bibliografia da Imprensa Régia do Rio de Janeiro*. São Paulo: EDUSP; Kosmos, 1993.

CAMPOS, Francisco. Entrevista de Francisco Campos ao *Correio da Manhã* do Rio de Janeiro, em 3 de março de 1945. In: PORTO, Walter da Costa. *Constituições Brasileiras*: 1937. Brasília: Ministério da Ciência e da Tecnologia, Centro de Estudos Estratégicos, 2001.

CAPLICE, Richard. *Introduction to Akkadian*. 4. ed. Roma: Pontifício Instituto Bíblico, 2002. (Studia Pohl Series Major, n. 9).

CARLETTI, Amílcare. *Brocardos Jurídicos*, vol. III. São Paulo: Livraria e Editora da Universidade de Direito, 1986.

CARNEIRO, Levi. Estudo Crítico-Biográfico. In: FREITAS, Augusto Teixeira de. *Esboço do Código Civil*. Brasília: Ministério da Justiça, Fundação Universidade de Brasília, 1983, p. IX-XXXVII.

CAVE, Roy C.; COULSON, Herbert H. *A Source Book for Medieval Economic History*. New York: Biblo & Tannen, 1965.

CAZELLES, Henri. *História Política de Israel*: Desde as Origens até Alexandre Magno. São Paulo: Paulus, 1996.

CERAM, C. W. *O Segredo dos Hititas* – A Descoberta de um Antigo Império. Lisboa: Edição Livros do Brasil, s/d.

CERESKO, Anthony. *Introdução ao Antigo Testamento numa Perspectiva Libertadora*. São Paulo: Paulus, 1996 (Coleção Bíblia e Sociologia).

Referências

CHOPIN, Jean Marie. *Historia de la Rusia*. Trad. ao castellano por los Editores del Guardia Nacional. Barcelona: Imprenta de la Guardia Nacional, 1839.

CHOW, Daniel C. K. *The Legal System of The Peoples's Republic of China:* In a Nutshell. Saint Paul, MN: Thomson West, 2003.

CICCO, Cláudio de. *Direito:* Tradição e Modernidade – Poder e Autoridade na Família e no Estado – Das Origens Romanas ao Direito Brasileiro Moderno. São Paulo: Ícone, 1993.

CINTRA, Antonio Carlos de Araújo; GRINOVER, Ada Pellegrini; DINAMARCO, Cândido Rangel. *Teoria Geral do Processo*. 27. ed. São Paulo: Malheiros, 2010.

COLEMAN-NORTON, Paul Robinson. Gaius Julius Caesar and Roman Law. In: *The Classical Weekly*, vol. 50, n. 2, Caesar (Oc. 19, 1956), p. 24-26. Disponível em: <https: www.jstor.org/stable/4343858>. [Acesso em 14/7/2018.]

COMPARATO, Fábio Konder. *Afirmação Histórica dos Direitos Humanos*. São Paulo: Saraiva, 2011.

CONDORCET, Marquis Nicolas de. *Declaration of Rights:* Declaration des Droits. Traduite de L'Anglois, avec l'original à côté. London; 1789; Oxford: Oxford University, 2008.

CONFÚCIO. *Os Analectos*. Trad. D.C. Lau. Porto Alegre: L&PM, 2015 (Coleção L&PM Pocket, volume 533).

COON, Carlet. A *História do Homem* – Dos Primeiros Humanos aos que Podem Ser os Últimos. Trad. Milton Amado. Belo Horizonte: Itatiaia, s. d. (Coleção Descoberta do Mundo).

COSTA, Álvaro Mayrink da. *Direito Penal*: Volume I, Tomo I, Parte Geral. 6. ed. Rio de Janeiro: Forense, 1998.

COSTA, Mário Júlio de Almeida. *História do Direito Português*. 3. ed. Coimbra: Almedina, 2003.

COSTA, Silva. Direito Privado. VISCONDE DO OURO PRETO et al. *Década Republicana*. Volume I. 2. ed. Brasília: UnB, s/d, p. 301-318. (Coleção Temas Brasileiros, 59).

COTRIM, Vera. Emancipação feminina e dissolução da família no ideário da Revolução Russa. In: COTRIM, Ana e COTRIM, Vera (Orgs.) *Todo o Poder aos Sovietes*: A Revolução Russa 110 anos depois. Porto Alegre: Zouk, 2018, p. 216.

CRABBS, George. *English Law or an Attempt to Trace the Rise, Progress, and Successive Changes of the Common Law; From the Earliest Period to the Present Time*. London: Baldwin and Cradock, 1829.

CRETELLA Jr., José. *Curso de Direito Romano*. Rio de Janeiro: Forense, 1997.

CRUMMEY, Robert O. *The Formation of Muscovy, 1304-1613*. London; New York: Routledge, 1996.

CUNHA BUENO, Paulo Amador Thomaz Alves da. Notícia Histórica do Direito Penal no Brasil, p. 138-162. In: BITTAR, Eduardo C. B. *História do Direito Brasileiro*: Leituras da Ordem Jurídica Nacional. São Paulo: Atlas, 2003.

DANZIGER, Danny; GILLINGHAM, John. *1215*: The Year of Magna Carta. New York: Touchstone, 2005.

DAVID, René. *O Direito Inglês*. 2. ed. Trad. Eduardo Brandão. São Paulo: Martins Fontes, 2006, p. 78. (Justiça e Direito.)

_____. *Os Grandes Sistemas do Direito Contemporâneo*. Trad. Hermínio A. Carvalho. Rio de Janeiro: Martins Fontes, 1996.

DELGADO, Maurício Godinho. *Curso de Direito do Trabalho*. 8. ed. São Paulo: LTr, 2009.

DESPLANCQUES, Sophie. *Egito Antigo*. Trad. Paulo Neves. Porto Alegre: L&PM, 2009.

D'HAENENS, Albert. *As Invasões Normandas*: Uma Catástrofe? Trad. Mary Amazonas Leite de Barros. São Paulo: Perspectiva, 1999.

DÍAZ LOMBARDO, Francisco Xavier Gonzalez. *Conpendio de História del Derecho y del Estado*. Mexico, DF: Editorial Limusa; Grupo Noriega Editores, 2004.

Referências

DIAKOV, V.; KOVALEV, S. (Orgs.). *História da Antiguidade: Grécia*. 2 v. Trad. João Cunha de Andrade. São Paulo: Martins Fontes, 1996.

DÍAZ MARTINEZ, Antolín. *Manual de Derecho Internacional Público, Privado y Humanitario*. Bogotá: Publicaciones Santa Fé, 1977.

DINAMARCO, Cândido Rangel. *A Reforma do Código de Processo Civil*. 5. ed. São Paulo: Malheiros, 1998.

DINIZ, Almacchio Gonçalves. *São Paulo e sua Guerra de Secessão*. Rio de Janeiro: Irmãos Ponguetti, 1932.

DINIZ, Maria Helena. Código Civil de 1916, p. 209-222. In: BITTAR, C. B. Eduardo (Org.). *História do Direito Brasileiro*: Leituras da Ordem Jurídica Nacional. São Paulo: Atlas, 2003.

DORIA, Dylson. Curso de Direito Comercial. Primeiro Volume. 14. ed. São Paulo: Saraiva, 2000. In: BITTAR, C. B. Eduardo (Org.). *História do Direito Brasileiro*: Leituras da Ordem Jurídica Nacional. São Paulo: Atlas, 2003.

DOTTI, René Ariel. *Casos Criminais Célebres*. 3. ed. São Paulo: Revista dos Tribunais, 2003.

DU CHAILLU, Paul Belloni. *The Viking Age: Teh Early History, Manners and Customs of the Ancestors of the English-Speaking Nations*: Illustred from the Antiquities Discovered as From Ancient Sagas and Eddas. v. 2. Chestnut Hill-MA: Adamant Media Corporation, 2011.

DUSSEL, Enrique. *1492 – O Encobrimento do Outro (A Origem do "Mito da Modernidade")*. Trad. Jaime A. Clasen. Petrópolis: Vozes, 1993.

EASTON, Burton Scott. *The Apostolic Tradition of Hippolytus*. Ann Arba, Michigan: Cushing-Malloy, 1962.

ÉCHARPPÉ, Olivier. Histoire des Sources du Droit Canonic. In: VALDRINI, D.; DURANT, Jean-Paul; ÉCHARPPÉ, Olivier; VERNAY, Jacques. *Droit Canonic*. 2 ed. Paris: Dalloz, 1999.

ELISSEEFF, Danielle. China Medieval: A Idade do Ouro. *História Viva*. São Paulo, n. 18, abr. 2005, p. 28-33.

551

HISTÓRIA DO DIREITO

ELLIS JÚNIOR, Alfredo. *Confederação ou Separação*. 3. ed. São Paulo: Paulista, 1934.

EYZAGUIRRE, Jaime. *Historia del Derecho*. Santiago de Chile: Editorial Universitária El Saber y la Cultura, 2006.

FALK, Ze'ev. *O Direito Talmúdico*. Trad. Neide Terezinha Moraes Tomei e Esther Handler. São Paulo: Perspectiva, 1988.

FAUSTO, Boris. *A Revolução de 1930*: Historiografia e História. São Paulo: Companhia das Letras, 1997.

FAZZIO JÚNIOR, Waldo. *Manual de Direito Comercial*. 9. ed. São Paulo: Atlas, 2008.

FERNANDES, Florestan. *A Organização Social dos Tupinambá*. São Paulo: HUCITEC; Brasília: Universidade de Brasília, 1989.

FIORI, Pasquale. *Nouveau Droit International Public*: Suivant les Besois de la Civilization Moderne, t. I. Paris: Durant e Pedone-Lauriel, 1885.

FONTANA, Riccardo. *O Brasil de Américo Vespúcio*. Trad. Edílson Alkmin Cunha e João Pedro Mendes. Brasília: Universidade de Brasília, 1994-1995.

FRAGOSO, Heleno Cláudio. *Lições de Direito Penal* (Parte Geral). 16. ed. Rio de Janeiro: Forense, 2003.

FREITAS, Augusto Teixeira de. *Esboço do Código Civil*. Brasília: Ministério da Justiça, Fundação Universidade de Brasília, 1983.

FRIEDMAN, Lawrence M. *A History of American Law*. 3. ed. New York: Touchstone, 2005.

_____. *Law in America*: A Short History. New York: The Modern Library, 2002.

FUCK, Luciano Felício. *Memória Jurisprudencial*: Ministro Nelson Hungria. Brasília: Supremo Tribunal Federal, 2012.

FÜHRER, Maximiliano Roberto Ernesto. *História do Direito Penal*: Crime Natural e Crime de Plástico. São Paulo: Melhoramentos, 2005.

552

Referências

FUSTEL DE COULANGES, Auguste. *A Cidade Antiga.* Trad. Jean Melville. São Paulo: Martin Claret, 2006.

GAIO JÚNIOR, Antônio Pereira. *Direito Processual Civil*: Teoria Geral do Processo, Processo de Conhecimento e Recurso, v. 1. 2. ed. Belo Horizonte: Del Rey, 2008.

GANSHOF, F. L. *Que é o Feudalismo?* Trad. Jorge Borges de Macedo. 4. ed. Sintra: Mira-Sintra, 1977 (Publicações Europa-América).

GARÓFALO, Salvatore. *São Charbel*: O Perfume do Líbano. Trad. Monjas Beneditinas da Abadia de Santa Maria. Milano: Ancora, 1998.

GARZÓN, Fabio Espitia. *Historia del Derecho Romano.* 5. ed. Bogota, Colombia: Universidad Externado de Colombia, 2016.

GAWDAT, Gabra; LOON, Gertrud J. M. van; REIF, Stefan; SWELIM, Tarek. *The History and Religious Heritage of Old Cairo: It's Fortress, Churches, Synagogue and Mosque.* New York; Cairo: The American University in Cairo Press, 2013.

GIGLIO, Auro de. *Iniciação ao Talmud.* 2. ed. São Paulo: Séfer, 2003.

GILISSEN, John. *Introdução Histórica ao Direito.* Trad. Maria Hespanha e L. Macaísta Malheiros. Lisboa: Fundação Calouste Gulbenkian, 1995.

GIORDANI, Mário Curtis. *Direito Penal Romano.* Rio de Janeiro: Lumen Juris, 1997.

_____. *História da Antiguidade Oriental.* 3. ed. Petrópolis: Vozes, 1972.

_____. *História de Roma.* Petrópolis: Vozes, 1968.

_____. *História do Direito Penal entre os Povos do Antigo Oriente Próximo.* Rio de Janeiro: Lumen Juris, 2004.

_____. *História do Mundo Árabe Medieval.* 2. ed. Petrópolis: Vozes, 1985.

_____. *Iniciação ao Direito Romano.* Rio de Janeiro: Liber Juris, 1973.

GLENDON, Mary Ann; GORDON, Michael W.; CAROZZA, Paolo G. *Comparative Legal Traditions.* 2. ed. St. Paul, Minnesota: West Group, 1999.

HISTÓRIA DO DIREITO

GODECHOT, J. *La prise de la Bastille*: 14 juillet 1789. Paris: Gallimard, 1989.

GODOY, Arnaldo Sampaio de Moraes. *A História do Direito entre Foices, Martelos e Togas*: Brasil 1935-1965 – Olga Prestes, Genny Gleiser, Ernesto Gattai, João Cabral de Melo Neto, Francisco Julião, Carlos Heitor Cony e Miguel Arraes. São Paulo: Quartier Latin, 2008.

GÓES E VASCONCELLOS, Zacharias de. *Da natureza e limites do poder moderador*. Introd. de Pedro Calmon. Brasília: Senado Federal, 1978. (Coleção Bernardo Pereira de Vasconcellos, v. 3.)

GOLDMAN, Wendy. *Mulher, Estado e Revolução*. Trad. Natalia Angyalonssy Alfonso. São Paulo: Boitempo, 2014.

GOMES, Luiz Flávio; GARCÍA-PABLOS DE MOLINA, Antonio; BIANCHINI, Alice. *Direito Penal, Volume I*: Introdução e Princípios Fundamentais. São Paulo: Revista dos Tribunais, 2007.

GOMES, Mércio Pereira. *Os Índios e o Brasil*: Ensaio sobre um holocausto e sobre uma nova possibilidade de convivência. Petrópolis: Vozes, 1991.

GOMES, Orlando. *Raízes Históricas e Sociológicas do Código Civil Brasileiro*. São Paulo: Martins Fontes, 2003.

GONÇALVES, Joanisval Brito. *O Tribunal de Nuremberg (1945-1946)*: a gênese de uma nova ordem no Direito Internacional. Rio de Janeiro: Renovar, 2004.

GOYOS, Durval de Noronha. A Advocacia na China. *Carta Forense*, ano IV, n. 33, fev. 2006, p. 26-27.

GRANDAZZI, Alexandre. Roma: Mito da Fundação se Confirma. *História Viva*. São Paulo, ano III, n. 33, p. 60-65.

GRANDNET, Pierre. "The Ramesside State". In: GARCÍA, Juan Carlos Moreno. *Ancient Egyptian Administration*. Leiden; Boston: Brill, 2013, p. 858-861.

GRANET, Marcel. *El Pensamiento Chino*: la Vida Pública y la Privada. Trad. Leonor de Paiz. México: Unión Tipográfica Editorial Hispano-Americana (UTEHA), 1959.

Referências

_____. *La Civilización China*: La Vida Pública y la Privada. Trad. Leonor de Paiz. México: Unión Tipográfica Editorial Hispano-Americana (UTEHA), 1959.

GRAYSON, A. K. "Assyrian Civilization", p. 194-228. In: BOARDMAN, John; EDWARDS, I.E.S.; HAMMOND, N.G.L. *The Cambridge History: The Assyrian and Babylonian Empires and Other States of the Near East, From the Eighth Centuries B. C.* (Volume III, Part 2). 2 ed. Cambridge, UK: Press Syndicate of the University of Cambridge, 1991.

GRIMAL, Pierre. *História de Roma*. Trad. Maria Leonor Loureiro. São Paulo: Editora Unesp, 2011.

GRIMBERG, Carl. *O Império das Pirâmides*. v. 2. S.l.: Editora Azul, 1989.

GRUMMOND, Nancy Thompson; SIMON, Erika. *The Religion of Etruscans*. Austin: University of Texas, 2006.

GUILLERMO, Margdant F. *Evolución del Derecho Japonés:* Introducción Histórico-Sociológica al Sistema Jurídico del Japón Actual. México, DF: UNAM, 2005 (Instituto de Investigaciones Jurídicas).

GUINELL, Laurence. *The Brehon Laws: a Legal Handbook*. London: T. Fischer Unwin, 1894.

GUSMÃO, Paulo Dourado de. *Introdução ao Estudo do Direito*. 20. ed. Rio de Janeiro: Forense, 1997.

HALEY, John Owen. *The Spirit of Japanese Law*. Athens, Georgia: University of Georgia Press, 1998.

HALL, G. D. G. *The Treatise on the Laws and Customs of the Realm of England Commomly Called Glanvill*. 2. ed. Oxford: Oxford University Press, 2002.

HALL, H. R. *História Antiga do Oriente Próximo* – Desde os Tempos mais Remotos até a Batalha de Salamina. Trad. Fábio Criciúma. Rio de Janeiro: Casa do Estudante do Brasil, 1948.

HALL, Margaretha Debruner. Even Dogs Have Erineyes: Sanctions in Athenian practice and thinking. In: FOXHALL, L.; LEWIS, A. D. E. *Greek Law in its Political Setting:* Justification not Justice. Oxford: Clarendon Press, 1996, p. 73-89.

555

HALSALL, Paul. Medieval Sourcebook: *Leges Edwardis Confessoris: Tithable Products of the Land*, [*written post 1115*]. (Fordham University Center for Medieval Studies) Disponível em: <www.fordham.edu>.

_____. Medieval Sourcebook: *Laws of William, The Conqueror*. (Fordham University Center for Medieval Studies) Disponível em: <www.fordham.edu>.

_____. Medieval Sourcebook: *William the Conqueror: Sales of Slaves in England, 1080*. (Fordham University Center for Medieval Studies) Disponível em: <www.fordham.edu>.

_____. Medieval Sourcebook: *Charter of Liberties of Henry I, 1100*. (Fordham University Center for Medieval Studies) Disponível em: <www.fordham.edu>.

_____. Medieval Sourcebook: *Henry I of England: Monetary Regulations, 1108*. (Fordham University Center for Medieval Studies) Disponível em: <http: www.fordham.edu>. [Acesso em 25/4/2012.]

_____. Medieval Sourcebook: *Leges Henrici Primi: Law of Partnership, 1109-1118*. (Fordham University Center for Medieval Studies) Disponível em: <www.fordham.edu>.

HAUAGGE, Vinicius Elias. *Visconde Seabra e a codificação civil brasileira*. Brasília-DF: BDJur, 1º de julho de 2009. Disponível em: <http: bdjur.stj.gov.br/dspace/handle/2011/22590 >. [Acesso em 18/1/2012.]

HAUGHT, James A. *Perseguições Religiosas*: Uma História do fanatismo e dos Crimes Religiosos. Trad. Bette Tori. Rio de Janeiro: Ediouro, 2003.

HAYWOOD, John. *Os Celtas*: da Idade do Bronze aos Nossos Dias. Trad. Luís Milheiro. Coimbra: Edições 70, 2009.

HEDLUND, Stefan. *Rusian Path Dependence*. New York: Routledge, 2005.

HEINECCIUS, Johann Gottlieb. *Historia del Derecho Romano*. Trad. D. Juan Muniz Miranda e D. R. González Andrés Madrid: Imprental del Boletín de Jurisprudencia, 1845.

HENDERSON, Ernest F. *Selected Historical Documents of the Middle Ages*. London: George Bell and Sons, 1896.

Referências

HERÓDOTO. *História*. 2. ed. Trad. Mário da Gama Kury. Brasília: UnB, 1988 (Coleção Biblioteca Clássica, n. 8).

HESPANHA, Benedito. *História da Lei e da Codificação do Direito*. Just. do Direito (Passo Fundo), v. 10, n. 10, 1996, p. 23-78.

HOEBEL, Adamson; FROST, Everett. *Antropologia Cultural e Social*. São Paulo: Cultrix, 2006.

HOFFMANN, Dr. Roberto Elizaide. *Introduccion al Estado del Derecho*. Mexico, DF: Universidad Iberoamericana; Biblioteca Francisco Xavier Clavigero (Centro de Información Académica, 1998.

HOOK, Nathaniel. *The Roman History: From the Building of Rome to the Ruin of Commomwealth*, Vol. III. 5. ed. London: Elizabeth Foundation; G. Hawkins, W. Strahan, J. and F. Rivington, R. Baldwin, W. Johnston, T. Longman and T. Cadell, 1770.

HORNE, Alistair. *A Era de Napoleão*: o homem que reinventou a França. Trad. Clóvis Marques. Rio de Janeiro: Objetiva, 2013.

HUART, Clement; DELAPORT, Louis. *El Iran Antíguo (Elam y Persia) y la Civilización Irania*. Trad. Pablo Alvarez Rubinao. México: UTEHA, 1957 (La Evolución de la Humanidad; síntesis colectiva dirigida por Henri Berr, t. XXVIII).

HULL, N. H. E. *Roscoe Pound and Karl Llewellyn*: Searching for American Jurisprudence. Chicago: University of Chicago Press, s. d.

INSTITUTO DE HISTÓRIA E TEORIA DAS IDEIAS DA FACULDADE DE LETRAS DE COIMBRA. *Ordenações Afonsinas*. Coimbra: Universidade de Coimbra, s/d. Disponível em: <www1.ci.uc.pt>. [Acesso em 26/7/2011]. Trabalho realizado por Ivone Susana Cortesão Heitor (Livro I) e Anabela Maia, Liliana Ventura, José Carlos Marques e Duarte Coelho (Livros II, III, IV e V).

IVERSEN, Erik. A Tradição Hieroglífica. In: HARRIS, J. R. (Org.). *O Legado do Egito*. Trad. Henrique de Araújo Mesquita. Rio de Janeiro: Imago, 1993, p. 182-207.

JAEGER, Werner. *Paideia*: A Formação do Homem Grego. Trad. Arthur M. Parreira. São Paulo: Martins Fontes, 2001.

HISTÓRIA DO DIREITO

JARDÉ, Auguste. *A Grécia Antiga e a Vida Grega*. Trad. Gilda Maria Reale Starzynski. São Paulo: EPU, 1977.

JASTROW, Morris Jr. "An Assyrian Code". In: *Journal of the American Oriental Society*. Vol.41 (1921), p. 1-59.

JENKS, C. Wilfred. *Direito, Liberdade e Bem-Estar*. Trad. Francisco Maia. Rio de Janeiro; Lisboa: Fundo de Cultura AS, 1964.

JOHNS, Claude Hermann Walter. *Babylonian and Assyrian Laws, Contracts and Letters*. New Jersey; The Lawbook Exchange, 1999.

JOHNSON, Allan Chester; COLEMAN-NORTON, Paul Robinson; BOURNE, Frank Card. Ed. Clyde Pharr. *Ancient Roman Statutes*. Translation, introduction, commentary, glossary and index by A.C. Johnson, P.R. Coleman-Norton and F. Card. Austin: University of Texas Press, 1961. (Lilian Goldman Law Library; The Avalon Project: Documments in Law, History and Diplomacy).

JOHNSON, Janet. "The Legal Status of Women in Ancient Egypt", p.187-235. In: CAPEL, Anne K.; MARKOE, Glenn E. *Mistress of the House, Mistress of Heaven: Women in Ancient Egypt*. New York: Hudson Hills Press; Cincinnati Art Museum, 1996.

JOHNSON, Paul. *História dos Judeus*. Trad. Henrique Mesquita e Jacob Volfzon Filho. São Paulo: Imago, 1995.

JOHNSTON, David. *Roman Law in Context*. Cambridge: Cambridge University Press, 2004

JOLY, Fabio Duarte. *A Escravidão na Roma Antiga*: Política, Economia e Cultura. São Paulo: Alameda, 2005.

JORNAL DO SENADO. *Uma reconstituição histórica*: Princesa Isabel assina a Lei Áurea. Rio de Janeiro, 14 de maio de 1888.

JUSTINIANO. *Institutas do Imperador Justiniano*: Manual Didático para Uso dos Estudantes de Direito de Constantinopla, elaborado por ordem do Imperador Justiniano, no ano 533 d.C. Trad. J. Cretella Jr. e Agnes Cretella. 2. ed. São Paulo: RT, 2005.

Referências

KAISER, Daniel H. *The Growthof Law in Medieval Rusia.* New Jersey: Princeton University Press, 1980.

_____. *The Laws of Rus': Tenth to Fifteenth Centuries.* Salt Lake City: Charles Schlacks Publisher, 1992.

KAPLAN, Morton A. e KATZEMBACH, Nicholas de B. *Fundamentos Políticos do Direito Internacional.* Trad. Sigrid Faulhaber Godolphim e Waldir da Costa Godolphim. Rio de Janeiro: Zahar Editores, 1964.

KNOWLES, Dr. M. D.; OBOLENSKI, D.; BOUMAN, Dr. C. A. *Nueva Historia de la Iglesia: La Iglesia en la Edad Media.* Tomo II. 2. ed. Madrid: Ediciones Cristiandad, 1983.

KOLMANN, Nancy. *Crime and punishment in Early Modern Rusia.* New York: Cambridge, 2012.

KAWOHL, Friedemann. The Berlin Publisher Friedrich Nicolai and the Reprinting Sections of the Prussian Statute Book of 1794. In: DEAZLEY, Ronan; KRETSCHMER, Martin; BENTLY, Lionel. *Privilege and Property*: Essays on the History of Copyright. Cambridge: Open Books Publishers, 2010 p. 207-240.

KELLER, Werner. *E a Bíblia tinha Razão:* Pesquisas Arqueológicas Demonstram a Verdade Histórica dos Livros Sagrados. 20. ed. Trad. João Távora. São Paulo: Melhoramentos, 1986.

KING, Winston. Judeo-Christian and Buddhist Justice. *Journal of Budhist Ethics*, v. 2, 1995.

KLABIN, Aracy Augusta Leme. *História Geral do Direito.* São Paulo: Revista dos Tribunais, 2004.

KOEN, Wylin. The First Chapter of Cortona Inscription. *Etruscan News*, n. 5 (2006), p. 6-7.

LANE, George. *Genghis Khan and Mongol Rule.* Indianapo-lis/Cambridge: Hackett Publishing Company, 2004.

LANGE, Brenda. *Genghis Khan.* New York: Chelsea House Publishers, 2003. (Col. Ancient World Leaders).

559

LAO-TSÉ. *Tao Te Ching: O Livro que Revela Deus*. 5 ed. Trad. Huberto Rohden. São Paulo: Martin Claret, 2013. (Coleção "A Obra-Prima de Cada Autor, n.136).

LARA PEINADO, Federico; LARA GONZALEZ, Federico. *Los Primeros Códigos de la Humanidad*. Madrid: Tecnos, 1994.

LARA, Sílvia Hunold (Org.). *Ordenações Filipinas, Livro V*. São Paulo: Companhia das Letras, 1999.

LAYARD, Austin Henry. *A Narrative of a Second Expedition to Assyria*: During the years 1849, 1850 e 1851. London: John Murray, 1867.

LE BON, Gustave. *A Civilização Árabe*. v. 2. Trad. Augusto de Sousa. Prefácio de Jamil Almansur Haddad. Curitiba: Paraná Cultural, s. d.

LEHMAN, Johannes. *Os Hititas*. São Paulo: Hemus, s. d.

LEVAGGI, Abelardo. *Manual de Historia del Derecho Argentino* (Tomo I – Parte General). Buenos Aires: Depalma, 1991.

LÉVÊQUE, Pierre. *História Universal:* Impérios e Barbáries – do Século III a.C. ao Século I d.C. Lisboa: Publicações Dom Quixote, 1979.

LEVY-BRUHL, Henri. *Sociologia do Direito*. São Paulo: Martins Fontes, 1997.

LINARES, Julio E. *Derecho Internacional Público*. T. I e II. 2 ed. Ciudad de Panamá: Impresos y Diseños, 1996 (Derecho y Ciencias Políticas/ Textos Universitarios).

LINDER, Janet. Irish Legal History: an Overview and Guide to the Sources. Durham, North Carolina: Duke University School. *Law Library Journal*, v. 93:2, p. 232-260.

LO JACONO, Claudio. *Islamismo:* História, Preceitos, Festividades, Divisões. Trad. Anna Maria Quirino. São Paulo: Globo, 2002.

LOMBARDÍA, Pedro. *Lições de Direito Canônico*. Trad. Alda da Anunciação Machado. São Paulo: Loyola, 2008.

LOPES, José Reinaldo de Lima. *O Direito na História:* Lições Introdutórias. 2. ed. São Paulo: Max Limonad, 2002.

Referências

LOPEZ, Félix Garcia. O *Deuteronômio*: Uma Lei Pregada. Trad. Benôni Lemos. São Paulo: Paulinas, 1996 (Coleção Cadernos Bíblicos).

LOSANO, Mario G. *Os Grandes Sistemas Jurídicos*. Trad. Marcela Varejão. São Paulo: Martins Fontes, 2007.

LUSTOSA, Isabel. *Insultos Impressos*: A Guerra dos Jornalistas na Independência (1821-1823). São Paulo: Companhia das Letras, 2000.

MACIEL, Hélcio; MADEIRA, França. *História da Advocacia*: Origens da Profissão de Advogado no Direito Romano. São Paulo: RT, 2002.

MACKELDEY, F. *Derecho Romano*. 2 ed. Madrid: Imprenta de la Sociedad Literaria y Tipografica, 1845.

MAIER, Pauline. *The Declaration of Independence and The Constitution of the United States*. New York: Bantam Classic Book, 2008.

MAIMÔNIDES (Moshe Ben Maimon) – Rambam. *Mishné Torá*: O Livro da Sabedoria. Trad. Rabino Yaacov Israel Blumenfeld. Rio de Janeiro: Imago, 2000.

MAINAR, Rafael Bernard. *Curso de Derecho Privado Romano*. Caracas: Universidad Catolica Andrés Bello, 2006.

MAINE, Henry James Sumner. *El Derecho Antiguo*. Trad. A. Guerra. Madrid: Tipografia de Alfredo Alonso, 1893.

MALINOVSKI, Bronislaw. *Crime e Costume na Sociedade Selvagem*. Trad. Maria Corrêa Clara Dias. Brasília: UnB, 2005.

MARCOS, Rui Manuel de Figueiredo. *A História do Direito e o Seu Ensino na Escola de Coimbra*. Coimbra: Almedina, 2008.

_____. *Rostos Legislativos de D. João VI no Brasil*. Coimbra: Almedina, 2008.

MARÍN CEBALLOS, M. C. *La Religión Fenício-Púnica en España*. Disponível em: <http://www.ucm.es/info/antigua/cefyp/Biblioteca/biblioteca.htm> (Centro de Estudios Fenicios y Púnicos). [Acesso em 5/7/2006.]

MARKY, Thomas. *Curso Elementar de Direito Romano*. 8. ed. São Paulo: Saraiva, 1995.

HISTÓRIA DO DIREITO

MARQUES, José Frederico. *Tratado de Direito Penal, Volume I*: Propedêutica e Norma Penal. Campinas: Millennium, 2002. (Edição revista, atualizada e amplamente reformulada por Antônio Cláudio Mariz de Oliveira, Guilherme de Souza Nucci e Sérgio Eduardo Mendonça de Alvarenga.)

MARTIN JÚNIOR, Isidoro. *História do Direito Nacional*. (Biblioteca Digital de História do Direito – Grupo de Iniciação Científica *"Documenta Historiae Iuris"* [USP, ULBRA FDSBC]).

MARTINS, Fran. *Curso de Direito Comercial*: empresa comercial, empresários individuais, microempresas, sociedades empresariais, fundos de comércio. 34. ed. Rio de Janeiro: GEN/Forense, 2011.

MARX, Karl e ENGELS, Friedrich. *Manifesto do Partido Comunista*. 3. ed. São Paulo: EDIPRO, 2015.

MAY, Larry. *Genocide*: A Normative Account. Cambridge, UK: Cambridge University Press, 2010.

MAYRINK DA COSTA, Álvaro. *Direito Penal*: Parte Geral, v. I, t. I. 6. ed. Rio de Janeiro: Forense, 1998.

MEHR, Farhang. "Social Justice in Ancient Iran". In: IRANI, K.D. e SILVER, Morris. *Social Justice in the Ancient World*. London: Geenwood Press, 1995.

MELATTI, Julio Cezar. *Índios do Brasil*. 7. ed. São Paulo: HUCITEC; Brasília: Universidade de Brasília, 1993.

MENDES, Gilmar Ferreira; COELHO, Inocêncio Mártires; BRANCO, Paulo Gustavo Gonet. *Curso de Direito Constitucional*. 3. ed. São Paulo: Saraiva, 2008.

MENSKI, Werner. *Comparative Law in a Global Context*. 2. ed. Cambridge: Cambridge University Press, 2006.

MIRABETE, Julio Fabbrini. *Manual de Direito Penal*: Parte Geral. 23. ed. São Paulo: Atlas, 2006.

MIRANDA, Pontes de. *Fontes e Evolução do Direito Civil Brasileiro*. 2. ed. Rio de Janeiro: Forense, 1981.

MIRANDA, Vicente. *Poderes do Juiz no Processo Civil Brasileiro*. São Paulo: Saraiva, 1992.

Referências

MONTANELLI, Indro. *História de Roma*. Trad. Sandra Lazzarini. São Paulo: Record, 1969.

MORAES, Evaristo de. *Da Monarquia para a República (1870-1889)*. 2. ed. Brasília: UnB (Coleção Temas Brasileiros, 57).

MORAES FILHO, Evaristo de; MORAES, Antonio Carlos Flores. *Introdução ao Direito do Trabalho*. 9. ed. São Paulo: LTr, 2003.

MOREIRA, Manuel. *La Cultura Jurídica Guaraní*: Aproximación Etnográfica a la Justicia Mbya-Guaraní. Buenos Aires: Centro de Estudios de Antropología y Derecho, 2005.

MORGAN, Edmund S. *The Birth of the Republic*: 1763-89. 3. ed. Chicago: University of Chicago, 1992. (The Chicago history of American Civilization.)

MORTON, A. L. *A História do Povo Inglês*. Trad. José Laurênio de Melo. Rio de Janeiro: Civilização Brasileira, 1970. (Col. Perspectivas do Homem, Vol. 59 – Série História.)

MOUSSÉ, Claude. *Atenas:* A História de uma Democracia. Trad. João Batista da Costa. Brasília: UnB, 1972.

MURATA, Sachiko. Temporary Marriage in Islamic Law. *Al Serat – a Journal of Islamic Studies*, v. XIII, n. 1. Disponível em: <www.al-islam. org/al-serat/muta/>. [Acesso em 21/7/2009.]

MURTADĀ, Mutahhari. *Os Direitos das Mulheres no Islão*. Mem Martins: Algalam, 1988.

MUSLIM FEDERATION OF NEW JERSEY, THE. *Custody of Child*. Disponível em: <http://65.55.40.103>, p. 1-2.

_____. *Talaq-ul-Sunnat*. Disponível em: <http://65. 55.40.103>, p. 1-2.

_____. *Talaq-e-Mughalaza*. Disponível em: <http://65.55.40.103>, p. 1-2.

NASCIMENTO, Carla Silva do. *Uma escrita pessoal da crise*: o barão do Cotegipe e a queda do Império. Anais do XXVI Simpósio Nacional de História – ANPUH – São Paulo, julho de 2011.

NASCIMENTO, Walter Vieira do. *Lições de História do Direito*. Rio de Janeiro: Forense, 2006.

HISTÓRIA DO DIREITO

NEIBERG, Michael. *The Treaty of Versailles*: A Concise History. New York: Oxford University Press, 2017.

NEVES, Lúcia Bastos Pereira das. A Vida Política, p. 75-114. In: COSTA E SILVA, Alberto. *Crise Colonial e Independência (1808-1830)*. Direção de Lilia Moritz Schwarcz. Madrid/Rio de Janeiro: Mapfre/Objetiva, 2011. (História do Brasil Nação: 1808-2010.)

NOGUEIRA, Octaciano. *Constituições Brasileiras*: 1824. 2. ed. Brasília: Senado Federal e Ministério da Ciência e Tecnologia, Centro de Estudos Estratégicos, 2001. (Coleção Constituições Brasileiras; vol. 1.)

NORONHA, Ibsen José Casas. *Aspectos no Brasil Quinhentista*: Consonâncias do espiritual e do Temporal. Coimbra: Almedina, 2008.

NORONHA, Magalhães E. *Curso de Direito Processual Penal*. 28. ed. São Paulo: Saraiva, 2002.

NORTON, José. *O Último Távora – A Incrível História do Homem que Sobreviveu à Trama para Matar o Rei de Portugal, Orientou D. João a Fugir para o Brasil e Terminou a Vida como General de Napoleão Bonaparte*. Prefácio de Laurentino Gomes. São Paulo: Planeta, 2008.

NUCCI, Guilherme de Souza. *Manual de Direito Penal*: Parte Geral/ Parte Especial. 2. ed., rev., atual. e ampl. São Paulo: Revista dos Tribunais, 2006.

O'CONNEL, Viviana. La Mujer en el Mundo Celta. Disponível em: <http://www.almargem.com.ar/seccion/cultura/celtas9/>. [Acesso em 28/10/2005.]

O'CONNOR, Sandra. *The Majesty of Law*: Reflections of a Supreme Court Justice. New York: Random House, 2004.

ODA, Hiroshi. *Japanese Law*. New York: Oxford University Press, 1999.

OKABE, Taku. Posibilidad de Negocio en Japón: A Partir de las reformas del Derecho Mercantil. *México y la Cuenca del Pacífico*, v. 6, n. 19, maio/ago. 2003, p. 57-64.

OLIVEIRA, Carlos Alberto de. *Do Formalismo no Processo Civil*. 2. ed. Sao Paulo: Saraiva, 2003.

564

Referências

OLIVEIRA LIMA, Manuel de. *O Império Brasileiro (1822-1889)*. Brasília: Editora Universidade de Brasília, 1986. (Coleção Temas Brasileiros, volume 58.)

ORTOLAN, Joseph Louis-Elzéar. *The History of Roman Law from the Text from Ortolan's: histoire de la Législation Romaine et Gé-néralisation du Droit (Edition of 1870)*. Trad. Iltudus T. Prichard e David Nasmith. London: Law Publisher's to the Queen's most excellent Majesty, 1871.

OSTROGORSKY, G. *Historia del Estado Bizantino*. Madrid; Akal Universitaria, 1963 (Serie Historia Medieval).

PALMA, Rodrigo Freitas. *Direito Militar Romano*. Curitiba: Juruá, 2010.

_____. *Manual Elementar de Direito Hebraico*. Curitiba: Juruá, 2007.

_____. *O Julgamento de Jesus Cristo:* Aspectos Histórico-Jurídicos. Curitiba: Juruá, 2006.

_____. O Direito Celta e a Formação do Sistema Jurídico da Brehon Law. *Consilium – Revista do Curso de Direito do Centro Universitário Euro-Americano*, n. 1, 2004, p. 1-6.

_____. O Direito entre os Povos Nórdicos na Chamada Era Viking (Séculos VIII a XI). *Consilium – Revista do Curso de Direito do Centro Universitário Euro-Americano*, n. 2, 2004, p. 1-13.

_____. O Direito Espartano. *Consilium – Revista do Curso de Direito do Centro Universitário Euro-Americano*, n. 2, 2004, p. 1-13.

_____. *Leis Ambientais na Bíblia*. Goiânia: Kelps, 2002.

_____. *O Direito antes de Roma*. Goiânia: Kelps, 2001.

_____. *Antropologia Jurídica*. São Paulo: Saraiva, 2019.

_____. *Direito Hebraico*. 2. ed. Curitiba: Juruá, 2020.

_____. "O Direito no III Reich". In: PALMA, Rodrigo Freitas (Org.). *Direitos Fundamentais e Políticas Públicas*. Brasília: Processus, 2014, p. 359-398.

PALMA, Rodrigo Freitas; LUCAS, Ester de Lacerda; FAIAD, Carlos Eduardo Araújo. O combate à segregação racial nos Estados Unidos da

HISTÓRIA DO DIREITO

América em perspectiva jurídico-constitucionalista: da vigência dos Black Codes no sul à edição das leis Jim Crow. In: GORCZEVSKI, Clovis; LEAL, Mônia Clarissa Hennig (Org.). *Constitucionalismo contemporâneo e suas formas contemporâneas*. Curitiba: Multideia; Santa Cruz do Sul-RS: UNISC, 2017.

PAULA, Jônatas Luiz Moreira de. *História do Direito Processual Brasileiro*: Das Origens Lusas à Escola Crítica do Processo. Barueri: Manole, 2002.

PAUPERIO, Artur Machado. *Teoria Geral do Estado (direito político)*. 8. ed. Rio de Janeiro: Forense, 1983.

PEDEN, Joseph. Property Rights in Celtic Irish Law. *Journal of Libertarian Studies*, v. 1, n. 2, p. 81-95, Great Britain: Pergamon Press, 1977.

PEREIRA, Osny Duarte. *Constituinte*: Anteprojeto da Comissão Afonso Arinos comentado por Osny Duarte Pereira. Brasília: Editora Universidade de Brasília, 1987.

PINHEIRO, Ralph Lopez. *História Resumida do Direito*. Rio de Janeiro: Thex Editora: Biblioteca da Universidade Estácio de Sá, 2004.

PINTO FERREIRA. *Curso de Direito Constitucional*. 11. ed. São Paulo: Saraiva, 2001.

POLETTI, Ronaldo. *Constituições Brasileiras*: 1934, Volume III. Brasília: Senado Federal e Ministério da Ciência e Tecnologia, Centro de Estudos Estratégicos, 2001.

_____. *Elementos de Direito Público e Privado Brasileiro*. Brasília: Brasília Jurídica, 1996.

POLÍBIOS. *História*. 2. ed. Trad. Mário da Gama Kury. Brasília: UnB, 1996.

POMES Y MIQUEL, D. Pellegrín. *Discurso leído por D. Pellegrín Pomes Y Miquel em el Acto de Recibir la Investidura de Doctor em la Faculdad de Jurisprudencia*. Madrid: Imprenta de la Discussion, 1857.

POSENER, Georges. Literatura. In: HARRIS, J. R. (Org.). O *Legado do Egito*. Trad. Henrique de Araújo Mesquita. Rio de Janeiro: Imago, 1993, p. 231-266.

PRADO, Luiz Regis. *Curso de Direito Penal Brasileiro*. 9. ed. São Paulo: Revista dos Tribunais, 2010.

566

Referências

RADBRUCH, Gustav. O *Espírito do Direito Inglês e a Jurisprudência Anglo-Americana*. Trad. Elisete Antoniuk. Coord. ed. brasileira. Prof. Dr. Carlos Augusto Maliska. Rio de Janeiro: Lumen Juris, 2010, p. 31. (Coleção Academia Brasileira de Direito Constitucional – ABDConst).

RADNER, Karen. K 309: *Sale Contract for a Slave Woman, from Nineveh*. Knowedge and Power. (Higher Education Academy, 2017). [Acesso ao texto aos 19 de maio de 2018]. In: [http://oracc.museum.upenn.edu/saao/knpp/cuneiformrevealed/tabletgallery/k309/a/]

_____. BM 092618: *Contract for Dissolving a Trading Partenership, from Sippar*. Knowedge and Power. (Higher Education Academy, 2017). [Acesso ao texto aos 19 de maio de 2018]. In: [http://oracc.museum.upenn.edu/saao/knpp/cuneiformrevealed/tabletgallery/bm0926/8/].

REID, John Phillip. *A Law of Blood*: The Primitive Law of the Cherokee Nation. DeKalb, Illinois: Northern Illinois University Press, 2006.

REIMER, Haroldo; RICHTER REIMER, Ivoni. *Tempos de Graça*: o jubileu e as Tradições Jubilares na Bíblia. São Leopoldo: Sinodal; CEBI: Paulus, 1999.

REIS, Daniel Aarão. *A Revolução que mudou o mundo*: Rússia 1917. São Paulo: Companhia das Letras, 2017.

RHEE, C. H. van. (Org.). *European Traditions in Civil Procedure*. Antwerpen: Intersentia Antwerpen/Oxford, 2005.

REQUIÃO, Rubens. *Curso de Direito Comercial*: de acordo com a Lei n. 11.101, de 9-2-2005 (Nova Lei de Falências), vol. 1. 16. ed. São Paulo: Saraiva, 2005.

RIASANOVSKY, V. A. *Fundamental Principles of Mongol Law*. Indiana: Indiana University, 1965 (Indiana University Publications, Uralic and Altaic Series, v. 43).

RIBEIRO, Darcy. O *Processo Civilizatório*: Etapas da evolução sócio-cultural – Estudos de Antropologia e da Civilização. 9. ed. Petrópolis: Vozes, 1987.

RIBEIRO, João Luiz. *No Meio das Galinhas as Baratas não têm Razão*: A Lei de 10 de junho de 1835 – Os escravos e a pena de morte no Império do Brasil (1822-1889). Rio de Janeiro: Renovar, 2005.

ROBERTO, Giordano Bruno Soares. *Introdução à História do Direito Privado e da Codificação*: Uma Análise do Novo Código Civil. Belo Horizonte: Del Rey, 2003.

ROBESPIERRE, Maximilien. *Virtude e Terror*. Apres. Slavoj Zizek. Trad. José Maurício Gradel. Textos selecionados e comentados por Jean Ducange. Rio de Janeiro: Jorge Zahar, 2008.

ROBINSON, O. F. *The Sources of Roman Law*. New York: Routledge, 1997.

RODRIGUES, José Honório. *Atas do Conselho de Estado – Segundo Conselho de Estado, 1823-1834*. Disponível em: <www.senado.gov.br>. [Acesso em 15/11/2011.]

RODRIGUEZ LEIRADO, Pablo. ¿Quienes Eran los Celtas? Disponível em: <http://almargem.com.ar/sitio/seccion/historia/celtas2/index. html>. [Acesso em 24/10/2005.]

ROESDAHL, Else. *The Vikings*. London: Penguin Books, 1998.

ROGEIRO, Nuno. *O Sistema Constitucional da Alemanha*. Coimbra: Coimbra Editora, 1996.

ROLIM, Luiz Antonio. *Instituições de Direito Romano*. 4. ed. São Paulo: Revista dos Tribunais, 2010. (RT Didáticos.)

ROMILLY, Jacqueline de. *La Lois dans la Pensée Grecque*. Paris: Belles Lettres, 2001.

ROSE, Jenny. *Zoroastrianism: Introduction*. London; New York: I. B. Tauris, 2016.

ROULAND, Norbert. *Nos Confins do Direito*: Antropologia Jurídica da Modernidade. Trad. Maria Ermantina Prado de Almeida Galvão. São Paulo: Martins Fontes, 2003.

_____. *Roma: Democracia Impossível?* Os Agentes de Poder na Urbe Romana. Trad. Ivo Martinazzo. Brasília: UnB, 2000.

ROUSSEAU, Jean-Jacques. *Do Contrato Social*. Trad. Lourdes Santos Machado. Introd. e notas Paul Arboune Batiste e Lourival Gomes Machado. São Paulo: Abril, 1973.

Referências

ROWLAND, Kate Mason. *The Life of George Mason* (1725-1792), Volume I. G. Boston: P. Putnam's Sons/Harvard University, 1892/2006.

RUSSOMANO, Rosah. *Curso de Direito Constitucional*. 5. ed. Rio de Janeiro: Freitas Bastos, s/d.

SAMPEL, Edson Luiz. *Introdução ao Direito Canônico*. São Paulo: LTr, 2001.

_____. *Resumo de Direito Canônico*. Aparecida: Santuário, 2014.

SANTOS, Moacyr Amaral dos. *Primeiras Linhas de Direito Processual Civil*. Volume I. 29. ed. São Paulo: Saraiva, 2012.

SCHEID, John. O Sacerdote. In: GIARDINA, Andrea (Org.). *O Homem Romano*. Trad. Maria Jorge Vilar de Figueiredo. Lisboa: Editorial Presença, 1992.

SCHIMITZ, Phillip. The Phoenician Text from Etruscan Sanctuary of Pirgy. *Journal of The American Oriental Society*, v. 115, n. 4, out./dez. 1995, p. 559-575.

SCHIOPPA, Antonio Padoa. *História do Direito na Europa*: Da Idade Média à Idade Contemporânea. Trad. Marcos Marcionilo e Silvana Cobucci Leite. Rev. da trad. Carlos Alberto Dastoli. São Paulo: Martins Fontes, 2014.

SCHRADY, Nicholas. *The Last Day*: Wrath, Ruin and Reason in the Great Lisbon Earthquake of 1755. New York: Penguin Group, 2008.

SCRUTTON, Thomas Edward. *The Influence of Roman Law on the Law of England*. Charleston: Bibliobazaar, 2008.

SEARA VÁSQUEZ, Modesto. *El Derecho Internacional Público*. México, DF: Pormaca, 1964.

SEEBOHN, Frederic. *Tribal Custom in Anglo-Saxon Law*. Elibron Classic Series, 2005.

SENNA, Ernesto. *Deodoro*: Subsídios para a História. Notas de um Repórter. Brasília: UnB (Coleção Temas Brasileiros, 18.)

SEMPERE, Don Juan. *Historia del Derecho Español*, Tomo I. Madrid: Imprenta Nacional, 1822.

HISTÓRIA DO DIREITO

SHABAS, William. *Genocide in International Law*: The Crime of Crimes. Cambridge, UK: University of Cambridge, 2000.

SHAFFER, Melanie. The Legal System on the Roof of the World. Disponível em: <www.davidfiedman.com>. [Acesso em 26/2/2008.]

SHARAFI, Mitra. *Law and Identity in Colonial South Asia: Parsi Legal Culture*, 1772-1947. New York: Cambridge University Press, 2014.

SHIRLEY, Robert Weaver. *Antropologia Jurídica*. São Paulo: Saraiva, 1987.

SHUBSKY, Cássio. *Clóvis Beviláqua*: Um Senhor Brasileiro. São Paulo: Lettera.doc, 201. (Coleção Grandes Juristas.)

SIDOU, J. M. Othon. *Os Recursos Processuais na História do Direito*. 2. ed. Rio de Janeiro: Forense, 1978.

SILVA, Antonio Delgado da (Desembargador). *Colleção de Legislação Portugueza desde a Última Compilação das Ordenações (Legislação de 1775 a 1790)*. Lisboa: Typografia Maigrense, 1828. In: <http://www. iuslusitaniae.fcshunl.pt> – *IusLusitaniae* – Fontes Históricas do Direito Lusitano. [Acesso em 22/12/2011.]

SILVA, José Afonso da. *Curso de Direito Constitucional Positivo*. 30. ed. São Paulo: Malheiros, 2007.

SISSON, S. A. *Galeria dos Brasileiros Ilustres*, volume I, p. 155-164. Brasília: Senado Federal, 1999. (Coleção Brasil 500 anos.)

SMITH, Bradley F. *O Tribunal de Nuremberg*. Trad. De Henrique de Araújo Mesquita. Rio de Janeiro: F. Alves, 1979.

SMUTS, Jan. *The League of Nations*: A Practical Suggestion. New York: Hodder and Stoughton, 1918.

SOARES, Guido Fernando Silva. *Common Law*: Introdução ao Direito dos EUA. 2. ed. São Paulo: Revista dos Tribunais, 2000.

SOARES, Orlando. *Comentários à Constituição da República Federativa do Brasil*. Rio de Janeiro: Forense, 2006.

SOUTO MAIOR, Armando. *História Geral*. 15. ed. São Paulo: Companhia Editora Nacional, 1975.

570

Referências

SOUTOU, Georges-Henri. "The French Peacemaker and Their Home Front". In: BOEMEKE, Manfred F.; FELDMAN, Gerald e GLASER, Elisabeth. *The Treaty of Versailles*: A Reassessment After 75 Years. New York: Cambridge University Press, 1998, p. 167-188.

SOUZA, Braz Florentino Henriques de. *Do Poder Moderador*: ensaio de direito constitucional contendo a análise do título V, capítulo I, da Constituição Política do Brasil. Introd. de Barbosa Lima Sobrinho. Brasília: Senado Federal, 1978. (Coleção Bernardo Pereira de Vasconcellos, v. 7.)

STADTMÜLLER, Georg. *Historia del Derecho Internacional Público*. Parte I. Trad. Francisco F. Jaron Santa Eulalia. Madrid: Aguillar, 1961.

STUBBS, William. *Selected Charters of English Constitutional History*. Oxford: Clarendon Press, 1913.

SWINARSKI, Christophe. *A Norma e a Guerra*: Palestras sobre o Direito Internacional Humanitário. Porto Alegre: Sergio Antonio Fabris Editor, 1991.

TABOSA, Agerson. *Direito Romano*. Fortaleza: Imprensa Universitária, 1999.

TELLES JÚNIOR, Goffredo. *Depoimento de Goffredo Telles Júnior sobre a gênese de sua Carta aos Brasileiros*. Disponível em: <http://www. goffredotellesjr.adv.br>. [Acesso em: 23/1/2014.]

THÉODORIDÈS, Aristides. O Conceito de Direito no Egito Antigo. In: HARRIS, J. R. (Org.). *O Legado do Egito*. Trad. Henrique de Araújo Mesquita. Rio de Janeiro: Imago, 1993, p. 302-333.

THEODORO JÚNIOR, Humberto. *Curso de Direito Processual Civil*: Teoria Geral do Direito Processual Civil, Volume 1. Rio de Janeiro: Forense, 2014.

THOMAS, Rosalind. Written in Stone? Liberty, Equality, Orality and the Codification of Law. In: FOXHALL, L.; LEWIS, A. D. E. *Greek Law in its Political Setting:* Justification not Justice. Oxford: Clarendon Press, 1996, p. 9-31.

THORPE, Benjamin. *Ancient Laws and Institutes of England*. London: Eyre & Spottiswoode, 1840.

571

HISTÓRIA DO DIREITO

TODD, S. C. *The Shape of Athenian Law*. Oxford: Clarendon Press, 1993.

TOLEDO, Evaristo de. *Curso de Processo Penal*. São Paulo: Livraria e Editora Universitária de Direito, 1992.

TOLEDO, Francisco de Assis. *Princípios Básicos de Direito Penal*. 5. ed. São Paulo: Saraiva, 2002.

TROPLONG, M. *Influencia del Cristianismo en el Derecho Civil Romano*. Trad. Dr. Santiago Cuchillos Manterola. Buenos Aires: Debedec/ Ediciones Desclée, de Brower, 1947.

TRUYOL Y SERRA, Antonio. *História do Direito Internacional Público*. Trad. Henrique Barillaro Ruas. Lisboa: Instituto Superior de Novas Profissões, 1996 (Coleção Estudo Geral).

TUCCI, José Rogério Cruz e; AZEVEDO, Luiz Carlos de. *Lições de História do Processo Civil Lusitano*. Pref. Rui Manuel de Figueiredo Marcos. São Paulo: Revista dos Tribunais/ Coimbra: Coimbra Editora, 2009.

TUCÍDIDES. *História da Guerra no Peloponeso*. Trad. Mário da Gama Cury. Brasília: UnB, 1987.

UDÍAS, Agustín; ARROYO, Alfonso López. The Lisbon Earthquake of 1755 in Spanish Contemporary Authors. In: Geotechnical Geological and Earthquake Engineering. *The 1755 Lisbon Earthquake Revisited*. Lisboa: Luiz Mendes-Victor; Carlos Sousa Oliveira; João Azevedo e Antonio Ribeiro Editores, 2005, p. 7-24.

UNGER, Merril. *Arqueologia do Velho Testamento*. 4. ed. São Paulo: Batista Regular, 1998.

URE, John. *Dom Henrique, o Navegador*. Trad. Paulo de Góes Filho. Rev. Heitor Aquino Ferreira. Brasília: Universidade de Brasília, 1985.

VALLADÃO, Haroldo. Teixeira de Freitas, Jurista Excelso do Brasil, da América, do Mundo, p. XLI. In: FREITAS, Augusto Teixeira de. *Esboço do Código Civil*. Brasília: Ministério da Justiça, Fundação Universidade de Brasília, 1983, p. XXXIX-LX.

VELASCO POVEDA, Ignacio Maria. Três Vultos da Cultura Jurídica Brasileira: Augusto Teixeira de Freitas, Tobias Barreto e Clóvis Beviláqua,

572

Referências

p. 35-42. In: BITTAR, C. B. Eduardo (Org.). *História do Direito Brasileiro*: Leituras da Ordem Jurídica Nacional. São Paulo: Atlas, 2003.

VEYNE, Paul. *História da Vida Privada*: do Império Romano ao Ano Mil. Trad. Hildegard Feist. São Paulo: Companhia das Letras, 1989.

VILLA, Marco Antonio. *A Revolução de 1932*: Constituição e Cidadania. São Paulo: Imprensa Oficial do Estado de São Paulo, 2010.

VILLEY, Michel. *Filosofia do Direito*: Definição e Fins do Direito. Trad. Alcides Franco Bueno Torres. São Paulo: Atlas, 1977.

_____. *Direito Romano*. Porto: Rés-Editora, 1991.

VITRAY, Eva de. Sobre la lapidación. Disponível em: <http://www.webislam.com>. [Acesso em 16/11/2004.]

VOVELLE, Michel. *A Revolução Francesa* (1789-1799). Trad. Mariana Echallar. São Paulo: UNESP, 2012.

WANDERLEY, Rubens de Menezes. *As Bases do Separatismo*. São Paulo: Paulista, 1932.

WATSON, Adam. *A Evolução da Sociedade Internacional*. Trad. René Loncan. Brasília: UnB, 2005.

WATSON, Alan. *Roman and Comparative Law*. Athens: The University of Georgia Press, 1991.

WEHLING, Arno. O Escravo ante a Lei Civil e a Lei Penal do Império (1822-1871), p. 373-394. In: WOLKMER, Antonio Carlos (Org.). *Fundamentos de História do Direito*. 2. ed. Belo Horizonte: Del Rey, 2005.

WEIL, Prosper. *O Direito Internacional no Pensamento Judaico*. Trad. Dra. Marina Kawall Nóbrega. São Paulo: Perspectiva, 1985.

WIEACKER, Franz. *História do Direito Privado Moderno*. 2. ed. Trad. A. M. Botelho Hespanha. Lisboa: Fundação Calouste Gulbenkian, 1967.

WIECHMAN, Denis J.; KENDALL, Jerry D.; AZARIAN, Mohammad K. Islamic Law: Myths and Realities. Disponível em: <http://www.muslim.canada.org/Islam_myths.htm>. [Acesso em 23/7/2009.]

WIESEHÖFER, Josef. *Ancient Persia: From 550 B.C. to 650 A.D.* Trad. Azizeh Azodi. London; New York: I. B. Tauris Publishers, 2004.

HISTÓRIA DO DIREITO

WILLIAMS, Noel. *The Right to Life in Japan*. New York: Routledge, 1997.

WILSON, John. *La Cultura Egípcia*. Trad. Florentino Torner. México, DF: Fondo de Cultura Económica, 1958.

WOLKMER, Antonio Carlos. *História do Direito no Brasil*. 3. ed. Rio de Janeiro: Forense, 2004.

WOOD, Gordon S. *A Revolução Americana*. Trad. Michel Teixeira. Rio de Janeiro: Objetiva, 2013.

YALE LAW SCHOOL. *Laws of Richard I (Coeur de Lion) Concerning Crusaders Who Were to go By Sea. 1189 A.D.* ("Roger of Hoveden", III p. 36 [Rolls Series]). New Haven: Lilian Goldmann Law Library, 2008 (The Avalon Project: avalon.law.yale.edu).

ZAFFARONI, E. Raúl; BATISTA, Nilo; ALAGIA, Alejandro; SLOKAR, Alejandro. *Direito Penal Brasileiro*: Primeiro Volume: Teoria Geral do Direito Penal. 3. ed. Rio de Janeiro: Revan, 2006.

ZWEIGERT, Konrad; KÖTZ, Hein. *An Introduction to Comparative Law*. 3. ed. Trad. Tony Weir. Oxford/New York: Oxford University Press, 1998.